Dennis Nowak
Ganztagsschulqualität aus Sicht der Schülerinnen und Schüler

Dennis Nowak

Ganztagsschulqualität aus Sicht der Schülerinnen und Schüler

Entwicklung und Evaluation des onlinebasierten Fragebogens „Ganztag: Interne Evaluation für Schulen" (GAINS)

BELTZ JUVENTA

Der Autor

Dennis Nowak, geb. 1980, Dr. phil., arbeitet als Oberstudienrat mit den Fächern Englisch und Sport am Adorno-Gymnasium in Frankfurt sowie als abgeordnete Lehrkraft am Medienzentrum Frankfurt und dem Staatlichen Schulamt. Er promovierte am Institut für Sportwissenschaften der Goethe-Universität Frankfurt.

Das Werk einschließlich aller seiner Teile ist urheberrechtlich geschützt. Jede Verwertung ist ohne Zustimmung des Verlags unzulässig. Das gilt insbesondere für Vervielfältigungen, Übersetzungen, Mikroverfilmungen und die Einspeicherung und Verarbeitung in elektronische Systeme.

Dieses Buch ist erhältlich als:
ISBN 978-3-7799-6402-5 Print
ISBN 978-3-7799-5710-2 E-Book (PDF)

1. Auflage 2020

© 2020 Beltz Juventa
in der Verlagsgruppe Beltz · Weinheim Basel
Werderstraße 10, 69469 Weinheim
Alle Rechte vorbehalten

Herstellung: Ulrike Poppel
Satz: Helmut Rohde, Euskirchen
Druck und Bindung: Beltz Grafische Betriebe, Bad Langensalza
Printed in Germany

Weitere Informationen zu unseren Autor_innen und Titeln finden Sie unter: www.beltz.de

„Genauso wie für Halbtagsschulen muss letztlich auch für Ganztagsschulen die Einzelschule als Handlungseinheit für Qualitätsentwicklung betrachtet werden"
(Fischer, Radisch, Theis & Züchner, 2012, S. 56).

Inhaltsübersicht

Abkürzungsverzeichnis		15
Abbildungsverzeichnis		17
Tabellenverzeichnis		18
Einleitung		21
1	Schulentwicklung	24
2	Ganztagsschule	61
3	Evaluationen im Schulkontext	161
4	Zusammenfassung der theoretischen Ausführungen und Zielstellung der Arbeit	208
5	Entwicklung und Analyse des Fragebogens „Ganztag: Interne Evaluation für Schulen" (GAINS)	212
6	Diskussion	343
7	Zusammenfassung	389
Literaturverzeichnis		392
Anhang		460

Inhalt

Abkürzungsverzeichnis	15
Abbildungsverzeichnis	17
Tabellenverzeichnis	18
Einleitung	21

1	**Schulentwicklung**		24
1.1	Begriffsbestimmung		24
1.2	Von der zentralistischen Schulplanung zur Emanzipation der Einzelschule		26
	1.2.1	Der Beginn der Schulentwicklungsforschung	27
	1.2.2	Erste Deregulierungsdebatten	28
	1.2.3	Die Krise der Außensteuerung	29
	1.2.4	Schulautonomie	32
	1.2.5	Von der Input- zur Outputsteuerung: Evidenzbasierte Schulautonomie	37
	1.2.6	Regionale Bildungslandschaften	45
	1.2.7	Zwischenfazit: Dezentralisierung, Rezentralisierung, Regionalisierung	47
1.3	Einzelschulische Herausforderungen bei Innovationen		50
	1.3.1	Autonomie der einzelnen Lehrkräfte versus Teamstruktur	52
	1.3.2	Probleme bei der Konsensfindung	52
	1.3.3	Mangel an zeitlichen Ressourcen	54
	1.3.4	Mangel an personellen Ressourcen	54
	1.3.5	Mangel an finanziellen Ressourcen	55
	1.3.6	Fazit	55
1.4	Zusammenfassung des Kapitels		59

2	**Ganztagsschule**		61
2.1	Zur historischen Entwicklung der Ganztagsschule in Deutschland		62
2.2	Politisch-gesellschaftliche Begründungen, Zielsetzungen und Erwartungen		64
	2.2.1	Ergebnisse aus Leistungsvergleichsstudien	64
	2.2.2	Sozialpolitische Argumente	67

		2.2.2.1 Entkoppelung des Zusammenhangs von sozialer Herkunft und Bildungserfolg	69
		2.2.2.2 Vereinbarkeit von Familie und Beruf	70
	2.2.3	Erhöhte Nachfrage nach Ganztagsschulen	72
2.3	Institutionelle Merkmale der Ganztagsschule seit dem Investitionsprogramm „Zukunft Bildung und Betreuung"		73
2.4	Pädagogische Begründungen, Zielsetzungen und Erwartungen		76
	2.4.1	Exkurs: Formale, non-formale und informelle Bildungsprozesse	77
	2.4.2	Lebenslanges Lernen	78
	2.4.3	Pädagogische Leitziele der Ganztagsschule seit dem IZBB	80
		2.4.3.1 Verbesserung der schulischen Leistungen	84
		2.4.3.2 Individuelle Förderung	85
		2.4.3.3 Verzahnung	87
		2.4.3.4 Rhythmisierung	89
		2.4.3.5 Sozialerzieherische Aufgaben	90
		2.4.3.6 Partizipation	92
		2.4.3.7 Bildungslandschaften/Kooperation	96
		2.4.3.8 Schaffung non-formaler und informeller Bildungsräume	106
		2.4.3.9 Schul- und Qualitätsentwicklung	108
	2.4.4	Zwischenfazit	111
2.5	Die Ganztagsschule in der Gegenwart – aktueller Stand und Forschungslage		112
	2.5.1	Kontextmerkmale der Ganztagsschulqualität auf Schulebene	117
		2.5.1.1 Ausbaustand	117
		2.5.1.2 Zeitrahmen und Zeitorganisation	119
		2.5.1.3 Organisationsform und Teilnahmequoten	121
		2.5.1.4 Kooperation mit außerschulischen Partnern	125
		2.5.1.5 Personalstruktur	128
	2.5.2	Prozessmerkmale der Ganztagsschulqualität auf Schulebene	129
		2.5.2.1 Schul- und Qualitätsentwicklung	129
		2.5.2.2 Schulklima	133
		2.5.2.3 Kooperation zwischen LuL und weiterem pädagogisch tätigen Personal	134
		2.5.2.4 Partizipation von Eltern	135
		2.5.2.5 Partizipation von SuS	135
	2.5.3	Kontextmerkmale der Ganztagsschulqualität auf Ebene der Ganztagsangebote	137
		2.5.3.1 Zusammensetzung der Schülerschaft	137
		2.5.3.2 Angebotsvielfalt	138
		2.5.3.3 Lernzeiten statt Hausaufgabenbetreuung	140
		2.5.3.4 Bewegungs-, Spiel- und Sportangebote	142

	2.5.4 Prozessmerkmale der Ganztagsschulqualität auf Ebene der Ganztagsangebote	151
	2.5.4.1 Äußere Rhythmisierung und Methodenvielfalt	151
	2.5.4.2 Orientierung an den Bedürfnissen der Lernenden	152
	2.5.4.3 Adaptivität der Lernumgebung	154
	2.5.4.4 Verzahnung	155
2.6	Fazit: Ganztagsschule – Wunsch vs. Wirklichkeit	156
2.7	Zusammenfassung des Kapitels	159

3 Evaluationen im Schulkontext — 161

3.1	Bestimmung des Evaluationsbegriffs	162
3.2	Leitprinzipien der Evaluation im Bildungssektor	167
3.3	Die Schulinspektion als Element der externen Evaluation	169
3.4	Schulische Selbstevaluation – ein Verfahren der internen Evaluation	171
	3.4.1 Anwendungsfelder interner Evaluationen	172
	3.4.2 Interne Evaluationen in der schulischen Praxis	176
	3.4.2.1 Kritische Einstellung der betroffenen Personen	177
	3.4.2.2 Tendenzen der Überforderung und fehlender Ressourcen	178
	3.4.2.3 Umsetzung von Leitprinzipen und Gütekriterien in externen und internen Evaluationen	180
	3.4.2.4 Wirksamkeit von Evaluationen	182
	3.4.2.5 Gewichtung von externer und interner Evaluation	183
	3.4.3 Zwischenfazit	185
3.5	Kritische Würdigung der vorgestellten Studien und Evaluationsinstrumente	186
	3.5.1 Studie zur Entwicklung von Ganztagsschulen (StEG)	186
	3.5.2 Studie zur Entwicklung von Bewegung, Spiel und Sport in der Ganztagsschule (StuBSS)	189
	3.5.3 Studie zur Evaluation des BeSS-Angebotes an offenen Ganztagsschulen im Primarbereich in seinen Auswirkungen auf die Angebote und Struktur von Sportvereinen, Koordinierungsstellen und die Ganztagsförderung des Landessportbundes NRW in Nordrhein-Westfalen (BeSS-Eva NRW)	190
	3.5.4 Selbstevaluation in Schulen (SEIS)	191
	3.5.5 Zielscheibe	195
	3.5.6 Arbeitsmaterialien für Schulen zur internen Evaluation (AMintEva-Hessen)	197
3.6	Kriterienbasierte Gegenüberstellung der vorgestellten Studien und Instrumente	198
	3.6.1 Darstellung der Kriterien- und Kategorienauswahl	198

	3.6.2 Kriterienspezifische Darstellung der gewonnenen Erkenntnisse	202
	3.6.3 Kriterien- bzw. kategorienübergreifende Darstellung der Erkenntnisse	205
3.7	Zusammenfassung des Kapitels	206

4 Zusammenfassung der theoretischen Ausführungen und Zielstellung der Arbeit — 208

5 Entwicklung und Analyse des Fragebogens „Ganztag: Interne Evaluation für Schulen" (GAINS) — 212

- 5.1 Auswahl der Befragungsmethode — 213
  - 5.1.1 Gegenüberstellung von off- und onlinebasierten Befragungsmethoden — 213
  - 5.1.2 Besonderheiten bei Online-Befragungen mit Kindern und Jugendlichen — 214
  - 5.1.3 Fazit zur Befragungsmethode — 215
- 5.2 Befragung von Experten/innen aus der schulischen Praxis (Vorstudie 1) — 215
  - 5.2.1 Methode — 216
  - 5.2.2 Ergebnisse und Diskussion — 217
- 5.3 Konzeptualisierung eines Fragebogen-Prototyps — 220
- 5.4 Zwei-Phasen-Pretest (Vorstudie 2) — 223
  - 5.4.1 Kognitive Interviews — 224
  - 5.4.2 Standard-Pretest — 227
- 5.5 Operationalisierung der zu erfassenden Merkmale in der Fragebogen-Vorform — 229
  - 5.5.1 Teil I: Angaben zur Person — 229
  - 5.5.2 Teil II: Einschätzung des gesamten Ganztagsangebots — 230
  - 5.5.3 Teil III: Einschätzung einer ausgewählten AG — 235
    - 5.5.3.1 Lernförderlichkeit (III-38a) — 240
    - 5.5.3.2 Emotionales und wertbezogenes Interesse (III-38b und III-38c) — 241
    - 5.5.3.3 Klima (Beziehung zur AG-Leitung, zwischen SuS sowie Zeitnutzung und Partizipation) (III-38d bis III-38g) — 243
  - 5.5.4 Teil IV: Optionale Erweiterung um einzelschulspezifische Fragestellungen — 249
- 5.6 Analyse der Intrarater-Reliabilität und provisorische Itemanalyse (Hauptstudie 1) — 250
  - 5.6.1 Methode — 250
    - 5.6.1.1 Stichprobenbeschreibung — 250
    - 5.6.1.2 Durchführung der Untersuchung — 251

	5.6.1.3 Auswertung der Untersuchung	252
5.6.2	Ergebnisse und Diskussion	253
	5.6.2.1 Intrarater-Reliabilität für nominalskalierte Items	253
	5.6.2.2 Intrarater-Reliabilität für ordinalskalierte Items	255
	5.6.2.3 Provisorische Itemanalyse für intervallskalierte Items	260
	5.6.2.4 Freitextantworten	261
	5.6.2.5 Zwischenfazit	262
5.7	Psychometrische Analyse der GAINS-AG-Skala (Hauptstudie 2)	265
5.7.1	Methode	265
	5.7.1.1 Stichprobenbeschreibung	265
	5.7.1.2 Durchführung der Untersuchung	266
	5.7.1.3 Auswertung der Untersuchung	267
5.7.2	Ergebnisse	269
5.7.3	Diskussion	275
	5.7.3.1 Rohwerteverteilung	275
	5.7.3.2 Itemschwierigkeit	276
	5.7.3.3 Faktorstruktur: Modell 1	277
	5.7.3.4 Faktorstruktur: Modell 2	278
	5.7.3.5 Faktorstruktur: Modell 3	281
	5.7.3.6 Faktorstruktur: Modell 4	285
	5.7.3.7 Faktorstruktur: Modell 5	287
	5.7.3.8 Faktorstruktur: Modell 6 und 7	288
5.8	Prüfung der Faktorstruktur der GAINS-AG-Skala an einer unabhängigen Stichprobe und zusätzliche Testung der Messinvarianz (Hauptstudie 3)	290
5.8.1	Methode	290
	5.8.1.1 Stichprobenbeschreibung	290
	5.8.1.2 Durchführung der Untersuchung	291
	5.8.1.3 Auswertung der Untersuchung	292
5.8.2	Ergebnisse	292
	5.8.2.1 Faktorstruktur	293
	5.8.2.2 Messinvarianz zwischen AG-Kategorien	294
5.8.3	Diskussion	297
	5.8.3.1 Faktorstruktur	297
	5.8.3.2 Messinvarianz zwischen AG-Kategorien	299
5.9	Validierung und Test-Retest-Reliabilität der GAINS-AG-Skala (Hauptstudie 4)	303
5.9.1	Methode	303
	5.9.1.1 Stichprobenbeschreibung	303
	5.9.1.2 Durchführung der Untersuchung	304
	5.9.1.3 Eingesetzte Validierungsinstrumente	305
	5.9.1.4 Auswertung der Untersuchung	312

5.9.2	Ergebnisse	312
5.9.2.1	Konvergente Validität	313
5.9.2.2	Test-Retest-Reliabilität	315
5.9.3	Diskussion	316
5.9.3.1	Konvergente Validität	316
5.9.3.2	Test-Retest-Reliabilität	320
5.10	Evaluation der Praxistauglichkeit von GAINS (Anwendungsstudie)	322
5.10.1	Installieren von Umfragetool und Fragebogen	324
5.10.2	Vorbereiten der Umfrage	326
5.10.3	Durchführen der Befragung	329
5.10.4	Auswerten der Daten	332
5.10.5	Vorstellen der Umfrageergebnisse	335
5.10.6	Fazit 336	
5.11	Zusammenfassung	338

6 Diskussion 343

6.1	Konzeptualisierung des Fragebogens	345
6.2	Ergebnisse der Hauptstudien	350
6.2.1	Analyse der Intrarater-Reliabilität (Hauptstudie 1)	350
6.2.2	Psychometrische Analyse der GAINS-AG-Skala (Hauptstudie 2)	355
6.2.3	Prüfung der Faktorstruktur der GAINS-AG-Skala an einer unabhängigen Stichprobe und zusätzliche Testung der Messinvarianz (Hauptstudie 3)	363
6.2.4	Validierung und Test-Retest-Reliabilität der GAINS-AG-Skala (Hauptstudie 4)	367
6.3	Implikationen für die schulische Praxis	369
6.3.1	Mehrwert des Einsatzes von GAINS in Einzelschulen	370
6.3.2	Anforderungen an die Schulkultur	375
6.3.3	Einzelschulische Voraussetzungen für den Einsatz von GAINS	376
6.4	Implikationen für die Ganztagsschulforschung	377
6.5	Limitationen und Ausblick	382

7 Zusammenfassung 389

Literaturverzeichnis 392

Anhang 460

Abkürzungsverzeichnis

AG	Arbeitsgemeinschaft; in dieser Arbeit gleichzusetzen mit einem Ganztagsangebot
AMintEva-Hessen	Arbeitsmaterialien für Schulen zur internen Evaluation des Landes Hessen
BeSS	Bewegung, Spiel und Sport
BeSS-Eva NRW	Studie zur Evaluation des Bewegungs-, Spiel- und Sportangebots an offenen Ganztagsschulen im Primarbereich des Landessportbundes Nordrhein-Westfalen
BMBF	Bundesministerium für Bildung und Forschung
BMFSFJ	Bundesministerium für Familie, Senioren, Frauen und Jugend
CFA	konfirmatorische Faktorenanalyse (confirmatory factor analysis)
CFI	Comparative Fit Index
DeGEval	Deutsche Gesellschaft für Evaluation
DJI	Deutsches Jugendinstitut
ESF	Europäischer Sozialfonds
ESSE	Effective School Self-Evaluation
GAINS	Fragebogeninstrument „Ganztag: Interne Evaluation für Schulen"
GAINS-AG-Skala	Skala zur Erfassung AG-spezifischer Qualitätsmerkmale
GGT	Gemeinnützige Gesellschaft Tagesheimschule e.V.
ICC	Intra-Class-Korrelationskoeffizient
IFS	Institut für Schulentwicklungsforschung
IGLU	Internationale Grundschul-Lese-Untersuchung
INIS	International Network of Innovative School Systems
IQ	Institut für Qualitätsentwicklung
ISP	Institutioneller Schulentwicklungsprozess
IT	Informationstechnologie
IZBB	Investitionsprogramm Zukunft Bildung und Betreuung
JCSEE	Joint Committee on Standards for Educational Evaluation
KMK	Kultusministerkonferenz
LASSO	Landauer Skalen zum Sozialklima
LuL	Lehrerinnen und Lehrer
MINT	Mathematik, Informatik, Naturwissenschaften und Technik
MKJS	Ministerium für Kultus, Jugend und Sport

MSWWF		Ministerium für Schule und Weiterbildung, Wissenschaft und Forschung des Landes Nordrhein-Westfalen
MuKu		**Mu**sik und **K**unst
NPM		New Public Management
OECD		Organisation for Economic Co-operation and Development
PEB		Pädagogische Entwicklungsbilanzen
PIN		Studie „Peers in Netzwerken"
PISA		Programme for International Student Assessment
PPP		Public Private Partnerships
PS		Primarstufe
RMSEA		Root Mean Square Error of Approximation
SEIS		Selbstevaluation in Schulen
Sek. I		**Sek**undarstufe **I**
SELLMO		Skalen zur Erfassung der **L**ern- und **L**eistungs**mo**tivation
SpOGATA		**Sp**ort im **G**anz**ta**g
StEG		**St**udie zur **E**ntwicklung von **G**anztagsschulen
StuBSS		**Stu**die zur Entwicklung von **B**ewegung, **S**piel und **S**port in der Ganztagsschule
SuS		**S**chülerinnen **u**nd **S**chüler
TIMSS		Third International Mathematics and Science Study
TLI		Tucker-Lewis Index
UNESCO		Organisation der Vereinten Nationen für Erziehung, Wissenschaft und Kultur
WLSMV		Weighted Least-Squares with Mean and Variance Adjustments

Abbildungsverzeichnis

Abbildung 2.1: Ganztagsschule: Begründungen, Zielsetzungen und
Erwartungen 112
Abbildung 2.2: Input-Prozess-Outputmodell der Ganztagsschulqualität
nach Fischer et al. (2012, S. 9; 2016, S. 13) 116
Abbildung 5.1: Entwicklungsphasen des GAINS-Fragebogens 212
Abbildung 5.2: Faktorladungen (alle ps ≤ .002) und Interskalenkorrelationen (alle ps < .001) der CFA für das
ursprünglich postulierte 7-Faktormodell (N = 276;
Faktorladungen < .400 und Interskalenkorrelationen
> .900 hervorgehoben; III-38a bis III-38g) 270
Abbildung 5.3: Faktorladungen (alle ps < .001) und Interskalenkorrelationen (alle ps < .001) der CFA für das
4-Faktormodell (N = 276; für die zugehörigen Items
vgl. Kap. 5.5.3) 273
Abbildung 5.4: Faktorladungen (alle ps < .001) der CFA für das
hierarchische Modell zweiter Ordnung mit vier Faktoren
erster Ordnung (N = 276, für die zugehörigen Items
vgl. Kap. 5.5.3) 274
Abbildung 5.5: Faktorladungen (alle ps ≤ .001) und Interskalenkorrelationen (alle ps < .001) der CFA für das finale
4-Faktormodell (N = 781; für die zugehörigen Items
vgl. Tab. 5.22) 294

Tabellenverzeichnis

Tabelle 2.1:	Verbindung der pädagogischen Leitziele des BMBF (2003b, S. 6) mit etablierten ganztagsspezifischen Termini der Fachwissenschaft	82
Tabelle 3.1:	Differenzierte Definition des Evaluationsbegriffes (modifiziert nach Strittmatter, 2007, S. 97)	165
Tabelle 3.2:	Erhebung der Angebotsvielfalt in StEG der ersten Förderwelle (StEG-Konsortium, 2010, S. 22)	188
Tabelle 3.3:	Kategorien- bzw. kriterienbasierte Gegenüberstellung ausgewählter Ganztagsstudien bzw. schulinterner Evaluationsinstrumente	200
Tabelle 5.1:	Beschreibung der befragten Experten/innen	216
Tabelle 5.2:	Außerschulische Freizeitaktivitäten (I-7)	230
Tabelle 5.3:	Gründe für die Nicht-Teilnahme am Ganztagsangebot [noch nie] (II-13)	231
Tabelle 5.4:	Gründe für die Nicht-Teilnahme am Ganztagsangebot [nicht mehr] (II-14)	232
Tabelle 5.5:	Gründe für die Teilnahme am Ganztagsangebot (II-21)	233
Tabelle 5.6:	Kriterien für die Wahl von AGs (II-24)	234
Tabelle 5.7:	Wahrgenommene Auswirkungen der Ganztagsteilnahme auf die Lebenswelt (II-27)	234
Tabelle 5.8:	Mehrfachauswahloptionen zu Gründen für die AG-Wahl (III-35a und III-35b)	236
Tabelle 5.9:	Items der Subskala Lernförderlichkeit (III-38a)	241
Tabelle 5.10:	Items der Subskala zum emotionalen Interesse (III-38b)	242
Tabelle 5.11:	Items der Subskala zum wertbezogenen Interesse (III-38c)	243
Tabelle 5.12:	Items der Subskala Klima (Beziehung zur AG-Leitung) (III-38d)	245
Tabelle 5.13:	Items der Subskala Klima (Beziehung zwischen SuS) (III-38e)	246
Tabelle 5.14:	Items der Subskala Klima (Zeitnutzung) (III-38 f)	247
Tabelle 5.15:	Items der Subskala Klima (Partizipation) (III-38g)	248
Tabelle 5.16:	Mehrfachauswahloptionen zu Gründen für die Nicht-Wiederwahl (III-42)	249
Tabelle 5.17:	Ordinalskalierte Items mit $\kappa_{quadr} < .400$ ($N = 64$; I-7; II-15; II-27; II-24)	256
Tabelle 5.18:	Items der GAINS-AG-Skala mit $r_{it} < .30$ bzw. $M > 3.40$ ($N = 64$; III-38d bis III-38g)	261

Tabelle 5.19:	Aufgrund von Hauptstudie 1 modifizierte Fragen bzw. Items	264
Tabelle 5.20:	Gütemaße der konfirmatorisch geprüften Modelle ($N = 276$; Erläuterungen zu den Modellen s. Text)	271
Tabelle 5.21:	Im Verlauf der Skalenrevision ausgeschlossene Items	279
Tabelle 5.22:	Finale Items und Faktoren der GAINS-AG-Skala	287
Tabelle 5.23:	Übersicht der aus Hauptstudie 3 ausgeschlossenen Datensätze	291
Tabelle 5.24:	Gütemaße von hierarchischem und nichthierarchischem Faktormodell ($N = 781$)	293
Tabelle 5.25:	Gütemaße des nichthierarchischen 4-Faktormodells getrennt nach AG-Kategorien	295
Tabelle 5.26:	Messinvarianz zwischen den AG-Kategorien	296
Tabelle 5.27:	Ursprüngliche und adaptierte Items zur Validierung der Subskala „Lernförderlichkeit"	306
Tabelle 5.28:	Ursprüngliche und adaptierte Items zur Validierung der Subskala „Interesse"	307
Tabelle 5.29:	Ursprüngliche und adaptierte Items zur Validierung der Subskala „Pädagogische Unterstützung"	309
Tabelle 5.30:	Ursprüngliche und adaptierte Items zur Validierung der Subskala „Lerngemeinschaft"	310
Tabelle 5.31:	Interkorrelationen der GAINS-AG-Subskalen mit den Validierungsskalen (Gesamtstichprobe, $N = 276$)	313
Tabelle 5.32:	Interkorrelationen der GAINS-AG-Subskalen mit den Validierungsskalen nach AG-Kategorien, Geschlecht und Jahrgangsstufen	314
Tabelle 5.33:	Test-Retest-Reliabilität der GAINS-AG-Subskalen (Korrelationskoeffizient nach Pearson, 14-tägiges Intervall) nach AG-Kategorien, Geschlecht und Jahrgangsstufen	315
Tabelle 5.34:	Test-Retest-Reliabilität der GAINS-AG-Subskalen (unjustierter ICC (3,1), 14-tägiges Intervall) nach AG-Kategorien, Geschlecht und Jahrgangsstufen	316
Tabelle 5.35:	Beschreibung der für die Anwendungsstudie herangezogenen Schulen in der Reihenfolge ihrer Teilnahme	323
Tabelle 5.36:	Zusammenfassung der zentralen Kennwerte des GAINS-Instruments	342
Tabelle 6.1:	Vorbereitende Fragen zur Durchführung einer Evaluation an der Einzelschule in Anlehnung an Berkemeyer et al. (2016, S. 226)	376

Tabelle 6.2: Gegenüberstellung von Qualitätsdimensionen für Ganztagsangebote in GAINS, StEG bzw. StEG-S (in Klammern: Anzahl der in GAINS enthaltenen bzw. für GAINS adaptierten Items) 379

Einleitung

Die aktuelle Debatte um Organisation und Steuerung des Schulsystems ist vorrangig durch den Effizienzgedanken bestimmt. Im Neuen Steuerungsmodell (Altrichter & Maag Merki, 2016) wird dieser anhand von betriebswirtschaftlichen Kriterien zur strategischen Steuerung von Verwaltung in der Vordergrund gestellt, wodurch Schulen auf der Grundlage verbindlicher Standards Gestaltungsspielräume eröffnet werden, um die zur Verfügung gestellten Ressourcen zur Förderung der Schülerinnen und Schüler (SuS)[1] bestmöglich einzusetzen. Dabei hat sich die schulische bzw. unterrichtliche Qualität zunächst an verbindlichen Standards zu orientieren und soll dann mittels einer ergebnisorientierten Evaluation gesichert bzw. unter Einbeziehung von Managementtechniken der Privatwirtschaft weiterentwickelt werden (KMK, 2002a, S. 6 f). Die entscheidende Grundlage für den Paradigmenwechsel von der Input- zur Outputsteuerung bildet dabei die Entdeckung der Einzelschule als Gestaltungseinheit (Fend, 1986) bzw. „Motor der Schulentwicklung" (Dalin & Rolff, 1990). Spätestens mit dem schlechten Abschneiden Deutschlands in internationalen Leistungsvergleichsstudien wie der *Third International Mathematics and Science Study* (TIMSS; Baumert, Bos & Lehmann, 2000) und dem *Programme for International Student Assessment* (PISA; Baumert et al., 2001) setzt sich auch in der Bildungsadministration die Einsicht durch, dass Schulentwicklungsprozesse deutlich wirksamer initiiert und gestaltet werden können, wenn diese auf die Umgebungsbedingungen vor Ort abgestimmt sind.

Um die Jahrtausendwende gewinnen darüber hinaus non-formale bzw. informelle Bildungsprozesse zunehmend an Bedeutung (z. B. UNESCO, 1997; Europäischer Rat, 2000; EU-Kommission, 2001; OECD, 2001a). Im strukturellen Wandel wird die Strategie des lebenslangen Lernens als Konstante gesehen, um Qualifikationen zur Bewältigung arbeitsmarktlicher und gesellschaftlicher Anforderungen erwerben zu können. Hierzu ist der Aufbau einer neuen Lehr- und Lernkultur an den Schulen notwendig. Das Konzept der Ganztagsschule wird fortan als „Wundermittel zur Heilung der deutschen Bildungsmisere" (GGT, 2003, S. 1) auserkoren, wodurch vonseiten der Einzelschule nun auch

---

1 In dieser Arbeit wird an möglichst vielen Stellen eine Bezeichnung bzw. Abkürzung gewählt, die alle Geschlechter einschließt (z. B. SuS oder geschlechtsneutraler Begriff). Dagegen wird an Stellen, an denen dieses Vorgehen zu einer erschwerten Lesbarkeit des Textes führen würde, auf das generische Maskulinum zurückgegriffen. Somit wird die Verständlichkeit und Klarheit des Textes über die Verwendung geschlechtergerechter Sprache gestellt.

professionelle Selbststeuerungsfähigkeiten im ganztägigen Kontext verlangt werden. Nach einer Phase des raschen quantitativen Auf- und Ausbaus kommen Studien (z. B. Fischer et al., 2016) zu dem Ergebnis, dass Ganztagsschulen grundsätzlich das Potenzial besitzen, die an sie gestellten Forderungen im Hinblick auf eine umfassende Entwicklung der Persönlichkeit der SuS zu erfüllen – allgemeingültige Handlungsempfehlungen können aufgrund der Heterogenität der deutschen Ganztagsschullandschaft jedoch nicht gegeben werden. Aus diesem Grund rücken aktuell Fragen zur Qualität der Einzelschule im ganztägigen Kontext bzw. ihrer Ganztagsangebote in den Mittelpunkt.

Ein auf den Ganztag abgestimmtes Qualitätsmanagementsystem kann an der Einzelschule jedoch nicht ohne Weiteres etabliert werden: Unter anderem führen schwach ausgeprägte methodische Qualifizierungen der Lehrkräfte, fehlende zeitliche, finanzielle und personelle Ressourcen sowie oftmals negative Grundeinstellungen gegenüber der meist wenig optimierten Evaluationspraxis dazu, dass schulinterne Evaluationskultur bislang „keine Stärke schulischer Entwicklungsarbeit" (Kuhn, 2015, S. 94) darstellt. Darüber hinaus wird der Ganztagskontext bislang von so gut wie keinem der vorliegenden Evaluationsinstrumente aufgegriffen. Bei den zur Verfügung stehenden Fragebögen zur internen Evaluation ist zudem eine Ergänzung um einzelschulrelevante Themen und Fragestellungen, wenn überhaupt, nur sehr bedingt möglich. Aufgrund schlechter Passung mit der einzelschulischen Realität können Schulentwicklungsprozesse außerdem nur schwer aus wissenschaftlichen Studien abgeleitet werden. Einschränkend kommt hinzu, dass bisherige Untersuchungen nicht angemessen zwischen den verschiedenen Arten von Ganztagsangeboten differenzieren. So werden beispielsweise Bewegungs-, Spiel- und Sportangeboten (BeSS) trotz ihrer bedeutenden Stellung nicht die angemessene Beachtung geschenkt, obwohl ihnen u. a. eine besondere Rolle als Bindeglied zwischen schulischer und außerschulischer Bildung, zwischen Vormittag und Nachmittag sowie zwischen formellem und nicht-formellem Lernen zukommt (Hildebrandt-Stramann & Laging, 2016, S. 247). Auch die Meinung der SuS wird nur selten berücksichtigt – sie stellt bislang eher einen blinden Fleck der (Ganztags-)Schulforschung dar (Feichter, 2015). Die Kinder und Jugendlichen spielen jedoch als Hauptakteure im ganztagsschulischen Setting eine entscheidende Rolle und sollen ihre Schule als ein „Haus des Lebens und Lernens" (Pesch, 2006, S. 59) erfahren und partizipativ mitgestalten (z. B. Althoff, 2014; Derecik, Kaufmann & Neuber, 2013).

Gegenstand dieser Arbeit ist daher die Entwicklung eines ressourcenschonenden und auf den Ganztag ausgerichteten Fragebogeninstruments, das die Perspektive der SuS erfasst, BeSS-Angebote adäquat berücksichtigt und um einzelschulische Themen und Fragestellungen erweitert werden kann. Damit ist die Hoffnung verbunden, das zweifellos vorhandene Potenzial von Ganztagsschulen besser als bisher auszuschöpfen, indem die Einzelschule im wörtlichen

Sinne Gewinne („GAINS") für die Entwicklung des schuleigenen Ganztagsschulprogramms erzielen kann.

Hierzu werden vor dem *theoretischen* Hintergrund steigender Anforderungen an die Einzelschule in *Kapitel 1* zunächst die Reformphasen des deutschen Schulsystems beleuchtet. Diese führen zu steigenden Erwartungen und Anforderungen an die Einzelschule, obwohl sich deren formale Organisationstruktur bislang nicht wesentlich verändert hat. Der Umsetzung von Innovationen stehen jedoch institutionelle und organisatorische Probleme entgegen. Zusätzliche Herausforderungen werden in *Kapitel 2* in Form gesellschaftlicher Veränderungen und politischer Notwendigkeiten beschrieben, die zu einer Erstarkung des Ganztagsschulkonzepts führen. Anschließend wird ausgeführt, dass beim Auf- und Ausbau von Ganztagsschulen vorrangig organisatorische Merkmale eine Rolle gespielt haben, wobei die Aufgabe der pädagogischen Ausgestaltung der Einzelschule zuteilwird. Einer Darstellung der Leitziele des Bundesministeriums für Bildung und Forschung (BMBF) und ihrer empirischen Fundierung folgt ein Abgleich mit dem aktuellen Forschungsstand. In *Kapitel 3* werden zunächst die Leitprinzipien für Evaluationen im Bildungssektor betrachtet, die internen Evaluationen zugrunde liegen sollten. Anschließend wird aufgezeigt, inwieweit Einzelschulen der Aufforderung nach interner Evaluation vonseiten der Bildungsadministrationen nachkommen. Hierzu wird exemplarisch dargelegt, welche Instrumente den Schulen zur Verfügung stehen und wie interne Evaluationen in der schulischen Praxis rezipiert werden. Ob diese Instrumente wissenschaftlichen bzw. ganztagsschulpraktischen Anforderungen genügen, wird anhand einer kriteriengeleiteten Gegenüberstellung ergründet. Basierend auf den bisherigen Darstellungen wird in *Kapitel 4* die Zielstellung der vorliegenden Dissertation hergeleitet.

Diese besteht auf *empirischer* Ebene in der Entwicklung eines Fragebogens zur Bewertung des Ganztagsangebots aus der Perspektive der SuS. Hierzu wird in *Kapitel 5* nach Auswahl der Online-Befragungsmethode die Konzeptualisierung des Fragebogens „Ganztag: Interne Evaluation für Schulen" (GAINS) unter Einbezug der Meinung von Experten/innen aus der ganztagsschulischen Praxis sowie eines Zwei-Phasen-Pretests mit SuS vorgestellt. In der Folge werden die zur Prüfung des Fragebogens auf wissenschaftliche Gütekriterien durchgeführten Studien dokumentiert und deren Ergebnisse diskutiert, wobei ein Schwerpunkt auf der Entwicklung der Skala zur Erfassung angebotsspezifischer Qualitätsmerkmale liegt. Abschließend wird die Erprobung von GAINS in der einzelschulischen Praxis erläutert. In *Kapitel 6* erfolgt die Auseinandersetzung mit den empirischen Ergebnissen im Rahmen einer Gesamtdiskussion. Zudem werden Implikationen für die schulische Praxis und Ganztagsschulforschung sowie Limitationen und Hinweise auf die weiterführende Arbeit dargestellt.

1 Schulentwicklung

In der aktuellen Bildungsdebatte ist der Begriff *Schulentwicklung* nahezu auf allen Ebenen des Schulsystems omnipräsent, ohne dabei tatsächlich inhaltlich klar zu sein. So äußert sich Hans-Günter Rolff (2013), ein Schulentwicklungsforscher der ersten Stunde in Deutschland, wie folgt:

> Fast alle Maßnahmen von Politik und Verwaltung, sogar Sparmaßnahmen, werden Schulentwicklung genannt. Fast alle, die mit Schulen arbeiten, Lehrkräfte fortbilden oder beraten, nennen sich Schulentwickler, und fast alles, was Schulen betreiben, wird mit dem Etikett der Schulentwicklung versehen. Der Begriff erscheint ebenso populär wie inflationär. (S. 11)

Das Zitat macht deutlich, wie undifferenziert und vielfältig der Begriff der Schulentwicklung gegenwärtig verwendet wird. Im folgenden Kapitel gilt es daher zunächst, diesen Terminus genauer zu beleuchten (vgl. Kap. 1.1), bevor die verschiedenen Phasen der Schulentwicklung in Deutschland dargestellt werden (vgl. Kap. 1.2). Warum Schulentwicklungsprozesse in den meisten deutschen Schulen nicht in der angestrebten Art und Weise ablaufen, wird im Anschluss erörtert (vgl. Kap. 1.3).

1.1 Begriffsbestimmung

Wie bereits aus dem Zitat von Rolff (2013, S. 11) hervorgeht, werden verschiedenste Maßnahmen mit dem Begriff der Schulentwicklung betitelt, die dabei auf unterschiedlichen Ebenen agieren. Dies betrifft sowohl die Politik und die Verwaltung, die Einzelschule als auch ihre jeweilige Schülerschaft. Betrachtet man Schulentwicklung genauer, so lassen sich je nach Autor und Zeitpunkt der Veröffentlichung unterschiedliche Schwerpunktsetzungen erkennen. Einige ausgewählte und richtungsweisende Beschreibungen von Schulentwicklung sollen hier kurz skizziert werden.

Bereits in den 1980er Jahren befassen sich Van Velzen, Miles, Ekholm, Hameyer und Robin (1985) im Rahmen des *International School Improvement Projects* mit diesem Thema und bezeichnen Schulentwicklung als eine „… systematische, von allen Beteiligten unterstützte Bemühung, die Lernbedingungen und andere damit verbundene interne Bedingungen in einer oder mehreren Schulen zu verändern, mit der übergeordneten Absicht, ihre Ziele wirksamer zu erreichen" (S. 48). Auch Fullan (1991, zitiert nach Huber, 2005) richtet in seinen Ausführungen den Fokus auf die Schule. Er erläutert, dass Schulentwicklung „als Hilfe für Schulen, ihre Ziele wirksamer zu erreichen, indem Strukturen, Inhalte, Verhaltensrepertoires oder Gewohnheiten durch bessere ersetzt werden" (S. 51 f), anzusehen ist.

Werden in den gerade benannten Definitionen Effizienz- und Zielorientierung betont, nennen Hopkins und Lagerweij (1996, zitiert nach Huber, 2005, S. 51) weit mehr Aspekte, um Schulentwicklung zu beschreiben und stellen diese dar als

- ein Mittel, geplante Bildungsreformen in die Praxis umzusetzen,
- eine Notwendigkeit gerade bei einer Fülle neuer zentraler Vorgaben zu Innovationen, um Prioritäten zur Umsetzung für die Einzelschule zu gewinnen,
- einen Prozess, der externe Unterstützung und Beratung erfordert,
- eine Stärkung der Problemlöse- und Veränderungskompetenz der Schule,
- eine Maßnahme, um den Lehr-Lern-Prozess zu verbessern sowie
- ein Mittel zur Verbesserung der Schülerleistungen (im weitesten Sinne).

Huber (2005) wiederum formuliert vergleichbar zu der eingangs zitierten Aussage von Rolff (2013) folgende zentrale Merkmale. „Schulentwicklung [kann] als jegliche Bemühung gesehen werden, Schulen so zu verändern, dass Schüler dort günstige Lernbedingungen vorfinden, damit Lehr- und Lernziele effektiver und effizienter erreicht werden" (S. 50). Ebenfalls ist sie „als das Bemühen, eine gute schulische Arbeitsatmosphäre zu schaffen, in der sich Schüler wohl fühlen und Erziehungs- und Bildungsziele sinnvoll vermittelt werden" (S. 50) zu verstehen und es besteht die Möglichkeit, Schulentwicklung als „eine weitgehende Optimierung der Strukturen und des Einsatzes von Ressourcen (sowohl finanziell als auch personell)" (S. 50) zu sehen.

Auch wenn sich die dargestellten Interpretationen von Schulentwicklung im Detail unterscheiden, kann der Begriff zusammenfassend als das Bemühen verstanden werden, die Lernbedingungen und damit auch die Schülerleistungen im Zuge einer Fokussierung auf den Lehr-Lern-Prozess zu verbessern. Dies gilt ebenfalls für die Bedingungen, die diesem Prozess zugrunde liegen (dazu Krainz-Dürr, 2006; Madelung & Weisker, 2006). Hierfür ist es notwendig, auf den bereits beschriebenen Ebenen entsprechend günstige Bedingungen zu entwerfen und zu etablieren. Die angestrebten Veränderungsmaßnahmen müssen sich dabei jeweils an einer genauen Zielorientierung ausrichten und diese, zumindest indirekt, unterstützen. Dazu muss nach Huber (2005, S. 15) externe Unterstützung vorhanden sein und bereitgestellt werden. Einen weiteren positiven Einfluss auf zentrale Lehr- und Lernprozesse haben Strategien, welche im Sinne einer Infrastruktur die innerschulischen Bedingungen und Voraussetzungen schaffen, damit eine Verbesserung des Unterrichtens und Rezipierens lanciert werden kann (Huber, 2005; Senff, 2014, S. 32).

1.2 Von der zentralistischen Schulplanung zur Emanzipation der Einzelschule

Gegenwärtig befindet sich das deutsche Schulsystem in einer Phase der Reorganisation, in der das Verhältnis von zentralstaatlicher Steuerung und lokaler Schulgestaltung neu geordnet werden soll. Mit den aktuellen Reformen, die alle unter dem Begriff der *Schulautonomie*[2] verortet werden können, sollen dabei vorrangig die Dezentralisierung des Schulsystems vorangetrieben werden, z. B. durch eine Stärkung der Selbstständigkeit von Schulen oder durch die Ausweitung der Ganztagsangebote (van Ackeren & Klemm, 2009, S. 103 f.). Als Auslöser für den Wandel, der den vielfach zitierten Paradigmenwechsel im Schulsystem mit sich bringt, können verschiedene Faktoren genannt werden. Neben der wachsenden Bedeutung internationaler Leistungsvergleichsstudien (dazu Maag Merki, 2009, S. 157 f.) haben die Theorien des *New Public Management* (NPM) einen beachtlichen Einfluss, indem diese zur Übernahme betriebswirtschaftlicher Effizienzkriterien im Zuge einer Verwaltungsreform, auch bekannt als *Neues Steuerungsmodell* (Rolff, 1995; dazu auch Tarazona & Brückner, 2016, S. 75 f.), führen. Allerdings wird der Diskurs um eine Stärkung der Handlungsverantwortung der Einzelschule nicht erst seit dem „PISA-Schock" oder der Debatte um Steuerungsmodelle geführt, sondern resultiert auch – und zwar in nicht unerheblichen Maßen – aus den Ergebnissen der Schulentwicklungsforschung (dazu Townsend, 2007, S. 131 f.).

Um die Herausforderungen, vor denen Einzelschulen aktuell stehen, besser nachvollziehen zu können, werden im Folgenden die verschiedenen Phasen der Schulentwicklung chronologisch nachgezeichnet: Auf den Beginn der (internationalen) Schulentwicklungsforschung in den 1960er bzw. 1970er Jahren (vgl. Kap. 1.2.1) und ersten Deregulierungsdebatten (vgl. Kap. 1.2.2) folgt die Krise der Außensteuerung (vgl. Kap. 1.2.3), die in schulautonome Reformen (vgl. Kap. 1.2.4) und in der Folge in einen Wandel von Input- zu evidenzbasierter

---

2   Aus etymologischer Perspektive kann der Begriff *(Schul-)Autonomie* den griechischen Wörtern *autos* (selbst) und *nómos* (Gesetz) zugeordnet werden. Per jure kann allerdings keiner Instanz, sondern nur einer einzelnen Person Autonomie zugesprochen werden, weswegen diese Begriffsverwendung nicht nur juristisch falsch ist, sondern im Schulkontext auch irreführende Wirkung erzielt. In Anlehnung an Avenarius (1997) und Rolff (1994) soll unter Autonomie im Folgenden Selbst- und Eigenständigkeit bzw. erweiterte Verantwortung verstanden werden (vgl. dazu Kap. 1.2.4).

Outputsteuerung mündet (vgl. Kap. 1.2.5). Abschließend wird dargestellt, warum die Einzelschule in der aktuellen Phase der Regionalisierung vor weiteren Herausforderungen steht (vgl. Kap. 1.2.6).

1.2.1 Der Beginn der Schulentwicklungsforschung

Ihren historischen Ursprung findet die *School Effectiveness Research* in den Studienergebnissen des amerikanischen Soziologen James S. Coleman (Coleman et al., 1966), der im Auftrag der US-amerikanischen Regierung die Bildungsmöglichkeiten der verschiedenen Bevölkerungsgruppen des Landes auf Chancengleichheit überprüft. Der sogenannte „Coleman Report", der mit einer Stichprobengröße von $N = 645.504$ bis heute eines der größten sozialwissenschaftlichen Forschungsprojekte darstellt, zeichnet das für das Bildungswesen düstere Bild, dass nicht die besuchte Schule, sondern der sozioökonomische familiäre Hintergrund verantwortlich für den schulischen Erfolg der SuS sei. Die aus den Ergebnissen abgeleitete These „Schools do not matter"[3] bzw. „Schools do not make a difference" (Jencks et al., 1972) sorgt in der internationalen Fachwelt für großes Aufsehen und wird in den Folgejahren auf ihren Wahrheitsgehalt hin überprüft und diskutiert. „Schools DO make a difference" (Tanner & Tanner, 1974, S. 471) oder „Schools matter" (Rutter, Muaghan, Mortimer & Ouston, 1979) lautet vielerorts die Antwort, welche z. B. durch Studien von Brookover, Beady, Flood, Schweitzer und Wisenbaker (1979) und Edmonds (1979) in den USA, von Reynolds (1976), Reynolds und Murgatroyd (1977) in Großbritannien sowie von Rutter, Muaghan, Mortimer und Ouston (1980) in Deutschland empirisch bestätigt wird (Huber, 2005, S. 42).

Im Vergleich zum angloamerikanischen Raum beginnt die *Schulentwicklungsforschung im deutschsprachigen Raum* mit wenigen Jahren Verzögerung, wobei die Gründungen des Zentrums für Schulversuche und Schulentwicklung 1971 in Klagenfurt sowie des Instituts für Schulentwicklungsforschung (IFS)

---

3   Eine Feststellung dieser Art lässt sich im Bericht von Coleman et al. (1966) nicht finden. Stattdessen heißt es an entsprechender Stelle: „The first finding is that the schools are remarkably similar in the way they relate to the achievement of their pupils when the socioeconomic background of the students is taken into account. It is known that socioeconomic factors bear a strong relation to academic achievement. When these factors are statistically controlled, however, it appears that differences between schools account for only a small fraction of differences in pupil achievement." (p. 21 f). Dennoch wird die in der Öffentlichkeit inhaltlich verkürzte und fehlinterpretierte wiedergegebene Aussage „Schools do not matter" in einer Reihe von Studien und Stellungnahmen aufgegriffen, um den Gehalt der Studie zu diskutieren (z. B. Borman & Dowling, 2010, S. 1201 f; Chester, 1981, S. 510 f; Scott & Marshall, 2009; Sorensen, 1996, S. 207 f; Viteritti, 1999, S. 80 f).

1972 an der Universität Dortmund[4] eine zentrale Rolle spielen. Während in Dortmund der Fokus zu Beginn v. a. auf der Schulentwicklungs*planung* lag, also der Planung der äußeren Schulangelegenheiten wie z. B. des Standorts, erweitert sich das Begriffsverständnis in den folgenden Jahren dahingehend, dass fortan die Planung des kompletten Schulsystems verfolgt wird (Rolff, 2013, S. 11).

1.2.2 Erste Deregulierungsdebatten

Wenngleich sich die Schulentwicklungsforschung wie oben erwähnt in den 60er und 70er Jahren des letzten Jahrhunderts in Deutschland etabliert, so ist bereits in den 1950er Jahren festzustellen, dass erste Bestrebungen zur Erweiterung der schulischen Handlungskompetenzen stattfinden.

Wie Flitner (1954) darstellt, wird bereits 1951 in der Konferenz *Universität und Schule* zwischen Vertretern der Höheren Schulen, Hochschulen und der Schulverwaltung über die Ausgestaltung der Lehrpläne debattiert, da die 1945 erhobene Forderung nach Leistungssteigerung „das geistige Leben durch die Fülle des Stoffes zu ersticken" (S. 127 f) drohe. Mit den *Tübinger Beschlüssen* wird eine Resolution verabschiedet, die den öffentlichen und privaten Schulen gewährt, ihre Lehrkörper frei zusammenzustellen, den Lehrplan zum Zwecke der Vertiefung in das Wesentliche freier zu gestalten und die Prüfungsfächer im Abitur in Absprache mit den Ministerialbehörden zu beschränken.

Eine Überfrachtung der SuS mit fachlichen Inhalten erkennt auch Hellmut Becker 1954. Sein Merkur-Aufsatz *Die verwaltete Schule* erregt zur damaligen Zeit großes Aufsehen, da er – in Anlehnung an die Reformpädagogik – die Schule der damaligen Gegenwart als „Abbild des autoritären Verwaltungsstaates" (S. 1156) bezeichnet und behauptet, sie basiere auf dem Prinzip des „fein ersonnenen Mechanismus des Lernzwangs ohne Begeisterung" (S. 1162). So schlägt Becker (1954) den schrittweisen Ausbau der schulischen Selbstverwaltung vor, um

> den Staatsabsolutismus, der vielleicht in keinem Bereich so beharrlich ist wie in dem der Schule, zu überwinden, ohne die Vorteile der organisatorischen Zusammenfassung und gemeinsamer Gesichtspunkte über größere Gebietsteile hinweg ganz aufzugeben. (S. 1156 f)

---

4 Das IFS ging aus der Errichtung einer Arbeitsstelle für Schulentwicklungsforschung an der Pädagogischen Hochschule Ruhr hervor (Rolff, 2013, S. 11).

Ungeachtet der Bestrebungen, die den Tübinger Beschlüssen und dem Aufsatz von Becker innewohnen, kommt es jedoch zunächst zu keinen großen Veränderungen im Schulwesen. Erst 1973 wird mit der Veröffentlichung einer Schrift des Deutschen Bildungsrats eine weitere Reform des Bildungswesens angestoßen, die erste Dezentralisierungs- und Kommunalisierungsmaßnahmen als Elemente einer strukturellen und organisatorischen Reform des Bildungswesens als Ziel vorgibt. Die Bestrebungen des Artikels mit der bezeichnenden Überschrift „Verstärkte Selbstständigkeit der Schule und Partizipation der Lehrer, Schüler und Eltern" (Deutscher Bildungsrat, 1973) kommen den heutigen Zielsetzungen der Schulentwicklung bereits sehr nahe und können damit als wichtiger Vorgriff auf die Zukunft angesehen werden. Allerdings entfalten diese Ziele zum damaligen Zeitpunkt nur eine geringe Wirkung (Berkemeyer, 2010, S. 102 f). Ähnlich verhält es sich mit der Forderung nach stärkerer Schulautonomie in der Publikation des Deutschen Juristentags 1981, die inhaltlich mit dem Ziel verbunden ist, die Gesellschaft zu demokratisieren und die pädagogische Freiheit zu schützen (Altrichter, Rürup & Schuchart, 2016, S. 119).[5] Sie stößt in der Mehrzahl der Administrationen der Kultusministerien nur bedingt auf Resonanz und erfährt keine bildungspolitische Umsetzung.

1.2.3 Die Krise der Außensteuerung

Bei Betrachtung des *Systems Schule* im Hinblick auf seine hierarchischen Strukturen, so ist festzuhalten, dass die Einzelschulen bis in die 1980er Jahre das letzte Glied einer administrativen Kette sind, die von der zentralen Bildungsverwaltung im Auftrag der Bildungspolitik nach dem Top-down-Prinzip gelenkt wird (Altrichter & Rürup, 2010, S. 113). Das Prinzip der bürokratisch-hierarchischen Steuerung der Schulen durch eine zentrale Bildungsverwaltung weicht in der „Krise der Außensteuerung" (Rolff, 1998, S. 299) einer Fokussierung auf die Einzelschule, da viele Planungen auf Systemebene häufig scheiterten. Exemplarisch nennen Rolff und Tillmann (1980, S. 239) den Stopp des Baus weiterer integrierter Gesamtschulen in Hessen ab 1974, das Stoppen der Pläne einer kooperativen Gesamtschule in Nordrhein-Westfalen 1978 oder den Stillstand bei der Fortschreibung des Bildungsgesamtplans 1979 wegen der Widerstände von Öffentlichkeit und Politik, aber auch aufgrund der bis dato noch geringen Erkenntnisse aus der jungen Schulentwicklungsforschung. Im Beitrag des ersten Jahrbuchs der Schulentwicklung des IFS bringen Rolff und

---

5 Eine ausführliche Darstellung des schulischen Autonomiediskurses in Deutschland liefern z. B. Altrichter, Rürup und Schuchart (2016, S. 116 f), Geiss und De Vincenti (2012, S. 7 f) sowie Reble (1999, S. 276 f).

Tillmann (1980, S. 239) ihre Ansichten zur Außensteuerung auf den Punkt: „Nichts wurde so realisiert, wie es geplant war". Mit dieser Feststellung identifizieren die Autoren die besondere Problematik der Umsetzung und Implementierung, welche sich durch die „top-down-Steuerung" (Bonsen, 2016, S. 302) ergibt.

In Anlehnung an Miles und Hubermann (1984) führt Rolff (1993; zitiert nach Feldhoff, 2011) folgende drei Gründe für das Scheitern der zentralistischen Strategien auf:

1. Sie unterliegen der falschen Annahme, dass eine Innovation auf alle Schulen gleichermaßen übertragen werden kann,
2. sie unterschätzen die Selbstorganisation der Schule, da sie Lehrkräfte eher als Konsumenten denn als Transformatoren externer Ansprüche betrachten, und
3. sie gehen von der mittlerweile oft widerlegten Annahme aus, dass Innovationen zielgetreu implementiert werden. (S. 14)

Die bis dato vorherrschende Fokussierung auf die Systemebene, die Schulstruktur und Schulverwaltung[6] verschiebt sich in den 1980er Jahren hin zu Fragen der Qualität der Einzelschule (Berkemeyer, 2012, S. 48; Heinrich, 2007, S. 48). Als Triebfeder des in der Folge häufig zitierten Paradigmenwechsels von der Makro- zur Mikroperspektive im Schulsystem (z. B. Fend, 2006, S. 109; Heinrich, 2007, S. 306; Marschner, 2014, S. 173) sind v. a. die *Befunde der Innovationsforschung* zu nennen, welche im Folgenden ausgeführt werden.

Aufgrund der Stagnation in vielen zentralstaatlich gesteuerten Bildungssystemen der Länder der Organisation für wirtschaftliche Zusammenarbeit und Entwicklung (OECD) entstehen v. a. im angelsächsischen Raum einige Studien, die sich mit den Gelingens- und Misslingensbedingungen schulischer Innovationen auseinandersetzen. Die Entdeckung der Wichtigkeit von Implementationsprozessen[7] bei der Umsetzung von Reformen führen zu der Einsicht, dass oftmals notwendiges zentrales Steuerungswissen fehlt, um die einzelschulischen Belange abdecken zu können (Feldhoff, 2011, S. 14; Rolff, 2013, S. 12). Die Ergebnisse der Studien zeigen, „dass sich die Umsetzung und damit auch der Erfolg von Plänen nicht auf der staatlichen Ebene, sondern auf der Ebene von Einzelschulen entscheidet" (Rolff, 1993, S. 106). Besonderen Einfluss haben

---

6   Zu den Vor- und Nachteilen staatlicher Trägerschaft siehe Stecher, Krüger und Rauschenbach (2011, S. 12 f).
7   Rolff (2013, S. 12) betont dabei, dass eine Übersetzung von Implementation mit Aus- und Durchführung nicht genau sei, da darunter ebenfalls Entscheidungs- und Kontrollprozesse zu verstehen sind.

nach Rolff (2013, S. 12 f) dabei die Befunde der RAND-Corporation (Berman & McLaughlin, 1974). Danach ist der Erfolg von Entwicklungsprozessen u. a. daran zu messen, inwiefern die handelnden Personen vor Ort, d. h. an der betroffenen Schule, mit eingebunden und geschult sind, aktiv mitentwickeln und mitarbeiten sowie einen unterstützenden organisatorischen Rahmen vorfinden. In Bezug auf die Nachhaltigkeit der Implementationsprozesse zeigen die Ergebnisse der Studie auch, dass die Erfolgschancen umso höher sind, je besser die lokalen Bedingungen berücksichtigt werden, was wiederum den Erfolg zentraler Planungen sehr begrenzt[8]. Diese Erkenntnisse fasst Rolff (2013) prägnant zusammen: „Die Implementation dominiert das Ergebnis" (S. 13).

Fend stellt bereits 1986 fest, dass sich „einzelne Schulen derselben Schulform untereinander stärker unterschieden als von Schulen anderer Schulformen" (S. 275 f). Er schließt daraus, dass die „einzelne Schule als pädagogische Handlungseinheit" (S. 275 f) anzusehen sei. Zur Krise in der sogenannten „Außensteuerung" trägt zusätzlich und nicht unwesentlich auch die Übernahme von Konzepten der Organisationsentwicklung[9] bei. Diese einst für das Arbeitsleben entwickelten Theorien und Maßnahmen werden nun auf Schulen übertragen, die bis dato externen ministeriellen Vorgaben unterliegen. In Folge dessen stehen nun nicht mehr die großen Strukturfragen auf Gesamtebene (Gesamtschuldiskussion) im Mittelpunkt, sondern Fragen und Aufgaben zur Steigerung der Qualität des Schulsystems. Dadurch gerät die Einzelschule ins Zentrum des Interesses und wird nach Auffassung von Dalin und Rolff (1990) zum „Motor der Schulentwicklung" ernannt. Dies wiederum hat zur Folge, dass auf institutioneller Ebene die Gestaltungsautonomie der Einzelschule verfolgt und in der Schulpraxis erprobt[10] wird (Berkemeyer, 2012, S. 48, Feldhoff, 2011, S. 14)

---

8   Neben Berman und McLaughlin (1974) verweist Koch (2011, S. 35 f) auf Studien von Dalin (1973), Fullan (1991), Huberman und Miles (1984), Lieberman und Miller (1990) sowie Odden und Marsch (1989), die die aufgezeigten Befunde empirisch unterstützen.
9   Als Ausgangspunkte der Organisationsentwicklung nennt Feldhoff (2011, S. 52 f) sowohl die im Rahmen von Aktions- und Gruppendynamikforschungen entstandenen Erkenntnisse Kurt Lewins (1963) zu Widerständen gegenüber Veränderungen als auch die „Survey Feedback Research" von Likert (1972) und die Entwicklung des soziotechnischen Ansatzes von Trist und Bamfort (1951) im Zusammenhang mit den Arbeiten zur Verbesserung der Qualität des Arbeitslebens. So hängt der „Erfolg von organisatorischen Umgestaltungsmaßnahmen maßgeblich von der Einstellung der Organisationsmitglieder gegenüber diesen Veränderungen und der Bereitschaft, diese auch mit zu tragen" (Feldhoff, 2011, S. 52), ab. Für eine ausführliche konzeptuelle Darstellung der Organisationsentwicklung bzw. des organisationalen Wandels im Allgemeinen siehe Feldhoff (2011, S. 52 f).
10 Z. B. durch das Projekt „Schule und Co" in Nordrhein-Westfalen (1997–2002) oder „Selbstständige Schule" in Baden-Württemberg ab 2006.

1.2.4 Schulautonomie

Im Kontext der Schulentwicklung gehören die Forderung nach und der Versuch der Implementierung der sogenannten *Schulautonomie* wahrscheinlich zu den bedeutendsten aber auch problematischsten Reformen, nicht nur in der deutschen, sondern auch der europäischen Schullandschaft. Unabhängig von den vorzufindenden Strukturen (z. B. zentralistisch oder föderalistisch) gilt es, dieses neue Ziel anzustreben, von dem anfangs nicht klar war, wie und ob es gelingen könnte. Denn die Schulen selbst streben nicht nach Autonomie, sondern die Gesetzgebung sorgte für die Übertragung neuer Aufgaben, ohne dass die Schulen das Recht hatten, ihre Sicht der Dinge darzulegen (EURYDICE Informationsstelle, 2007, S. 16.). Interessant ist dabei, dass in den meisten OECD-Ländern bereits seit den 1960er Jahren ein Trend hin zu einer stärkeren Dezentralisierung der Entscheidungsbefugnisse stattfindet, in dessen Folge mehr Verantwortlichkeiten an lokale Autoritäten abgegeben werden (OECD, 2008, S. 523 f; OECD/CERI, 1995; 1998). Wie OECD-Berichten weiter zu entnehmen ist, geht es hierbei vorrangig darum, die „Qualität und Effektivität der Schulbildung zu verbessern und ein besseres Eingehen auf lokale Belange zu erreichen" (OECD, 2008, S. 524).

In Deutschland werden zwar bereits in den 1980er Jahren einzelnen Bundesländern größere curriculare und schulorganisatorische Freiheiten zugesprochen[11], allerdings gibt es Schulautonomie „als systematisch gedachtes Gesamtprogramm der Eröffnung von Gestaltungsspielräumen" erst in den 1990er Jahren (Altrichter & Rürup, 2010, S. 124).[12] Die schulischen Gestaltungsspielräume werden in der ersten Hälfte dieses Jahrzehnts v. a. in Form von schulautonomen Lehrplänen, autonomen Personalentscheidungen sowie der Möglichkeit, mit anderen Institutionen Verträge abzuschließen, eröffnet. In der zweiten Hälfte der 1990er Jahre sind unter dem Autonomiebegriff v. a. Konzepte wie Schulprogramm, Selbstevaluation, neue Formen der Schulaufsicht und der

---

11 Beispielsweise wird in Rheinland-Pfalz die Verwaltungsvorschrift über die Erweiterung des pädagogischen Freiraums der Schulen bereits am 07.01.1980 eingeführt; 1985 werden die Schulen der Primarstufe in Nordrhein-Westfalen über Richtlinien und Lehrpläne zur eigenständigen Schulprogrammarbeit aufgefordert (Altrichter & Rürup, 2010, S. 124).

12 Neben einer irreführenden Begriffsverwendung aus etymologischer Sicht (vgl. Kap. 1.2) weisen Altrichter und Rürup (2010, S. 111) sowie Heinrich (2007) in Anlehnung an Avenarius (1994, S. 260 f) darauf hin, dass der Autonomiebegriff auch inhaltlich inkorrekt ist, da dieser eine Unabhängigkeit der Einzelschule gegenüber der Kultusbürokratie vorgibt, obwohl in Artikel 7 des Grundgesetzes die Verantwortung des Staates über die Schulen verankert ist. Vielmehr sollte in diesem Zusammenhang von „schulischer Selbstverwaltung" gesprochen werden, da es weniger um die Abkoppelung der Einzelschule von der Politik und Verwaltung, sondern um eine Steuerungspolitik gehe, durch die Aufgaben und Rollen im Bildungssystem neu geordnet werden (vgl. Kap. 1.2.4).

Schulleitung, Koordinierung der Unterrichtsarbeit durch Aufgabenbeispiele und Vergleichsarbeiten zu verstehen (Altrichter & Helm, 2011, S. 24). Hierzu gehört z. B. die Verankerung von Schulprogrammarbeit und Schulinspektion 1997 in Hessen, wo das Schulgesetz eine pädagogische Eigenverantwortung der Schulen in Form von Schulprogrammen und interner Evaluation vorsieht (Schnell, 2007, S. 21).

Wie verschiedene Autoren, darunter z. B. Heinrich (2006; 2007), Maritzen (1998), Pfeiffer (2004) und Richter (1995), bemerken, werden die international geführten Debatten um erweiterte Gestaltungsspielräume jedoch mit unterschiedlichen Absichten und Zielen verfolgt. Altrichter et al. (2016, S. 110 f) zufolge lassen sich diese verschiedenen Ansätze hinsichtlich dreier Kategorien systematisieren und durch das sogenannte „Optimierungs-, das Partizipations- und das Wettbewerbsmodell" beschreiben, denen die verschiedenen strategischen Schwerpunkte der unterschiedlichen Ebenen der Bildungsadministration zugeordnet werden können.

- Das *Optimierungsmodell* beschreibt das Interesse, Ressourcen- und Aufgabenverantwortungen möglichst dezentral zu bündeln, da über schulspezifische Bedürfnisse besser direkt lokal entschieden werden kann, anstatt erst übergeordnete Instanzen einzuschalten.
- Das *Partizipationsmodell* nimmt an, dass die gewünschten Entwicklungen erreicht werden können, indem die beteiligten Akteure mit eingebunden werden und die Verantwortung für lokale Entscheidungen übernehmen.
- Mit dem *Wettbewerbsmodell* sollen die Einzelschulen weiter voneinander differenziert werden, um miteinander in einen Wettbewerb zu treten, damit sowohl die Qualität, die Innovationskraft als auch die Ökonomie im Schulwesen gestärkt wird. Eine pointierte Version des Wettbewerbsmodells wäre das Privatisierungsmodell, in dem die Schulträgerschaft von staatliche auf private Akteure übertragen wird und diese als professionelle Anbieter im lokalen Bildungsmarkt miteinander konkurrieren.

Diese Reform der Schulautonomie mit ihren unterschiedlichen Strategien und Maßnahmen lässt fast nichts, wie es ist. Heinrich (2006) beispielsweise kommentiert diese Entwicklung für die Einzelschule folgendermaßen: „Kaum eine Dimension schulischen Lebens" wird als Möglichkeit für autonome Entscheidungen ausgelassen (S. 14). Legitimiert werden die Maßnahmen einerseits aus den klammen Haushalten der Kommunen und andererseits aus dem Bestreben, den Schulen die Prioritätensetzung zu überlassen, um sinnvoll sparen und gleichzeitig Spielräume für Entwicklungsmöglichkeiten eröffnen zu können (Schnell, 2007, S. 22).

Altrichter et al. (2016, S. 110) identifizieren in dem Prozess des sogenannten „erweiterten Gestaltungsspielraums der Schulen" die folgenden vier Bereiche[13].

1. *Finanzielle Autonomie*, z. B. durch erhöhte Verfügungsrechte über ein Globalbudget, durch erweiterte Möglichkeiten, Sponsoring und Drittmittel zu erhalten und Leistungen der Schule (z. B. Räume) gegen Honorar anzubieten;
2. *Personalautonomie*, z. B. durch erweiterte Möglichkeiten bei der Einstellung von Lehrpersonen, bei Inhalt und Ausmaß ihrer Beschäftigung und Bezahlung, bei ihrer Beförderung, durch die Möglichkeit zusätzliches Personal einzustellen;
3. *Organisatorische Autonomie*, z. B. durch eine schulindividuelle Gestaltung der Entscheidungsprozesse, der Einbeziehung verschiedener Akteure, der Regelung der Außenkontakte, der Strukturierung der Zeit sowie der
4. *Pädagogische Autonomie*, die Entscheidungen bezüglich des Curriculums, des Unterrichts und sonstiger pädagogischer Belange schulischer Tätigkeit umfasst, z. B. durch die Möglichkeit, schulautonome Lehrpläne zu entwickeln, spezielle Profile auszubilden, zusätzliche Angebote und Dienstleistungen aufzubauen (z. B. ganztägige Betreuung).

Im Zuge der Abkehr vom zentralstaatlich gelenkten Schulwesen in Deutschland hin zum „Wandel durch Selbstorganisation" (Rolff, 1993, 1995) wird anhand der aufgezeigten unterschiedlichen Absichten und Ziele deutlich, dass in erster Linie Optimierungsinteressen im Sinne einer erhofften Steigerung der Effektivität und Effizienz des Bildungssystems vonseiten der Bildungspolitik verfolgt werden (Feldhoff, 2011, S. 15). Allerdings werden dabei weder die Gesamtverantwortung der Bildungsadministration noch die Einbettung der Einzelschule in den Verwaltungsapparat aufgegeben (Altrichter et al., 2016, S. 126). Diese auf nationaler Ebene verfolgte Strategie wird von den Bundesländern in Bezug auf deren Ausgestaltung in verschiedenster Art und Weise auf die Einzelschulen übertragen. So findet Schulautonomie auf administrativer Ebene sehr unterschiedlich statt, z. B. in Form gesetzlicher Regelungen wie in Nordrhein-West-

---

13 In der Fachliteratur ist bislang kein Konsens zur einheitlichen Differenzierung schulischer Autonomiebereiche zu erkennen. Während Altrichter et al. (2016, S. 110) in die vier aufgezeigten Dimensionen unterscheiden, sind sowohl geringere auch deutlich höhere Differenzierungsgrade zu identifizieren. So beschränkt sich Fend (1980) letztlich auf drei Funktionen (Legitimations-, Selektions- und Qualifikationsfunktion), während Schwänke (1980, 195 f) zwischen 13 Funktionen und Ballauff (1982) über 100 Funktionen, Unterfunktionen mit eingerechnet, unterscheidet.

falen (NRW) oder im Rahmen von Modellversuchen in Berlin, Brandenburg, Niedersachsen, Mecklenburg-Vorpommern, Nordrhein-Westfalen und Bayern (Feldhoff, 2011, S. 15). Darüber hinaus werden schulautonome Bereiche, also Lernorganisation, Unterrichtsorganisation, Personalbewirtschaftung und Mittelbewirtschaftung, von den einzelnen Bundesländern mit unterschiedlicher Intensität umgesetzt. So wurden bspw. in Niedersachsen und Brandenburg „bis Ende 2004 dreimal mehr Maßnahmen der Idee ‚Schulautonomie' implementiert als im Saarland" (Rürup, 2007, S. 267).[14]

Neben der Einrichtung schulischer Steuergruppen als Konsequenz der Forderung nach stärkerer schulischer Selbstorganisation gilt die Schulprogrammarbeit als der sowohl flächenmäßig am weitesten verbreitete als auch bekannteste Ansatz zur Aktivierung schulinterner Veränderungspotenziale[15] (Berkemeyer, 2012, S. 48). Haben sich im Zuge dieser Vorgänge in der deutschen Schullandschaft die Begriffe *Schulprofil*, *Leitbild* und *Schulkonzept* etabliert[16], so

---

14 Rürup (2007) hat hierzu eine detaillierte Analyse der einzelnen Bundesländer durchgeführt und die Übernahme von gestaltungsautonomen Ideen im Rahmen von Gesetzen, Verordnungen und Verwaltungsvorschriften dargestellt.

15 Historisch gesehen ist die Schulprogrammarbeit kein neues Konzept. Heinrich (2007, S. 113) verweist auf eine entsprechende Textgattung in Jahresberichten und Jubiläumsschriften (Philipp & Rolff, 1999, S. 12 f) sowie Profilbeschreibungen als Elterninformation (Holtappels, 2004, S. 13) und Schulkonzepten im Rahmen von Modellversuchen. International vergleichbar sind z. B. die niederländischen Schulwerkpläne (Liket, 1993, S. 231 f), die schwedischen Schulentwicklungspläne (Ekholm, 1997) oder das School Development Planning mit seinen School-Improvement Plans im angloamerikanischen Raum (Fullan, 1999).

16 Versuche einer ausführlichen begriffsanalytischen Differenzierung finden sich u. a. bei Heinrich (2007, S. 113 f) und Rolff (2013, S. 58 f). So können die Begrifflichkeiten wie folgt unterschieden werden:
  – Ein *Schulprofil* ist an einzelschulischen Besonderheiten, wie dem Ruf der Schule, Traditionen und Eigenarten der pädagogischen Arbeit wie z. B. bilingualem Unterricht zu erkennen. Dieses kann bewusst entstehen, ist aber auch bereits davor unbewusst vorhanden (Holtappels, 2004, S. 14 f).
  – Das *Leitbild* einer Schule zeichnet sich in erster Linie durch seine kurze und präzise Formulierung aus, sodass es, z. B. auf Plakate gedruckt, für die Schulgemeinde allgegenwärtig und augenfällig ist. Es beschreibt dabei Grundideen, nach denen sich die Schule sowohl nach innen als auch nach außen ausrichten will (Philipp & Rolff, 1999, S. 15).
  – Dem *Schulkonzept* liegen schulpädagogisch begründete Arbeitsformen und Organisationsstrukturen zugrunde, die auf die jeweilige Zielsetzung der Schule bezogen werden (Holtappels, 2004, S. 15).
  – Das *Schulprogramm* geht über die Inhalte des Schulkonzepts hinaus, indem es auch die Perspektive der Weiterentwicklung, z. B. von pädagogischen Ansätzen oder neuen Vorhaben, enthält. So setzt ein Schulprogramm mindestens vorläufige konzeptionelle Vorstellungen einer guten Schule voraus und ist von allen am Schulleben beteiligten Personen im Konsens verabschiedet worden (Dalin et al., 1995, S. 144; Holtappels, 2004, S. 16; Schnell, 2007, S. 24).

soll dieses schulbezogene Entwicklungsinstrument einerseits der pädagogischen und organisationalen Selbstverständigung und Zielsetzung und andererseits der Selbstdarstellung nach außen für das öffentliche Publikum dienen (Heinrich & Kussau, 2010, S. 172 f), indem in einer ersten Phase Prioritäten und Vereinbarungen über bestimmte Maßnahmen festgelegt, diese in einer weiteren Phase implementiert, dann institutionalisiert und unter vorausgehender Erarbeitung von Indikatoren von den Schulen selbst evaluiert werden (Heinrich, 2007, S. 116; Senff, 2008, S. 33). Wie Studien von Holtappels und Müller (2002) und Holtappels (2003) beschreiben, setzen die Schulen die erweiterten Gestaltungsspielräume zugunsten einer passgenaueren Entwicklung jedoch nur mäßig zufriedenstellend um. Es zeigt sich sogar, dass bei nicht ausreichend zur Verfügung gestellten Ressourcen die Verwaltungsaufgaben für die Lehrerinnen und Lehrer (LuL) anwachsen und sich ein negativer Effekt einstellen kann, der die Effizienz verringert, wodurch mehr Ressourcen verschwendet werden als unter dem alten Steuerungsmodell (Heinrich, 2007, S. 23 f).

So resümiert Holtappels (2004c) zum Wirken der Schulprogrammarbeit, dass

> die in Behördenleitfäden und Ratgebern sowie in der Schulberatungsarbeit als bewährt und sinnvoll dargestellten Prozessverläufe und Schritte der Programmerarbeitung von Schulen in der realen Schulprogrammarbeit beachtet werden ... zumindest Bestandsaufnahme, Zielklärung und Maßnahmeplanung gehören fast durchgängig zu den praktizierten Schritten, indes fällt eine kritische Bilanzierung und Diagnose vielen Schulen eher schwer. (S. 253)

Damit weist Holtappels auf ein Problem hin, das bis heute noch diskutiert wird. Wie im weiteren Verlauf der Arbeit noch dargestellt werden soll, fehlt es häufig an Möglichkeiten, Maßnahmen und Instrumenten, mit denen Schulen eine kritische Bilanzierung oder Evaluation ihres „Zustandes" vornehmen können, ohne dass diese Instrumente zu viele personelle, zeitliche und finanzielle Ressourcen einfordern, zu komplex oder nicht „unabhängig" sind.

Trotz des aufgezeigten Versuchs der inhaltlichen Abgrenzung kann festgestellt werden, dass einige inhaltliche Überschneidungen nach wie vor vorhanden sind. Es kann dennoch subsumiert werden, dass Schulprogramm, Schulprofil und Leitbild bewusst formulierte Ausdrucksformen der Programmatik einer Schule darstellen, wobei sich das Schulprogramm neben seiner Konsenshaftigkeit v. a. hinsichtlich Ausführlichkeit, Konkretisierungsgrad und perspektivischen Ausrichtung von Leitbild und Schulkonzept abhebt. Erfüllen alle Begrifflichkeiten unterschiedliche Funktionen nach innen und nach außen, „sind Schulprofil und Leitbild ... Instrument der Öffentlichkeitsarbeit der Schulen, d. h. Positionsbestimmung in der Stadt, der Kommunalpolitik, aber auch Eltern gegenüber, die überlegen, ihr Kind an einer bestimmten Schule einzuschulen" (Heinrich, 2007, S. 115).

1.2.5 Von der Input- zur Outputsteuerung: Evidenzbasierte Schulautonomie

Die Reformphase, die das Bildungssystem seit den 1990er Jahren durchläuft, erfährt zu Beginn des neuen Jahrtausends eine enorme Beschleunigung (Altrichter & Maag Merki, 2016, S. 3). Hinzu kommt, dass ab den 2010er Jahren ein Wandel im Umgang mit den Prinzipien der Schulautonomie stattfindet. So konstatieren Heinrich und Kussau (2016), dass das Schulprogramm, das sich einst im Rahmen der erweiterten Schulautonomie an die „Selbstregelungsfähigkeit der Profession" (S. 185) gerichtet hat, innerhalb von wenigen Jahren zu einem wichtigen Baustein der Schulinspektion im Rahmen des Neuen Steuerungsmodells wird.

Auslöser für diesen vom BMBF (2003) titulierten „Paradigmenwechsel" (S. 223)[17] von der Input- zur Outputsteuerung sind die in Leistungsvergleichsstudien wie PISA und TIMSS nachgewiesenen und in der Öffentlichkeit aufsehenerregenden Qualitätsdefizite des deutschen Bildungssystems. Bezeichnet Fend (2008) die Ergebnisse als „das Fenster zur Wahrnehmung der Wirklichkeit ... eines rechtlich-administrativ regulierten Systems" (S. 99), setzt Schlömerkemper (2004) die Schwierigkeiten der etablierten Steuerung sogar mit einer „Steuerungskrise des modernen Staates" (S. 12) gleich. Insofern verwundert es nicht, dass die im internationalen Vergleich unterdurchschnittlich gemessenen Basiskompetenzen der deutschen SuS auch mit der Art ihrer Schule in Verbindung gebracht werden, und das Maß an Freiheit der Einzelschule als ein wichtiger Faktor[18] (Hasenclever, 2012, S. 44) genannt wird. Argumentiert

---

17 Der Begriff *Paradigmenwechsel* wird in der Fachliteratur vielfach ob seiner Richtigkeit diskutiert. So wird dieser von Oelkers (2007) im Sinne von Kuhn (1976) als sehr hoch gegriffen kritisiert. Brüsemeister (2004, zitiert nach Berkemeyer, Feldhoff & Brüsemeister, 2008, S. 152) merkt in diesem Kontext die Missverständlichkeit an, die dieser Begriff impliziert, da es sich eher um „eine Umstellung der Schulgovernance ... auf eine outputorientierte Inputsteuerung, bspw. durch Bildungsstandards sowie deren Überprüfung in Form zentraler Prüfungen" handelt. Schnell (2007, S. 22) macht auf Länderebene einen Paradigmenwechsel aus, da die „Dienstvorgesetzten der Lehrer nicht mehr die Schulaufsichtsbehörde, sondern die Schulleiterinnen und Schulleiter selbst sind. Diese sind nun wiederum und alleinig der Schulaufsichtsbehörde unterstellt". Ebenso unterstützen Altrichter und Rürup (2010) diese Begriffswahl: „Für die zentralistisch-bürokratische Verwaltungstradition, die bisher Schulen nicht als Akteur mit eigenen Rechten behandelt hatte, bedeutete dies eine Paradigmenwechsel" (S. 22).

18 So merkt Fend (2008) an, dass sich die gemessenen Inhalte und das bei Besuchen beobachtete Verhalten der Lehrpersonen nur wenig unterschieden. Die unterschiedliche politische und administrative Steuerung des Bildungswesens sowie unterschiedlichen organisatorischen Rahmenbedingungen in den Ländern „haben die Perspektive in den Vordergrund gerückt, dass die politisch-administrativen Steuerungsformen dafür verantwortlich sein könnten, dass Bildungssysteme unterschiedlich leistungsfähig sind" (S. 99 f; dazu Teddlie &

wird u. a. damit, dass dieses Freiheitsmaß in anderen teilnehmenden Ländern, z. B. in den Niederlanden oder den Vereinigten Staaten, nicht nur bereits länger etabliert, sondern auch deutlich höher ausgeprägt sei.[19] Dagegen können die in Deutschland vorhandenen Instrumente wie Lehrpläne, Erlasse und Verordnungen aufgrund ihrer Input-Ausrichtung nichts über Wirkungen aussagen. Der einzelschulische Output wird darüber hinaus nur über die Noten der Schülerschaft erfasst, unabhängig davon, welche z. B. lokalen Bedingungen zu den Zensuren geführt haben. Auch ist unklar, ob Lernstrategien und über das Lernen hinausgehende Kompetenzen vermittelt werden (Oelkers, 2007, S. 14).[20]

In Folge dieser Befunde und der daraus resultierenden Einschätzung der angeblich zu geringen Leistungsfähigkeit deutscher Schulen werden von der Kultusministerkonferenz (KMK) insgesamt sieben „Maßnahmen initiert, um die Qualität des Bildungssystems und seiner Ergebnisse … weiterzuentwickeln und nachhaltig zu sichern" (Altrichter, Brüsemeister & Wissinger, 2007, S. 9). Neben dem Aufbau von schulischen Ganztagsangeboten und einer Verbesserung der Lehrerprofessionalität, insbesondere im Hinblick auf diagnostische

---

Reynolds, 2000). Darüber hinaus ist die Bereitstellung finanzieller Ressourcen ein wichtiger Faktor. So haben die PISA-Ergebnisse gezeigt, dass Investitionen v. a. im Eingangsbereich des Bildungswesens, also im Kindergarten und der Grundschule, besonders wirksam sind. Ebenfalls sind bestimmte Schülersektoren besser zu fördern, insbesondere Migrantenkinder in Großstädten (Fend, 2008, S. 130). Als hoch effizient haben sich zusätzlich Investitionen in Lehr- und Lernmittel sowie in die Unterrichtsentwicklung und -forschung erwiesen (Fend, 2008, S. 131).

19 Da in den Vereinigten Staaten öffentliche Schulen eng an regionale und lokale (und in den USA sehr ausgeprägte sozial und ethnisch homogene) Einzugsgebiete gebunden sind und außerdem Gehälter der LuL sowie die Schulfinanzen teilweise aus der Grundsteuer finanziert werden, welche je nach sozialer Zusammensetzung der Wohngebiete unterschiedlich hohe Erträge erbringt, bedingt dies sehr unterschiedliche Leistungen der SuS. Diese werden durch die tradiert hohe Zahl an privaten Schulen und Hochschulen zusätzlich verstärkt. Somit ist aufgrund der Größe des Landes und der Heterogenität der Organisationsformen von Schulaufsicht und Schulorganisation ein schulübergreifendes Testwesen unbedingt vonnöten, um vergleichbare Leistungsstandards zu sichern.

Aufgrund einer stark lokalen, laienbasierten und konfessionsgebundenen Aufsicht des Volksschulwesens in den Niederlanden sind die Leistungsergebnisse in den Schulen sehr heterogen, weswegen eine Vergleichbarkeit der Standards nur über externe Evaluationen in Form von Tests und Schulevaluationskommissionen stattfinden kann ist (Fend, 2008, S. 105 f).

20 Dass eine Input-Ausrichtung zu negativen Ergebnissen führt, ist auch an der Gegenüberstellung von Gleichheit und Freiheit zu erkennen, die von Fend (2008) vorgenommen wird: „Im deutschen Bildungswesen besteht der große Anspruch, allen Bevölkerungsgruppen, unabhängig von Wohnort und Einkommen, ein qualitativ gleichwertiges Bildungsangebot zu machen, das den Begabungen und Neigungen der jungen Generation entspricht. Eine solche qualitative Einheitlichkeit herzustellen ist angesichts der Vielzahl beteiligter Personen ein großer Anspruch. (…) Einheitlichkeit kann aber auch schnell zu unproduktivem Zwang und zu wenig inspirierter Exekutiv-Mentalität führen" (S. 100 f).

und methodische Kompetenz als Bestandteil systematischer Schulentwicklung sieht das Papier ebenso vor, die Qualität von Schule und Unterricht auf der Grundlage von verbindlichen *Standards* und einer *ergebnisorientierten Evaluation* weiterzuentwickeln und zu sichern (KMK, 2002a, S. 6 f). Scheint die Abkehr von einer behäbigen Steuerung durch detaillierte Vorgaben auf der Makroebene hin zu einer verstärkten Regulierung des Schulwesens auf Mikroebene auf den ersten Blick einem evolutionären Wandel in der Bildungspolitik gleichzukommen, ist dies nach Ansicht Schönigs (2007) jedoch vorhersehbar gewesen:

> Es war allerdings nur eine Frage der Zeit, bis die Erkenntnis, dass „selbstständigere" Schulen nicht nur interne, sondern auch externe systematische und systemische Überprüfungen benötigen, in den Bundesländern zu entsprechenden Regelungen führte. (S. 22)

Der damalige Kultusminister in Niedersachen, Busemann, legitimiert die institutionelle[21] Einführung der eigenverantwortlichen Schule[22] wie folgt:

> Es ist ein alter anthropologischer Grundsatz, dass neue Kräfte in den Menschen wachsen, denen man etwas zutraut und denen Verantwortung für ihr eigenes Handeln übertragen wird. ... Verantwortung sollen in der Schule diejenigen übernehmen, die am nächsten dran sind. Ihr Wissen und Können ist das größte Kapital von Schule. (Busemann, Oelkers & Rosenbusch, 2007, S. 3 f)

Im Zuge der Umsetzung der outputorientierten Inputsteuerung kann hieraus abgeleitet werden, in welchem Spannungsverhältnis die Schulen seitdem stehen.

---

21 Zusätzlich zu der institutionellen Schulentwicklung, also einer Schulentwicklung als bewusste Strategie zur Schaffung sich selbst organisierter, gesteuerter und reflektierter „lernenden Schulen" kann Schulentwicklung nach Rolff (1993, 1998) auch als intentionale (Schulentwicklung als bewusste und systematische Weiterentwicklung von Einzelschulen) und komplexe Schulentwicklung (Steuerung des Gesamtzusammenhangs der Entwicklung von Einzelschulen durch Festlegung von Rahmenvorgaben sowie die Stimulierung und Unterstützung konkreter Schulentwicklungsmaßnahmen wie Selbstkoordination und Evaluationssystemen) gefasst werden.

22 Nachdem in Nordrhein-Westfalen bereits 1995 mit der Denkschrift „Zukunft der Bildung – Schule der Zukunft" (Bildungskommission NRW, 1995) eine richtungsweisende Initiative eine Förderung schulischer Selbstständigkeit sowie den Aufbau regionaler Bildungslandschaften gefordert hat (Berkemeyer & Pfeiffer, 2006; Emmerich, 2010, S. 356), wird im Zuge der KMK-Maßnahmen 2001 das Modellprojekt „Selbstständige Schule" ins Leben gerufen. Das Modellprojekt, an dem 278 Schulen teilgenommen haben, wird 2008 in das „Maßnahmenpaket Stärkung der Eigenverantwortlichen Schule" überführt, in dem allen Schulen in Nordrhein-Westfalen bis 2012 erweiterte Dienstvorgesetzenrechte übertragen werden (MSW NRW/GEW, 2008; Tresselt, 2015).

Einerseits erhalten sie mehr Freiräume, um die zur Verfügung gestellten Ressourcen optimal einzusetzen, andererseits werden sie aber auch der Schulaufsicht gegenüber für ihr Handeln verantwortlich gemacht. Diese aus Sicht der Einzelschulen leicht widersprüchlich zu interpretierende Konstellation von *Freiheit und Kontrolle* kann mit den Worten Likets (1993; zitiert nach Schönig, 2007, S. 11) zusammengefasst werden: „Mehr Freiheit bedeutet mehr Rechenschaftspflicht". Einen besonderen Einschnitt in der Verwaltung der Schule vollzog sich in letzten Jahren durch die Übernahme von Managementtechniken und -instrumenten aus der Privatwirtschaft[23]. Maßnahmen zur Stärkung der

---

23 Die geringe Effizienz der öffentlichen Verwaltung hat in vielen Teilen Europas (in Deutschland: Krise der Außensteuerung; vgl. Kap. 1.2.3) sowie den Vereinigten Staaten in den 1990er Jahren zu der Hoffnung geführt, mit marktwirtschaftlichen Prinzipien sowohl ökonomischer als auch effizienter werden zu können. Am häufigsten hat sich hierbei sowohl im In- und Ausland der von Hood (1991) vorgeschlagene Begriff des NPM durchgesetzt, wobei gerade zu Beginn der Verwaltungsreform in den Vereinigten Staaten auch Begriffe wie „Managerialism" (Pollit, 1990), „Market-based public administration" (Lan & Rosenbloom, 1992); „entrepreneurial government" (Osborne & Gaebler, 1992) sowie „business-like management" und „public managerialism" (Kickert, 1997) firmieren (Fusarelli & Johnson, 2004, S. 118 f; Kowalczyk & Jakubczak, 2014, S. 1282 f; Tolofari, 2005, S. 75 f). So impliziert NPM, dass Leitungskräfte nicht mehr das „Prinzip der Steuerung nach dem Befehlsmodell" (Mayntz, 2004, S. 66) verfolgen, sondern partiell loslassen und Prioritäten setzen müssen, welche Entscheidungsabläufe zentral wichtig für den Erfolg einer Institution (z. B. Bildungssystem) und ihrer Subeinheiten (z. B. Schulverwaltung, Einzelschule) sind (Nickel, 2011, S. 4).
Ist unter NPM also ein Steuerungsmodell zu verstehen, kann vielfach eine Gleichsetzung bzw. Unterordnung mit dem Begriff der Educational Governance beobachtet werden, indem z. B. NPM als produktorientierte Methode beschrieben wird, die Educational Governance beeinflusse (Fusarelli & Johnson, 2004, S. 118 f; Tolofari, 2005, S. 75 f). Ebenfalls wird Educational Governance oftmals mit „Regieren" oder „Steuern" (Benz et al., 2004, S. 15 f; Brand, 2004; Schneider & Kenis, 1996) gleichgesetzt, wogegen andere Quellen diese Logik zumindest in Frage stellen (z. B. Altrichter & Maag Merki, 2016, S. 6 f) verwehren.
Die unterschiedlichen Begriffsverständnisse und uneinheitlichen Definitionen des Governancebegriffs sind nach Heinrich (2007, S. 39 f) demnach einerseits auf die zahlreichen Verwendungsweisen in unterschiedlichsten Kontexten (z. B. Politikwissenschaft, Soziologie, Pädagogik) und Handlungsebenen (z. B. Local Governance, Regional Governance, Staatliche Governance) zurückzuführen. Andererseits ist darauf hinzuweisen, „dass mit Governance weder ein Theoriekonzept noch ein spezifischer Forschungsansatz, vielmehr eine Sichtweise auf die Realität verbunden ist" (Benz et al., 2004, S. 6). So stellt Governance im Gegensatz zur Managementperspektive und v. a. zum Neuen Steuerungsmodell „kein fertiges ‚Modell' für die Reform der Verwaltung zur Verfügung – zumindest nicht in Deutschland. Dies hängt einerseits damit zusammen, dass die in der frühen Phase dominierende ‚one-size-fits-all'- Philosophie des New Public Management bzw. Neuen Steuerungsmodells als einer der wesentlichen Gründe für massive Implementationsprobleme gilt – ein neues Reformmodell wäre unglaubwürdig. Auch stellt Governance keinen Gegenpol zum Managementansatz dar, so wie dies im Neuen Steuerungsmodell gegenüber dem ‚bürokratischen Steuerungsmodell' der Fall war. Stattdessen findet in der Governance-Debatte eine

Eigenverantwortung der Einzelschulen im Rahmen des *Neuen Steuerungsmodells* sind im Wesentlichen den Elementen des *NPM* (Emmerich, 2010, S. 357) entnommen, einem Steuerungsmodell, das häufig mit dem Begriff der Educational Governance gleichgesetzt oder diesem Begriff untergeordnet wird. Semantisch übertragen bedeutet dies, dass eine Schule fortan als Betrieb gesehen wird, der vonseiten der Politik und Verwaltung ein frei zu verfügendes Budget erhält, um die Produktion, also die Schülerleistung, zu stärken. Diese kann wiederum erhöht werden, je passgenauer im Sinne eines Dienstleistungsunternehmens die Kundenorientierung vollzogen wird. Das Controlling, also die Qualitätssicherung, wird dabei über Zielvorgaben und Leistungsvereinbarungen vorgenommen, um die Arbeitsergebnisse messen zu können. Zu letzteren können in der „Nach-PISA-Ära" (Neuber, 2010, S. 9) Steuervariablen[24] wie z. B. die Einführung von Bildungsstandards, Schulinspektionen, Lernstandserhebungen und zentralen Abschlussprüfungen gezählt werden (Feldhoff, 2011, S. 17; Fend, 2008, S. 108; Gieske, 2013, S. 20; Heinrich, 2007, S. 19; Maag Merki, 2016, S. 152 f).[25] Mit der Einführung *marktähnlicher Mechanismen zur Steige-*

---

kritische Auseinandersetzung mit Konzepten und Erfahrungen des NPM statt, die zu einer Korrektur und Ergänzung der Verwaltungspolitik ... führt" (Jann & Wegrich 2004, S. 203). Damit kann Governance als Oberbegriff der verschiedensten Formen sozialer Handlungskoordination auf allen Ebenen des gesellschaftlichen Systems verstanden werden. Im Gegensatz zu traditionellen Steuerungsvorstellungen ist mit dieser Begrifflichkeit v. a. auch das Nebeneinander unterschiedlicher Regelungsstrukturen auf verschiedenen Ebenen (im Bildungskontext z. B. die Makroebene des schulischen Gesamtsystems; die Mesoebene der Einzelschule; die Mikroebene des Rollenhandelns einzelner Lehrkräfte und anderer AkteurInnen in Schulen; Schimank, 2002, S. 3) verstanden werden.

24 Die aufgezeigten Verfahren können anhand ihres Bezugs unterschiedlichen Steuerungsvariablen zugeordnet werden. Bildungsstandards entsprechen einer inputbezogenen Variable, da sie definiert, welche Ziele bzw. Kompetenzen zu einem bestimmten Zeitpunkt von den SuS erreicht werden sollen, die daraufhin durch landesweite Tests überprüft werden (Feldhoff, 2011, S. 17; Klieme et al., 2003). Die Schulinspektion ist hingegen auf den schulischen Prozess (prozessbezogene Variable) gerichtet und gehört wie die Lernstandserhebungen und zentralen Abschlussprüfungen zu den Instrumenten der externen Evaluation (Kotthoff, Böttcher & Nikel, 2016). Letztere können den outputbezogenen Variablen zugeordnet werden. Sie stellen administrierte und definierte Verfahren dar, welche die Kompetenzen und Leistungen der SuS zu einem bestimmten Zeitpunkt feststellen (Maag Merki, 2016, S. 152 f).

25 Fend (2008, S. 108 f) merkt an, dass es von der evidenzbasierten Outputsteuerung nur noch ein kleiner Schritt sei zu einem reinen Marktsystem. So könnte bei der Betonung der Kundenzufriedenheit auch die Wahl der Schulen bzw. der Angebote den Kunden (= SuS) überlassen werden, wodurch die Mechanismen der Marktwirtschaft als vermeintlich optimale Regulierungsinstanzen für das Bildungswesen betrachtet werden könnten (Pfeiffer, 2008, S. 16). Kann als Best-practice-Beispiel in diesem Zusammenhang auf die amerikanischen Privatschulen und -universitäten verwiesen werden, bedeutet dies jedoch im Umkehrschluss, dass der Markt um die intellektuell und motivational besonders guten SuS aus zahlungskräftigen Elternhäusern werben würde, wodurch nicht nur das elterliche Ein-

rung der Effizienz steigt jedoch auch der Wettbewerbsdruck zwischen den Schulen auch im Hinblick auf ihre sogenannte „Schlüsselressource" (Altrichter et al., 2016, S. 135), d. h. ihre SuS[26]. Ihrer Anzahl als auch deren Charakteristika kommt insofern eine große Bedeutung zu, als dass sowohl die Zuweisung zusätzlicher monetärer Ressourcen in Form von Personal- oder Sachmitteln als auch deren Zusammensetzung maßgeblich für das Image der Schule sind.[27]

---

kommen die Bildungschancen bedingen, sondern auch gute und leistungsfähige SuS aus wenig vermögendem Elternhaus in ihren Bildungswegen beschnitten würden. Darüber hinaus würde sich auch das Angebot an die Nachfrage anpassen, sodass Bildungsgüter wie kulturelle Kompetenzen, Philosophie etc. eventuell nicht mehr nachgefragt werden würden. „Das demokratisch Vereinbarte würde also durch das ökonomisch sich Rechnende ersetzt" (Fend, 2008, S. 112).

26 Ein tatsächliches Werben um SuS kann aufgrund der Sprengelpflicht (vornehmlich in Grund- und Hauptschulen) jedoch nur in Schulbezirken stattfinden, in der diese entweder aufgehoben ist oder die Eltern eine begründete Zuweisung an eine andere Schule beantragen bzw. eine freie Schule wählen (Tarazona & Brückner, 2016, S. 93).

27 Tarazona & Brückner (2016, S. 88 f) weisen in diesem Zusammenhang auf zwei Möglichkeiten der Ressourcenzuweisung hin:

1. Im Modell der indikatorgesteuerten Mittelvergabe werden sozioökonomische Merkmale gewichtet, um im Sinne einer positiven Diskriminierung den soziodemografischen Hintergrund vom Bildungserfolg zu entkoppeln. Die Bereitstellung der Mittel erfolgt in diesem Modell auf der Basis von regionalen, lokalen und auf die einzelne Schülerschaft bezogenen Sozialindices und curricularen Besonderheiten der Einzelschule, wodurch auf die unterschiedlichen Bedarfe in den Schulen Rücksicht genommen werden kann. Ein schulbezogener Sozialindex wird z. B. seit 1996 in Hamburg auf der Grundlage der sozialen Struktur und der ethnischen Heterogenität der Schülerschaft sowie dem ökonomischen, kulturellen und sozialem Kapital der Familien berechnet. Der Sozialindex wirkt sich dabei jedoch nicht auf das Globalbudget der Schule aus; er kommt im Rahmen der Zuteilung von Förderressourcen sowie der Klassenbildung zum Einsatz, über deren Einsatz die Schulen dann autonom entscheiden können. Die Vergabe von Ressourcen anhand der Zusammensetzung der SuS erfolgt, den Recherchen von Tillmann und Weishaupt (2015) bis zum Schuljahr 2013/14 folgend, in Bremen, Hamburg, Hessen und Nordrhein-Westfalen auf Grundlage des Sozialindex. Weitere indikatorgesteuerte Ressourcen werden für Mittel der Sprachförderung, zusätzlichen sonderpädagogischen Förderbedarf sowie für Ganztagsangebote in Abhängigkeit der sozialen Zusammensetzung der Schülerschaft verteilt.

2. Das marktorientierte Finanzierungsmodell zeichnet sich dagegen durch seine Nachfrageorientierung aus. Als Gegenmodell einer Mittelzuweisung an die Schulen werden diese indirekt, z. B. über Bildungsgutscheine, finanziert. Die Eltern werden dabei als Kunden bzw. Kundinnen gesehen, die im Rahmen ihrer Wahlmöglichkeiten eine ihrem Bildungsbedarf entsprechende Schule finanzieren, was für die Schulen sowohl eine disziplinierende als auch eine effizienzsteigernde Wirkung entfaltet. Die Art und Weise der Gestaltung von Bildungsgutscheinmodellen ist jedoch sehr heterogen (Belfield & Levin, 2009), z. B. unterscheiden sich diese darin, ob die Schulen einer Aufnahmepflicht unterliegen oder weitere SuS über bildungsunabhängige Zulassungskriterien hinaus aufgenommen werden dürfen. Aus der Untersuchung Lubienskis (2006) zu dem Wirken wettbewerblicher Schulfinanzierung in vier mit dieser Thematik erfahrenen Ländern ist zu entnehmen, dass mit dem Wettbewerb zwar Innovationen einhergehen,

Dies wiederum ist ausschlaggebend für die von Schülern potenziell erzielbaren Leistungen und die Arbeitsbedingungen einer Schule, was wiederum als Qualitätsindikator die Entscheidungen der Eltern beeinflusst, ihre Kinder einer entsprechenden Schule zuzuführen (Altrichter et al., 2016, S. 135; Tarazona & Brückner, 2016, S. 83 f)

Lag der Schwerpunkt der Reformen in den 1990er Jahren auf der Entwicklung der Einzelschule und ihrer erweiterten Autonomie, kommt es in den ersten Jahren des neuen Jahrtausends zu einem Umdenken, was sich an der Tendenz zur Rezentralisierung erkennen lässt, d. h. es werden Maßnahmen ergriffen, die „in Richtung externer schulübergreifender Steuerungselemente" (Altrichter & Heinrich, 2007, S. 90; dazu van Ackeren, 2003; Feldhoff, 2011, S. 16; Heinrich, 2007, S. 23) gehen. Diese Maßnahmen wiederum basieren weitgehend auf Modellen (vgl. Kap. 3.3), die sowohl Elemente der Optimierung, Partizipation als auch des Wettbewerbs beinhalten (Rürup, 2008).

Bei Betrachtung der Entwicklung der Schulautonomie und der damit verbundenen Maßnahmen in Deutschland ist festzustellen, dass das Schulsystem im Laufe der Jahrzehnte von einer steten Dynamik aufgrund einer Vielzahl verordneter Konzepte geprägt wurde, dass eine theoretische Fundierung und empirische Überprüfung jedoch noch aussteht. So kritisierte Rolff (1998) bezüglich der Schulentwicklung, dass es „viel Praxis, wenig Theorie und kaum Forschung" gebe. Auch zu Beginn der 2010er Jahre ist die Situation in Deutschland noch nicht ideal, denn sowohl Feldhoff (2011, S. 16) als auch Rolff (2013, S. 33) weisen darauf hin, dass in Deutschland sowohl das Gesamtsystem als auch jede einzelne Schule das jeweilige Entwicklungskonzept selbst erarbeiten müsse, da kaum wissenschaftlich fundierte Erfahrungen oder überprüfte Strategien vorhanden seien. Andere Länder hingegen können bereits auf langjährige Erfahrung als auch z. T. nationale und internationale Forschungsergebnisse zurückgreifen (Pfeiffer, 2004, 2008a).

Als ein weiteres Problem kann die Tatsache genannt werden, dass grundsätzlich davon ausgegangen wird, dass Schulautonomie die Qualität des Lernens verbessern würde (Altrichter et al., 2016, S. 127) und das, obwohl sowohl eine Reihe nationaler als auch internationaler Untersuchungen wenig Evidenz zu direkten Effekten von Autonomie auf die Leistungen von SuS nachweisen

---

sich diese jedoch nicht direkt auf den Unterricht beziehen, da sich Schulen im Wettbewerb eher an Standards und auf das Kerncurriculum konzentrieren. Stattdessen beziehen sich Innovationen eher auf administrative Praktiken (z. B. Personalwahl, Marketing). Unterrichtsbezogene Innovationen sind dagegen eher an Schulen zu beobachten, die dem Wettbewerb nicht ausgesetzt sind und somit Zeit und Freiräume zum Experimentieren mit Innovationen haben. Auf Grundlage der Literatur aus den gleichen Ländern können Dohmen und Fuchs (2006) in ihrem Gutachten jedoch nachweisen, dass sich die Schülerleistung positiv auf die nachfrageorientierte Schulpolitik auswirkt.

können (van Buer & Hallmann, 2007; Bush, 1996; Heinrich, 2007; Holtappels, 2004; 2004b; Maslowski, Scheerens & Luyten, 2007; Mohr, 2006; OECD, 2007; Östh, Andersson & Malmberg, 2013; Weiß & Steinert, 2001; Wößmann, 2006). Allerdings, und das sollte nicht übersehen werden, sind positive Effekte in anderen Qualitätsbereichen des Schullebens zu verzeichnen, die nicht direkt im Zusammenhang mit den Lernleistungen der SuS stehen. So leisten z. B. Schulprogramme einen großen Beitrag zur Profilbildung der Einzelschulen (Burkard, 2004) oder es gelingt teilautonomen Schulen eher, eine optimale Lernleistung herzustellen (Altrichter et al., 2016, S. 128; Dedering, 2012, S. 65 f, Feldhoff, 2011, S. 16; Heinrich, 2007).

Die Fragen, die sich für die Schulen nach den Leistungsvergleichsstudien ergeben, ranken sich im Wesentlichen um den sogenannten *Output* bzw. das „Outcome" (Neuber, 2010, S. 10) und das, was das deutschen Schulsystem zu leisten vermag. Denn aufgrund der für die Zukunftsausrichtung und -chancen von Kindern und Jugendlichen zentralen Stellung von Bildung als Ressourcengeber für Beschäftigung, Einkommen und soziale Integration stellt das *Ergebnis* einen entscheidenden Faktor dar (Harring, Rohlfs & Palentien, 2007, S. 7). Um hierüber eine Aussage machen zu können, sind jedoch Weiterentwicklungen in vielen Bereichen der Schulorganisation vonnöten, die exemplarisch im Modellvorhaben *Selbstständige Schule* in Nordrhein-Westfalen abgelesen werden können. Übergeordnete Ziele des Gemeinschaftsprojekts des Ministeriums für Schule und Weiterbildung und der Bertelsmann Stiftung war die Weiterentwicklung des Unterrichts auf der einen und der Aufbau regionaler Bildungslandschaften auf der anderen Seite. Die Weiterentwicklung des Unterrichts sollte dabei durch die Bearbeitung folgender vier in einem systematischen Zusammenhang stehender Arbeitsfelder erreicht werden (Brabeck & Lohre, 2004, S. 31 f):

- Systematische Unterrichtsentwicklung zur Förderung der Lernkompetenz der SuS
- Verbesserung des schulinternen Managements
- Eigenverantwortliches und effizientes Arbeiten im Rahmen größerer Gestaltungsfreiräume in den Bereichen
  - Personal- und Ressourcenbewirtschaftung
  - Unterrichtsorganisation
  - Mitwirkung
  - Partizipation
- Aufbau eines Systems der Qualitätsentwicklung/-sicherung zur Rechenschaftslegung

1.2.6 Regionale Bildungslandschaften

Mit dem Aufbau regionaler Bildungslandschaften als zweitem übergeordnetem Ziel im Rahmen der Übertragung größerer Verantwortung auf die Einzelschule bezieht sich das im vorherigen Kapitel 1.2.5 aufgegriffene Modellvorhaben mit der Betonung des außerschulischen Bereichs auf ein weiteres wesentliches Merkmal der Bildungsdebatte, auf die im Zwölften Kinder- und Jugendbericht (BMBF, 2006a) hingewiesen wird[28]. So kann Bildung

> nur angemessen erfasst werden, wenn die Vielfalt der Bildungsorte und Lernwelten, deren Zusammenspiel, deren wechselseitige Interferenz und Interdependenz, aber auch deren wechselseitige Abschottungen wahrgenommen werden. (S. 131)

Dieser Grundannahme nach ist Bildung keineswegs nur an die Institution Schule gebunden, sondern diese stellt lediglich nur *einen* Ort des Lernens und der Bildung dar (Bollweg, 2008, S. 64). So merken Harring et al. (2007) an, dass „die bisherige auf Kinder und Jugendliche bezogene ... Bildungsforschung vornehmlich von der Schulforschung geprägt" (S. 8) war, während zukünftige Forschung weiter angelegt sein müsse. So sind fortan auch die Bildungspotenziale anderer Lernorte und -arrangements zu berücksichtigen, zu denen u. a. die Familien, Peers, Vereine, Medien und kommerziellen Anbieter gezählt werden können (Bollweg, 2008, S. 64; Neuber, 2010, S. 11). Genau dies wird im nordrhein-westfälischen Modellprojekt und seinen Zielen deutlich.

Im bisherigen Verlauf der Reformen haben die schulischen und außerschulischen Bildungsakteure nur wenig Berührungspunkte, sondern agieren unabhängig voneinander. Allerdings kommt es nun zu einer erneuten Richtungsänderung, denn jetzt wird der Fokus nicht mehr ausschließlich auf die Bildungsinstitutionen gerichtet, sondern auf die *Bildungswege der Kinder und Jugendlichen* (Bleckmann & Durdel, 2009, S. 11). Mit der „Schaffung kommunaler bzw. regionaler Bildungslandschaften sollen die Bildungsangebote ‚vor Ort' transparenter gemacht und stärker miteinander vernetzt werden" (Neuber, 2010, S. 11). Dies soll es ermöglichen, mit Elementen des NPM und Konzepten des *Public Private Partnership (PPP)*[29] einerseits ein regional ausgerichtetes Bil-

---

[28] Emmerich (2010, S. 356) merkt in diesem Zusammenhang an, dass Dezentralisierungs- und Kommunalisierungsmaßnahmen bereits zu Beginn der 1970er Jahre vonseiten des Deutschen Bildungsrates empfohlen wurden, diese jedoch nur auf geringe Resonanz stießen (Zymek, Sikorski, Franke, Ragutt & Jakubik, 2006). Weitere Regionalisierungsbestrebungen sind auch Mitte der 1990er Jahre in der Denkschrift der Bildungskommission in Nordrhein-Westfalen (1995), „Zukunft der Bildung – Schule der Zukunft", zu beobachten.

[29] Engagieren sich bereits eine Vielzahl von Unternehmen im öffentlichen Bereich, z. B. über Sport- und Kultursponsoring, erfreut sich das sogenannte „Schulsponsoring" immer größe-

dungsmanagement zu implementierten und andererseits Unterstützungsstrukturen für die schulische Qualitätsentwicklung zu etablieren (Emmerich, 2016, S. 385), indem Schulen zusätzlich zu den Mitteln des Schulträgers z. B. Einkünfte aus dem Sponsoring generieren (Tarazona & Brückner, 2016, S. 83).

Entstehen aus diesem Vorhaben heraus in der Folge eine Vielzahl von Regionalisierungsprojekten[30] in den Bundesländern, kann aktuell ein „Flächentransfer" (Emmerich, 2016, S. 386) verschiedener Regionalisierungsmodelle beobachtet werden, wie z. B. mit dem *Landesprogramm Bildungsregionen* in Baden-Württemberg (MKJS BW, 2016) oder dem vom BMBF und 47 privaten Stiftungen initiierten Programm *Lernen vor Ort* (u. a. Niedlich & Brüsemeister, 2012). Diese nicht nur auf kommunaler, sondern auch Landes- und Bundesebene initiierten Programme machen deutlich, dass Regionalisierungsbestrebungen die Bedeutung der Schule neu konstituieren. Wurde die Einzelschule viele Jahrzehnte als letztes Glied einer Kette top-down-gesteuerter Bildungsadministration betrachtet, rückt die Schule durch die Erweiterung der Schulautonomie Mitte der 1990er Jahre sowie dem Wechsel von der Input- zur Output-

---

rer Beliebtheit (Heinrich, Hüchtermann & Nowak, 2002, S. 24 f). Geschieht dies einerseits aus Gründen der *Corporate Social Responsibility*, also der „Wahrnehmung einer gesellschaftlichen Verantwortung durch ein Unternehmen" (Pechlaner, von Holzschuher & Bachinger 2009, S. 144), spielen andererseits unternehmerische Gedanken eine Rolle. Aufgrund der zunehmend größer werdenden Wettbewerbssituation und dem damit verbundenen Druck der individuellen Profilgebung zwischen einzelnen Schulen im Zeitalter von abnehmenden Schülerzahlen sind die Schulen auf zusätzliche finanzielle Ressourcen angewiesen und werden daher immer häufiger als attraktive Partner für Sponsoring-Maßnahmen wahrgenommen, da sie u. a. über weitreichende Kommunikationsstrukturen wie z. B. Eltern, SuS, Ehemalige und Politik (Bruhn, 2003, S. 229) verfügen. Beim *PPP* geht es ebenso wie bei der *Corporate Social Responsibility* um das wirtschaftliche Engagement zugunsten gesellschaftlicher Ziele. So greifen die Kommunen auf eine Kooperation mit der Privatwirtschaft zurück, um in Zeiten klammer Haushaltskassen, einem wachsenden Aufgabenkanon und den Folgen des NPM, also der Verlagerung der Verantwortung und Entscheidungsgewalt auf die kommunale Ebene, über entsprechende Ressourcen zu verfügen. Dies kann – stets mit dem Ziel der Effizienzsteigerung der staatlichen Verwaltung verbunden – sowohl über Privatisierungen (z. B. städtischer Freizeitanlagen) als auch über gemeinsame Projektgesellschaften (z. B. beim Straßenbau) geschehen. Ist der Staat somit nicht mehr direkt in die Aufgabenausführung involviert, wird die Gewährleistungsverantwortung getragen. Er garantiert somit, dass öffentliche Aufgaben nach wie vor erfüllt werden. Nach Grüb (2007, S. 27) kann PPP somit verstanden werden als ein „Ansatz, öffentliche Leistungen zu produzieren und zu liefern, die den privaten und den öffentlichen Sektor in einer langfristigen Partnerschaft zusammenbringt und bei der jeder seine Identität und bestimmte Verantwortlichkeiten beibehält" (Pechlaner et al., 2009, S. 144 f).

30 Neben dem Projekt *Selbstständige Schule* in Nordrhein-Westfalen (Holtappels, Klemm & Wolff, 2008; Berkemeyer & Lehmpfuhl 2009) können auch *Regionale Bildungslandschaften* bzw. *Bildungsregionen* in Baden-Württemberg (Emmerich & Maag Merki, 2009) und Niedersachsen (Minderop, 2007) sowie *Lokale Bildungslandschaften* (Stolz, 2008) dazu gezählt werden.

steuerung nach PISA 2000 immer stärker in den Mittelpunkt der Bildungspolitik. Die Etablierung von Bildungsregionen stellt dabei einen weiteren Schritt in der Schulentwicklung dar, indem durch Regionalisierung bzw. Netzwerkbildung auch regionale Problemlagen in der Sozial-, Wirtschafts- und Arbeitsmarktpolitik bearbeitet werden sollen.

So sind soziale und ökonomische Strukturen als Bedingungsfaktoren zu nennen, die nicht nur Einfluss auf die Gestaltung von Schule und Unterricht, sondern auch auf die empirisch nachgewiesene herkunftsabhängige Zuweisung von Bildungschancen aufgrund sozialer Selektivität des Systems nehmen (z. B. Klemm, 2016, S. 17 f). Insbesondere im Kontext von Ganztagsschulen und „lokalen Bildungslandschaften" (Stolz, 2008) wird durch die Kooperation von schulischen und außerschulischen (kommunalen) Bildungsträgern eine bessere Verzahnung von formeller, non-formaler und informeller Bildung (Otto & Rauschenbach, 2004; vgl. Kap. 2.4.1) zur Minderung der sozial disparaten Bildungschancen angestrebt. Darüber hinaus sollen durch die Bildung von regionalen Netzwerken auch Übergangsprobleme an den Schnittstellen innerhalb des Schulsystems sowie zwischen Schule, Ausbildungs- und Arbeitsmarkt bearbeitet werden (Emmerich, 2016, S. 392).

Aufgrund des in Deutschland relativ neuen Bestrebens zur Bildung regionaler Netzwerke liegen bislang keine Ergebnisse vor, ob hierdurch schulische Lehr- und Lernprozesse hinsichtlich ihrer Qualität verbessert und Bildungsbenachteiligungen abgebaut werden können. Emmerich (2016, S. 404) verweist jedoch kritisch auf die Möglichkeit, dass mit dem Aufbau von Netzwerken und Kooperationsbeziehungen ein zu befürchtender Wettbewerb mit einhergehender dysfunktionaler Konkurrenz zwischen einzelnen Schulstandorten von administrativer Seite abgefedert werden soll. Sollen auf der einen Seite alle Akteure voneinander durch Regionalisierung profitieren,

> bleibt die entscheidende Frage offen, ob der politisch angestoßene Bildungswettbewerb der Kommunen und Regionen zu einer effektiven Kompensation oder eher zu einer Verstärkung sozioökonomischer Disparitäten und struktureller Bildungsbenachteiligung führt: Das Risiko bestünde letztlich darin, dass individueller Schulerfolg und Allokationschancen verstärkt von ‚regionaler Herkunft' abhängig werden. (S. 404)

1.2.7 Zwischenfazit: Dezentralisierung, Rezentralisierung, Regionalisierung

Mit der noch in den 1970er Jahren vorherrschenden Fokussierung auf die Makroebene geriet die Einzelschule oftmals aus dem Blick – die Vorgaben vonseiten der Bildungspolitik sollten von den Lehrpersonen pädagogisch umgesetzt werden. Aufgrund von Sparmaßnahmen setzt in der Folge eine Phase der *Dezentralisierung* ein, in der der Fokus auf die Einzelschule gerichtet wird. Diese Entwicklung wird durch die Befunde von Fend (1986) und Rolff (1993) untermauert. Die Einzelschule soll sich demnach als pädagogische Handlungseinheit z. B. über die Schulprogrammarbeit passgenauer sowohl nach innen als auch nach außen aufstellen. Im Zuge der Leistungsvergleichsstudien rückt die politisch-administrative Ebene wieder mehr in den Blickpunkt, da eine Qualitätssteigerung des Schulwesens erforderlich ist. Die mangelnde fachliche Kompetenz der SuS sowie das hohe Maß an sozialer Selektivität bedingen *Rezentralisierungsmaßnahmen* und Programme wie den Ausbau von Ganztagsschulen sowie die Verstärkung externer Evaluation. Mit Elementen des NPM wird den Schulen ein unternehmerischer Spielraum eingeräumt, um bestmögliche Schulleistungen ökonomisch erzielen zu können. Die Einzelschule muss fortan die vorgegebenen Rahmenbedingungen der Makroebene auf ihre Schülerschaft hin rekontextualisieren. Dies erhöht zusätzlich den Wettbewerbsdruck um die beste Schülerschaft, da der schulische Output vor den Behörden zu legitimieren ist. Mit der Betonung der Bildung als Grundlage für Beschäftigung, Einkommen und soziale Integration stehen in letzter Zeit erneut Effizienzgedanken des Systems im Vordergrund. Die Vielfalt von Lernorten und -arrangements dient als Vorlage für *Regionalisierungsbestrebungen*, in denen Schlagwörter wie *Vernetzung* und *Kooperation* die aktuelle Schulentwicklungsdebatte bestimmen (Altrichter & Maag Merki, 2016, S. 3; Emmerich, 2016, S. 389 f; Fend, 2008, S. 145 f; Tillmann, 2008, S. 599). Einen kritisch-resümierenden Blick auf den historischen Verlauf der deutschen Schulentwicklung wirft Heinrich (2007), der in Anlehnung an Denecke, Gruschka, Heinrich und Pollmanns (2001) gewisse Kontinuitäten ausmacht.

> These und Antithese wechseln sich ab, ohne dass eine Synthese möglich erscheint: Bürokratiekritik und dann Gestaltungsfreiheit als Antithese zur Bürokratie, im Anschluss daran wiederum Rufe nach vermehrter Rechenschaftslegung, die wiederum alte Formen der Bürokratisierung restituiert. (S. 9)

Beschreibt Mintzberg (1992) die Schule einst als eine Organisationsform, „die auf persönliche Dienstleistungen mit der Bearbeitung von komplexen, dauerhaften Aufgaben in einer komplexen, aber stabilen Umwelt spezialisiert ist" (Feldhoff, 2011, S. 20), kann mit einem Blick auf die Schulentwicklung der letzten Jahrzehnte im Gegensatz zu der zyklischen Beschreibung Heinrichs (2007) dennoch festgestellt werden, dass nicht nur die Komplexität weiter zugenommen hat, sondern auch zusätzliche Dynamiken und Beschleunigungen hinzugekommen sind. Gleichzeitig hat sich ihre formale Organisationsstruktur über die Jahrzehnte hinweg nicht verändert (Feldhoff, 2011, S. 18). Die Erweiterung der Gestaltungsspielräume der Schule durch die Bildungspolitik ist zwar einerseits mit der Hoffnung auf eine höhere Qualität verbunden, impliziert jedoch andererseits auch eine problembehaftete Diversität in der Schullandschaft, wie im Folgenden beispielhaft aufgezeigt werden soll:

- Eine reibungslose Kontinuität der Schullaufbahn kann bei Schul-, Regions- oder Bundeslandwechseln aufgrund des Entscheidungsspielraums in den Schulcurricula nicht mehr garantiert werden (Fend, 2008, S. 202, 2013, S. 22).
- Die Lernerfolge sind in einer Schule mit SuS aus bildungsfernen Elternhäusern schwerer zu erzielen als in einer Schule mit SuS aus bildungsnahen Elternhäusern (Hasenclever, 2012, S. 47).
- Indem die Schulen ihr eigenes Personal (teilweise) selbst rekrutieren können, geht die Schere zwischen Schulen in einem attraktiven und einem unattraktiven Umfeld weiter auseinander. Diese Tendenz wird durch die Budgetautonomie und zusätzliche schulische Mitteleinwerbungen noch weiter vergrößert (Fend, 2008, S. 202).
- Das Umfeld der Schule ist in einem eher behüteten Milieu im ländlichen Raum mit unterstützenden Einrichtungen wie z. B. Sportvereinen, Gemeinden mit funktionierenden Jugendgruppen etc. nicht mit einer Schule in der Großstadt zu vergleichen (Hasenclever, 2012, S. 47).[31]

Erfordern diese dargestellten Szenarien einerseits Steuerungsmodelle, mit denen die Qualität und Vergleichbarkeit der schulischen Arbeit gesichert und die Schule von Behördenseite in ihrer Entwicklung beraten und unterstützt werden soll, benötigt Schulgestaltung auf der Seite der LuL auch das „Wissen zu pädagogischen Standards auf Schulebene und zu Gestaltungsinstrumenten" (Fend, 2008, S. 148). So nimmt alleine aufgrund der zeitlichen Verweildauer der SuS die Ganztagsschule dabei eine herausragende Stellung ein (Neuber, 2010, S. 11). Wird der Einzelschule eine immer größere Bedeutung bei der Qualitätsverbesserung des Schulsystems beigemessen, darf jedoch nicht vergessen werden, dass sich die Schulen aufgrund des aufgezeigten Forschungsdefizits bislang kaum an bereits überprüften Strategien zur Bewältigung der Vielzahl an Herausforderungen orientieren können.

---

31 Fend (2008, S. 146) weist in diesem Zusammenhang auf die Befunde der Stadtsoziologie (Häußermann & Siebl, 2004) hin, nach der in den Innenstädten der europäischen Großstädte häufig abgeschottete Migrantenghettos entstehen. So unterscheide sich der Bildungswillen der SuS und Eltern dort elementar von denen kleinstädtischer Milieus mit einem hohen Anteil an Kindern aus Akademikerfamilien.

1.3 Einzelschulische Herausforderungen bei Innovationen

Da die Schulen im deutschsprachigen Raum nicht darauf ausgelegt sind, eine systematische und dauerhafte Entwicklung voranzutreiben (Feldhoff, 2011, S. 205), stellt dieser Wandel eine nicht zu unterschätzende Aufgabe für die Einzelschulen dar, um aus ihren biografisch manifestierten Routinen und Abläufen heraus schuleigene Entwicklungsprozesse initiieren zu können. Dass in weiten Teilen der deutschen Schullandschaft nach wie vor eine „institutionelle Depression" (Fauser, Prenzel & Schratz, 2010, S. 17) vorherrscht, zeigt Feldhoff (2011, S. 307) im Rahmen des *Modellvorhabens Selbstständige Schule* in Nordrhein-Westfalen. Zusätzlich zu der Tatsache, dass die im Modellvorhaben untersuchten Schulen bereits durch weitere Ressourcen, Qualifizierung, Beratung und Entlastung unterstützt wurden und somit bereits weit mehr Förderung erfahren haben als eine „normale" Schule, zeigen seine Befunde auch, dass einige Schulen noch deutliche Entwicklungsbedarfe aufweisen. Es lässt sich außerdem prognostizieren, dass Schulen bei ihrer Entwicklung hin zu einer lernenden Schule nicht nur Unterstützungsmaßnahmen von außen benötigen, sondern auch innerhalb der Schule bereits eine Innovationsbereitschaft vorhanden sein muss, um den Wandel hin zu einer lernenden Schule zu vollziehen. „Sie [die Schulen] müssen lernen und lernfähig werden, um zunehmend ihre Probleme selbst lösen zu können (Rolff, 2013, S. 33; dazu Holtappels, 2013, S. 53 f).

Welchen vielfältigen Aufgaben und Anforderungen sich die schulischen Akteure konkret in der Praxis stellen sollen bzw. müssen, kann bspw. dem Vorwort der Jubiläumsschrift zum Deutschen Schulpreis 2016 entnommen werden. Dort ist nachzulesen: Die ausgezeichneten Schulen

> stellen sich täglich erfolgreich den Herausforderungen, die an Schule gestellt werden, überzeugen mit neuen Konzepten und erfolgreicher Praxis. Sie schaffen es bei unterschiedlichen Rahmenbedingungen und Startvoraussetzungen, für Leistung und Kreativität zu begeistern, Lernfreude und Lebensmut zu stärken und zu Fairness und Verantwortung zu erziehen. Gemeinsam gelingt es Schulleitung, Lehrerinnen und Lehrern, Schülerinnen und Schülern, Eltern und außerschulischen Partnern, sich immer wieder neue Ziele zu setzen und diese zu erreichen, um gemeinsam Schule kontinuierlich weiter zu verbessern. (Robert Bosch Stiftung, 2016, S. 2)

Wie Feldhoff (2011, S. 307 f) aufzeigt, wird in einer solchen hochambitionierten und erfolgreichen Form nach wie vor nicht in allen Schulen gearbeitet. Dass es sich bei dem beschriebenen Anforderungsprofil einer exzellenten Schule eher um die Ausnahme als um die angestrebte Realität handelt, wird außerdem daran erkennbar, dass die Preisträgerschulen im weiteren Verlauf des Vorworts zum Deutschen Schulpreis als „Leuchttürme in der deutschen Schullandschaft" beschrieben werden, deren „Arbeit Vorbild für andere Schulen sein kann" (Robert Bosch Stiftung, 2016, S. 2).

Es darf bzw. muss in diesem Zusammenhang gefragt werden, warum die Schulentwicklungsprozesse in den meisten anderen deutschen Schulen nicht in der angestrebten Art und Weise ablaufen. Es muss also ein vorrangiges Ziel weiterer Schulentwicklungsforschung sein, mehr über Gelingensbedingungen und deren Prozesse zu erfahren und Schulrealität in den Fokus zu nehmen.

Hierzu soll vorrangig der Erfahrungsbericht[32] von Halbritter (2010) herangezogen werden und mit empirischen Befunden untermauert werden. Bei der folgenden Darstellung ist jedoch zu betonen, dass hierbei nicht der Versuch unternommen wird, eine möglichst umfassende Darstellung potenzieller Gelingens- bzw. Misslingensbedingungen aus der schulischen Praxis darzustellen. Vielmehr geht es darum, Erfahrungen aufzuzeigen, „die auf andere Schulen übertragungsfähig sind" (Halbritter, 2010, S. 169) und bei der Erstellung des Instrumentes berücksichtigt werden müssen.

Halbritter (2010, S. 169) nennt eine Reihe von Faktoren, die in den Einzelschulen unterschiedlich vorhanden bzw. ausgeprägt sind, und die Schulentwicklung beeinflussen. Zu den *äußeren Faktoren* zählt sie diejenigen, die den Standort der Schule bestimmen, wie z. B. den Einzugsbereich der Schülerschaft, das Engagement des Schulträgers für die einzelschulischen Belange sowie mögliche regionale Partner aus der Wirtschaft und Gesellschaft. Zu den *institutionellen Bedingungen* gehören ihrer Ansicht nach die Größe der Schule, die Altersstruktur des Kollegiums sowie die in der Einzelschule vorhandenen Traditionen und deren Biografie. Zu den *schulinternen Faktoren* zählt sie außerdem die Gruppendynamik im Kollegium, die Persönlichkeitsstruktur der Schulleitung und die Kompetenzen, Interessen und Bedürfnisse aller beteiligten Personen. Diese Einflussfaktoren können als Beispiel aus der Praxis gut im Modell von Holtappels (2007) verortet werden und dienen dadurch der inhaltlichen Validierung seines theoretischen Modells. Ebenfalls decken sich die von Halbritter erwähnten äußeren, institutionellen und schulinternen Faktoren mit den Vorgaben auf der Makroebene, unterschiedlichen Kontexten und dem subjektiven Faktor der Ideen und Werte der pädagogischen Akteure, die Fend (2008, S. 192 f) ausmacht, um die Unterschiedlichkeit von Schulen zu begründen.

---

32 Maria Halbritter hat als ehemalige Schulleiterin eines Gymnasiums in Baden-Württemberg den einzelschulischen Entwicklungsprozess über zehn Jahre lang begleitet. Angereichert durch Stellungnahmen der weiteren schulischen Akteure (LuL, SuS, Eltern und schulischer Freundeskreis) beschreibt sie u. a., welche Herausforderungen auf dem Weg zu einer „guten Schule" zu bewältigen sind.

Worauf Halbritter in ihrem Erfahrungsbericht jedoch im Besonderen eingeht, sind fünf Faktoren, die ihrer Meinung nach den entscheidenden Unterschied zwischen dem Anspruch an Schulentwicklung sowie dessen Grenzen im schulischen Alltag ausmachen und die einzelschulische Entwicklungsdynamik belasten. Diese Faktoren sollen im Folgenden aufgezeigt werden, beginnend mit dem Spannungsfeld von Autonomie und Teamgedanken innerhalb des Lehrerkollegiums (vgl. Kap. 1.3.1), Problemen bei der Konsensfindung (vgl. Kap. 1.3.2) bis hin zu fehlenden zeitlichen (vgl. Kap. 1.3.3), personellen (vgl. Kap. 1.3.4) sowie finanziellen Ressourcen (vgl. Kap. 1.3.5).

1.3.1 Autonomie der einzelnen Lehrkräfte versus Teamstruktur

Mit der Zunahme der Gestaltungsfreiheit der Schule rückt die Autonomie der einzelnen Lehrkraft in den Hintergrund, da Unterrichtsentwicklung einen wesentlichen Pfeiler der Schulentwicklung darstellt und daher die Zusammenarbeit der LuL untereinander als auch der LuL mit der Schulleitung erfordert. Damit im Unterricht, z. B. bei Projekten, parallelem Förderunterricht oder Teamteaching, besser zusammengearbeitet werden kann, sind verbindliche Absprachen über Unterrichtsinhalte, Methoden und Formen der Leistungsmessung zu treffen – Elemente, die zu dem professionellen Selbstbild jeder Lehrkraft gehören (Berkemeyer & Schneider, 2006). Durch diese „neuen" Verpflichtungen wird die pädagogische Freiheit der Lehrkräfte eingeschränkt. Zusätzlich erfordern die hierfür notwendigen Teambesprechungen auch eine Bereitschaft der Lehrkräfte im zeitlichen Sinne, da mit dem Wandel und den „neuen Aufgaben" zunächst ein Mehraufwand verbunden ist. Die Bereitschaft zur Mehrarbeit kann jedoch nicht von der Schulleitung angeordnet werden, was als Problem angesehen werden kann. Halbritter (2010, S. 173) vergleicht dieses „Führungsdilemma" der Schulleitung mit der Situation der Schulpolitik und -administration, deren Entschlüsse und Weisungen von den Lehrkräften nur dann angenommen werden, wenn diese sowohl inhaltlich als auch persönlich davon überzeugt sind. Es zeigt sich auch, dass eine Zusammenarbeit nur dann für alle Seiten gewinnbringend ist, „wenn die einzelne Lehrkraft in der Lage ist, sich im Team selbstbewusst als Person mit Stärken und Schwächen zu zeigen, aber auch ihre Autonomie so weit einzuschränken, dass eine konstruktive Zusammenarbeit möglich wird" (Halbritter, 210, S. 173 f).

1.3.2 Probleme bei der Konsensfindung

Ein wichtiges Ziel von Gruppenarbeiten ist es, zu tragfähigen Gruppenentscheidung zu kommen, im Idealfall sogar Konsens zu erreichen, denn dann lassen sich Entscheidungen und daraus abgeleitete Maßnahmen besser realisieren. Insofern wird die Effizienz von Gruppenarbeit häufig daran gemessen, wie gut es den Akteuren gelingt, Einigkeit herbeizuführen. Die Erfahrungen aus der Praxis zeigen jedoch, dass der Prozess der Konsensfindung häufig problematisch ist. Halbritter (2010, S. 174 f) verweist u. a. auf Schwierigkeiten, die die Steuergruppe hat, wenn es um die Umsetzung von Maßnahmen geht.[33] Wie sie berichtet, kann trotz eines Mandats des Lehrkörpers und dem Bestreben der Steuergruppe, Transparenz über die eigene Arbeit durch Protokollaushänge und Berichte in der Gesamtkonferenz herzustellen, Misstrauen entstehen und der Vorwurf gegenüber den gewählten Vertreterinnen und Vertreter laut werden, auf Seiten der Schulleitung zu stehen. Sollte der Steuergruppe nicht das Beschlussrecht eingeräumt werden, relativiert sich darüber hinaus die Rolle der Steuergruppe, indem die LuL in der Gesamtkonferenz die Vorarbeit der Steuergruppe aushebeln können und es sich als schwierig herausstellen kann, Kompromisse zu finden, die sowohl die Interessen aller Lehrkräfte, die angestrebten Schulentwicklungsziele als auch den hierfür gesetzten Zeitrahmen berücksichtigen.

Die beiden aufgezeigten Fälle können im Modell von Holtappels (2007) im Bereich von Visionen und Motivationen verortet und zur mentalen Haltung der LuL hinzugezählt werden, die Holtappels in seiner Darstellung ebenfalls in diesem Bereich vermutet, in seiner Architektur der lernenden Organisation aber nicht explizit aufführt. Im Spannungsverhältnis von pädagogischer bzw. persönlicher Autonomie einerseits und Team- sowie Steuergruppenarbeit andererseits zeigt sich das bereits erwähnte „Autonomie-Paritäts-Muster" (Lortie, 1975) der LuL erneut, das nicht nur in der individuellen Eigenwahrnehmung, sondern auch in der von Holtappels (2013) und Rolff (2001, 2006) beschriebenen Besonderheit der flachen Hierarchie an Schulen festgemacht werden kann. So werden Innovationen aufgrund des schwach ausgeprägten Organisationsverständnisses (Rolff, 1993) bewusst verhindert, wenn Steuerungsaufgaben auf formal gleichstellte Kolleginnen und Kollegen übertragen und die Interessensvertreter des Kollegiums in der Steuergruppe aufgrund ihrer Nähe zur Schulleitung nicht mehr als Abgeordnete wahrgenommen werden. Tillmann (2008) führt in diesem Zusammenhang aus, dass die größere Selbstständigkeit der Einzelschulen nicht wie im gewünschten Maße zu einem Reform- und Motivationsschub bei den LuL geführt hat – „im Gegenteil: Viele sehen v. a. zusätzliche Belastungen, Absprachedruck und Mehrarbeit" (S. 600), wodurch die per-

---

33 In dem aufgezeigten Beispiel handelt es sich konkret um die „Arbeitsgruppe Schulentwicklung", die zu gleichen Teilen sowohl aus Mitgliedern der Schulleitungsrunde als auch vom Kollegium gewählten Vertretern zusammengesetzt ist (Halbritter, 2010, S. 174).

sönlichen Interessen der einzelnen Lehrkräfte vor die der Organisation gestellt werden.

Dass größere Gestaltungsautonomie v. a. die ohnehin knappen vorhandenen Ressourcen an der Einzelschule belastet, soll mit den nächsten drei von Halbritter (2010, S. 169 f) aufgezeigten Faktoren gezeigt werden.

1.3.3 Mangel an zeitlichen Ressourcen

Müssen für das operative Geschäft der Schule (z. B. Organisation und Durchführung des Unterrichts) im Regelfall ca. 70 Prozent aller zeitlichen und personellen Ressourcen aufgewendet werden, kann sich dieser Anteil in Prüfungsphasen wie dem Abitur auf bis zu 100 Prozent erhöhen (Halbritter, 2010, S. 169 f). Für die Erörterung, Planung, Erprobung und Auswertung von Schulentwicklungsprozessen werden jedoch weitere zeitliche Ressourcen benötigt. Daraus resultiert, dass der zusätzliche Fluss an Informationen und Materialien mangels zur Verfügung stehender Zeit oftmals nur unzureichend oder gar nicht von den Lehrkräften verarbeitet werden kann. Selbst wenn vonseiten des Kollegiums einerseits der Wunsch nach Mitbestimmung besteht, werden andererseits kurze Entscheidungsprozesse von Teilen des Kollegiums eingefordert, wodurch die Möglichkeit zur Mitsprache „mehr als zeitliche Belastung statt als Chance" (Halbritter, 2010, S. 170) wahrgenommen wird.

1.3.4 Mangel an personellen Ressourcen

Um Schulentwicklung betreiben zu können, wird ein hinreichender und beständiger Personalbestand sowohl in der (erweiterten) Schulleitung als auch innerhalb des Lehrerkollegiums benötigt. Nur so kann garantiert werden, dass entsprechend kompetentes Personal über einen längeren Zeitraum angelegte Planungen verfolgen kann. Indem jedoch bereits das operative Geschäft einen Großteil der personellen Ressourcen einfordert, entsteht eine chronische Überlastung bei den Akteuren, die sich in der Schulentwicklung engagieren und somit zusätzliche Aufgaben außerhalb der regulären Unterrichtstätigkeit und schulischen Organisation übernehmen. Sollten sich weitere LuL oder Schulleitungsmitglieder in Schulentwicklungsfragen über Fortbildungsmaßnahmen qualifizieren wollen, kann diesem Wunsch oft aufgrund deren dringend benötigtem Einsatz im operativen Geschäft nicht nachgekommen werden (Halbritter, 2010, S. 170 f).

1.3.5 Mangel an finanziellen Ressourcen

Die Hinwendung zur Einzelschule als Gestaltungseinheit sowie die damit verbundene Forderung, nach Zielvorgaben zu arbeiten, kann als tiefgreifender Einschnitt in die schulischen Abläufe und Strukturen verstanden werden. Damit die Schulen ihre Aufgaben und Verantwortungen erfüllen können, können die vorhandenen finanziellen Ressourcen zwar sicherlich effizienter genutzt werden, reichen jedoch bei weitem nicht aus, um den Anforderungen zu entsprechen. Denn wie Halbritter (2010, S. 172) ausführt, verlangt Schulentwicklung auch langfristig angelegte Qualifizierungsmaßnahmen für LuL zur Unterrichtsentwicklung und für Schulleitungsteams zur Begleitung und Unterstützung des Reformprozesses. Hinzu kommt die räumliche Anpassung der Schule z. B. für Fächerverbünde, eine Anrechnung auf die Lehrerarbeitszeit bei der Übernahme zusätzlicher Aufgaben sowie eine Entlastung der Schulen durch die Einstellung von mehr Lehrerpersonal. All dies soll geleistet und finanziert werden, obwohl die Schulentwicklungsarbeit meist mit den oben aufgezeigten und in diesem Zusammenhang stehenden defizitären Ressourcen einhergeht.

1.3.6 Fazit

Unter Zugrundelegung des Modells von Holtappels (2007) können die hier aufgezeigten Faktoren in der Architektur einer lernenden Organisation bei den Gelingensbedingungen für Innovationen innerhalb der Infrastruktur der Innovation verortet und dem Bereich der externen Unterstützung zugeordnet werden. Nicht nur dem Erfahrungsbericht von Halbritter (2010), sondern auch den Äußerungen von Wissenschaftlern (z. B. Adam, 2011; Altrichter et al., 2016, S. 115; Bellenberg, 1995; Böttcher & Weiß, 1997; Färber, 1999; Fend, 2008, S. 193; Hasenclever, 2012, S. 49 f; Huber, 2014, S. 286), Lehrergewerkschaften (z. B. GEW Hessen, 2012, S. 6; Storn, 2012) und anderer Institutionen (z. B. SBD, 2011) ist zu entnehmen, dass die meisten Schulen unter einer solchen fehlenden Unterstützung leiden. Ausgelöst durch den Paradigmenwechsel von der Input- zur Outputsteuerung sehen sich Schulen heutzutage oft mit den oben skizzierten Problemen konfrontiert.

Die Übertragung größerer „Freiheiten"[34] auf die Einzelschule dient nach Ansicht vieler Autoren vorrangig dem Ziel, weitere Einsparpotenziale im Bil-

---

34 Hasenclever (2012, S. 49 f) attestiert den autonomen Einzelschulen jedoch eine Scheinselbstständigkeit in vielen Bereichen. Seiner Meinung nach wären tatsächliche Eigenverantwortung und Freiheit v. a. bei im personellen Bereich, bei den Schulstrukturen, den Investitionen, der pädagogischen Gestaltung und der Personalverwaltung wichtig. Indem

dungssystem aufzudecken. Im Zuge dieser „Sparpolitik" (Heinrich, 2007, S. 35) oder „Ökonomisierungsstrategie" (Altrichter et al., 2016, S. 115) werden die bis dahin von der Schulaufsicht ausgeführten administrativen Aufgaben nun auf die Einzelschule übertragen, wodurch der ursprünglich positiv konnotierte Autonomiebegriff vorrangig durch Mehrbelastung besetzt wird und die Aufsicht führende Behörde „die Verantwortung auf die Einzelschule abschieben kann" (Storn, 2012, S. 3). Auf dieses Problem wies Rolff bereits 1993 hin, als er die Ausnutzung des für Schulentwicklungsprozesse notwendigen Engagements innovationsfreudiger LuL und deren damit einhergehende Belastung beklagte und dem Schulsystem in dieser Hinsicht eine Professionalität absprach (dazu Huber, 2014, S. 286). Denn letztendlich wird durch solche Maßnahmen eher das Gegenteil dessen bewirkt, was ursprünglich erreicht werden sollte, wie z. B. die GEW Hessen (2012) kritisiert und für die Zukunft[35] prognostiziert:

> Nicht mehr, sondern weniger Mitbestimmung, nicht mehr, sondern weniger pädagogische Freiheit, nicht bessere, sondern schlechtere Arbeitsbedingungen, nicht geringere, sondern höhere Arbeitsbelastungen werden denn auch die Resultate der neuen Verfasstheit unseres Bildungssystems sein! Die Schule der Zukunft soll geprägt sein von betriebswirtschaftlichen Methoden wie „Zielvereinbarungen", einem „Qualitätsmanagement" mit Kennziffern ..., einem verknappten „Budget", einer „Personalbewirtschaftung" unter dem Gesichtspunkt der Kosteneinsparung sowie „schlankeren Strukturen an Schulen. (S. 2)

Aus dieser Kritik kann herausgelesen werden, dass die Einzelschulen in einem bislang unüberwindbaren Spannungsverhältnis stehen zwischen einer postu-

---

sich die Schulen in diesen Punkten jedoch an eine Vielzahl von Verwaltungsaufgaben richten müssen, wird ihre Freiheit deutlich eingeschränkt:
- Schulen sind an die Bestimmungen des Beamten- und Tarifrechts gebunden, wodurch sie mit den Konsequenzen (z. B. Unkündbarkeit von ihren Aufgaben nicht (mehr) gewachsenen LuL) leben müssen.
- Die schulische Organisationsstruktur wird nach wie vor von den Länderparlamenten bestimmt und nicht anhand der für die pädagogische Arbeit am sinnvollsten Organisationsform.
- Die Investitionen unterliegen bislang in letzter Entscheidungsgewalt den kommunalen Schulträgern.
- Die pädagogische Gestaltungsfreiheit muss hinter Leistungsvergleichsarbeiten, Kerncurricula und KMK-Vereinbarungen zurückstecken.
- Durch die Verlagerung der Verwaltungsaufgaben „nach unten" wird wichtige Arbeitszeit und -kraft dem pädagogischen Wirken entnommen. Die in anderen Bereichen des öffentlichen Lebens angestellten „Verwaltungsfachkräfte" sucht man an Schulen vergebens.

35 Werden den Einzelschulen z. B. in Nordrhein-Westfalen bereits ab 2002 oder in Niedersachsen ab 2004 größere Entscheidungsfreiheiten gewährt, hat das Land Hessen erst 2012 mit dem Programm *Selbstständige Schule* begonnen.

lierten Eigenständigkeit auf der einen und einer größeren Verantwortung gegenüber der staatlich verordneten Reform auf der anderen Seite, die beide mit einer stärkeren Kontrolle und damit einer Rechenschaftspflicht einhergehen. Daher verwundert es nicht, dass v. a. der Schulleitung als Schnittstelle zwischen der Schulverwaltung, den LuL sowie ihren Interessen eine Schlüsselrolle zugetragen wird und ihre mikropolitischen Taktiken und Strategien im Führungshandeln betont und ausgiebig untersucht werden, um den organisationalen Wandel als Change Agent in der Einzelschule möglichst erfolgreich zu gestalten (Brüsemeister, Gromala, Böhm-Kasper & Selders, 2016, S. 91 f; Feldhoff, 2011, S. 306; Gieske-Roland, 2015; Gieske, 2013; Huber, 2011). Hierzu ist es nach Lohmann (2009) erforderlich, eine Akademie für Führungskräfte im Schulbereich einzurichten, um somit Nachwuchskräfte auf ihre Aufgaben vorzubereiten und diese mit bereits erfahrenen Schulleiterinnen und Schulleitern zu vernetzen und über mehrere Jahre zu begleiten. Wie bereits aus den Darstellungen zu einzelschulischen Herausforderungen bei Innovationen hervorgeht, erfordern die einzelschulischen Entwicklungsprozesse neben der Expertise der Schulleitung Unterstützung in vielen weiteren Bereichen, um dem mit größerer Eigenverantwortung einhergehenden Mehr an Aufgaben erfolgreich begegnen zu können. Hierzu gehören nach Feldhoff (2011)

- die Gestaltung von Strukturen, die Kooperation in der Schule ermöglichen, fördern und auch erfordern,
- die Etablierung von professionellen Lerngemeinschaften und der Unterrichtsentwicklung,
- die Gestaltung einer systematischen Personalentwicklung und Fortbildungsplanung,
- die unterrichtsbezogene Führung der Schulleitung,
- die Nutzung von Instrumenten des Change Management durch die Steuergruppe,
- der Aufbau eines internen Qualitätssicherungssystems und der Umgang mit externen Daten über die Schule,
- der Austausch und die Kooperation mit anderen Schulen und Einrichtungen sowie
- die aktive Beteiligung von LuL an der Entwicklung der Schule im Sinne einer kooperativen Autonomie. (S. 307)

Diese Ansicht teilen auch aus der schulischen Praxis kommende Autoren, wie z. B. Mau und Mensching (2009). Sie zeigen anhand ihrer Forderungen auf eindrucksvolle Art und Weise, welchen Herausforderungen sich die Schulleitungen gegenübergestellt sehen und wie diese ihrer Meinung nach zu lösen sind.

> Die Schulleiter in Niedersachsen sind dringend auf eine Unterstützung in folgenden Bereichen angewiesen: Verwaltung und Personal (z. B. Verwaltungsfachkräfte), Fortbildung und Begleitung in Zeitmanagement und Kommunikation, Verwaltungsrecht in Form von Coaching und Supervision, Entlastung von Unterricht und damit verbundenen Aufgaben, erweiterte Arbeitszeit für Assistenzpersonal, da die mit der Eigenverantwortlichen Schule einhergehende Verwaltungsarbeit (Budget, Vergleichsarbeiten, Evaluationen) mehr Zeit erfordert. Neben der Schulentwicklungsberatung benötigen die Schulleiter mehr Mitbestimmungsrecht bei Personalfragen, damit möglichst qualifizierte Lehrkräfte die Schulentwicklung unterstützen. Und gerade zukünftige Schulleiter müssen systematisch auf· ihre Aufgabe vorbereitet und berufsbegleitend qualifiziert werden. Professionalisierung, Unterstützung und zeitliche Entlastung sind dringend erforderlich. (S. 22 f)

Resümierend kann somit festgestellt werden, dass seit der Hinwendung zur Einzelschule als pädagogische Handlungseinheit v. a. die Schulleitung sowie das lehrtätige Personal als Experten schulischer Entwicklungsprozesse zunehmend in den Mittelpunkt rücken. Beim Übergang des Systems von der Inputsteuerung hin zur evidenzbasierten Schulautonomie und Regionalisierungsbestrebungen fehlt es jedoch zumeist an einer wirksamen Unterstützung, da vorrangig ökonomische Gedanken den Paradigmenwechsel im Schulsystem bestimmen, wodurch die größere Selbstständigkeit der Einzelschule eher zu einem „Lippenbekenntnis" (Kluxen-Pyta, 2010, S. 32) als zu einem ernstgemeinten Wandel in der Bildungsadministration verkommt. Somit leuchtet es ein, dass sich das Verständnis von Schulentwicklung in den meisten Schulen seit den 1990er Jahren bislang nicht geändert hat und nach wie vor eher als ungeliebte Zusatzaufgabe denn als zentraler Bestandteil von Schule durch die betroffenen Akteure wahrgenommen wird, wie Feldhoff (2011, S. 307) in Bezug auf die Erkenntnisse von Krainz-Dürr (1999) konstatiert. In der aktuellen Verfassung des deutschen Bildungssystems kann erfolgreiche Schulentwicklung somit nur durch eine Vielzahl an Unterstützungsleistungen betrieben werden.

Zu Beginn des 21. Jahrhunderts wird die einzelschulische Innovationsfähigkeit durch das von der Bundesregierung unterstützte und milliardenschwere Investitionsprogramm *Zukunft Bildung und Betreuung* (IZBB) zusätzlich herausgefordert. Mit dem forcierten Auf- und Ausbau von Ganztagsschulen wird vonseiten der Bildungsadministration versucht, Antworten auf gesellschaftliche Veränderungen und politische Notwendigkeiten (Naul, Neuber & Tietjens, 2015, S. 11) zu geben. Damit das deutsche Bildungssystem „in zehn Jahren wieder an die Weltspitze" (BMBF, 2003b, S. 3) gebracht werden kann, werden die Einzelschulen aufgefordert, selbstständig ein pädagogisches Konzept für dieses ganztägige Schulmodell zu entwerfen. Es ist daher Aufgabe der folgenden Ausführungen (vgl. Kap. 2) darzustellen, wie Einzelschulen dieses Vorhaben umsetzen können und vor welchen Herausforderungen sie stehen.

1.4 Zusammenfassung des Kapitels

Durch die historische Darstellung der Reformphasen des deutschen Schulsystems wurde aufgezeigt, dass die Bildungspolitik gegenwärtig v. a. durch den Effizienzgedanken bestimmt wird. Gleichzeitig sollen die Einzelschulen unter Anwendung der Elemente des *New Public Managements* und der Konzepte des *Public Private Partnership* neue Gestaltungsfreiheiten übernehmen mit dem Ziel, bestmögliche Schulleistungen in ökonomischer Art und Weise zu erzielen.

Das deutsche Schulwesen wird bis in die 1980er Jahre zentralstaatlich nach dem Top-down-Prinzip gelenkt. Nach den Befunden von Fend (1986) wird die Einzelschule in der Krise der Außensteuerung zum „Motor der Schulentwicklung" (Dalin & Rolff, 1990) und es eröffnen sich ihr eine Vielzahl an Gestaltungsspielräumen. Vonseiten der Bildungsadministration wird durch diese Dezentralisierungsbestrebungen auf die „Selbstregelungsfähigkeit der Profession" (Heinrich & Kussau, 2016, S. 185) gehofft, um sowohl die Effizienz als auch die Effektivität des Bildungssystems zu erhöhen. Aufgrund der Ergebnisse aus den internationalen Leistungsvergleichsstudien zu Beginn des neuen Jahrtausends rückt die politisch-administrative Ebene in einer Phase der Rezentralisierung wieder mehr in den Blick. Um die Qualität des Schulwesens zu steigern, müssen sich die Schulen im Zuge des Paradigmenwechsels von der Input- zur Outputsteuerung der Schulaufsicht gegenüber für ihr Handeln verantworten, womit betriebswirtschaftliche Effizienzkriterien das schulische Handeln im Neuen Steuerungsmodell bestimmen.

Im *New Public Management* erhalten die Schulen auf Grundlage verbindlicher Standards Freiräume, um die zur Verfügung gestellten Ressourcen zur bestmöglichen Förderung ihrer Schülerschaft einzusetzen. Gleichzeitig steigt jedoch auch der Wettbewerbsdruck zwischen den Schulen im Hinblick auf ihre „Schlüsselressource" (Altrichter et al., 2016, S. 135), indem die SuS das Image einer Schule prägen und maßgeblich die potenziell erzielbaren Leistungen und Arbeitsbedingungen beeinflussen. Indem bereits jetzt die Möglichkeit besteht, zusätzliche finanzielle Mittel über den einzelschulischen Output zu generieren, ist davon auszugehen, dass der Wettbewerb zwischen den Einzelschulen und damit auch das Werben um die „richtige Schülerschaft" in der Zukunft zunehmen wird. Das Qualitätsmanagement einer Schule wird somit wichtiger, um sich gegenüber anderen Schulen behaupten zu können.

Mit der Betonung der außerschulischen Bildung im Zwölften Kinder- und Jugendbericht (BMFSFJ, 2006a, S. 131) setzt eine Phase der Regionalisierung ein, um eine größere Transparenz und bessere Vernetzung der Bildungsangebote vor Ort zu erreichen, damit den regionalen Problemlagen in der Sozial-, Wirtschafts- und Arbeitsmarktpolitik begegnet werden kann. Nun werden auch Konzepte des *Public Private Partnership* herangezogen, um einerseits ein regional ausgerichtetes Bildungsmanagement zu etablieren und andererseits weitere Unterstützungsstrukturen für die schulische Qualitätsentwicklung zu generieren.

Obwohl die Erwartungen und Anforderungen an die Einzelschule im Laufe der Jahrzehnte kontinuierlich gestiegen sind, hat sich ihre formale Organisationsstruktur nicht verändert. Wie bei der Betrachtung einzelschulischer Herausforderungen bei Innovationen deutlich wurde, fehlt es den meisten Schulen jedoch aufgrund biografisch manifestierter Routinen auf der einen und mangelnder Ressourcen auf der anderen Seite an einer Vielzahl von Unterstützungsleistungen, um Schulentwicklungsprozesse nicht nur zu initiieren, sondern auch zu implementieren und langfristig zu institutionalisieren. Mit dem Auf- und Ausbau von Ganztagsschulen (vgl. Kap. 2) wird die einzelschulische Innovationsfähigkeit zusätzlich herausgefordert.

2 Ganztagsschule

Bis zum Beginn des 21. Jahrhunderts spielen Ganztagsschulen in der deutschen Bildungslandschaft nur eine untergeordnete Rolle, denn sie sind nicht weit verbreitet, und jene Ganztagsschulen, die existieren, werden zumeist im Rahmen von einzelschulischen Modellversuchen oder aufgrund regionaler Initiativen eingerichtet. Eine länderübergreifende bzw. bundesweite Beachtung des Ganztagsschulkonzepts findet erst seit der Jahrtausendwende statt und basiert vorwiegend auf sozialpädagogischen und gesellschaftspolitischen Problemlagen dieser Zeit (z. B. Appel, 2009, S. 15 f; Blossfeld et al., 2013, S. 13; Dollinger, 2012, S. 28; Kielblock & Stecher, 2014, S. 13). Zusätzlich wird die schulische Bildungsdebatte um ganztägige Betreuung durch das besorgniserregende Abschneiden deutscher SuS in internationalen schulischen Leistungsvergleichsstudien wie TIMSS (Baumert & Lehmann, 1997) und PISA 2000 (Baumert et al., 2001; OECD, 2001) beschleunigt. Der in der Folge einsetzende Auf- und Ausbau von Ganztagsschulen[36] wird aus gegenwärtiger Sicht als ein bildungspolitisches Reformprojekt betrachtet, das wie kein anderes sowohl das Bildungswesen, die deutsche Schullandschaft als auch das Aufwachsen von Kindern und Jugendlichen gleichermaßen in Deutschland nachhaltig beeinflusst hat.

Um die aktuellen Konzeptionen ganztägiger Bildung sowie den Ist-Zustand der Ganztagsschule in der Gegenwart einordnen zu können, soll zuerst der bildungstheoretische Diskurs zu Ganztagsschulen in seinem historischen Verlauf betrachtet werden (vgl. Kap. 2.1), geht dieser doch von Konzepten der Reformpädagogen nach Ende des Zweiten Weltkriegs über die historische Reformpädagogik zwischen 1890 und 1940 zu ersten Entwürfen zusätzlicher nachmittäglicher Bildung bis in die Mitte des 17. Jahrhunderts zurück. Die politisch-gesellschaftlichen Begründungen, Zielsetzungen und Erwartungen um die Jahrtausendwende (vgl. Kap. 2.2) führen zu einer neuen Definition der

---

36 Mit der Publikation der Kultusministerkonferenz *Allgemein bildende Schulen in Ganztagsform in den Ländern in der Bundesrepublik Deutschland – Statistik 2002 bis 2004* (KMK, 2006) werden zum ersten Mal schulstatistische Daten zu Ganztagsschulen berücksichtigt. Anhand der Grund- und Strukturdaten 2001/2002 (BMBF, 2008) sind zum Erhebungszeitraum 41.633 allgemeinbildende Schulen verzeichnet. Einer Stellungnahme der KMK vom 25.06.2001 zufolge (Rother, 2003, S. 4; KMK, 2001) beträgt die Zahl der Ganztagsschulen in Deutschland im Schuljahr 2000/2001 2.015. Demnach sind lediglich ca. 4.84 % aller allgemein bildenden Schulen Bildungseinrichtungen in Ganztagsform. Hierbei ist zu berücksichtigen, dass Schulzentren, an denen mehrere Schulformen angeboten werden, nur als eine Verwaltungseinheit gezählt werden.

institutionellen Bedingungen der Ganztagsschule (vgl. Kap. 2.3). Parallel werden ebenso pädagogische Begründungen, Zielsetzungen und Erwartungen formuliert (vgl. Kap. 2.4). Inwieweit sich die mit der Einrichtung von Ganztagsschulen verbundenen Wünsche erfüllt haben, wird in der Folge untersucht (vgl. Kap. 2.5) und kritisch reflektiert (vgl. Kap. 2.6).

2.1 Zur historischen Entwicklung der Ganztagsschule in Deutschland

Bevor sich die heute bekannte Vormittagsschule erst gegen Ende des 19. Jahrhunderts allmählich in Deutschland durchsetzt, existiert bis dahin bereits eine Art ganztägiger Schulorganisation, bestehend aus Vor- und Nachmittagsunterricht sowie einer Mittagspause, die sich an den Empfehlungen des Pädagogen *Johann Amos Comenius'* (1590–1670) orientiert, vornehmlich an den Rhythmus der Arbeitswelt angepasst (Ludwig, 2005, S. 261) und somit eher organisatorisch legitimiert ist. Gleichwohl sind mit diesem Konzept bereits neuzeitliche Gedanken von Allgemeinbildung und Chancengleichheit verbunden. Solche ganztägigen Schulprogramme, die als Gegenkonzept zur reinen Unterrichtsschule angesehen werden, erhalten um die Wende zum 20. Jahrhundert entscheidende pädagogische Impulse v. a. durch die Landerziehungsheime um *Hermann Lietz* und im weiteren geschichtlichen Verlauf durch ganztägige Schulkonzepte von *Kerschensteiner, Wyneken, Karsen, Petersen* und *Reichwein*. Diese Reformpädagogen führen teilweise bereits einen rhythmisierten Schultag ein und erweitern die schulischen Aufgaben neben der reinen Unterrichtstätigkeit um erzieherische und sozialpädagogische Aspekte, wodurch Schulen bereits als Orte ganzheitlicher Bildung im Sinne einer Lern- und Lebensstätte (Appel, 2009, S. 20; Holtappels, 2006, S. 8 f; Stecher, Allemann-Ghionda, Helsper & Klieme, 2009, S. 7) verstanden werden. Diese Entwicklung wird in Deutschland durch die Machtergreifung Hitlers und das nationalsozialistische Gedankengut unterbrochen. Bildung, Erziehung und Schulorganisation werden von der NS-Ideologie bestimmt und machen eine Fortführung und Ausbreitung der Ganztagsschule im reformpädagogischen Sinn unmöglich.

Nach Ende des Zweiten Weltkrieges streben die Besatzungsmächte einen schnellen Wiederaufbau des Bildungswesens an. Allerdings verlaufen die Entwicklungen im Westen und Osten Deutschlands sehr unterschiedlich (Ohlhaver, 2008, S. 12 f). Während in der DDR ein zentralistisch gelenktes Einheitsschulsystem eingeführt wird, bemühen sich die Besatzer in den westlichen Zonen um eine demokratische Lösung, die auch als sogenannte „re-education des Deutschen Volkes" (Bungenstab, 1970, S. 18) beschrieben wird. Vor dem Hintergrund der Folgen des Krieges (traumatisierte Kinder, vaterlose Familien, nationalsozialistische Erziehung usw.) wird auch der Gedanke der Ganztagsschule wieder aufgegriffen, denn die Schulen sollen den Kindern und Jugendlichen einen Ausgleich zu dem in sozialer und ökonomischer Hinsicht allgegenwärtigen Notstand schaffen und zusätzliche sozial- und freizeitpädagogische Funktionen übernehmen.

In diesem Kontext finden v. a. die an die Vorkriegszeit angelehnten Ganztagsschulkonzepte von *Herman Nohl* und *Lina Mayer-Kulenkampff* Verwendung. Ab Mitte der 1950er Jahre entwickelt der 1955 gegründete Ganztagsschulverband *Gemeinnützige Gesellschaft Tagesheimschule e.V.* (GGT) den Ganztagsschulgedanken weiter, der später in den Definitionsversuchen für Ganztagsschulen des UNESCO-Instituts für Pädagogik (UIP) in Hamburg (1962) Eingang findet, in denen zum ersten Mal die verschiedenen Formen von Ganztagsschulen berücksichtigt und systematisiert werden. Zugunsten einer begrifflichen Rahmung wird die Ganztagsschule als eine Schule begriffen, in der sowohl der Unterricht über den Vor- und Nachmittag verteilt als auch die Hausaufgaben bereits in die Unterrichtszeit integriert sind und idealerweise alle SuS daran teilnehmen. Außerdem wird bereits damals zwischen *Ganztagsschulen im weiteren Sinne*, den *offenen Schulen*, den *Ganztagsschulen im engeren Sinne* und den *Tagesheimschulen* differenziert, wobei vorrangig Rücksicht auf den unterschiedlichen zeitlichen Umfang genommen wird, in dem die SuS an den Aufenthaltsort Schule gebunden sind (Dollinger, 2012, S. 29).[37]

Mit den *Empfehlungen der Bildungskommission zur Einrichtung von Schulversuchen mit Ganztagsschulen* (DBR, 1969) wird versucht, die im Schulwesen auftretenden Defizite aufgrund geänderter Bildungs- und Lebensanforderungen auf politischer Ebene u. a. durch einen Ausbau des Ganztagsschulwesens zu

---

[37] Das UNESCO-Institut definiert die *offene Schule* wie folgt: „Die verpflichtende Unterrichtszeit ist wie in der bisherigen Halbtagsschule vorwiegend auf die Vormittage beschränkt ... Nach Unterrichtsschluss wird den Schülern die Möglichkeit geboten, ein Mittagessen in den Schulen einzunehmen. Am Nachmittag werden unter fachlicher Anleitung die Hausaufgaben angefertigt. Die Teilnahme an diesen Arbeitsstunden ist freiwillig. In den Nachmittagsstunden veranstaltet die Schule Kurse und Arbeitsgemeinschaften und Neigungsgruppen, an denen auch die Eltern mitwirken sollen" (GGT, 1962, S. 28) Aufgrund der starken Anlehnung an die Halbtagsschule sind tiefgreifende Änderungen zugunsten einer Rhythmisierung des Zeitkonzepts jedoch nicht möglich. Die *Ganztagsschule im engeren Sinne* greift dieses Defizit auf: „Der Unterricht wird dem biologischen Rhythmus des Kindes und dem Wunsche mancher Eltern angepasst, auf die Vor- und Nachmittage verteilt" (GGT, 1962, S. 29). Beim Konzept der *Tagesheimschule* wird zusätzlich der Betreuungs- und Freizeitaspekt in verschiedenen Phasen des Tages betont: „Die Form der Ganztagsschule lässt sich den Bedürfnissen der Eltern entsprechend erweitern, so z. B. auf die Betreuung oder außerunterrichtliche Tätigkeit der Schüler vor Unterrichtsbeginn und nach Unterrichtsschluss einerseits ... und zwischen dem Vor- und Nachmittagsunterricht (Mittagspause) andererseits" (GGT, 1962, S. 29).

begegnen. Der erhoffte Aufschwung bleibt jedoch aufgrund ambivalenter Befunde im Rahmen der Schulversuche aus (Holtappels, 2006, S. 9).

In den 1980er Jahren erhält das Ganztagskonzept aufgrund der Sozial-, Freizeit- und Ausländerpolitik neue Impulse (Raab & Rademacker, 1987). Zudem findet die Einschätzung der GGT, der Bedarf an Ganztagsschulplätzen sei höher als angenommen, während der frauenpolitischen Debatte um veränderte Familienverhältnisse einen fruchtbaren Nährboden und wird 1991 vom Bundesministerium für Bildung und Wissenschaft anhand einer Erhebung deutlich bestätigt (Appel, 2009, S. 22; BDA, 2000, S. 3). Die bildungs- und familienpolitischen Programme führen jedoch weder zu einem starken Ausbau von Ganztagschulen noch zu einem ausreichenden Angebot an Hortplätzen, wie dies in der DDR vor der Wiedervereinigung der Fall gewesen ist. Darüber hinaus ist die Schulform der Halbtagsschule weitgehend gesellschaftlich akzeptiert und bildungspolitisch favorisiert. Diese Haltung ändert sich erst um die Jahrtausendwende.

2.2 Politisch-gesellschaftliche Begründungen, Zielsetzungen und Erwartungen

Neben mangelnden fachlichen Leistungen der SuS sind es v. a. die Ergebnisse aus verschiedenen Leistungsvergleichsstudien, die insbesondere die soziale Ungerechtigkeit im Bildungssystem aufzeigen und damit eine bildungspolitische und gesellschaftliche Debatte um die „krisenhaft gedeutete[n] Entwicklungen im Bildungssystem" (Vogel, 2008, S. 118) auslösen (vgl. Kap. 2.2.1). Darüber hinaus führen demografische Aspekte und (teilweise) daraus entstehende Bedarfe der Sozial- und Wirtschaftspolitik (vgl. Kap. 2.2.2) zu einer erhöhten Nachfrage nach Ganztagsschulen (vgl. Kap. 2.2.3).

2.2.1 Ergebnisse aus Leistungsvergleichsstudien

TIMSS (Baumert et al., 1997) ist die erste in Deutschland Aufsehen erregende internationale Vergleichsstudie zu Schulleistungen und kann als erster Indikator für den nationalen Übergang vom sogenannten „inputorientierten zum outputorientierten Steuerungsverfahren" gesehen werden (Lange, 1999; vgl. Kap. 1.2.5). In der von der *International Association for the Evaluation of Educational Achievement* durchgeführten Studie wird die mathematisch-naturwissenschaftliche Grundbildung von über einer halben Million 13- und 14-Jähriger aus 41 Ländern in den Fächern Mathematik, Physik, Chemie und Biologie im Zeitraum von 1994/95 erhoben. Bei Betrachtung der Ergebnisse sind die deutschen SuS im weltweiten Vergleich bei naturwissenschaftlichen Spitzenleistungen lediglich durchschnittlich, bei mathematischen sogar erheblich unterrepräsentiert und sie schneiden mit Rang 23 von 41 insgesamt vergleichsweise schwach ab (Klieme, 2000; König, 1997).

Die PISA-Studie der OECD (Baumert et al., 2001) zeigt erneut die vielfach unerwarteten Missstände in Aspekten der Grundbildung auf. So kann nachgewiesen werden, dass das Kompetenzniveau der 15-Jährigen in den untersuchten Domänen der Lesekompetenz (*Reading Literacy*), der mathematischen Grundbildung (*Mathematical Literacy*), der naturwissenschaftlichen Grundbildung (*Scientific Literacy*) und den fächerübergreifenden Kompetenzen (*Cross-Curricular Competencies*) unter dem Mittelwert der OECD-Staaten liegt. Gleichzeitig ist die Streuung sehr breit und der Rückstand risikobehafteter SuS eminent. Zusätzlich können herkunftsbedingte Unterschiede und Kompetenzrückstände von Jugendlichen mit Migrationshintergrund festgestellt werden. Diese sind weder im Kontext der Chancengerechtigkeit noch mit den internationalen Maßstäben zu akzeptieren. Deutschland ist, wie Tillmann (2009) pointiert darstellt, mit seinem „Schulsystem ‚Weltmeister' in der sozialen Auslese" (S. 2) – eine Feststellung, die bereits 1966 im *Coleman-Report* beschrieben wurde (vgl. Kap. 1.2.1). Eine hohe Zahl von Klassenwiederholungen, verspätete Einschulungen und fehlende Förderangebote für leistungsschwächere SuS zeigen weitere Defizite im Bildungssystem auf (Becker & Lauterbach, 2016; Baumert et al., 2001; Bender, 2003; Verbeet, 2010).[38]

Hat es die deutsche Bildungspolitik bis zur TIMMS- und PISA-Studie versäumt, an internationalen Vergleichsuntersuchungen teilzunehmen[39], ist die Debatte um das deutsche Schulsystem spätestens mit den Veröffentlichungen der PISA-Ergebnisse auch in der breiten Öffentlichkeit[40] angekommen und der „PISA-Schock" geboren. Auf der Suche nach den Ursachen wird u. a. Finnland

---

38 Bereits vor Bekanntwerden der PISA-Ergebnisse setzt sich allerdings bereits eine Vielzahl von Wissenschaftlern mit dem Kompetenzbegriff und -erleben von SuS im deutschen Schulsystem auseinander. Für damalige aktuellste Ergebnisse und Wirkungen siehe z. B. Baumert et al. (2000), Baumert und Köller (2000), Corsten (1999), Edelstein (1999), Grundmann und Keller (1999), Krappmann (1999), Schneider und Stern (2000) sowie Stern (1998). Darüber hinaus sieht sich die Bundesvereinigung der Deutschen Arbeitgeberverbände in einem *Positionspapier zur Forderung „Für mehr Ganztagsschulen"* veranlasst. Ausschlaggebend sind die bereits durch das Max-Planck-Institut für Bildungsforschung (BIJU) nachgewiesenen, jedoch erst durch die PISA-Studie 2000 in der Öffentlichkeit später wahrgenommenen Kompetenzmängel deutscher SuS (BDA, 2000).

39 Die Teilnahme an Vergleichsstudien wird erst im *Konstanzer Beschluss* vom 24. Oktober 1997 formuliert (KMK, 1997).

40 Tillmann (2009, S. 2; S. 10 f) macht allein in den ersten acht Monaten nach Veröffentlichung der PISA-Ergebnisse insgesamt 317 Artikel im *Spiegel*, *Fokus* und der *Zeit* sowie weit über 3.500 Zeitungsartikel mit Bezug zu PISA in den beiden auflagenstärksten Zeitungen der Bundesländer Brandenburg, Bremen, Rheinland-Pfalz und Thüringen aus.

„zum gelobten Land der Bildungspolitik und Lehrerverbände" (Barz, 2012, S. 216) und der für selbstgesteuertes Lernen zu gering ausgeprägte problemorientierte Unterricht (Messner, 2004) sowie das zu früh selektierende[41] und darüber hinaus auf einen Halbtag konzeptionierte Schulwesen verantwortlich gemacht (z. B. Oelkers, 2003; Tillmann, 2005).[42]

Nachdem die Öffentlichkeit am 4. Dezember 2001 über die PISA-Ergebnisse informiert wird, legt die KMK in ihrer 296. Plenarsitzung am 5. und 6. Dezember quasi „über Nacht" einen Handlungskatalog vor (vgl. Kap. 1.2.5), der u. a. „Maßnahmen zum Ausbau von schulischen und außerschulischen Ganztagsangeboten mit dem Ziel erweiterter Bildungs- und Fördermöglichkeiten, insbesondere für SuS mit Bildungsdefiziten und besonderen Begabungen" (KMK, 2001a) vorsieht. Dass mit dem Ausbau von Ganztagsschulen die Hoffnung verbunden ist, die in TIMSS und PISA aufgezeigten Defizite des deutschen Schulsystems lindern zu können, basiert auf dem Gedanken, dass das Schulsystem derjenigen Nationen, welche in PISA am besten abschnitten, Ursache für den Erfolg sei. So gehören Finnland, Japan, Korea, Kanada und die Niederlande zur Spitzengruppe. Diese haben teilweise bereits seit vielen Jahren ein Ganztagsschulsystem etabliert (Coelen, 2004, S. 2.; GGT, 2003, S. 1).[43]

---

41 Fend (2008, S. 42 f) weist darauf hin, dass die Selektivität des Bildungssystems per se nicht als Ursachengeber für die niederschmetternden Ergebnisse fungiert, da nach den gesetzlichen Zugangsregelungen jeder Person, unabhängig derer Herkunftsmerkmale, jegliche Bildungsgänge zur Verfügung stehen. Jedoch kann das Arrangement von Bildungsgängen eine entscheidende Wirkung auf bildungsferne bzw. Familien mit Migrationshintergrund haben, da sich Eltern aus bildungsfernen Schichten bei gleicher Begabung des Kindes weniger für gymnasiale Bildungsgänge entscheiden als Eltern aus bildungsnahen Schichten. Dies kann durch eine Kosten-Nutzen-Kalkulation (rational choice), Nähe oder Distanz zu Bildungsprozessen (kulturelles Kapital), Bedeutung von entscheidungsträchtigen Netzwerken und Beziehungen (soziales Kapital) und die Beurteilung von Lehrern *vor* der Übergangsentscheidung erklärt werden.

42 Die Publikation der PISA-Ergebnisse führt zu vielfältigen (Fehl-)Interpretationen und daraus resultierenden Forderungen in den Medien und der Wissenschaft zur Umgestaltung des deutschen Bildungssystems. Für eine kritische Auseinandersetzung mit den Ergebnissen und Folgerungen der PISA-Studie 2000 siehe z. B. Blum (2003), Kießwetter (2002) sowie Schmidt und Fertig (2003). Einen umfassenden Blick mit Anmerkungen u. a. zu den Vergleichsuntersuchungen TIMSS und PISA liefert der Vortrag von Bender (2003) im Rahmen der Paderborner Universitätsreden.

43 So nennt z. B. die damalige Bundesministerin für Bildung und Forschung, Edelgard Bulmahn, in ihrer Rede im Deutschen Bundestag ausdrücklich die PISA-Ergebnisse, um den Ausbau von Ganztagsschulen zu legitimieren: „Die Länder, die bei der PISA-Studie wirklich gut abgeschnitten haben – nicht nur Finnland, sondern auch zum Beispiel Kanada –, zeigen uns, wie wir es besser machen können … Notwendig ist eine nationale Kraftanstrengung. Dabei geht es im Wesentlichen um vier Punkte: Erstens brauchen wir die bestmögliche Förderung unserer Kinder durch die flächendeckende Einführung der Ganztagsschule." (Deutscher Bundestag, 2002, S. 24202).

Unterstützung erhält diese „Neuausrichtung" des Schulsystems durch die Regierungserklärung des damaligen Bundeskanzlers Schröder, welcher der Bildung die höchste Priorität einräumte, da es um die Gestaltung der Zukunft der Kinder und Jugendlichen in Deutschland gehe.

> Entscheidend sind der Zugang aller zu den Bildungschancen und die Qualität unserer Bildungsangebote; dies gehört sicher zu den wichtigsten Fragen des beginnenden 21. Jahrhunderts. Bildungschancen sind Lebenschancen und daher haben sie allen offen zu stehen, unabhängig vom Einkommen der Eltern. (Deutscher Bundestag, 2002a, S. 24181)

Im weiteren Verlauf seiner Erklärung wird jedoch auch deutlich, dass sich die bildungspolitischen Bestrebungen vornehmlich aus ökonomischen Bedarfen rekrutieren.

> Denn unser Land – das wissen wir – braucht alle Schülerinnen und Schüler. Wir können es uns auch ökonomisch nicht leisten, auch nur eine einzige Begabung in unserem Volk ungenutzt zu lassen. Hierin liegt der Grund, weswegen wir in einem beispiellosen Kraftakt die Mittel für Bildung ... erhöht haben. (Deutscher Bundestag, 2002a, S. 24181)

Aufgrund dieser Aussage ist das Bestreben der deutschen Politik zugunsten höherer Investitionen u. a. bei der Ganztagsbeschulung zu relativieren, da Bildung in diesem Fall als Humankapital und somit auch als ökonomischer Wachstumsfaktor gesehen werden muss. Indem in Bildung und damit verbunden auch in höhere Bildungsabschlüsse der Kinder und Jugendlichen investiert wird, soll die wirtschaftliche Konkurrenzfähigkeit im internationalen Wettbewerb sichergestellt werden, wie eine Reihe von Autoren schon vor dieser Zeit als auch in diesem Kontext aufzeigten (Gundlach, Wößmann & Gmelin, 2001; Hanushek, 1995, 1997, 1998, 2016; Huisken, 2005; Pritchett & Filmer, 1999; Psacharopoulos, 2000; Wößmann, 2006). Daher kann der ökonomische Aspekt als primäres Motiv für den Auf- und Ausbau von Ganztagsschulen verstanden werden. Die Verbesserung der Bildungschancen hingegen kann in diesem Zusammenhang nur als sekundäres Motiv bestimmt werden – dies ist für eine Einschätzung der Begründungsmuster zur Etablierung der Ganztagsschule durchaus bedeutsam.

2.2.2 Sozialpolitische Argumente

Um die wirtschaftliche Zukunft Deutschlands sichern zu können, wird im Hinblick auf die demografische Entwicklung auch die Entkoppelung des Zusammenhangs von sozialer Herkunft und Bildungserfolg (vgl. Kap. 2.2.2.1) sowie die Vereinbarkeit von Familie und Beruf (vgl. Kap. 2.2.2.2) mit dem Ganztagsschulgedanken verknüpft – durchaus berechtigte Anliegen, allerdings mit unterschiedlichen Motiven, wie bereits oben angedeutet wurde und im Folgenden ausgeführt werden soll.

Ähnlich wie in den meisten industrialisierten Ländern wird sich die Bevölkerungsstruktur auch in Deutschland in den kommenden Jahrzehnten maßgeblich verändern (BMBF, 2016, S. 18 f, Rühle & Dill, 2014, S. 114). Die geringe Anzahl an Geburten führt in Verbindung mit einer höheren Lebenserwartung zu einem steigenden Durchschnittsalter in der Bevölkerung. Wie den Kennwerten zur Bevölkerungsvorausberechnung des Statistischen Bundesamts (2003, 31 f, 2015, S. 17) zu entnehmen ist, ergeben sich hieraus bis zum Jahr 2030 deutliche Verschiebungen in den Relationen zwischen den Altersgruppen, die sich bis 2060 noch verstärken werden: Der Anteil der unter 20-Jährigen wird auf 16 % (2013: 18 %; 2001: 21 %) und der Anteil der Menschen im Erwerbsalter auf 51 % (2013: 61 %; 2001: 55 %[44]) sinken. Dagegen wird der Anteil der Bevölkerung ab 65 Jahren auf 33 % (2013: 21 %; 2001: 24 %[45]) steigen. Somit steht den Seniorinnen und Senioren zukünftig ein immer geringer werdender Anteil an Erwerbstätigen gegenüber. Das BMBF kommt zu folgender Feststellung:

> Im Jahr 2013 entfielen auf 100 Personen im Erwerbsalter (von 20 bis 64 Jahren) 34 Personen, die mindestens 65 Jahre alt waren. Im Jahr 2060 werden es bei einer kontinuierlichen demografischen Entwicklung und schwächerer Zuwanderung 65 ältere Menschen sein. (BMBF, 2015, S. 25)

Die demografische Entwicklung soll nun unter Berücksichtigung des Ganztagsschulgedankens im Hinblick auf dessen Bedeutung für die sozialen Sicherungssysteme und wirtschaftlichen Bedarfe rekontextualisiert werden. Dass mit dem demografischen Wandel auch Konsequenzen für das Bildungssystem und deren Institutionen einhergehen (Stecher & Maschke, 2008, S. 195), wird anhand des folgenden Sachverhalts zusätzlich verdeutlicht.

---

44 In der Bevölkerungsvorausberechnung 2001 wurde die Bevölkerung zwischen 20 und 59 Jahren zu den Erwerbsfähigen gezählt (Statistisches Bundesamt, 2003, S. 31), im Jahr 2013 wurde diese um 5 Jahre auf 20 bis 64 Jahre erweitert (Statistisches Bundesamt, 2015, S. 19). Daher ist heutzutage von einem höheren Anteil auszugehen.

45 Aufgrund unterschiedlicher Annahmen in den Bevölkerungskohorten ist von einem geringeren Anteil auszugehen, da die Bevölkerungsvorausberechnung von 2013 (Statistisches Bundesamt, 2015, S. 19) das Rentenalter von 65 Jahren und die statistischen Daten von 2001 ein Rentenalter von 59 (Statistisches Bundesamt, 2003, S. 31) zur Berechnung heranziehen.

2.2.2.1 Entkoppelung des Zusammenhangs von sozialer Herkunft und Bildungserfolg

Die rückläufigen Entwicklungen der Geburtenzahlen wirken sich maßgeblich auf die Zahl der SuS aus – dort, wo zu wenige SuS eine Schule besuchen, kommt es zu Schließungen bzw. Zusammenlegungen von Schulen. Während die Ballungsräume von diesem Prozess wenig betroffen sind, gilt dies viel mehr für ländliche und strukturschwache Regionen, wie Postel (2007) am Beispiel Mecklenburg-Vorpommerns aufzeigt. Dort führt bereits Anfang des neuen Jahrtausends die *abnehmende Versorgungsdichte wohnnaher Schulstandorte* zu einem teilweise erheblich verlängerten Schulweg der SuS. Dies bedingt, dass SuS in ländlichen Regionen meist mehr Zeit für schulbezogene Aktivitäten aufwenden müssen, obwohl sich die Zeit für lernbezogene Aktivitäten nicht verlängert. Gleichzeitig verkürzt sich die Zeit der SuS für außerschulische Bildungsaktivitäten (Stecher & Maschke, 2008, S. 198). Hinzu kommt oft eine eingeschränkte Freiheit, was die Wahl einer Schule betrifft. So resümiert Clausen (2006): „Primär stellt sich ... eine echte Wahlentscheidung nur in städtischen Bereichen, während im ländlichen Raum die Erreichbarkeit die Anzahl der Optionen stark einschränkt" (S. 73).

Aus den Ergebnissen der Schulforschung ist bekannt, dass die Nähe zu Schulstandorten durchaus einen maßgeblichen Einfluss auf einen möglichen Bildungserfolg der SuS haben kann. So kann Clausen (2006) bei ökonomisch benachteiligten Familien im ländlichen Raum einen „Transportwiderstand" (Sauer & Gamsjäger, 1996, S. 344) nachweisen, wohingegen Familien der Mittel- und Oberschicht eine größere Bereitschaft zur Mobilität aufbringen, um eine Schule auszuwählen, die ihren bildungsstrategischen Überlegungen gerecht wird. Sie entscheiden „eher flexibel und eher gegen die nächstgelegene Schule" (Clausen, 2006, S. 86 f), sofern diese nicht ihren Vorstellungen entspricht. Gleichwertige Lebensbedingungen können somit nicht für alle Teile der Bevölkerung sichergestellt werden, was zu einer „Benachteiligung der ohnehin Benachteiligten" führt (Rühle & Dill, 2014, S. 116).

Weitere empirische Studien zum Verhältnis von Schule und Familie (Catsambis, 1998; Sacher, 2008, Shaver & Walls, 1998) bestätigen darüber hinaus, dass der Schulerfolg wesentlich von der *familiären Unterstützung* abhängt. So nehmen SuS aus Familien ressourcenärmerer Haushalte und niedrigerer sozialer Schichten weniger an außerschulischen Aktivitäten und Unterstützungsleistungen (z. B. Nachhilfeschulen) teil, wodurch sie geringere Chancen auf den Besuch höherer Bildungsinstitutionen und entsprechender Bildungsabschlüsse haben (Jürgens, 2008). Als Folge entstehen Bildungsungleichheiten zum einen über das erreichte Leistungsniveau (*primärer Effekt*) und zum anderen durch die familiären Entscheidungen bei der Schulwahl in Abhängigkeit der sozialen

Herkunft (*sekundärer Effekt*; Züchner & Fischer, 2014, S. 351 f; Züchner & Rauschenbach, 2013, S. 175 f).

Als Argument für den Auf- und Ausbau von Ganztagsschulen kann im Anschluss an die Veröffentlichung der Ergebnisse von PISA 2000 (Baumert et al., 2001) also der Versuch verstanden werden, den *Zusammenhang von sozialer Herkunft und Bildungserfolg* zu entkoppeln. Sollten Ganztagsschulen flächendeckend und damit auch Familien in ländlichen Regionen und niedrigeren sozioökonomisches Schichten zur Verfügung stehen, könnte – mittels über den Unterricht hinausgehender und auf die jeweilige Klientel abgestimmter Angebote – Rücksicht auf die Wünsche und sozioökonomischen Hintergründe der Eltern bzw. der SuS genommen werden, wie eine ganze Reihe von Autoren betonen (Kolbe, Reh, Idel, Fritzsche & Rabenstein, 2009, S. 12; Rühle & Dill, 2014, S. 114; Züchner & Fischer, 2014, S. 351). Dadurch würde weiteren Teilen der Bevölkerung der Zugang zu höheren Bildungsinstitutionen und höheren Bildungsabschlüssen ermöglicht, was sich sowohl positiv auf den bereits Anfang des 21. Jahrhunderts im ersten Bildungsbericht geforderten „qualifikationsspezifischen Arbeitskräftebedarf" (KMK, 2003b, S. 28) als auch auf die im Schlussbericht der Enquetekommission aufgezeigten Generationenverhältnisse in Bezug auf die soziale Sicherung (Deutscher Bundestag, 2002, S. 50) auswirke.

2.2.2.2 Vereinbarkeit von Familie und Beruf

Im Hinblick auf die demografische Entwicklung und den damit verbundenen Mangel an Arbeitskräften im Allgemeinen und Fachkräften im Besonderen sowie den Generationsverhältnissen in der sozialen Sicherung wird im Rahmen des Ganztagsschulgedankens zugunsten der ökonomischen Bedarfe versucht, weitere „unausgeschöpfte Bildungspotenziale besser als bislang zu nutzen" (Rühle & Dill, 2014, S. 117). Dadurch, dass sowohl 40 % der Hochschulabsolventinnen als auch 43 % der Frauen in Führungspositionen zu Beginn des 21. Jahrhunderts kinderlos bleiben (Korn/Ferry International, 2001, S. 14 f) und viele Frauen nach der Geburt ihres ersten Kindes nicht mehr in den Beruf zurückkehren (Schoenen, 2008, S. 10), erhält die volkswirtschaftliche Kapazität der Frauen große Bedeutung. In der Folge wird deren Zugang zum Erwerbsarbeitsmarkt forciert, um die Verbindung von Kinderwunsch und beruflicher Karriere zu ermöglichen. Dies kann mit einem Paradigmenwechsel in der Steuerung der Familienpolitik gleichgesetzt werden.

> Lange Zeit galt der Schutz der Familie als oberstes Gebot der deutschen Familienpolitik, gepaart mit deren monetärer Unterstützung bei einer ansonsten maximalen Nichteinmischung in die inneren Angelegenheiten und einer dezidierten Unterstützung des männlichen „Alleinernährermodells" – in der Steuerpolitik, im Familienrecht, im Sorgerecht –, die mit einer geschlechtsspezifischen Arbeitsteilung zwi-

schen männlicher Lohnarbeit und weiblicher Hausarbeit einherging. (BMFSFJ, 2013, S. 56)

Dass es Anfang des neuen Jahrtausends um die Berufsaussichten und Arbeitsmarktchancen der Frauen in Deutschland schlecht bestellt ist, zeigt eine Erhebung der OECD (2002, S. 61 f): Gerade Frauen mit kleineren oder mehreren Kindern haben demnach erhöhte Schwierigkeiten hinsichtlich der Vereinbarkeit von Familie und Beruf. Die bereits erwähnte niedrige Geburtenrate bei Akademikerinnen und Frauen in Führungspositionen ist auch absolut gesehen bei deutschen Müttern im Vergleich zu anderen westeuropäischen Ländern am niedrigsten. Darüber hinaus ist das Armutsrisiko für Alleinerziehende und deren Kinder am zweitgrößten, der Lohnabstand zwischen den Geschlechtern am höchsten und die Erwerbschancen sind am niedrigsten.

Mit dem in der Folge unter dem Schlagwort der „nachhaltigen Familienpolitik" (BMFSFJ, 2009, S. 4) firmierenden Steuerungskurs wird eine Erhöhung des Haushaltseinkommens von Familien bzw. der Abbau familialer Armut angestrebt, um deren wirtschaftliche Stabilität zu verbessern und soziale Teilhabe zu fördern (Spieß, 2011, S. 4). Die Familienpolitik zielt damit neben einem Nachteilsausgleich zwischen den Familien und einer Steigerung der Geburtenrate v. a. bei Akademikerinnen (dazu Kolbe et al., 2009, S. 13; Küpper, 2005, S. 97) auch auf eine frühe Förderung von Kindern. Dies macht jedoch einen erhöhten schulischen Betreuungsbedarf erforderlich (Böllert, 2008, S. 187; Neuber, 2008, S. 181; Stecher et al., 2009, S. 7 f). Zusätzlich erfordern gewandelte Familienformen[46], hier ist exemplarisch die steigende Zahl Alleinerziehender, voll berufstätiger Eltern und Patchworkfamilien zu nennen, aufgrund eines Mangels an Zeit und daraus resultierenden mangelnden erzieherischen Möglichkeiten eine Stärkung der Schulleistungen in familienergänzender und -unterstützender Hinsicht (Rollet, Holtappels & Bergmann, 2008, S. 899 f).

Eine bessere Vereinbarkeit von Familie und Beruf wird im Kontext der Ganztagsschuldebatte somit zu einer der zentralen Argumentationslinien, indem durch die öffentlich finanzierte Betreuung von Kindern vom U3- über den Grundschul- bis hin zum Sekundarbereich Einfluss auf die „Alltagsgestaltung im Lebenslauf" (Böllert, 2008, S. 190) der Familien genommen werden soll. Hierzu muss die ganztägige Betreuung allerdings so gestaltet sein, dass sozioökonomisch schlechter gestellte Eltern nicht von dieser Nutzung ausgegrenzt

---

46 Zu geänderten Familienformen siehe die Darstellungen von Appel (2006, S. 26) sowie Richter, Münchner und Andresen (2008, S. 49 f). Der 14. Kinder- und Jugendbericht nimmt darüber hinaus spezifischen Bezug auf die unterschiedlichen Aufwachsensbedingungen der „Nachwendegeneration" in Ost und West (BMFSFJ, 2013, S. 57 f).

werden. Daher muss die Inanspruchnahme von schulnahen Angeboten von der Erwerbsbeteiligung der Eltern entkoppelt sein (Böllert, 2008, S. 193).

2.2.3 Erhöhte Nachfrage nach Ganztagsschulen

Ist die zahlenmäßig dominierende Form der Halbtagsschule lange Zeit von weiten Teilen der Gesellschaft akzeptiert, unterstützen immer mehr Bürger nach Bekanntwerden der PISA-Ergebnisse die Einrichtung von Ganztagsschulen. Gerade bei Eltern steigt auch aufgrund der geänderten sozialen und familialen Rahmenbedingungen die Nachfrage nach Ganztagsschulen[47]. Wird einer repräsentativen Umfrage des IFS zufolge in den 1990er Jahren v. a. die verlässliche Versorgung der Kinder als Argument für Ganztagsschulen genannt (Holtappels, 1994), hat sich die Sicht auf ganztägige Betreuung 2004 gewandelt. Für 96 % aller befragten Eltern haben demnach Gemeinschaftserfahrungen höchste Relevanz, wodurch die Kinder verstärkt soziale Kompetenzen ausbilden sollen. Als weiteren und nahezu ebenso wichtig erachteten Aspekt (95 %) nennen die Eltern die fachlichen Unterstützungsangebote zur Förderung der schulischen Leistungen sowie zusätzliche Wahlfächer und Lernangebote (87 %). Ein vielfältiges Angebot an Sport- und Freizeitaktivitäten halten 92 % der Eltern ebenfalls für inhaltlich relevant. Die tägliche verlässliche Betreuung inklusive Mittagessen wird zwar immer noch von fast zwei Dritteln der Eltern als wichtig bzw. sehr wichtig erachtet, steht allerdings erst an fünfter Stelle (Holtappels, Bräuer, Harazd, Heerdegen & Bos, 2004). „Die Bedeutung der Ganztagsschule für die soziale und kognitive Lernentwicklung der Schüler/innen wird demnach von Eltern offenbar erkannt", konstatiert Holtappels (2005, S. 7). Des Weiteren zeigt die IFS-Studie von 2004 auch auf, dass die Eltern positive Effekte des Ganztagsschulbesuchs ihrer Kinder auf das Familienleben erwarten. So geben 72 % aller Eltern an, dass es für das eigene Kind besser sei, wenn die Hausaufgaben unter pädagogischer Anleitung in der Schule erledigt würden. Von der Ganztagsschule erwarten darüber hinaus fast zwei Drittel aller Eltern eine spürbare Entlastung für die ganze Familie (Holtappels, 2005a, S. 8)[48].

---

47 Holtappels (2005, S. 12) verweist auf einen Rückgang der ablehnenden Tendenz gegenüber Ganztagsschulen bei Eltern von 40 % zu Beginn der 1980er Jahre auf 21 % Mitte der 2000er Jahre.
48 Hierbei werden von Eltern von SuS der Grundschule grundsätzlich leicht höhere Werte erzielt als von Eltern mit Kindern im Sekundarbereich.

2.3 Institutionelle Merkmale der Ganztagsschule seit dem Investitionsprogramm „Zukunft Bildung und Betreuung"

Aufgrund der in Kapitel 2.2 aufgezeigten Aspekte, durch die der Ganztagsschulgedanke um die Jahrtausendwende wieder in den Mittelpunkt der Bildungsdebatte rückt, wird ab dem Jahre 2003 der quantitative und qualitative Auf- und Ausbau von Ganztagsschulen in allen Bundesländern durch das Investitionsprogramm *Zukunft Bildung und Betreuung* (IZBB; BMBF, 2003a) unterstützt. Hierzu werden bis zum Jahre 2007[49] insgesamt vier Milliarden Euro durch die Bundesregierung bereitgestellt, wodurch das IZBB als eines der größten bildungspolitischen Programme der letzten Jahrzehnte bezeichnet werden kann. Indem man vonseiten der Bildungspolitik annimmt, dass Ganztagsschulen besonders geeignet seien, um Antworten auf die veränderten Sozialisationsbedingungen und Bildungsanforderungen sowie der durch PISA öffentlich diskutierten defizitären Lern- und Förderkultur an Schulen (Holtappels, 2006, S. 8, 2010, S. 13) geben zu können, wird das Programm vom BMBF (2003) aufgelegt und von den Ländern ratifiziert[50]. Die vorrangig ökonomisch geprägten Hoffnungen werden in der Präambel der Verwaltungsvereinbarung zwischen Bund und Ländern deutlich:

> Mit dem Investitionsprogramm „Zukunft Bildung und Betreuung" soll die Schaffung einer modernen Infrastruktur im Ganztagsschulbereich unterstützt und der Anstoß für ein bedarfsorientiertes Angebot in allen Regionen gegeben werden. Die Qualitätsverbesserung unseres Bildungssystems hat eine nachhaltige gesamtwirtschaftliche Dimension. Durch eine frühzeitige und individuelle Förderung aller Po-

---

49 Nach BMBF-Vereinbarung war das Programm auf vier Jahre (bis 2007) begrenzt. Da sich der Abruf der zur Verfügung gestellten Mittel durch die Länder jedoch schleppend gestaltete, wurde der Förderzeitraum bis zum Jahre 2009 verlängert (Lange, 2013, S. 3).

50 Als erster Akteur verabschiedet die Bund-Länder-Kommission für Bildungsplanung und Forschungsförderung im November 2001 erste Empfehlungen zur Reformierung des Bildungssystems (BMBF, 2001, S. 5 f). Bereits einen Monat später werden von der KMK in der 297. Plenarsitzung sieben Handlungsfelder festgelegt, in denen u. a. auch die „Maßnahmen zum Ausbau von schulischen und außerschulischen Ganztagsangeboten mit dem Ziel erweiterter Bildungs- und Fördermöglichkeiten, insbesondere für Schülerinnen und Schüler mit Bildungsdefiziten und besonderen Begabungen" (KMK, 2002) formuliert werden. Kanzler Schröder erklärt 2002 den Ausbau von Ganztagsschulen wahlkampfwirksam zur Verantwortung des Bundes und vier Milliarden Euro für den Ausbau bereitzustellen (z. B. Spiegel Online, 2002). Das IZBB-Programm wird in etwa zeitgleich mit der Veröffentlichung der PISA-E-Ergebnisse (Baumert et al., 2003) von Kanzler Schröder und Bildungsministerin Buhlman vorgestellt und nach anfänglichen Widerständen vonseiten der Länder unterzeichnet, die ihre Zuständigkeit aufgrund der Versuche des Bundes, sich Kompetenzen im Bildungsbereich anzueignen in Gefahr sehen.

tenziale in der Schule wird ein entscheidender Beitrag für eine gute Qualifizierung für die zukünftige Erwerbsarbeit geleistet. Dadurch kann der steigende Bedarf an qualifizierten Erwerbspersonen besser gedeckt, zugleich kann das vorhandene Potenzial an gut ausgebildeten Arbeitskräften besser ausgeschöpft werden und es können neue zukunftssichere Arbeitsplätze entstehen. Ziel des Programms ist es, zusätzliche Ganztagsschulen zu schaffen und bestehende Ganztagsschulen qualitativ weiterzuentwickeln. (BMBF, 2003, S. 2)

Im Zuge der Verhandlungen über das IZBB wird von der KMK am 27. März 2003 der Begriff *Ganztagsschule* neu und bundesweit einheitlich definiert. Demnach werden fortan beschulende und betreuende Einrichtungen des Primar- und Sekundarbereichs I als Ganztagsschulen bezeichnet, an denen

- über den vormittäglichen Unterricht hinaus an mindestens drei Tagen in der Woche ein ganztägiges Angebot für die Schülerinnen und Schüler bereitgestellt wird, das täglich mindestens sieben Zeitstunden umfasst,
- an allen Tagen des Ganztagsschulbetriebs den teilnehmenden Schülerinnen und Schülern ein Mittagessen bereitgestellt wird,
- die nachmittäglichen Angebote unter der Aufsicht und Verantwortung der Schulleitung organisiert und in enger Kooperation mit der Schulleitung durchgeführt werden sowie in einem konzeptionellen Zusammenhang mit dem vormittäglichen Unterricht stehen. (KMK, 2006, S. 4)

Wie aus dieser Definition ersichtlich wird, liegt der Fokus vorrangig auf der *organisatorischen Konzeption*. Allerdings wird es hierdurch nicht ohne Weiteres möglich, Ganztagsschulen klar von Halbtagsschulen abzugrenzen, wie Fischer, Kuhn und Tillack (2016, S. 16 f) u. a. am Beispiel des Mittagessens aufzeigen.[51] Daher wird von der KMK zusätzlich zwischen drei verschiedenen Formen differenziert, die sich in ihrem Grad der Verbindlichkeit den SuS gegenüber voneinander unterscheiden.

- In der *voll gebundenen Form* sind alle Schülerinnen und Schüler verpflichtet, an mindestens drei Wochentagen für jeweils mindestens sieben Zeitstunden an den ganztägigen Angeboten der Schule teilzunehmen.
- In der *teilweise gebundenen Form* verpflichtet sich ein Teil der Schülerinnen und Schüler (z. B. einzelne Klassen oder Klassenstufen), an mindestens drei Wochentagen für jeweils mindestens sieben Zeitstunden an den ganztägigen Angeboten der Schule teilzunehmen.

---

51 Die Autoren beziehen sich dabei auf den Bereich der Sekundarstufe I. Dort sind Angebote eines Mittagessens auch an Halbtagsschulen üblich und diese können somit nicht als Kriterium zur Abgrenzung von Halbtags- bzw. Ganztagsschulen hergenommen werden.

- In der *offenen Form* können einzelne Schülerinnen und Schüler auf Wunsch an den ganztägigen Angeboten dieser Schulform teilnehmen. Für die Schülerinnen und Schüler ist ein Aufenthalt, verbunden mit einem Bildungs- und Betreuungsangebot in der Schule, an mindestens drei Wochentagen im Umfang von täglich mindestens sieben Zeitstunden möglich. (KMK, 2006, S. 5, 2015, S. 5)

Nach dieser Unterscheidung stellt die offene Form der Ganztagsschule mit freiwilligen nachmittäglichen Angeboten keine Neuerung in der deutschen Schullandschaft dar, da außercurriculare Angebote in Formen von Arbeitsgemeinschaften (AGs) seit jeher auf nicht verpflichtender Basis nachmittags oder an Wochenenden angeboten werden. Die aufgrund des familiären und gesellschaftlichen Wandels eingeführte obligatorische Teilnahme an Angeboten für entweder einzelne oder alle SuS(-gruppen) im Rahmen eines mindestens teilweise gebundenen Ganztagsschulkonzepts kann dagegen tatsächlich als Errungenschaft der Bildungsdebatte angesehen werden[52].

Bei der Bildung eines Grundkonsenses aus den beiden KMK-Definitionen lässt sich feststellen, dass ein an mindestens drei Tagen in der Woche bereitgestelltes und sieben Zeitstunden umfassendes Angebot (neben mittäglicher Essensversorgung) bereits den Anforderungen an Ganztagsschulen entspricht. Diese relativ weite Fassung des Ganztagsschulverständnisses wird von der KMK mit der Rücksichtnahme auf die einzelnen Länder begründet, die „neben ihren Schulgesetzen auch eigene Förderrichtlinien und Konzepte für Ganztagsschule" (Klieme, Holtappels, Rauschenbach & Stecher, 2013, S. 8) haben. Hinter dieser betont offenen Definition vermutet der GGT allerdings vorrangig politisches Kalkül der KMK, um vonseiten der Bildungspolitik einen möglichst schnellen Zuwachs an Ganztagsschulen verzeichnen zu können. Diese Kritik ist durchaus ernst zu nehmen.[53]

---

[52] Zu der Unterscheidung und näheren Charakterisierung dieser Angebotsformen der Ganztagsschule siehe u. a. Appel (2006, S. 46 f, 2009, S. 101 f), Burow und Pauli (2013, S. 69 f) sowie Schulz-Gade (2012, S. 90 f).

[53] Der GGT führt hierzu aus, dass im Schuljahr 2000/2001 insgesamt 2015 allgemein bildende Ganztagsschulen in öffentlicher und privater Trägerschaft gelistet waren. Im Schuljahr 2002/2003 waren jedoch bereits 4817 Ganztagsschulen von den Ländern gemeldet. „Nach der neuen Statistik hat sich nach Ablauf von nur drei Jahren die Anzahl mehr als verdoppelt, ohne dass in den Ländern die entsprechenden Ausbauprogramme bekannt geworden sind. Der Ausbau von Ganztagsschulen infolge des Bundesprogramms *Zukunft Bildung und Betreuung* läuft naturgemäß erst im Schuljahr 2003/04 richtig an. Die Erklärung ist einfach: Die „wundersame Vermehrung" der Ganztagsschulen fand durch die Neudefinition der KMK im März 2003 statt. Dadurch, dass nun auch Halbtagsschulen mit anschließenden Betreuungsangeboten (z. B. Hort in der Grundschule aus alten DDR-Zeiten, Angebote der Schuljugendarbeit in Schulen mit Sekundarstufe I) als offene Ganztagsschulen ge-

2.4 Pädagogische Begründungen, Zielsetzungen und Erwartungen

Mit der Darstellung des IZBB-Programms konnte bislang der vorrangig politisch-motivierte Antrieb zum Auf- und Ausbau von Ganztagsschulen aufgezeigt werden. Mit den KMK-Definitionen wurden sowohl die organisatorischen Anforderungen als auch die drei verschiedenen Formen von Ganztagsschulen beleuchtet. Insofern sind die KMK-Definitionen als Mittel zur Festschreibung organisatorischer Standards zu verstehen.

Welche konzeptuellen Folgen mit der sehr offen formulierten Definition der KMK einhergehen könnten, zeigt Wunder (2003) bereits im Rahmen des Ganztagsschulkongresses 2002. Er stellt dar, in welche Richtungen sich Ganztagsschulen entwickeln könnten, indem sie das Mehr an Zeit verschiedentlich nutzen und damit auch *unterschiedliche pädagogische Verständnisse* von Ganztagsschulen transportieren würden: Hypothesenhaft formuliert könnte eine Ganztagsschule (1) als *verbesserte Schule* verstanden werden, die das Unterrichten als traditionellen Auftrag von Schule durch das Mehr an Zeit umfassender und somit besser leisten könnte. Diese Form würde als eine zeitlich verlängerte Form der unterrichtszentrierten Halbtagsschule verstanden werden, die lediglich „mehr desselben" (S. 6) leisten. In der (2) *betreuenden Schule* würde der erweiterte Zeitrahmen eingesetzt, um die SuS durch außerunterrichtliche Angebote sinnvoll zu beschäftigen und sie von Gefahren wie z. B. dem Konsum von Genussmitteln oder Gewalt fernzuhalten. Verstünde man Ganztagsschule als (3) *alternative Schule*, läge der Fokus auf einem divergierenden und rhythmisierten Tagesablauf, an dem sich Phasen der An- und Entspannung sowie der Bewegung abwechseln und somit Lernen nicht nur mehr im Unterricht, sondern verstärkt in anderen Formen stattfindet.

Wie v. a. die Ausführungen zur *verbesserten* Schule verdeutlichen, kommt dem pädagogischen Konzept der Ganztagsschule eine zentrale Bedeutung zu, da erst dadurch die Vielzahl an Erwartungen erfüllt werden können, die seit der Jahrtausendwende nicht nur vonseiten der Wirtschaftspolitik, sondern auch der Familien- und Sozialpolitik, der Bildungspolitik und der Gesellschaft zur Verbesserung der Qualität von Schule und Unterricht an die (Ganztags-)Schule gestellt werden. Besondere Relevanz erhält die pädagogische Konzeption der Ganztagsschule während der international geführten Diskussion um lebenslanges Lernen aufgrund des Strukturwandels im Arbeitsmarkt und der Gesellschaft um die Jahrtausendwende.

---

zählt werden, ist die Anzahl insbesondere in einigen neuen Bundesländern in die Höhe geschnellt (Berlin: von 98 auf 313; Thüringen: von 115 auf 610; Sachsen: von 0 auf 1328!!!)" (GGT, 2003, S. 5).

Um das Verständnis des lebenslangen Lernens besser nachvollziehen zu können, ist es jedoch notwendig, den Blick auf Bildungsprozesse zu richten, die nicht nur in ausbildungsbezogenen Institutionen, sondern auch an anderen Orten und auf andere Art und Weisen stattfinden. Daher bietet sich an dieser Stelle zunächst ein kurzer Exkurs an, in dem formale, non-formale und informelle Bildungsprozesse vorgestellt werden (vgl. Kap. 2.4.1). Daraufhin folgt die Darstellung des Konzepts des lebenslangen Lernens (vgl. Kap. 2.4.2) sowie der Inhalte der pädagogischen Konzeption der Ganztagsschule (vgl. Kap. 2.4.3).

2.4.1 Exkurs: Formale, non-formale und informelle Bildungsprozesse[54]

Im Humboldt'schen Verständnis ist Bildung als reflexiver Begriff *sich-bilden* und somit als die „*Selbst*gestaltung des Menschen im Prozess der Auseinandersetzung mit den Inhalten und Werten der Kultur" (Grupe & Krüger, 2007, S. 94 f) zu verstehen.

Die durch die PISA-Ergebnisse ausgelöste Bildungsdebatte bezieht sich allerdings nicht nur auf Bildung selbst, sondern auch erstmalig auf Institutionen der Bildung, wie z. B. bei der Heraushebung des Stellenwerts der Kooperation von Schule und Jugendhilfe im Zuge der Ganztagsschuldiskussion und der Hervorhebung des Zusammenhangs zwischen vorschulischer Bildung und Schulerfolg in der Internationalen Grundschul-Lese-Untersuchung (IGLU; Bos et al., 2003) beobachtet werden kann (BMBF, 2004, S. 11 f). Durch die Unterscheidung nach Orten und Modalitäten formaler, non-formaler und informeller Bildung[55] in der Vorbereitung des ersten Bildungsberichts (BMBF, 2006) wird der Blick auf die andere(n) Seite(n) von Bildung gerichtet, d. h. auf jene Lern- und Bildungsprozesse, denen jeweils unterschiedliche Bildungsmodalitäten, Formalisierungsgrade, Verpflichtungscharakter und pädagogische Rahmungen zugrunde liegen (Grgic & Züchner, 2013, S. 15; Neuber, 2010, S. 12;

---

54 Die Differenzierung in formale, non-formale und informelle Bildung orientiert sich dabei vorwiegend an dem internationalen Diskurs zu den verschiedenen Ausprägungen des Lernens (Rauschenbach, Düx & Sass, 2006, S. 7).

55 Züchner (2013) weist unter Bezugnahme auf den Zwölften Kinder- und Jugendbericht darauf hin, dass die Begriffe formaler und non-formaler Bildung im Verständnis der Selbstaktivität „möglicherweise unpräzise" sind und daher eher von *Lernen* statt von *Bildung* gesprochen werden sollte. Dennoch trägt der Bildungsbegriff dazu bei, „dass alle drei Modalitäten zum Erwerb unterschiedlicher Kompetenzen beitragen, dass sowohl in formalen, non-formalen als auch in informellen Lernprozessen Kompetenzen mit Blick auf Kulturtechniken, Persönlichkeitsbildung oder auch naturwissenschaftliche Kompetenzen erworben werden können" (S. 27).

Züchner, 2013, S. 26). Dabei lassen sich die drei oben genannten Arten der Bildung folgendermaßen kennzeichnen.

Formale Bildung wird demnach vorrangig gerichteten und zertifizierten Lern- und Bildungsprozessen im Kontext von Bildungs- und Ausbildungseinrichtungen zugeschrieben. Diese sind in Bezug auf Lernziele, Lernzeit und Lernförderung (Neuber, 2010, S. 12 f) strukturiert und weisen „einen hohen Grad der Normierung des Bildungsangebots und der Leistungsmessung" (Leu, 2005, S. 361) auf.

Non-formale Bildung verweist auf pädagogisch gerahmte und organisierte Bildungsprozesse v. a. im Bereich der Kinder- und Jugendhilfe. Zwar sind auch hier Lernziele, Lernzeit und Lernförderung systematisch angelegt, im Gegensatz zu formalen Bildungsprozessen findet non-formale Bildung jedoch auf freiwilliger Basis statt und ist primär nicht auf eine Zertifizierung ausgelegt (Neuber, 2010, S. 13; Züchner, 2013, S. 26).

Informelle Bildungsprozesse sind laut BMBF (2004, S. 29) „alle (bewussten und unbewussten) Formen des praktizierten Lernens außerhalb formalisierter Bildungsinstitutionen und Lernveranstaltungen". Laut Faure-Kommission der Organisation der Vereinten Nationen für Erziehung, Wissenschaft und Kultur (UNESCO; Overwien, 2006, S. 37) findet mit ca. 70 % der größte Anteil an Bildungsprozessen auf dieser Ebene statt. Neben ihrem quantitativen Anteil ist jedoch auch der qualitative Anteil von großer Relevanz, da sie zwar „unstrukturiert, unsystematisch, zufällig und unübersichtlich" (Düx, 2006, S. 237) ablaufen, jedoch für die Lebenspraxis notwendige Kompetenzen durch das Lernen von anderen Kindern und Jugendlichen, das selbstständige Lernen sowie den Umgang mit Medien und anderen Erfahrungen vermitteln (Derecik, 2014, S. 315; Neuber, 2010, S. 13 f; Rauschenbach et al., 2006; Züchner, 2013, S. 27).

Mit dieser Unterscheidung kann im ersten Bildungsbericht der Einsicht Rechnung getragen werden, dass informellen Bildungsprozessen außerhalb des schulischen bzw. außerschulischen Lernens eine große Bedeutung zukommt. Außerdem ist damit auch eine Eingrenzung des Bildungsgegenstands möglich, welche nicht über die Schule bzw. in Abgrenzung zu ihr erfolgt, sondern alle Institutionen und Orte und Modalitäten des Lernens und der Bildung einbezieht. Nach diesem kompakten Exkurs soll nun auf das Verständnis des lebenslangen Lernens eingegangen werden, da es dem pädagogischen Konzept von Ganztagsschulen zugrunde liegt.

2.4.2 Lebenslanges Lernen

In der international geführten Diskussion um lebenslanges Lernen herrscht Ende der 1990er bzw. Anfang der 2000er Jahre ein Konsens darüber, dass die Anforderungen des Arbeitsmarkts und der Gesellschaft aufgrund des Strukturwandels immer weniger mit der rein formalen Bildung übereinstimmen, wohingegen die non-formalen und informellen Bildungsprozesse zunehmend an Bedeutung gewinnen (UNESCO, 1997; Europäischer Rat, 2000; EU-Kommission, 2001; OECD, 2001a).

Das lebenslange Lernen, welches auch als kontinuierliches Lernen verstanden werden kann, wird in diesem Diskurs als „Schlüssel zur Vermeidung von Problemen wie zur Nutzung der Chancen" (Forum Bildung, 2001, S. 1) gesehen, da hierdurch Qualifikationen erreicht werden können, mit denen der Wandel bewältigt werden kann. Um den Grundsatz des lebenslangen Lernens umsetzen zu können, sind Schulen aufgefordert, zu einer fundierten Erstausbildung beizutragen, die als „Voraussetzung für die Fortsetzung des Lernens" (Forum Bildung, 2001, S. 2) notwendig ist. Die schulische Ausbildung hat sich dabei, den Empfehlungen des Forums Bildung (2001) weiter folgend, „gleichermaßen auf die Entwicklung der Persönlichkeit, Teilhabe und Gestaltung der Gesellschaft und Beschäftigungsfähigkeit zu beziehen" (S. 2).

Da das Halbtagsschulkonzept in Deutschland von Bildungspolitik und Gesellschaft bis dato favorisiert ist und sich vorrangig auf die Gestaltung des Unterrichts und das Lehrerhandeln beschränkt, können dem Ansatz des kontinuierlichen Lernens nach sowohl non-formale als auch informelle Bildungsprozesse nicht angemessenen beachtet werden. Daher ist der Aufbau einer neuen Lehr- und Lernkultur notwendig, mit der – stärker als in der Halbtagsschule – die Person hinter den SuS in den Mittelpunkt gestellt und außerdem den „Anforderungen einer Wissensgesellschaft und denen des sozialen und demographischen Wandels" (Forum Bildung, 2001a, S. 1) begegnet werden können. Aufgrund der Möglichkeit, formale, non-formale und informelle Bildungsprozesse von SuS über den ganzen Tag anstoßen zu können, empfiehlt die Expertengruppe des Forums Bildung den Ausbau von Ganztagsschulen. Diese Empfehlung wird von der damaligen Bundesministerin für Bildung und Forschung, Edelgard Buhlmann, in einer Rede im Bundestag aufgegriffen.

> Wir brauchen Schulen, in denen Lern- und Kreativphasen einander abwechseln, in denen sich Zeit für die Kinder genommen wird, in denen ihr Entwicklungsstand berücksichtigt wird und in denen sie nach ihren jeweiligen Begabungen und Fähigkeiten gefördert werden. Wir brauchen Schulen, in denen Lehrer und Eltern besser zusammenarbeiten, in denen Lehrer und Schüler aufeinander zugehen und in denen die Vermittlung von Werten und die richtige Einstellung zum Wissen ein ganz selbstverständlicher Bestandteil dieses Miteinanders sind. Wir brauchen Schulen, die mitten im Leben stehen und die mit Partnern, zum Beispiel mit örtlichen Unternehmen, mit Jugendverbänden und mit den Kirchen, zusammenarbeiten, also Schulen, in denen fachliches und soziales Wissen miteinander verknüpft sind, und zwar nicht nur in der Theorie, sondern auch in der Praxis. Das alles lässt sich in einer Ganztagsschule besser verwirklichen. Deshalb brauchen wir mehr Ganztags-

schulen. Von diesen gibt es bisher noch viel zu wenige in unserem Land. (Deutscher Bundestag, 2002, S. 24201)

Wie aus ihrer Rede hervorgeht, werden bereits einige organisatorische und pädagogische Aspekte angesprochen, die mit dem Aufbau von Ganztagsschulen verbunden werden – so können bereits die Merkmale der Rhythmisierung, der individuellen Förderung, der Kooperation, der Partizipation als auch der Bildungslandschaften herausgelesen werden, auf die im weiteren Verlauf der Arbeit noch näher eingegangen werden soll.

Grundsätzlich sollen mit der vom Bundesministerium für Familie, Senioren, Frauen und Jugend (BMBF; 2006, S. 26) in der Folge unter dem Titel des sogenannten „erweiterten Bildungsverständnisses" firmierenden Etablierung einer neuen Lehr- und Lernkultur Antworten auf die im Zuge der schulischen Leistungsvergleichsstudien erkennbare „unzureichende Qualität von Schule und Unterricht" (Laging, 2014, S. 7) gegeben werden. Aus diesem Grund legt das BMBF im Rahmen des IZBB Qualitätskriterien fest, wobei sie die Erstellung eines pädagogischen Konzepts an die Einzelschulen delegiert.

2.4.3 Pädagogische Leitziele der Ganztagsschule seit dem IZBB

Damit eine Schule mit den Mitteln des Investitionsprogramms „Zukunft Bildung und Betreuung" vom Bund gefördert wird, muss sie ein eigenes pädagogisches Konzept vorlegen. Danach entscheidet die zuständige Behörde im Land, in der Regel das Kultusministerium, ob die Schule gefördert wird. (BMBF, 2003b, S. 6)

Mit dem IZBB-Programm sollte der Auf- und Ausbau von Ganztagsschulen massiv vorangetrieben werden, um „das deutsche Bildungssystem in zehn Jahren wieder an die Weltspitze bringen" (BMBF, 2003b, S. 3) zu können. Dass hierzu eine neue Lehr- und Lernkultur notwendig war, welche die SuS sowohl in ihren fachlichen als auch überfachlichen Kompetenzen förderte, konnte bereits aufgezeigt werden. In diesem Zusammenhang ist es daher nachvollziehbar, dass das Forum Bildung (2001a) in seiner Ganztagsschulempfehlung auch ein „klares pädagogisches Konzept" (S. 13) fordert, damit die Bildung der SuS verbessert werden könne.

Die Abgabe von Handlungskompetenzen an die Basis kann in Verbindung mit den Bestrebungen der Bildungsadministration zu dieser Zeit gebracht werden. So ist vorgesehen, dass die pädagogischen Konzepte auf die Umgebungsbedingungen der Einzelschule abzustimmen sind und somit „vor Ort" den jeweils spezifischen Bedürfnissen und Anforderungen zu genügen haben (vgl. Kap. 1.2.4 bis 1.2.6). Allerdings kann die Übertragung der pädagogischen Konzeption auf die Ebene der Einzelschulen durchaus kritisch gesehen werden, wie in der Folge dargestellt werden soll.

Auf Bundesebene hätte ein verbindliches und qualitativ hochwertiges pädagogisches Konzept über eine enge Zusammenarbeit mit dem seit Jahrzehnten agierenden Ganztagsschulverband entwickelt werden können. Alternativ wäre auch ein Austausch mit dem deutlich erfahreneren Ausland denkbar gewesen, in dem nahezu alle Schulen, teilweise bereits seit Jahrhunderten[56], Ganztagsschulen sind – ganz im Gegensatz zum deutschen Schulsystem, in dem Ganztagsschulen bis dato eine Sonderstellung einnahmen (BMBF, 2003b, S. 4; Oelkers, 2009, S. 3). Den an deutschen Einzelschulen tätigen LuL sowie dem weiteren pädagogisch tätigen Personal fehlt es dagegen aufgrund mangelnder ganztagsschulischer Expertise zumeist an den notwendigen Kompetenzen, um ein qualitativ hochwertiges pädagogisches Konzept für eine Ganztagsschule entwerfen zu können. Die Erstellung eines solchen Konzepts wurde durch die ohnehin bereits knappen zeitlichen und personellen Ressourcen sicherlich nicht vereinfacht.

Statt der Bereitstellung eines fundierten pädagogischen Konzepts bzw. der Formulierung entsprechender Standards durch die Bildungsadministration reduziert das BMBF seine diesbezüglichen Anforderungen lediglich auf pädagogische „Leitziele". Die Beschränkung auf organisatorische Merkmale wertet der GGT (2003) als Versuch, einen Minimalkonsens zu erreichen, in welchem Rücksicht auf die defizitären Haushaltslagen der Länder und Kommunen genommen und so ein länderübergreifendes einheitliches Konzept verabschiedet werden kann. Der GGT vermutet daher nachvollziehbarerweise, dass die schließlich vollzogene Delegation der Verantwortung an die Einzelschule auf finanzielle Gründe zurückzuführen sei (vgl. dazu Kap. 1.3.5). Die Leitziele sollen nun einzeln dargestellt werden.

Um dem ganztagsspezifischen fachwissenschaftlichen Diskurs in dieser Arbeit weiter folgen zu können, werden die Leitziele, wie bereits auch in der kurzen Analyse der Rede Buhlmanns, für den weiteren Verlauf der Arbeit durch sich mittlerweile im Ganztagsschulkontext etablierte Termini substituiert (vgl. Tab. 2.1) – seit der Veröffentlichung der pädagogischen Leitziele des BMBF (2003b, S. 6) haben sich in Teilen andere Begriffe in der Fachliteratur etabliert.

---

56 So führt Oelkers (2009, S. 3) u. a. am Beispiel von Frankreich aus, dass dort bereits seit der Einführung der allgemeinen Schulpflicht 1882 ein verbindlicher Vor- und Nachmittagsunterricht besteht.

Tabelle 2.1: Verbindung der pädagogischen Leitziele des BMBF (2003b, S. 6) mit etablierten ganztagsspezifischen Termini der Fachwissenschaft

	Pädagogische Leitziele des BMBF (2003b, S. 6)	Ganztagsspezifische Termini der Fachwissenschaft	
1	*Individuelle Förderung und Eröffnen von Lernchancen* durch eine Pädagogik der Vielfalt, die konsequent die unterschiedlichen Lernvoraussetzungen der Schülerinnen und Schüler berücksichtigt, wie zum Beispiel Begabungen, Lernhaltung, die Lernumgebung im Elternhaus und Vorwissen	Verbesserung der schulischen Leistungen	1
		Individuelle Förderung	2
2	*Veränderung von Unterricht und Lernkultur* durch Verknüpfung von Unterricht, Zusatzangeboten und Freizeit über Vor- und Nachmittag, zum Beispiel Lösung vom 45-Minuten-Takt, Raum für freien Unterricht und für Projekte	Verzahnung	3
		Rhythmisierung	4
3	*Soziales Lernen* über verschiedene Altersgruppen hinweg durch Angebote, die das Leben in Gemeinschaft, respektvollen Umgang miteinander und soziale Kompetenz fördern	Sozialerzieherische Aufgaben	5
4	*Partizipation* durch verbesserte Möglichkeiten der Mitentscheidung, Mitgestaltung und Mitverantwortung von Eltern sowie Schülerinnen und Schülern	Partizipation	6
5	*Öffnung von Schule* durch Kooperation mit der Kinder- und Jugendhilfe, sozialen und kulturellen Einrichtungen und Betrieben vor Ort	Bildungslandschaften/Kooperation	7
6	*Kreative Freizeitgestaltung* durch Einbeziehung außerschulischer Angebote, zum Beispiel von Jugendhilfe, Musikschulen, Sportvereinen	Schaffung non-formaler und informeller Bildungsräume	8
7	*Qualifizierung des Personals* durch entsprechende Weiterbildungen für Schulleitung, Lehrkräfte, pädagogisches Personal und außerschulische Partner	Schul- und Qualitätsentwicklung	9

Grundsätzlich kann aus den in Tabelle 2.1 dargestellten Qualitätskriterien geschlossen werden, dass neben den bereits in Kapitel 2.2 aufgeführten Zielen sowohl bei der Konzeption als auch Durchführung eines Ganztagsbetriebs einige pädagogische Zielsetzungen, Funktionen und Herausforderungen (Fischer, Radisch, Theis & Züchner, 2012, S. 28) zu berücksichtigen sind. So soll die Ganztagsschule als ein „Haus des Lebens und Lernens" (Pesch, 2006, S. 59) verstanden werden, in der die Ganztags- bzw. außerunterrichtlichen Angebote neben ihrem unterrichtlichen Bezug auch familiäre, freizeitliche und soziale Inhalte sowie Aspekte der Schulentwicklung berücksichtigen sollen. Wie aus den Ausführungen zu dem vorangestellten Exkurs (vgl. Kap. 2.4.1) und lebenslangen Lernen (vgl. Kap. 2.4.2) hervorgeht, sollen durch Ganztagsschulen alle Orte und Modalitäten von Bildungsprozessen abgedeckt werden können. Bei der pädagogischen Gestaltung eines ganztagsschulischen Konzepts ist in Anbetracht der Hypothesen von Wunder (2003, S. 51) jedoch darauf zu achten, dass den Aspekten Bildung und Betreuung in gleichem Maße nachgegangen und mit der zeitlichen Erweiterung nicht vornehmlich der Bildungsaspekt priorisiert wird, wodurch die Ganztagsschule nach dem Prinzip „more of the same" (Vogel, 2006, S. 18) zu einer „verlängerten Halbtagsschule mit Suppenausgabe" verkommen könnte, wie Burow und Pauli (2013, S. 9) überspitzt formulieren. In Bezug auf eine gelungene pädagogische Konzeption galt daher zu überlegen,

> wie schulische und außerschulische Bildung in professioneller Weise verzahnt eine neue Qualität an Bildungsmöglichkeiten hervorbringen können. Es geht um die Neujustierung des Verhältnisses von schulischer und kultureller Bildung sowie des formellen und nicht-formellen Lernens und um die Bedeutung von außerschulischen (Bildungs-) Angeboten. (Laging, 2014a, S. 7)

Mit dieser treffenden Formulierung hinsichtlich der Anforderungen an eine pädagogische Rahmung der Ganztagsschulen von Laging (2014a, S. 7) soll nun der Bezug zu den Leitzielen des BMBF hergestellt werden. Dies dient einerseits der Vervollständigung der in Kapitel 2.2 dargestellten Gründe für und Ziele von Ganztagsschulen, welche nun durch pädagogische Merkmale ergänzt werden. Außerdem ergeben sich hieraus aufschlussreiche Merkmale für das in dieser Arbeit zu entwickelnde Fragebogeninstrument. Es sei allerdings bereits im Vorfeld darauf hingewiesen, dass die pädagogischen Ziele, die mit dem Auf- und Ausbau von Ganztagsschulen durch das IZBB-Programm verbunden sind, vorwiegend auf Annahmen beruhen, die weder theoretisch noch empirisch ausreichend fundiert sind, wie Radisch, Stecher, Fischer und Klieme (2008, S. 929) anmerken. Der Stellenwert der pädagogischen Begründungen wird außerdem von Appel (2009, S. 16) und Züchner (2008, S. 314) bemängelt.[57] Die

---

57 In Anlehnung an die bereits aufgezeigten Argumente, die zu dem IZBB-Programm und damit auch zum Auf- und Ausbau von Ganztagsschulen geführt haben, weisen Appel (2009) und Züchner (2008) darauf hin, dass die pädagogischen Begründungen eher als Beiwerk denn als originärer Auslöser im Sinne einer Schulreform zu verstehen sind. Appel (2009) vertritt die Meinung, dass die Ganztagsschulkonzepte die „Versäumnisse der Gesellschaft außerhalb der Schule durch den Ausbau von Assistenzdiensten innerhalb der Schule" (S. 16) aufzufangen versuchen und damit „zur sozialen Reparaturwerkstatt" (S. 16) verkommen würden. Weniger emotional konnotiert merkt Züchner (2008) zur Etablierung von Ganztagsschulkonzepten an, dass Bildungs- und Betreuungsangebote „offensichtlich stärker an öffentlich verantwortete Bildungsorte delegiert" (S. 314) werden.

pädagogischen Leitziele des BMBF (2003b, S. 6) werden unter den Termini der Fachwissenschaft (vgl. Tab. 2.1) in den Kapiteln 2.4.3.1 bis 2.4.3.9 dargestellt.

2.4.3.1 Verbesserung der schulischen Leistungen

Mit dem ersten pädagogischen Leitziel des BMBF (2003b, S. 6) wird direkt Bezug auf das Abschneiden der SuS in den Leistungsvergleichsstudien genommen. So sollen einerseits die fachlichen und überfachlichen Kompetenzen der SuS verbessert und es soll andererseits eine Chancengleichheit hinsichtlich der sozialen Herkunft hergestellt werden durch

> *Individuelle Förderung und Eröffnen von Lernchancen* durch eine Pädagogik der Vielfalt, die konsequent die unterschiedlichen Lernvoraussetzungen der Schülerinnen und Schüler berücksichtigt, wie zum Beispiel Begabungen, Lernhaltung, die Lernumgebung im Elternhaus und Vorwissen. (BMBF, 2003b, S. 6)

Bevor jedoch auf das Merkmal der individuellen Förderung genauer eingegangen wird, soll zunächst betrachtet werden, wie die Leistungen der SuS verbessert werden sollen. Dabei geht es auch darum, Ursachen für die sogenannten „schwachen Ergebnisse" bei den Leistungsvergleichsstudien zu erkennen.

Wie Helmke (2003), Holtappels (2003) und Meyer (2003) bereits zu Beginn des neuen Jahrtausends feststellen können, lassen sich neben schulstrukturellen und -organisatorischen Defiziten auch Mängel im Unterricht identifizieren, was wiederum dazu führt, dass einerseits die Kompetenzen der SuS nicht zufriedenstellend gefördert werden und andererseits eine „offensichtlich unterentwickelte Lernkultur" (Holtappels, 2006, S. 11) zutage tritt. In der Folge rückt die Frage nach gutem, d. h. leistungsförderndem, Unterricht[58] wieder in den Mittel-

---

58 So lässt sich guter Unterricht nach Meyer (2014) mithilfe von zehn Merkmalen beschreiben: *Klare Strukturierung des Unterrichts, Hoher Anteil echter Lernzeit, Lernförderliches Klima, Inhaltliche Klarheit, Sinnstiftendes Kommunizieren, Methodenvielfalt, Individuelles Fördern, Intelligentes Üben, Transparente Leistungserwartungen* und eine *Vorbereitete Umgebung*. Ein großer Vorteil dieser Merkmale liegt in ihrer Neutralität gegenüber der zugrundeliegenden Unterrichtskonzeption; es lässt sich darüber sowohl der lehrerzentrierte als auch der schülerzentrierte (offene) Unterricht bewerten.
Ähnlich zu Meyer formuliert auch Helmke (2003, S. 49 f) seine Kriterien: *Engagement und Lehrmotivation, Subjektive Theorien und epistemologische Überzeugungen, Fähigkeit und Motivation zur Selbstreflexion, Fachwissenschaftliche Expertise, Didaktische Expertise (Klarheit, Methodenvielfalt, Individualisierung), Motivierungsqualität, Klassenführung* und *Diagnostische Expertise*, wobei diese durch Merkmale zur Unterrichtsqualität und der Lehrperson ergänzt werden. Helmkes Merkmale gelten grundsätzlich auch für alle Unterrichtsmethoden. Am ehesten zugeschnitten sind sie jedoch auf den traditionellen, überwiegend frontalen Unterricht im Klassenverband; und hier gibt es auch die solideste empirische Basis.

punkt in der Lehreraus- und -weiterbildung, wie sich auch an dem bereits mehrfach erwähnten Maßnahmenplan der KMK (2002a, S. 7) zeigt. Durch die Erweiterung der Schulzeit in der Ganztagsschule soll somit die Qualifikationsfunktion der Schule gesichert und verbessert werden (Holtappels, 2005a). Durch den zur Verfügung stehenden größeren Zeitrahmen könnten nicht nur die eigentlichen Lernzeiten verlängert, sondern auch zeitintensivere Unterrichtsformen und alternative Lernsettings wie z. B. offener Unterricht, selbstständiges Lernen, Wochenplanarbeit sowie handlungs- und projektorientierter Unterricht umgesetzt werden (Appel, 2009, S. 23 f). Letzteren liegt die Annahme zugrunde, eine bessere Verarbeitungstiefe aufgrund höherer kognitiver Aktivierung zu erreichen, wodurch ein umfassendes inhaltliches Verständnis der Lerninhalte ermöglicht wird, „welches seinerseits wiederum Grundlage einer positiven Leistungsentwicklung ist" (Stecher, Klieme, Radisch & Fischer, 2009, S. 188).

2.4.3.2 Individuelle Förderung

Unter individueller Förderung können vorwiegend im Unterricht stattfindende Fördermaßnahmen im Sinne einer inneren Differenzierung verstanden werden (Böttcher, 2015, S. 15).[59] Dass die individuelle Förderung im Zuge der Bildungsdebatte Anfang des neuen Jahrtausends großen Zuspruch erfährt, wird bei der Betrachtung des öffentlichen Schulwesens in Deutschland deutlich. Dieses ist aufgrund seiner äußeren Differenzierung im internationalen Vergleich außergewöhnlich homogenisiert (Burow & Pauli, 2013, S. 7). Bereits 1996 attestierte Luhmann (S. 25) dem Schulsystem einen innewohnenden Widerspruch, da es einerseits durch Erziehung Chancengleichheit und gesellschaftliche Teilhabe ermöglichen soll und andererseits aufgrund von Selektion Ungleichheiten herstellt bzw. reproduziert. Kutscher (2008) beschreibt diese Problematik mit folgenden Worten:

Die stets neu aufgelegten Werke von Meyer (*Was ist guter Unterricht?*; 2014) bzw. von Helmke (*Unterrichtsqualität und Lehrerprofessionalität*; 2015) genießen bis heute ein hohes Ansehen und werden in der Lehrerbildung der ersten und zweiten Phase nahezu als Standardwerke gehandelt.

59 Im Ganztagsschulkontext wird hierzu auch der Begriff der *inneren Rhythmisierung* (Kulig & Müller, 2011; Scheuerer, 2009) verwendet. Dieser ist jedoch doppelt konnotiert, wie Fischer, Kuhn und Tillack (2016, S. 16) anmerken. So wird er von Kulig und Müller (2011) als Bezeichnung einer Orientierung an individuellen Bedürfnissen der SuS verwendet, von Burk (2005, S. 164) dagegen als „interne Lernstruktur innerhalb der vorgegebenen Unterrichtsblöcke". Um Missverständnisse zu vermeiden, soll der Begriff der *inneren Rhythmisierung* im Rahmen der vorliegenden Arbeit daher nicht weiter verwendet werden.

Schule zeichnet sich durch eine zentrale Paradoxie aus: Sie behandelt Kinder und Jugendliche mit ungleichen Ausgangsbedingungen gleich, d. h. vor dem Hintergrund sozialisationsbedingter ungleicher sozialer, kultureller und ökonomischer Ressourcen werden ebendiese ungleichen Voraussetzungen institutionell durch Gleichheitsannahmen ersetzt, um dann wiederum als schulleistungsbezogene Ungleichheiten bewertet und sanktioniert zu werden … Auf diese Weise versucht Schule als Institution, mit Heterogenität durch Homogenisierungsstrategien umzugehen, indem Homogenitätsannahmen – als Basis des heterogenisierenden Selektionsprinzips – mit einem Normalkonzept von Leistung und Entwicklung begründet werden. (S. 62)

Hintergrund der sogenannten „äußeren Differenzierung" eines solchen öffentlichen Schulwesens in Deutschland ist sein historisch gewachsenes dreigliedriges Schulsystem. Hierbei werden die SuS sowohl räumlich als auch zeitlich von anderen SuS zugunsten einer möglichst großen Homogenität getrennt, indem sie aufgrund bestimmter (Leistungs-)Merkmale zusammengefasst und in einzelne Schulformen (Hauptschule, Realschule, Gymnasium) aufgeteilt werden (Paradies & Linser, 2008, S. 33)[60]. Dies stellt nach Vollstädt (2009) eine „entscheidende Schwäche des deutschen Bildungssystems" (S. 24) dar, was anhand der Regelung bei Klassenwiederholungen exemplarisch aufgezeigt werden kann:

Funktioniert die Homogenisierung innerhalb einer Klasse oder Schulform nicht, tritt eine Heterogenitätsannahme in Kraft, die die Ausdifferenzierung unterschiedlicher Jahrgangsstufen (gleichgesetzt mit Entwicklungs- bzw. Leistungsstufen) oder Schultypen rechtfertigt und dazu führt, dass nicht innerhalb der gleichen Klasse oder Schule ausdifferenziert, sondern entweder zurückgestuft oder an eine andere Schule verwiesen wird. Dies gilt sowohl für ‚Begabte' als auch für ‚Benachteiligte'. (Kutscher, 2008, S. 63)

Innere Differenzierung hingegen verfolgt das Ziel, die SuS entsprechend ihrer Voraussetzungen innerhalb einer Lerngruppe unterschiedlich zu fördern. Damit sollen einerseits milieubedingte, schichtenspezifische oder auch individuelle Rückstände aufgearbeitet und andererseits besondere Fähigkeiten und Begabungen der SuS gestärkt werden (Appel, 2009, S. 24; Böttcher, 2015, S. 15). Es hat sich die Auffassung weitgehend durchgesetzt, dass dieser individuellen Förderung in der Ganztagsschule, im Gegensatz zur Halbtagsschule, durch den erweiterten Zeitrahmen der notwendige Raum gegeben werden könne, da über

---

60 Paradies und Linser (2008, S. 33) erwähnen in diesem Zusammenhang auch unterschiedliche Schulprofile und Jahrgangsklassen.

den Unterricht hinausgehende Angebote auf die Lernziele und Begabungen der SuS ausgerichtet seien.

> Eine erweiterte Lernzeit ermöglicht die Ausgestaltung einer differenzierten und variablen Lernkultur sowie intensive Lernförderung und Talententwicklung für alle Schüler/-innen zur Verbesserung der Begabtenausschöpfung und Chancengleichheit. (Holtappels, 2006, S. 11)

Daher scheint es nicht verwunderlich, dass das Konzept der individuellen Förderung im Zwölften Kinder- und Jugendbericht zum zentralen Handlungsprinzip erhoben wird, welches „das ganztägige Bildungsangebot generell bestimmt" (BMFSFJ, 2006a, S. 329). Allerdings wird das Konzept nur selten richtig verstanden und angewendet (Böttcher, 2015; Vollstädt, 2009)[61]. Daher gilt es im weiteren Verlauf dieses Kapitels noch zu überprüfen, ob individuelle Förderung im Sinne von Appel (2009) als „besondere Stärke der Ganztagsschulen" (S. 24) gesehen werden kann. Bezug nehmend auf das vorhergehende Kapitel 2.4.3.1 kann jedoch grundsätzlich geschlussfolgert werden, dass mit der individuellen Förderung aller SuS auch eine Verbesserung ihrer schulischen Leistungen einhergeht. Damit kann die individuelle Förderung gleichermaßen als Grund und Ziel des Ganztagsschulausbaus angesehen werden, da diese über verbesserte schulische Leistungen auch zu höheren Bildungsabschlüssen und damit einem gelungeneren Berufseinstieg beiträgt.

2.4.3.3 Verzahnung

Das zweite pädagogische Leitziel des BMBF (2003b, S. 6) kann dem ganztagsspezifischen Terminus der „Verzahnung" zugeordnet werden und wird in der Fachliteratur in Form der „Verzahnung von Vormittag und Nachmittag" (La-

---

61 Trotz des weitgehend gemeinsamen Begriffsverständnisses in der praktischen Pädagogik und dem wissenschaftlichen Diskurs (Böttcher, 2015, S. 15) wird das Konzept der individuellen Förderung häufig fehlinterpretiert. So merkt Vollstädt (2009, S. 24 f) an, dass die in der Literatur zu findenden Formen zur inneren Differenzierung häufig mit dem Bestreben der Homogenisierung einhergehen, indem bei leistungsschwächeren SuS die Angleichung an das Leistungsniveau eines fiktiven Durchschnittsschülers angestrebt wird. Zusätzlich werden die SuS eher als Objekt und weniger als Subjekt ihres eigenen Lernens behandelt, da die LuL die Differenzierungsmaßnahmen und Förderprogramme vorgeben. Dies führe in der Folge häufig zum völligen Verzicht auf innere Differenzierung aufgrund von Überforderungstendenzen der Lehrkräfte. Vollstädt (2009, S. 32 f) fordert daher weniger ein maßgeschneidertes Förderkonzept für die einzelnen SuS, sondern viel mehr die Förderung der Lernkompetenz im Rahmen einer geänderten Lernkultur. Durch die „systematische Entwicklung und Förderung des selbst gesteuerten, eigenverantwortlichen und motivierten Lernens" (Vollstädt, 2009, S. 28) könnten die SuS zunehmend ihren eigenen Lernprozess steuern, und damit individuell effektiv und persönlichkeitsfördernd lernen.

ging, 2014a, S. 5) oder der Verbindung bzw. Verzahnung von Angebot und Unterricht (z. B. Fischer et al., 2016, S. 27; Haenisch, 2009), von Vor- und Nachmittagsangeboten (Holtappels, 2007a, S. 6) bzw. verschiedener Lern- und Lebensräume (Burow & Pauli, 2013, S. 51) diskutiert.

Den Ausgangspunkt und Wegweiser für die Verzahnung von außerunterrichtlichen Angeboten mit unterrichtlichen Aktivitäten im Ganztag bilden die Diskussionen und Erkenntnisse zum lebenslangen Lernen (vgl. Kap. 2.4.2). Somit beruht das ganztägige Bildungskonzept auf dem Verständnis des ganzheitlichen Lernens (Burow & Pauli, 2013, S. 36; Haenisch, 2009, S. 6). In diesem Zusammenhang stellt Bönsch (2006) die für ganztägig arbeitende Schulen zentrale Frage nach einem vorhandenen Gesamtkonzept, das „Unterricht, Arbeits- und Übungsstunden, Hausaufgabenbetreuung, Mittagessen und den musisch-kulturellen-sportlichen Bereich in ein sinnvolles, nicht zufälliges Miteinander bringt" (S. 115 f).

Eine *Verzahnung von Angeboten und Unterrichtsinhalten* im ganztägigen Setting bietet somit die Möglichkeit, spezifische Defizite der SuS in Förderangeboten aufzuarbeiten, Unterstützungsmöglichkeiten einzelner SuS zugunsten individueller Förderung (vgl. Kap. 2.4.3.2) anzubieten oder auch fachunterrichtliche Themen in außerunterrichtlichen Angeboten bzw. Schulprojekten aufzugreifen (Fischer et al., 2016, S. 27). Eine gelungene Verzahnung setzt allerdings die Zusammenarbeit zwischen Lehrkräften und weiterem pädagogisch tätigen Personal (Kooperationsaspekt) sowie das Vorhandensein eines Schulkonzepts bzw. Leitbildes (Konzeptueller Aspekt) voraus, wie Haenisch (2009, S. 8 f) ausführt (dazu auch Beher et al., 2007) ausführt. Demnach kann die Kooperation *differenziert* durch fach- und jahrgangsspezifisch abgestimmtes Handeln, *koordiniert* bei der Planung und Durchführung des Unterrichts, *interagierend* durch die Orientierung an gemeinsamen Themen oder *integrierend* durch gegenseitige Unterrichtsbesuche stattfinden.

Durch ein Schulkonzept oder Leitbild wird den verzahnenden Aktivitäten eine Rahmung im Sinne einer pädagogischen Plattform gegeben. Haenisch (2009, S. 9) weist in diesem Zusammenhang besonders auf den offenen Ganztag hin, in welchem es außer dem Schulprogramm keine weiteren entsprechenden Bezugspunkte gibt, auf die sich verzahnende Aktivitäten stützen könnten. Daher sei in diesem Fall darauf zu achten, dass sich nachmittägliche Angebote und Unterricht „im Idealfall sinnvoll mit dem Unterricht verbinden" (Höhmann, 2005, S. 71) lassen. Sowohl in der Fachwissenschaft als auch in den Ganztagsschulkonzepten mancher Bundesländer wird die Möglichkeit einer Verbindung von Angeboten und Unterricht im offenen Ganztag allerdings bestritten. So vertreten Burow und Pauli (2013, S. 75) sowie Schnetzer (2006, S. 24) die Meinung, dass es lediglich bei voll bzw. teilweise gebundenen Ganztagsschulen möglich sei, Angebote und Unterricht miteinander zu verzahnen. Als Begründung nennen die Autoren bei Ganztagsschulen der offenen Form deren additiven Charakter; da Angebot und Unterricht nicht konzeptionell miteinander verankert werden können und die Teilnahme aller SuS freiwillig wäre. Diese Sichtweise findet sich auch in einigen Qualitätsrahmen für Ganztagsschulen wieder, z. B. in Hessen (HKM, 2011) und Brandenburg (MBJS BB, 2011, S. 76), in denen das Merkmal der Verzahnung lediglich bei den Qualitätsmerkmalen von teilweise gebundenen und gebundenen Ganztagsformen beschrieben ist.

2.4.3.4 Rhythmisierung

Die vom BMBF (2003b) grundlegend geforderte

> *Veränderung von Unterricht und Lernkultur* durch Verknüpfung von Unterricht, Zusatzangeboten und Freizeit über Vor- und Nachmittag, zum Beispiel Lösung vom 45-Minuten-Takt, Raum für freien Unterricht und für Projekte (S. 6)

steht in engem Zusammenhang mit der oben beschriebenen Verzahnung, die als grundsätzliche Verbindung von Inhalten in Unterricht und Angeboten verstanden wird. Das von Fischer et al. (2012, S. 12 f, 2016, S. 24 f) als *äußere Rhythmisierung* bezeichnete Ziel betont hierbei den organisatorischen Aspekt und damit die *Verteilung und Gestaltung von Angeboten und Unterricht über den ganzen Tag*.[62] Eine solche Zielsetzung hat jedoch zur Folge, dass der schulische Tagesablauf neu angelegt werden müsste, da dieser bislang eher einer starren und abwechslungsfreien Regelmäßigkeit folgt, wie Geißler (2014) ausführt: „Linearität, Berechenbarkeit, Pünktlichkeit und die Schrittfolge des Eins-nach-dem-anderen sind Kennzeichen dieser Zeitlogik" (S. 373). Ein äußerlich rhythmisierter Schultag dagegen berücksichtigt die physiologische Leistungskurve und damit den Biorhythmus der SuS, indem sich Phasen der „Anspannung und Entspannung" (Appel, 2009, S. 141; Lehmann, 2007, S. 15) abwechseln. Als Maßnahmen zur Realisierung dieses Konzepts können u. a. flexible Anfangs- und Endzeiten im Sinne gleitender Arbeitszeit, frei durch die SuS

---

62 In Bezug auf die schulische Tagesstrukturierung finden sich in der Fachliteratur mitunter verschiedene Begriffe. So versteht z. B. das NKM (2015) unter dem Begriff des *Takts* eine „schuleinheitliche festgelegte Strukturierung" (S. 7), durch welche die Dauer und Abfolge von Unterrichtsstunden und -blöcken (z. B. 45 oder 60 Minuten), Pausen, Mahlzeiten und Öffnungszeiten festgelegt ist. Appel (2009, S. 142 f) verwendet hierfür den Begriff der *Rhythmisierung*. Dagegen wird dieser Begriff (Burk, 2005, 2006; NKM, 2015, S. 7) bzw. der der *inneren Rhythmisierung* (Fischer et al., 2016, S. 26; Scheuerer, 2009) als interne Lernstruktur innerhalb des Unterrichts verstanden, die von der Lehrkraft oder im Sinne einer „individuellen Rhythmisierung" (NKM, 2015, S. 7) von den SuS gesteuert wird oder sich an deren individuellen Bedürfnissen ausrichtet. Da jedoch bereits bei der Erwähnung der individuellen Förderung (vgl. Kap. 2.4.3.2) Bezug auf unterrichtliche Qualitätsaspekte genommen wurde, wird an dieser Stelle lediglich die äußere Rhythmisierung dargestellt.

gestaltbare Pausenzeiten und eine Abkehr vom klassischen 45-minütigen Unterricht gezählt werden (Lehmann, 2007, S. 18).[63] Dadurch entstehen bei einer Verkürzung der Unterrichtsdauer zusätzliche Zeiten z. B. für Übungsphasen, wohingegen eine Verlängerung auf z. B. 90 oder 100 Minuten die Anwendung zusätzlicher Lehrmethoden und Lernformen ermöglicht (Fischer et al., 2016, S. 24), was sich wiederum positiv auf die fachlichen und überfachlichen Kompetenzen der SuS auswirken kann (Scheuerer, 2009a, S. 55).

Mittels eines äußerlich rhythmisierten Schultages kann den SuS außerdem die Möglichkeit eröffnet werden, individuelle Zugänge zur Zeit zu erfahren und je nach Kontext das *In-der-Gegenwart-Leben* (z. B. im Unterricht) als auch *Außer-der-Zeit-Sein* (z. B. im Spiel mit Peers) zu erfahren. Dadurch können individuelle Lerntempora und -rhythmen ermöglicht und der schulische Ablauf kann entschleunigt werden, um so eine Überbeanspruchung der SuS zu vermeiden (Burk, 2006, S. 31 f; Hildebrandt-Stramann, 2014, S. 422; Laging & Dirks, 2014, S. 118; Petillon, 1998, S. 7).

Eine äußere Rhythmisierung des Tagesablaufs kann dabei unabhängig von der Organisationsform der Ganztagsschule erfolgen, wie Scheuerer (2009a, S. 57 f) am Beispiel offener und gebundener Ganztagsschulen aufzeigt. Indem der gesamte Schultag ausgewogen gestaltet (Lehmann, 2007, S. 15) und damit Rücksicht auf die schwankende Leistungsbereitschaft der SuS genommen wird, sollen optimale Bedingungen für das Lernen hergestellt werden (Appel, 2009, S. 277; Eisnach, 2011, S. 64). Daher wird die Rhythmisierung auch als „Kernelement" (SMK, 2007, S. 1) des Ganztagsangebots bezeichnet.

2.4.3.5 Sozialerzieherische Aufgaben

Ein weiteres pädagogisches Argument für die Einrichtung der Ganztagsschule liefern die sich wandelnden sozialen Rahmenbedingungen aufgrund gesellschaftlicher Individualisierung in den 1990er Jahren, die sich stark auf das Aufwachsen von Kindern und Jugendlichen auswirken[64]. Während die Bedeutung der Sozialmilieus stetig abnimmt, wird das soziale Kapital, also die Weitergabe sozialer Chancen und Risiken, immer bedeutsamer. Die traditionellen Orientierungspunkte für Kinder und Jugendliche werden dabei aufgrund der Globalisierung und dem sozialen Umfeld, welches durch geografische und soziale Mobilität geprägt ist und sich im Gegensatz zu früher heterogener, offe-

---

63   Eine ausführliche Diskussion schulischer Zeitkonzepte ist Drews (2008) sowie Zeiher und Schröder (2008) zu entnehmen.
64   Heitmeyer und Olk (1990) stellen als Folge der Individualisierungsprozesse fest, dass sich „sowohl die gesellschaftliche Funktion und die sozialstrukturelle Ausprägung als auch die lebensbiographische Bedeutung der Jugendphase" (S. 22) grundlegend verändern.

ner und vorläufiger zeigt, zunehmend aufgeweicht (Beck, 1986; Burow & Pauli, 2013, S. 10 f; Kanning, 2002, S. 154; Rollet et al., 2008, S. 899 f).

Zudem hat sich der Freizeitbereich der Kinder und Jugendlichen in den letzten Jahrzehnten aufgrund ungleichmäßiger Entwicklungen hinsichtlich der Qualität und Dichte regionaler Lebensverhältnisse deutlich verändert. Als Ursache können bspw. zunehmende Segregationstendenzen in den Wohnumfeldern durch Verkehrsadern, eingeschränkte Zugänge zu Spielmöglichkeiten in den Stadtlagen sowie der Rückgang nachbarschaftlicher Kontakte (Appel, 2006, S. 23 f) genannt werden. Die Ausdünnung sozialer Kontaktchancen und daraus resultierende Integrationsprobleme sowie ein Mangel an Eigentätigkeit und Bewegung durch die Verlagerung der Sozialisationsräume nach innen (Rollett et al., 2008, S. 900 f) wirken sich unweigerlich auf die Lern-, Entwicklungs- und Erfahrungsgelegenheiten der Kinder und Jugendlichen aus. Die Aufgabe der Schule wird es sein, gerade in diesem Bereich ausgleichend zu wirken und Räume für gemeinsame Aktionen zur Verfügung zu stellen.

Gleichzeitig bietet der stetig steigende Zugang zu Konsumgütern sowohl Chancen als auch Lebensschwierigkeiten.[65] Auch die zunehmende Mediatisierung[66] bleibt nicht ohne Folgen für heranwachsende Kinder und Jugendliche, denn mit der Entwicklung der elektronischen Medien und den damit verbundenen Kommunikationsmöglichkeiten verändern sich auch das soziale Verhalten und die Wahrnehmung. Aufgrund mangelnder Differenzerfahrungen in der weitgehend analogen Welt werden mediale Einflüsse von den „digital natives" (BMFSFJ, 2013, S. 55) heutzutage meist ungefiltert aufgenommen. Indem ein nicht zu unterschätzender Teil von Wissen und Kompetenzen durch Massenmedien und Informationstechnik rezipiert wird, erfährt das Lernen in der Schule zwar einen Bedeutungsverlust, dennoch reicht das erworbene Wissen meist nicht über Alltagswissen hinaus, da die Informationen zu oft lediglich angehäuft, aber nicht nachhaltig verarbeitet werden (Burow & Pauli, 2013, S. 19; Hunner-Kreisel, 2008, S. 33). Somit sind Orientierungshilfen und Medienkompetenzen vonseiten der Schule zu erbringen (Grgic & Züchner, 2013, S. 259).

---

65 Zwar steht der heutigen Generation wie keiner anderen zuvor ein größeres Maß an meist aus eigener Erwerbstätigkeit gewonnenem Kapital zur Verfügung, dieser gestiegene materielle Lebensstandard weckt jedoch mit einer geschätzten Kaufkraft von 9.2 Milliarden Euro (BMFSFJ, 2002, S. 10) große Interessen in der Warenwirtschaft und bringt aufgrund der vielfältigen, z. T. bereits auf die Einzelperson zugeschnittenen, Konsummöglichkeiten eine zunehmende Verschuldung mit sich (Burow & Pauli, 2013, S. 17; Stecher et al., 2009; Stecher, Krüger & Rauschenbach, 2011, S. 2).

66 Mit *Mediatisierung* wird im Gegensatz zu anderen Konnotationen (z. B. der „Mittelbarmachung" im Kontext des Heiligen Römischen Reichs und des Deutschen Bundes) im Rahmen der vorliegenden Arbeit die Vereinnahmung durch Medien (synonym zur *Medialisierung*) bzw. der Einfluss der Medien auf die Gesellschaft und Lebensumwelt verstanden.

Durch den Aufbau von Ganztagsschulen sollen oben genannte Mängel kompensiert werden und es soll den Kindern und Jugendlichen ein Lebens- und Erfahrungsraum geschaffen werden, wodurch in Ganztagsschulen „die jugendtypischen Lebensweisen in natürlicher und weniger von Konsum- und Modereizen geprägten Art und Weise gepflegt und realisiert werden" (Appel, 2009, S. 25 f). Durch den erweiterten Zeitrahmen können den SuS außerdem über den Unterricht hinausgehende Lerngelegenheiten und -arrangements zur Verfügung gestellt werden, in denen fächerübergreifende Kompetenzen wie soziale Verantwortung, demokratisches Handeln (z. B. Akzeptanz und Toleranz gegenüber anderen), kulturelle Orientierung und Selbstständigkeit – vom BMBF (2003b, S. 6) als „soziales Lernen" bezeichnet – vermittelt werden sollen (Appel, 2009, S. 26; Fischer, 2013, S. 34; Helsper & Hummrich, 2008).

2.4.3.6 Partizipation

Wie aus dem vierten pädagogischen Leitziel des BMBF (2003b) herauszulesen ist, soll die Ganztagsschule „verbesserte Möglichkeiten der Mitentscheidung, Mitgestaltung und Mitverantwortung von Eltern sowie Schülerinnen und Schülern" (S. 6) schaffen. Grundsätzlich stellt die Partizipation von Eltern und SuS in Entscheidungsgremien jedoch keine Neuerung dar, da diese aufgrund schulgesetzlicher Verankerung auch seit jeher in der Halbtagsschule zu finden ist, z. B. in Form der Elternvertretung, des Klassen- bzw. Schulsprechers oder der Schulkonferenz (Langer, 2011, S. 108). Bevor jedoch auf die Möglichkeiten eingegangen wird, die sich durch den erweiterten Zeitrahmen in der Ganztagsschule für partizipative Merkmale ergeben, soll zuvor der Begriff der Partizipation im schulischen Kontext kurz umrissen werden.

Stellvertretend für die seit Mitte der 1990er Jahre verstärkt zu verzeichnende Thematisierung von Partizipation in pädagogischen Institutionen (Coelen, Wagener & Züchner, 2013, S. 3) beschreibt Schröder (1995) Partizipation als „Entscheidungen, die das eigene Leben und das Leben der Gemeinschaft betreffen, zu teilen und gemeinsam Lösungen für Probleme zu finden" (S. 14). Auch wenn dieses *demokratische Verständnis der Beteiligung* grundsätzlich auf den Verfahren des Abwägens, Beratens und Aushandelns beruht (Habermas, 1992; Lösch, 2005), bestimmt der Grad der Partizipation, ob es sich eher um ein scheinbares Mitspracherecht oder um vollständige Teilhabe an Entscheidungsprozessen handelt (Feichter, 2015, S. 416 f).[67] Bettmer (2008, S. 217) weist

---

67 So haben verschiedene Autoren (z. B. Hart, 1992; Oser & Biedermann, 2006; Schröder, 1995) Modelle entwickelt, welche die verschiedenen Ausprägungen von Partizipation darstellen. Beispielsweise unterscheidet das Stufenleitermodell nach Hart (1992, S. 8) zwischen acht verschiedenen Formen von Partizipationsgraden. Während auf den untersten drei Stufen *Manipulation*, *Decoration* und *Tokenism* von einer Instrumentalisierung der parti-

außerdem darauf hin, dass die Mitbestimmung im schulischen Kontext durch externe Vorgaben begrenzt wird (Verhältnis zwischen Institution und Umwelt). Darüber hinaus ist es bei der Mitsprache auch entscheidend, wie die Beziehungen als Anerkennungsverhältnisse gestaltet werden können, da von vornherein eine *Asymmetrie* zwischen den LuL bzw. der Schulleitung und den Eltern bzw. SuS zu berücksichtigen ist, die sich auch durch Möglichkeiten der Teilhabe nicht vollständig aufheben lässt (Balance zwischen Anerkennung und Asymmetrie; dazu Coelen et al., 2013, S. 8). Da diese Bedingungen jedoch nicht von der Art der Schulform abhängen, sind diese Aspekte bei der Eingrenzung des Partizipationsbegriffs zwar zu berücksichtigen, sollen in der Folge aber nicht weiter betrachtet werden. Stattdessen wird der Fokus nun auf die Ganztagsschule gerichtet, die nach Definition des BMBF (2003b, S. 6) *verbesserte* Möglichkeiten der Partizipation für die Eltern und SuS bereitstellen soll.

Wie Züchner (2011b, S. 60 f) aufzeigt, bietet die ganztägige Beschulung der Kinder und Jugendlichen den *Eltern* neue, über die bereits angesprochenen klassischen Formen hinausgehende Möglichkeiten der Beteiligung am Schulleben und der Schulentwicklung. Der Autor bezieht sich dabei auf das Typenmodell der Elternbeteiligung von Epstein, welches im Diskurs um Partizipation in pädagogischen Institutionen Mitte der 1990er Jahre entstanden ist (Dauber & Epstein, 1993; Epstein & Lee, 1995)[68]. Aufgrund der stärkeren Anbindung der

---

zipierenden Personen ausgegangen wird, findet tatsächliche Partizipation erst ab der vierten Stufe (*assigned but informed*) statt und führt erst in geteilten Entscheidungen (*shared decisions*) auf der letzten Stufe zur vollständigen Beteiligungsmöglichkeit.

68 Züchner (2011b) fasst die sechs Kategorien der Elternbeteiligung nach Epstein und Lee (1995) wie folgt zusammen:
– *Parenting*: Unterstützung der Eltern durch die Schule im Sinne einer Elternbildung oder auch eines Elterntrainings (Unterstützung der Erziehungskompetenz (besseres Verständnis von kindlichen und jugendlichen Entwicklungsprozessen, Unterstützung förderlicher Lebensbedingungen in den Familien)).
– *Communicating*: regelmäßiger gegenseitiger Austausch zwischen Familien und Schulen bspw. über Fortschritte der Kinder, Schulprogramme und schulische Entwicklungen (in beide Richtungen).
– *Volunteering*: freiwilliges Engagement von Eltern in der Schule zur Unterstützung der SuS und der Schulentwicklung.
– *Learning at home*: Unterstützung der Lernaktivitäten des Kindes durch die Eltern zu Hause (z. B. Unterstützung bei Hausaufgaben und anderen schulvorbereitenden Aktivitäten und Entscheidungen, Schulinteresse der Eltern).
– *Decision making*: Einbeziehung und Mitwirkung der Eltern in/an schulische/n Entscheidungs- und Steuerungsprozesse/n; Interessenvertretung der Eltern in Schulgremien, Schulbeiräten und anderen Elternorganisationen.
– *Collaborating with the community*: Nutzung und Koordination von lokalen Ressourcen und Diensten zur Unterstützung von Familien, SchülerInnen und Schulen (bspw. Einbeziehung von Vereinen/Verbänden, Unternehmen) sowie Angebote und Dienste der Schule für die Kommune. (S. 68 f).

SuS an die Schule erhofft man sich vonseiten der Bildungspolitik eine stärkere Beteiligung der Eltern (Boethel, 2003; Epstein et al., 2002). Damit sollen auch die u. a. aufgrund von Transport- und Zeitproblemen, mangelnden Sprachkenntnissen oder kulturell abweichenden Vorstellungen über die Rolle der Eltern in Bezug zur Schule als „schuldistant" geltenden Erziehungsberechtigten zur Beteiligung animiert werden. Arnoldt und Steiner (2013, S. 108 f) gehen in diesem Zusammenhang davon aus, dass eine stärkere Teilhabe der Eltern am Schulgeschehen auch dazu beitrage, Leistungen der SuS zu verbessern. Ob und wie das gelingen kann, gilt es noch weiter zu prüfen.

Auch die Rolle der SuS zur Partizipation bekommt in der Konzeption der Ganztagsschule einen „neuen" Stellenwert. Da die Ganztagsschule sowohl Lebens- als auch Erfahrungsraum für die SuS darstellt, sich an ihren Bedürfnissen orientieren soll und über ihre eigene Zukunft mitbestimmt, hängt die Akzeptanz und der Gelingensgrad neben den LuL und Eltern auch von den SuS ab. Insofern hält es eine Reihe von Experten für sinnvoll und notwendig, *die SuS im Sinne im Sinne einer Adressatenorientierung ebenfalls an Schulentwicklungsprozessen zu beteiligen*, um die entsprechenden (Bildungs-)Ziele umsetzen zu können (z. B. Brümmer, Rollett & Fischer, 2009; Coelen et al., 2013; Derecik, Habbishaw, Schulz-Algie & Stoll, 2012, S. 99; Feichter, 2015; Hunner-Kreisel, 2008, S. 31; Oerter, 2003, S. 22). Hinweise zur Art und Weise der Partizipation, wie das Einholen der Meinungen der SuS bspw. bei der Gestaltung eines Ganztagsschulprogramms, finden sich bei Senff (2014, S. 362) in Anlehnung an weitere Autoren. Demnach lässt sich feststellen, dass die SuS

- als *Hauptakteure* eine entscheidende Rolle spielen (Aurin, 1989, S. 357),
- Rückmeldungen aus erster Hand hinsichtlich des Schulalltages sowie der zukünftigen Gestaltung der Schule geben können (Miethling, 2000, S. 3),
- „ihre Subjektivität, ihre Persönlichkeit und Identität in ihr Schülerdasein ein[bringen] und ... aktiv an unterrichtlichen und erzieherischen Prozessen teil[nehmen]" (Nölle, 1995, S. 21),
- trotz ihrer zentralen Rolle im Schulgeschehen meist wenig Beachtung hinsichtlich ihrer Meinung und gestalterischer Ideen erfahren (Clavert, 1976, zitiert nach Nölle, 1995, S. 22),
- das Schulleben als sinnvoll und lebensgeschichtlich bedeutsam rezipieren sollen (Klafki, 1991, S. 36).

Oerter (2003, S. 22) erweitert und ergänzt diese Argumente, indem er betont, dass im Sinne einer demokratischen Erziehung die partizipatorische Verantwortung nicht erst mit der Vollendung des 18. Lebensjahres schlagartig kompetent ausgeführt werden kann, da sie zuvor in der Schule ausgebildet werden muss. Darüber hinaus kann das kreative Potenzial der SuS den erwachsenen Akteuren in der Schule zugutekommen, da die SuS z. B. mit Staunen, naiven

Fragen und anderen wichtigen Fähigkeiten Erwachsene veranlassen, aus gewohnten Bahnen auszubrechen und zu neuen Erkenntnisdimensionen zu gelangen (Gardner, 1997, S. 210). In Bezug auf die pädagogische Dimension von Partizipation äußert Wildfeuer (2009), dass es um „eigenverantwortliche Gestaltungs- und Beteiligungsprozesse [gehe], die sowohl einen thematischen Rahmen haben und zugleich als grundlegende Handlungsorientierung dienen" (S. 7). Die Beteiligung von SuS soll damit einerseits durch die Erfahrung von Selbstverantwortung und Selbstwirksamkeit zu einer höheren Lernfreude und andererseits durch eine höhere Identifikation auch zu einer höheren Zufriedenheit beitragen (Derecik et al., 2012, S. 101 f).

Um Beteiligungsrechte im Rahmen von Schulentwicklungsprozesse ausüben zu können, muss jedoch die Fähigkeit vorhanden sein, die eigenen Interessen abstrahieren zu können, um gemeinsame Regeln zu erzeugen und zu akzeptieren. Wie Folgestudien auf Grundlage der Entwicklungsstadien nach Kohlberg (Colby & Kohlberg, 1986) aufgezeigt haben, haben Kinder etwa im Alter von 12 Jahren einen Entwicklungsstand erreicht, „der auch von den meisten Erwachsenen nicht überschritten wird" (Bettmer, 2008, S. 216). Somit sind auch bei Kindern bzw. Jugendlichen die notwendigen Voraussetzungen für Partizipation vorhanden (Coelen et al., 2013, S. 8), weshalb nach Ansicht einiger Autoren (z. B. Langer, 2011, S. 108) SuS ab etwa der Sekundarstufe I über die Gestaltung der Ganztagsangebote mitentscheiden sollten, z. B. durch das Einholen systematischen Feedbacks. Coelen et al. (2013) weisen allerdings darauf hin, dass hierfür die *Entwicklung einer Schul- und Lernkultur* notwendig ist, in der die SuS

> ernsthaft, dauerhaft und selbstverständlich an ihrem Leben und Lernen in der (Ganztags-)Schule partizipieren können. Diese zu schaffen, stellt eine große Herausforderung für alle in der Schule tätigen Personen dar und kann nur schrittweise bewältigt werden. (S. 6)

Eine sich an den SuS orientierende Schulentwicklung kann jedoch nur dann gelingen, wenn man der Perspektive der Erwachsenen die Perspektive der SuS gegenüberstellt, um dann beide Perspektiven im Schulentwicklungsprozess zu integrieren (Kuhn, 2007, S. 383). In Bezug auf die Angebote weisen Burow und Pauli (2013, S. 149 f) darauf hin, dass diese so attraktiv gestaltet werden müssen, dass sie auch ohne äußeren Druck auf Interesse bei den SuS stoßen und als anziehend und sinnhaft erlebt werden. So können die Bildungsziele nur durch die Zufriedenheit der Adressaten mit den institutionellen Regelungen, den sozialen Beziehungen sowie der Vermittlung und dem Inhalt des Stoffangebotes erreicht werden (Senff, 2014, S. 361 f). Daher betont auch das BMFSFJ (2013) in seinem 14. Kinder- und Jugendbericht die Partizipation der SuS:

Eine Ganztagsschule kann nur dann die Aufgabe der Bildung, Betreuung und Erziehung in einem umfassenden Sinne erfüllen, wenn die Kinder und Jugendlichen dabei selbst zu Akteuren und Ko-Produzenten werden, wenn Ganztagsschulen also auf diese Weise einen Teil des bisher unbestimmten Lebensalltags von Kindern und Jugendlichem am Nachmittag als Gelegenheiten zur Selbstentfaltung, Selbsterprobung und zur Verantwortungsübernahme junger Menschen in den Raum der Ganztagsschule integrieren. (S. 406)

2.4.3.7 Bildungslandschaften/Kooperation

Die „Öffnung von Schule durch Kooperation mit der Kinder- und Jugendhilfe, sozialen und kulturellen Einrichtungen und Betrieben vor Ort" (BMBF, 2003b, S. 6) zielt auf ein integriertes Handlungskonzept ab, welches das jeweilige Wohnviertel der SuS und damit ihre Herkunft in den Blick nimmt (vgl. Kap. 1.2.6). Zielen Maßnahmen wie z. B. die individuelle Förderung (vgl. Kap. 2.4.3.2) oder die Rhythmisierung (vgl. Kap. 2.4.3.4) auf die *innerschulische Organisation*, ist eine Öffnung der Schule nach *außen* notwendig, um so schul- bzw. wohnortbedingte Segregationseffekte in Bezug auf Bildungschancen und Sozialisation zu kompensieren (Baumheier, Fortmann & Warsewa, 2013, S. 21). Bevor dieses fünfte pädagogische Leitziel inhaltlich näher dargestellt wird, sollen jedoch zuerst die in diesem Kontext verwendeten Begrifflichkeiten *Öffnung von Schule, Bildungslandschaften* und *Kooperation des Fachdiskurses* näher spezifiziert werden.

In Anlehnung an Appel (2006), Behr-Heintze und Lipski (2005) sowie das Sozialpädagogische Institut Nordrhein-Westfalen (SPI NRW, 2007) beschreibt das Deutsche Jugendinstitut (DJI, 2007) den Begriff der *Öffnung von Schule* als „eine Vielzahl von Maßnahmen der Integration von Schulen in ihr lokales Umfeld sowie ihrer Kooperation mit außerschulischen Partnern" (S. 3). Dies beinhaltet z. B. die Einbindung der Schulen in Stadtteilgremien, eine Umgestaltung und Öffnung des Schulgeländes sowie ihrer Unterrichtsräume für stadtteilbezogene Zwecke. Im Ganztagsschulkontext liegt der Fokus auf der *bildungsbezogenen Kooperation mit außerschulischen Partnern*, um so Ganztagsangebote bereitzustellen, die den SuS bestmögliche Bildungs- und Zukunftschancen gewährleisten (dazu Wiesner, Olk & Speck, 2016, S. 202 f).

Bildungslandschaften wurden in dieser Arbeit bereits im Zuge der Darstellung der Schulentwicklung in Deutschland (vgl. Kap. 1.2.6) beleuchtet. An dieser Stelle sei jedoch darauf hingewiesen, dass bislang noch keine allgemeingültige Definition vorliegt, wie z. B. Bleckmann und Durdel (2009, S. 12), Eisnach (2011, S. 37 f), Mack (2006, 2008) sowie Stolz (2012, S. 21) aufzeigen. So wird der „Leitbegriff" (Eisnach, 2011, S. 37) oder „Containerbegriff" (Stolz, 2012,

S. 21) *Bildungslandschaft* mitunter sehr unterschiedlich verwendet bzw. derselbe oder ähnliche Kontext mit verschiedenen Begriffen beschrieben.[69] In dem Bemühen, einen Grundkonsens herauszuarbeiten, bezieht sich Eisnach (2011) auf die Autoren Brockmeyer (2004), Fürst (2004) sowie Minderop und Solzbacher (2007), nach denen dieses Konzept auf die Zusammenarbeit von Bildungsanbietern (z. B. Schulen), Nachfragern (Familien, Kinder, Unternehmen) sowie Unterstützungs- und Beratungsstrukturen z. B. im kommunalen Raum zielt. Diese Akteure sollen Bedingungen zur *Initiierung von Netzwerken und Kooperationen* schaffen, welche auf der Basis der Nutzung von Synergien auf die Verbesserung des Bildungsangebots als Gemeinschaftsaufgabe ausgerichtet sind (Fürst, 2004). Eine der wichtigsten Voraussetzungen dabei ist es, das traditionelle Verwaltungsdenken aufzugeben und unter der Zusammenarbeit mit allen Beteiligten innovative Bildungszusammenhänge herzustellen (Minderop & Solzbacher, 2007). Als weitere Merkmale einer Bildungslandschaft lassen sich nach Brockmeyer (2004, S. 58 f) nennen:

- die Einbeziehung aller Bildungsbereiche;
- die intensive fachliche, organisatorische und rechtliche Abstimmung der Beteiligten hinsichtlich der Angebote und deren Anschlussfähigkeit;
- ein fortwährender Entwicklungsprozess;
- die Entwicklung einer neuen Steuerungsmechanik sowie
- die Voraussetzung einer wirksamen Bürgerbeteiligung.

Mack (2008) nennt zusätzlich die Notwendigkeit einer gestaltenden und steuernden kommunalen Politik, um den Aufbau von Netzwerken anzuleiten. Ansonsten würden die Kooperationen auf der Ebene bilateraler Kooperationen bestehen bleiben. Wie aus der vorangegangenen Darstellung hervorgeht, wird eine Vielzahl von Kriterien durch diesen Grundkonsens abgedeckt. Dennoch soll im Folgenden auf eine Arbeitsdefinition von Bleckmann und Durdel (2009) zurückgegriffen werden, welche den Anspruch einer klaren „Definition mit spezifischen Qualitätsmerkmalen" (S. 12) verfolgt und seitdem von der Deut-

---

69 So konnte der Begriff der Bildungslandschaft nicht nur in der Fachwissenschaft bisher nicht genauer eingegrenzt werden; auch auf der Ebene der Bundesministerien scheint hier bisher noch Uneinigkeit zu bestehen: Das BMBF (2017a) benutzt den Begriff der *Lernlandschaft* zur Beschreibung des Miteinander- und Voneinander-Lernens von Pädagoginnen und Pädagogen, aber auch von außerschulischen Kooperationspartnern im Ganztagsschulkontext. Ebenfalls lässt sich der Begriff der *lokalen Bildungslandschaft* finden, in der der Schwerpunkt auf die Verankerung der Ganztagsschule im Sozialraum gelegt wird, um die Bildungschancen der SuS zu verbessern (BMBF, 2017b). Hierzu verwendet das BMFSFJ (2006a) im Zwölften Kinder- und Jugendbericht den Ausdruck „öffentlich verantwortetes System von Bildung, Betreuung und Erziehung" (S. 337 f).

schen Kinder- und Jugendstiftung verwendet wird. Demnach sind lokale Bildungslandschaften „langfristige, professionell gestaltete, auf gemeinsames, planvolles Handeln abzielende, kommunalpolitisch gewollte Netzwerke zum Thema Bildung, die – ausgehend von der Perspektive des lernenden Subjekts – formale Bildungsorte und informelle Lernwelten umfassen und sich auf einen definierten lokalen Raum beziehen" (S. 10).

Eine Klärung des Begriffs der *Kooperation* findet sich u. a. bei Kamski (2009, S. 110 f), Speck, Olk und Stimpel (2011, S. 184 f) sowie Wiesner et al. (2016, S. 203 f). Wenngleich sich die Definition der Autoren nuancenhaft unterscheiden, kann Kooperation grundlegend folgendermaßen beschrieben werden: Es handelt sich um ein „funktionales System von Handlungen" (Kamski, 2009, S. 203) bzw. um eine „intentionale und längerfristige Zusammenarbeit" (Wiesner et al., 2016, S. 203) zwischen mindestens zwei Akteuren, deren Initiierung mitunter aus verschiedenen Zielen[70], Anlässen und Motiven erfolgt und deren Intensität von Phase und Form der Zusammenarbeit abhängt, wodurch mitunter auch Interessensgegensätze und Konflikte einhergehen. Speck et al. (2011, S. 185) schlagen außerdem die Erweiterung des Begriffs zur „multiprofessionellen Kooperation" vor, da sich dieser Ausdruck zwar bereits in anderen Arbeitsfeldern (z. B. Medizin, Gesundheit, Rehabilitation), aber noch nicht im (Ganztags-)Schulkontext wiederfindet und der Qualifizierungsgrad der kooperierenden Akteure wesentlich betont wird.[71]

Den bisherigen Ausführungen ist zu entnehmen, dass unter den Begriffen *Öffnung von Schule* und *Bildungslandschaften* die Zusammenarbeit mit außerschulischen Partnern verstanden wird, wohingegen *Kooperation* die Möglichkeit der Zusammenarbeit mit innerschulischen Kooperationspartnern (z. B. weiterem pädagogisch tätigen Personal, Eltern, SuS) beinhaltet, worauf z. B. Kamski (2009, S. 110) sowie Speck et al. (2011, S. 184) explizit hinweisen.

Diese Erkenntnis bildet die Basis für die Begriffsverwendung im weiteren Verlauf dieser Arbeit. Da Bildungslandschaften nicht alle Möglichkeiten abdecken, um die Adressaten des Ganztagsschulprogramms, also die SuS, besser fördern zu können und in dieser Arbeit die Qualitätssicherung und -entwicklung des Ganztagsangebots der Einzelschule im Fokus steht, erscheint auch die Berücksichtigung *innerschulischer Kooperationspartner* notwendig. Daher wird aus pragmatischen Gründen nachfolgend der Begriff der „Kooperation zwischen Schule und Freizeit" (Laging, 2014b, S. 5) als Überbegriff verwendet. Auf eine Erweiterung hin zur „multiprofessionellen Kooperation" wird – entgegen

---

70 Diese sind nach Kamski (2009, S. 111) im Wettbewerb negativ und in der Kooperation positiv aufeinander bezogen.
71 Hierbei wird auf eine theoretische Fundierung von Holtappels (1994, 1995) zurückgegriffen.

dem Vorschlag von Speck et al. (2011, S. 185) – jedoch bewusst verzichtet, da insbesondere SuS aufgrund ihrer noch nicht abgeschlossenen beruflichen Ausbildung nicht als professionell handelnde Akteure gesehen werden können (dazu Olk, Speck & Stimpel, 2011, S. 64). Die verschiedenen Gründe, Ziele und Arten von Kooperationsformen mit außer- und innerschulischen Partnern sollen nun genauer dargestellt werden.

Wie bereits in Kapitel 1.2.6 aufgezeigt werden konnte, stellen die seit Mitte der 1990er Jahre aufkommenden *Regionalisierungsbestrebungen* einen weiteren Paradigmenwechsel in der Schulentwicklung dar (Eisnach, 2011, S. 33; Hebborn, 2009, S. 222). Der erste Impuls für die Schaffung eines regional ausgerichteten Bildungsmanagements geht dabei von dem quantitativen und qualitativen Ausbau von Ganztagsschulen aus, der durch das Programm *Ideen für mehr! Ganztägig lernen* der Deutschen Kinder- und Jugendstiftung (DKJS, 2004) fachlich begleitet wird. Eine weitere Signalwirkung zur Öffnung der „Käseglocke Schule" (Baumheier et al., 2013, S. 25) liefert das im Jahre 2009 initiierte Programm *Lernen vor Ort*, welches lebenslanges und aufeinander abgestimmtes Lernen vor Ort sowie erfolgreiche Bildungsbiografien für alle Bürgerinnen und Bürger ermöglichen soll. Mit der Initiative *Bündnisse für Chancengerechtigkeit* werden außerdem seit 2010 Kommunen auf ihrem Weg, Bildung in hoher Qualität für alle jungen Menschen zugänglich zu machen, beraten und unterstützt (Mindermann, Schmidt & Wippler, 2012, S. 9 f).[72] Dass sich die Schule damit nicht mehr als Mittelpunkt, sondern als Teil der Lebenswelt der SuS versteht, ist – aus internationaler Perspektive gesehen – jedoch nicht neu. Während nach Mindermann et al. (2012, S. 8) in Deutschland gerade „erste Erfahrungen bei der Gestaltung lokaler Bildungslandschaften" gemacht werden, können die USA und Großbritannien auf das bereits in den 1920er und 1930er Jahren entstandene Konzept der *community schools* (Buhren, 1997, S. 19) zurückblicken. Auch in weiteren Ländern finden sich erfolgreich implementierte Programme (Baumheier et al., 2013, S. 24 f; Eisnach, 2011, S. 87).[73]

Aufgrund einer fehlenden allgemein anerkannten Theorie zu regionalen bzw. kommunalen Bildungslandschaften existieren bislang lediglich verschiedene und nebeneinander stehende Konzepte und Klassifizierungsversuche (Eisnach, 2011, S. 38 f). So identifiziert das DJI (2007, S. 4) in Bezug auf die lokale Planung der ganztägigen Angebotsgestaltung zwischen drei Dimensionen lokaler Bildungslandschaften (*Integrierte Fachplanung, öffentlich verant-*

---

72 Für weitere Beispiele regionaler und kommunaler Bildungslandschaften in Deutschland siehe Eisnach (2011, S. 41 f).
73 Dies gilt z. B. für die Niederlande, Schottland, Kanada, Neuseeland und Österreich, die im „Internationalen Netzwerk Innovativer Schulsysteme" (INIS) zusammengeschlossen waren.

wortete, lokale Bildungsnetze und *Schaffung anregender Umgebungen des Lernens und Lebens*). Das analytische Modell der OECD (Burns, Köster & Fuster, 2016, S. 45 f) unterscheidet sowohl zwischen fünf verschiedenen Typen der Governance (etatistisch, liberal-demokratisch, zentralstaatlich, einem niederländischen Governance-Modell sowie einer Governance ohne Governance) und vier Möglichkeiten des kooperativen Lernens der Akteure (rational, gemeinschaftlich, symbolisch/politisiert und sozial). Die Heinrich-Böll-Stiftung (2011, S. 17 f) differenziert zwischen einer schulzentrierten und einer kooperationsorientierten Entwicklungslinie. Schalkhauser und Thomas (2011, S. 188) fokussieren sich auf die Kooperationsbereitschaft der Akteure und charakterisieren dabei drei Typen (veränderungsbereiter, offener und veränderungsresistenter Kooperationstyp). Einen sehr umfassenden Versuch zur Systematisierung des Forschungsfelds der Regionalisierung im schulischen Kontext liefert die Arbeit von Jungermann, Manitius und Berkemeyer (2015). Diese ermöglicht zwar eine grundlegende Orientierung, allerdings betonen die Autoren auch, dass ihre Darstellungen „weder Anspruch auf Vollständigkeit erheben, noch Antworten auf die mangelnde theoretische Rahmung und die damit einhergehende fehlende begriffliche Klarheit im Feld geben" (S. 41 f) können. Daher wird an dieser Stelle kein Versuch einer weiteren Klassifizierung unternommen, sondern auf die bereits erwähnten Autoren verwiesen.

Betrachtet man das Konzept der Öffnung von Schule grundlegend, so kann dies – kurzgefasst – unter dem Titel „Bildung braucht Räume – Stadt als Bildungsraum" (Mack, 2009, S. 60) gefasst werden. Es zielt dabei

> unter Verwendung eines erweiterten Bildungsbegriffs auf eine stärkere lebensweltliche und sozialräumliche Öffnung von Schule, eine Verknüpfung der formalen, nonformalen und informellen Bildung unter besonderer Berücksichtigung der Schnittstelle Jugendhilfe und Schule sowie eine Vernetzung, Abstimmung und Steuerung der Ganztags- und Bildungsaktivitäten auf kommunaler Ebene ab. (Speck et al., 2011, S. 186)

Wie aus diesem Zitat hervorgeht, liegen die Begründungen für die Kooperation zwischen Schule und weiteren Akteuren auf verschiedenen Ebenen:

Im *arbeitspolitischen Kontext* soll Kooperation zur Bewältigung der lokal sehr unterschiedlichen Herausforderungen des demografischen Wandels und zur Sicherung der Kommune als Wirtschaftsstandort beitragen, indem eine gut ausgebaute Bildungsinfrastruktur den Wohnort für Familien zugunsten einer besseren Vereinbarkeit von Familie und Beruf attraktiver werden lässt. Die damit gleichzeitig erhoffte einhergehende Verbesserung der Ausbildungsfähigkeit von Schulabgängerinnen und Schulabgängern soll so der Wirtschaft zur Sicherung des Humankapitals dienen und gleichzeitig die mehrfach erwähnte strukturelle Bildungsbenachteiligung abbauen, wodurch sich nach Stolz (2012, S. 21) weitere „Begabungsreserven" für den Arbeitsmarkt erschließen würden.

Aus *sozial- und schulpädagogischer Sicht* sollen durch Kooperationen der Lebensweltbezug der Schule verstärkt, die Interessen der SuS berücksichtigt und die Förderung von Lernchancen durch differenzierte Lernzugänge und -wege im Sinne der Chancengerechtigkeit ermöglicht werden (Bleckmann, 2012, S. 290; Holtappels, 1994, S. 135). Da die Schulen aufgrund mangelnder personeller und finanzieller Ressourcen zur Erfüllung dieser zusätzlichen Aufgaben allein nicht in der Lage sind, werden Kompensationsleistungen notwendig, die durch Kooperationen mit weiteren schulischen Akteuren abgedeckt werden sollen (Holtappels, Krinecki & Menke, 2013, S. 47; Kamski, 2011; Olk et al., 2011, S. 65). Baumheier et al. (2013, S. 24) ergänzen hierzu, dass der Kooperation mit anderen sozialen Einrichtungen eine besondere Bedeutung zukomme.

Ebenfalls auf verschiedenen Ebenen liegen die Bedingungen, durch die Kooperationen überhaupt erst tragfähig werden. Neben der Güte *rechtlicher* Rahmenbedingungen, wie z. B. der Ausgestaltung von Kooperationsverträgen und -vereinbarungen zur Klärung von Aufgaben und Zuständigkeiten, wirken sich auch *organisatorische* Aspekte (z. B. Klarheit über personelle, räumliche und finanzielle Voraussetzungen; Berücksichtigung der Beschäftigungssituation im Hinblick auf Vertragsdauer und Bezahlung) sowie *professions- und persönlichkeitsspezifische* Merkmale auf die Qualität der Kooperationen aus. So wird z. B. der Aufgabenbereich der Rolle der Lehrkraft erweitert, indem neue Aufgaben im planerischen, organisatorischen, koordinierenden und kommunikativen Bereich hinzukommen. Wurden den Kooperationspartnern die Bedürfnisse, Motivationen, Neigungen, Interessen und Begabungen der SuS im Vorfeld vonseiten der Schule mitgeteilt, gilt es für alle beteiligten professionellen Akteure, das arbeitsteilig organisierte Gemeinschaftswerk und damit auch die Arbeit anderer als Bereicherung zu sehen und zu akzeptieren (z. B. Bonsen & Rolff, 2006; Olk et al., 2011, S. 66; Rakhkochkine, 2008; SPI NRW, 2007; Stolz, 2009).

Trotz dieser Vielzahl an Voraussetzungen für gelingende Kooperationen – und damit auch potenzieller Problemfelder und Schwierigkeiten – und des sich noch in der Phase „der Erprobung und Modellentwicklung" (Bleckmann, 2012, S. 293) befindlichen Konzepts wird die Regionalisierung des Bildungsbereichs in den Bundesländern vorangetrieben. So fasst Bleckmann (2012) die Gründe und Möglichkeiten in einem Plädoyer für den weiteren Ausbau eines regional ausgerichteten und abgestimmten Bildungsmanagements zusammen:

> Zu den wichtigsten Argumenten gehört, dass erstens die historisch gewachsene Dichotomie der Systeme „Schule" und „Jugendhilfe" für alles Mögliche gut ist, nur nicht für Bildungserfolge der Kinder und Jugendlichen und also in ein koordiniertes

System überführt werden muss; dass zweitens Übergänge, wenn sie nicht zu Brüchen führen sollen, systematisch gestaltet werden müssen. Drittens sind im Bildungssystem (wie anderswo auch) die Versuche eines einspurigen „Durchregierens" von oben nach unten so oft gescheitert, dass die Erkenntnis reift, dass Innovationen Platz zur Entfaltung statt enger Vorgaben brauchen. Viertens gehört das ganze System auf den Prüfstand, wenn Bildungswege so häufig keine Erfolgsgeschichten sind wie in Deutschland. (S. 284)

Damit die Ganztagsangebote „in einem konzeptionellen Zusammenhang mit dem vormittäglichen Unterricht stehen" (KMK, 2006, S. 4) und gleichzeitig sowohl eine „Verschulung von Lernen" (Kamski, 2009, S. 111) vermieden wird als auch weitere Lernressourcen genutzt werden, können die Schulen verschiedene außerschulische Personen, Berufsgruppen und Anbieter in die Gestaltung des Angebots mit einbeziehen. Aufgrund der Vielzahl an potenziellen Kooperationspartnern[74] scheint der Versuch einer Gliederung an dieser Stelle notwendig. Hierzu liefert Arnoldt (2007, S. 87) eine hilfreiche Darstellung, indem er zwischen

- *öffentlichen* Anbietern (z. B. Einrichtungen des Bundes und der Länder sowie überörtliche und örtliche Träger wie z. B. Jugendamt, Polizei, Stadtbibliothek etc.),
- *gewerblichen* Anbietern (z. B. kommerzielle Sport-, Musik- und Kunstschulen, sonstige Dienstleister und Industrie) und
- *freien* Anbietern (z. B. Wohlfahrts- und Jugendverbände, Sportvereine, Kultur- und Musikvereine, Schulfördervereine sowie sonstige Vereine und Verbände, Initiativen und Kirchengemeinden)

unterscheidet, mit denen das pädagogische Konzept der jeweiligen Schule zugunsten einer breiteren Förderung der SuS weiterentwickelt werden kann. Diese Darstellung ergibt sich nach Arnoldt (2007, S. 87) aus den unterschiedlichen Zielsetzungen, Ressourcen und Einschätzungen der Kooperationspartner.

Es ist anzunehmen, dass eine Kooperation unter anderen Bedingungen stattfindet, je nachdem, ob es sich um einen gewerblichen Anbieter handelt, der aus kommer-

---

74 Zu den außerschulischen Kooperationspartnern können folgende Institutionen gezählt werden: Andere Schulen, Betriebe, Beratungseinrichtungen, Bibliotheken, Bildungsträger, Case-Manager, Gewerkschaften, Initiativen, Jugendämter, Jugendzentren, Kammern, Kirchen und -gemeinden, kompetente Einzelpersonen wie Künstler und Künstlerinnen sowie Senioren und Seniorinnen, kulturelle Einrichtungen, Kunstschulen, Musikschulen, Polizei und Jugendgerichtshilfe, Stiftungen, Theater, Verbände und verschiedenste Vereine, wie z. B. Sportvereine, Schulfördervereine (Arnoldt, Quellenberg & Züchner, 2007, S. 12; Beher et al., 2005; Behr-Heintze & Lipski, 2005; DJI, 2007, S. 3; Gras & Rottmann, 2013, S. 77).

ziellem Interesse eine Zusammenarbeit aufnimmt oder um einen Träger der Jugendhilfe, der nach dem Kinder- und Jugendhilfegesetz (KJHG) zu einer Kooperation mit Schule und dem Abbau herkunftsbedingter Benachteiligung verpflichtet ist. (Arnoldt et al., 2007, S. 12)

Zusätzlich zu den außerschulischen Anbietern können sich die Schulen auch gegenüber *anderen Schulen* öffnen, um innerhalb eines gemeinsamen Netzwerks den Austausch von Wissen, Methoden, Instrumenten und Erfahrungen auszutauschen. Die Kooperationspartner dieser auf professioneller Ebene agierenden *Praxis- und Lerngemeinschaft"* bzw. *Lern-Partnerschaft wechselseitigen Lernens* (Czerwanski, Solzbacher & Vollstädt, 2002; Berkemeyer, Kuper, Manitius & Müthing, 2009) stellen dabei die (Vertreter der) Schulleitungskräfte sowie die (Vertreter der) Netzwerkträger und -koordinatoren dar. Zusätzlich werden diese schulischen Netzwerke durch Partner aus den Kommunen unterstützt, um durch kooperationsfreundliche Strukturen und Abläufe zu einer Entlastung der beteiligten Akteure beizutragen. Die hierfür notwendigen Grundlagen werden in gemeinsamen Planungs- und Klärungsprozessen geschaffen (Kamski, 2009, S. 114 f).

Eine weitere Möglichkeit der außerschulischen Kooperation ergibt sich durch die Zusammenarbeit mit Sponsoren bzw. der Notwendigkeit, solche zu gewinnen. Denn die Finanzierung eines pädagogisch und organisatorisch ausgereiften Ganztags- bzw. Angebotsmodells bedeutet einen erheblichen finanziellen Mehraufwand, der von den Ländern, d. h. dem eigentlichen Finanzierungspartner der Schulen, aktuell nicht angemessen gedeckt werden kann und somit die Schulen zur Entwicklung kreativer Ideen der Finanzierbarkeit nötigt. Kamski (2009, S. 115) verweist hierbei auf professionelle Fundraisingstrategien, die in Fortbildungen im schulischen Kontext angeboten werden. Der Aufbau und die Nutzung von Kontakten können dabei durch einen abgestellten Sponsoringbeauftragten der Schule oder durch das persönliche Engagement der Schulleitung erfolgen (vgl. Kap. 1.2.6).

Damit das der ganztägigen Beschulung zugrundeliegende pädagogische Konzept der Einzelschule weiterentwickelt und damit die Qualität der Lernumgebungen in der Ganztagsschule positiv gestaltet werden kann (Prüß, 2008), bilden innerschulische Kooperationen die notwendige Grundvoraussetzung (Kamski, 2009, S. 116). Hierzu gehören Überlegungen zu freizeitpädagogischen Notwendigkeiten sowie unterrichtsergänzenden Angeboten, welche durch Kooperationen zwischen schulischem Personal (Schulleitung, Lehrkräften, weiteres pädagogisch tätiges Personal[75]) sowie durch die Einbeziehung von Eltern

---

75 Breuer (2015, S. 32) weist darauf hin, dass die Bezeichnung „weiteres pädagogisch tätiges Personal" recht ungenau ist, da sie sowohl Erzieherinnen und Erzieher, Sozialpädagogin-

und SuS stattfinden können. Daher sollen die innerschulischen Kooperationspartner im Folgenden näher beleuchtet werden.

Schulleiterinnen und Schulleiter sind sowohl „Impulsgeber und Prozessowner" (Dalin, Rolff & Buchen, 1995, S. 218) als auch „Unterstützer und Ermöglicher" (Klippert, 2000, S. 76), d. h. sie stoßen einerseits die Gestaltung eines Kooperationskonzepts an und unterstützen andererseits schulische Steuer- bzw. Arbeitsgruppen. Ebenfalls regt die Schulleitung zur Kooperation zwischen den LuL sowie den LuL und dem weiteren pädagogisch tätigen Personal an und hat die Aufgabe, die notwendigen räumlichen und zeitlichen Ressourcen zur Verfügung zu stellen (Kamski, 2009, S. 116).

Dass die Förderung von Lernprozessen entscheidend von einer funktionierenden Kooperation der *Lehrkräfte* abhängt, weisen bereits um die Jahrtausendwende Ditton (2000) sowie Scheerens und Bosker (1997) nach. Eine wesentliche Voraussetzung für eine Unterrichtsgestaltung, die eine qualitativ hochwertige Lernkultur als Zielvorstellung hat, sind der Wille und die Fähigkeit der Lehrkräfte zur Zusammenarbeit sowohl innerhalb ihrer Gruppe (Diziner, Fussangel & Böhm-Kasper, 2011) als auch mit dem weiteren pädagogisch tätigen Personal (Fischer et al., 2016, S. 20; Kamski, 2009, S. 117.). Allerdings stehen solchen Forderungen nach vielfältigen Kooperationen u. U. mangelnde Bereitschaft oder auch Unfähigkeit vonseiten der LuL entgegen, denn ihre Berufskultur war und ist z. T. heute noch durch ein relativ klares Berufsfeld sowie klare Zielerwartungen, einen ausgeprägten Individualismus, eine hohe Autonomieerwartung sowie eine Zurückhaltung gegenüber kollegialer Kooperation geprägt (Terhart, 1996).

Die pädagogische Qualität des Ganztagsschulkonzepts hängt darüber hinaus auch von der Kooperationsfähigkeit des sogenannten „weiteren pädagogisch tätigen Personals" ab, und zwar sowohl untereinander als auch mit den anderen Akteuren, d. h. den Angestellten des Schulträgers, außerschulischen Trägern und Einzelanbietern bzw. -personen. Im Gegensatz zu den LuL zeichnet sich die Berufskultur dieser Akteure durch ein offenes und eher unscharfes Berufsfeld, eine ausgeprägte Gesprächs- und Kommunikationskultur, eine bewusste Abgrenzung zur Institution Schule und eine starke Fallorientierung aufgrund komplexer Fallkonstellationen aus (Schütze, 1996; Thole & Küster-Schapfl, 1997). Weitere für die Qualität der Kooperation maßgebliche Einflussgrößen bilden dabei die Präsenzzeiten (Olk et al., 2011, S. 74) und die Honorierungs-

---

nen und Sozialpädagogen als auch nichtpädagogische Fachkräfte wie z. B. Vertreterinnen und Vertreter kooperierender Unternehmen, Auszubildende und Studierende, ehrenamtlich Tätige und oftmals auch Eltern miteinschließt. Da der Fokus in dieser Arbeit nicht innerhalb dieser Akteure liegt, wird in Anlehnung an Kamski die o. a. Bezeichnung verwendet, welche all jene Personen mit einbezieht, „die in Ganztagsschulen tätig sind und keine Lehrerausbildung absolviert haben" (Breuer, 2009, S. 117).

und Statusunterschiede aufgrund der verschiedentlichen Ausbildungen (z. B. schul- vs. sozialpädagogische Ausbildung, akademische vs. nicht-akademische Ausbildung, keine Ausbildung) der beteiligten Akteure (Kamski, 2009, S. 118).

Bei Betrachtung der Qualitätsrahmen der Bundesländer wird häufig die Einbindung bzw. Partizipation der *Eltern* explizit erwähnt (z. B. BSB HH, 2012, S. 15; LA Hessen, 2011, S. 50; MBJS BB, 2016, S. 25; MKJS BW, 2007a, S. 8; SBJW Berlin, 2013, S. 26), d. h. Eltern können u. U. die Qualität schulischer Arbeit beeinflussen, wobei in der Ganztagsschule neue Möglichkeiten der Partizipation möglich sind (Züchner, 2011b; vgl. Kap. 2.4.3.6). So können Eltern z. B. in außerunterrichtlichen bzw. unterrichtsbezogenen Aktivitäten sowie an Exkursionen beteiligt und bei der Nutzung schulexterner Lernorte unterstützend tätig sein (Epstein et al., 2002; Arnoldt & Steiner, 2013). Damit eine solche angestrebte Stärkung des Lern- und Erziehungserfolgs im Sinne einer *Erziehungspartnerschaft* (z. B. Roth, 2010; Textor, 2014) gelingt, sind innerhalb des Kollegiums jedoch zuerst die verschiedenen Vorstellungen von Elternbeteiligung zu klären und darüber ist eine Einigung zu erzielen. Dabei sind z. B. Fragen zu beantworten, ob sich deren Beteiligung auf Unterstützungsleistungen für die Schule beschränkt oder ob die Eltern (und nicht nur die Elternvertreter) auch in die Erstellung des pädagogischen Ganztagskonzeptes oder bei Abstimmungsprozessen integriert werden (Kamski, 2009, S. 119 f).

Während die Beteiligung von *SuS* an Angeboten und Unterstützungsleistungen seit jeher ein grundlegendes Prinzip in der Kinder- und Jugendhilfe war, rücken hier partizipative Elemente erst in der „Nach-PISA-Ära" (Neuber, 2010, S. 9) in das Schulleben. Zwar waren auch schon vor der Jahrtausendwende Möglichkeiten der Partizipation der SuS in den Schulgesetzen unter dem Titel des Demokratielernens verankert, jedoch führen erst Entwicklungen wie z. B. die Einführung von Bildungsstandards, kooperative Unterrichtsformen oder entsprechend gestaltete Schulkonzepte dazu, dass ein demokratischer Habitus auch durch entsprechende Handlungen in der unterrichtlichen und außerunterrichtlichen Praxis von den SuS erworben werden kann (Kahn, 2015, S. 37).

Im Ganztagsbetrieb kann grundsätzlich zwischen der Möglichkeit der Partizipation an den Angeboten und der Partizipation der SuS an der Teilnahmeentscheidung unterschieden werden (Fischer et al., 2012, S. 43). Eine besonders wichtige Möglichkeit der Einflussnahme der SuS stellt außerdem die *Auswahl und Zusammenstellung der Ganztagsangebote* dar, wie Klamski (2009) herausstellt: „Denn ohne die Zielgruppe und deren Bedürfnisse im Blick zu haben, werden auch vielfältige und interessant erscheinende Angebote vonseiten der Schule für die Schülerschaft eher wenig anziehend und wählbar wirken" (S. 119). Außerdem sind durch die Möglichkeit der Mitgestaltung der SuS positive Effekte bezüglich des Ganztagsangebots zu erwarten. Diese Annahme kann mithilfe der von Deci und Ryan (1993) entwickelten Selbstbestimmungstheorie erklärt werden. Auf Grundlage dieser Theorie konnte um die Jahrtausendwende empirisch belegt werden, dass sich SuS-unterstützende Strukturen in Bezug auf deren Autonomiestreben, ihrer sozialen Eingebundenheit und ihrem Kompetenzerleben auf die Motivation, das Wohlbefinden und die Lernleistung auswirken (z. B. Larson, 2000; Levesque, Zuehlke, Stanek & Ryan, 2004).

2.4.3.8 Schaffung non-formaler und informeller Bildungsräume

Die curricular ungebundene Zeit wird in der Formulierung des sechsten pädagogischen Leitziels „*Kreative Freizeitgestaltung* durch Einbeziehung außerschulischer Angebote, zum Beispiel von Jugendhilfe, Musikschulen, Sportvereinen" (BMBF, 2003b, S. 6) explizit betont. In der Konsequenz bedeutet dies, dass den SuS neben dem formellen Unterricht auch non-formale sowie informelle Lernräume und -möglichkeiten zur Verfügung gestellt werden müssen. Die Osnabrücker Forschungsgruppe (2016) weist auf den Stellenwert dieses Leitziels hin:

> Ein wesentliches Qualitätskriterium von Ganztagsschulen stellt von Beginn an die kreative Freizeitgestaltung dar, die in einem engen Zusammenhang mit einer veränderten Lernkultur steht. (S. 15)

Die Partizipation der SuS an formellen, non-formalen und informellen Lernorten im Sinne der gerade beschriebenen veränderten Lernkultur bzw. des erweiterten Bildungsbegriffs oder -verständnisses (z. B. Baumheier et al., 2013, S. 69; Bettmer, Maykus, Prüß & Richter, 2007; Bollweg, 2008, S. 52 f; Burow & Pauli, 2013; Coelen et al., 2013, S. 2) wird hierbei durch Akteure begründet, aus denen sich auch Bildungslandschaften konstituieren. Um den Blick auf die Ganztagsschule nicht zu verlieren, weist Derecik (2015) darauf hin, dass die Vernetzung dieser drei Lernformen „auch ‚im Kleinen' innerhalb einer Ganztagsschule erfolgen" (S. 12) kann, wodurch sich der Blick auf die Bildungspotenziale der Angebote „vor Ort" richtet. Dies wird bei der Betrachtung des pädagogischen Leitziels deutlich, da die „Kreative Freizeitgestaltung durch *Einbeziehung* außerschulischer Angebote" (BMBF, 2003b, S. 6) erfolgen soll.

Wie im Anschluss an die tabellarische Darstellung in Kapitel 2.4.3 bereits angedeutet wurde, beruhen zum Zeitpunkt ihrer Veröffentlichung sowohl die Qualitätsmerkmale ganztagsschulischer Bildung im Allgemeinen als auch die angenommenen Wirkungen auf das Lernen und die Persönlichkeitsentwicklung durch zusätzliche außerunterrichtliche Angebote im Ganztag im Besonderen vorwiegend auf Annahmen, die weder theoretisch noch empirisch ausreichend fundiert sind (Radisch et al., 2008, S. 929). Wie die Autoren aufzeigen, werden Erkenntnisse aus der Reformpädagogik sowie der Schulqualitäts- und Schuleffektivitätsforschung bis dahin von der Halbtagsschule auf die Ganztagsschule übertragen. Erst im Nachhinein bzw. parallel zum IZBB-Programm findet eine Auseinandersetzung mit einer Theorie zur Ganztagsschule (z. B. Rekus,

2005), der Ganztagsbildung (z. B. Coelen, 2003, 2006; Otto & Coelen, 2004) oder auf Basis empirischer Befunde, z. B. mit der begleitenden *Studie zur Entwicklung von Ganztagsschulen* (StEG; Holtappels, Klieme, Rauschenbach & Stecher, 2007), statt. Im Hinblick auf eine begründete Darstellung dieses pädagogischen Leitziels ist – aus der Perspektive von 2003 – somit zunächst festzuhalten, dass vonseiten der Bildungsadministration nur sehr bedingte Erkenntnisse vorliegen, die Aufschluss über die Ursachen und Wirkungen kreativer Freizeitgestaltung auf die SuS in Deutschland gibt.

Ein Blick ins ganztagsschulerfahrenere Ausland, hier ist zuvorderst die US-amerikanische Forschung zu nennen, ermöglicht jedoch bereits vor der Verabschiedung des IZBB-Programms in Deutschland erste Aussagen über die Wirkungen von *extracurricular activities* bzw. *after-school programs*. So können Eccles, Barber, Stone und Hunt (2003) in ihrem Übersichtsartikel Effekte auf die Motivation bzw. Lernleistung, das Sozialverhalten und das spätere Arbeitsleben der Heranwachsenden nachweisen (z. B. Eccles & Gootman, 2002; Eccles & Templeton, 2002; Pittman, Tolman & Yohalem, 2005; Scales, 1999). Ebenso wird die Rolle der Eltern und Lehrer bzw. Trainer herausgestellt (Duda & Ntoumanis, 2005). Diese Studien bilden häufig die Grundlage für eine Auseinandersetzung mit den Wirkungen der deutschen Ganztagsschule bzw. ihrer Angebote, wie z. B. durch das von Klieme (2007) erweiterte Modell der Bildungsqualität außerunterrichtlicher Angebote in der Ganztagsschule, das wiederum auf der Arbeit von Miller (2003) beruht.

Wie Kuhn und Fischer (2014, S. 3 f) aufzeigen, wird der *kreativen Freizeitgestaltung* in Ganztagsschulen ein besonderes Potenzial zugeschrieben, um lernförderliche Bedingungen herzustellen. Dies stellt eine der zentralen Argumentationen für den Auf- und Ausbau in Ganztagsschulen dar (vgl. Kap. 2.2). So zeigen Ende des 20. Jahrhunderts die theoretischen Ansätze von Eccles et al. (1993) zum *Stage-Environment-Fit* und von Larson (2000) zum *Positive Youth Development* eine mangelnde Passung zwischen den Bedürfnissen der SuS und der schulischen Realität, wobei sich diese mangelnde Passung auch ungünstig auf schulbezogene Merkmale wie z. B. Schulleistung oder Schulmotivation der SuS auswirkt.

In ihren Ausführungen heben Eccles und Gootman (2002, S. 90 f) auch die Bedeutung der Qualität von sozialen Beziehungen in den Ganztagsangeboten hervor. Hierzu zählen unterstützende Sozialbeziehungen (*supportive relationships*), wie die Bedürfnisse nach menschlicher Wärme, Nähe und Verbundenheit. Hinzu kommt die Sicherung der Bedürfnisse der Zugehörigkeit (*opportunities to belong*), d. h. zu einer Gruppe zu gehören und sozial integriert zu sein. Neben diesen qualitativen Kriterien sind Ganztagsschulen aber auch durch quantitative Merkmale gekennzeichnet, um die sozialen Beziehungen zu verbessern. So führt die längere Bindung an die Schule über den Tag sowohl zu mehr Zeit und Gelegenheiten als auch zur Verfügbarkeit von mehr Personen durch die Öffnung von Schule.

Die Bedeutung der *sozialen Beziehungen* wird von einer Reihe weiterer Untersuchungen bestätigt. So weisen sowohl die Studien von Grossman und Tierney (1998) als auch von Herrera, Sipe und McClanahan (2000) positive Effekte auf die Schulleistung und das Sozialverhalten nach, wenn SuS von Erwachsenen (*big brothers/big sisters*) sozial und emotional unterstützt werden. Ebenfalls positive Befunde sind aus der Peer-Forschung bei der Bereitstellung von Lernpaten (Prengel, Geiling & Carle, 2001) zu entnehmen. Aber auch der Einfluss von Gleichaltrigen kann generell als ein wichtiger Sozialisations- und Lernfaktor gesehen werden, da SuS-SuS-Beziehungen vorwiegend auf Gleichberechtigung beruhen (Youniss, 1982) und „Peer-Kapital" (Bois-Reymond, 2000, S. 242) erworben wird, weil die Beziehungen zu Gleichaltrigen aufgrund ihrer Freiwilligkeit sowohl Kritik-, Kooperations- als auch Verhandlungsfähigkeit erfordern (Krappmann, 2001; Youniss, 1994). Auch die Shell-Studie aus der Jahrtausendwende, also vor der Zeit des Ausbaus der Ganztagsschulen, verweist auf den zentralen Stellenwert der Peer-Beziehungen. Damals gaben 93 % der befragten Jugendlichen an, ihre Freizeit oft bzw. sehr oft mit Freunden zu verbringen (Fritzsche, 2000, S. 207). In der PISA-Studie ein Jahr später kommen Tillmann und Meier (2001, S. 482) zu dem Ergebnis, dass 77 % der Befragten angeben, zu einer informellen Clique zu gehören. Insofern ist es, wie oben ausgeführt, für die Entwicklung und das Wohlbefinden der SuS bedeutsam, dass sie positive soziale Beziehungen unterschiedlicher Art eingehen können (Krüger & Grunert, 2008). Coleman (1996) führt hierzu aus, dass SuS durch die Teilnahme an Ganztagsangeboten potenziell bessere Möglichkeiten haben, soziales Kapital zu erwerben. Dieses kann sich wiederum positiv auf ihre schulische Leistung und Motivation auswirken.

2.4.3.9 Schul- und Qualitätsentwicklung

Das siebte und letzte pädagogische Leitziel des BMBF (2003b) fokussiert die *„Qualifizierung des Personals* durch entsprechende Weiterbildungen für Schulleitung, Lehrkräfte, pädagogisches Personal und außerschulische Partner" (S. 6). Auch wenn sich dieses Leitziel auf den ersten Blick nicht an die Adressaten des ganztagsschulischen Konzepts, die SuS, richtet, ist die *Einbeziehung des schulischen und außerschulischen Personals in pädagogischen Aspekte* auf den zweiten Blick nachvollziehbar. In Anbetracht der vielfältigen Ziele vonseiten der Bildungs-, Familien-, Sozial- und Wirtschaftspolitik und des breiten Spektrums an Erwartungen an die Ganztagsschule kann angenommen werden, dass „Schulen, die Ganztagsschulen werden, sich verändern, und unterschiedliche Entwicklungsprozesse in Gang setzen wollen (und müssen), um die mit Ganztagsschulen verbundenen Ziele in die Praxis umsetzen zu können" (IsA, 2008,

S. 8). Somit kann abgeleitet werden, dass die Qualität eines ganztagsschulischen Konzepts – und damit auch dessen Wirkungen auf die SuS – sowohl von der Qualifikation und Einstellung der (professionellen) Akteure als auch von deren Kooperation untereinander abhängt.

Das für diesen Kontext notwendige grundlegende Verständnis von Schulentwicklung wurde in Bezug auf Schulen im Allgemeinen bereits in Kapitel 1 sowohl hinsichtlich seiner zugrundeliegenden Historie als auch der Besonderheiten und Herausforderungen beleuchtet. Grundsätzlich soll jedoch erneut erwähnt werden, dass die Schulen mit ihrem Bildungsauftrag und pädagogischen Bezug, ihren Akteuren und Adressaten, sowie ihrer Arbeitsweise und Zielsetzung eine besondere Art von Organisation darstellen und Schulentwicklungsprozesse dabei v. a. durch Koordinations- und Innovationsprobleme erschwert werden (Feldhoff, 2011, S. 25). Im Hinblick auf Schulentwicklungsprozesse bei Ganztagsschulen ist davon auszugehen, dass zu den bereits vielfältigen Herausforderungen allgemeiner Schulentwicklung außerdem weitere zu bewältigende Aufgaben für die Schule entstehen. In Anbetracht des vorliegenden pädagogischen Leitziels sind daher (neben vielen weiteren Herausforderungen) auch die für eine praktische Umsetzung des erweiterten Bildungsverständnisses zusätzlich benötigten außerschulischen Akteure mit ihren unterschiedlichen Bildungsbiografien und verschiedenen Tätigkeitsfeldern zu berücksichtigen (Kaul, 2006, S. 6).

Durch die Zusammenarbeit von Schulleitung, Lehrpersonen, weiterem pädagogisch tätigen Personal und außerschulischen Akteuren wird die Ganztagsschule per se zu einem Ort multiprofessionellen Handelns (IsA, 2008, S. 8; Speck et al., 2011, S. 185 f), der jedoch z. B. für das Lehrpersonal mit anderen Aufgaben und Rollenanforderungen als an Halbtagsschulen gekennzeichnet ist (Holtappels, 1994, S. 133). Denn die Ganztagsschule verlangt z. B.

> neue Perspektiven aller Beteiligten mit Blick auf die Fähigkeit zur Gestaltung ganzheitlicher pädagogischer Konzepte, zur Verknüpfung von Bildungs-, Erziehungs- und Betreuungsangeboten, zur Entwicklung eines gemeinsamen Verständnisses des Arbeitsauftrags in Ganztagsschulen mit dem Ziel der dauerhaften Etablierung einer ganztagsorientierten Lehr- und Lernkultur – und vieles mehr. (IsA, 2008, S. 8)

Dies macht die Etablierung einer *Unterstützungsstruktur in Form von Fort- und Weiterbildungen* notwendig, wobei Kaul (2006, S. 24 f) ausführt, dass es differenzierte Angebote für die unterschiedlichen Akteure geben sollte und er verweist auf vier Zielgruppen:

- *Schulleitungen und Ganztagsschulkoordinatorinnen und -koordinatoren*, für die Inhalte zur Organisation und Weiterentwicklung von Ganztagsschulen

wichtig sind, um damit z. B. Rahmenbedingungen für eine gelingende Kooperation an ihren Schulen schaffen zu können.
- *Lehrerkollegien* zu Fragen einer gelingenden Gestaltung von Lernzeiten, Förderzeiten und Förderkonzepten. Diese Angebote sind gleichermaßen für außerschulische Mitarbeiter zu öffnen, damit Lern- und Förderzeiten konzeptuell verzahnt werden können.
- *außerschulische Partner*, um grundsätzliche Informationen zur Organisation Schule, der Arbeit mit Kindern und Jugendlichen sowie methodische und didaktische Grundlagen vermitteln zu können.
- *alle Berufsgruppen*, um die Kooperationspraxis untereinander verbessern zu können.

Auf Grundlage dieser Angebotsinhalte scheint in Verbindung mit der Darstellung schulischer Problemfelder bei Innovationen (vgl. Kap. 1.3) die Frage zentral, ob das, was in den Fort- und Weiterbildungen vermittelt wird, auch die Praxis verändert. Anhand des empirisch begründeten Modells der schulischen Kapazität für Innovationen (*model of the innovative capacity of schools*) von Geijsel, van den Berg und Sleegers (1999) konnte zumindest für Grundschulen bereits nachgewiesen werden, dass sich Innovationen u. a. durch aktive Zusammenarbeit, ein größeres individuelles Bedürfnis nach Kooperation und ein harmonischeres Klima auszeichnen (Lossen, Rollett & Willems, 2013, S. 41). An dieser Stelle muss allerdings kritisch darauf hingewiesen werden, dass gerade LuL im gymnasialen Bildungsgang das Fortbildungsangebot mitunter gar nicht erst wahrnehmen können, da das operative Geschäft Unterricht v. a. in Abiturphasen bereits alle verfügbaren Ressourcen bindet (vgl. Kap. 1.3.3 bis 1.3.5). Durch diese hohe Beanspruchung werden schulische Innovationsprozesse gehemmt.

Zu dem Themenfeld der sogenannten „fortbildungsbezogenen Wirkungsforschung" gibt es im deutschsprachigen Raum bis zum Start des IZBB-Programms jedoch nur relativ wenig theoretische Beiträge (Mutzeck, 1988; Wahl, 1991) oder empirische Untersuchungen (z. B. Brunholz, 1992; Haenisch, 1987; Tulodziecki, 1990). Wie Haenisch (1994) herausarbeiten kann, ist der Erfolg von Fortbildungen neben bestimmten Merkmalen der Fortbildungsveranstaltung selbst v. a. an Bedingungen geknüpft, die erst nach der Fortbildung einsetzen. Der Autor bezieht sich dabei auf „Unterstützungsfaktoren materieller und psychologischer Art im Kontext der Schule sowie Nachsorgemaßnahmen, die die in der Fortbildung initiierten Lernprozesse verlängern und stabilisieren" (S. 2).[76]

---

76 Haenisch (1994, S. 3 f) nennt insgesamt 14 Bedingungen und Merkmale von Fortbildungsveranstaltungen, die den Transfer von Fortbildungserfahrungen in die Praxis fördern. Dazu

2.4.4 Zwischenfazit

Wie eingangs dieses Kapitels aufgezeigt werden konnte, wird um die Jahrtausendwende der außerschulischen Bildung – und damit auch den non-formalen und informellen Bildungsprozessen – im Zuge sich ändernder Anforderungen auf dem Arbeitsmarkt und in der Gesellschaft eine immer größere Bedeutung zuteil. Dies erfordert den Aufbau einer neuen Lehr- und Lernkultur und damit – zusätzlich zu organisatorischen Merkmalen – auch eine pädagogische Rahmung ganztägiger Beschulung. Den insgesamt sieben pädagogischen Leitzielen des BMBF (2003b, S. 6) konnten neun Termini aus dem fachwissenschaftlichen Diskurs zugeordnet werden, die inhaltlich beleuchtet wurden. Wie bei Betrachtung einiger pädagogischer Merkmale durch die Berücksichtigung des Forschungsstandes dieser Zeit deutlich gemacht werden kann, sind viele der Leitziele des BMBF weder theoretisch noch empirisch ausreichend abgesichert (Radisch et al., 2008, S. 929). Dies zeigt sich ganz besonders bei der Darstellung der Öffnung von Schule sowie der kreativen Freizeitgestaltung und ihren erhofften Wirkungen auf das Lernen und die Persönlichkeitsentwicklung der SuS.

Bei Betrachtung der Gründe und Ziele zum Auf- und Ausbau von Ganztagsschulen (Kap. 2.2), der betont offenen KMK-Definition zur organisatorischen Konzeption vom 27. März 2003 (Kap. 2.3) sowie der theoretisch und empirisch teilweise wenig abgesicherten pädagogischen Leitziele des BMBF (Kap. 2.4) kann zuerst festgestellt werden, dass eine fast unüberschaubare Vielzahl von Erwartungen mit den Ganztagsschulen verbunden ist, weswegen es in diesem Zusammenhang durchaus erlaubt scheint, von Ganztagsschulen „als

---

gehören (1) die direkte Umsetzbarkeit der Fortbildungsinhalte, (2) der Erhalt konkreter Materialien und Hilfen für den Unterricht, (3) die gleichzeitige Vermittlung fundierter Grundlagen und Hintergrundwissens, (4) das Erfahren und Entdecken neuer Gestaltungsfelder, (5) den Austausch und das gemeinsame Lernen mit anderen LuL, (6) das Erleben von Kontrasterfahrungen, (7) eigenes Probieren, Eigenaktivität und praktisches Üben, (8) das Empfinden von Nutzen für die Schul- und Unterrichtspraxis, (9) die Erarbeitung von Materialien für die Schul- und Unterrichtspraxis, (10) die Ermöglichung von Reflexionen über eigene Probleme, (11) ein ausreichendes Maß an Zeit, um Inhalte zu vertiefen, (12) Erkundungen vor Ort, (13) das Lernen in der Schülerrolle und (14) das Pflegen des informellen bzw. menschlichen Miteinanders. Der Autor (Haenisch, 1994, S. 6 f) identifiziert darüber hinaus sieben Bedingungen und Aktivitäten, die im Anschluss an eine Fortbildungsveranstaltung den Transfer von Fortbildungserfahrungen in die Praxis fördern. Dazu sind (1) eine kollegiale Unterstützung und schulinterne Kooperation, (2) materielle Unterstützung für die Umsetzung von Fortbildungserfahrungen, (3) schulorganisatorische Unterstützung für die Umsetzung von Fortbildungserfahrungen, (4) die Übernahme von konkreten Aufgaben bzw. der Erhalt von Tätigkeitsmöglichkeiten nach Beendigung der Fortbildung, (5) eine zeitliche Disponibilität für die Umsetzung des Gelernten, (6) die Unterstützung von LuL, die ebenfalls die Fortbildungsveranstaltung besuchten sowie (7) die Durchführung von Folgeveranstaltungen zu zählen.

Wundermittel zur Heilung der deutschen Bildungsmisere" (GGT, 2003, S. 1) zu sprechen (vgl. Abb. 2.1).

Daher ist nun zu klären, ob die Erwartungen an die Ganztagsschule tatsächlich erfüllt werden können. Auch wenn – den folgenden Ausführungen vorausgreifend – festgehalten werden muss, dass hierzu noch keine abschließende Beurteilung möglich ist, soll die Darstellung des aktuellen Forschungsstands dazu dienen, bisher vorliegende Befunde sowie Tendenzen aufzuzeigen.

Abbildung 2.1: Ganztagsschule: Begründungen, Zielsetzungen und Erwartungen

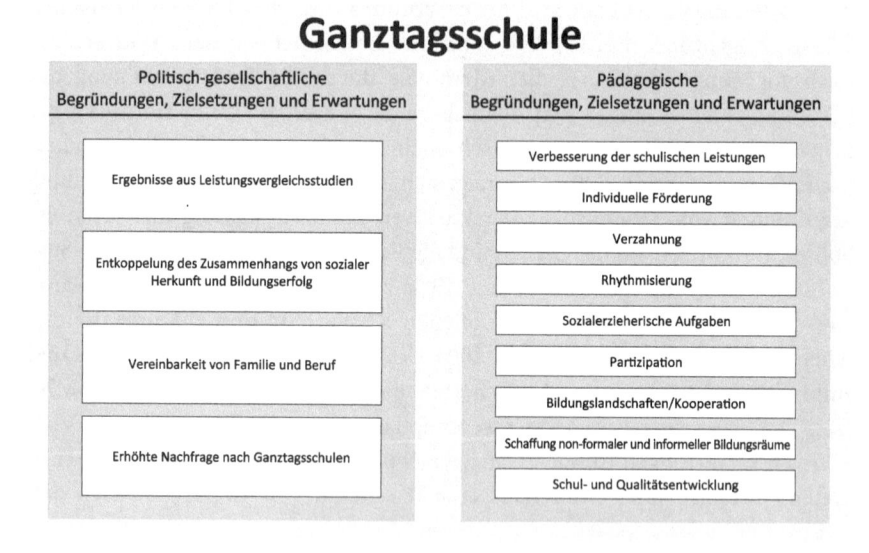

Ganztagsschule

Politisch-gesellschaftliche Begründungen, Zielsetzungen und Erwartungen	Pädagogische Begründungen, Zielsetzungen und Erwartungen
Ergebnisse aus Leistungsvergleichsstudien	Verbesserung der schulischen Leistungen
	Individuelle Förderung
	Verzahnung
Entkoppelung des Zusammenhangs von sozialer Herkunft und Bildungserfolg	Rhythmisierung
	Sozialerzieherische Aufgaben
Vereinbarkeit von Familie und Beruf	Partizipation
	Bildungslandschaften/Kooperation
	Schaffung non-formaler und informeller Bildungsräume
Erhöhte Nachfrage nach Ganztagsschulen	Schul- und Qualitätsentwicklung

2.5 Die Ganztagsschule in der Gegenwart – aktueller Stand und Forschungslage

Ausgehend von den veränderten Sozialisationsbedingungen und Bildungsanforderungen sowie der durch PISA öffentlich diskutierten defizitären Lern- und Förderkultur an Schulen (Holtappels, 2006, S. 8, 2010, S. 13) kann der systematisch geförderte Auf- und Ausbau von Ganztagsschulen durch das milliardenschwere IZBB-Programm und das damit verbundene Begleitprogramm *Ideen für mehr! Ganztägig lernen* zu Beginn des neuen Jahrtausends als eines der größten bildungspolitischen Programme der letzten Jahrzehnte bezeichnet werden. Dieses Reformprojekt erfährt seitdem große Aufmerksamkeit in der Fachwissenschaft, was sowohl durch eine defizitäre Forschungslage im Bereich von Ganztagsschulen zu Beginn des neuen Jahrtausends auf der einen als auch das Bestreben von Bund und Ländern, diese Wissens- und Forschungslücken systematisch zu schließen, auf der anderen Seite erklärt werden kann (Züchner & Fischer, 2011, S. 10). So ist mittlerweile eine nahezu unüberschaubare Anzahl von Veröffentlichungen entstanden, die unterschiedlichste Forschungs- bzw. Themenschwerpunkte in den Blick nehmen.[77] Des Weiteren sind in diesem Zusammenhang das seit 2003 jährlich erscheinende *Jahrbuch Ganztagsschule* (z. B. Appel, 2003, 2004; Maschke, 2016, 2017)[78] sowie weitere Sammelbände (z. B. Coelen, 2008; Fischer, Kuhn & Tillack, 2016a; Hildebrandt-Stramann, Laging & Teubner, 2014) und Expertisen (z. B. Coelen et al., 2013; Fischer et al., 2012) zu nennen.

Einen wesentlichen Anteil an der Gewinnung wissenschaftlich-fundierter Erkenntnisse hat dabei die *Studie zur Entwicklung von Ganztagsschulen*

---

77 Rauschenbach, Arnoldt, Steiner und Stolz (2012, S. 44) sowie Züchner und Fischer (2011, S. 10 f) merken hierzu an, dass insgesamt 45 Projekte im Rahmen des BMBF-*Forschungsnetzwerks Ganztagsschule* zusammengeschlossen sind. Neben Forschungsprojekten auf *Länderebene* (für Baden-Württemberg siehe Maykus, Schulz, Dellbrügge & Michle-Fregin, 2011; für Bayern siehe Bosse, Mammes & Nerowski, 2008; Nerowski & Weier, 2010; für Mecklenburg-Vorpommern siehe Prüß et al., 2009; für Nordrhein-Westfalen siehe Beher et al., 2005, 2007; für Rheinland-Pfalz siehe Kolbe, 2005; für Sachsen siehe Gängler & Markert, 2010, 2011; für Sachsen-Anhalt siehe Meister, 2009) und *Städteebene* (siehe z. B. Ducke, Fröhlich & Lustig, 2010; Schulz & Grothues, 2010) hat das BMBF selbst bereits 23 abgeschlossene oder laufende Ganztagsschulforschungsprojekte gefördert, die sich mit der Lernkultur, Unterrichts- und Angebotsentwicklung mit dem Ziel einer verbesserten individuellen Förderung (siehe z. B. Kolbe et al., 2008; Merkens, Schründer-Lenzen & Kuper, 2009), der Professionsentwicklung in Ganztagsschulen (siehe z. B. Speck et al., 2011), dem Verhältnis von Familie und Ganztagsschule (siehe z. B. Soremski, Urban & Lange, 2011), der Rolle von Ganztagsschulen in der regionalen und lokalen Bildungsplanung (siehe z. B. Stolz, 2008) sowie der kulturellen Bildung, Sport und Bewegung in Ganztagsschulen (siehe z. B. Lehmann-Wermser, Naacke, Nonte & Ritter, 2010; Laging, Derecik, Riegel & Stobbe, 2010) auseinandersetzen. Die BMBF-geförderten Forschungsprojekte kennzeichnet, dass der Gegenstand aus unterschiedlichen disziplinären Kontexten heraus untersucht wird, wie z. B. der Organisationssoziologie und -psychologie, der Jugendkultur- und Freizeitforschung, der Sozialpädagogik oder Familienpsychologie (dazu BMBF, 2008).

78 Dieser Sammelband nimmt jährlich neue Schwerpunktthemen ganztägiger Beschulung wissenschaftlich fundiert in den Blick: In den ersten beiden Jahren fokussieren sich die Bände mit den Titeln *Neue Chancen für die Bildung* (Appel, 2003) bzw. *Investitionen in die Zukunft* (Appel, 2004) auf die Potentiale der Ganztagsschule. Die darauffolgenden Titel *Schulkooperationen* (Appel, 2005a), *Ganztagsschule gestalten* (Appel, 2006a), *Lernkultur* (Appel, 2008), *Leben – Lernen – Leisten* (Appel, 2009a), *Vielseitig fördern* (Appel, 2009b), *Mehr Schule oder doch: mehr als Schule?* (Appel, 2011), *Schulatmosphäre – Lernlandschaft – Lebenswelt* (Appel, 2012), *Schulen ein Profil geben – Konzeptionsgestaltung in der Ganztagsschule* (Appel, 2013), *Inklusion. Der pädagogische Umgang mit Heterogenität* (Maschke, 2014), *Potenziale der Ganztagsschule nutzen: veränderte Kindheit und Jugend, verändertes Lernen, veränderte Schule?* (Maschke, 2015), *Wie sozial ist die Ganztagsschule?* (Maschke, 2016), *Junge Geflüchtete in der Ganztagsschule* (Maschke, 2017) sowie *Lehren und Lernen in der Ganztagsschule* (Maschke, Schulz-Gade & Stecher, 2018) zeigen auf, welchen unterschiedlichen Herausforderungen sich die Ganztagsschule stellen muss.

(StEG)[79], die das IZBB-Programm von Beginn an begleitet. Sie soll zunächst dargestellt werden, da sich ein Großteil der folgenden Aussagen über Merkmale bzw. Wirkungen von Ganztagsschulen aus den Erhebungen von StEG rekrutieren lässt.[80]

Die *StEG-Studie* geht 2003 aus dem Investitionsprogramm Zukunft, Bildung und Betreuung der Bundesregierung hervor, um den Ausbau der Ganztagsschulen empirisch zu begleiten. Sie wird bis heute aus Mitteln des BMBF und des Europäischen Sozialfonds (ESF) gefördert und ist ein Kooperationsprojekt mehrerer Forschungseinrichtungen, darunter das Deutsche Institut für Pädagogische Forschung, das DJI, IFS und der Justus-Liebig-Universität Gießen.
In der *ersten Förderphase* (2005–2011) erhebt das Konsortium in einer Längsschnittstudie anhand dreier Erhebungswellen (2005, 2007, 2009) Daten von 323 Schulen der Primar- und Sekundarstufe I in 14 Bundesländern. Mittels eines mehrperspektivischen Forschungsdesigns werden über 50.000 Akteure, zu denen Schulleitungen, Lehrkräfte, pädagogisches Personal, Eltern, SuS aus den Klassenstufen 3, 5, 7 und 9 sowie außerschulische Kooperationspartner zu zählen sind, über Fragebogeninstrumente miteinbezogen. Ziel ist es, systematische Informationen über die Einführung und Konzeption von Ganztagsschulen bzw. Schulen mit Ganztagsangebot, die Durchführung, Nutzung und Akzeptanz von Ganztagsangeboten sowie deren Wirkung auf SuS über einen längeren Zeitraum hinweg abzubilden. Dazu wird die Expertise von Wissenschaftlern aus verschiedenen Forschungsgebieten genutzt. Im Gegensatz zur PISA-Studie verfolgt diese Studie nicht das Ziel, Rankings aufzustellen. Vielmehr stellt sie individuelle Entwicklungsverläufe wie soziale und motivationale Entwicklungen der Schüler in den Vordergrund, um Erfolgsfaktoren herauszuarbeiten (Holtappels, 2008a, S. 139 f; Holtappels, Klieme, Radisch, Rauschenbach & Stecher, 2008, S. 37 f; StEG-Konsortium, 2017b; Züchner & Fischer, 2011, S. 9 f).
In einer *zweiten Förderphase* (2012–2015) bilden zwei Systemmonitorings durch Schulleitungsbefragungen in den Jahren 2012 und 2015 die Grundlage dafür, inhaltliche und für Bundes- und Länderebene repräsentative Informationen über die Struktur, Gestaltung und Inhalte von Ganztagsschu-

---

79 So werden für den Zeitraum von 2004 bis 2010 insgesamt 103 Veröffentlichungen angegeben, im Zeitraum von 2012–2015 werden sogar 113 Publikationen aufgeführt (StEG-Konsortium, 2017).
80 Die umfangreichen Forschungsdaten werden ebenfalls für Sekundäranalysen interessierter Wissenschaftlerinnen und Wissenschaftler zur Verfügung gestellt (StEG-Konsortium, 2017a), wodurch weitere Publikationen zu den Wirkungen von Ganztagsschule entstanden sind.

len erhalten zu können. Dabei wird die Entwicklung einzelner Schulen nicht nachgezeichnet. Im Vergleich zur Längsschnittstudie werden erstmals Daten aus allen Bundesländern erhoben. StEG befasst sich in diesem Zeitraum außerdem im Rahmen von fünf Teilstudien mit differenzierteren und längsschnittlichen Untersuchungen zur Qualität, Nutzung und Wirksamkeit ausgewählter Angebote. Es soll herausgefunden werden, was genau die Qualität von Förderangeboten ausmacht und unter welchen Bedingungen Wirkungen auf die psychosoziale und kognitive Entwicklung der SuS nachgewiesen werden können[81] (Decristan & Klieme, 2016, S. 758; StEG-Konsortium, 2015, 2017c).

In der aktuell laufenden *dritten Förderphase* (2016–2019) wird das Monitoring weitergeführt. Weitere vier Teilstudien widmen sich Fragen zur individuellen Förderung[82] (StEG-Konsortium, 2017c, 2017d).

Im Folgenden soll der Blick auf die aktuelle Forschungslage gerichtet werden, um Aufschluss über die gegenwärtige Qualität von Ganztagsschule zu erhalten. Allerdings ist es nicht möglich, die aktuelle Befundlage auf Grundlage der oben genannten und abgebildeten (pädagogischen Leit-)Ziele von bzw. Gründe für Ganztagsschulen zu leisten. So basieren die zu betrachtenden Inhalte auf unterschiedlichen, ihnen zugrundeliegenden theoretischen Konstrukten und Richtungen, die wiederum je nach Fragestellung und Forschungsvorhaben in ande-

---

[81] Mit den Daten aus der längsschnittlich angelegten Studie *StEG-P* soll ergründet werden, unter welchen Bedingungen SuS in Ganztagsgrundschulen (Klassenstufe 3 und 4) am besten lernen. *StEG-S* untersucht ebenfalls in längsschnittlichen Analysen, mit welchen Faktoren sich Lernmotivation und Sozialverhalten zu Beginn der Sekundarstufe I stabil halten lassen. Mit *StEG-A* werden SuS mit Ganztagsbiografie durch Erhebungen in den Klassenstufen 9 und 10 retrospektivisch befragt. Es soll eruiert werden, wie die Teilnahme an Ganztagsangeboten den Verlauf der Schulzeit sowie den Übergang in das Ausbildungs- bzw. Berufsleben der (ehemaligen) SuS beeinflusst. *StEG-Q* richtet mit qualitativen Forschungsmethoden den Blick auf die Handlungen und individuellen Wahrnehmungen von Einzelpersonen, um herauszufinden, wie der Alltag an deutschen Ganztagsschulen ganz konkret abläuft (StEG-Konsortium, 2016, 2017e).

[82] *StEG-Lesen* untersucht, wie Angebote zur Leseförderung gestaltet werden, damit die SuS in Kombination mit dem alltäglichen Schulunterricht besonders erfolgreich lernen. In *StEG-Kooperation* wird eine entwickelte Fortbildung zum Thema *Multiprofessionelle Kooperation als Basis für Inklusion* evaluiert, um herauszufinden, unter welchen Bedingungen LuL sowie anderes pädagogisches Personal erfolgreich zusammenarbeiten kann und Inklusion möglichst gut gelingt. Ob sich die Arbeit in kooperativen Lernformen und die Unterstützung durch Mentoren in Lern- und Übungszeiten positiv auf die Leistung und Motivation der SuS auswirken, wird in *StEG-Tandem* untersucht. In *StEG-Bildungsorte* wird der spezifische Wert und Ertrag von Ganztagsschulen im Vergleich zu anderen Bildungs- und Betreuungskontexten erarbeitet (StEG-Konsortium, 2017c).

ren Zusammenhängen stehen.[83] Für die folgende Gliederung wird daher der Qualitätsrahmen von Ganztagsschulen von Fischer et al. (2012, S. 9; 2016, S. 13) herangezogen (vgl. Abb. 2.2). Dieser stellt „einen pragmatischen Gliederungs- und Orientierungsrahmen für die ... allgemein in der Ganztagsschulforschung betrachteten Konstrukte dar" (Fischer et al., 2011, S. 23).

Abbildung 2.2: Input-Prozess-Outputmodell der Ganztagsschulqualität nach Fischer et al. (2012, S. 9; 2016, S. 13)

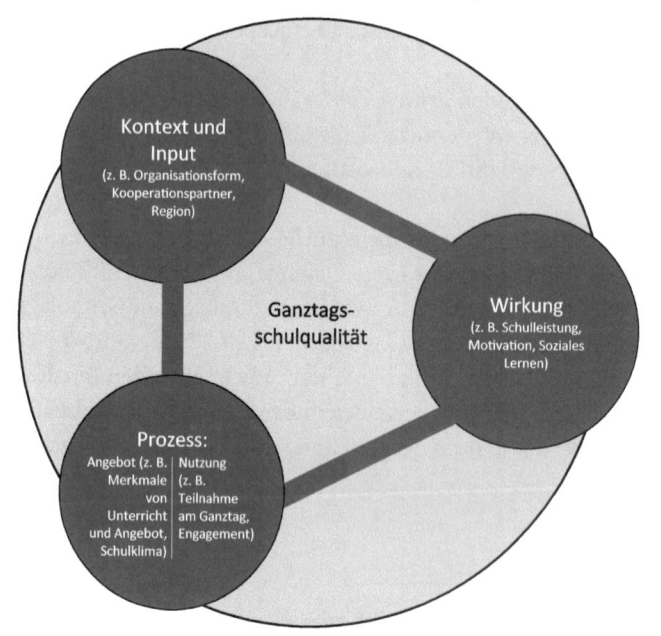

Kontext und Input (z. B. Organisationsform, Kooperationspartner, Region)

Ganztagsschulqualität

Wirkung (z. B. Schulleistung, Motivation, Soziales Lernen)

Prozess: Angebot (z. B. Merkmale von Unterricht und Angebot, Schulklima) | Nutzung (z. B. Teilnahme am Ganztag, Engagement)

Aufgrund der enormen Komplexität der Ganztagsschulforschung eignet sich eine solche Darstellung der Befundlage zu Bedingungen und Wirkungen von Ganztagsschulen besonders: (1) Ganztagsschulen sind zusätzlich zu innerschulischen Prozessen häufig auch in den kommunalen Kontext eingebunden, und für die Realisierung des Ganztagsangebots werden meist Kooperationen mit externen Partnern eingegangen, wodurch neben den LuL auch weiteres Personal an der Schule tätig ist (Fischer et al., 2016, S. 14). (2) Durch die föderalistische Organisation der Schulbildung in Deutschland ergeben sich heterogene

---

83 Fischer, Holtappels, Stecher und Züchner (2011, S. 29) merken hierzu an, dass z. B. die Analyse der Angebotsqualität auf andere Aspekte und Zusammenhänge blickt als die Untersuchung der Vereinbarkeit von Familie und Beruf. Gleichzeitig ist es jedoch auch möglich, das Familienleben als abhängige Variable zu betrachten, indem dieses durch die Ganztagsteilnahme des Kindes beeinflusst wird. Ebenfalls kann das Familienleben Einfluss auf die Ganztagsschule selbst nehmen.

Formen von Ganztagsschulen (Fischer & Rabenstein, 2015), die auch von unterschiedlichen Vorgaben hinsichtlich ihrer Qualität geprägt sind (Mütze, Fischer, Tillmann & Willems, 2015, S. 24). In der Folge wird somit zwischen drei Ebenen unterschieden: *Kontext- bzw. Inputebene, Prozess- bzw. Gestaltungsebene* sowie *Wirkungsebene (Output)*. Dabei werden Mehrebenenstruktur und Schulentwicklungsprozesse über alle diese Komponenten hinweg gedacht (z. B. Fischer et al., 2016, S. 13).

Eine Anlehnung an die Expertise von Fischer et al. (2012) bzw. die Überblicksarbeit von Fischer et al. (2016) ermöglicht es darüber hinaus, eine möglichst genaue Darstellung der aktuellen Forschungslage zu erhalten. Befunde und Erkenntnisse aus anderen Erhebungen oder Forschungsprojekten wie z. B. der zweiten StEG-Förderphase[84] sowie vereinzelte Schwerpunktsetzungen, die Aufschlüsse über weitere ganztagsschulspezifische Fragestellungen liefern, werden unter Berücksichtigung des vorgestellten Qualitätsrahmens eingegliedert.

Zunächst erfolgt eine Darstellung des empirischen Forschungsstands für Kontext- (vgl. Kap. 2.5.1) und Prozessmerkmale der Ganztagsschulqualität auf Schulebene (vgl. Kap. 2.5.2), bevor dieselben Merkmale für Ganztagsangebote (vgl. Kap. 2.5.3 und 2.5.4) beleuchtet werden.

2.5.1 Kontextmerkmale der Ganztagsschulqualität auf Schulebene

Im Folgenden werden mit dem Ausbaustand (vgl. Kap. 2.5.1.1), dem Zeitrahmen und der Zeitorganisation (vgl. Kap. 2.5.1.2), den Organisationsformen und Teilnahmequoten (vgl. Kap. 2.5.1.3), der Kooperation mit außerschulischen Partnern (vgl. Kap. 2.5.1.4) sowie der Personalstruktur (vgl. Kap. 2.5.1.5) Kontextmerkmale ganztagsschulischer Qualität auf Schulebene dargestellt.

2.5.1.1 Ausbaustand

Im Jahr 2001 waren unter den allgemeinbildenden Schulen im Primar- und Sekundarbereich lediglich 16 % aller Schulen – in absoluten Zahlen 2015 –

---

84 Hierbei ist allerdings anzumerken, dass mit den Arbeiten von Arnoldt, Furthmüller und Steiner (2016), Decristan und Klieme (2016), Fischer et al. (2016), Gaiser, Kielblock und Stecher (2016) sowie Lossen, Tillmann, Holtappels, Rollett & Hannemann (2016) bis zum Zeitpunkt der Fertigstellung dieser Arbeit nur eine recht übersichtliche Anzahl fachwissenschaftlicher Artikel vorliegt, die Aufschluss über die Befunde der zweiten StEG-Förderphase geben; ein Sammelband des wissenschaftlichen Projektteams zu dieser Förderphase ist (noch) nicht erhältlich. Daher wird an entsprechender Stelle auf die für die breite Öffentlichkeit zugänglichen Ergebnisdarstellungen (StEG-Konsortium, 2015, 2016) zurückgegriffen.

Ganztagsschulen[85] bzw. Verwaltungseinheiten[86] (KMK, 2014) verzeichnet, die von lediglich 9.8 % aller SuS besucht wurden (KMK, 2001; Oelkers, 2011, S. 7; GGT, 2003, S. 4; Züchner, 2013, S. 26). Im Zuge der einheitlichen Neudefinition der KMK von Ganztagsschulen im Jahre 2003 konnten vor dem Start des IZBB-Förderprogramms insgesamt 4952 Verwaltungseinheiten gezählt werden, die Ganztagsangebote bereithielten.

Bundesweit wurden 8262 Schulen durch das Programm gefördert. Nach der neuesten KMK-Statistik hat sich sowohl die Zahl von Ganztagsangeboten als auch die Zahl der am Ganztag teilnehmenden SuS seit der ersten amtlichen Zählung im Schuljahr 2002/2003 kontinuierlich erhöht. Im Schuljahr 2014/2015 verfügen insgesamt 16488 und somit 59.5 % (2002: 4952 = 16.3 %) schulische Verwaltungseinheiten im Primarbereich und der Sekundarstufe I über ein Ganztagsangebot. Der Anteil der SuS, die Ganztagsschulen besuchen, hat sich mit 37.7 % im Vergleich zu 2002 (9.8 %) ebenfalls nahezu vervierfacht. Damit kann diese Entwicklung grundsätzlich positiv bewertet werden. Allerdings finden sich die geringsten Ganztagsanteile mit 52 % in den Realschulen und 53 % in den Grundschulen. Dieser Befund ist v. a. bei den Primarschulen in Bezug auf die Betreuungsmöglichkeiten kritisch zu sehen, auch wenn die Grundschulen zahlenmäßig die meisten Ganztagsangebote bereithalten (BMBF, 2016, S. 82).

Darüber hinaus zeigen sich teilweise erhebliche Unterschiede zwischen den einzelnen Bundesländern. Hinsichtlich der Verwaltungseinheiten, die einen Ganztagsbetrieb anbieten, reicht die Spanne von 97.0 % im Saarland bis zu 38.5 % in Baden-Württemberg. Der Anteil von SuS im Ganztagsschulbetrieb liegt in Bayern bei 16.0 %, in Hamburg bei 91.5 %. Nimmt man den Wert dieses Stadtstaats aus, erzielt das Flächenland Sachsen mit 77.5 % den höchsten Wert. Weitere Unterschiede sind ebenfalls bei der Betrachtung verschiedener Schulformen festzustellen. Nehmen 98.1 % aller SuS der Grundschulen in Hamburg (bester Wert eines Flächenlands: Sachsen mit 85.6 %) am Ganztagsschulbetrieb teil, sind es in Mecklenburg-Vorpommern 2.6 %. Bei Gymnasien erzielt Hamburg mit 98.8 % den höchsten Wert (höchster Wert eines Flächenlands: Mecklenburg-Vorpommern mit 73.2 %), die wenigsten SuS nehmen in Thüringen (9.6 %) am Ganztagsschulbetrieb teil (KMK, 2015, 2016).

---

85 Vor dem Start des IZBB-Programms sind ganztägige Schulkonzepte vornehmlich in Sonderschulen (655), Integrierten Gesamtschulen (431) und Hauptschulen (334) vorhanden. Deutlich geringer verhält sich die Zahl an ganztägig geführten Grundschulen (149), Gymnasien (121) und Realschulen (111) (Oelkers, 2011, S. 7).

86 Mit dem IZBB-Programm werden fortan mehrere Schularten umfassende Ganztagsschulen statistisch nicht mehr als eine Einheit, sondern jeweils differenziert nach Schularten als „schulische Verwaltungseinheiten mit Ganztagsschulbetrieb" (KMK, 2014, S. 1 f) registriert.

2.5.1.2 Zeitrahmen und Zeitorganisation

Grundsätzlich kann angenommen werden, dass Ganztagsschulen das Potenzial besitzen, besonders effektive Schulen zu sein (Fischer et al., 2016, S. 15), was meist mit dem Faktor Zeit begründet wird. Bevor auf die Wirkungen eines erweiterten Zeitrahmens eingegangen wird, soll zunächst geprüft werden, wie dieser in den verschiedenen ganztägigen Konzepten und Bundesländern ausgestaltet ist. Nach den jüngsten Veröffentlichungen des StEG-Konsortiums (2015, S. 28 f, 2016, S. 13) sind die täglichen Betreuungszeiten in der Primarstufe höher als an den weiterführenden Schulen, denn an der Hälfte aller Ganztagsgrundschulen können die SuS durchschnittlich achteinhalb Stunden, in Kooperation mit einem Hortbetrieb sogar an fast 10 Stunden betreut werden. Im Sekundarbereich beträgt die Betreuungszeit etwa acht Stunden, wobei der Freitag i. d. R. kein Ganztagsschultag ist.

Hinsichtlich der *Öffnungszeiten am Morgen bzw. Schließung am Nachmittag* zeigt sich, dass knapp die Hälfte aller Primarschulen in den neuen Bundesländern ab 6:00 Uhr mit der Betreuung beginnt, wohingegen in den alten Bundesländern ein Fünftel der Grundschulen erst um 7:00 Uhr öffnet. Eine ähnliche Situation ist auch in den weiterführenden Schulen zu beobachten. In den ostdeutschen Bundesländern bieten 50 % der Gymnasien und 70 % der nichtgymnasialen Sekundarschulen eine Betreuung ab 7:30 Uhr an, in den westdeutschen Ländern gilt dies nur für 20 bis 25 % der weiterführenden Schulen. Etwa ein Viertel aller westdeutschen Primarschulen hat nach 16:30 Uhr geöffnet, in Ostdeutschland sind dies 45 %. In den westdeutschen Bundesländern haben lediglich 5 % der Schulen ohne gymnasiale Oberstufe und ca. 10 % der Gymnasien auch nach 16:30 Uhr geöffnet. Damit lässt sich festhalten, dass die Öffnungszeiten in den ostdeutschen Bundesländern umfangreicher sind, wodurch dort eine Vollerwerbstätigkeit der Eltern ohne zusätzliche Betreuungsarrangements im Vergleich zu den alten Bundesländern erleichtert wird.

Im Hinblick auf das *Angebot eines Ganztagsbetriebs im Verlauf einer Woche* zeigt sich folgendes Bild: Siebzig Prozent aller Eltern hätten gerne einen Platz für ihre Kinder in der Ganztagsschule (Tillmann, 2014, S. 76). Zwölf Prozent aller als Ganztagsschulen geführten Grundschulen und 10 % der nicht-gymnasialen Sekundarstufenschulen bieten jedoch an weniger als drei Tagen in der Woche einen Ganztagsbetrieb an, wodurch sie selbst den Minimalkonsens nach KMK-Definition nicht erfüllen. Bei den Grundschulen bieten 56 % an fünf Tagen und weitere 25 % an vier Tagen einen Ganztagsbetrieb an. Dieser Anteil ist bei den weiterführenden Schulen geringer. An Gymnasien liegt der Anteil an Einrichtungen mit Ganztagsbetrieb an fünf Tagen bei 36 % und an vier Tagen bei 46 %, bei Schulen ohne gymnasiale Oberstufe sind es lediglich 16 %, die an fünf Tagen einen Ganztagsbetrieb anbieten, und 54 %, die ihn an vier Tagen anbieten (StEG-Konsortium, 2015, S. 28 f, 2016, S. 13).

Ein *Betreuungsangebot in den Schulferien* wird nur von neun bis zwölf Prozent der Schulen mit Sekundarstufe I bereitgestellt. Bei den Primarschulen sind es ca. 60 %, von denen rund die Hälfte auch die volle Betreuungszeit abdeckt. Ein Ferienangebot wird von Grundschulen und Gymnasien in Stadtstaaten darüber hinaus häufiger angeboten als in Flächenländern (StEG-Konsortium, 2015, S. 31).

Nach diesen Erkenntnissen zur quantitativen Ausgestaltung des zur Verfügung stehenden erweiterten Zeitrahmens pro Tag, in der Woche und in den Schulferien sollen nun die *Wirkungen dieses verlängerten Zeitrahmens* betrachtet werden. Wie internationale Studien zeigen, steigert dieser tatsächlich die akademischen Leistungen der SuS, z. B. im Lesen und Rechnen (Patall, Cooper & Allen, 2010, S. 401). Hierbei ist allerdings zu bedenken, dass bei dieser Untersuchung nicht außerunterrichtliche Angebote im Allgemeinen, sondern spezifische schulcurriculumsnahe Lehr- und Lernzeiten im Vordergrund stehen.

In Bezug auf fachliche Kompetenzen in der Grundschule liegen in Deutschland längsschnittliche Befunde durch das Projekt *Ganztagsorganisation im Grundschulbereich* vor, in dem die Schulleistungen von SuS an offenen Ganztagsgrundschulen in drei Bundesländern untersucht wurden (Schründer-Lenzen & Mücke, 2010). Es zeigen sich nach einem Schuljahr leicht verbesserte Leistungen bei SuS, die Ganztagsangebote nutzen, insbesondere bei SuS mit nichtdeutscher Herkunftssprache (Bellin & Tamke, 2010). Gleichzeitig weisen die Ergebnisse der Längsschnitterhebung von StEG (Fischer, Brümmer & Kuhn, 2011) darauf hin, dass solche Ergebnisse von der Intensität und Dauer der Teilnahme sowie insbesondere von der Qualität der Schule und ihrer Angebote abhängig sind. Daher überrascht es nicht, dass in den letzten Jahren insbesondere die Angebotsqualität zunehmend in den Blick der Ganztagsschulforschung gerät (vgl. Kap. 2.5.4), weshalb auch Befunde wie die von Patall et al. (2010) größere Beachtung finden. So äußern sich die Autoren folgendermaßen:

> The effectiveness of instruction might determine whether extended school time has positive, negative, or no effects on student outcomes. For example, having more time may lead some teachers to spend more time working with students individually, providing opportunities for experiential learning or taking time to integrate new curriculum into what has already been learned or relate it to the real world, whereas other teachers might not take advantage of the additional time. (p. 430)

In der Ganztagsschule besteht durch den erweiterten Zeitrahmen die Möglichkeit zu einer flexibleren Organisation und Nutzung der Lernzeiten, was bereits unter dem Merkmal der äußeren Rhythmisierung in Kapitel 2.4.3.4 vorgestellt wurde. Wie die empirische Befundlage aufzeigt, unterscheiden sich die Organisationsformen der Ganztagsschulen in diesem Aspekt jedoch wenig und lassen sich darüber hinaus auch nur schwer von Halbtagsschulen abgrenzen (Fischer et al., 2016, S. 16). Nach Rabenstein (2008) findet ein flexiblerer Umgang mit der Zeitstrukturierung auch in Halbtagsschulen, besonders in Grundschulen, statt. Neben einer Abkehr vom 45-Minuten-Takt, flexibleren Anfangs- und Endzeiten sowie verlängerten Pausen werden weitergehende Änderungen selten vorgenommen (Dieckmann, Höhmann & Tillmann, 2007; Kolbe, Rabenstein & Reh, 2006; Wegner & Tamke, 2009). Eine Abstimmung von (Halbtags-)Schulbetrieb und außerunterrichtlichen Angeboten findet somit nicht statt, stattdessen wird häufig an den Schulbetrieb am Vormittag eine Reihe von Nachmittagsangeboten angehängt. Dadurch kann jedoch das Potenzial des erweiterten Zeitrahmens in der Ganztagsschule nicht vollständig ausgeschöpft werden. In Bezug auf eine Abkehr vom 45-Minuten-Takt gibt es jedoch Hinweise, dass sich eine veränderte Zeitstrukturierung auch auf weitere wichtige Qualitätskriterien des Ganztags auswirkt, wie z. B. Kooperation oder Verzahnung (Scheuerer, 2009; StEG-Konsortium, 2010; Wegner & Bellin, 2010).

2.5.1.3 Organisationsform und Teilnahmequoten

Wie bereits oben erwähnt, hat sich aufgrund der föderalistischen Organisation der Schulbildung in Deutschland in den letzten Jahren eine Vielzahl von ganztägigen Schulformen und -konzepten herausgebildet[87] (Fischer & Rabenstein, 2015). Daher können sich die länderspezifischen Bestimmungen nur bedingt der minimalkonsensbehafteten KMK-Definition (vgl. Kap. 2.3) zuordnen lassen (Klieme et al., 2013, S. 9; StEG-Konsortium, 2016, S. 12; Tillmann, Fischer & Willems, 2015, S. 13).[88] Entstand die ganztägige Schulbildung vornehmlich

---

[87] Klieme et al. (2013) identifizieren lediglich in neun Bundesländern eine der KMK-Definition entsprechende Differenzierung in gebundene, teilweise gebundene und offene Ganztagsschulmodelle. „Andere Länder konzentrieren sich nur auf zwei Modelle oder gruppieren ihre Ganztagsschulformen anders. Zudem ist die Verwendung der Terminologie in den Ländern nicht einheitlich: so sind die gebundenen Ganztagsschulen Bayerns in der Systematik der Kultusministerkonferenz teilgebundene Ganztagsschulen. Eine starke Heterogenität ergibt sich in der Kategorie ‚teilweise gebunden': Hierzu werden in den Ländern – wie von der Kultusministerkonferenz vorgesehen – Schulen mit verbindlicher Teilnahme einzelner ganzer Klassen sowie einzelner ganzer Jahrgänge gezählt. Teilgebundene Ganztagsschulen sind in einigen Ländern aber auch Schulen, an denen die Teilnahme am Ganztagsbetrieb an einigen Tagen in der Woche verbindlich, an den restlichen Wochentagen freiwillig ist. Dies hat z. B. in Niedersachsen zur Herausbildung eines *teiloffenen* Ganztagsmodells geführt" (S. 9).

[88] So führt dieses Zuordnungsproblem auch aus forschungstechnischer Sicht zu Problemen, wenn es darum geht „Ganztagsformen deutlicher zu systematisieren, voneinander abzugrenzen und dadurch im Forschungszusammenhang kenntlich zu machen" (Bloße, 2011, S. 148). In dem Übersichtsartikel zu Ganztagsschulen und ihren Formen von Kielblock und Stecher (2014) werden verschiedene Kategorisierungsvorschläge anderer Autoren vorgestellt und diskutiert.

aufgrund finanzieller und institutioneller Rahmenbedingungen und weniger aufgrund pädagogisch-konzeptioneller Überlegungen (Holtappels, 2006, S. 6 f; vgl. Kap. 2.4.3), ist sowohl eine formale als auch pädagogische Unterscheidung zwischen offenen, teilweise gebundenen und voll gebundenen Ganztagsschulen aufgrund verschiedenster Einflussgrößen in der Realität kaum möglich (Merkens & Schründer-Lenzen, 2010; Radisch, 2009, S. 165). Ausdruck dieser Entwicklungen ist ein „Konglomerat diffuser Praxis" (Prüß et al., 2009, S. 9) ohne „einheitliche pädagogische Programmatik" (Berkemeyer, Bos, Holtappels, Meetz & Rollett, 2010, S. 132). Dies zeigt sich auch darin, dass selbst innerhalb einer Stadt unterschiedliche Konzepte von Ganztagsangeboten zu finden sind.[89]

Unter Zugrundelegung der KMK-Definition zeigt sich im *Grad der Verbindlichkeit der Ganztagsschulangebote* eine große länderabhängige Spreizung. Im Primarbereich ist bei Ländern mit hohem Anteil an Schulen mit Ganztagsangeboten (Berlin, Nordrhein-Westfalen, Saarland, Sachsen und Thüringen) der Grad der Verbindlichkeit v. a. auf die offene Organisationsform zurückzuführen, wobei deutschlandweit lediglich bei ca. 17 % aller Ganztagsgrundschulen eine Teilnahme entweder teilweise oder für alle SuS verbindlich ist (Klemm, 2014, S. 12; KMK, 2016a; StEG-Konsortium, 2015)[90]. Die mit der offenen Ganztagsform einhergehende Abhängigkeit vom Platzangebot kann sich in Bezug auf die Vereinbarkeit von Familie und Beruf als problematisch erweisen, wenn das Angebot defizitär ist und eine Situation eintritt, bei der wie im Jahr 2015 jede vierte Ganztagsgrundschule mehr Anmeldungen als verfügbare Plätze hatte (BMBF, 2016, S. 82 f).

Die freiwillige Teilnahme am Ganztagsbetrieb ist auch für die Sekundarstufe I das vorherrschende Organisationsmodell. Lediglich im nicht-gymnasialen Teil der Sekundarstufe I wird die Ganztagsteilnahme zu ca. 57 % mindestens für einen Teil der SuS verbindlich organisiert, in Gymnasien beträgt dieser Wert dagegen nur 31 % (StEG-Konsortium, 2015, S. 25). In Anbetracht der verschiedenen Vorgaben auf Länderebene ist es jedoch durchaus möglich, dass auch in gebundenen Ganztagsmodellen nicht alle SuS an drei oder mehr Tagen in der Woche an den Ganztagsangeboten teilnehmen.

---

89 Hierbei ist jedoch zu berücksichtigen, dass sich die heterogene Ausbildung ganztagsschulischer Konzepte auch in anderen Ländern (z. B. Niederlande, Großbritannien) wiederfinden lässt (Baumheier & Warsewa, 2008).

90 Aufgrund der bundesweit uneinheitlichen Definition von offener, teilweise gebundener bzw. voll gebundener Ganztagsform kann lediglich zwischen freiwilligen, für einen Teil der Schülerschaft verbindlichen und für alle SuS verbindlichen Teilnahme unterschieden werden (StEG-Konsortium, 2016, S. 12). Zusätzlich werden Kinder bei Kooperationen zwischen Horten und Grundschulen in einigen Bundesländern in beiden Betreuungsformen erfasst, wodurch eine Addition zur Feststellung der Gesamtbetreuungsquote nicht erfolgen kann (BMBF, 2014, S. 79).

Aus der jüngsten StEG-Schulleitungsbefragung geht hervor, dass im Jahr 2015 etwas mehr als die Hälfte aller deutscher SuS am Ganztagsbetrieb teilgenommen hat. Dabei bestehen jedoch Unterschiede zwischen den Schulformen. Die höchste durchschnittliche Teilnahmequote (ca. 62 %) erzielen dabei die Schulen mit Sekundarstufe I ohne Gymnasium. Das Gymnasium selbst erzielt mit ca. 46 % einen geringeren Wert. In den Primarschulen nimmt ungefähr die Hälfte aller SuS am Ganztagsbetrieb teil. Im Vergleich mit den Werten aus vorausgehenden Erhebungen zeigen sich erste Konsolidierungstendenzen. Die Teilnahmequote an den Sekundarschulen (ohne Gymnasium) steigt zwar weiter an, aber im Vergleich zur letzten Erhebung von 2012[91] (StEG-Konsortium, 2015, S. 82) besuchen aktuell weniger SuS an Primarschulen und Gymnasien den Ganztag.

Wie die Ergebnisse aus der ersten StEG-Förderphase zeigen, nutzen gerade ältere SuS im Bereich der Sekundarstufe I die Ganztagsangebote nur an einzelnen Tagen in der Woche (StEG-Konsortium, 2010, S. 8). In Bezug auf die Schulleistungen ist dieser Befund kritisch zu sehen, da empirische Studien aus dem In- und Ausland positive Effekte hinsichtlich der SuS-Leistungen nachweisen, wenn diese dauerhaft und regelmäßig an den Ganztagsangeboten teilnehmen (Fiester, Simpkins & Bouffard, 2005; Kuhn & Fischer, 2011; Vandell, Reisner & Pierce, 2007). Als Nachweis gelten Faktoren wie Klassenwiederholung (Kielblock, Fraji, Hopf, Dippelhofer & Stecher, 2014; Steiner, 2011), Notendurchschnitt und subjektiv eingeschätzter Lernnutzen (Kielblock et al., 2014). Fischer et al. (2016, S. 18) weisen in diesem Zusammenhang auf ein Phänomen hin, das die Teilnahmebereitschaft von SuS höherer Klassen betrifft. So zeigen die Ergebnisse der StEG-Studien (Steiner, 2011) und der Clusteranalyse von Lettau, Radisch und Fussangel (2016), dass SuS in der Sekundarstufe I dann durchgängig am Ganztag teilnehmen, wenn sie bereits seit der fünften Klasse an Angeboten partizipiert haben. Daraus lässt sich ableiten, dass es gerade für förderungsbedürftige SuS hilfreich sein kann, ihnen schon in Klasse 5 ein Ganztagsangebot mit entsprechender Qualität anzubieten, um sie auch in höheren Klassenstufen fördern zu können.

Bei Betrachtung der drei Erhebungen des StEG-Konsortiums während der ersten Förderphase (StEG-Konsortium, 2010, S. 8) und der Studie *Peers in Netzwerken* (PIN) in Brandenburg (von Salisch, 2013, S. 22) werden auch über diesen längeren Zeitraum sinkende Teilnahmequoten bei älteren SuS der Sekundarstufe bestätigt. Ähnliche Werte werden auch in Österreich erzielt (Hörl, Dämon, Popp, Bacher & Lachmayr, 2012, S. 276), wo die Ganztagsschullandschaft mit der in Deutschland vergleichbar ist (Arnoldt, Furthmüller & Steiner,

---

91 Der Rückgang der Teilnahmequote ist jedoch statistisch nicht signifikant (StEG-Konsortium, 2015, S. 82).

2013, S. 11). Für den außerschulischen Bereich wird diese Tendenz von der DJI-Studie *Medien, Kultur und Sport bei jungen Menschen* (MediKuS; Grgic, 2013, S. 49) in Bezug auf angebotsförmige Aktivitäten und andere Freizeitaktivitäten bestätigt, wobei nach Züchner (2013a, S. 102) die geringsten Änderungen im Sport zu verzeichnen sind. Aber auch die Vereinsaktivitäten nehmen mit zunehmendem Alter der Heranwachsenden ab (Begemann, Bröring, Gaiser, Gille & Sass, 2011).

Diese für Deutschland nachgewiesenen Verhaltens- und Interessensänderungen Jugendlicher scheinen dabei standortspezifisch zu sein und sollten im Kontext der gegenwärtigen Schulentwicklung gesehen werden. Beim Blick auf US-amerikanische Studien (Cairns & Cairns, 1994; Darling, 2003; Mahoney, Cairns & Farmer, 2004) zeigen diese gegensätzliche Entwicklungen, denn sie verzeichnen keinen Rückgang bei der Teilnahme Jugendlicher an schulischen und außerschulischen Angeboten. Allerdings muss hierbei das Schulsystem der USA berücksichtigt werden: Ganztagsangebote sind in der High-School traditionell verankert, außerdem sind für die Schule Gebühren (Tuition) zu zahlen und Sportarten werden meist nicht im Verein, sondern fast ausschließlich im schulischen Rahmen betrieben. Insofern sind oben genannte Ergebnisse zwar interessant, aber Befunde aus den USA nur bedingt mit denen aus Deutschland zu vergleichen.

Dennoch ist die Frage berechtigt, wie auch in Deutschland eine größere Zahl älterer SuS für die Teilnahme an Ganztagsangeboten gewonnen werden könnte. Arnoldt et al. (2013, S. 38 f) folgern auf Grundlage der Daten der StEG-Längsschnittstudie und der Basiserhebung von StEG-A u. a., dass sowohl ein breiteres und qualitativ höherwertiges als auch ein stärker an den Interessen dieser Zielgruppe ausgerichtetes Angebot in der Ganztagsschule bereitgestellt werden sollte. Soremski (2013, S. 26 f) ergänzt hierzu, dass es ratsam wäre, die Freizeitkontexte in und außerhalb der Ganztagsschule zeitlich, räumlich und bzw. oder sozial stärker miteinander zu verknüpfen. So könnte es gelingen, die Jugendlichen in der Entwicklung der (alltäglichen) Lebensführung besser zu unterstützen.

Versucht man Befunde der Schülerleistung nun unter dem Aspekt der Organisationsform zu analysieren oder zu vergleichen, so erweist sich dies als äußerst problematisch. Die bereits erwähnten Schwierigkeiten bei der Unterscheidung zwischen gebundenen und offenen Ganztagsschulen nach KMK-Definition in Bezug auf ihre pädagogische Ausgestaltung führen auch dazu, dass sich weitestgehend keine empirisch belegbaren Effekte bei einem Vergleich der Organisationsform mit den Entwicklungen der SuS nachweisen lassen (Fischer et al., 2011; Merkens & Schründer-Lenzen, 2010). Allerdings gibt es Hinweise auf kompensatorische Wirkungen des Ganztagsbesuchs für Kinder nichtdeutscher Herkunftssprache in offenen Ganztagsschulen (Bellin & Tamke, 2010). Im Hinblick auf die Verringerung des Zusammenhangs von sozialer

Herkunft und Schulleistung unter Berücksichtigung des Verbindlichkeitsgrads der Teilnahme berichten Züchner und Fischer (2014) kleine Effektstärken.

Bei einem Vergleich zwischen ganztägiger und halbtägiger Schulorganisation lassen sich keine Vor- bzw. Nachteile in Bezug auf organisationsformabhängige Wirkungen nachweisen (Radisch, Klieme & Bos, 2006; Willems, Wendt & Radisch, 2015). Auch hängt die Teilnahmequote der SuS von weiteren Qualitätsmerkmalen ab, wie z. B. von der Angebotsvielfalt, der Aktivität der LuL im Ganztag und den konzeptionellen Verbindungen von Angebot und Unterricht (Holtappels, Jarsinski & Rollet, 2011) sowie von einem flexiblen Platzangebot der Schulen und der Berufstätigkeit beider Eltern (Steiner, 2011). Wie Holtappels und Rollett (2007) aufzeigen können, sind diese Bedingungen zwar in gebundenen Schulen eher gegeben, dennoch ist es nicht die Organisationsform, die positive Wirkungen ganztagsschulischer Betreuung hervorruft. Vielmehr sind es letztendlich die einzelschulischen Bedingungen vor Ort, was die längsschnittlichen Befunde von StEG sowie die Grundschuluntersuchung GO belegen (StEG-Konsortium, 2010, S. 11; Wegner & Tamke, 2009).

2.5.1.4 Kooperation mit außerschulischen Partnern

Um den Lebensweltbezug der Ganztagsschule zu erreichen, ist u. a. eine Öffnung der Schule nach außen und damit die Zusammenarbeit mit außerschulischen Partnern notwendig (Oerter, 2003; Pesch, 2006). Ganztagsschulen arbeiten grundsätzlich mit einer Vielzahl an Partnern zusammen (Arnoldt, 2007; Kamski, 2009). Neben der Schaffung von Kooperationsbeziehungen zugunsten einer Verbreiterung des schuleigenen Ganztagsangebots, um den SuS auf diese Weise vielfältigere Erfahrungen zu ermöglichen, ist dies auch für den Übergang von Schule und Beruf von Bedeutung (Gras & Rottmann, 2013). Wie Holtappels et al. (2013, S. 110) darlegen, nehmen solche Kooperationsbeziehungen zu. Die Autoren merken darüber hinaus an, dass während des Untersuchungszeitraums der StEG-Längsschnitterhebung sowohl der Anteil an Schulen mit externen Partnern als auch die Anzahl der Kooperationspartner pro Schule gestiegen ist.

Beim Blick auf die Motive für solche Kooperationen lassen sich für die freien, öffentlichen und gewerblichen Organisationen im Wesentlichen drei Arten voneinander unterscheiden: *nutzerorientierte Motive* (z. B. das Ermöglichen besserer Freizeitangebote für SuS; die Vermittlung von Kompetenzen, die an der Schule zu kurz kommen; die bessere Förderung bildungsbenachteiligter SuS), *anbieterorientierte Motive* (z. B. finanzielle Erwägungen; die bessere Auslastung der eigenen Mitarbeiterinnen und Mitarbeiter; das Erschließen neuer Zielgruppen) und *kooperationsorientierte Motive* (z. B. das Entwickeln gemeinsamer Handlungsansätze mit Schulen; der Ausbau der Vernetzung der Kommune; Arnoldt & Züchner, 2008, S. 636). Ungeachtet dieses Strebens nach zunehmend mehr Kooperationspartnern ist jedoch festzuhalten, dass der Ganztagsbetrieb sowohl im Primarbereich als auch in der Sekundarstufe vorwiegend von der Schule bzw. dem Schulträger organisiert wird.

Die häufigsten Kooperationsbeziehungen mit außerschulischen Partnern gehen Ganztagsschulen mit Sportvereinen und Trägern der Kinder- und Jugendhilfe ein. Beide Partner sind sowohl im Umfang des Angebots als auch in der Intensität der Zusammenarbeit am wichtigsten (Arnoldt & Züchner, 2008, S. 635 f; Arnoldt & Steiner, 2016, S. 92; StEG-Konsortium, 2015, S. 35 f). Anbieter aus den Bereichen Musik und Natur sind ebenfalls zu den wesentlichen Kooperationspartnern zu zählen (Beher et al., 2005; Schröer, 2010). Deren Angebote bestehen dabei hauptsächlich aus sogenannten „unterrichtsfernen Bereichen", wodurch ein wesentlicher Beitrag zu einem erweiterten Bildungskonzept geleistet werden kann (Fischer et al., 2012, S. 14; Olk et al., 2011, S. 75 f). Dafür spricht auch die meist vorhandene pädagogische Expertise der außerschulischen Partner (Arnoldt & Steiner, 2016).

Da die Ganztagsschule zuerst auf das Vorhandensein geeigneter Partner im kommunalen Raum und dann auf die Zusammenarbeit mit diesen angewiesen ist, stellt die Angebotsstruktur des umliegenden Sozialraums der Schule einen wesentlichen (schulexternen) Faktor für die Gestaltung der einzelschulischen Angebote dar (Fischer et al., 2016, S. 19; Wiesner et al., 2016, S. 212). Wie die StEG-Ausgangserhebung zeigt, werden nur etwa ein Viertel der Angebote in den Räumlichkeiten der Partner organisiert (Arnoldt, 2007, S. 100). Dabei erweist sich die Gewinnung von außerschulischen Partnern und zusätzlichem pädagogischen Personal in ländlichen Regionen als besonders schwierig (BMBF, 2012, S. 44; StEG-Konsortium, 2013, S. 38, 2015, S. 42, 2016, S. 14). Zudem ist auch das Interesse und die Bereitschaft zur Kooperation in ländlichen Räumen geringer ausgeprägt (Dieminger, Wiezorek, Stark, Busch & Dethloff, 2013, S. 109 f).

Als *Qualitätsmerkmale externer Kooperation* diskutieren Arnoldt und Züchner (2008) v. a. eine „gleichberechtigte Kooperation auf Augenhöhe" (S. 637) sowie ein hohes Maß an der Verbindlichkeit der Kooperation, wobei sich letztere v. a. in den vertraglichen Regelungen widerspiegelt. Beide Bedingungen werden jedoch von den Schulen eher dann realisiert, wenn die Partner weniger fächerübergreifende, sondern bildungsnahe bzw. fachspezifische Angebote bereithalten (Arnoldt, 2011). Wie aus einer Fallbeschreibung hervorgeht, sollte von den beteiligten Akteuren ein hohes Maß an Kompromissbereitschaft ausgehen und Konflikte sollten auf sachlicher Ebene besprochen und schnellstmöglich gelöst werden (Schünhof, Winkler, Humbert-Welter, van Velzen & Brothuhn, 2016, S. 237). Den Ergebnissen einer Evaluationsstudie zu Kooperationen im Ganztag in Brandenburg (Wiesner et al., 2016) zufolge zeigen sich Schulleitung, Kooperationspartner, LuL sowie SuS insgesamt dann zufriedener, wenn die Kooperationsbedingungen gemeinsam erarbeitet werden und es seltener zu Irritationen bei der Zusammenarbeit zwischen den verschiedenen Akteuren kommt.

In einigen Bundesländern dominiert v. a. in offenen Ganztagmodellen und in Ganztagsgrundschulen das Trägermodell für den Ganztagsbetrieb. Im Bereich der Ganztagsgrundschulen sind externe Träger (z. B. der Wohlfahrtsverband, der Eltern- oder Sportverein) in ländlichen Kreisen seltener und häufiger in den Stadtstaaten und westdeutschen Flächenländern anzutreffen. Weiterführende Schulen arbeiten häufiger mit einem externen Träger zusammen, wenn die Schule in einer kreisfreien Stadt liegt (StEG-Konsortium, 2015, S. 26 f). In Abstimmung mit der Schule bzw. Schulleitung organisiert und verantwortet der Träger das Ganztagsangebot und bindet von sich aus weitere Partner (z. B. Musikschulen) ein (z. B. Schröer, 2010). Aufgrund der Gesamtverantwortung für den Ganztagsbetrieb beziehen sich die Qualitätsfragen in diesem Zusammenhang neben vertraglichen Regelungen v. a. auf die strukturelle Einbindung des Trägers in das Schulleben und den Personaleinsatz (Fischer et al., 2016, S. 19).

Qualitativen Fallstudien von Baumheier et al. (2013) zufolge können sowohl die Schule als auch die soziale und räumliche Umgebung von Kooperationen beidseitig profitieren. Schulen werden durch die Vernetzung mit anderen Institutionen und die Öffnung hin zur Nachbarschaft von einer Vielzahl ihrer Aufgaben entlastet, wodurch sie sich wieder besser der Erfüllung ihres Bildungsauftrags zuwenden können. Unter bestimmten Bedingungen können die Schulen mit ihren Kompetenzen und Kapazitäten ebenso zur Aufwertung ihres Stadtteils beitragen, zusätzlich das Bildungsverständnis und soziales Kapital verstärken und sowohl Lebensstile als auch Lebensformen unterstützen.

Wie aus der fachwissenschaftlichen Diskussion hervorgeht, ist zwar die Rolle der Ganztagsschulen „als erstes Anwendungsfeld einer Bildungslandschaft" (Bleckmann, 2012, S. 284) weiterhin unbestritten, jedoch zeigen sich zunehmend Veränderungen in der Beziehung der beiden zueinander. So sind in den letzten Jahren sowohl die Erwartungen als auch Potenziale klarer geworden, wodurch sich der Diskurs rund um Bildungslandschaften von seiner einst engen Verknüpfung mit der Ganztagsschule gelöst hat (Wichmann, 2012). Jungermann et al. (2015) konstatieren in ihrem Übersichtsbeitrag, dass vermehrt die Frage nach der Etablierung von mehr Chancengerechtigkeit in den Mittelpunkt rückt. Konkrete Fallbeschreibungen bzw. -studien (z. B. Baumheier et al., 2013; Eisnach, 2011; Gnahs, 2012; Gellrich, 2012; Kehler & Jahn, 2012) weisen darauf hin, dass Bildungslandschaften zu besseren Bildungserfolgen beitragen können, wenn sie die hierfür notwendigen Veränderungen unterstützen und wenn es v. a. darum geht, diese systematisch und langfristig abzusichern. Dazu trägt neben einer Analyse der Ausgangslage, eines Prozessmonitorings und einer dialogischen Beteiligung der Akteure auch eine klare Zielsetzung im Sinne einer übergreifenden Vision bei (Bleckmann, 2012, S. 287 f).

Bei diesem Prozess scheint die Rolle der Kommunen immer zentraler zu werden (Schubert & Puskeppeleit, 2012). Es zeigt sich außerdem, dass neben den Kooperationskonstellationen auch Koordinationsstrukturen an Bedeutung gewinnen, z. B. in Form regionaler Bildungsbüros, die dann für das lokale Management des Regionalisierungsprozesses verantwortlich sind (Jungermann et al., 2015, S. 40). Wie aus den Fallstudien bisher jedoch hervorgeht, stehen empirische Befunde über kurzfristige und nachhaltige Wirksamkeiten von Regionalisierungsmaßnahmen im Sinne einer Schaffung von Chancengerechtigkeit, Wahrung gesellschaftlicher Teilhabe oder Unterstützung der Schulentwicklung bislang noch aus (Jungermann et al., 2015).

2.5.1.5 Personalstruktur

Mit der Einführung von Ganztagsangeboten und der Öffnung von Schule sind weitere Personen am Schulleben beteiligt, die sich sowohl hinsichtlich ihrer Qualifikation als auch der Art ihrer Anstellung unterscheiden. So sind einige dieser Personen bei Kooperationspartnern, andere bei außerschulischen Trägern unter Vertrag (Speck, Olk, Böhm-Kasper, Stolz & Wiezorek, 2011). Ein Großteil dieser externen „Mitarbeiter" verfügt über einschlägige pädagogische Qualifikationen (Beher et al., 2007; Steiner, 2010), wobei die pädagogische Kompetenz des Personals v. a. im Sekundarbereich auf zusätzliche Lehrerzuweisungen in den Ganztagsangeboten zurückzuführen ist (Mütze & Fischer, 2015, S. 46). Dieser Befund wird bereits in den StEG-Analysen der Ausgangserhebung erwähnt: Lehrkräfte sind im Ganztagsschulbetrieb die am häufigsten vertretene Personengruppe (Höhmann, Bergmann & Gebauer, 2007), ihre Einbindung steigt darüber hinaus mit zunehmender Verbindlichkeit der Teilnahme und zunehmender Teilnahmequote der SuS am Ganztagsbetrieb an (StEG-Konsortium 2015, S. 54).

Auch wenn Weiterbildungen bei der Anwesenheit von weiterem pädagogisch tätigem Personal zur gemeinsamen Abstimmung und gegenseitigen Wertschätzung der Arbeit der Personen bzw. Personengruppen wichtig zu sein scheinen (Arnoldt, 2011a), werden diese bislang eher selten durchgeführt (StEG-Konsortium, 2013, S. 58 f). Fischer et al. (2016, S. 19) fügen in Anlehnung an die StEG-Daten hinzu, dass sich die Fortbildungen besonders dann als sinnvoll erweisen, wenn die Anstellungsverhältnisse des Personals einen gewissen Umfang haben und stabil sind.

Zur Organisation der Beschäftigung des Personals weist Steiner (2010) auf eine große Heterogenität innerhalb der Ganztagsschullandschaft hin. So ist das weitere pädagogische tätige Personal hauptsächlich stundenweise oder mit geringen Umfängen in Teilzeit angestellt (Höhmann et al., 2007) und hat damit meist eine ungünstige Ausgangslage, was z. B. Kommunikationsmöglichkeiten mit anderen Personen anbetrifft. Das hauptberuflich in Ganztagsschulen tätige

Personal stimmt sich dagegen häufiger und intensiver mit den LuL ab und beteiligt sich ebenfalls häufiger in der Steuergruppenarbeit und in schulischen Gremien (Rollett & Tillmann, 2009). Die Einbindung des weiteren pädagogisch tätigen Personals in Ganztagsschulen scheint daher mit der Höhe der Präsenzstunden zusammenzuhängen (Tillmann & Rollett, 2010), was sich wiederum u. a. auf das Schulklima auswirkt, wie Steiner (2010) in Bezug auf die Qualität der Kooperation, die Innovationsbereitschaft und die Einbindung in den Schulalltag feststellt.

2.5.2 Prozessmerkmale der Ganztagsschulqualität auf Schulebene

Nach einer Darstellung der Kontextmerkmale ganztagsschulischer Qualität auf Schulebene folgt nun mit der Schul- und Qualitätsentwicklung (vgl. Kap. 2.5.2.1), dem Schulklima (vgl. Kap. 2.5.2.2), der Kooperation zwischen LuL und weiterem pädagogisch tätigen Personal (vgl. Kap. 2.5.2.3), der Partizipation von Eltern (vgl. Kap. 2.5.2.4) und SuS (vgl. Kap. 2.5.2.5) die Betrachtung von Prozessmerkmalen auf Schulebene.

2.5.2.1 Schul- und Qualitätsentwicklung

Aus den Darstellungen in Kapitel 1.2.6 geht hervor, dass aktuell Regionalisierungsbestrebungen die Schulentwicklungsdebatte bestimmen. Die damit einhergehende Autonomie der Einzelschule wird nach Ansicht von Tillmann (2009, 2011) und Weigand (2011) durch den Auf- und Ausbau von Ganztagsschulen um die Jahrtausendwende sogar beschleunigt, indem neue Akteure wie außerschulische Kooperationspartner und Schulträger in die Steuerung des Ganztagsbetriebs miteinbezogen werden (müssen). Um möglichst viele Halbtagsschulen erfolgreich in Ganztagsschulen umwandeln zu können, wird vonseiten der Bildungsadministration im Rahmen des IZBB-Programms ein Ausschreibungs- und Bewerbungsverfahren initiiert, in dem interessierte Halbtagsschulen aufgefordert sind, ein von LuL, Eltern, Schulträgern und Kooperationspartnern unterstütztes Konzept vorzulegen. Dadurch soll sichergestellt werden, dass aufseiten der Einzelschule sowohl ausreichende organisatorische und pädagogische Vorarbeiten geleistet sind als auch, dass ein Konzept vorliegt, das von allen schulischen Akteuren unterstützt wird und welches sowohl die zentralen Vorgaben als auch regionalen Bedingungen berücksichtigt (Burow & Pauli, 2013, S. 9; Marschner, 2014; Tillmann, 2011, S. 16).

Wie Steiner (2010) aufzeigt, spielt in der Gründungsphase des Ganztagsschulbetriebs v. a. die Schulleitung eine entscheidende Rolle für die gelingende Kooperation zwischen LuL und weiterem pädagogisch tätigen Personal. Darüber hinaus können Steuergruppen zur Qualitätsentwicklung im laufenden

Ganztagsbetrieb beitragen, sofern diese aus allen am Ganztag beteiligten Professionen zusammengesetzt sind (Fischer et al., 2012, S. 16). Die Wichtigkeit eines hochwertig arbeitenden, wertschätzenden, zukunftsorientierten und angemessen kommunizierenden Schulleitungsteams wird in Bezug auf qualitätssichernde Maßnahmen in Praxisberichten hervorgehoben (Bartak-Lippmann, 2016, S. 118).

Zur Steigerung der Qualität des Ganztags nehmen Schulen auch Unterstützungsmaßnahmen von außen in Anspruch (Spillebeen, Holtappels & Rollett, 2011), wobei sich v. a. der Erfahrungsaustausch mit anderen Schulen und der Besuch ganztagsspezifischer Fortbildungen im Ganztagsschulentwicklungsprozess zu bewähren scheinen (Rollett, Spillebeen & Holtappels, 2012, S. 16). Darauf deuten ebenso die Ergebnisse des Verbundprojekts *Lernen für den GanzTag* (IsA, 2008, S. 51 f) hin. Dem aktuellen Bildungsbericht nach machen Fortbildungen zu fächerübergreifenden Themen – zu denen das BMBF neben Unterrichtsmethoden, Mediennutzung und Inklusion auch die Schulorganisation und -entwicklung zählt – lediglich 5 % aller Fortbildungsaktivitäten aus (BMBF, 2016, S. 87). Wie aus der Analyse der Befragungen der Schulleitungen in Hessen und Nordrhein-Westfalen sowie der Berater von Schulen im Beitrag von Böttcher, Wiesweg und Woitalla (2015, S. 230 f) jedoch zu entnehmen ist, besteht nach wie vor ein hoher Fortbildungs- und Beratungsbedarf gerade im Bereich der schulischen Organisationsentwicklung. Allerdings scheint es nach Angaben der Akteure schwierig zu sein, an geeigneten Fortbildungen teilzunehmen oder Beratung zu erhalten. Als Gründe werden fehlende Ressourcen, eine unklare Passung zwischen (Fortbildungs- bzw. Beratungs-)Angebot und Nachfrage, eine große Vielfalt und Unübersichtlichkeit der Angebote und Anbieter sowie das weitgehende Fehlen einer systematischen Stärken-Schwächen-Analyse genannt.

Neben diesen Problembereichen aufseiten der Schule weisen die Autoren auch auf bislang bestehende Versäumnisse sowohl aufseiten der Wissenschaft als auch der Politik hin (z. B. fehlende Bereitstellung ausreichender Ressourcen sowie mangelhafte Analyse von Nachfrage und Inhalte der Fortbildungen bzw. Beratungen). Daher ist bislang nur wenig über die Qualität, Wirksamkeit und Nachhaltigkeit von Fortbildungs- bzw. Beratungsangeboten bekannt. Gleichzeitig lässt sich beobachten, dass Schulen Aspekte der Qualitätsentwicklung häufig nicht betrachten, obwohl in ihrem Bundesland[92] bereits Qualitätsrahmen

---

92 Nach eigener Recherche arbeiten aktuell fünf Bundesländer mit explizit ausgewiesenen Qualitätsrahmen, welche gezielt die Ganztagsschule in den Blick nehmen: *Hessen* (HKM, 2011), *Niedersachsen* (NKM, 2008), *Nordrhein-Westfalen* (Serviceagentur NRW, 2007), *Schleswig-Holstein* (Serviceagentur SH, 2016). In *Bayern* wird sowohl der Qualitätsrahmen für offene (ISB Bayern, 2013) als auch für gebundene Ganztagsschulen (ISB Bayern, 2013a) eingesetzt.

für Ganztagsschulen installiert sind (von Saldern, 2013, S. 56). Auf Schulseite wird häufig das grundsätzliche Fehlen (bundesweit) einheitlicher Qualitätsstandards bemängelt (Baasen, 2016, S. 146). Bei der Betrachtung der Zielsetzungen im Ganztag zeigt sich über alle Schulformen des Primar- und Sekundarbereichs, dass das Konzept v. a. auf *Gemeinschaft, soziales Lernen und Persönlichkeitsentwicklung* bzw. *Betreuung und Schulöffnung* zielt (StEG-Konsortium, 2015, S. 55 f).

Grundsätzlich ist der Erfolg von Bildungssystemen eng mit der Durchführung systematisch durchgeführter externer und interner *Evaluationen* verbunden (van Ackeren, Brauckmann & Klein, 2016). Wie Abs und Klieme (2005) betonen, gewinnen diese Evaluationsmaßnahmen gerade im Kontext steigender Schulautonomie und Outputsteuerung an Bedeutung, weshalb sie auch als Mittel der Qualitätssicherung und -entwicklung betrachtet werden können (vgl. Kap. 3). Daher werden Schulevaluationen auch zunehmend gesetzlich verankert (Altrichter & Maag Merki, 2016, S. 23). Kellaghan, Stufflebeam und Wingate (2003) sowie Abs und Klieme (2005) weisen allerdings darauf hin, dass Verfah-

---

In *Baden-Württemberg* liegt aktuell nur der Leitfaden *Ganztagsschulen in Baden-Württemberg* vor (LS BW, 2012), der nicht als eigentlicher Qualitätsrahmen aufgebaut ist. Er soll eher Anhaltspunkte für die Planung einer Ganztagsschule geben, dient „aber auch für die Weiterentwicklung des eigenen pädagogischen Ganztagsschulkonzeptes." (LS BW, 2012, S. 3). Der *Berliner Handlungsrahmen für Schulqualität* setzt sich mit Ganztagsschulen explizit nur im Bereich der Lehr- und Lernprozesse auseinander (SenBJW Berlin, 2013, S. 18 f). Im Vergleich zum *Orientierungsrahmen Schulqualität in Brandenburg* von 2008 (MBJS BB, 2008) nimmt der aktuell gültige Orientierungsrahmen Schulqualität (MBJS BB, 2016) keinen Bezug zu Ganztagsschulen. Der *Bremer Orientierungsrahmen Schulqualität* (SBW Bremen, 2007) ist aufgrund unterschiedlicher Strukturmerkmale (Größe der Schule, Schulform, Ganztagsschule, Integration) sehr allgemein konzipiert und nimmt daher auch nicht direkt Bezug zu ganztägigen Qualitätsmerkmalen. Ähnlich verhält es sich mit dem *Orientierungsrahmen Schulqualität und Leitfaden in Hamburg* (BSB HH, 2012), in dem auf ganztägige Aspekte lediglich innerhalb der allgemeinen Schulqualitätsmerkmale eingegangen wird. Für *Mecklenburg-Vorpommern* kann weder ein allgemeiner noch ein auf ganztagschulische Merkmale eingehender Qualitätsrahmen gefunden werden. In der Rubrik *Qualität von Schule* des Bildungsservers wird auf Vergleichsstudien, Vergleichsarbeiten und Evaluation verwiesen (BS MV, 2017). Allerdings liegt ein digitaler Sammelband zur Qualitätsentwicklung vor, der auf verschiedene Aspekte und qualitative Merkmale von Ganztagsschulen in Mecklenburg-Vorpommern eingeht (RAA MV, n. d.). Für Ganztagsschulen steht in *Rheinland-Pfalz* ein ständig aktualisiertes *Sachkompendium* (BM RP 2017) zur Verfügung, das Informationen zur Konzeption und Ganztagsschulentwicklung bietet. Für das *Saarland* werden innerhalb der sogenannten „Ganztagsschulverordnung" bereits detailliert pädagogische Rahmenbedingungen beschrieben (BS Saarland, 2013), ähnlich verhält es sich in *Sachsen-Anhalt* (LSA SA, 2014). In der *Kriterienbeschreibung Schulische Qualität im Freistaat Sachsen* (SBI Sachsen, 2014) werden Ganztagsschulen nur im Qualitätsbereich der Kooperation erwähnt, ein Qualitätsrahmen für Ganztagsschulen wird jedoch gefordert (dazu Lüke, 2014; Menke, 2009).

ren wie Lernstandserhebungen und Leistungsmessungen nicht mit Qualitätsentwicklung gleichzusetzen seien.

Einen hierzu bemerkenswerten Befund liefert eine Zusatzanalyse zur deutschen PISA-Studie von Bischof, Hochweber, Hartig und Klieme (2013): Es kann gezeigt werden, dass externe Evaluationsmaßnahmen nicht geeignet sind, das Leistungsniveau von SuS und die Beziehungsqualität in Schulen zu beeinflussen. Stattdessen können beide Merkmale qualitativ verbessert werden, wenn Schulen interne Evaluationen durchgeführt haben. Dies kann mit den unterschiedlichen Ausrichtungen der Erhebungen begründet werden. Während es in externen Evaluationen um die Erreichung und Überprüfung von vorgegebenen Zielen geht, welche sich nicht unbedingt an dem Einzelschulkontext ausrichten, orientieren sich interne Evaluationen stärker an den Prozessen und selbst gesetzten Zielen in der Einzelschule (Dalin & Rolff, 1990), weshalb sie auch als Mittel der professionellen Selbststeuerung angesehen werden (Berkemeyer et al., 2016).

Dieser Wert schulinterner Evaluationen wird auch von Vertretern des Verbundprojekts *Lernen für den Ganztag* (IsA, 2008) in Mecklenburg-Vorpommern betont und auch später von Fischer et al. (2012, S. 23) aufgegriffen. So fußen interne Evaluationen auf dem Gedanken der Schulen als lernende Organisation. Sie sind gerade bei schulischen Innovationen wie z. B. der Aufnahme des Ganztagsbetriebs von enormer Wichtigkeit, denn sie können sehr gut dabei helfen, (Fehl-)Entwicklungen zu erkennen und Veränderungen vorzunehmen, wenn neben der Leistungsentwicklung der SuS auch weitere Daten zu Schulentwicklungsbereichen erhoben werden. Dass ein solches Vorgehen von zentraler Bedeutung für eine zielgerichtete und effektive Schulentwicklung sein kann, wird u. a. von Schöpa (2016) beispielhaft aufgezeigt: Bei der Entwicklung einer schülerorientierten Angebotsstruktur fließen die durch interne Evaluation ermittelten Bedarfe der SuS sowohl in die Stundenzuweisung der LuL, den Raum- und Stundenplan als auch in die Verträge mit außerschulischen Partnern ein, was sich als positiv für die Schulentwicklung erweist.

Ein weiterer positiver Effekt der internen Evaluation ist die Tatsache, dass sich die beteiligten Akteure durch die Abfrage ihrer Meinung und Wahrnehmung ernst genommen fühlen. Allerdings findet eine Berücksichtigung der Meinung der SuS nach wie vor zu selten statt. In der Schulforschung stellt die Sicht der SuS sogar einen „blinden Fleck" dar, wie Feichter (2015, S. 409) reklamiert (dazu Arnoldt & Stecher, 2007, S. 42). Die Autorin lässt im NOESIS-Arbeitsbericht zur Peer-Evaluation darüber hinaus erkennen, wie groß das Potenzial der Einbeziehung der Meinung der SuS ist (Feichter, 2012). Interne Evaluationen bieten darüber hinaus die Chance, auf individueller Ebene einen Prozess der Reflexion und kritischen Auseinandersetzung mit der eigenen Arbeit anzuregen. Wichtig dabei ist jedoch, dass sie systematisch und regelmäßig angewendet werden, um der Prozesshaftigkeit der Qualitätsentwicklung Rechnung zu tragen (IsA, 2008).

2.5.2.2 Schulklima

Mit den außerunterrichtlichen Angeboten entsteht für die SuS und LuL eine neue Art und Weise, sich mit der Schule zu identifizieren und eine Bindung zu ihr aufzubauen. Außerdem wird das Sozialgefüge der Schule durch die Einbeziehung von weiterem pädagogisch tätigem Personal komplexer und vielfältiger. Beide Aspekte wirken sich auf das Schulklima aus (Fischer et al., 2012, S. 17). Nach Schumacher (2010) besteht dieses aus transparenten und einheitlichen Verhaltensregeln (*Rechte und Pflichten*) sowie angemessenen Sanktionen und einer lernorientierten Gestaltung der Schule. Das Schulklima spiegelt sich in den Beziehungen und Interaktionen aller beteiligten Akteure wider. Die Beziehungsqualität wird dabei von einer Leistungsorientierung an der Schule positiv beeinflusst (Grob, 2007; Hoy, Sweetland & Smith, 2002). Ein positives Schulklima kann außerdem als Prädiktor für das Wohlbefinden und die physische und psychische Gesundheit der LuL und SuS (Ackermann, Pecorari, Winkler Metzke & Steinhausen, 2006; Freitag, 1998; Lossen et al., 2013) sowie für die kollektive Selbstwirksamkeit der LuL herangezogen werden (Hoy et al., 2002). Bonsen (2006) kann darüber hinaus positive Effekte auf die Leistung der SuS nachweisen. Ähnliche Tendenzen finden sich auch in Bezug auf das Sozialverhalten. Diese Befunde werden durch die Ergebnisse der StEG-Längsschnitterhebung unterstrichen (StEG-Konsortium, 2010).

Lossen et al. (2013) weisen im Rahmen von Untersuchungen an Ganztagsgrundschulen nach, dass sich eine positive Veränderung des kollegialen Zusammenhalts auch positiv auf die Entwicklung der Intensität der Lehrerkooperation und der Innovationsbereitschaft auswirkt. Allerdings sind diese Befunde nicht zu generalisieren, denn es kann, wie die Autoren in diesem Zusammenhang anmerken, in der Schulentwicklungsarbeit auch zum sogenannten „Wärmetod" kommen, sodass sich günstigere sozialklimatische Bedingungen nachteilig auf die professionelle Zusammenarbeit auswirken (Lossen et al., 2013, S. 49).

Ein positives Schulklima wirkt sich vorteilhaft auf die Zufriedenheit der SuS mit den Ganztagsangeboten und die Schulfreude aus (StEG-Konsortium, 2010). Die Bindung der SuS an ihre Schule ist außerdem umso höher, je besser die Beziehungen zwischen SuS und LuL bzw. zwischen SuS und Betreuern wahrgenommen werden (Fischer & Theis, 2014a; StEG-Konsortium, 2010). Damit kommt dem Schulklima eine wesentliche Rolle bei der Schaffung lernförderlicher Bedingungen zu (Fischer et al., 2012, S. 17). Im Hinblick auf strukturelle Voraussetzungen gehen Appel und Rutz (2009) davon aus, dass auch eine räumlich-sachliche Ausstattung und Gestaltung der Schule zu einem guten

Schulklima beitragen. Dagegen wirken sich mangelnde räumliche Ressourcen aufgrund abnehmenden pädagogischen Engagements der professionell tätigen Akteure negativ auf das Schulklima aus. Auch ausgrenzende Einstellungen gegenüber sozial schwachen Minderheiten können wiederum die Ursache eines negativen und belastenden Schulklimas ohne die Unterstützung von LuL sein (Grob, 2007).

2.5.2.3 Kooperation zwischen LuL und weiterem pädagogisch tätigen Personal

Eine sinnvolle Verzahnung zwischen Unterricht und Ganztagsangeboten zur Steigerung der Qualität der Lernumgebungen in der Ganztagsschule hängt sowohl von der Zusammenarbeit der LuL untereinander als auch von der Kooperation der LuL mit dem weiteren pädagogisch tätigen Personal ab (Prüß, 2008). „Nur so lassen sich sinnvolle Verknüpfungen zwischen Ganztagsangeboten und Unterricht realisieren" (Fischer et al., 2016, S. 20). Hierfür notwendige festgelegte Zeiten werden von Grundschulen deutlich häufiger eingeplant als von weiterführenden Schulen (StEG-Konsortium, 2015, S. 66). Auch wenn LuL besonders im Primarbereich die Kooperation aufgrund ihres pädagogischen Potenzials wertschätzen (Kielblock & Gaiser, 2016, S. 134), berichten einige Studien von häufigen Spannungen zwischen den beteiligten Professionen. So werden die Kompetenzen und Fähigkeiten der weiteren Berufsgruppe(n) teilweise als eher irrelevant für die eigene Arbeit eingeschätzt, wodurch eine Kooperation als wenig gewinnbringend gesehen wird (Arnoldt & Züchner, 2008; Olk et al., 2011; Wahler, Preiß & Schaub, 2005).

Darüber hinaus bedingen die zur Verfügung stehenden Ressourcen (z. B. Zeit, Räume, Kontaktmöglichkeiten), Rahmenbedingungen der Kooperation (z. B. Verpflichtungsgrad, Zielsetzung, Verantwortlichkeiten) und fehlende institutionalisierte Kooperationsformen die Qualität der Zusammenarbeit (Fischer et al., 2012). Daher verwundert es auch nicht, dass zwischen 30 % und 40 % der Schulleitungen angeben, über zu wenige Ressourcen zur Umsetzung ihres ganztagsschulischen Konzepts zu verfügen. Aus der StEG-Schulleitungsbefragung von 2013 geht z. B. hervor, dass Zeiten für die Kooperation zwischen LuL und weiterem pädagogisch tätigen Personal v. a. in den Sekundarschulen nicht fest und nur in 10 bis 15 % der Primarschulen fest eingeplant sind (StEG-Konsortium, 2013). Knappe bzw. zu geringe Ressourcen werden v. a. von Schulen in den kreisfreien Städten bemängelt. Besondere Schwierigkeiten haben diese bei der Gewinnung von Personal, wogegen es in großstädtischen Gebieten v. a. an räumlichen Ressourcen mangelt. Zusätzliche Lehrkraftstunden bekommt lediglich die Hälfte der Schulleitungen von Gymnasien und Schulen ohne gymnasiale Oberstufe zugewiesen, im Primarbereich sind dies mit 45 % noch weniger. Dabei steigt die Unterstützung in den westdeutschen

Flächenländern bei Schulen ohne gymnasiale Oberstufe und Grundschulen mit dem Grad der Verbindlichkeit des Ganztagsangebots. Primarschulen in ostdeutschen Flächenländern werden seltener unterstützt als in westdeutschen Flächenländern (StEG-Konsortium, 2015, S. 41 f).

Damit solche wünschenswerten multiprofessionellen Kooperationen etabliert werden können, sind noch einige Veränderungen vorzunehmen. So sind bspw. tradierte Rollenvorstellungen zu überdenken (Olk et al., 2011) oder die Kooperationskultur ist dauerhaft zu verändern (Höhmann, Holtappels & Schnetzer, 2004). Gleichwohl weisen Speck et al. (2011) aufgrund der Ergebnisse des *Forschungsprojekts ProKoop* darauf hin, dass sich auch eine relativ strikte Trennung in vormittäglichen Unterricht und nachmittägliches Ganztagsangebot für den schulischen Alltag der Beteiligten „als durchaus tragfähig" (S. 196) erweist und der Kooperationsbegriff in Fachpolitik und -diskussion überhöht und normativ aufgeladen ist.

2.5.2.4 Partizipation von Eltern

Dass die Elterneinbindung in den ganztagsschulischen Betrieb als Qualitätsmerkmal gesehen werden kann, wird durch die Befunde von Züchner (2011a) sowie Lettau et al., 2016) gestützt. So steigt nicht nur die Elternzufriedenheit mit dem Grad der Einbindung (Züchner, 2011a), sondern ein quantitativ und qualitativ hochwertiger Kontakt zu allen Eltern scheint auch die Chancengerechtigkeit zu verbessern. Dies zeigt sich darin, dass auch sogenannten „risikobehaftete Eltern" (z. B. Eltern mit niedrigeren Bildungsaspirationen, Migrationshintergrund, geringerem kulturellen Kapital, niedrigeren allgemeinen und beruflichen Abschlüssen) ihre Kinder und Jugendlichen zur Teilnahme an den Angeboten bewegen (Lettau et al., 2016, S. 109).

Ergebnisse aus dem US-amerikanischen Raum von Epstein et al. (2002, S. 235 f) deuten außerdem auf einen Zusammenhang zwischen Elterneinbindung und dem Schulerfolg der SuS hin. Dieses Wirkungsverhältnis kann für Deutschland aufgrund einer bislang fehlenden empirischen Untersuchung noch nicht nachgewiesen werden. Dennoch ergeben sich Hinweise für ein verbessertes Zusammenwirken der Eltern und Schulen, indem gerade Eltern aus traditionell bildungsferneren Milieus die Ganztagsschule als Gewinn wahrnehmen und darüber hinaus auch zu einer konkreten Einbindung in die Gestaltung des Schulbetriebs bereit sind (Züchner, 2011b).

2.5.2.5 Partizipation von SuS

Das Autonomieempfinden und die Motivation Jugendlicher werden gestärkt, wenn sich diese selbstständig für die Teilnahme an außerschulischen Freizeitangeboten entscheiden (Blomfield & Barber, 2010). Dieser aus dem australischen Raum vorliegende Befund ist, abgesehen von seinem Potenzial der allgemeinen Übertragbarkeit auf den deutschen Raum, auch insofern zu relativieren, als die Teilnahmeentscheidung v. a. in gebundenen Ganztagsschulen und die Auswahlmöglichkeiten der zur Verfügung stehenden außerschulischen Angebote eingeschränkt ist (Fischer et al., 2016, S. 21; Steiner & Fischer, 2011, S. 200). So zeigt sich bei SuS der Sekundarstufe I einerseits, dass diese häufig an der Entscheidung für die grundsätzliche Teilnahme am Ganztagsbetrieb beteiligt sind, andererseits sind die Freiräume für die Entscheidung zur Teilnahme an bestimmten Angeboten limitiert. Hinzu kommt, dass sowohl die Entscheidungspraxis in den Familien und die elterliche Kontrolle als auch die Kontrolle von LuL und Peers einen wesentlichen Faktor für den weiteren Besuch des Ganztags darstellen (Steiner & Fischer, 2011, S. 199 f).

Wie die Autoren anhand der Ergebnisse der StEG-Längsschnitterhebung allerdings auch zeigen können, bleiben die SuS länger in den Angeboten und beurteilen diese besonders positiv, wenn sie sich für die Teilnahme selbst entschieden haben. Die Wahrscheinlichkeit der Teilnahme steigt außerdem bei SuS, die eine Empfehlung für das Gymnasium bekommen haben (Lettau et al., 2016, S. 108). Leistungsschwächere SuS hingegen nehmen eher weniger dauerhaft am Ganztag teil (Steiner & Fischer, 2011, S. 200).

Da die Ganztagsangebote einerseits nicht an das Schulcurriculum gebunden sind und hier meist keine Leistungsbewertungen stattfinden, fordert eine Reihe von Autoren in den letzten Jahren verstärkt, SuS stärker an der Mitgestaltung zu beteiligen. Auf diesem Weg soll sowohl Autonomieerleben auf der einen und Demokratielernen auf der anderen Seite im pädagogisch geschützten Raum ermöglicht und eingeübt werden (z. B. Althoff, 2014; Bettmer, 2008; Daschner, 2012; Derecik, Kaufmann & Neuber, 2013, S. 215 f; Fischer et al., 2016, S. 21). Dass die Meinung der SuS verstärkt berücksichtigt werden sollte, wird ebenfalls im Rahmen der internationalen *Fachtagung zur Partizipation junger Menschen im europäischen Kontext* im Oktober 2009 verdeutlicht (Jugend für Europa, 2010). Auch wenn sich die von den SuS wahrgenommenen Möglichkeiten der Partizipation in Halb- und Ganztagsschulen nicht (Bacher, Winklhofer & Teubner, 2007) bzw. nur in der Sekundarstufe I (Coelen et al., 2013) voneinander abgrenzen lassen, so zeigen sich dennoch Unterschiede bei den Mitbestimmungsmöglichkeiten zwischen Ganztagsangeboten und Unterricht (Arnoldt & Steiner, 2010). Wie Rabenstein (2008) durch Gruppendiskussionen in Rheinland-Pfalz ergründet, können frei gestaltbare Zeiträume für SuS (mit und ohne Supervision durch Erwachsene) die Eigenverantwortung und das Partizipationslernen im Sinne demokratischer Mitbestimmung weiter unterstützen.

2.5.3 Kontextmerkmale der Ganztagsschulqualität auf Ebene der Ganztagsangebote

Nachdem die Kontext- und Prozessmerkmale der Ganztagsschulqualität auf Schulebene dargestellt wurden, sollen nun mit der Zusammensetzung der Schülerschaft (vgl. Kap. 2.5.3.1), der Angebotsvielfalt (vgl. Kap. 2.5.3.2), Lernzeiten anstelle einer Hausaufgabenbetreuung (vgl. Kap. 2.5.3.3) und BeSS-Angeboten (vgl. Kap. 2.5.3.4) einige Kontextmerkmale der Ganztagsschulqualität auf Ebene der Ganztagsangebote betrachtet werden.

2.5.3.1 Zusammensetzung der Schülerschaft

In schulischen und außerschulischen Settings sind die Peers für Bildungsprozesse von großer Bedeutung (Harring, Böhm-Kasper, Rohlfs & Palentien, 2010; Krappmann & Oswald, 1995; Krüger, Köhler, Zschach & Pfaff, 2008; Krüger, Köhler & Zschach, 2010). Da sich SuS mit den Werten, Normen und Verhaltensregeln der Gruppe identifizieren (Fredricks & Eccles, 2005), kann angenommen werden, dass die Zusammensetzung der Peergroup eine wichtige Voraussetzung für Bildungs- und Identitätsfindungsprozesse darstellt. Daher ist die Pflege von Peerkontakten als wesentliches Element der Identitätsbildung zu nennen (Fölling-Albers, 2000; von Salisch, 2000). Analysiert man Intensität und Dauer von Freundschaften zu Gleichaltrigen unter Berücksichtigung des Schultypus, so lässt sich allerdings kein Vorteil der Ganztagsschule gegenüber der Halbtagsschule feststellen (Kanevski & von Salisch, 2011; Reinders et al., 2011; Züchner, 2013b, S. 63).

Wie aus US-amerikanischen Studien hervorgeht, kann die Selbstwahrnehmung der SuS durch gegenseitige Unterstützung und Kommunikation von Erwartungen positiv beeinflusst werden, z. B. in Bezug auf schulisches Lernen und Sozialverhalten (Wentzel, Baker & Russell, 2009). Ebenfalls findet eine positive Beeinflussung der SuS weniger in unstrukturierten Freizeitaktivitäten, sondern eher in außerunterrichtlichen Angeboten statt. Dort bestehen gute Chancen, Gleichaltrige mit hohen Bildungsaspirationen und guten Schulleistungen zu treffen (Fredricks & Eccles, 2005; Quane & Rankin, 2006).

Für den deutschen Raum kann angenommen werden, dass die soziale Zusammensetzung der Peergruppe in der Ganztagsschule heterogener ist als in der Freizeit der SuS: Zeigt sich der Besuch von Musikschulen und Sportvereinen als sozial selektiv (Deutsche Shell, 2010; Züchner & Grgic, 2013), ist dies in kunst- bzw. sportbezogenen Ganztagsangeboten nicht mehr der Fall (Fischer, Theis & Züchner, 2014). Zu ähnlichen Ergebnissen für musikbezogene Angebote kommen Lehmann-Wermser et al. (2010) im Rahmen der Studie zur musisch-kulturellen Bildung an Ganztagsschulen sowie Züchner und Arnoldt (2011) bei StEG. Daher weisen Fischer et al. (2016, S. 22) auf das Potenzial der heterogenen Zusammensetzung der Gruppen hin, indem zunehmend mehr Peerkontakte in die Ganztagsschule verlagert werden. Eine wichtige Rolle für die eigene Entwicklung können die Charakteristika der Freundschaften spielen, die durch die Teilnahme an Angeboten gewonnen werden (Blomfield & Barber, 2010), indem diese als Modelle für soziales Lernen dienen. So zeigen sich positive Effekte in Bezug auf die Entwicklung emotionaler und sozialer Kompetenzen sowie auf gegenseitige Unterstützungsleistungen im Rahmen der PIN-Studie (Kanevski & von Salisch, 2011). Die älteren SuS werden jedoch aufgrund einer zunehmenden Bewusstheit für die Institutionalisierung der Ganztagsschule zunehmend kritischer sowohl den Angeboten als auch der frei zur Verfügung stehenden Zeit gegenüber, da auch diese im weiteren Sinne ein institutionalisiertes pädagogisches Angebot darstellt (Weide & Reh, 2010, S. 272 f). Dies führt zu dem bereits beschriebenen Effekt sinkender Teilnahmezahlen (vgl. Kap. 2.5.1.3).

Grundsätzlich lässt sich bisher jedoch feststellen, dass eine soziale Selektivität im Hinblick auf die Zusammensetzung der Schülerschaft in Ganztagsschulen besteht, indem diese eher von SuS mit einem höheren sozioökonomischen Status besucht werden (Steiner, 2011). Hierzu liegen entsprechende Befunde für den bundesweiten Raum z. B. durch das StEG-Konsortium (2010) oder die Arbeit von Schwarz und Weishaupt (2014) sowie für einzelne Bundesländer (z. B. Beher et al., 2005) vor. Dieser Umstand kann zum einen mit der Politik einiger Länder begründet werden, welche die Ganztagsteilnahme von Grundschulkindern an die Berufstätigkeit der Eltern knüpfen (Fischer, Tillmann & Willems, 2015, S. 18). Zum anderen ist der Ganztagsbesuch v. a. in Grundschulen häufig mit Kosten verbunden, z. B. für die Teilnahme selbst, für einzelne Angebote, aber v. a. für das Mittagessen (StEG-Konsortium, 2013, S. 70 f, 2015, S. 79 f, 2016, S. 16).

2.5.3.2 Angebotsvielfalt

Ein wesentliches Qualitätsmerkmal der Ganztagsschule stellt die Angebotsvielfalt dar (StEG-Konsortium, 2010, S. 22). So kann ein thematisch vielfältiges Angebot die Interessen der SuS besser und umfassender abbilden (Fischer et al., 2016, S. 22) und es wird gleichzeitig dem erweiterten Bildungsverständnis gerecht. Demnach ist es im Sinne einer „Lebensbildung" (Thiersch, 2002, S. 59) unumgänglich, neben den kognitiven Kompetenzen auch soziale und gesellschaftliche Aspekte zu vermitteln, um so einer ganzheitlichen Persönlichkeitsbildung nachzukommen. Klieme und Fischer (2010) zeigen allerdings auf, dass sich die Angebotsvielfalt einer Schule nicht direkt auf die Entwicklung der SuS auswirkt. Fischer et al. (2012) nehmen dennoch an, dass sich ein an den Interessen und Fähigkeiten der SuS ausgerichtetes Angebot sowohl auf deren Kompetenz- und Wirksamkeitsempfinden auswirken kann; erste Befunde aus *StEG-S* weisen ebenfalls in diese Richtung (StEG-Konsortium, 2016, S. 28). Ein schülergerechtes Angebot scheint darüber hinaus auch insbesondere für jüngere SuS den weiteren Besuch des Ganztags positiv zu fördern (Steiner & Fischer, 2011, S. 200). Dass die Ganztagsbiografie der SuS darüber hinaus Einfluss auf die Bildungspläne hat, zeigen Arnoldt et al. (2016) im Rahmen von *StEG-A*. Das Potenzial ganztägiger Beschulung zeigt sich auch bei SuS aus ressourcenschwächeren Haushalten, indem diese die Bildungs- und Lernerfahrungen der außerunterrichtlichen Angebote besuchen können (Züchner & Rauschenbach, 2013, S. 189).

Um die Interessen der SuS abzudecken, stellen die meisten Ganztagsschulen ein breites Angebot zur Verfügung. Unter den freizeitorientierten Angebotselementen sind – unabhängig von der Schulform – BeSS-Angebote zu über 95 % am meisten verbreitet (StEG-Konsortium, 2015, S. 77). Die Hausaufgabenbetreuung ist unter den fächernahen Angeboten mit fast 90 % an den Primarschulen und Gymnasien am häufigsten anzutreffen (StEG-Konsortium, 2015, S. 72 f). Beide Angebotstypen sollen daher in der Folge genauer betrachtet werden (Kap. 2.5.3.3 und 2.5.3.4).

Freizeitorientierte Angebote kommen den Interessen und Neigungen der SuS besonders entgegen (Arnoldt & Steiner, 2016; Holtappels, 2005b; StEG-Konsortium, 2010). StEG-A zeigt allerdings, dass sich die Interessen der SuS im Laufe ihrer Ganztagsschullaufbahn verschieben. Zu Beginn sind die wahrgenommenen Angebote vorwiegend thematisch breit ausgerichtet, am Ende der Schullaufbahn nutzen die SuS eher Lernangebote wie z. B. Angebote zur Berufsorientierung. BeSS-Angebote werden unter allen Angeboten außerhalb fachbezogener Zusatzkurse auch am Ende der Sekundarstufe I am meisten nachgefragt (StEG-Konsortium, 2016, S. 37). Ein leistungsorientiertes Nutzerprofil im Sinne einer frühzeitigen Weiterqualifizierung kann auch von Arnoldt et al. (2016) bei SuS nicht-gymnasialer Schulen in der Sekundarstufe I nachgewiesen werden. Aus *StEG-Q* geht hervor, dass die SuS in den Angeboten häufig neue und andere Möglichkeiten sehen, um ihren Interessen zu folgen (StEG-Konsortium, 2016, S. 31).

Der Bedarf an *Förderangeboten* wird v. a. von Eltern geäußert (Holtappels, 2005b; StEG-Konsortium, 2010). Eltern mit niedrigem sozioökonomischem Status sind außerdem stärker auf die Ganztagsschule angewiesen, um Bildungsaspirationen erfüllen zu können. Gleichzeitig sind diese aber auch mit der Förderung ihrer Kinder zufriedener als Eltern mit einem höheren sozioökonomischen Status (Arnoldt & Steiner, 2015). Das Erleben von SuS während des Ausübens unterschiedlicher Aktivitäten wird von Studien aus dem US-amerikanischen Raum untersucht: So sind die SuS bei eher sport- bzw. freizeitorientierten Angeboten stärker engagiert und eher „bei der Sache" als bei unterrichtsnahen Angeboten, z. B. der Hausaufgabenbetreuung (z. B. Shernoff & Vandell, 2007). Daher nehmen verschiedene Forscher an, dass sich regelmäßig stattfindende und herausfordernde Freizeitaktivitäten unter der Beaufsichtigung eines Erwachsenen mit dem Empfinden von Spaß und Interesse der SuS verknüpfen lässt. Dennoch zeigt sich, dass nicht nur die Freizeitangebote selbst zu berücksichtigen sind, sondern auch die Angebotsvielfalt beachtet werden muss. So hängt die Bandbreite der Angebote, die die SuS besuchen, positiv mit der Entwicklung der SuS zusammen (Bartko & Eccles, 2003; Feldman & Matjasko, 2007). Wie aus der StEG-Längsschnitterhebung hervorgeht, bewerten SuS der Jahrgangsstufe 5 die Angebote besonders dann positiv, wenn sie sowohl an fachbezogenen als auch an fächerübergreifenden Angeboten teilnehmen (Brümmer, Rollett & Fischer, 2011).

2.5.3.3 Lernzeiten statt Hausaufgabenbetreuung

Unter den unterrichtsnahen Angeboten nimmt die *Hausaufgabenbetreuung* bislang den größten Teil ein (StEG-Konsortium, 2013). Wie aus den StEG-Daten hervorgeht, sind es v. a. sozioökonomisch schlechter gestellte Eltern, die sich durch die Erledigung der Hausaufgaben in der ganztägigen Betreuung entlastet fühlen (Fischer et al., 2014; Züchner, 2011a, 2011b; Züchner & Fischer, 2014). Allerdings befindet sich das System im Wandel und der StEG-Schulleitungsbefragung ist zu entnehmen, dass immer mehr Ganztagsschulen planen, die Hausaufgabenbetreuung durch Lern- bzw. Übungszeiten in der Schule zu ersetzen. So integrierten bereits im Jahre 2012 60 % aller Ganztagsschulen ein ergänzendes fachbezogenes Lernen und Üben durch *aufgabenbezogene Lernzeiten* in den Schultag (StEG-Konsortium, 2013, S. 65).

Dieser Trend findet sich aktuell auch in den Landesschulgesetzen zweier Bundesländer wieder: Gemäß Ganztagsschuldefinition (Nordrhein-Westfalen) bzw. Modulbeschreibung (Saarland) muss die Bearbeitung der Hausaufgaben fest in den ganztägigen Tagesablauf integriert sein (Mütze et al., 2015, S. 24). In Bezug auf die Qualität der Hausaufgabenbetreuung bzw. Lernzeiten kann anhand der Befunde von Zepp (2009) zumindest angenommen werden, dass die SuS durch die schulische Betreuung eher höher motiviert sind und sich ihre Schulleistungen nicht verschlechtern. Wie aus der dritten *JAKO-O-Studie* (Killus & Tillmann, 2014) hervorgeht, sind die Eltern mit der Art und Weise der Betreuung jedoch nicht immer zufrieden. Dies ist v. a. dann der Fall, wenn die Hausaufgaben in der Schule nicht vollständig erledigt werden. Dass dies häufig die Regel darstellt, unterstreichen Heyl, Fischer und Tillack (2016, S. 182) auf Grundlage von Daten aus *StEG-S*, nach denen ungefähr drei Viertel der SuS, die an Hausaufgabenbetreuungen teilnehmen, sich auch zuhause noch mit Hausaufgaben beschäftigen müssen. Darüber hinaus zeigen empirische Befunde, dass sich die Hausaufgabenbetreuungen stark hinsichtlich ihrer Qualität unterscheiden, z. B. durch den unterschiedlichen Personaleinsatz (LuL vs. Studierende vs. Eltern vs. Erzieher/innen) und den jeweiligen Anspruch (fachliche Unterstützung vs. schlichte Betreuung; Kaufmann, 2013; Kielblock, 2015).

Qualitative Befunde zeigen darüber hinaus Defizite sowohl in Bezug auf die fachliche bzw. fachdidaktische Ausbildung des betreuenden außerunterrichtlichen Personals als auch in Bezug auf dessen Kenntnis über die Lernvoraussetzungen und -ziele der SuS auf (Kolbe, Reh, Fritzsche, Idel & Rabenstein, 2007). Zwar wenden sich die betreuenden Kräfte kurzzeitig den einzelnen SuS und ihren Lernbedürfnissen zu, allerdings liegt der Fokus weniger auf der individuellen Förderung als vielmehr auf der Quantität der zu erledigenden Aufgaben (Rabenstein & Podubrin, 2015). Hinzu kommt, dass das Personal oftmals überfordert zu sein scheint, Gruppen zu groß sind und es an Differenzierungsmaßnahmen mangelt (Breuer, Schütz & Weide, 2008). Dadurch bleibt das Potenzial der individuellen Förderung weitgehend ungenutzt (Fischer et al., 2016, S. 23; Vollstädt, 2009). Dies kann auch daran festgemacht werden, dass in der Hausaufgabenbetreuung eingesetzte LuL häufig nur für solche Fragen ansprechbar sind, die ihre Unterrichtsfächer betreffen (Rabenstein & Podubrin, 2015). Dennoch zeigt *StEG-Q*, dass das unterrichtsnahe Hausaufgabenangebot von den SuS geschätzt wird, solange es als Kontrast zum Unterricht erlebt wird. Eine klassen- oder jahrgangsübergreifende Organisation ermöglicht es den SuS außerdem, Absprachen mit Freunden zu treffen und gemeinsam zu bestimmten Zeiten in die Hausaufgabenbetreuung zu gehen. Außerdem wird die Angebotsleitung weniger bestimmend als die Lehrkraft im Unterricht wahrgenommen, obwohl die SuS dennoch klare Anweisungen und Hilfestellungen erhalten (StEG-Konsortium, 2016, S. 31).

Wie aus den Daten der *Bildungsberichterstattung Ganztagsschule* in Nordrhein-Westfalen hervorgeht, schätzen die LuL ihre Kompetenzen in Bezug auf die Veränderung der Hausaufgabenpraxis oder sogar auf die Entwicklung von Übungs- und Lernzeiten als nicht besonders hoch ein (Börner, 2015, S. 11). Aufgrund dieser Ergebnisse ist davon auszugehen, dass strukturelle Merkmale die Qualität der Hausaufgabenbetreuung beeinflussen. Auch wenn bislang nur wenig über Qualitätsmerkmale von Lern- und Übungszeiten bekannt ist, scheinen mit der effizienten Zeitnutzung und der guten Strukturierung bereits zwei Aspekte identifiziert zu sein, welche die Motivation der SuS aufrechterhalten und motivationale Interferenzen reduzieren können (Fischer, Schmidt & Zeidler, 2009). Besonders können davon SuS mit Migrationshintergrund bzw. schwächerem Selbstkonzept profitieren (Fischer, Radisch & Stecher, 2009; StEG-Konsortium, 2010; Tillack, Kuhn & Fischer, 2014). Trotz des Potenzials, welches die Hausaufgabenbetreuung bietet, um Bildungsungleichheiten abzubauen und individuelle Förderung von SuS zu ermöglichen (Heyl et al., 2016, S. 182), ist dennoch grundsätzlich zu bedenken, dass zuerst diejenigen SuS an der Hausaufgabenbetreuung teilnehmen müssen, die erreicht werden sollen.

Dies ist v. a. an offenen Ganztagsschulen aufgrund ihrer mangelnden Verbindlichkeit nicht immer der Fall (Wahler et al., 2005).

2.5.3.4 Bewegungs-, Spiel- und Sportangebote

Unter den freizeitbezogenen Angeboten werden BeSS-Angebote von den SuS am stärksten nachgefragt (StEG-Konsortium, 2016, S. 38; Züchner & Arnoldt, 2011, S. 277) und – von der fachbezogenen Hausaufgabenbetreuung abgesehen – auch am häufigsten im Ganztag genutzt (StEG-Konsortium, 2016, S. 25). Diese besondere Stellung von BeSS-Angeboten im Ganztag wird im Rahmen curricular ungebundener Aktivitäten bereits im sechsten pädagogischen Leitziel des BMBF (2003b, S. 6) in Bezug auf eine kreative Freizeitgestaltung hervorgehoben und von einer Reihe empirischer Studien betont (Arnoldt, 2010; Laging, 2010; Laging & Stobbe, 2011, 2011a; Wick, Naul, Geis & Tietjens, 2011; Züchner, 2013a; 2014). So herrscht allgemein ein Konsens darüber, dass die Ganztagsschule nicht nur die Köpfe, sondern auch die Körper länger an die Schule bindet (Laging, 2014, S. 42). Die Bedeutung von Sport für die Gesundheit und Entwicklung von SuS wird zudem im 13. Kinder- und Jugendbericht (BMFSFJ, 2009a) unterstrichen. Außerdem wird dem Sport eine sozialisatorische bzw. bildende Wirkung zugesprochen (Züchner, 2013a, S. 91). Auf diese soll im Folgenden näher eingegangen werden.

Aus sportpädagogischer Sicht lassen sich mit (1) der Kompensation von Bewegungsdefiziten[93], (2) der Erziehung zum und durch Sport[94] sowie (3) Bewegung als „Weltverstehen-in-Aktion" (Tamboer, 1994, S. 200) im Sinne eines

---

93 Im Gegensatz zu dieser „Defizithypothese" (Laging, 2014, S. 27), nach der Bewegung aufgrund befürchteter negativer Auswirkungen auf die soziale, kognitive und emotionale Entwicklung sowie das Selbstkonzept der SuS zu fördern ist, betont Laging (2014, S. 26 f) aufgrund widersprüchlicher Forschungsbefunde (z. B. Bös, 2000, 2003; Brandt, Eggert, Jendritzki & Küppers, 1997; Kleine & Podlich, 2002; Kleine, 2003; Kretschmer & Giewald, 2001) und des empirisch nachgewiesenen Stellenwerts von Bewegung, Spiel und Sport für Kinder und Jugendliche (Balz & Kuhlmann, 2004; Schmidt, Hartmann-Tews & Brettschneider, 2003), dass es bei der Implementierung von Bewegungsaktivitäten in den Ganztag eher darum gehe, „wie Bewegungsaktivitäten in den Lebensstil der Schüler(innen) integriert werden können. Zudem sollte ein Bewusstsein dafür geschaffen werden, dass körperliches Wahrnehmen und Erleben die Grundlage für einen bewegungsbezogener [sic] Weltzugang darstellen und damit wichtige Bildungsprozesse anstoßen" (Laging, 2014, S. 28).

94 Unter dieser Formel wird einerseits die Erziehung *zu* körperbezogenen Kompetenzen im Sinne sportlicher Handlungsfähigkeit und andererseits die Kompetenzvermittlung zu extrasportiven Zielen (z. B. Sozialverhalten, Fairness, Gesundheit) *durch* Sport verstanden (Prohl, 2010, S. 189 f). Diese Argumentationsfigur basiert im Wesentlichen auf dem im Zwölften Kinder- und Jugendbericht besonders hervorgehobenen Bildungspotenzial des Sports (BMFSFJ, 2006a, S. 376) als Teil der Persönlichkeitsentwicklung (Laging, 2014, S. 28 f; Neuber, 2010, S. 10).

leiblich fundierten Ausdrucks im Dialog mit der Welt[95] mindestens drei grundlegende Argumentationsfiguren für mehr Bewegung in der Schule anführen (Laging, 2014, S. 26). Bereits hiermit wird deutlich, über welch ein Potenzial Bewegung und Sport für die Entwicklung und das Lernen verfügen. Im Bereich der Primarschulen wird dies bereits Anfang der 1990er Jahre aufgegriffen und das Konzept der Bewegten Schule sukzessive umgesetzt (Hildebrandt-Stramann, 1999; Illi, 1995; Klupsch-Sahlmann, 1995; Laging, 1997). Inzwischen wird auch erkannt, dass die Idee der Bewegten Schule nicht nur auf den Primarbereich zu begrenzen ist, sondern in weiterführenden Schulen ebenso sinnvoll erscheint, weswegen sie auch in der Debatte um die Ausgestaltung der Ganztagsschule aufgegriffen wird.

Ziel ist es, neben entsprechenden Sportangeboten auch einen bewegten Unterricht in allen Fächern, eine bewegungsanregende Schulhofgestaltung und eine bewegungsorientierte Rhythmisierung des Schultages (z. B. in den Pausen, in Mittagszeiten, zum gleitenden Schulbeginn bzw. -schluss) zu gewährleisten, damit auch in der Ganztagsschule bewegtes Lernen und Leben ermöglicht wird und Bewegung und Sport ihr Potenzial entfalten können (Hildebrandt-Stramann, 2010; Laging & Hildebrandt-Stramann, 2007; Laging, 2008, 2010, 2014; Laging et al., 2010; Stibbe, 2006).

Wenngleich die Bedeutung des BeSS-Angebots in der Ganztagsschule gerne in der Fachwissenschaft hervorgehoben wird, muss darauf hingewiesen werden, dass sich bislang so gut wie keine empirischen Studien mit den Wirkungen von BeSS-Angeboten auf die SuS im ganztägigen Kontext befasst haben[96]. Nach Laging (2014, S. 37) wird die Perspektive der Ganztagsschule von der Schulsportforschung bisher vollständig ausgeblendet. Dies wird auch vom Dritten Kinder- und Jugendsportbericht (Neuber, Kaufmann & Salomon, 2015, S. 439 f) und einer systematischen Literaturübersicht[97] zum aktuellen For-

---

95 Nach dieser Theorie wird das Sich-Bewegen als eine grundlegende Basiskompetenz der menschlichen Bildung verstanden (z. B. Bietz, Laging & Roscher, 2005; Franke, 2003; Prohl, 2001), indem nicht die auf Wirksamkeit angelegten Sinnperspektiven (z. B. Leistung, Gesundheit, Ausdruck, Wagnis) des mehrperspektivischen Sportunterrichts (dazu z. B. Kurz, 1995), sondern die Vorstellung von Bewegung als leiblich-sinnliche Erfahrungsmöglichkeit verbunden ist, die Bewegung als ein eigenes Erkenntnismedium auffasst (Franke, 2005).
96 Zwar können Heemsoth, Tietjens, Naul und Dreiskämper (2015) in einer Längsschnittstudie zum Einfluss verschiedener Ganztagssportangebote bestimmte Effekte in Bezug auf den Body-Mass-Index, die motorische Leistungsfähigkeit und das Selbstkonzept belegen, allerdings sind diese Befunde selbst nach Meinung der Autoren aufgrund methodischer Fragen mit Vorsicht zu behandeln.
97 Die Autoren erfassen insgesamt 2847 Publikationen in den Datenbanken des *Bundesinstituts für Sportwissenschaft* (BISp), den Zeitschriften *Sportunterricht* und *Sportpädagogik*, im *Fachportal Pädagogik* sowie in *Google Scholar*. Nach dem Entfernen von Duplikaten und einem Auswahlprozess, der u. a. den klaren Verweis auf die Zielgruppe der SuS, einen inhaltlichen Bezug zur Schule, einen Bezug zur körperlichen Aktivität, die Basierung auf em-

schungsstand zu Bewegung und Sport in Ganztagsschulen in Deutschland (Kuritz, Dinkelacker & Mess, 2016) bestätigt. Die vorliegenden Studien zeigen, dass sich ein Großteil entweder mit der Infrastruktur und Konzeption von Ganztagsschulen oder mit den Beziehungen zwischen Ganztagsschulen und außerschulischen Partnern bzw. Kooperationspartnern[98] beschäftigt. Ergänzt man, wie Laging (2014), diese Perspektive um Befunde aus der empirischen Schulsportforschung zur Bewegten Schule, so können noch Projekte hinzugezählt werden, die sich mit der Wirksamkeit und Akzeptanz dieser Konzeption[99] befassen. Daraus kann jedoch lediglich das Potenzial von Bewegung, Spiel und Sport im Ganztagskontext abgeleitet werden.[100] Somit „fehlen bislang Publikationen, die Vorher-Nachher-Vergleiche ermöglichen und dadurch Veränderungen oder Wirkungen aufzeigen" (Kuritz et al., 2016, S. 174).

Aus den bisher vorliegenden Befunden lassen sich dennoch einige empirisch fundierte Kenntnisse zu BeSS-Angeboten gewinnen, allerdings liegt der Schwerpunkt auf einer Analyse der Angebote und weniger auf deren Auswirkungen. Dazu sollen an dieser Stelle, ähnlich wie bei StEG, zuerst die zwei pro-

---

pirischen Daten sowie einen Publikationszeitraum bis zum Start des IZBB-Programms berücksichtigt, können 37 Veröffentlichungen identifiziert werden. Davon sind allein 19 Publikationen auf die StuBSS-Studie bezogen. Jeweils drei Veröffentlichungen beziehen sich auf die Sportentwicklungsberichte der Jahre 2008, 2010 und 2012, auf die Daten der Essener Pilotstudie zur Evaluation von BeSS-Angeboten an offenen Ganztagsgrundschulen in Nordrhein-Westfalen und auf die Evaluation des Bewegungs-, Spiel- und Sportangebots an offenen Ganztagsschulen im Primarbereich.

98 Hierzu sind z. B. die Studien von Breuer (2009), Heim, Prohl und Bob (2012), Naul, Tietjens, Geis und Wick (2010), Thieme (2010) sowie Vogel (2010) zu nennen.

99 Im *Projekt der Universität Bayreuth* zur Bewegten Schule werden SuS mithilfe von Kinderzeichnungen und Interviews befragt, welche Bewegungsaktivitäten sie sich in verschiedenen Bereichen der Schule wünschen, warum gerade diese von besonderer Bedeutung sind und wie sich die SuS eine Bewegte Schule vorstellen (Kuhn, Medik & Dudek, 2001; Heil, Heinrich & Kuhn, 2001). In der *Regensburger Projektgruppe* wird mittels Gruppendiskussionen mit SuS, Leitfadeninterviews mit LuL und Beobachtungen der Unterschied zwischen sportpädagogischem Anspruch und schulischer Realität geprüft (Kößler, 1999; Neumann, 2000; Regensburger Projektgruppe, 1999). Auch Thiel, Teubert und Kleindienst-Cachay (2006) greifen dieses Thema im Rahmen einer quantitativ-empirischen Untersuchung auf.

100 Müller (2000) kann im Rahmen der Evaluation ihres Konzepts der Bewegten Schule für die Grundschule bei der Untersuchungsgruppe eine Verbesserung im koordinativen Bereich, eine bessere Konzentrationsfähigkeit und damit verbunden auch eine bessere Arbeitsgeschwindigkeit, ein besseres subjektives Befinden und im Verlauf des Längsschnitts eine Verbesserung des Sozialverhaltens im Vergleich zur Kontrollgruppe nachweisen. Für NRW berichten Heemsoth et al. (2015) von positiven Wirkungen der Teilnahme an bewegungsbezogenen Ganztagsangeboten in der Grundschule. Allerdings merken die Autoren selbstkritisch die kleine Stichprobengröße und einen Analysezeitraum von nur 6 Monaten an.

minentesten Studien[101] vorgestellt werden, auf deren Befunde in der Folge häufig zurückgegriffen wird. Nach der Vorstellung dieser Studien soll der aktuelle Forschungsstand zu bewegungsbezogenen Angeboten im ganztägigen Kontext dargestellt werden.

Die *Studie zur Entwicklung von Bewegung, Spiel und Sport in der Ganztagsschule* (StuBSS) ist ein Verbundprojekt der Universitäten Marburg, Jena und Braunschweig. Sie wurde aus Mitteln des BMBF und des ESF finanziert und ist in das IZBB-Programm eingebunden. In der Studie werden an jeweils sieben Schulen aus dem Grund-, Haupt-, Real- und Gesamtschulbereich sowie an Gymnasien und Verbundformen dieser Schulen in den Bundesländern Hessen, Niedersachsen und Thüringen sowohl quantitative als auch qualitative Daten erhoben. Innerhalb von fünf Teilprojekten geht es um Fragen zur Konzeption, Begründung und Bedeutung von Bewegungsaktivitäten im Rahmen von Schulentwicklungsprozessen.[102] Außerdem wird untersucht, in welchen Formen und Weisen die Aktivitäten im Ganztag angeboten und von den SuS wahrgenommen werden sowie welche Rolle Kooperationen mit außerschulischen Partnern für das Bewegungs- und Sportangebot spielen (Hildebrandt-Stramann & Laging, 2013; Laging, 2012). Die Studie umfasst einen quantitativen Teil mit einer repräsentativen Fragebogenerhebung und einen qualitativen Teil, der in drei Phasen gegliedert ist: In der Phase der Erhebung und Erstauswertung werden leitfadengestützte Interviews, Beobachtungen des Schulalltags, schriftliche Befragungen der Schulleitungen, Gruppendiskussionen mit SuS und LuL sowie eine Dokumentenanalyse von Schulprogrammen und Beschlüssen von Fach- und Schulkonferenzen durchgeführt, um daraufhin vorläufige Schulportraits i. S. v. Einzelfallstudien zu erstellen. In der zweiten Phase werden diese Schulportraits herangezogen, um die Schulen in ihrem Entwicklungsprozess zu beraten. Nach einer Reflexion dieser Intervention und der Erstellung einer Endfassung der Schulportraits werden in der dritten Phase die Fragestellungen der Studie fallvergleichend ausgewertet, um verallgemeinerbare

---

101 Nach Kuritz et al. (2016, S. 163 f) werden auf Grundlage dieser beiden Studien 19 (StuBSS) bzw. 6 (BeSS-Eva NRW) Veröffentlichungen publiziert, wogegen bei anderen Studien eine geringere Anzahl an Veröffentlichungen zu verzeichnen sind. Darüber hinaus eignen sich diese beiden Studien aufgrund ihres Umfangs besonders zur Darstellung der aktuellen Forschungslage.
102 Teilprojekt 1 beschäftigt sich mit der Konzept- und Organisationsentwicklung von bewegungsorientierten Ganztagsschulen, Teilprojekt 2 mit Kooperationsformen mit bewegungsorientierten Partnern, Teilprojekt 3 mit Bewegungsangeboten und -aktivitäten in der Ganztagsschule, Teilprojekt 4 mit den Sichtweisen von LuL sowie SuS zu Bewegung, Spiel und Sport in der Ganztagsschule und Teilprojekt 5 mit einer bewegten Lern- und Unterrichtskultur in der Ganztagsschule.

Erkenntnisse zu gewinnen (Hildebrandt-Stramann, 2013; Hildebrandt-Stramann et al., 2014a; Laging, 2013; Laging & Stobbe, 2011).

Die Studie *Evaluation des BeSS-Angebots an offenen Ganztagsschulen im Primarbereich in seinen Auswirkungen auf die Angebote und Struktur von Sportvereinen, Koordinierungsstellen und die Ganztagsförderung des Landessportbundes NRW in Nordrhein-Westfalen* (BeSS-Eva NRW) der Forschungsgruppe *Sport im Ganztag* (SpOGATA), welche aus Mitarbeiterinnen und Mitarbeitern der sportwissenschaftlichen Institute der Universitäten Duisburg-Essen und Münster sowie dem Willibald-Gebhard-Institut besteht, ging aus einer 2008 gestarteten Pilotstudie im Raum Essen (Forschungsgruppe SpOGATA, 2008) hervor. Die Hauptstudie wurde vom Landessportbund bzw. der Sportjugend, dem Ministerium für Familie, Kinder, Jugend, Kultur und Sport, dem Ministerium für Schule und Weiterbildung sowie der Unfallkasse Nordrhein-Westfalen gefördert und in fünf ausgesuchten Landkreisen und fünf kreisfreien Städten an Grundschulen durchgeführt. Zur Datenerhebung werden verschiedene qualitative und quantitative Untersuchungsinstrumente wie online- und papierbasierte Fragebögen, verschiedene Formen von Interviews, (videogestützte) Beobachtungen, Motoriktests und Dokumentenanalysen genutzt. Die Evaluation basiert auf den Modulen A, B und C. Dabei ist das A-Modul quantitativ ausgelegt, es werden Befragungen mit Schulleitungen bzw. Ganztagskoordinatoren, Sportvereinen, individuellen Anbietern von BeSS-Angeboten an offenen Ganztagsgrundschulen sowie Trägern, Kooperationspartnern und Koordinierungsstellen durchgeführt. Das B-Modul untersucht vier thematische Handlungsfelder[103] und hat vorrangig Fallstudien- bzw. explorativen Charakter, um interaktive und soziale, motorische und gesundheitliche Effekt und Wirkungsweisen der BeSS-Angebote zu erfassen und zu analysieren. Das C-Modul untersucht mittels bivariater und multivariater Berechnungen Querverbindungen innerhalb des A- und B-Moduls sowie zwischen beiden Modulen (Naul et al., 2015, S. 13 f).

Den aktuellen StEG-Kennwerten ist zu entnehmen, dass über alle Schulformen hinweg BeSS-Angebote zu über 95 % bereitgehalten (StEG-Konsortium, 2015, S. 15) und nahezu an jedem Wochentag angeboten werden (Laging & Stobbe, 2011; Naul, 2008, S. 161 f). Es kann daher von einem annähernd flächendeckenden Angebot ausgegangen werden (Laging, 2014, S. 43; StEG-Konsortium, 2015, S. 77). Im Verhältnis zum gesamten außerunterrichtlichen Angebot an

---

103 Dazu sind zu zählen: (B1) Förderung gleichberechtigter Teilhabe von Jungen und Mädchen, (B2) Bewegungsbildung und Gesundheitsförderung, (B3) Partizipation von Kindern, (B4) Integration von Kindern mit Migrationshintergrund/ interkulturelles Lernen.

den Schulen haben die bewegungsbezogenen Angebotsstunden mit ca. 31 % den größten Anteil (Heim et al., 2012; Süßenbach & Geis, 2013; Thieme, 2013). Im Primarbereich sind sportartspezifische und -unspezifische Angebote weitgehend ausgeglichen (Forschungsgruppe SpOGATA, 2009; Naul et al., 2010; Thieme, 2013), wohingegen in den Sekundarschulen die sportartspezifischen Angebote überwiegen (Thieme, 2013). Die Angaben hierzu differieren jedoch, da sich sowohl die Organisationsform des Ganztags als auch die Arten der Untersuchungen unterscheiden (Neuber et al., 2015, S. 432). Die Angebote orientieren sich häufig an vereinstypischen Sportartenprofilen, v. a. Ballsportarten (v. a. Fußball), Tanzen und Schwimmen. Daraus schließen Laging und Dirks (2014a), dass die Angebote zu sehr die Wünsche bzw. Nachfrage ohnehin bereits sportlicher SuS berücksichtigen.

Wie Laging und Stobbe (2011, S. 217) auf Basis der Daten von StuBSS darstellen, kann grundsätzlich zwischen Schulen, die Bewegung im gesamten Tagesrhythmus mitdenken (integrativer Typ), und Schulen, die Bewegung auf außerunterrichtliche Aktivitäten in den Pausen und am Nachmittag begrenzen (additiver Typ), unterschieden werden. Dabei zeigt sich ebenfalls, dass nicht nur die Integration von Bewegung mit dem Grad an Gebundenheit der Ganztagsschule steigt, sondern auch ein Zusammenhang der Schulform mit der Neigung zur Integration von Bewegungsaktivitäten und -angeboten in den ganztägigen Tagesablauf besteht. So können z. B. Gymnasien und Haupt- bzw. Realschulen häufiger dem additiven Typ und Grundschulen sowie verbundene Schulformen häufiger dem integrativen Typ zugeordnet werden. Das additive Konzept wird häufig von den Anbietern bevorzugt (Naul et al., 2010, S. 155), eine Verknüpfung zwischen Unterricht und Angebot findet größtenteils nicht statt (Forschungsgruppe SpOGATA, 2012; Wagner, 2012). Es bestehen kaum gemeinsame Bildungsinteressen zwischen LuL und den Anbietern (Laging, 2010) sowie Kooperationen mit LuL und weiteren Kräften des Ganztags (Forschungsgruppe SpOGATA, 2009). Die Kooperationspartner sind außerdem in keiner Schulkonferenz vertreten, gehören aber zu einem Drittel wenigstens dem schulinternen Ganztagsgremium an (Wagner, 2012). Eine Einbindung der Angebote in den Vormittag gelingt daher selten, 86 % der Angebote finden am Nachmittag statt (Vogel, 2010).

Sportvereine werden von den Schulen am häufigsten als Kooperationspartner angegeben (Züchner, 2014; Züchner & Arnoldt, 2012) – ungefähr die Hälfte aller Ganztagsschulen arbeitet mit Sportvereinen zusammen (Arnoldt, 2011; Forschungsgruppe SpOGATA, 2009; Wagner, 2012; Züchner & Arnoldt, 2012), wobei im Rahmen der StuBSS-Erhebung mit 70 % ein höherer Wert angegeben wird (Laging & Stobbe, 2011). Primarschulen arbeiten häufiger mit Sportvereinen zusammen als Schulen der Sekundarstufe I (Züchner, 2014). Die Schulen arbeiten durchschnittlich mit zwei Sportvereinen zusammen (Laging & Stobbe 2011; Wagner 2012). Als Motive für die Zusammenarbeit werden von den Vereinen v. a. der Ausbau der Kooperationsbeziehungen mit der Schule, die Mitgliedergewinnung, die Talentsichtung und -förderung, die Sicherung der Sportstättenkapazität und die Akquirierung von Geldern genannt (Forschungsgruppe SpOGATA, 2012; Thieme, 2013, 2014). Dagegen erhoffen sich die Schulen durch die Kooperation v. a. eine breite und gesicherte sowie kontinuierliche Angebotspalette (Laging, 2010; Laging & Dirks, 2014a) und außerdem eine Motivierung der SuS für das außerschulische Sporttreiben durch das Kennenlernen von Sportarten und die Nutzung der sportartspezifischen Kompetenz der externen Anbieter (Schulz-Algie, 2010; Thieme, 2014; Wagner, 2012). Schulen ohne und mit nur wenigen Kooperationen greifen auf entsprechendes schuleigenes Personal oder Eltern und ehrenamtlich tätige Personen zurück. Dadurch führen letztendlich beide Strategien, wenn auch auf unterschiedliche Weise, zu einem vielfältigen und umfangreichen Bewegungsangebot (Laging, 2012, S. 8 f).

Ob die Angebote eher von LuL, weiterem pädagogisch tätigen Personal oder von Personen aus dem organisierten Sport durchgeführt werden, variiert je nach Studie, Bundesland und schulspezifischem Vorgehen. Das Qualifikationsniveau der Durchführenden kann als sehr heterogen bezeichnet werden und scheint sich nach Haenisch (2011) eher negativ auf die Förderungsmöglichkeiten der SuS auszuwirken. Für Rheinland-Pfalz kann das formale Qualifikationsniveau als relativ hoch eingeschätzt werden (Thieme, 2013). In Niedersachsen fordern jedoch nur knapp 58 % der offenen Ganztagsschulen eine Mindestqualifikation (Süßenbach & Geis, 2013). Im Rahmen der Essener Pilotstudie geben 40 % der befragten Anbieter an, keine Vereinslizenz zu besitzen (Forschungsgruppe SpOGATA, 2009; Geis, Hoffmann, Naul & Wick, 2009; Naul et al., 2010), etwa ein Viertel des befragten außerschulischen Personals in Nordrhein-Westfalen besitzt keinen zertifizierten Qualifikationsnachweis (Wagner, 2012).

Defizite bestehen v. a. bei der Gestaltung des gesamten Schulraums im Hinblick auf Möglichkeiten des informellen Lernens (Derecik, 2011, 2012; Hildebrandt-Stramann & Laging, 2013; Wagner, 2012). In Primarschulen werden v. a. mehr Tobe- und Freizeiträume und in Schulen der Sekundarstufe I mehr Begegnungs- und Ruheräume bzw. -nischen benötigt (Derecik, 2012, 2014). Geringe räumliche Ressourcen sind u. a. auf die Doppelnutzung der Sporthallen durch (Ganztags-)Schulen und Sportvereine (Laging & Dirks, 2014a) zurückzuführen, wodurch auch zeitliche Verlagerungen des Vereinsangebots entstehen (Forschungsgruppe SpOGATA, 2012). Zusätzlich stellen personelle und finanzielle Beschränkungen sowie die Gruppengröße, eine hohe Fluktuation der SuS und das vorhandene Material limitierende Faktoren dar (Forschungsgruppe SpOGATA, 2012; Süßenbach & Geis, 2014; Naul et al., 2010; Wagner, 2012).

Wie Züchner und Arnoldt (2011) auf Grundlage der Ergebnisse der StEG-Längsschnitterhebung aufzeigen, erweisen sich BeSS-Angebote als wenig sozial selektiv, wobei durchaus Kinder mit Migrationshintergrund etwas besser erreicht werden. SuS im Ganztag treiben zwar weniger Vereins- und Freizeitsport, gehen aber durch die Teilnahme an bewegungsbezogenen Ganztagsangeboten insgesamt sogar mehr organisierten Sportaktivitäten nach. Daraus schließen die Autoren, dass sich zumindest teilweise das Sporttreiben von den Vereinen hin zu den ganztägigen Angeboten verlagert. Gleichzeitig wird jedoch auch von Anwerbeeffekten für die Sportvereine berichtet. Eine tendenziell eher einschränkende Wirkung der Ganztagsschule auf die Sportaktivitäten in Vereinen wird im Rahmen der *Studie zu Medien, Kultur und Sport* (MediKuS) bestätigt. Von einem erhofften kompensatorischen Effekt der Ganztagsschule, durch den insbesondere SuS mit geringeren familiären Ressourcen aufgrund der Teilnahme an außerschulischen Angeboten verstärkt zu sportlichen Aktivitäten geführt werden, kann nicht ausgegangen werden (Züchner & Grgic, 2013).

Unterschiede in Bezug auf eine Mitgliedschaft in Sportvereinen zwischen SuS im Ganz- und Halbtag können sowohl für Hessen (Heim et al., 2012; Laging, 2012) als auch für Nordrhein-Westfalen (Naul, Wick, Geis & Gerhard, 2011) nicht festgestellt werden. Dagegen zeigt der StEG-Längsschnitt, dass die an Ganztagsangeboten teilnehmenden SuS seltener in einem Sportverein aktiv sind als ihre nicht-teilnehmenden Mit-SuS (Züchner & Arnoldt, 2011). G8-beschulte SuS sind dagegen häufiger Mitglied in einem Sportverein als SuS mit neunjähriger Sekundarstufe (Bob, Heim & Prohl, 2015). Ein uneinheitliches Bild wird im Hamburger Sportvereinsmodell gezeichnet (Burrmann, Opitz & Zander, 2012). Aufgrund dieser so unterschiedlichen Ergebnisse kann ein genereller Zusammenhang zwischen der Einbindung der SuS in organisierte Vereinsaktivitäten und deren schulisch-zeitlicher Belastung für den Bereich des Sports nicht hergestellt werden. Nach Züchner (2014, S. 377) ist eher von länderspezifischen Effekten auszugehen, die sich u. a. auch am Verbindlichkeitsgrad der Ganztagsschulen festmachen lassen.

Als Gründe für den Einsatz von Bewegungsaktivitäten werden in allen im Rahmen der StuBSS-Studie befragten Schulen die Erhöhung bzw. Wiedererlangung der Aufmerksamkeit und der Konzentration für das kognitive Lernen genannt (Hildebrandt-Stramann & Laging, 2016, S. 244). Marschner (2014) zeigt jedoch auf, dass die wenigsten Schulen bisher Bewegungsmöglichkeiten im Sinne eines umfassenden Konzepts in den Tagesablauf eingebaut haben. Häufig werden die BeSS-Angebote in der ganztägigen Gestaltung nicht entsprechend berücksichtigt (Süßenbach & Geis, 2013). Deren Realisierung scheint darüber hinaus von wenigen engagierten LuL abhängig zu sein (Senff, 2008). Somit kann von einer bewegten Schulkultur im Sinne des Konzepts der bewegten (Ganztags-)Schule meist nicht ausgegangen werden (Derecik, 2012).

Wie Senff (2014) auf Grundlage der StuBSS-Daten angibt, stellt die Teilnahme an den außerunterrichtlichen Sport- und Bewegungsangeboten für die SuS einen besonderen Kontrast zum herkömmlichen Unterricht dar. Dagegen berichten Laging und Dirks (2014a), dass die SuS kaum einen Unterschied zwischen der inhaltlichen Gestaltung und methodischen Aufbereitung zwischen dem Unterricht und den außerunterrichtlichen Angeboten sehen. Als wichtige Teilnahmemotive werden dabei die Angebotsvielfalt, zeitliche Vereinbarkeit, die Teilnahme bzw. das Kennenlernen von Freunden und Peers, das Prinzip der Freiwilligkeit, ein fehlender Zeit-, Leistungs- und Notendruck sowie der primäre Spaß an der Bewegung genannt (Senff, 2014). Leschinski (2014, S. 355 f) erwähnt in diesem Zusammenhang auch die Entspannungs- bzw. Erholungsfunktion besonders bei Mädchen, eine „Ventilfunktion" zum Abbau von Stress und Aggression v. a. bei Jungen und die Bedeutung der Bewegung zur Vorbeugung physischer Überlastungssymptome, der Steigerung der Konzentrationsfähigkeit und des Lernerfolgs.

Wenngleich über die Wirkungen von Bewegungsangeboten im Ganztagbereich auf die SuS noch keine empirisch gesicherten Befunde vorliegen, scheint unter Berücksichtigung der vom BMBF (2003b, S. 6) geforderten kreativen Freizeitgestaltung und des besonderen Potenzials von Bewegung, Spiel und Sport aus pädagogischer Sicht eine Einbeziehung der Adressaten in die Planung und Gestaltung eines „schulischen Bewegungslebens" (Leschinski, 2014, S. 358) notwendig und sinnvoll. Neben den bereits im Rahmen der Partizipation von SuS (vgl. Kap. 2.5.2.5) erwähnten Vorteilen gilt es in diesem Zusammenhang, sich an den gegenwartsorientierten Entfaltungsbedürfnissen der Kinder und Jugendlichen zu orientieren (Neuber, 2008, S. 182) und deren Alltagswelt zu berücksichtigen, damit diese nicht das Gefühl empfinden, ihre Freizeit würde aufgrund des institutionellen Rahmens maßgeblich eingeschränkt (Althoff, 2011, S. 2; Holtappels, 2004e, S. 53 f). Derecik (2015) äußert dazu: „Sport ist Teil der Alltagswelt Heranwachsender und durch seine Integration kann die Schule zu einem Lebensraum gestaltet werden, der den Bedürfnissen Heranwachsender nachkommt" (S. 13). Nach Ansicht Lagings (2014b, S. 30) ist es notwendig, Sport und Bewegung aufgrund seines hohen quantitativen Anteils unter den Ganztagsangeboten in die ganztägige Schulentwicklung einzubinden und diese nicht davon losgelöst zu planen und zu organisieren, denn nur dann könnten Bewegung und Sport als innovative Elemente zur Rhythmisierung in den Schultag integriert werden. Die Einbeziehung der pädagogischen Arbeit von LuL, des weiteren, pädagogisch tätigen Personals und der außerschulischen Akteure könnte außerdem zu einer inhaltlichen und konzeptionellen Verzahnung von Angebot und Unterricht beitragen (Hildebrandt-Stramann & Laging, 2013, S. 122).

2.5.4 Prozessmerkmale der Ganztagsschulqualität auf Ebene der Ganztagsangebote

Die Darstellung von Merkmalen der Ganztagsschulqualität wird mit einer Betrachtung von Prozessmerkmalen auf Ebene der Ganztagsangebote im Hinblick auf äußere Rhythmisierung und Methodenvielfalt (vgl. Kap. 2.5.4.1), Orientierung an den Bedürfnissen der Lernenden (vgl. Kap. 2.5.4.2), Adaptivität der Lernumgebung (vgl. Kap. 2.5.4.3) sowie Verzahnung (vgl. Kap. 2.5.4.4) abgeschlossen.

2.5.4.1 Äußere Rhythmisierung und Methodenvielfalt

Die äußere Rhythmisierung stellt ein „Kernelement" (SMK, 2007, S. 1) ganztägiger Betreuung dar, indem aufgrund eines größeren zeitlich-organisatorischen Spielraums die Verteilung von Unterricht und pädagogischen Angeboten über den Tag sowohl besser gestaltet als auch auf die physiologische Leistungskurve der SuS angepasst werden kann. Somit soll der Schultag optimale Bedingungen für das Lernen herstellen (Appel & Rutz, 2009; Eisnach, 2011; Oerter, 2003) und ausgewogen gestaltet sein (SMK, 2007, S. 1). Nach Angaben der Schulleitungen verteilen jeweils über drei Viertel der Schulen der Sekundarstufe I die Unterrichtsstunden über den Tag, wodurch der verlängerte Zeitrahmen vorwiegend mit curricularen Inhalten gefüllt wird. Nur wenige Sekundarschulen verteilen auch außerunterrichtliche Angebote über den Tag. Das Potenzial der äußeren Rhythmisierung wird von einer großen Anzahl an Sekundarschulen somit nicht ausgeschöpft. Vielmehr dominiert hier das von Wunder (2003) formulierte pädagogische Verständnis der *verbesserten Schule* (vgl. Kap. 2.4). Ungefähr die Hälfte der Primarschulen dagegen verteilt auch curriculare Inhalte über den Tag, außerdem sind zeitorganisatorische Elemente wie ein offener Anfang und Möglichkeiten der freien Zeiteinteilung deutlich häufiger installiert (StEG-Konsortium, 2015, S. 57 f).

Bislang fehlen zwar empirisch-belegbare Erkenntnisse, welche Aufschluss darüber geben, welche Art von Rhythmisierung eine günstige Entwicklung der SuS gewährleistet, allerdings ist bereits bekannt, dass sich die Konzentrationsfähigkeit der SuS erhöht, wenn vorwiegend sitzende Arbeitsphasen im Klassenzimmer durch Phasen mit Bewegung ergänzt oder unterbrochen werden, wobei die Bewegungsaktivitäten, je nach Klassenstufe und Intention, unterschiedlich lang sein können (Hildebrandt-Stramann & Laging, 2016; Wamser & Leyk, 2003). Um häufige Bewegungsphasen in den schulischen Ganztag einzufügen, sind jedoch weitere räumliche Ressourcen nötig (Hildebrandt-Stramann & Laging, 2016).

Nach Annahmen des BMBF (2003) und weiterer Schulforscher (Hartnuß & Maykus, 2006; Holtappels, 2006) ist es durch den erweiterten Zeitrahmen an der Ganztagsschule möglich, vielfältige Lehr- und Lernmethoden zugunsten einer Veränderung der gesamten Lehr- und Lernkultur einzusetzen (Kolbe et al., 2009; Stecher et al., 2009; vgl. Kap. 2.4.2). Wie Stecher et al. (2009) jedoch empirisch belegen, werden aus Sicht der SuS sowohl im Unterricht als auch in den Ganztagsangeboten nach wie vor meist lehrerzentrierte Methoden verwendet. Dies gilt besonders für fachbezogene Angebote. Daraus resümieren Kolbe et al. (2009), dass eine neue Lernkultur nicht durch die Formate der formalen und non-formalen Bildungsangebote an sich angestoßen wird, sondern weitere Maßnahmen notwendig sind, um kooperative, handlungs- und projektorientierte Arbeitsformen häufiger einzusetzen. Letztere werden v. a. dort eingesetzt, wo eine innovative Zeitstrukturierung realisiert wurde (Höhmann & Kummer, 2006; Scheuerer, 2009) und die Verbindung von Angebot und Unterricht konzeptionell verankert ist (Tillmann & Rollett, 2010).

2.5.4.2 Orientierung an den Bedürfnissen der Lernenden

Fischer und Theis (2014, 2014a) können für Ganztagsangebote die vielfach empirisch belegten Befunde (z. B. Levesque et al., 2004) untermauern, nach denen sich die Unterstützung der SuS in ihrem Streben nach Autonomie, sozialer Eingebundenheit und Kompetenzerleben (Deci & Ryan, 1993) nicht nur positiv auf ihre Motivation und ihr Wohlbefinden, sondern auch auf ihre Lernleistung auswirkt. Dabei werden außerunterrichtliche Angebote als besonders geeignet angesehen, um förderliche und ggf. in anderen Lebensbereichen fehlende Entwicklungsbedingungen herzustellen (Brümmer et al., 2011). Wie StEG-A bei SuS aus dem Realschulbildungsgang zeigt, haben sich die Schulleistungen bei jahrelanger Teilnahme an Ganztagsangeboten am Ende der Schullaufbahn verbessert. Dabei wirken sich v. a. die Nutzung fachbezogener Angebote sowie die Teilnahme an musischen oder sozialen Angeboten positiv auf die Schulnoten aus, was zum Anstreben höherer Bildungsabschlüsse führen kann. Der Studie zufolge waren SuS am Ende ihrer Schullaufbahn durchsetzungsfähiger, wenn sie während ihrer Schulzeit verstärkt an musischen und sozialen Angeboten teilgenommen haben. Die reine Teilnahmedauer an Ganztagsangeboten zeigt in Bezug auf die sozialen Kompetenzen keine Effekte (StEG-Konsortium, 2016, S. 39).

Hat die ganztägige Beschulung im Realschulbildungsgang somit das Potenzial, höhere Bildungsaspirationen zu ermöglichen oder gar zu verwirklichen, zeigen sich im Hauptschulbildungsgang eher gering stabilisierende Effekte (StEG-Konsortium, 2016, S. 39 f). Wie aus den Ergebnissen der Längsschnittstudie StEG-P hervorgeht, hat der Besuch domänenspezifischer Lernangebote keinen Effekt auf die Entwicklung der fachspezifischen Kompetenz und des sachunterrichtsbezogenen Selbstkonzepts (Fischer, Sauerwein, Theis & Wolgast, 2016; Lossen et al., 2016). Dennoch gibt es Anzeichen dafür, dass sich SuS aus sozial schwächeren Haushalten bei qualitativ hochwertigen Angeboten besser hinsichtlich des Selbstkonzepts, der Motivation und des Interesses entwickeln (StEG-Konsortium 2016, S. 23). Fischer et al. (2016, S. 25) bemängeln jedoch grundsätzlich, dass geltende Qualitätsmerkmale für Ganztagsangebote noch nicht umfassend beschrieben sind – ein Aspekt, dem sich diese Arbeit widmen wird (vgl. Kap. 5.5.3 und Kap. 6.2.2). Dieser Umstand ist insofern beachtenswert, als immer wieder empirisch belegt werden kann, dass die Qualität der Ganztagsangebote eine entscheidende Rolle für individuelle Entwicklungsmöglichkeiten spielt (StEG-Konsortium, 2010, 2016).

Auch wenn viele Ursache-Wirkungsprinzipien im Ganztagsschulbereich nicht eindeutig zu klären sind, scheint in der Ganztagsschulforschung grundsätzlich Einigkeit darüber zu bestehen, dass die drei Merkmale guten Unterrichts *Strukturiertheit, kognitive Aktivierung* und *soziale Unterstützung* auch die Qualität unterrichtsnaher Ganztagsangebote bestimmen (Fischer, Kuhn & Klieme, 2009). Eher freizeitorientierte oder das soziale Lernen unterstützende Angebote scheinen jedoch weitere Qualitätskriterien erfüllen zu müssen, welche im Schulunterricht z. B. aufgrund stärker festgelegter Anforderungen oder curricularer Vorgaben weniger präsent sind (Fischer et al., 2016, S. 25, Sauerwein, 2016). So resümiert Sauerwein (2016) bei einer empirischen Überprüfung angenommener Qualitätsdimensionen in Ganztagsangeboten im Rahmen von StEG-S: „Verglichen mit der Unterrichtsforschung, steckt die Forschung zu Ganztagsangeboten noch in den ‚Kinderschuhen'" (S. 76). Dies wird auch daran deutlich, dass sich im Rahmen der zweiten Förderphase von StEG der Frage nach der Qualität der Angebote aus Sicht der SuS zunächst noch mithilfe eines explorierenden qualitativen Forschungsansatzes genähert wird (StEG-Konsortium, 2016).

Im Vergleich zu Deutschland ist z. B. die US-amerikanische Forschung bereits deutlich fortgeschritten. Wie Durlak, Weissberg und Pachan (2010) in einer Meta-Analyse US-amerikanischer Studien zu *after-school programs* subsumieren können, sollten die Angebote zur Verbesserung der Schulbindung, des Sozialverhaltens und der Schulleistung bzw. -noten didaktisch sequenziert (*sequenced*), aktivierend (*active*), zielgerichtet (*focussed*) und klar (*explicit*) sein (SAFE). Ebenfalls wird die effiziente Klassenführung betont.

In der weiteren internationalen Literatur sind zusätzliche Qualitätskriterien zu außerschulischen Angeboten zu finden. Diese beziehen sich stark auf Bedürfnisse nach Sicherung der sozialen Strukturen und Selbstbestimmung (Fischer et al., 2016, S. 26). Nach Larson (2000) stellen Eigenaktivität und Partizipation Qualitätsmerkmale dar, die für außerunterrichtliche Angebote wichtiger sind als für den Unterricht, denn ein stärkerer Peerbezug sowie die Qualität zu den autonomieunterstützenden Erwachsenen wird ebenfalls in Zusammenhang mit der Wirksamkeit von außerunterrichtlichen Angeboten gebracht (Blomfield & Barber, 2010a; Jiménéz, Delgado & Suárez, 2009; Larson, 2006). Diese

Merkmale scheinen sich v. a. auf das Wohlbefinden und das soziale Lernen im Ganztag als wirksam zu erweisen (Fischer & Theis, 2014; Mahoney & Stattin, 2000; StEG-Konsortium, 2010). Gerade der Stellenwert des sozialen Lernens wird in der Übersicht von Ergebnissen der US-amerikanischen after-school-Forschung betont. Demnach können sich außerunterrichtliche Aktivitäten positiv auf die Entwicklung Jugendlicher auswirken, weil diese strukturierten Angebote nicht nur die Zeit für sozial unerwünschte Aktivitäten einschränken, sondern weil auch notwendige Kompetenzen und prosoziale Einstellungen eingeübt werden können, und Jugendliche darüber hinaus Unterstützung erhalten und soziale Netzwerke aufbauen können (Eccles & Roeser, 2011, S. 702). Auch die von Kuhn und Fischer (2011a) beschriebenen Befunde bestätigen ähnliche Auswirkungen des außerunterrichtlichen Angebots, denn sie können auf eine Minderung (selbstberichteten) problematischen Sozialverhaltens verweisen.

2.5.4.3 Adaptivität der Lernumgebung

Grundsätzlich stellt die Orientierung an den individuellen Voraussetzungen der SuS im Sinne der *inneren Rhythmisierung* ein Qualitätsmerkmal guten Unterrichts dar (Helmke, 2015; Meyer, 2014). Allerdings stellt sich die Frage, wie eine solche Rhythmisierung in idealer Weise gelingen kann, um den unterschiedlichen Voraussetzungen und Leistungen der SuS gerecht zu werden, also die jeweils „notwendige Adaption" vorzunehmen. Zwar ist mit der Ganztagsschule die Hoffnung verbunden, dass individuelle Förderung besser gelingen könnte, weil mehr Zeit für den diagnostischen Prozess eingeplant werden kann (Oerter, 2003). Dadurch könnten sowohl der Unterricht, aber insbesondere die Förderangebote, differenzierter gestaltet und das Kompetenzerleben der SuS gestärkt werden (Fischer et al., 2009). Dieser Zusammenhang ist bislang jedoch nicht sehr gut untersucht worden (Fischer et al., 2016, S. 26). Die Autoren weisen ebenfalls darauf hin, dass für die Umsetzung der genannten Ziele neben den hierfür erforderlichen Kompetenzen der LuL und des weiteren pädagogisch tätigen Personals die diagnostischen Prozesse verbessert und deren Ergebnisse zwischen den verschiedenen Akteuren kommuniziert werden müssen, damit eine Verbindung zwischen individuellen Lernprozessen im Unterricht und dem außerunterrichtlichen Angebot hergestellt werden kann. Ungeachtet dieses noch verbesserungswürdigen diagnostischen Prozesses lassen sich nach der StEG-Längsschnitterhebung positive Effekte auf die Leistung der SuS nachweisen, wenn LuL häufiger differenzierende Methoden einsetzen (StEG-Konsortium, 2010). Wie Fischer und Gerecht (2011) berichten, basiert ein häufigerer Einsatz individualisierender Methoden meist auf einer höheren Kooperationsintensität und damit auch einer Kommunikationsbereitschaft im Kollegium.

SuS können nach Fischer et al. (2016, S. 27) auch davon profitieren, dass LuL aktiv in Ganztagsangeboten eingesetzt sind oder zumindest mit dem weiteren pädagogisch tätigen Personal eng kooperieren, denn dadurch können sich SuS und LuL in unterschiedlichen Kontexten kennenlernen, was für beide Seiten einen Zugewinn bedeuten kann. Im Sinne Dubs (2009) kann es zu einem Prozess kommen, in dem LuL ihre SuS „als Individuen und mit all ihren persönlichen Eigenschaften und nicht als Angehörige einer Gruppe oder in stereotyper Weise" (S. 459) erfassen und damit ihr Bild von oder ihre Einschätzung gegenüber SuS erweitern können. So zeigen sowohl Rustemeyer und Fischer (2007) als auch Babad (1993) sowie Dweck (1999), dass die Einschätzungen der LuL in Bezug auf die Begabung ihrer SuS signifikante Auswirkungen auf deren Selbsteinschätzung und Leistungsverhalten haben, wobei v. a. schwächere SuS von hohen Erwartungen einer Lehrperson profitieren können, sofern die Erwartungen realistisch sind und die SuS nicht überfordern (Madon et al., 2001).

Auf einen weiteren Effekt weisen Lehrkräfte in der Begleitforschung zur offenen Ganztagsschule in Nordrhein-Westfalen hin (Haenisch, 2009). Erleben die LuL schwächere SuS als kompetent in außerunterrichtlichen Situationen, können sich die fachbezogenen Erwartungen der LuL erhöhen. Dies wiederum wirkt sich positiv auf das Kompetenzerleben der SuS aus. Zu einem ähnlichen Schluss kommt Popp (2011, S. 46). So kann der Lebensweltbezug im Unterricht besser hergestellt werden, wenn sich LuL und SuS auch außerhalb des Unterrichts begegnen. Dies führt ebenfalls zu einer Verbesserung des Verhältnisses beider Akteure. Dazu gehört auch, dass die LuL ihre Rolle als Personen der reinen Wissensvermittlung verlassen und sich auf die im Ganztag veränderten und erweiterten sozialen und emotionalen Bedürfnisse ihrer SuS einstellen.

2.5.4.4 Verzahnung

Nach der KMK-Definition von 2006 (S. 4) stellt die Verzahnung ein konstitutives Merkmal der Ganztagsschule dar. Dieser Aspekt ist noch wenig empirisch erforscht, wie Fischer et al. (2016, S. 27) herausstellen und wie durch den Grundlagenbeitrag von Gaiser, Kielblock und Stecher (2016) im Rahmen der StEG-Q-Untersuchung unterstrichen wird. Auch wenn grundsätzlich in offenen Ganztagsschulen eine große Vielfalt verzahnter Angebote möglich ist (Haenisch, 2009; NKM, 2015), zeigen sich in Bezug auf eine Verbindung von Angebot und Unterricht Vorteile sowohl in den nach KMK-Definition gebundenen Ganztagsschulen (Arnoldt, 2011a; Holtappels et al., 2011) als auch bei der aktiven Mitarbeit von LuL in den Ganztagsangeboten (Haenisch, 2009; StEG-Konsortium, 2010). Kooperationspartner, die fachbezogene Angebote bereitstellen, berichten von einem intensiver erlebten Austausch mit den LuL im Gegensatz zu Kooperationspartnern, die fächerübergreifende oder sportliche Angebote bieten (Arnoldt, 2011a). Eine gelungene Verzahnung wird außerdem durch gemeinsame Fortbildungen gefördert (Arnoldt, 2011a).

Dennoch findet eine Verknüpfung von Unterricht und Angeboten nach Auskunft der Schulleitungen in allen Schulgruppen nur etwa zur Hälfte statt (StEG-Konsortium, 2015, S. 59). Im Bildungsbericht wird hierzu angemerkt, dass nur etwa ein Drittel der Ganztagsschulen inhaltlich-curriculare Profile und Schwerpunkte für eine Verzahnung entwickelt hat oder unterrichtsbezogene Themen und Wissensgebiete in außerunterrichtlichen Lernansätzen vertieft (BMBF, 2016, S. 84). Dies zeigt, dass in diesem Bereich noch viel Entwicklungspotenzial existiert und, wie Duda (2014) anmerkt, die Chancen dort vorhanden sind, wo ein expliziter Bezug zum Lehrplan vorliegt, an dem sich die beteiligten Akteure orientieren müssen.

Haenisch (2009) kann im Rahmen der wissenschaftlichen Begleitung offener Ganztagsschulen in Nordrhein-Westfalen belegen, dass die Verzahnung v. a. dann gelingt, wenn sich die Schulen stärker nach außen öffnen und ihre Angebote nach einem festen Konzept auswählen. Eine äußere Rhythmisierung scheint ebenfalls Vorteile für eine Verzahnung von Unterricht und Angebot zu bringen, v. a. dann, wenn sie dazu beiträgt, dass SuS ihre Lernzeit effektiver gestalten können. Dies kann Duda (2014) im Rahmen seiner empirischen Studie zur Geografiedidaktik nachweisen.

2.6 Fazit: Ganztagsschule – Wunsch vs. Wirklichkeit

Nach der Darstellung des aktuellen Standes der Ganztagsschulforschung im Hinblick auf Kontext- und Prozessmerkmale auf Schulebene bzw. auf die Qualität von Ganztagsangeboten stellt sich nun einerseits die Frage der Bewertung und Einschätzung ganztagsschulischer Qualität sowie andererseits, ob Empfehlungen für weitere Maßnahmen abgegeben werden können.

Eine Kernforderung der Ganztagsschule lautet, dass SuS sowohl in ihren *fachlichen und überfachlichen Kompetenzen* als auch im Hinblick auf ihre *Motivation* individuell gefördert werden sollen. Es zeigt sich, dass die Verlängerung der schulischen Öffnungszeiten alleine nicht ausreicht, um ein solches Ziel zu erreichen, sondern dass die Qualität der Schule und der Ganztagsangebote der entscheidende Faktor zu sein scheint. So können positive Effekte auf die Schulleistung, motivationale Merkmale, die Schulfreude und das Sozialverhalten v. a. dann verzeichnet werden, wenn die SuS die Angebotsqualität hoch bewerten. Dazu sollten die Angebote eine aktive Partizipation ermöglichen, an den Interessen und Fähigkeiten der SuS ausgerichtet und verständlich gestaltet sein sowie interessante und herausfordernde Tätigkeiten ermöglichen (Fischer,

Sauerwein & Theis, 2012, S. 55; Klieme & Rauschenbach, 2011; StEG-Konsortium, 2016, S. 4 f).

Wie es scheint, kann die Ganztagsschule den Zusammenhang von *sozialer Herkunft* und Bildungserfolg (noch) nicht entkoppeln, so sehr das in den Konzeptionen als wünschenswert und realisierbar deklariert wird. Bedingt wird dies u. a. dadurch, dass v. a. die angestrebte soziale Integration von benachteiligten Gruppen und SuS aus zugewanderten Familien kaum möglich ist, weil Kinder und Jugendliche mit niedrigem sozioökonomischen Status bzw. Migrationshintergrund im Ganztagsbetrieb unterrepräsentiert sind und damit gar nicht vom Angebot der Ganztagsschule in angestrebter Art und Weise profitieren können. Einer Teilnahme von SuS aller sozialen Schichten stehen sowohl finanzielle Aufwendungen entgegen als auch die Berufstätigkeit beider Eltern – diese wird in einigen Bundesländern vorausgesetzt, um den Kindern den Besuch einer Ganztagsgrundschule zu ermöglichen. Sofern auch SuS aus sozial schwächeren Milieus bzw. mit Migrationshintergrund am Ganztag teilnehmen, gibt es jedoch Anzeichen, dass die Teilnahme am Ganztagsbetrieb ihre Bildungsteilhabe verbessern kann (Fischer et al., 2012, S. 56, 2015, S. 18; Heyl et al., 2016, S. 182; StEG-Konsortium, 2016, S. 16; Steiner, 2016).

Im Hinblick auf den insgesamt gestiegenen Bedarf an *Betreuung* und erzieherischer Versorgung sowie dem Ziel einer besseren Vereinbarkeit von Familie und Beruf hat die Einrichtung ganztägiger Schulformen zu einer Entlastung v. a. bei berufstätigen Eltern, Alleinerziehenden und ressourcenschwachen Familien geführt. Dies gilt besonders für die Hausaufgabenunterstützung, aber auch bei erzieherischen Problemen. Die Nachfrage nach Plätzen an Ganztagsgrundschulen übersteigt jedoch nach wie vor das vorhandene Angebot. Die bisherige tägliche Öffnungszeit, die Anzahl der Wochentage mit Ganztagsangebot und die Versorgung der SuS in den Ferien stellen weitere Hindernisse beim Zugang in den Erwerbsarbeitsmarkt dar (BMBF, 2016, S. 82 f; Klieme & Rauschenbach, 2011, S. 348; Tillmann, 2014, S. 76; StEG-Konsortium, 2015, S. 28 f, 2016, S. 13; TNS Emnid, 2014, S. 7).

Die Ganztagsschule hat sowohl die *pädagogische Kultur* als auch die *Organisationsstruktur* an den Schulen verändert. Es steht meist ein thematisch vielfältiges Angebot zur Verfügung. Besonderen Entwicklungsbedarf bei der Etablierung einer neuen Lehr- und Lernkultur gibt es insbesondere im Bereich der Kooperation der LuL mit dem weiteren pädagogischen Personal und damit einhergehend bei der Verbindung von Unterricht und Angebot, bei der Schaffung einer äußerlich rhythmisierten Zeitstruktur, dem Einsatz verschiedener Unterrichtsmethoden sowie bei der Partizipation der SuS (Derecik et al., 2013, S. 9; Fischer et al., 2016, S. 29; Klieme & Rauschenbach, 2011, S. 346; StEG-Konsortium, 2015, S. 32 f).

Grundsätzlich kann festgehalten werden, dass das vom BMBF (2003b) ausgegebene Ziel, „das deutsche Bildungssystem in zehn Jahren wieder an die Weltspitze" (S. 3) zu bringen, auch knapp 15 Jahre nach dem Start des IZBB-Programms nicht erreicht wird. Einige Forschungsbefunde deuten jedoch darauf hin, dass die Ganztagschule die in sie gesetzten vielfältigen Erwartungen erfüllen *kann*. Hierzu müssen allerdings bestimmte Voraussetzungen erfüllt werden, deren Potenzial an vielen Stellen noch nicht ausgeschöpft ist. Dies erfordert eine systematische Qualitätsdebatte und -entwicklung.

So muss die KMK-Definition im Hinblick auf eine *Qualitätsentwicklung* in Ganztagsschulen kritisch betrachtet werden, da kaum Aussagen über die inhaltliche Gestaltung getroffen werden (Nerowski, 2015, S. 17). Allein bildungspolitisch wäre die Ganztagsschule, um der Meinung von Opaschowski und Prieß (2008) zu folgen, „nur mit einer gelingenden schul-, sozial- und freizeitpädagogischen Integration" (S. 431) zu legitimieren. Auch wenn in manchen Bundesländern bereits Qualitätsrahmen für Ganztagsschulen formuliert wurden, sind weitere empirische Untersuchungen zu den Qualitätsmerkmalen von Ganztagsschulen und -angeboten notwendig, damit entsprechende Erkenntnisse in deren zukünftige Gestaltung einfließen können – die StEG-Teilstudien der zweiten und dritten Phase zeigen bereits in die entsprechende Richtung (dazu Stecher, Radisch, Fischer & Klieme, 2007). Darüber hinaus sind die bildungspolitischen Akteure gefordert, den Mangel an räumlichen, zeitlichen und personellen Ressourcen an den Einzelschulen durch die Bereitstellung zusätzlicher Mittel zu beheben (Appel, 2005, S. 6).

Wie sich im Rahmen der ersten StEG-Längsschnitterhebungen ebenfalls zeigt, sind verbindliche und allgemeingültige Empfehlungen aufgrund der *Heterogenität der Ganztagsschullandschaft* in den Ländern nur bedingt möglich. „Genauso wie für Halbtagsschulen muss letztlich auch für Ganztagsschulen die Einzelschule als Handlungseinheit für Qualitätsentwicklung betrachtet werden" (Fischer et al. 2012, S. 56). Dieses Resümee erfordert somit auch im Kontext der Qualitätsentwicklung von Ganztagsschulen eine Erhöhung des schulischen Selbststeuerungspotenzials. Die Berücksichtigung der Meinung der SuS ist dabei besonders hervorzuheben, z. B. im Hinblick auf das Potenzial einer durchgängigen Teilnahmebereitschaft bei Berücksichtigung ihrer Alltagswelt oder zugunsten des Demokratielernens und Autonomieerlebens.

Daher soll im folgenden Kapitel 3 u. a. genauer betrachtet werden, welche Aspekte bei Evaluationen im (ganztägigen) Schulkontext zu beachten sind und wie die interne Evaluationskultur an der Einzelschule ausgeprägt ist.

2.7 Zusammenfassung des Kapitels

Die Ganztagsschule hat die deutsche Schullandschaft unwiderruflich verändert. War die Halbtagsschule jahrzehntelang prägend für die Konzeption schulischen Lernens, haben gesellschaftliche Veränderungen und politische Notwendigkeiten zur Erstarkung des Ganztagsschulkonzepts geführt (Naul et al., 2015, S. 11).

Die Ganztagsschule stellt allerdings kein neues Modell im eigentlichen Sinn dar, ihre pädagogischen Wurzeln reichen von der deutschen Nachkriegszeit der 1960er Jahre bis zur Reformpädagogik zurück. Um die Jahrtausendwende verlangen die Ergebnisse aus den internationalen Leistungsvergleichsstudien TIMSS und PISA sowie veränderte Bildungs- bzw. Betreuungsanforderungen ein Schulkonzept, mit dem Antworten auf die ökonomischen und sozialpolitischen Bedarfe gegeben werden können. Durch das Investitionsprogramm *Zukunft Bildung und Betreuung* folgt ab 2003 eine stürmische Phase des Auf- und Ausbaus (Fischer et al., 2012, S. 24) von Ganztagsschulen. Hierzu wird der Begriff *Ganztagsschule* von der KMK neu definiert, wobei in erster Linie organisatorische Merkmale festgelegt werden. Die pädagogischen Aspekte werden nachrangig behandelt, entsprechende Qualitätskriterien werden auf Bundesebene nicht verabschiedet. Stattdessen wird die Einzelschule mit der Ausarbeitung eines individuellen pädagogischen Konzepts beauftragt, welches sich an „Leitzielen" (BMBF, 2003b, S. 6) orientieren soll. Ob und wie die vonseiten der Politik gestellten Hoffnungen durch die Ganztagsschule bisher erfüllt werden, wurde in der Folge geprüft.

Daher stand die pädagogische Konzeption der Ganztagsschule sowohl hinsichtlich ihrer inhaltlichen Ausgestaltung als auch ihrer Wirkungen im Zentrum dieses Kapitels. Dazu wurden die sieben Leitziele des BMBF zuerst in neun Termini aus der Fachwissenschaft übersetzt und anschließend inhaltlich erörtert. Durch die Berücksichtigung des Forschungsstands beim Start des IZBB-Programms konnte aufgezeigt werden, dass einige pädagogische Aspekte zu dieser Zeit eher auf Annahmen beruhen und weder theoretisch noch empirisch ausreichend fundiert sind. Um den mit hohen Erwartungen verbundenen Auf- und Ausbau von Ganztagsschulen mit dem heutigen Stand abgleichen zu können, wurde daraufhin die aktuelle Befundlage ausführlich dargestellt. Aufgrund der Komplexität ganztagsschulischer Prozesse wurde dabei das Modell von Fischer et al. (2012) herangezogen und die Bedingungen und Wirkungen in Kontext- und Prozessmerkmale auf Schulebene und in Bezug auf die Qualität von Ganztagsangeboten gegliedert. Da sich ein Großteil der Befunde aus den Erhebungen von StEG erschließen lässt, wird diese Studie inhaltlich vorgestellt. Aufgrund der besonderen Stellung von Bewegung, Spiel und Sport unter den freizeitbezogenen Angeboten werden mit StuBSS und BeSS-Eva NRW zwei bewegungsbezogene Studien an entsprechender Stelle ebenfalls beleuchtet. Die

Methodik dieser Studien soll im weiteren Verlauf der Arbeit herangezogen werden, um Erkenntnisse für das in dieser Arbeit zu erstellende Fragebogeninstrument zu liefern.

Am Ende dieses Kapitels lässt ein Vergleich der aktuellen Befundlage mit den vonseiten der Politik verfolgten Zielen erkennen, dass Ganztagsschulen die an sie gesetzten vielfältigen Erwartungen erfüllen können, wenn die Potenziale entsprechend ausgeschöpft werden. Nach einer Phase des quantitativen Ausbaus sind nun Wissenschaft, bildungspolitische Akteure und Einzelschulen gefordert, eine systematische Qualitätsentwicklung voranzutreiben, um das Konzept „Ganztagsschule" zu verbessern.

3 Evaluationen im Schulkontext

Evaluationen nehmen eine *zentrale Rolle bei der Gestaltung von Schulentwicklungsprozessen* ein. Dient die datengeschützte Erhebung an Schulen in der zweiten Hälfte der 1990er Jahre meist noch der (freiwilligen) Selbstevaluation des Unterrichts und Schulprogramms, werden im NPM „an allen Ecken und Enden" (Berkemeyer, 2012, S. 49) externe Daten erhoben. Mit der schulinternen Evaluation wird seitdem eine Selbstkontrolle der Wirksamkeit der Unterrichts- und Schulgestaltung gesetzlich festgeschrieben. Dies geschieht mit der Absicht, Schulentwicklung zu dokumentieren, Konsequenzen aus den Ergebnissen abzuleiten und das Schulprogramm entsprechend zu modifizieren. Wie ein Blick in die Handlungs-, Referenz-, Qualitäts- bzw. Orientierungsrahmen zur Schulqualität der Länder zeigt (z. B. BSB HH, 2012, S. 25; LA Hessen, 2011, S. 3; MBJS Brandenburg, 2016, S. 3; MKJS BW, 2007, S. 4; SenBJW Berlin, 2013, S. 40 f), geht es dabei im Wesentlichen darum, die Innensicht der Einzelschule mit einer im Rahmen der externen Evaluation generierten Außensicht abzugleichen. Mithilfe des Schulprogramms sollen behördliche Vorgaben überprüft, Auskünfte über die Arbeit der Schule geliefert und daraufhin Zielvereinbarungen festgelegt werden. Dieses Verfahren der Rechenschaftslegung dient der Qualitätssicherung und -entwicklung der Einzelschule.

Der Wert interner Evaluationen für die *Qualitätsentwicklung im Kontext von Ganztagsschulen* konnte bereits angedeutet werden (vgl. Kap. 2.5.2.1). Im Gegensatz zu externen Evaluationen lassen sich beim Einsatz schulinterner Evaluationen positive Auswirkungen auf das Leistungsniveau von SuS und die Beziehungsqualität zwischen SuS und LuL erkennen (Bischof et al., 2013). Bei den auf den Ganztag ausgerichteten internen Evaluationen können aufgrund des Erkennens von (Fehl-)Entwicklungen außerdem relativ unproblematisch und u. U. zeitnah Veränderungen in weiteren Schulentwicklungsbereichen vorgenommen werden.

Wie Schöpa (2016) im Rahmen eines Modellprojekts in Mecklenburg-Vorpommern zeigt, bietet eine interne Evaluation bessere Chancen, schulspezifische Fragestellungen aufzugreifen und an die jeweiligen Zielsetzungen anzupassen. So können z. B. Informationen über die Interessen der SuS im Ganztag generiert werden, um daraufhin eine adäquate Angebotsstruktur und passende Angebote zu entwickeln. Damit greift Schöpa (2016) einen wichtigen Aspekt auf, nämlich auch die Meinung der SuS zur berücksichtigen. Dies wird zwar seit einigen Jahren gefordert, aber bisher kaum realisiert (z. B. Althoff, 2014; Bettmer, 2008; Daschner, 2012; Derecik et al., 2013, S. 215 f; Fischer et al., 2016, S. 21; siehe auch Kap. 2.4.3.6). Die Einbeziehung der SuS und ihrer Meinung kann die Schulentwicklung positiv beeinflussen, denn es ergeben sich hiermit für SuS Chancen der Mitgestaltung. Dies wiederum kann günstige Effekte auf das Schulklima und damit auch auf das Wohlbefinden und die physische und psychische Gesundheit der SuS zu Folge haben (z. B. Lossen et al., 2013). Aber auch Sozialverhalten (StEG-Konsortium, 2010) und schulische Leistungen (Bonsen, 2006) können sich positiv entwickeln.

Wie in der Folge dargestellt werden soll, sind Evaluationsverfahren im ganztägigen Schulkontext nicht ohne Weiteres umsetzbar, da eine Vielzahl von Bedingungen sowohl auf der Seite der professionellen schulischen Akteure als auch auf Angebotsseite zu beachten sind. Dazu soll zuerst der Evaluationsbegriff genauer bestimmt werden (vgl. Kap. 3.1). Anschließend werden Qualitätsmerkmale für Evaluationen im Bildungssektor (vgl. Kap. 3.2) beleuchtet. Daraufhin sollen externe (vgl. Kap. 3.3) und interne Evaluationen (vgl. Kap. 3.4) im Schulkontext sowie potenzielle Problemfelder von Evaluationen in der einzelschulischen Praxis dargestellt werden. Um die einzelschulischen Herausforderungen genauer begründen zu können, werden zusätzlich zu den bereits betrachteten ganztagsbezogenen Evaluationsstudien StEG (vgl. Kap. 2.5), StuBSS (vgl. Kap. 2.5.3.4) und BeSS-Eva NRW (vgl. Kap. 2.5.3.4) weitere exemplarisch ausgewählte schulinterne Evaluationsinstrumente zuerst inhaltlich betrachtet. Die Studien und Instrumente werden dann sowohl würdigend als auch kritisch beleuchtet (vgl. Kap. 3.5) und anschließend gegenübergestellt, um daraus ein Anforderungsprofil für das eigene zu entwickelnde Evaluationsinstrument abzuleiten (vgl. Kap. 3.6).

3.1 Bestimmung des Evaluationsbegriffs

Anhand der Definition des Joint Committee on Standards for Educational Evaluation (JCSEE) ist unter *Evaluation* grundsätzlich die systematische Bewertung[104] eines Gegenstandes oder Prozesses zu verstehen (JCSEE, 2006,

---

104 In Abgrenzung zum Evaluationsbegriff differenziert Böttcher (2008) die im Alltag stattfindenden Bewertungsprozesse vornehmlich anhand der systematischen Dimension: „Wertungen, welche die Grundlage für Entscheidungen liefern, erfolgen im Alltag freilich in aller Regel wenig systematisch und beruhen auf unsicherer und unvollständiger Wissensgrundlage. Evaluation hingegen erfolgt systematisch und beansprucht, Entscheidungswissen zu liefern" (S. 890). Diesen Aspekt verfolgend kann daher auch eine Abgrenzung zum Begriff des Feedbacks vorgenommen werden, da nicht selten sowohl Feedback als auch Evaluation im gleichen Kontext genannt werden. Zwar kann Feedback einerseits im Sinne einer *Information* als Bewertung (Hattie & Timperley, 2007, S. 81) sowie als *Prozess* durch Feedbackgeben bzw. -empfangen und andererseits als Grundlage für weiteres Handeln verstanden werden (Altrichter, 2010, S. 219 f), dennoch ist die Voraussetzung einer systematischen Herangehensweise nicht zwingend erforderlich.

S. 28[105]). Diese dient als Grundlage zur Überprüfung und Verbesserung von Maßnahmen. Scheint der Terminus der Evaluation durch die Definition des JCSEE bereits eindeutig festgelegt, wird dieser jedoch verschiedenartig hinsichtlich seines Gehalts interpretiert. So wird unter Evaluation häufig ein Verfahren zur „Überprüfung von Organisationen und Institutionen" (Schönig, 2007, S. 9) verstanden. Steht in diesem Verständnis die kontrollierende Funktion der Evaluation im Mittelpunkt, wird an anderer Stelle der Prozessgedanke betont. Nach Klieme (2005) wird mit Evaluation ein Verfahren beschrieben,

> innerhalb dessen eine zweckgerichtete Auswahl von Bewertungskriterien erfolgt, eine Institution oder Maßnahme auf Basis dieser Kriterien systematisch untersucht und bewertet wird und eine Kommunikation über die Bewertung stattfindet mit dem Ziel, Konsequenzen abzuleiten. (S. 41)

Diese unterschiedlichen Auffassungen erfordern somit eine umfassendere theoretische Verortung des Evaluationsbegriffes im pädagogischen Kontext. Die Arbeit von Nisbet (1990) leistet hierzu einen bedeutenden Beitrag, da sie im Zuge der Schulentwicklungsdebatte Anfang der 1990er Jahre dem Europarat sowohl eine hilfreiche Rahmung als auch eine bidimensionale Gliederung[106] des Evaluationsbegriffes in Anlehnung an die bereits seit vielen Jahrzehnten implementierten Evaluationen in der Privatwirtschaft anbietet. Demnach wird Evaluation auf einer ersten Dimension zwischen *Minimum* (z. B. als Kontrollfunktion zur Qualitätssicherung) und *Maximum* (z. B. als Wachstumsindikator für Entwicklungs- und Innovationsbestrebungen) differenziert. Auf einer zweiten Dimension wird das Ziel der Evaluation zwischen *externen* (z. B. zum Monitoring oder zur Rechenschaftslegung) und *internen* Motiven (z. B. zur Selbstentwicklung oder dem Einlösen berufsethischer Verpflichtungen) eingeordnet (Strittmatter, 2007, S. 94 f).

Thonhauser (2007, S. 37 f) und Böttcher (2008, S. 891) unterscheiden Evaluation dagegen anhand formativer und summativer Merkmale. Der Typus der *formativen* Evaluation kann als Prozessevaluation zur Qualitätsentwicklung verstanden werden. So wird zu verschiedenen Messzeitpunkten ein Prozess evaluiert und überprüft; bspw. ob vereinbarte Zwischenziele erreicht wurden. Mittels einer formativen Evaluation ist somit das Eingreifen aus Optimierungsgründen in den stattfindenden Prozess möglich. Im Gegensatz dazu dient eine *summative* Evaluation der Wirkungsevaluation. So werden Merkmale zu Beginn und nach Beendigung der Intervention mit dem Ziel erhoben, beide Mes-

---

105 Siehe dazu Krapp und Weidenmann (2001, S. 650) sowie Böttcher (2008, S. 890 f).
106 Eine ähnliche Gliederung findet sich auch bei Fend (2008, S. 124 f) wieder, indem er einerseits zwischen *Kontrolle* und *Entwicklung* sowie andererseits zwischen *externer Rechenschaft* und *interner Qualitätsverbesserung* unterscheidet.

sungen miteinander zu vergleichen (*Test-Retest*). Die Evaluatoren befassen sich dabei sowohl mit den intendierten als auch den nicht-intendierten Wirkungen, können jedoch nur Aussagen zu relativ stabil geltenden Merkmalen machen, und die innerhalb des Prozesses stattgefundenen Mechanismen nicht oder nur sehr schwer nachvollziehen. Daher wird in diesem Zusammenhang auch vom *Black-Box-Modell* gesprochen. Bei Zugrundelegung des bidimensionalen Gliederungsvorschlags von Nisbet (1990) zeigt sich, dass eine Unterscheidung von Evaluation in formative und summative Merkmale der ersten Dimension (Minimum vs. Maximum) zugeordnet werden kann.

In Bezug auf die zweite Dimension (intern vs. extern) kann in der internationalen Fachliteratur bisher kein Konsens hinsichtlich der Verwendung eines einheitlichen Vokabulars bzw. einer einheitlichen Begriffsbestimmung erzielt werden. Oftmals wird eine Fremdevaluation mit einer externen Evaluation gleichgesetzt[107], obwohl die Befragung *externer* Personen wie z. B. Eltern durchaus dem *Selbstzweck* der Schule dienen kann. Anhand dieses Beispiels kann gezeigt werden, dass die semantische Sinnhaftigkeit der Attribute *intern* vs. *selbst* bzw. *extern* vs. *fremd* häufig nicht hinterfragt wird. Auch Strittmatter (1995, S. 37, 1999, S. 337, 2007, S. 97 f) macht in einer Reihe von Artikeln auf diese Ungenauigkeit aufmerksam und fordert, dass genauer differenziert werden sollte. Er liefert anhand einer Matrix einen Lösungsvorschlag zur Einordnung der Begrifflichkeiten verbunden mit dem Appell, eine einheitliche und anerkannte Definition zu entwickeln (vgl. Tab. 3.1). Sein Modell macht deutlich, wie sowohl die Begriffe *intern* und *extern* als auch *Fremd-* und *Selbstevaluation* aus der Sicht der professionellen schulischen Akteure (Schulleitung, LuL) zusammenhängen können.

---

107 So postuliert z. B. Böttcher (2008): „Externe Evaluation ist stets Fremdevaluation" (S. 892).

Tabelle 3.1: Differenzierte Definition des Evaluationsbegriffes (modifiziert nach Strittmatter, 2007, S. 97)

Akteur \ Interessen bzw. Besteller	selbst	fremd
intern	Kollegialfeedback (Hospitation, Gegenlesen, Team-Teaching) Lehrpersonen-Befragung Interne Metaevaluation	Übermittlung von Berichten über Selbstevaluation zwecks Plausibilitätskontrolle, Feedback und Systemmonitoring (z. B. Schulinspektion)
extern	SuS-Feedback, Eltern-Feedback, externes Peer-Review, Expertenurteil externe Metaevaluation	behördliche Prozesszertifizierung bzw. Kontrolle von Standards inhaltliche Fremdinspektion

Im Schulkontext wird demnach eine *interne Selbst*evaluation z. B. von LuL für LuL durchgeführt, während unter einer *internen Fremd*evaluation z. B. die klassische Schulinspektion zu verstehen ist. Eine *externe Selbst*evaluation dient dem Einholen von Meinungen über die eigene Schule z. B. in Form von Elternfragebögen und eine *externe Fremd*evaluation z. B. zur Prozesszertifizierung der Evaluationsmaßnahmen durch die Wertung eines unabhängigen sachverständigen Akteurs.[108]

Es muss jedoch festgestellt werden, dass das fein differenzierende Schema von Strittmatter (2007) sowohl in der Wissenschaft als auch in der Politik bislang wenig Beachtung findet und der Autor konstatiert: „Das interessiert niemanden im politischen Feld (wozu auch sehr viele mit Schulevaluation befassten Erziehungswissenschaftler zählen)" (S. 97). Ausgehend von der mangelnden Anerkennung des Modells und im Hinblick auf die Adressatengruppe der eigenen Untersuchung soll daher dem im schulischen Kontext gebräuchlicheren Begriffsverständnis gefolgt und der Kontinuität wegen unter einer *Selbst- bzw. internen* Evaluation eine von der Einzelschule geplante, durchgeführte und ausgewertete Evaluation (z. B. BP Nordrhein-Westfalen, 2014; InES Rheinland-Pfalz, 2017; LA Hessen, 2011, S. 3; ISB Bayern, 2014; LISUM Berlin-Brandenburg, 2007, S. 5; MKJS Baden-Württemberg, 2014) sowie unter einer *Fremd- bzw. externen* Evaluation eine von den Schulaufsichtsbehörden geplante, durchgeführte und ausgewertete Evaluation (BS Berlin-Brandenburg, 2014; ISB

---

108 Unter der Berücksichtigung der Matrix von Strittmatter (2007, S. 97) kann die These von Böttcher (2008) „externe Evaluation ist stets Fremdevaluation" (S. 892) somit als widersprüchlich angesehen werden.

Bayern, 2014a; LSA Hessen, 2014; MKJS Baden-Württemberg, 2014; NiBiS, 2014; SenBJW Berlin, 2014) verstanden werden.

Ungeachtet dieser Begriffsdifferenzierungen haben Evaluationen das Potenzial, einen wichtigen Beitrag zur Qualitätssicherung und -entwicklung von Bildungseinrichtungen zu leisten. Sollten Evaluationen aus den angegeben vier (intern selbst, intern fremd, extern selbst und extern fremd) bzw. zwei (intern, extern) Feldern wie bei schulinterner Evaluation und der Schulinspektion miteinander verbunden werden, kann eine entsprechend größere Wirkung erzielt werden (Holtappels, 2003; Stockmann, 2006).[109]

Nimmt man allerdings den Adressaten einer Evaluation alleine in den Blick, erscheinen die bereits dargestellten Typisierungen wenig hilfreich. Hierzu liefert Böttcher (2008, S. 892 f, 2009, S. 212) wesentliche Hinweise. So kann grob zwischen Personenevaluationen (z. B. Personalbeurteilungen), Systemevaluationen (z. B. Organisationsanalysen) und Programmevaluationen (z. B. Bewertung des Angebots einer Ganztagsschule durch SuS) unterschieden werden. *Personenevaluationen* werden dabei vornehmlich in der Psychologie bzw. pädagogischen Psychologie angewendet, z. B. zur Personalbeurteilung oder Messung der Lernentwicklung. *Systemevaluationen* stehen im Bildungs- und Erziehungswesen im Mittelpunkt, im pädagogischen und sozialen Feld spielen vornehmlich *Programmevaluationen* eine wichtige Rolle (Royse, Thyer & Padgett, 2006), die Böttcher (2008) wie folgt definiert:

> Pädagogische ... Programme sind Interventionen, also organisierte, geplante, in der Regel auf gewisse Dauer angelegte Aktivitäten, die das Ziel haben, pädagogische oder soziale Kontexte zu verändern und Menschen oder Gruppen helfen wollen, ihre soziale Lage zu verbessern oder Lerngewinne zu erzielen. (S. 892)

Da Programmevaluationen jedoch unterschiedliche Vorgehensweisen, Ergebnisarten und Nutzungsbereiche zugrunde liegen, sind diese nach Rossi, Lipsey und Freeman (2004) anhand fünf verschiedener Fragebereiche voneinander zu unterscheiden:

- zur Identifikation von Bedarfen (needs assessment)
- zur Bewertung der Programmtheorie (assessment of program theory)
- zur Bewertung des Programmprozesses (assessment of program process)
- zur Wirkungsmessung (impact assessment)
- zur Bewertung der Programmeffizienz (efficiency assessment)

---

109 Böttcher (2008) fügt allerdings kritisch hinzu, dass dies nur der Fall ist, sofern externe und interne Evaluationen „gegenseitig ihre Schwächen zu kompensieren versuchen" (S. 892).

Anhand der vorangegangenen Bestimmung konnte der Evaluationsbegriff eruiert und auch seine Subgenres *intern*, *extern*, *selbst* und *fremd* konnten voneinander abgegrenzt werden. Zusätzlich wurde bereits festgestellt, dass es sich bei Evaluationen im pädagogischen Kontext vornehmlich um Programmevaluationen handelt. Nach dieser begrifflichen Auseinandersetzung sollen nun die qualitativen Anforderungen an Evaluationen betrachtet werden.

3.2 Leitprinzipien der Evaluation im Bildungssektor

Einem „positivistischen Wissenschaftsverständnis" (Böttcher, 2009, S. 211) folgend ist es bei jeglicher Art von Evaluation notwendig, auf die Einhaltung der in der empirischen Sozialforschung verwendeten Gütekriterien zu achten. Um eine „möglichst exakte Datenbasis" (Dedering, 2010, S. 62) zu erhalten, muss eine Evaluation genau (objektiv), zuverlässig (reliabel) und gültig (valide) sein. Diese sogenannten Hauptgütekriterien erlauben es, die Qualität von Evaluationsinstrumenten zu bestimmen. Wie Bühner (2011, S. 71) ausführt, beeinflusst dabei die Genauigkeit (Objektivität) des Instruments dessen Zuverlässigkeit (Reliabilität). Ist letztere wiederum gering, kann einem Test keine Gültigkeit (Validität) zugesprochen werden. Zu den Nebengütekriterien werden in der Regel Skalierung bzw. Skalierbarkeit, Normierung bzw. Eichung, Testökonomie, Nützlichkeit, Zumutbarkeit, Nicht-Verfälschbarkeit und Testfairness gezählt.

Evidenzbasierte Entscheidungen werden vorrangig im Zuge von Schulleistungsuntersuchungen angestrebt, in denen eine zentrale Überprüfung des Erreichens der Bildungsstandards in einem Ländervergleich der vierten, neunten und zehnten Klasse, Vergleichsarbeiten zur Darstellung der Leistungsfähigkeit einzelner Schulen in Abhängigkeit von den Bildungsstandards und eine gemeinsame Bildungsberichterstattung von Bund und Ländern enthalten sind (Dedering, 2010, S. 64, 2012, S. 40 f; Döbert & Avenarius, 2007; KMK, 2003, 2003a; Rürup, Fuchs & Weishaupt, 2010). Am Beispiel des Bildungsberichts stellt die KMK (2006a) heraus:

> Durch den Bericht ‚Bildung in Deutschland' wird die Öffentlichkeit alle zwei Jahre auf Grundlage abgesicherter Daten über Rahmenbedingungen, Ergebnisse und Erträge von Bildungsprozessen im Lebenslauf informiert. Der Bericht soll den Beitrag von Bildung in Deutschland für die Persönlichkeitsentwicklung des Einzelnen, für die Humanressourcen der Gesellschaft sowie für Chancengleichheit und soziale Integration empirisch belegt darstellen. (S. 23)

Bei der Betonung der exakten Datenbasis (und damit der Güte) von Evaluationen darf allerdings nicht vergessen werden, dass nach den internationalen

Leistungsvergleichsstudien zu Beginn des Jahrtausends verschiedenste Arten von Evaluationen in der deutschen Schullandschaft relativ rasch und teilweise sogar gleichzeitig eingeführt wurden (z. B. Vergleichsarbeiten, Bildungsstandards oder Schulinspektion). Im Gegensatz zu den schulischen Rechenschaftssystemen anderer Länder wie z. B. England oder Schweden[110], die in ihrer aktuellen Form ein Ergebnis aus teilweise jahrzehntelangen Entwicklungen darstellen (Kotthoff, Böttcher & Nikel, 2016, S. 325), kann der zügigen Implementation von Evaluationsverfahren in der deutschen Schullandschaft somit ein nahezu einmaliger Charakter zugesprochen werden. Dass dabei aber auch die Qualität einiger Evaluationsinstrumente vernachlässigt wird, zeigt z. B. der Bayerische Lehrer- und Lehrerinnenverband mit einer Petition an den Bayerischen Landtag (BLLV, 2010). Obwohl die schulinternen und externen Evaluationsverfahren immer stärker hinsichtlich ihrer Güte diskutiert werden, kann nach wie vor „eine (noch) eingeschränkte Anschlussfähigkeit der Thematik an die Schulpraxis und an die Praxis der Bildungsadministration" (Maag Merki, 2009, S. 161) konstatiert werden.

Somit ist festzustellen, dass einige Evaluationsinstrumente aufgrund fehlender Güte nicht den Hoffnungen der Bildungsadministration entsprechen, zur Sicherung und Steigerung des Qualitätsmanagements einerseits und zu einer Beendigung der seit PISA und TIMSS schwelenden Bildungsdiskussion andererseits beizutragen. Ob damit eine Stagnation bzw. sogar ein Qualitätsverlust der Schulentwicklung einhergeht, kann an dieser Stelle nur gemutmaßt werden. Bereits im Jahr 2000 argumentieren Fullan und Watson jedoch unter Berücksichtigung der Erkenntnisse der internationalen Schulentwicklungs- und Schuleffektivitätsforschung, dass für erfolgreiches Qualitätsmanagement sowohl deutlich längere Zeitspannen (dazu auch Klieme et al., 2003) als auch eine weitere Professionalisierung des an Evaluationen beteiligten Personals notwendig ist.

Eine outputorientierte Steuerung von Schulentwicklungsprozessen, wie sie seit dem Paradigmenwechsel im Schulsystem verfolgt wird, erfordert also die Notwendigkeit von Erkenntnissen auf der Grundlage möglichst exakt erhobener Daten. Damit sollen nicht nur vergleichbare Daten generiert, sondern auch durch die Erhebung des Ist-Zustandes Verbesserungsmöglichkeiten aufgezeigt werden. Hierzu können die Vorgaben der DeGEval (2016) als hilfreiche Orien-

---

110 So sind in diesen Ländern bereits qualitätsoptimierte Schulinspektionen im Gange. In England bspw. werden nur solche Daten erhoben, auf deren Grundlage die Schulleitung die eigene Schule so steuern kann, dass sich die Wahrscheinlichkeit für Erfolge (Qualität) erhöht. Da in Schweden die Verpflichtung von Schulen und Kommunen zur (Selbst-)Evaluation zu sehr zögerlichen Reaktionen geführt hat, hat man aufseiten der Schuladministration und diesem Umstand Rechnung getragen und Schulinspektionen vorsichtig in kleinen Schritten eingeführt (Böttcher & Kotthoff, 2007, S. 225).

tierung herangezogen werden. Die tatsächliche Güte eines Instruments lässt sich allerdings nur bestimmen, wenn besonderes Augenmerk auf die Einhaltung der wissenschaftlichen Gütekriterien gelegt wird. Dies entspricht auch der Forderung von Maag Merki (2009, S. 161), die die Qualität schulischer Evaluationen bemängelt.

3.3 Die Schulinspektion als Element der externen Evaluation

In den Qualitätsrahmen zur Schulqualität der Länder (z. B. BSB HH, 2012, S. 25; LA Hessen, 2011, S. 3; MBJS Brandenburg, 2016, S. 3; MKJS BW, 2007, S. 4; SenBJW Berlin, 2013, S. 40 f) ist die interne Evaluation der Schulinspektion als Verfahren externer Evaluation vorgeschaltet.

Um die Qualität der Einzelschule beurteilen zu können, gehört die Schulinspektion seit Beginn des 21. Jahrhunderts neben Lernstandserhebungen und zentralen Abschlussprüfungen „zum etablierten Kern der ‚Governance'-Strukturen" (Kotthoff et al., 2016, S. 325) im deutschen Schulsystem und kann zu den outputbezogenen Steuervariablen der externen Evaluation gezählt werden (vgl. Kap. 1.2.5). Trotz der in den einzelnen Bundesländern aufgrund des Bildungsföderalismus (BPB, 2016) unterschiedlich ausgeprägten Namensgebungen[111] und Begutachtungsverfahren[112] sind grundlegende Gemeinsamkeiten feststellbar, deren Darstellung für diese Arbeit als ausreichend erachtet wird und die in ihrem prozessualen Verlauf abgebildet werden.

Im Vorfeld der Schulinspektion werden bereits Daten über standardisierte Befragungen (z. B. schriftliche Befragungen von LuL, Eltern und SuS) und Dokumentenanalysen (z. B. Schulprogramm) sowie über das Vorhandensein und die Resultate interner Evaluationen von einem Expertenteam (Inspektoren & Evaluatoren) gesammelt. Im Rahmen der meist mehrtägigen Schulinspektion werden dann weitere Daten und Informationen zur Schulorganisation und der Unterrichtspraxis über eine Reihe relativ standardisierter Instrumente erhoben mit dem „Anspruch einer objektivierten, für alle Schulen prinzipiell vergleichbaren datengestützten Evaluation" (Rürup, 2008, S. 470). Dies geschieht z. B.

---

111 Für dieses Verfahren der externen Evaluation ist in der deutschen Schullandschaft kein einheitlicher Begriff festgelegt. Somit werden in den einzelnen Bundesländern verschiedene Bezeichnungen verwendet, z. B. *Schulinspektion* (Niedersachsen), *Qualitätsanalyse* (Nordrhein-Westfalen), *Fremdevaluation* (Baden-Württemberg), *Schulvisitation* oder auch schlicht *externe Evaluation* (Thüringen und Mecklenburg-Vorpommern; Böhm-Kasper, Selders & Lambrecht, 2016, S. 1).

112 Einen sehr aufschlussreichen Beitrag zur Schulinspektion sowie deren länderspezifischer Unterschiede und Wirkungen liefert die Arbeitsgruppe Schulinspektion (2016).

über Interviews mit den schulischen Akteuren und durch Unterrichtsbeobachtungen.

Grundlage sowohl der Erhebung als auch der darauffolgenden normativen Bewertung der gesammelten Daten ist der Qualitätsrahmen der Länder in Form eines Kriterienkatalogs, anhand dessen das jeweilige Modell guter Schule mittels verschiedener Prozessfaktoren (z. B. Unterricht, Lehrerprofessionalität, Schulklima, Schulmanagement, Qualitätsmanagement) detailliert und präzise beschrieben ist (z. B. BSB HH, 2012; LA Hessen, 2011; MBJS Brandenburg, 2016; MKJS BW, 2007; SenBJW Berlin, 2013). Im Sinne eines Schulmonitorings werden daraufhin Stärken und Schwächen identifiziert und anhand eines Berichts sowohl der Schule als auch der Schulaufsicht zurückgemeldet. Der Inspektionsbericht soll dabei der Schule als Basis dienen, um Maßnahmen zur Kompensation von Defiziten und zum Ausbau der Stärken zu ergreifen, damit Schulentwicklungsprozesse gestaltet werden können. Die Schulen werden darüber hinaus rechenschaftspflichtig gemacht, indem auf Grundlage des Inspektionsberichts Zielvereinbarungen mit der aufsichtführenden Behörde getroffen werden. Außerdem dient der Inspektionsbericht auf bildungsadministrativer Ebene im Sinne eines Systemmonitorings zur Erlangung von Wissen zur Steuerung von Schulen und Schulsystem (Böhm-Kasper et al., 2016, S. 1 f; Dedering, 2012, S. 41; Dedering & Tillmann, 2012, S. 46, Döbert, Rürup & Dedering, 2008).

Als Mittel der Qualitätssicherung und -steigerung erfüllt die Schulinspektion bisher allerdings nicht die Hoffnungen in angestrebtem Maße. Zwar weisen zahlreiche Studien (z. B. Böttcher, Keune & Neiwert, 2010; Dedering & Müller, 2011; Husfeldt, 2011; Müller, Pietsch & Bos, 2011; Sommer, 2011; Wurster & Gärtner, 2013) Wirkungen auf der Ebene der Akzeptanz des Verfahrens, als Impulsgeber für Entwicklungen sowie für die Initiierung von Maßnahmen nach, tatsächliche Effekte auf die Schul- und Unterrichtsentwicklung sind jedoch eher als marginal zu betrachten (z. B. Böhm-Kasper & Selders, 2013; Böhm-Kasper et al., 2016; Gärtner, Wurster & Pant, 2014; Pietsch, Feldhoff & Petersen, 2016; Pietsch, Jahnke & Mohr, 2014; Rolff, 2001a; Wurster, Richert, Schliesing & Pant, 2013). Nach dem bisherigen Stand der empirischen Forschung sind die Erkenntnisse zu Wirkungen der Schulinspektion auf die Schülerleistungen außerdem nicht eindeutig, wie z. B. Husfeldt (2011) sowie Pietsch et al. (2014) beschreiben.

Damit sowohl die Einzelschule als auch der Unterricht nachhaltig entwickelt werden kann, kommt der schulinternen Evaluation eine besondere Bedeutung zu. Diese soll im Folgenden näher betrachtet werden.

3.4 Schulische Selbstevaluation – ein Verfahren der internen Evaluation

Die Betrachtung der Schulinspektion als Element der externen Evaluation im vorherigen Kapitel macht deutlich, dass bereits im Vorfeld einer internen Evaluation Informationen über die Schule gesammelt werden, z. B. über die Analyse des Schulprogramms. Dabei gilt Schulprogrammarbeit neben der Einrichtung von Steuergruppen als ein weiterer Ansatz, um schulinterne Veränderungspotenziale zu aktivieren (Berkemeyer, 2012, S. 48). Zur (Um-)Gestaltung des Schulprogramms erscheint es essentiell, zunächst Planungs- und Entscheidungshilfen in Form schulinterner Evaluationsmaßnahmen im Sinne eines Monitorings zu liefern. „Schulentwicklungsarbeit kann ohne Evaluation nicht wirksam werden" (Holtappels, 2011, S. 143). Aus diesem Grund sind die Einzelschulen verbindlich zur internen Evaluation als Teil professionellen Handelns in den meisten Bundesländern[113] aufgefordert. Internen Evaluationen kommt darüber hinaus eine große Bedeutung zu, da sie der Schulaufsicht Aufschluss darüber geben, in welchem Maße qualitätssichernde- bzw. entwickelnde Maßnahmen in den Schulen vorhanden sind.

Aufgrund biografisch manifestierter Routinen und mangelnder Ressourcen können die meisten Schulen der Erwartungshaltung der Bildungsadministration nicht angemessen entsprechen, um schulische Innovationen nicht nur zu initiieren, sondern auch zu implementieren und im besten Fall zu institutionalisieren (vgl. Kap. 1.3). Wegen des großen Bedarfs an Unterstützungsleistungen ist es daher naheliegend, dass sich mittlerweile eine große Anzahl von Praxisleitfäden und Instrumenten zur schulischen Selbstevaluation finden lässt (Altrichter, Messner & Posch, 2006; Buhren, 2007; Buhren, Killus & Müller, 1998; Burkard & Eikenbusch, 2000; Burkard, Eikenbusch & Ekholm, 2003; EiS, 2015, 2015a; Granzer, Wendt & Berger, 2008; Mittelstädt, 2006; UE2, 2007). Zusätzlich hat sich in der Privatwirtschaft mittlerweile ein Markt gebildet, auf dem Schulen entsprechende Methoden, Instrumente bzw. sogar ganze Evaluationsverfahren im Sinne eines „Rundum-Komplett-Pakets" (Höhne & Schreck, 2009, S. 189) einkaufen können (Schnell, 2007, S. 25 f). Den Instrumenten zur Selbstevaluation liegen dabei unterschiedliche Begründungslinien (Rolff, Buhren, Lindau-Bank & Müller, 1998) bzw. nach Berkemeyer et al. (2016, S. 214) praktische Anwendungsfelder zugrunde, die exemplarisch in Kapitel 3.4.1 dargestellt

---

113 Zwar sind die Schulen in den Ländern lediglich zur Selbstevaluation der eigenen Arbeit *aufgefordert*, dennoch finden sich in den letzten Jahren vermehrt Bestrebungen zu schulgesetzlichen Verankerung der internen Evaluationen, z. B. in Baden-Württemberg und Sachsen (Berkemeyer et al., 2016, S. 214).

werden.[114] Im Anschluss werden Herausforderungen bei der Durchführung interner Evaluationen in der schulischen Praxis aufgezeigt (vgl. Kap. 3.4.2).

3.4.1 Anwendungsfelder interner Evaluationen

Zu Beginn oder nach bestimmten Entwicklungsschritten dienen interne Evaluationen zur *Bestandsaufnahme*, um die Stärken und Schwächen einer Schule bzw. eines bestimmten pädagogischen Programms aufzudecken, wodurch diese zur Orientierung für die weitere Entwicklung herangezogen werden können. Die zur Verfügung stehenden Instrumente basieren meist auf einem Qualitätsmodell einer guten Schule, wodurch diese als „wissenschaftsgestützt" (Berkemeyer et al., 2016, S. 215) bezeichnet werden können. Darüber hinaus können sie von den Schulen adaptiert bzw. modifiziert werden und geben Auskunft über die Art der Durchführung sowie die zu evaluierenden Teilbereiche (sofern mit einem Instrument die schulische Entwicklung als Ganzes evaluiert wird), wodurch die Schulen entlastet werden. Stellvertretend können an dieser Stelle die kostenfreien Instrumente IFS-Schulbarometer (IFS, 2001) oder Pädagogischen Entwicklungsbilanzen (PEB; Gerecht, Steinert, Klieme & Döbrich, 2007) sowie das kostenpflichtige Instrument *Selbstevaluation in Schulen* (SEIS) der Bertelsmann Stiftung (SEIS-Deutschland, 2011) genannt werden (Berkemeyer et al., 2016, S. 215). Das SEIS-Instrument soll im Folgenden exemplarisch als Instrument zur Bestandsaufnahme beleuchtet werden, da ein Erkenntnisgewinn für das in dieser Arbeit zu erstellende Instrument angenommen wird.

Das *SEIS-Instrument* ging aus dem internationalen Netzwerk innovativer Schulsysteme (INIS) hervor, in dem Schulen, Schulbehörden und Ministerien aus acht Ländern sowie ein Beirat aus Schulpraktikern ein gemeinsames Qualitätsverständnis für gute Schulen erarbeiteten und Fragebögen entwickelten, die in der Praxis erprobt und wissenschaftlich evaluiert wurden. Nachdem das Instrument ab dem Jahre 2004 in Deutschland von Schulen genutzt werden konnte, wurden in der Folge Kooperationsverträge mit verschiedenen Bundesländern geschlossen und das Qualitätsverständnis von SEIS wurde erweitert sowie das softwaregestützte Instrument angepasst, um eine größere Übereinstimmung mit den länderspezifischen Verständnissen von Schulqualität zu ermöglichen.
Ab dem Jahre 2008 wurde das Instrument von der Bertelsmann Stiftung an das Länderkonsortium *SEIS Deutschland* (Stern, 2009) übergeben, beste-

---

114 Die folgende Darstellung beruht dabei auf der Differenzierung von Berkemeyer et al. (2016, S. 214 f), da diese den aktuellen Stand am besten und umfassendsten wiedergibt.

hend aus Vertretern der Bundesländer Baden-Württemberg, Brandenburg, Bremen, Niedersachsen, Nordrhein-Westfalen, Rheinland-Pfalz und Sachsen-Anhalt sowie dem Bundesverwaltungsamt, das die Zentralstelle für deutsche Auslandsschulen darstellt. SEIS stand bis zum Ende des Jahres 2015 zur Verfügung (SEIS Deutschland, 2017). Mit dem Instrument sollte ein ganzheitlicher Blick auf Schule gewährleistet werden, wobei der Schwerpunkt in den Fragebögen auf den Ergebnissen bezüglich des Bildungs- und Erziehungsauftrags der Schule und dem Qualitätsbereich „Lernen und Lehren" lag. Weitere Dimensionen wurden über Items zur Schulkultur, zur Führung und zum Schulmanagement, zur Professionalität der LuL sowie zu den Zielen und Strategien der Qualitätsentwicklung abgebildet (Ebel, Grieser & Mahlmann, 2008, S. 60 f).

Ziel des Selbstevaluationsinstruments war es, die Stärken und Schwächen einer Schule sichtbar zu machen, indem die Perspektiven von SuS, LuL, Eltern, weiterem Personal und der Schulleitung abgefragt und miteinander verglichen wurden. Dazu standen allgemeinbildenden, berufsbildenden und Förderschulen unterschiedliche Fragebogen-Sets zur Verfügung. Ebenso variierte die Anzahl der standardisierten Fragen bei den Personengruppen. Die Schule hatte darüber hinaus die Möglichkeit, die Fragebögen durch eigene Zusatzfragen zu erweitern. Für die Datenerhebung konnten maximal sechs Gruppen von der Schule ausgewählt werden, darunter bis zu zwei Gruppen mit SuS, die anhand ihres Alters unterschieden wurden. Die Bearbeitungszeit betrug etwa 30 bis 90 Minuten (SEIS Deutschland, 2008). Je nachdem, ob die Schule den Druck und die Dateneingabe der Fragebögen selbst übernahm, an eine Fremdfirma abgab oder eine Online-Befragung durchführte, entstanden unterschiedliche Kosten. Bei Schulen kooperierender Partnerländer wurde grundsätzlich ein Nutzungsentgelt von 100 € erhoben, andernfalls waren 480 € zu entrichten. Nach der Auswertung wurde ein sogenannter „Schulbericht" verfasst, durch den die Schulen mithilfe von Übersichtsgrafiken, vergleichenden Tabellen, Lesehilfen und – auf Wunsch – individuell erstellten Kommentaren erkennen konnten, welche Schwerpunkte in der zukünftigen Schulentwicklung gesetzt werden sollten (Bertelsmann-Stiftung, n. d., 2016; Buhren, 2008, S. 2; Ebel et al., 2008; Gatermann, Gierke, Poppinga & von Saldern, 2010, S. 101 f; Höhne & Schreck, 2009, S. 178 f; Schulministerium NRW, 2013; SEIS Deutschland, 2011).

Während mit dem SEIS-Instrument umfangreiche und sytematische Bestandsaufnahmen der Meinungen der Schulgemeinde möglich sind, können mithilfe anderer *Feedbackinstrumente* auch spontan und bezogen auf einzelne Handlungen Evaluationsprozesse durchgeführt werden. Entsprechende Erhebungen übernehmen bspw. Funktionen der Diagnose, der Bewertung, der Beteiligung, der Kommunikation und der Entwicklung. In den letzten Jahren wurden mehr und mehr Instrumente zum SuS-Feedback bereitgestellt, die sich z. B. auf die Rückmeldung zum Unterricht beziehen und von den LuL durchgeführt werden können (Berkemeyer et al., 2016, S. 215 f). Aufgrund der besonderen Berücksichtigung der Meinung der SuS in dieser Arbeit, z. B. bei der Schul- bzw. Qualitätsentwicklung (vgl. Kap. 2.5.2.1) oder bei der Mitgestaltung des Ganztagsangebots (vgl. Kap. 2.5.2.5) sollen an dieser Stelle verschiedene Feedbackinstrumente exemplarisch und im Hinblick auf die Erstellung eines eigenen Evaluationsinstruments vorgestellt werden.

Wenn es darum geht, die Meinung der SuS einzuholen, zählt Rolff (2010) die *Zielscheibe* zu den „bewährtesten der unaufwendig von jeder Schule einsetzbaren Selbstevaluationsinstrumenten" (S. 140 f). Dass dieses Instrument seiner Meinung nach auch zu den am meisten verbreiteten Datenerhebungsmethoden gezählt werden kann, bestätigt die Vielzahl an Praxisleitfäden, in denen dieses Instrument vorgestellt wird (z. B. BPB, 2013; LA Hessen, 2010a, S. 11; QMBS Bayern, n. d., S. 4; Seiß, 2004, S. 50; VSA ZH, 2011, S. 2 f). Bei diesem Instrument wird zuerst eine Zielscheibe mit skalierten „Speichen" aufgezeichnet und in eine frei wählbare Anzahl von Sektoren unterteilt, wobei jedem Sektor ein zu erhebendes Kriterium bzw. eine Fragestellung zugeordnet wird. Die Datenerhebung erfolgt, indem die Teilnehmer/innen in jedem Sektor eine Position markieren. Dabei schätzen die Teilnehmer/innen das Merkmal umso besser ein, je näher ihre Markierung am Zentrum liegt (LA Hessen, 2010a, S. 11; VSA ZH, 2011, S. 2 f). Nach Beendigung der Abfrage kann das Meinungsbild direkt abgelesen werden. Mit diesem Instrument können zahlreiche Aspekte (z. B. Unterricht, Schul- oder Gruppenklima) erhoben werden (Rolff, 2010, S. 141; VSA ZH, 2011, S. 2). Um gruppendynamische Effekte möglichst zu vermeiden, schlägt Rolff (2010, S. 141) vor, dass jeder Teilnehmer/innen zuerst eine eigene Zielscheibe ausfüllen sollte, bevor die Ergebnisse auf eine gemeinsame Zielscheibe übertragen werden.

Das Zielscheiben-Instrument wird von der Hessischen Lehrkräfteakademie innerhalb der *Arbeitsmaterialien für Schulen zur internen Evaluation* (LA Hessen, 2017) dargestellt, nachfolgend AMintEva-Hessen genannt. An dieser Stelle finden sich auch Instrumente, die auf einzelne Qualitätsbereiche des Hessischen Referenzrahmens Schulqualität (LA Hessen, 2011) Bezug nehmen, wie z. B. Checklisten, um den individuellen schulspezifischen Entwicklungsbedarf „mit wenig Aufwand" (LA Hessen, 2017a) einschätzen zu können (LA Hessen, 2017a, 2017d). Darüber hinaus stehen standardisierte und mehrperspektivische Fragebögen zu nahezu allen Qualitätsbereichen auf papierbasiertem Format zur Verfügung, welche in Abhängigkeit der zu erhebenden Dimension an LuL, Eltern und SuS adressiert sind (LA Hessen, 2017a, 2017e). Zur genaueren Analyse einer bestimmten Thematik innerhalb eines Qualitätsbereichs können darüber hinaus fokussierte und ebenfalls papierbasierte Fragebögen verwendet werden (LA Hessen, 2017 f, 2017g, 2017h, 2017i, 2017j, 2017k).

Interessant ist, dass diese Fragebögen auch online abrufbar sind. So stehen Fragen zu insgesamt 21 Themen zur Verfügung, die zusätzlich zu den bereits erwähnten Inhalts- bzw. Qualitätsbereichen auch unterschiedliche Umfänge aufweisen und nach Klassenstufen differenziert sind. Der Schwerpunkt der verschiedenen Online-Fragebögen liegt dabei auf der Erhebung der Unterrichtsqualität und dem Klassenklima; allein für die Erhebung der Unterrichtsqualität stehen neun verschiedene Fragebogenversionen zur Verfügung. Um diese Instrumente anzuwenden, hinterlässt der Testleiter eine E-Mail-Adresse und gibt u. a. das Startdatum, die Laufzeit in Tagen sowie die Zahl der Teilnehmer/innen ein. Im Anschluss erhält der Testleiter eine E-Mail, in der für jede/n Teilnehmer/in ein einmalig gültiger Link zum Fragebogen hinterlegt ist. Nach der Beendigung des Erhebungszeitraums wird dem Testleiter automatisch eine Auswertung zugesendet, in der neben dem Item auch Mittelwert, Standardabweichung und die entsprechenden Prozentwerte für die Stufen der vierstufigen Ratingskala dargestellt sind (LA Hessen, 2017c).

Ein weiteres professionsgemäßes Verfahren der Evaluation stellt die *Selbstevaluation der LuL* dar. Der eigene Unterricht wird dabei von den LuL bzw. eine eigene Maßnahme von einer bestimmten Personengruppe reflektiert, ausgewertet und weiterentwickelt (Boller, 2009). Damit können Unterricht und Maßnahmen sowohl erforscht als auch im Anschluss modifiziert werden. Da Selbstevaluationen aus der subjektiven Sicht des Akteurs heraus entstehen, weisen Berkemeyer et al. (2016) darauf hin, dass sich diese Erhebungen eher an Angemessenheit statt an der tatsächlichen Wahrheit orientieren; die Auswertung und Interpretation der Ergebnisse ist vorrangig wirksamkeitsorientiert und situationsspezifisch und verfolgt nicht den Anspruch, eine Generalisierung anstellen zu wollen.

Berkemeyer et al. (2016) und Müller (2011) reihen den eigentlich übergeordneten Begriff der *schulinternen Evaluation* auch innerhalb der verschiedenen praktischen Anwendungsfelder ein. Die Autoren verwenden diese Bezeichnung, um aufzuzeigen, dass Evaluationsvorhaben zwar durch aus- oder in diesem Bereich fortgebildete Mitglieder der Schule durchgeführt werden, neben der eigenen Arbeit aber auch die Arbeit von Kollegen und Kolleginnen sowie der ganzen Schule evaluiert wird. Meist geschieht dies unter Hinzuziehung externer Personen (Rolff et al., 1998), indem z. B. im Modellversuch *Selbstevaluation als Instrument einer höheren Selbstständigkeit von Schulen* (Müller, 2002) insgesamt 12 Schulen Instrumente und Verfahren zu verschiedensten Bereichen schulischer Arbeit entwickelten.

Zuletzt können schulinterne Evaluationen als Teil eines *umfassenderen schulinternen Qualitätsmanagements* angewendet und zur Zertifizierung herangezogen werden. In diesem Kontext ist z. B. das Modell der European Foundation for Quality Management (Maritz et al., 2006) oder das Schweizer Modell *Qualität durch Evaluation und Entwicklung* (Landwehr & Steiner, 2007) zu nennen. Vorrangig als Unterstützungsmaßnahme bei schulischen Entwicklungsprozessen ist der in Österreich bekannte internetbasierten Leitfaden *Qualität in Schulen* (Radnitzky, 2002) und der *Modulansatz zur Selbstevaluation von Schulentwicklungsprojekten* (Parschon, 2007) angelegt. Um die Perspektive der unterrichtenden Lehrkraft, die einer hospitierenden Lehrkraft und die Perspektive der SuS gegenüberzustellen und untereinander abzugleichen, kann das Instrument *Evidenzbasierte Methoden der Unterrichtsdiagnostik und -entwicklung* (Helmke, Helmke & Schrader, 2012) herangezogen werden.

Bieten die aufgezeigten Anwendungsfelder zwar grundsätzlich ausreichend Möglichkeiten für Schulentwicklungsprozesse, darf nicht außer Acht gelassen werden, dass schulinterne Monitoringmaßnahmen stets in einem ambivalenten Spannungsverhältnis stehen. Einerseits haben sie das Potenzial, als wesentliches Merkmal professionellen Handelns Reflektionsprozesse anzuleiten und somit zu einer Qualitätssteigerung beizutragen (Holtappels et al., 2008; Maag Merki, Imhasly & Leutwyler, 2003). Um eine Erhebung richtig konzipieren, durchführen und auswerten zu können, erfordern interne Evaluationen jedoch andererseits geeignete Voraussetzungen und Bedingungen, wie z. B. ausreichende Ressourcen und Evaluationskompetenz (Berkemeyer et al., 2016, S. 226). Dass dies während der Phase der Schulautonomie in den 1990er Jahren oder der Phase des Paradigmenwechsels zur Jahrtausendwende nicht der Fall war, zeigen u. a. Altrichter und Posch (1990; 1999) und Altrichter (2000). Allerdings hat sich an diesem Schiefstand auch bis dato kaum etwas geändert, wie die aktuellen empirischen Befunde aufzeigen. „Schulinterne Evaluationskultur ist, wie die Befunde der Schulinspektion in allen Ländern zeigen, bisher keine Stärke schulischer Entwicklungsarbeit" (Kuhn, 2015, S. 94).

3.4.2 Interne Evaluationen in der schulischen Praxis

Damit das in dieser Arbeit zu entwickelnde Evaluationsinstrument zur Unterstützung der einzelschulischen Entwicklungsprozesse beitragen kann, soll der Blick nun auf die schulische Praxis gerichtet und die Frage beantwortet werden, weshalb die an den Einzelschulen anzutreffende Evaluationskultur nicht in angemessener Form den Qualitätsansprüchen der einzelnen Bundesländer genügt. Hierfür wird zunächst die Sichtweise der LuL (vgl. Kap. 3.4.2.1) sowie deren Arbeitsbelastung unter Berücksichtigung vorhandener Ressourcen (vgl. Kap. 3.4.2.2) dargestellt. Inwieweit Leitprinzipien und Gütekriterien in schulischen Evaluationen umgesetzt werden (vgl. Kap. 3.4.2.3), wie wirksam diese sind (vgl. Kap. 3.4.2.4) und in welchem Verhältnis diese beiden stehen (vgl. Kap. 3.4.2.5), ist Gegenstand der weiteren Ausführungen.

3.4.2.1 Kritische Einstellung der betroffenen Personen

Bei einer Sichtung der (Leit-)Artikel aus der Fachliteratur zum Thema *Evaluation an Schulen* lässt sich erkennen, dass oftmals die kritische Sichtweise der LuL, Steuergruppen und Schulleitungen in den Einzelschulen gegenüber externen und internen Evaluationen betont wird. So spricht u. a. Halbritter (2010) von einem „weitverbreiteten und tief sitzenden Misstrauen" (S. 157), Rolff (2013, S. 110) von einer negativen Konnotation sowie Heinrich und Kussau (2016, S. 196) und Sommer (2011, S. 144) berichten sogar von einer ablehnenden Haltung gegenüber der meist wenig qualitätsoptimierten (Böttcher & Kotthoff, 2007, S. 223 f) Evaluations-praxis. Festzustellen ist einerseits, dass Evaluationen grundsätzlich unumgänglich sind, um herauszufinden, ob die Arbeit der einzelnen Schule den jeweiligen Anforderungen entspricht (Rolff, 2013, S. 108). Andererseits besteht unter den LuL, Steuergruppen sowie Schulleitungen eine scheinbar prominente kritische Einstellung gegenüber Evaluationen. Dies birgt nach Strittmatter (2007, S. 104) die Gefahr, dass die Evaluationsergebnisse verfälscht werden oder diese nicht zu Änderungen der schulischen Praxis führen. Die Ursachen und Auswirkungen dieser kritischen Haltung sollen im Folgenden genauer beleuchtet werden.

In Bezug auf die negative Grundeinstellung bei internen Evaluationsverfahren liefert Rolff (2013, S. 108 f) einen Erklärungsversuch. Er macht dies an der Struktur der Schule als besondere soziale Organisation fest: Da fast alle Mitarbeiter einen akademischen Abschluss haben und Steuergruppen bzw. Schulleitung strukturbedingt meist aus LuL bestehen, werden aufgrund flacher Hierarchien sowohl Äußerungen offener Kritik innerhalb der Lehrerschaft vermieden als auch Vorstöße einzelner LuL meist negativ bewertet. Zusätzlich sind es viele LuL nicht gewohnt, aus den autonomen Denkmustern auszubrechen und eine Art Teamgedanken aufkommen zu lassen, da sie sich meist mit sich selbst und ihrer Klasse bzw. ihrem Unterrichtsfach identifizieren bzw. befassen. Dieses Verhalten liegt an der Dynamik innerhalb eines Lehrerkollegiums, geht es doch um *Anerkennung* bei SuS und Kollegen, *Macht* (LuL wollen autoritär gegenüber SuS, innerhalb der Lehrerschaft und vor der Schulleitung jedoch autonom sein) und *Bewertung* (LuL sind es gewohnt, SuS zu bewerten, aber nicht vice versa). Eine Evaluationskultur ist somit nur schwer zu implementieren.

Nach Halbritter (2010, S. 157) und Rolff (2013, S. 110) lassen sich folgende Gründe für die kritische Einstellung der schulischen Akteure gegenüber Evaluationen zusammenfassen.

- Die Ergebnisse von Evaluationen werden oft als *Kritik an der eigenen Arbeit* empfunden.
- Evaluationen werden als Kontrollfunktion bzw. als *Bedrohung* erlebt, indem sie das eigene Rollenverständnis scheinbar untergraben.
- Eine *Einstellung des Besser-nicht-Hinsehens* mildert die im Lehrerberuf oft auseinanderklaffende Lücke zwischen Anspruch und Wirklichkeit.
- Evaluationen werden aufgrund fehlender Routine als *Fremdkörper* und nicht als Teil der Qualitätssicherung der eigenen Arbeit gesehen.
- Evaluationen sind *zeitintensiv, konfliktbehaftet* und *arbeitsaufwändig*.

Die aufgezeigten Gründe können dabei mit den bereits in Kapitel 1.3 beleuchteten Herausforderungen bei schulischen Innovationen in Verbindung gebracht werden. So wurde bereits aufgezeigt, dass es eine große Aufgabe für die Einzelschule darstellt, sich aus der meist vorherrschenden institutionellen Depression heraus zu einer lernenden (und damit auch zu einer evaluierenden) Schule zu entwickeln. Eine kritische Haltung der schulischen Akteure gegenüber Evaluationen kann daher mit fehlender Bereitschaft gegenüber Innovationen einerseits und der in den Hintergrund rückenden Autonomie der Lehrkräfte bei zunehmender Teamstruktur (vgl. Kap. 1.3.1) andererseits verknüpft werden. Darüber hinaus zeigt jedoch gerade der letzte Aspekt Defizite im zeitlichen und personellen Bereich auf, die für eine angemessene Evaluationskultur unabdingbar sind. Da diese Mängel bereits in Kapitel 1.3.3 und Kapitel 1.3.4 ausführlich im Kontext von Schulinnovationen behandelt wurden, soll an dieser Stelle lediglich auf evaluationsspezifische Aspekte eingegangen werden.

3.4.2.2 Tendenzen der Überforderung und fehlender Ressourcen

Die Umsetzung von Evaluationsmaßnahmen in den Einzelschulen erfordert statistische und forschungsmethodische Kompetenzen auf Seiten der Lehrkräfte, damit entsprechende Ergebnisse aus den Daten gewonnen werden können (Ditton & Arnold, 2004; Hosenfeld & Groß Ophoff, 2007; Schwippert, 2004, S. 77). Allerdings setzen die meisten Feedbacksysteme eine diesbezügliche Ausbildung voraus (BMBF, 2008a, S. 23 f), wobei entsprechende Fähigkeiten eher die Ausnahme bilden, wie Altrichter et al. (2016, S. 255) sowie Berkemeyer et al. (2016, S. 226 f) aufzeigen. Häufig sind die betroffenen Personen zur autodidaktischen Einarbeitung und Auseinandersetzung mit evaluativen Verfahren aufgefordert, wodurch sowohl die Qualität der Selbstevaluation als auch die Güte der Fremdevaluation leidet (Schönig, 2007, S. 161). Zusätzlich zu den bereits dargestellten Anforderungen wird in den empirischen Studien zur Nutzung von Datenfeedback oftmals auf die mangelnde Zeit von Lehrkräften hingewiesen, wodurch eine adäquate Durchführung und Auseinandersetzung mit den gewonnenen Daten nicht angemessen möglich ist (EMSE, 2008, S. 5; von der Gathen, 2006, S. 16; Schneewind & Kuper, 2008) und der zusätzliche Aufwand in keinem Verhältnis zum Mehrgewinn steht (Röhrich, 2008, S. 261). Lander & Ekholm (2005) pointieren die Gefahr der Überforderung wie folgt:

> However, it is clear from the research discussed here, that evaluation and its modest contribution to school improvement may well get lost in the struggle between the social technology of teaching and the running of schools. If evaluation as management becomes too dominant, it is likely that teachers will administer the kiss of the death to the whole idea of evaluation as improvement. (S. 98)

Obwohl eine – wenn auch unterschiedliche – Evaluationspraxis als Teil schulischer Qualitätsentwicklung in den Qualitätsrahmen der Bundesländer verankert ist, sind die Ergebnisse zur Akzeptanz und Implementierung von Evaluationsverfahren unter Berücksichtigung der vorangestellten Aspekte wenig überraschend. Im Bilanzbericht der Schulinspektion in Hessen werden 2011/2012 weniger als 25 % der 748 inspizierten Schulen mit der Note 3.0 oder höher[115] bewertet, über ein Drittel aller Schulen (36 %) weist sogar „deutliche Defizite auf" (HKM, 2013, S. 20). In Berlin sind schulinterne Evaluationsmaßnahmen bei über 20 % aller 689 inspizierten Schulen D nur „schwach ausgeprägt" (SenBJW Berlin, 2014a, S. 14), ein ähnliches Bild zeichnet sich in den Bilanzberichten der Schulinspektion anderer Länder sowie einigen Studien zur Schulprogrammarbeit ab (Berkemeyer, 2007; Holtappels, 2004; Mohr, 2006).

Trotz dieses düsteren Bildes kann festgestellt werden, dass es sich wohl eher um eine Momentaufnahme in der Schulentwicklung handelt, die gerade für die Anfangsphase von Schulentwicklungsprozessen bezeichnend ist und durch die folgenden zwei Beispiele belegt werden kann.

Im Umgang mit internen und externen Evaluationen verfügen die deutschen Reformschulen sicherlich über die größte Erfahrung, da sie seit jeher zur Qualitätssicherung durch wissenschaftliche Begleitung verpflichtet sind. Als Folge langwieriger Lernprozesse haben sich dort innerhalb der Schule teamförmige Organisationsstrukturen sowie eine Praxis des Reflektierens der eigenen Arbeit entwickelt, die „zu mehr Transparenz, horizontaler Kontrolle und professioneller Zusammenarbeit" (Schönig, 2007, S. 13) führen.

Im Rahmen der wissenschaftlichen Begleitforschung zum Modellvorhaben *Selbstständige Schule* in Nordrhein-Westfalen (Holtappels, 2008) kann ein Zusammenhang zwischen dem Grad der schulischen Selbstständigkeit und der Haltung gegenüber formalisierten Evaluationen festgestellt werden. Sofern sich die Schulen in einer Einstiegsphase auf dem Weg zu einer selbständigen und

---

115 Die Ergebnisse der Schulinspektion basieren auf einer Bewertungsskala von 1.0 (schwächste Bewertung/nicht umgesetzt) bis 4.0 (beste Bewertung/in hervorragender Weise umgesetzt).

lernenden Schule (Entwicklungstyp 1[116]) oder in einer Implementierungsphase befinden, in der die schulische Selbststeuerung und Verantwortungsübernahme durch weite Teile der Lehrerschaft zwar vorangeschritten, jedoch ausbaufähig ist und einer Verstetigung und Verfestigung bedarf (Entwicklungstyp 2), kann eine eher ablehnende Haltung gegenüber formalisierten Evaluationen ermittelt werden. Können Schulen der Institutionalisierungsphase mit elementaren Fähigkeiten der Selbststeuerung (Entwicklungstyp 3) zugeordnet werden, ist die Akzeptanz dagegen höher (Röhrich, 2008, S. 225 f).

Die vorangestellten Ausführungen lassen erkennen, dass die von der Schulaufsichtsbehörde in vielen deutschen Schulen bemängelte Evaluationspraxis zwar als Teil eines stellenweise erst beginnenden Professionalisierungsprozesses anzusehen ist und somit „mildernde" Umstände geltend gemacht werden können. Dennoch sind neben den begrenzten zeitlichen Ressourcen der LuL auch ihre häufig gering ausgeprägten forschungsmethodischen Kompetenzen zu berücksichtigen, da sich diese negativ auf die Qualität bzw. Güte der Evaluation auswirken. Dennoch ist es notwendig, dass die Evaluationen den Leitprinzipien und Gütekriterien entsprechen. Wie Böttcher (2008, S. 208 f) feststellt und im folgenden Kapitel 3.4.2.3 ausgeführt werden soll, sind die bisher in der deutschen Schullandschaft verwendeten und für die Einzelschulen relevanten Evaluationsformen jedoch in methodischer Hinsicht nicht immer ausreichend abgesichert.

3.4.2.3 Umsetzung von Leitprinzipen und Gütekriterien in externen und internen Evaluationen

Im Gegensatz zu Testaufgaben der nationalen Vergleichsarbeiten, die anhand psychometrischer Erkenntnisse entwickelt werden, sind z. B. die zentralen Abschlussprüfungen nicht anhand der vorgestellten Leitlinien konstruiert. Indem die jeweiligen Lernbedingungen (Schuleinzugsgebiet, soziales Milieu etc.) nicht berücksichtigt werden, können über die Vergleichsarbeiten vielmehr Erkenntnisse über die tatsächliche Arbeitsweise der LuL und der Schule gewonnen werden. Es sind jedoch keine reliablen und validen Aussagen darüber möglich, ob tatsächlich das Wissen und Können der SuS gemessen wird. Eine Vergleichbarkeit zwischen den einzelnen Bundesländern ist zudem aufgrund unterschiedlich festgelegter Leistungsniveaus nicht gegeben. Da zusätzlich nur ein kleiner Teil der in den Curricula vielfach postulierten ganzheitlichen Bildung

---

116 Bei der Unterscheidung der einzelnen Phasen wurde auf das ursprünglich aus der Organisationsentwicklung stammende Modell von Giacquinta (1973, S. 197 f) zurückgegriffen. Nach Fullan (2007, S. 65) ist der Entwicklungsstand einer Schule abhängig von den Innovationszielen.

(Fußstetter, 2007, S. 64) gemessen wird, ist eine tatsächliche Aussagekraft über das Leistungsniveau der einzelnen SuS kaum möglich.

Die Verfahren der Schulinspektion berufen sich zwar durch die Verwendung und trianguläre Abstimmung (LA Hessen, 2017a) qualitativer und quantitativer Instrumente auf mehrdimensionale Modelle, diese sind jedoch letztlich

> ... nichts anderes als schlichte Taxonomien, die unterhalb des organisationstheoretischen Grobmodells, das zwischen Kontexten (bzw. Inputs), Prozessen und Ergebnissen unterscheidet, lediglich intuitiv Qualitätsbereiche (wie z. B. Management, Lernen und Lehren oder Schulklima) benennt. (Böttcher, 2008, S. 209)

Neben der gleichzeitigen normativen Festlegung von Kriterien für eine gute Schule ist auch bei diesem Evaluationsverfahren nicht ersichtlich, ob es auf Reliabilität und Validität hin geprüft wurde.

So wie sich die eingesetzten externen Evaluationsverfahren in Bezug auf die Beachtung von Evaluationsstandards bei der Konstruktion, Durchführung und Auswertung messen lassen müssen, ist dies auch bei den schulinternen Evaluationen vorzunehmen. Nach einer Überprüfung der Schulhandreichungen für die interne Evaluation in verschiedenen Bundesländern[117] können sich weder Hinweise oder Hilfestellungen zur Einhaltung der Leitlinien der DeGEval (2016) finden lassen, noch wird zur Bestimmung der Güte des entwickelten Instruments anhand von wissenschaftlichen Kriterien durch Dritte angeregt. Des Weiteren wird keine Auskunft erteilt, ob und inwieweit die zur Verfügung gestellten Selbstevaluationsinstrumente und Items auf Reliabilität und Validität geprüft wurden (Berkemeyer, 2007; Holtappels, 2004d; Mohr, 2006). Auch Böttcher (2009) verweist auf die noch existierenden Mängel und kommt zu dem Schluss:

> Was die Verfahren der Selbstevaluation betrifft, so kenne ich keine vergleichenden Untersuchungen, die Auskunft darüber geben würden, welche Qualität sie aufweisen, ob ihre Skalen getestet sind, wie die Anwender sie beurteilen, wie sie entstanden sind und welche Modelle von guter Schule sie bewusst oder unbewusst transportieren. Und das sind nur einige Fragen, die beantwortet werden müssen. (S. 209)

---

117 Untersucht wurden die im Internet verfügbaren Materialien für Schulen in den Ländern Bayern (ISB Bayern, 2014; 2015), Baden-Württemberg (EiS, 2015) Berlin-Brandenburg (BBB, 2015; LISUM, 2007), Hessen (LSA Hessen, 2015) und Nordrhein-Westfalen (BP Nordrhein-Westfalen, 2014).

3.4.2.4 Wirksamkeit von Evaluationen

Im deutschsprachigen Raum gibt es bis dato kaum gesicherte Befunde zur Wirksamkeit von internen und externen Evaluationen. Es kann daher nicht eindeutig gesagt werden, „ob eine Variante geeignet ist, um bestimmte Prozesse oder Wirkungen angemessen zu evaluieren" (Berkemeyer et al., 2016, S. 211). Bei Betrachtung der Ergebnisse empirischer Studien aus Ländern, in denen Rechenschafts- und Qualitätsmanagementprogramme im Schulkontext bereits seit längerer Zeit implementiert sind, z. B. England und Schweden (vgl. Kap. 3.2), sind hierzu keine einheitlichen Aussagen möglich (Dedering, 2012; Kotthoff & Böttcher, 2010; de Wolf & Janssens, 2007). Zwar wird in einigen Studien auf Effekte in Form von Veränderungen in verschiedenen schulischen Bereichen durch externe Begutachtung hingewiesen, andere Studien attestieren jedoch einen geringen Einfluss von Evaluationen auf die Schulentwicklung[118]. Des Weiteren können bislang keine oder nur ungünstige Effekte der durch die Schulinspektion beabsichtigten Qualitätsverbesserungen der Einzelschule auf die Leistung der SuS beobachtet werden. Außerdem berichten manche Studien von negativen Nebeneffekten, z. B. einem höheren Maß an Ängsten und Stress unter den Lehrern (Dedering & Tillmann, 2012, S. 46 f).

Die bisher vorliegenden Studien aus dem deutschsprachigen Raum zur externen (z. B. Gärtner, Husemann & Pant, 2009; Huber, 2008) und internen Evaluation (z. B. Altrichter, 2000a; Burkard, 1998; Buhren et al., 2000; Strittmatter, 2000) zeigen zwar grundsätzlich eine positive Tendenz in Bezug auf Effekte in der Kommunikation zwischen den Lehrkräften, den SuS, der Schulleitung und den zuständigen Behörden, dennoch kann festgehalten werden, dass von den jeweiligen Evaluationsverfahren „deutlich mehr erwartet, als an tatsächlichen Effekten realisiert" (Berkemeyer et al., 2016, S. 230) wird und dass die bisherigen Steuerungsstrategien „zu einem großen Teil auf Überzeugungen, nicht aber auf empirischen Belegen der Wirksamkeit" (van Ackeren, 2003, S. 207) basieren.

Daher soll an dieser Stelle auch erwähnt werden, dass evaluierende Maßnahmen zur Qualitätsentwicklung einen allumfassenden Blick auf das *Gesamt-*

---

118 Können Feldhoff, Kanders und Rolff (2008) im Rahmen des Modellversuchs *Selbstständige Schule* in Nordrhein-Westfalen zwar konstatieren, dass generell ein „produktiver Umgang mit den Rückmeldungen [aus den datengestützten Erhebungen] in den Schulen, gekennzeichnet durch eine gute Information der Lehrkräfte" (S. 192) stattfindet, nehmen die Autoren auf Grundlage der Angaben der LuL ebenfalls wahr, dass die Ergebnisse weder in den schulischen Gremien diskutiert werden noch Auswirkungen auf deren Arbeit die Folge ist. Selbst wenn Schulleitungen und Steuergruppen über Basiskompetenzen im Bereich von Evaluation und Qualitätssicherung verfügen, kann „damit aber nicht gleich eine Erwartung zur Durchführung von Evaluationsprojekten durch die Personengruppe verknüpft werden" (Berkemeyer, 2010, S. 243).

system Schule vermissen lassen. So müssten neben den Optimierungsversuchen der Leistungsfähigkeit auf Mesoebene sowohl die Ziele und Konsequenzen der Evaluationen klar benannt (Berkemeyer et al., 2016, S. 226; Rolff, 2013, S. 111) als auch die zur Verfügung gestellten Ressourcen und Prozesse auf der Makroebene hinterfragt werden (Böttcher, 2008, S. 895; Böttcher & Kotthoff, 2007, S. 228 f; Strittmatter, 2007, S. 104).

3.4.2.5 Gewichtung von externer und interner Evaluation

Bislang wird auf Seiten der betroffenen Akteure in den Schulen die Schulinspektion als kontrollierende (Böttcher, 2009, S. 210) und bisweilen sogar dominierende (Strittmatter, 2007, S. 105) Instanz empfunden. So wird selbst eine nach wissenschaftlichen Maßstäben entwickelte und durchgeführte Selbstevaluation nur als Maßnahme der Vorbereitung einer Schulinspektion behandelt und damit ihrer Aussagekraft beraubt, was gleichzeitig zu einer Abwertung von Selbstevaluationen im schulischen Kontext führt (Böttcher & Kotthoff, 2007, S. 224). Dabei sollte das Verhältnis von interner und externer Selbstevaluation ständig geprüft und ggf. angepasst werden, um eine Gefahr der Übersteuerung zu vermeiden (Altrichter et al., 2016, S. 263; Nichols & Berliner, 2007). Wie dies in der Praxis gestaltet werden kann, soll an folgenden Beispielen dargestellt werden.

Das im Rahmen der *Standing International Conference of Central and General Inspectorates of Education* veröffentlichte *Effective School Self-Evaluation*-Projekt (ESSE) zeigt, dass eigenevaluationserfahrene Schulen keine groß angelegten Fremdevaluationen, z. B. im Rahmen von Schulinspektionen benötigen. Stattdessen wird eine verkürzte Evaluation durchgeführt, die neben den von der internen Evaluation nicht abgedeckten Qualitätsbereichen v. a. als Meta-Evaluation angelegt ist, um Methoden und Verfahren der internen Evaluation zu überprüfen. Somit ist die eigentliche Frage nicht, ob interne und externe Evaluationen zur Qualitätssteigerung und Messung des Outputs einer Schule dienlich sind, sondern vielmehr, in welchem Verhältnis interne und externe Evaluationen in Abhängigkeit von der Evaluationserfahrung und -praxis einer Schule stehen sollten (SICI, 2003; Schnell, 2007, S. 26).

Eine ähnliche Handhabung kann in den Niederlanden festgestellt werden, hier basiert die Rechenschaftslegung auf dem sogenannten „ABC-Prinzip" anhand folgender aufeinander aufbauender Evaluationsphasen (Weerts, 2007, S. 52):

A. Interne Evaluation
B. Peer Evaluation (critical friends aus anderen Schulen oder Institutionen kontrollieren die Validität der Selbstevaluation)

C. Externe Evaluation (die von der Schulinspektion auf der Basis von A und B durchgeführte Evaluation). Für die externe Inspektion gilt dabei die Devise: Je besser A und B sind, desto kürzer und bescheidener kann C sein.

Dass in der schulischen Praxis erhebliche Schwierigkeiten bei vorrangig extern kontrollierten Evaluationen auftreten können, zeigen Nichols und Berliner (2007) am US-amerikanischen High-Stakes-System. So werden u. a. Testergebnisse von den LuL zugunsten besserer Ergebnisse gefälscht, schulische Curricula werden vorrangig für getestete Fächer konzipiert (McMurrer, 2007) und die Belastung der SuS und LuL erhöht sich. Darüber hinaus erfordern externe Evaluationen Geldmittel, die für effektivere Maßnahmen zur Qualitätssteigerung der Schulen fehlen. In England führen die Erfahrungen mit externen Evaluationen ähnlich wie in den Niederlanden dazu, dass diese verschlankt werden. In anderen Ländern wie Finnland wird das externe Schulmonitoring sogar ganz abgeschafft (Domisch & Lappalainen, 2007). Am niederländischen Beispiel und dem ESSE-Projekt wird außerdem eine Stärkung der Bedeutung von Selbstevaluationen deutlich, wodurch nicht nur dem grassierenden Kontrollaspekt und der Gefahr der Übersteuerung entgegengewirkt, sondern auch der Aspekt der Qualitätsverbesserung ins Zentrum gerückt wird.

Aufgrund dieser Beispiele und Erfahrungen mit externen Evaluationen ist dem Stellenwert der Schulinspektion in der deutschen Bildungslandschaft im Zuge des Paradigmenwechsels von der Input- zur Outputsteuerung kritisch zu begegnen.

> Während es also – vorsichtig formuliert – Indizien dafür gibt, dass die auf Kontrolle abzielenden Instrumente keinen oder gar einen negativen Beitrag zur Qualitätsentwicklung leisten, werden sie hierzulande mit hohem Aufwand eingeführt. (Böttcher, 2009, S. 210)

Damit sowohl externe als auch interne Evaluationen neben ihrem Zweck der Rechenschaftslegung gegenüber der Schulaufsichtsbehörde auch als Instrument der Qualitätssteigerung der eigenen Schulprogrammarbeit von den betroffenen Personen in den Schulen wahrgenommen werden und ihnen eine positive und produktive Bedeutung beigemessen werden kann, findet sich in der Fachliteratur eine Vielzahl von teilweise aus der Schulentwicklungsforschung anderer Länder übernommener bzw. für das deutsche Schulsystem prognostizierter Gelingensbedingungen (Böttcher & Kotthoff, 2007; Buchfeld, 2007; Strittmatter, 2007; Thonhauser, 2007). Die Erkenntnisse aus dem Ausland sind jedoch nicht ohne Weiteres auf das deutsche Schulsystem und die jeweiligen lokalen Bedingungen der Einzelschule zu übertragen. „Man sollte zwar von anderen lernen, aber deren Verfahren nicht als Kopiervorlage nutzen" (Böttcher & Kotthoff, 2007, S. 228). Darüber hinaus sind die wenigsten genannten Möglichkeiten zur Verbesserung der Evaluationspraxis auf Makro- und Mesoebene empirisch verifiziert, sondern fußen lediglich auf nicht gesicherten Annahmen.

3.4.3 Zwischenfazit

Aus der vorangegangenen Darstellung zum Umgang mit Evaluationen in der schulischen Praxis ist deutlich geworden, dass eine Vielzahl von Einflussfaktoren die Qualität schulischer Evaluationen bedingt und bis dato so beeinflusst, dass „dieser Bereich schulischer Arbeit überwiegend nicht zu den diagnostizierten Stärken der Schulen" (Berkemeyer et al., 2016, S. 222) gezählt werden kann. Um diesem defizitären Zustand zu begegnen, ist bei schulischen Evaluationen somit neben methodischen Qualifizierungen der an Evaluationen beteiligten Personen auch die Bereitstellung ausreichender zeitlicher und personeller Ressourcen notwendig (Thiel & Tillmann, 2012). Darüber hinaus sollte der folgende Fragenkatalog von Berkemeyer et al. (2016) nach Meinung der Autoren vor jeder Art von Evaluation herangezogen und beantwortet werden, damit Evaluationsprozesse sinnvoll durchgeführt und genutzt werden können. Die zentralen und vorbereitenden Fragen lauten dabei:

- Was soll evaluiert werden und welche Ziele sind mit dem Evaluationsgegenstand verbunden?
- Wie kann der Gegenstand evaluiert werden?
- Wer verfügt über die notwendige Kompetenz zur Durchführung der Evaluation?
- Für wen sind die Ergebnisse der Evaluation bedeutsam?
- Wie sollen sie kommuniziert und wie in den Arbeitsprozess eingebunden werden?
- Was können die Lehrkräfte und was kann die Schule als Organisation lernen? (S. 226)

Die Autoren nehmen dabei die bereits erwähnte und erforderliche forschungsmethodische Kompetenz der Akteure in den Blick und ergänzen die Anforderungen um den Evaluationsgegenstand, die evaluierbaren Ziele und einen Verwertungskontext, in den die Evaluationsergebnisse überführt werden können. Entgegen den Erfahrungen aus den USA, bei denen Evaluationen häufig mit dem umgangssprachlichen Apronym *drip* (*data rich – information poor*; Rolff, 2010, S. 135) versehen werden, sollen die Evaluationen damit nicht nur der reinen Datensammlung dienen, sondern deren Ergebnisse für die Praxis handlungsleitend werden (Balzer, 2009, S. 198). Aus diesem Grund sollen im folgenden Kapitel 3.5 die bereits exemplarisch ausgewählten und vorgestellten Studien bzw. schulischen Evaluationsinstrumente genauer betrachtet werden.

3.5 Kritische Würdigung der vorgestellten Studien und Evaluationsinstrumente

Zugunsten eines besseren Vergleichs sollen die Studien bzw. Instrumente nach einer kurzen Rekapitulation ihrer inhaltlichen Ausrichtung v. a. im Hinblick auf ihr forschungsmethodisches Design und ihr Potenzial für die Ableitung von (ganztagsbezogenen) Schulentwicklungsprozessen einerseits gewürdigt und andererseits auch kritisch eingeschätzt werden. Im Einzelnen handelt es sich um die Studie zur Entwicklung von Ganztagsschulen (vgl. Kap. 3.5.1), die Studie zur Entwicklung von Bewegung, Spiel und Sport in der Ganztagsschule (vgl. Kap. 3.5.2), die Studie zur Evaluation des BeSS-Angebotes an offenen Ganztagsschulen im Primarbereich in Nordrhein-Westfalen (vgl. Kap. 3.5.3), das Selbstevaluationsinstrument SEIS der Bertelsmann-Stiftung (vgl. Kap. 3.5.4), das Zielscheibeninstrument (vgl. Kap. 3.5.5) sowie die Arbeitsmaterialien für Schulen zur internen Evaluation des Landes Hessen (vgl. Kap. 3.5.6).

3.5.1 Studie zur Entwicklung von Ganztagsschulen (StEG)

Die StEG-Studie wurde in Kapitel 2.5 als Begleitstudie zum IZBB-Programm vorgestellt. Sie kann als eine der umfangreichsten Studien der empirischen Bildungsforschung bezeichnet werden, u. a. im Hinblick auf Stichprobengröße, längsschnittliches Design, Einbeziehung verschiedener wissenschaftlicher (Teil-)Disziplinen sowie die seit der zweiten Förderwelle durchgeführten Ergänzungs- bzw. Vertiefungsstudien. Die StEG-Studie ist außerdem besonders beachtenswert, da mit den gewonnenen Daten Erfolgsfaktoren von Ganztagsschulen auf der Basis verallgemeinerbarer Erkenntnisse herausgearbeitet werden können. Hierzu trägt auch das Untersuchungsdesign der Studie bei. So werden bspw. alle am Ganztag beteiligten Akteure zugunsten einer Mehrperspektivität der Studie befragt. Trotz des Ziels, allgemeingültige Erkenntnisse zur Generierung von Steuerungswissen auf Länderebene liefern zu können, ist auch eine Rückmeldung an die Einzelschulen vorgesehen. Hierzu wurden die an der Studie teilnehmenden Schulen über charakteristische Rahmenbedingungen sowie Details zur Prozess- und Ergebnisqualität ihres Ganztagsbetriebs informiert (Furthmüller, Neumann, Quellenberg, Steiner & Züchner, 2011). Die Autoren berichten, dass hierdurch bereits Schulentwicklungsprozesse angeregt werden konnten.

Die Rückmeldung an die Einzelschule kann jedoch durchaus kritisch betrachtet werden. So wird in der ersten StEG-Längsschnitterhebung die Meinung der SuS aus der Primarstufe lediglich in zwei Klassen der Jahrgangsstufe 3, bei SuS der Sekundarstufe I lediglich mittels Befragungen in jeweils zwei Klassen aus den Jahrgangsstufen 5, 7 und 9 erhoben (Furthmüller et al., 2011, S. 33 f). Daher scheint es fraglich, ob mit der verhältnismäßig kleinen Stichprobenziehung an Grund- oder Sekundarschulen bereits verallgemeinerbare Erkenntnisse über entsprechende Prozess- und Ergebnisqualitäten erzielt werden können. Somit sind auch die Inhalte der Schulentwicklungsprozesse aufgrund der StEG-Rückmeldungen kritisch zu hinterfragen.

Von Rückmeldungen an die Einzelschule wird außerdem nur im Rahmen der ersten Förderwelle berichtet – aus den Monitoringberichten von 2012 und 2015 geht hervor, dass die Bundesländer zusätzlich zu den auf Bundesebene erzielten Ergebnissen einen eigenen länderspezifischen Bericht erhalten (StEG-Konsortium 2013, S. 6; 2015, S. 10) bzw. die Entwicklungen der Schulen nicht weiterverfolgt werden kann (StEG-Konsortium, 2015, S. 9). Somit haben an der Studie teilnehmende und potenziell an der Qualitätsverbesserung des Ganztags interessierte Schulen seit der Beendigung der ersten Längsschnittstudie keine Möglichkeit mehr, auf der Grundlage an ihrer Schule erhobener Daten Schulentwicklungsprozesse zu initiieren.

Ein weiterer Kritikpunkt an der StEG-Methodik ist im Hinblick auf BeSS-Angebote zu nennen. Diese sind in der ersten Förderwelle in der gleichen Kategorie wie z. B. mathematische, naturwissenschaftliche und musisch-künstlerische Angebote enthalten. Non-formale Bewegungs- und Spielaktivitäten werden dem gleichen Angebotstypus zugeordnet wie z. B. die „Beaufsichtigung von Schülern in der Freizeit" (StEG-Konsortium, 2010, S. 22). Trotz ihrer besonderen Stellung im ganztägigen Setting (vgl. Kap. 2.5.3.4) werden BeSS-Angebote nicht angemessen berücksichtigt (vgl. Tab. 3.2.).

Tabelle 3.2: Erhebung der Angebotsvielfalt in StEG der ersten Förderwelle (StEG-Konsortium, 2010, S. 22)

Typen von Ganztagsangeboten	Items, die in den Gesamtindex Angebotsbreite eingehen
Hausaufgabenbetreuung und Förderung	Hausaufgabenhilfe/Hausaufgabenbetreuung/Lernzeit Förderunterricht für SuS mit niedrigen oder hohen Fachleistungen
Fachbezogene Angebote	Mathematische Angebote Naturwissenschaftliche Angebote Deutsch/Literatur Fremdsprachen-Angebote Sportliche Angebote Musisch-künstlerische Angebote
Fächerübergreifende Angebote	Handwerkliche/Hauswirtschaftliche Angebote Technische Angebote/Neue Medien Gemeinschaftsaufgaben und Formen von SuS-Mitbestimmung (z. B. aktiver Klassenrat) Formen sozialen Lernens (z. B. Streitschlichtungskurse) Formen interkulturellen Lernens Dauerprojekte (z. B. Chor, Schülerzeitung)
Freizeitbezogene Angebote	Freizeitangebote in gebundener Form (obligatorische Pflichtauswahl aus Angebotskatalog) Freiwillig zu nutzende Freizeitangebote (z. B. Ballspiel am Nachmittag) Beaufsichtigung von SuS in der Freizeit

Relativierend ist an dieser Stelle jedoch anzumerken, dass sich insbesondere die quantitativen Anteile der Ganztagsangebote erst aus den Forschungsergebnissen von StEG heraus ergeben haben und die Skala der Angebotsvielfalt aufgrund der längsschnittlichen Anlage der Studie mutmaßlich nicht nachträglich geändert werden sollte. Eine entsprechende Anpassung wird im weiteren Verlauf des StEG-Monitorings vorgenommen.

So wird in der zweiten Förderwelle zwischen (1) lernunterstützenden Angeboten, (2) mathematisch, informatisch, naturwissenschaftlichen und technischen Angeboten, (3) sprachlichen und geisteswissenschaftlichen Angeboten, (4) musisch-kulturellen, lebenspraktischen und berufsorientierenden Angeboten sowie (5) Angeboten zu Freizeit, Bewegung, Gesundheit und sozialem Lernen unterschieden (StEG-Konsortium, 2013, S. 64, 2015, S. 72). Innerhalb des letzten Typus von Ganztagsangeboten findet eine Differenzierung zwischen Angeboten zum sozialen Lernen, sportlichen Angeboten, Spiel- und Denksportangeboten sowie Angeboten zu Gesundheit und Ernährung statt (StEG-Konsortium, 2013, S. 69, 2015, S. 78). Wie aus dieser Unterscheidung hervorgeht, werden BeSS-Angebote nun innerhalb einer Kategorie zusammengefasst. Dennoch werden sie im Verhältnis zu ihrer Häufigkeit mit teilweise deutlich weniger präsenten Angeboten, wie z. B. Angeboten zur Gesundheit und Ernährung, kategorisiert, wodurch die besondere Stellung von BeSS-Angeboten erneut nicht adäquat berücksichtigt wird.

3.5.2 Studie zur Entwicklung von Bewegung, Spiel und Sport in der Ganztagsschule (StuBSS)

Die in Kapitel 2.5.3.4 vorgestellte StuBSS-Studie befasst sich mit Fragen zur Konzeption, Begründung und Bedeutung von Bewegungsaktivitäten in IZBB-geförderten Primar- und Sekundarschulen in Hessen, Niedersachsen und Thüringen. Durch die Studie konnten auf der Grundlage quantitativer und qualitativer Erhebungen wissenschaftliche Erkenntnisse zur bewegungs- und sportbezogenen Ganztagsschulentwicklung hervorgebracht und es konnten den Einzelschulen Rückmeldungen über ihren Entwicklungsstand gegeben werden. Die Schulen wurden außerdem in Bezug auf ihre zukünftige Ganztagsgestaltung beraten. Darüber hinaus konnten Materialien für die Schulpraxis erstellt werden (Derecik & Laging, 2014, S. 85).

Im Rahmen der qualitativen Erhebung erfolgte eine praxisrelevante Beratung und Intervention auf der Grundlage einzelfallbasierter Schulportraits, wobei als sehr hochwertig einzuschätzende Forschungsmethoden angewandt wurden. Bei der Auswahl der Projektschulen wurden allerdings nur Schulen ausgewählt, die in Bezug Bewegung, Spiel und Sport in der Ganztagsschule ohnehin aufgeschlossen waren und bereits ein bewegungsfreundliches Schulprofil aufwiesen (Derecik & Laging, 2014, S. 90). Somit wurden bereits im Vorfeld mögliche Probleme auf Seite der Einzelschule (vgl. Kap. 1.3) adressiert. So wäre es sicherlich sehr aufschlussreich gewesen, auch Potenziale für Schulentwicklungsmaßnahmen aufzuzeigen, die sowohl mit weniger ausgeprägter innovativer Praxis einhergehen als auch Rücksicht auf die mangelnden zur Verfügung stehenden Ressourcen nehmen.

Ungeachtet der Stichprobenziehung sollen die Schulportraits bzw. die zugrundeliegenden wissenschaftlichen Quellentexte durch fallvergleichende Analysen „neue Perspektiven der Schulentwicklung" (Laging, 2009, S. 56) aufzeigen. Somit können die Schulportraits auch von nicht an der Studie beteiligten Schulen für Schulentwicklungsprozesse herangezogen werden. Wie ein Blick auf die Homepage der StuBSS-Studie verrät, stehen diese Schulportraits noch nicht zur Verfügung (Böcker, 2014), wenngleich die Studie bereits im Jahr 2010 abgeschlossen war. Stattdessen stehen bislang Best-practice-Beispiele auf einer DVD sowie fünf schriftliche Ausarbeitungen unterschiedlicher Qualität zur Verfügung, mit denen interessierte Schulen bei der Suche nach „Informationen zur bewegungsorientierten Umgestaltung für die Pausen oder auch zur bewegten Unterrichtsgestaltung" (Böcker, 2014a) unterstützt werden sollen.

Wie aus den Veröffentlichungen zu quantitativen Ergebnissen der StuBSS-Studie hervorgeht (Laging, 2012; Laging & Stobbe, 2011), diente dieser Teil der Erhebung des Ist-Standes an Ganztagsschulen. Dazu wurden Schulleitungen und Ganztagsschulkoordinatoren zur Begründung von Bewegung, Spiel und Sport in der Ganztagsschule sowie der jeweiligen Ausgestaltung befragt. Die Meinung weiterer am Ganztag beteiligten Akteure, z. B. der SuS, wurde jedoch nicht erhoben. Angaben zur Güte des eingesetzten Fragebogens gehen aus den vorliegenden Veröffentlichungen nicht hervor.

Sowohl bei der quantitativen als auch der qualitativen Erhebung wird der Fokus in StuBSS ausschließlich auf BeSS-Elemente gelegt. Dagegen werden z. B. andere Angebotsinhalte oder sozial-motivationale Faktoren der SuS nicht berücksichtigt.

3.5.3 Studie zur Evaluation des BeSS-Angebotes an offenen Ganztagsschulen im Primarbereich in seinen Auswirkungen auf die Angebote und Struktur von Sportvereinen, Koordinierungsstellen und die Ganztagsförderung des Landessportbundes NRW in Nordrhein-Westfalen (BeSS-Eva NRW)

Gemessen am Stichprobenumfang zählt die in Kapitel 2.5.3.4 vorgestellte Studie BeSS-Eva NRW mit $N = 376$ befragten Schulen zur größten sport- bzw. bewegungsbezogenen Studie, die neben Sportvereinen auch weitere Akteure im Ganztag in den Blick nimmt (Kuritz et al., 2016, S. 164). Mithilfe qualitativer und quantitativer Evaluationsmethoden konnten so umfangreiche Erkenntnisse über Rahmendaten von BeSS-Angeboten, die besonderen Merkmale von Sportvereinen, das Profil der institutionellen und individuellen Anbieter, die Trägerlandschaft für den offenen Ganztag und die Funktion der Koordinierungsstellen gewonnen werden. Darüber hinaus wurden zentrale pädagogische Aufgabenstellungen in der Praxis der BeSS-Angebote betrachtet, um einen Einblick in Struktur, Ziele und Inhalte der Angebote sowie ihre Umsetzung und Wirkungsweisen an den Schulen zu erhalten (Naul, 2015, S. 9).

Indem für das Bundesland Nordrhein-Westfalen allgemeingültige Ergebnisse zu infrastrukturellen und konzeptionellen Rahmenbedingungen von BeSS-Angeboten geliefert werden, ist eine differenzierte Rückmeldung an die teilnehmenden Schulen, abgesehen von den Ergebnisberichten (Forschungsgruppe SpOGATA, 2012; 2015) nicht vorgesehen. Darüber hinaus werden in der Studie nur Primarschulen berücksichtigt, die Einbeziehung von Sekundarschulen bleibt aus. Ebenso sind teilgebundene oder vollgebundene Ganztagsschulen kein Teil der Erhebung. Unter Berücksichtigung der vorherrschenden Heterogenität von Ganztagsschulen scheint somit fraglich, inwieweit die Befunde der Studie ihren allgemeingültigen Anspruch behaupten können. Aufgrund der inhaltlichen Fokussierung der Studie bleibt eine Betrachtung des einzelschulischen Ganztags abseits des schulischen Sports bzw. außerschulischer Bewegungs- und Spielangebote aus. Die vorliegenden Veröffentlichungen (Forschungsgruppe SpOGATA, 2012; 2015) erlauben außerdem nur wenige Aussagen zur angewandten Forschungsmethodik. Insbesondere können dem quantitativen Teil der Studie Informationen zu den wissenschaftlichen Gütekriterien der eingesetzten Instrumente nur bedingt entnommen werden. Die Meinung der SuS wurde zudem nicht berücksichtigt.

3.5.4 Selbstevaluation in Schulen (SEIS)

Bisher konnten mit StEG, StuBSS und BeSS-Eva NRW drei wissenschaftliche Studien beleuchtet und sowohl würdigend als auch kritisch v. a. in Hinblick auf das forschungsmethodische Design und die abzuleitenden Erkenntnissen für die einzelschulische Entwicklung eingeschätzt werden. Im Folgenden soll nun der Blick auf Erhebungsinstrumente gerichtet werden, welche den Einzelschulen zur internen Evaluation zur Verfügung stehen. Wie bereits bei der Betrachtung der vorangegangenen Studien sollen v. a. forschungsmethodische Aspekte und das Potenzial für Schulentwicklungsprozesse diskutiert werden.

Das SEIS-Instrument (vgl. Kap. 3.4.1) wurde von der Bertelsmann-Stiftung entwickelt und sollte die Einzelschulen bis zum Ende des Jahres 2015 bei Schulentwicklungsprozessen unterstützen. Dem Instrument lag dazu ein mehrdimensionales Qualitätsverständnis zugrunde. Indem zusätzlich die Meinung aller an der Schule beteiligten Akteure mithilfe von Fragebögen im Sinne einer Bestandsaufnahme erhoben wurde, sollte ein ganzheitlicher Blick auf die Schule gewährleistet werden. Dabei verfolgte SEIS den Anspruch, Schulen dabei zu unterstützen, „ihre Ziele zu erreichen und ihren Ansprüchen gerecht zu werden" (SEIS-Deutschland, 2008a). Somit konnte das Instrument einerseits als Steuerungsinstrument für Schulleitung und Kollegien dienen und andererseits eine datenunterstützte Planung und Evaluierung von Schulentwicklungsprozessen ermöglichen (Gatermann et al., 2010, S. 103).

Würdigend ist hervorzuheben, dass sich SEIS direkt an die einzelnen Schulen richtete und jeder deutschen Schule zur internen Evaluation zur Verfügung stand. Mit verschiedenen Fragebogensets konnten außerdem die unterschiedlichen Bedingungen je nach Schulform berücksichtigt werden. Ebenso gab es für die Einzelschule die Möglichkeit, schulspezifische Fragestellungen durch eine Erweiterung der Fragebögen zu erfassen. Die Ermöglichung der Online-Dateneingabe sowie einer softwaregestützten Auswertung der Erhebung ist bei SEIS ganz besonders herauszustellen, denn dadurch wurden die teilnehmenden Schulen nicht mehr als unbedingt notwendig im Hinblick auf zeitliche Ressourcen belastet. Die Benutzerfreundlichkeit und einfache Bedienbarkeit bestätigen

Buhren, Arndt und Keßler (2008, S. 11) im Rahmen der Evaluation des Instruments. Des Weiteren standen der Schule im Schulbericht neben Tabellen auch Übersichtsgrafiken und Lesehilfen zur Verfügung, um daraus Schulentwicklungsprozesse ableiten zu können. Auf vorrangig zu behandelnde Aspekte konnte mithilfe individuell erstellter Darstellungen eines Kommentarschreibers aufmerksam gemacht werden.

Eine sogenannte „Toolbox" mit Best-practice-Beispielen, Materialien aus der Schulentwicklung und Praxisforen zur Vernetzung und zum Austausch und Vergleich mit anderen Schulen rundeten das SEIS-Leistungspaket ab (Bertelsmann Stiftung, n. d., 2016; Gatermann et al., 2010; Schulministerium NRW, 2013; SEIS Deutschland, 2008, 2008a, 2011). Somit kann zunächst resümiert werden, dass mit SEIS ein Instrument zur Verfügung stand, mit dem Schulen ihre Schulentwicklungsprozesse auf der Grundlage quantitativ erhobener Daten steuern konnten. Gerade evaluationsunerfahrenere Schulen erhielten damit die Möglichkeit einer professionellen Unterstützung zur Weiterentwicklung schulischer Qualitätsprozesse, besonders aufgrund der Erweiterung von SEIS um ganztagsspezifische Fragestellungen für rheinland-pfälzische Schulen. In dieser Hinsicht ist zu bedauern, dass das SEIS-Instrument seit Ende 2015 nicht mehr zur Verfügung steht (SEIS-Deutschland, 2017), denn dadurch werden die Schulen seitdem einer Möglichkeit zur Erhebung von Daten zur Steuerung von (ganztagsspezifischen) Schulentwicklungsprozessen beraubt. Allerdings ist das SEIS-Instrument in einigen Punkten durchaus kritisch zu betrachten.

Da von der Schule unter den maximal sechs auszuwählenden Gruppen nur zwei Schülergruppen ausgewählt werden konnten, wurde die Meinung eines nur sehr kleinen Teils der SuS berücksichtigt. Hierdurch war die Aussagekraft der Ergebnisse eingeschränkt. Die Fragebögen waren darüber hinaus sehr umfangreich, was eine relativ hohe Bearbeitungszeit von bis zu 90 Minuten zur Folge hatte – für die Beantwortung des Formulars für Schulleiterinnen und Schulleiter sollten sogar sechs bis acht Stunden eingeplant werden (Bertelsmann Stiftung, 2008; SEIS Deutschland, 2008, S. 34). Abseits der damit verbundenen personellen und zeitlichen Aufwendungen auf Schulleitungsseite, sind für eine bis zu 90 Minuten dauernde Befragung der SuS bei einem 45-Minuten-Takt immerhin zwei Schulstunden einzuplanen. Dies erscheint sowohl organisatorisch, z. B. im Hinblick auf die Stundenplanung, als auch fachlich durch den damit verbundenen Unterrichtsausfall ein relativ großes Zeitfenster zu sein, wodurch das Verhältnis von Aufwand und Ertrag zumindest zu hinterfragen ist.

Da die Benutzung des SEIS-Instruments nicht kostenfrei war, wurden die ohnehin knappen finanziellen Ressourcen der Einzelschule zusätzlich belastet. Dies galt insbesondere dann, wenn sich Schulen für die Datenerhebung über Papierfragebögen bzw. für die Dateneingabe über einen Dienstleister entschieden oder die Schulen nicht im Länderkonsortium „SEIS Deutschland" vertreten waren (Bertelsmann Stiftung, 2008, S. 34; SEIS Deutschland, 2008b). Sollte sich die Schule aus Kostengründen zur Übernahme der Dateneingabe entschieden haben, entstand ein enorm hoher zeitlicher Aufwand, welcher wiederum zu Lasten der zur Verfügung stehenden personellen und zeitlichen Ressourcen der Schule ging. Durch detaillierte Beschreibungen der Ergebnisse durch einen Kommentarschreiber zur Ableitung von Schulentwicklungsprozessen mussten weitere Geldmittel aufgebracht werden (Wedekind, 2012, S. 5).

Eine im Rahmen der vorliegenden Arbeit gestellte Anfrage an einen zuständigen Vertreter der Bertelsmann Stiftung mit der Bitte um die Weitergabe statistischer Daten, welche Auskunft über die Konstruktion der Items und resultierende Faktoren geben, blieb unbeantwortet. Daher sind keine selbst geprüften Aussagen zur Güte des SEIS-Instruments möglich. Es finden sich aber in der Sekundärliteratur Hinweise auf die in SEIS angewendeten Verfahren zur empirischen Güteprüfung. So geht aus dem Abschlussbericht zur Weiterentwicklung des SEIS-Instruments von Buhren et al. (2008, S. 8) und der Pretest-Dokumentation von Buhren, Brandl-Bredenbeck, Keßler und Arndt (2007, S. 3) hervor, dass umfangreiche Pretestverfahren angewendet wurden, um die Inhaltsvalidität zu überprüfen. Aufgrund der angewendeten Verfahren der kommunikativen Validierung gehen Gatermann et al. (2010) davon aus, dass das SEIS-Instrument „ein inhaltsvalides Instrument ist" (S. 104). Die Autoren bemängeln in ihrem Artikel aber im Hinblick auf die Itemanalyse, dass keine Faktorenanalyse durchgeführt wurde. Ebenfalls verblieben einzelne Items in den Fragebögen, „die aufgrund der empirischen Gütekriterien herausgenommen werden müssten" (Gatermann et al., 2010, S. 105). Daher kommen die Autoren zu dem Schluss, dass bei der Entwicklung des SEIS-Instruments gegen die wissenschaftlichen Kriterien bei der Erstellung von Messinstrumenten verstoßen wurde, sodass beim SEIS-Instrument nicht von Konstruktvalidität ausgegangen werden kann (Gatermann et al., 2010, S. 116).

In dem Beitrag von Gatermann et al. (2010, S. 111 f) finden sich weitere kritische Anmerkungen zum SEIS-Instrument. So gestaltete sich die Nutzung des Schulberichts, der als Grundlage für Schulentwicklungsprozesse dienen soll, durchaus als kompliziert. Der Vergleich von an der Schule erhobenen Daten mit Referenzwerten anderer Schulen berücksichtigte nicht die unterschiedlichen Rahmenbedingungen. Ebenfalls lagen den Ergebnissen unterschiedliche Stichprobengrößen zugrunde, wodurch eine Interpretation der Daten zusätzlich erschwert wurde. Da das Spektrum der erhobenen Daten im SEIS-Instrument sehr umfangreich war, konnten die Schulen mit der Vielzahl der erhobenen Werte überfordert sein. Ebenfalls bestand die Möglichkeit, dass für die Schule unerhebliche Daten erhoben wurden, wogegen andere relevante Aspekte nicht im gewünschten Maße Berücksichtigung fanden, da die Fragebögen nur um maximal zehn weitere Fragen ergänzt werden konnten (Ebel et al., 2008, S. 110). Da sich das SEIS-Instrument zudem auf Schulqualität im Allgemeinen richtete, waren ganztagsspezifische Fragestellungen im Instrument außerhalb von Rheinland-Pfalz nicht vertreten.

Höhne und Schreck (2009, S. 183 f) zeichnen am Beispiel der Implementierung des Instruments in Niedersachsen außerdem den Einfluss der Bertelsmann Stiftung auf die Schulpolitik der Länder nach. So war das Qualitätsverständnis guter Schulen der Bertelsmann Stiftung, das SEIS zugrunde lag, nicht unbedingt mit den Qualitätsrahmen der kooperierenden Bundesländer deckungsgleich. Der Orientierungsrahmen Schulqualität in Niedersachen war relativ abstrakt gehalten, wohingegen das SEIS-Qualitätsverständnis bis in die Mikroebene hinein konkret operationalisierte Kriterien beinhaltete, was eine Vergleichbarkeit der Daten durch Standardisierung erlaubte. Da die Selbstevaluationsansätze der Länder weitgehend unsystematisch geplant waren, erfüllten sie genau dieses Kriterium nicht. Das „(werbe)psychologisch als kundenfreundliches Instrument" (Höhne & Schreck, 2009, S. 189) auftretende „Rundum-Komplett-Paket SEIS" (Höhne & Schreck, 2009, S. 189) sowie die von der Bertelsmann Stiftung getragenen Unterstützungsstrukturen bei der Implementierung von SEIS in den Schulalltag wie z. B. Workshops oder Qualifizierungsmaßnahmen für Schulleitungen und Steuergruppen sowie die Berücksichtigung der Überlastung der Lehrkräfte beim Design des Instruments führten zu einer Überschreibung der Qualitätsbereiche des Orientierungsrahmens in Niedersachsen. Deutlich kommentieren dies Höhne und Schreck (2009):

> Indem z. B. Brandenburg seine Qualitätskonzeption nahezu vollständig auf der Basis des Orientierungsrahmens zur Schulqualität in Niedersachsen ‚entwickelt' hatte, wird deutlich, wie das Instrument SEIS zunächst auf nationaler Ebene über die Qualitätsrahmen Einzug in die ursprünglich länderspezifischen Qualitätskonzeptionen fand. (S. 189)

Eine solche Entwicklung kann als äußerst problematisch eingeschätzt werden, denn durch ihre Dominanz in Teilen der Bundesrepublik wurde der Bertelsmann Stiftung eine Schlüsselposition bei internen schulischen Evaluationen zuteil, wodurch zwar einerseits die Verbreitungswege des SEIS-Instruments multipliziert werden konnten (Höhne & Schreck, 2009, S. 189 f), andererseits allerdings Abhängigkeiten von Ländern und Schulen gegenüber diesem privaten Akteur in Form von Verträgen und vertretenen Interessen entstanden.

Am Beispiel von SEIS können die bereits in Kapitel 1.2.4 bis 1.2.6 beschriebenen Tendenzen der Privatisierung und Ökonomisierung des Bildungssystems abgelesen werden, indem der Staat immer weniger Funktionen der Steuerung, der Bildungsfinanzierung und der politischen Verantwortung übernimmt. „Die sogenannte Autonomisierung der Schule bereitet der Kommerzialisierung des Bildungssektors den Boden" (Lohmann, 1999, S. 201). Mit SEIS wurden somit unternehmerische und leistungsorientierte Gedanken in die Schullandschaft implementiert. Dies wird besonders bei der Betrachtung der Abfolge von interner und externer Evaluation in Niedersachsen deutlich. So war das SEIS-Instrument einer Überprüfung durch die Schulinspektion vorgeschaltet, da der Schulbericht nicht nur an die Schulleitungen, sondern auch an die Schulaufsichtsbehörde geschickt wurde. Erst auf Grundlage des SEIS-Schulberichts wurde dann über eine externe Evaluation und damit verbundene Maßnahmen entschieden (Höhne & Schreck, 2009, S. 185 f). Indem die Schulaufsichtsbehörde die Erhebungsergebnisse der einzelnen Schulen vergleichen konnte, vollzog sich eine „Neuausrichtung von Bildung auf Kriterien wie Wettbewerb oder Wirtschaftlichkeit" (Lieb, 2008), obwohl deren Wirksamkeit für die Qualitätssteigerung an Schulen nicht nachgewiesen ist (Gatermann et al., 2010, S. 120).

Da die Schulen bei der Verwendung des SEIS-Instruments sowohl bei der Gestaltung und Auswertung der Daten weitgehend unbeteiligt waren als auch sich verpflichteten, ihre eigenen Daten zwar anonymisiert, aber zeitlich uneingeschränkt der Bertelsmann Stiftung zur Verfügung zu stellen, wurde der Sinn schulischer Selbstevaluation verfehlt, worauf z. B. das Ministerium für Kultus, Jugend und Sport in Baden-Württemberg (MKJS BW, 2007a) im nach wie vor gültigen Orientierungsrahmen zur Schulqualität hinweist: „Bei der Selbstevaluation liegt die Verantwortung für die systematische Durchführung, Gestaltung und Auswertung einer Evaluation bei der Schule selbst" (S. 41).

Auch wenn SEIS nicht mehr zur Verfügung steht, darf aufgrund der Vielzahl und Vielfalt an vorgebrachten Kritikpunkten zumindest bezweifelt werden, dass mit dem Instrument die angestrebte „Bessere Qualität in allen Schulen" (Bertelsmann Stiftung, n. d., S. 1) erreicht werden konnte. Die weitreichenden Handlungsspielräume, die Implementierung marktähnlicher Strukturen und die Konstruktion eines bestimmten Verständnisses von guter Schule (Höhne & Schreck, 2009, S. 245) durch einen privaten Akteur im eigentlich öffentlichen Bildungssektor stimmen besonders nachdenklich.

3.5.5 Zielscheibe

Beim Feedbackinstrument Zielscheibe (vgl. Kap. 3.4.1) handelt es sich um ein einfach einzusetzendes und vielfach bewährtes visuelles Selbstevaluationsinstrument (Rolff, 2010, S. 140), welches gerade bei der Evaluation von Unterrichtsprozessen Anwendung findet (z. B. BPB, 2013; QMBS Bayern, n. d., S. 4), aber auch für die Meinungsabfrage bei anderen schulischen und außerschulischen Veranstaltungen eingesetzt werden kann (z. B. LA Hessen, 2010a, S. 11).

Dieses Instrument ist besonders für große Gruppen geeignet und kann vielfältig angewendet werden. So stehen bei der Zielscheibenbefragung verschiedene Möglichkeiten der Datenerhebung zur Verfügung. Im Rahmen einer öffentlichen Befragung geben alle Teilnehmer/innen zur gleichen Zeit ihre Wertungen ab. Um eine anonyme Meinungsabgabe zu gestalten, muss die Zielscheibe entweder von der Gruppe abgewandt oder an einem von anderen Personen nicht einsehbaren Ort aufgestellt werden. Damit die Meinungen der Teilnehmer/innen nachvollziehbar werden, geben diese ihre Initialen auf die Markierung oder ihre Initialen statt einer Markierung an (ZfH, 2012, S. 13). Bei der Anwendung dieser Erhebungsverfahren stehen die Ergebnisse direkt nach der Meinungsabgabe zur Verfügung.

Bei der Zielscheibe besteht zwar nicht zwangsläufig eine erhöhte Gefahr zur Antworttendenz der sozialen Erwünschtheit, allerdings weist Rolff (2010, S. 141) auf mögliche gruppendynamische Effekte hin. Daher ist die öffentliche bzw. nachvollziehbare Meinungsabfrage kritisch zu sehen. Sollte die Abfrage dagegen anonym erfolgen, ist die Datenerhebung relativ zeitintensiv, da nur jeweils ein/e Teilnehmer/in zu einem bestimmten Zeitpunkt seine Meinung abgegeben kann. Ein hoher zeitlicher Aufwand entsteht auch bei der Anwendung des Vorschlags von Rolff (2010, S. 141) zur Vermeidung sozial erwünschter Beantwortungstendenzen, bei dem jede/r Teilnehmer/in seine Meinung zuerst auf einer eigenen Zielscheibe markieren und diese dann selbst bzw. durch eine andere Person auf eine große Zielscheibe übertragen soll. Auch wenn die Einführung dieses Zwischenschritts sicherlich sinnvoll erscheint, geht aus den Erläuterungen von Rolff nicht hervor, wie der gruppendynamische Effekt im Moment der Übertragung gemildert bzw. ausgeschaltet werden kann. Außerdem kann davon ausgegangen werden, dass die Übertragung der individuellen Antworten von vielen individuellen Zielscheiben auf eine große Zielscheibe, welche das gesamte Meinungsergebnis abbilden soll, fehleranfällig und ungenau ist, wodurch die Auswertungsobjektivität eingeschränkt würde. Um diesen Effekt auszuschließen, schlägt das ISB Bayern (2009) vor, dass die Zielscheibe für jede/n Teilnehmer/in auf einer transparenten Folie kopiert wird und die Folien nach der Meinungsabgabe zur einfacheren Ergebnisdarstellung übereinandergelegt werden. Es wird jedoch auch angemerkt, dass dieses Vorgehen nur bei kleineren Gruppengrößen umsetzbar ist, denn bei einer großen Anzahl an übereinanderliegenden Folien wären die abgegebenen Meinungen aufgrund abnehmender Lichtdurchlässigkeit nur noch schwer bis gar nicht mehr zu erkennen. Die hierdurch entstehenden Materialkosten würden die finanziellen Ressourcen der Schule außerdem belasten. Zusätzlich müssten die Folien sehr genau bedruckt bzw. sehr genau übereinandergelegt sein, um die Ergebnisse präzise abbilden zu können.

Beim Einsatz einer Zielscheibe ist auch grundsätzlich zu beachten, dass nur eine Skala sowie eine durch den vorhandenen Platz limitierte Anzahl an Fragekategorien zur Verfügung stehen. Aufgrund der bildlichen Darstellung ist eine Prüfung auf weitere Gütekriterien (z. B. Interpretationsobjektivität, Reliabilität) schwierig und u. U. gar nicht möglich.

3.5.6 Arbeitsmaterialien für Schulen zur internen Evaluation (AMintEva-Hessen)

Die Hessische Lehrkräfteakademie stellt zur schulischen Qualitätsentwicklung vielfältige Instrumente zur internen Evaluation zur Verfügung. Dazu stehen sowohl Checklisten als auch Fragebögen in Form standardisierter, mehrperspektivischer und kriterienbezogener bzw. fokussierter Feedbackinstrumente zur Verfügung, die auf verschiedene Qualitätsbereiche des Hessischen Referenzrahmens Schulqualität bezogen sind (vgl. Kap. 3.4.1).

Bei der Betrachtung der Checklisten fällt auf, dass der ökonomische Aspekt berücksichtigt und auch besonders betont wird (LA Hessen, 2017l). So werden im umfangreichsten Erhebungsinstrument sechs Qualitätsbereiche des Referenzrahmens mit lediglich 19 Items abgefragt (LA Hessen, 2017l). Weitere zur Verfügung stehende Checklisten (LA Hessen, 2017m; 2017n; 2017o; 2017p; 2017q) zielen auf einzelne Qualitätsbereiche ab und beinhalten jeweils eine etwas geringere Anzahl an Items. Statistische Kennwerte zu den Checklisten liegen jedoch nicht vor. Somit kann keine Aussage getroffen werde, ob z. B. die Qualitätsbereiche durch die ausgewählten Items auch tatsächlich inhaltlich abgedeckt werden und ob die eingesetzten Items wissenschaftlichen Ansprüchen genügen. Zur Datenauswertung werden sowohl Papierformulare als auch Excel-Dateien bereitgestellt, mit denen die Einschätzungen der einzelnen LuL „relativ schnell" (LA Hessen, 2017a) ausgewertet werden können. Diese Ansicht kann jedoch nicht vollkommen geteilt werden. Zwar können die Daten tatsächlich zeiteffizient erhoben werden, die manuelle Auswertung verlangt jedoch ausreichende zeitliche Kapazitäten, da jede einzelne Einschätzung jeder Lehrkraft manuell erfasst werden muss (LA Hessen, 2017a).

Die bereitgestellten kriterienbezogenen bzw. fokussierten Fragebögen weisen eine noch größere Anzahl an Items auf; so wird z. B. in der Sekundarstufe I die Dimension der Unterrichtsqualität mit insgesamt 89 Items erfasst. Dies hat zur Folge, dass nicht nur mehr Zeit für die Datenerhebung beansprucht wird, sondern dass auch die zur Dateneingabe erforderliche Bearbeitungszeit bei manuellem Vorgehen deutlich ansteigt, wenn man Klassenstärken von ca. 30 SuS annimmt. Der zu betreibende Aufwand ist bei den angebotenen mehrperspektivischen Fragebögen sogar noch höher. Die Onlineversionen der Fragebögen stellen gerade für die Dateneingabe und -auswertung eine praktische Alternative dar, indem die Eingaben der Teilnehmer/innen in einer Datenbank gespeichert, nach dem Ende der vorher angegebenen Laufzeit automatisch ausgewertet und die Ergebnisse der betreuenden Person zugeschickt werden. Dass dieses Online-Tool darüber hinaus im Internet frei zugänglich ist, muss besonders positiv herausgestellt werden.

Sowohl bei den papierbasierten als auch Online-Fragebögen ist allerdings zu bedenken, dass die teilweise recht hohe Anzahl an Items zu Schwierigkeiten bei der Interpretation der Ergebnisse führen kann oder die LuL überfordert sein könnten. Außerdem ist nicht unbedingt davon auszugehen, dass die Lehrkräfte mit den zur Verfügung gestellten Informationen wie Mittelwerten, Standardabweichungen oder auch dem Skalenniveau an sich umgehen können (Gatermann et al., 2010, S. 118; Rolff, 2010, S. 135). Die von der Hessischen Lehrkräfteakademie bereitgestellten statistischen Daten bestätigten außerdem das wenig zufriedenstellende Zeugnis, welches Böttcher den Verfahren der Selbstevaluation ausstellt (2009, S. 209; vgl. Kap. 3.4.2.3). So existieren für die eingesetzten Fragebögen kaum Informationen, die u. a. Aufschluss über deren Entstehung, Testgüte, Dimensionalität oder Anwenderbeurteilung geben.[119] Außerdem steht weder in Form einer Checkliste noch eines Fragebogens ein Erhebungsinstrument zur Verfügung, das den Ganztagskontext berücksichtigt.

3.6 Kriterienbasierte Gegenüberstellung der vorgestellten Studien und Instrumente

Nachdem die einzelnen Studien und Instrumente kritisch gewürdigt wurden, sollen diese nun anhand von Kriterien bzw. Kategorien (vgl. Kap. 3.6.1) einander gegenübergestellt werden. Dies erfolgt zunächst kriterien- bzw. kategorienspezifisch (vgl. Kap. 3.6.2) und daraufhin auf übergreifender Ebene (vgl. Kap. 3.6.3).

3.6.1 Darstellung der Kriterien- und Kategorienauswahl

Die Studien zum Ganztag und Instrumente zur internen Evaluation (SEIS, Zielscheibe, AMintEva-Hessen) können anhand der aufgezeigten Merkmale insgesamt mittels 22 Kriterien differenziert werden (vgl. Tab. 3.3). Diese lassen sich vier Kategorien zuordnen. Innerhalb *allgemeiner Merkmale* werden sowohl die zugrundeliegenden Forschungsmethoden und -ansätze als auch die Testgüte und das zugrundeliegende Qualitätsverständnis geprüft. Außerdem werden die berücksichtigten Jahrgänge bzw. Altersgruppen und Schulformen betrachtet. In der gewählten Kategorie der *Datenerhebung und Rückmeldung* wird der Blick zuerst auf den Evaluator gerichtet. Wird dieser durch die Schulleitung bzw. LuL dargestellt, werden die genutzten Erhebungsmedien und Datenho-

---

[119] Zu den 27 Instrumenten können von dem für Evaluationen zuständigen Dezernat in Wiesbaden bei zehn Instrumenten vereinzelte Dokumentationen bzw. Kennwerte vorgelegt werden. Weitere Informationen stehen auch bei diesen Fragebögen nicht zur Verfügung (IQ Hessen, 2010, 2012, 2012a, 2012b, 2012c, 2012d, 2013, 2013a, 2013b, 2014).

heiten dargestellt. Für alle Studien und Instrumente wird sodann untersucht, ob die Meinung der SuS berücksichtigt wird, eine individuelle Rückmeldung an die Einzelschule sowie bei den quantitativen Instrumenten eine individuelle Anpassung an die einzelschulischen Bedingungen und generell eine Nutzung für Schulentwicklungsprozesse aktuell möglich ist. Die dritte Kategorie betrachtet die Studien und Instrumente im Hinblick auf die *Berücksichtigung des ganztägigen Schulkonzepts*. Zuerst wird festgestellt, ob der Ganztagskontext einbezogen ist. Sollte dies der Fall sein, wird den untersuchten Ganztagsformen und -angeboten nachgegangen. Bei einer Ermittlung der gesamten Breite der Ganztagsangebote wird außerdem die Berücksichtigung der besonderen Stellung von BeSS-Angeboten kontrolliert. In einer weiteren Kategorie wird die *Beachtung der begrenzten schulischen Ressourcen bei internen Evaluationen* untersucht. Dabei werden sowohl Datenerhebung, -erfassung, -auswertung und -interpretation als auch die anfallenden Kosten in den Blick genommen.

Tabelle 3.3: Kategorien- bzw. kriterienbasierte Gegenüberstellung ausgewählter Ganztagsstudien bzw. schulinterner Evaluationsinstrumente

Kategorie bzw. Kriterium	vorgestellte Ganztagsstudien			vorgestellte schulinterne Evaluationsinstrumente		
	StEG	StuBSS	Bess-Eva NRW	SEIS	Zielscheibe	AMintEva-Hessen[120]
allgemeine Merkmale						
Forschungsansatz	quantitativ & qualitativ	quantitativ & qualitativ	quantitativ & qualitativ	quantitativ	quantitativ	quantitativ
Forschungsdesign	Querschnitt & Längsschnitt	Querschnitt & Längsschnitt	Querschnitt	v. a. Querschnitt	v. a. Querschnitt	v. a. Querschnitt
Testgüte	sehr gut	für qualitativ: sehr gut / für quantitativ: unklar	offen	schwach, da keine Faktorenanalyse und geringe Güte einzelner Items	sehr schwach	schwach, da teilweise keine Faktorenanalyse und geringe Güte einzelner Items
theoretische Verortung (Studien) bzw. Qualitätsverständnis (Instrumente)	eigene Rahmung	---	---	eigenes Qualitätsverständnis	---	Hessischer Referenzrahmen Schulqualität
berücksichtige Klassenstufen	Primar- und Sekundarstufe	Primar- und Sekundarstufe	Primarstufe	Primar- und Sekundarstufe	für alle Klassenstufen einsetzbar	für alle Klassenstufen einsetzbar
berücksichtigte weiterführende Schulformen	HS, RS, Gym, SMB[121]	HS, RS, Gym, SMB	---	allgemein-, berufsbildende und Förderschulen	für alle Schulformen einsetzbar	für alle Schulformen einsetzbar

---

120 Die nachfolgenden Darstellungen beziehen sich in erster Linie auf die innerhalb der AMintEva Hessen bereitgestellten Fragebogeninstrumente.
121 HS = Hauptschule; RS = Realschule; Gym = Gymnasium; SMB = Schule mit mehreren Bildungsgängen.

Tabelle 3.3: Kategorien- bzw. kriterienbasierte Gegenüberstellung ausgewählter Ganztagsstudien bzw. schulinterner Evaluationsinstrumente (Fortsetzung)

Kategorie bzw. Kriterium	vorgestellte Ganztagsstudien			vorgestellte schulinterne Evaluationsinstrumente		
	StEG	StuBSS	Bess-Eva NRW	SEIS	Zielscheibe	AMintEva-Hessen
allgemeine Merkmale (Fortsetzung)						
Datenerhebung und Rückmeldung	zwei Klassen in Primarstufe; in Sekundarstufe zwei Klassen der Jahrgänge 5, 7 und 9	qualitativ: X quantitativ: ---	---	max. zwei SuS-Gruppen	ja	ja
Evaluator	Wissenschaft	Wissenschaft	Wissenschaft	Schule/LuL	Schule/LuL	Schule/LuL
falls „Schule/LuL": Erhebungsmedium				papierbasiert & online	papierbasiert	papierbasiert & online
falls „Schule/LuL": Datenhoheit				Bertelsmann Stiftung	Schule/LuL	Schule/LuL
Berücksichtigung des ganztägigen Schulkonzepts						
Einbeziehung des Ganztagskontexts	ja	ja	ja	nur für Rheinland-Pfalz	---	---
falls gegeben: untersuchte Ganztagsformen	alle Formen	alle Formen	offene Ganztagsschulen			
falls gegeben: untersuchte Ganztagsangebote	alle	bewegungsbezogen	bewegungsbezogen			
falls „alle": Berücksichtigung der Stellung von Bewegung, Spiel und Sport	---					

Tabelle 3.3: Kategorien- bzw. kriterienbasierte Gegenüberstellung ausgewählter Ganztagsstudien bzw. schulinterner Evaluationsinstrumente (Fortsetzung)

Kategorie bzw. Kriterium	vorgestellte Ganztagsstudien			vorgestellte schulinterne Evaluationsinstrumente		
	StEG	StuBSS	Bess-Eva NRW	SEIS	Zielscheibe	AMintEva-Hessen
Beachtung der begrenzten schulischen Ressourcen bei internen Evaluationen im Hinblick auf die …						
Datenerhebung				je nach Zielgruppe		je nach gewähltem Erhebungsinstrument
Datenaufbereitung				kostenabhängig	X[122]	papierbasiert: --- online: X
Datenauswertung				X		papierbasiert: --- online: X
Dateninterpretation				gering, da u. a. sehr umfangreich	X	gering, da z. T. sehr umfangreich
anfallende Kosten				kostenpflichtig	kostenfrei [123]	kostenfrei

3.6.2 Kriterienspezifische Darstellung der gewonnenen Erkenntnisse

Bei Betrachtung jedes Kriteriums im Einzelnen, so fällt bei den allgemeinen Merkmalen auf, dass den Studien zum Ganztag der Multi-Method-Ansatz (Bortz & Döring, 2016, S. 27) zugrunde liegt, also sowohl quantitative als auch qualitative Forschungsansätze eingesetzt werden. Dagegen bedienen sich die schulinternen Evaluationsinstrumente ausschließlich quantitativer Verfahren. Während bei allen Studien ein querschnittliches Forschungsdesign beinhaltet ist und die Instrumente ebenfalls vorrangig für einen querschnittlichen Einsatz

---

122 Diese Einschätzung bezieht sich nicht auf das in Kapitel 3.5.5 erwähnte anonyme Verfahren.
123 Sofern die Erhebung direkt an einer Zielscheibe und nicht in Form von individuell ausgegebenen Folien erfolgt, kann von einer kostenfreien Nutzung ausgegangen werden.

konzipiert sind, werden bei StEG und StuBSS an mindestens einem weiteren Untersuchungszeitpunkt Daten erhoben. Anhand der vorliegenden Informationen zur wissenschaftlichen Qualität kann den Ganztagsstudien eine hohe Testgüte attestiert werden.

Wie zu erwarten, ist dieses Merkmal dagegen bei den schulinternen Evaluationsinstrumenten deutlich weniger ausgeprägt. So wird bei den AMintEva-Hessen teilweise und bei SEIS vollständig auf eine Faktorenanalyse verzichtet. In beiden Inventaren hätten darüber hinaus einzelne Items aufgrund ihrer Kennwerte entfernt werden müssen. Die Zielscheibe schneidet bei der Testgüte als eher pragmatisch orientiertes Evaluationsinstrument nachvollziehbarerweise sehr schwach ab. Bei den Studien findet eine wirkliche theoretische Verortung lediglich bei StEG in Form einer heuristischen Fassung statt (vgl. Kap. 2.5). Aufgrund der Zielstellungen der quantitativen Teile von StuBSS und BeSS-Eva NRW, die v. a. eine deskriptive Beschreibung des Ist-Zustands anstreben, rückt eine theoretische Fundierung hier eher in den Hintergrund. Dem Evaluationsinstrument SEIS liegt ein kriterienorientiertes Qualitätsverständnis guter Schule zugrunde. Ähnlich verhält es sich bei den AMintEva-Hessen, welche auf dem Hessischen Referenzrahmen Schulqualität beruhen. Da es sich bei der Zielscheibe lediglich um eine Erhebungsmethode handelt, wird kein Qualitätsverständnis attestiert. In BeSS-Eva NRW werden lediglich Daten in der Primarstufe erhoben. Dagegen werden in den weiteren Studien alle Jahrgänge berücksichtigt, die internen Evaluationsinstrumente sind ebenfalls für alle Altersgruppen einsetzbar. Bis auf BeSS-Eva beziehen alle weiteren Studien und Instrumente mindestens die gängigen weiterführenden Schulformen (Haupt- und Realschule, Gymnasium sowie Schulen mit mehreren Bildungsgängen) mit ein bzw. sind für diese nach eigenem Ermessen einsetzbar.

In der Kategorie der Datenerhebung und Rückmeldung kann festgestellt werden, dass die Ganztagsstudien durch wissenschaftliche Akteure evaluiert werden, wogegen die Schulen bzw. LuL bei ihren internen Evaluationsmaßnahmen sinngemäß selbst die Erhebung ihrer Daten initiieren. Im schulischen Kontext geschieht dies zumeist durch papierbasierte Erhebungsmedien, bei SEIS und den AMintEva-Hessen kann die Erhebung auch über onlinebasierte Instrumente stattfinden. Im Gegensatz zur Zielscheibe und den AMintEva-Hessen, bei denen die schulische Datenhoheit gewahrt wird, übergeben die Einzelschulen ihre Daten bei SEIS uneingeschränkt an die Bertelsmann Stiftung. Im quantitativen Teil der StuBSS-Studie sowie bei Bess-Eva NRW wird die Perspektive der SuS nicht in Betracht gezogen. Während die Meinung der SuS bei StEG, im qualitativen Teil der StuBSS-Erhebung sowie bei SEIS zumindest teilweise berücksichtigt wird, ist bei der Zielscheibe und den AMintEva-Hessen die Durchführung von Vollbefragungen möglich. Erhalten die Schulen bei ihren internen Evaluationen naturgemäß die Ergebnisse ihrer erhobenen Daten, sind – anders als bei BeSS-Eva NRW – auch in StEG und StuBSS individuelle Rückmeldungen für die teilnehmenden Projektschulen vorgesehen. Bei den quantitativ angelegten Studien werden die einzelschulischen Bedingungen jedoch nicht berücksichtigt. Dies gilt ebenso für die AMinEva-Hessen. Dagegen können mit der Zielscheibe individuelle Rahmenbedingungen berücksichtigt werden, bei SEIS ist dies im Umfang von maximal 10 Items möglich. Aktuell stehen nur die internen Evaluationsinstrumente AMintEva-Hessen und Zielscheibe zur Verfügung, um aus den Ergebnissen Schulentwicklungsprozesse ableiten zu können.

StEG, StuBSS und BeSS-Eva NRW berücksichtigen das ganztägige Schulkonzept, SEIS in Teilen. Dagegen wird der Ganztagskontext von den weiteren schulinternen Evaluationsinstrumenten nicht in Betracht gezogen. Bei BeSS-Eva NRW werden nur an offenen Ganztagsschulen Daten erhoben, im Vergleich dazu untersuchen StEG und StuBSS alle Ganztagsformen. Der Blick auf die überprüften Ganztagsangebote offenbart, dass bei StuBSS und BeSS-Eva NRW entweder nur BeSS-Angebote erhoben oder wie bei StEG zwar alle Ganztagsangebote in den Blick genommen werden, dafür wird dort aber die besondere Stellung von Bewegung, Spiel und Sport nicht berücksichtigt.

Hinsichtlich der Beachtung schulischer Ressourcen bei den internen Evaluationen zeigen sich in Bezug auf die Datenerhebung ebenfalls heterogene Ausprägungen. Bei SEIS sind hierfür je nach befragtem schulischen Akteur zwischen 30 Minuten und acht Stunden zu investieren, bei den AMintEva-Hessen hängt der zeitliche Aufwand vom Umfang des gewählten Erhebungsinstruments ab. Die Aufbereitung der Daten gestaltet sich bei den AMintEva-Hessen bei papierbasierten Fragebögen sehr aufwendig, die direkte Eingabe der Daten über den Computer durch die Testteilnehmer/innen ermöglicht dagegen einen sehr ökonomischen Einsatz. Ähnlich verhält es sich auch bei SEIS, wobei die von der Schule aufzubringenden zeitlichen Ressourcen von den eingesetzten finanziellen schulischen Mitteln abhängen. Dabei darf nicht vergessen werden, dass die manuelle Aufbereitung papierbasiert erhobener Daten relativ anspruchsvoll ist und ein nicht zu unterschätzendes Potenzial für Fehlerquellen beinhaltet, z. B. bei der Übertragung der Daten in eine Auswertungstabelle oder ein Auswertungsprogramm (Lück & Landrock, 2014, S. 397). Sofern die Daten bei den AMintEva-Hessen über das bereitgestellte Online-Tool eingegeben werden, erfolgt deren Auswertung automatisch. Bei der Verwendung des SEIS-Instruments werden die Daten ebenfalls softwaregestützt ausgewertet. Sollten bei den AMintEva-Hessen papierbasierte Fragebögen eingesetzt worden sein, muss jedes Item einzeln ausgewertet werden, wodurch zusätzliche zeitliche bzw. personelle Ressourcen aufzubringen sind. Die Interpretation der Daten für Schule bzw. LuL ist je nach eingesetztem Fragebogen bei den AMintEva-Hessen als auch grundsätzlich bei SEIS eher als schwierig einzuschätzen, da die erhobenen Daten sehr umfangreich sind. Werden diese vom SEIS-Personal noch „handveredelt" (Buhren, 2008, S. 2), wird die Dateninterpretation erleichtert.

Während SEIS grundsätzlich kostenpflichtig ist, werden die AMintEva-Hessen frei zur Verfügung gestellt. Sofern beim Einsatz der Zielscheibe auf das anonyme Verfahren bzw. auf die Ausgabe von Folien verzichtet wird, schneidet diese Evaluationsmethode in allen genannten Kategorien, die auf die Beachtung der begrenzten schulischen Ressourcen zielen, am besten ab. Die gerade gewonnenen Erkenntnisse können zugunsten eines besseren Überblicks Tabelle 3.3 entnommen werden.

3.6.3 Kriterien- bzw. kategorienübergreifende Darstellung der Erkenntnisse

Der Vergleich der einzelnen Ausprägungen über Kriterien bzw. Kategorien hinweg erlaubt weitere aufschlussreiche Erkenntnisse. Zunächst ist auffällig, dass allen schulinternen Evaluationsinstrumenten sowohl ein querschnittliches Forschungsdesign als auch ein quantitativer Forschungsansatz zugrunde liegt. Ebenfalls kann bemerkt werden, dass den Einzelschulen durchaus Verfahren angeboten werden, welche Rücksicht auf (einzelne) schulische Ressourcen nehmen. Während zunächst die Beachtung der zeitlichen Ressource bei den schulinternen Evaluationsinstrumenten positiv hervorgehoben werden kann, entsteht beim Einsatz von SEIS eine Grundgebühr, die zusätzlich mit der Aufgabe der Datenhoheit einhergeht. Dabei ist der ökonomische Faktor in SEIS generell eng mit den zusätzlichen finanziellen Aufwendungen der Schule verknüpft.

Alternativ können kostenfreie Instrumente wie z. B. die AMintEva-Hessen genutzt werden. Diese sind aber wiederum nicht an die einzelschulischen Voraussetzungen anpassbar. Dagegen können mit der Zielscheibe schulspezifische Themen und Fragestellungen erfasst werden. Gegen den Einsatz der Zielscheibe spricht jedoch die geringe wissenschaftliche Güte, welche ohnehin bei allen vorgestellten schulinternen Evaluationsinstrumenten nicht an die Qualität der Ganztagsschulstudien heranreicht. Der Umfang der Instrumente SEIS und AMintEva-Hessen führt darüber hinaus zu Problemen bei der Dateninterpretation. Darüber hinaus bleibt opak, weshalb die intervallskalierten Items in AMintEva-Hessen trotz mittels Faktorenanalyse durchgeführter Zusammenfassung der Items zu übergeordneten Kategorien ausschließlich auf Ebene der Einzelitems ausgewertet werden. Dadurch wird die Interpretation der Ergebnisse sowohl unnötig komplex als auch erschwert. Dies gilt besonders für ganztagsspezifische Schulentwicklungsprozesse, da keines der Instrumente den Ganztagskontext berücksichtigt.

Wie die vorgestellten Ganztagsstudien erkennen lassen, berücksichtigen diese entweder nicht alle Angebotskategorien (StuBSS, Bess-Eva NRW) oder schenken den BeSS-Angeboten nicht die angemessene Beachtung (StEG). Die

Meinung der SuS wird außerdem nicht immer beachtet. Sollte dies, wie bei StEG und StuBSS, der Fall sein, wird im Vergleich zur schulischen Grundgesamtheit der SuS nur eine kleine Stichprobe befragt. Die qualitativ hochwertigen eingesetzten Instrumente berücksichtigen außerdem nicht immer die einzelschulischen Bedingungen und stehen seit der Beendigung der jeweiligen Erhebungszeiträume auch nicht mehr zur Verfügung. Somit kann auch aus dieser Perspektive der Erkenntnisgewinn für Schulen zur Ableitung von ganztagsschulspezifischen Entwicklungsprozessen als gering eingeschätzt werden.

3.7 Zusammenfassung des Kapitels

Evaluationen nehmen bei der Gestaltung von Schulentwicklungsprozessen eine zentrale Rolle ein und können somit „als bedeutsames Kriterium professionellen Handelns von Lehrpersonen einerseits sowie als Kriterium einer auf Lernen hin ausgerichteten Organisation andererseits betrachtet" (Berkemeyer et al., 2016, S. 209) werden.

Wie mittels einer Begriffsbestimmung anhand der Definitionen von Schönig (2007, S. 9) und Klieme (2005, S. 41) aufgezeigt werden konnte, ist der Evaluationsbegriff im schulpädagogischen Bereich mit unterschiedlichen Schwerpunktsetzungen verbunden. Der bidimensionale Gliederungsvorschlag von Nisbet (1990) lieferte hierzu eine hilfreiche Rahmung. Mit der fein auflösenden Matrix von Strittmatter (2007, S. 97) konnten außerdem die Begrifflichkeiten *intern*, *extern*, *selbst* und *fremd* voneinander differenziert werden. Auf eine entsprechende Verwendung wurde in dieser Arbeit jedoch verzichtet, um eine Anschlussfähigkeit im politischen und wissenschaftlichen Feld herstellen zu können. Der Terminus der Evaluation wurde mit dem Blick auf den Adressaten und insbesondere dem Fokus auf Evaluationen im pädagogischen Kontext abgerundet.

Die Betrachtung von Leitprinzipien der DeGEval und verschiedener Evaluationsphasen des deutschen Schulsystems machte deutlich, dass eine Vielzahl der eingesetzten Instrumente aufgrund einer fehlenden exakten Datenbasis nicht die an sie gesetzten Ansprüche erfüllt, um zur Qualitätssicherung und -steigerung sowohl des Bildungssystems als auch der schulischen Praxis beitragen zu können.

Mit der Schulinspektion wurde daraufhin ein Element schulischer Governance betrachtet, da diese auf den Ergebnissen schulinterner Evaluationen aufbaut. Es konnte anhand empirischer Befunde jedoch gezeigt werden, dass die Erwartungen an diese outputbezogene Steuervariable als Mittel der Qualitätssicherung bzw. -steigerung der Schul- und Unterrichtsentwicklung bisher nicht erfüllt werden, wodurch sich der Stellenwert der internen Evaluation für

Schulentwicklungsprozesse erhöht. Aufgrund des Unterstützungsbedarfs, den die Schulen in den verschiedenen Entwicklungsfeldern durch biografisch manifestierte Routinen und mangelnde Ressourcen haben, steht mittlerweile eine Vielzahl an Instrumenten privater, öffentlicher und kommerzieller Anbieter zur Verfügung. Mit SEIS, Zielscheibe und den AMintEva-Hessen wurden in diesem Kontext drei exemplarisch ausgewählte Evaluationsinstrumente vorgestellt, mit denen die Einzelschulen den Erwartungen der Schulaufsicht gerecht werden sollen. Dass die schulinterne Evaluationskultur bislang dennoch „keine Stärke schulischer Entwicklungsarbeit" (Kuhn, 2015, S. 94) darstellt, konnte in der Folge anhand einiger Hinderungsgründe aufgezeigt werden. In diesem Kontext bildete die würdigende und kritische Darstellung sowie kriteriengeleitete Gegenüberstellung der bereits inhaltlich beleuchteten Ganztagsstudien und internen Evaluationsinstrumente einen Schwerpunkt dieses Kapitels. Es konnte aufgezeigt werden, dass die Studien und Instrumente aufgrund verschiedenster und teilweise zusammenhängender Faktoren nur bedingt Erkenntnisse liefern, mit denen eine Ableitung v. a. von ganztagsschulspezifischen Schulentwicklungsprozessen möglich wäre.

4 Zusammenfassung der theoretischen Ausführungen und Zielstellung der Arbeit

Die Ausführungen der vorangehenden Kapitel machen deutlich, dass die Anforderungen an die Einzelschule im Laufe der vergangenen Jahrzehnte kontinuierlich gestiegen sind. Mit dem Auf- und Ausbau von Ganztagsschulen werden vonseiten der Bildungsadministration zusätzliche Erwartungen formuliert, denen die Einzelschule aktuell begegnen muss. Um deren ganztagsschulspezifische Qualität sichern und entwickeln zu können, sind zusätzliche Unterstützungsleistungen notwendig.

Im *ersten Kapitel* des theoretischen Teils wird aufgezeigt, dass die aktuelle Phase der Schulentwicklung v. a. vom Effizienzgedanken bestimmt ist. Dazu werden die Gestaltungsfreiheiten der Einzelschule erweitert und marktähnliche Mechanismen eingeführt. Der schulische Output wird im New Public Management an betriebswirtschaftlich orientierten Effizienzkriterien gemessen. Gleichzeitig sollen sich die Schulen durch Public Private Partnerships im Sozialraum vernetzen, um sowohl regionalen Problemlagen in der Sozial-, Wirtschafts- und Arbeitsmarktpolitik besser begegnen als auch Förderstrukturen für die eigene Qualitätsentwicklung etablieren zu können. Damit sollen bestmögliche Schulleistungen auf ökonomische Art und Weise erzielt werden. Diesem Anspruch steht jedoch die formale Organisationsstruktur der Schule entgegen, die sich seit Jahrzehnten nicht geändert hat. Sowohl biografisch manifestierte Routinen als auch mangelnde personelle, finanzielle und zeitliche Ressourcen belasten die einzelschulische Entwicklungsdynamik zusätzlich.

Im *zweiten Kapitel* der Arbeit wird mit dem Konzept der Ganztagsschule ein bildungspolitisches Reformprojekt betrachtet, welches die deutsche Schullandschaft maßgeblich verändert hat. Aufgrund der Ergebnisse aus den internationalen Leistungsvergleichsstudien sowie den veränderten Bildungs- und Betreuungsanforderungen werden Ganztagsschulen als besonders geeignet angesehen, um die ökonomisch geprägten Hoffnungen und sozialpolitischen Bedarfe decken zu können. Dazu wird der Begriff der Ganztagsschule von der KMK neu definiert, wobei vorrangig organisatorische Merkmale berücksichtigt werden. Die ganztagsschulische Qualität wird im Rahmen pädagogischer Leitziele festgehalten, welche vom Verständnis einer neuen Lehr- und Lernkultur geprägt sind. Gemäß den schulautonomen Bestrebungen wird die inhaltliche Ausgestaltung jedoch an die Einzelschule übertragen. Wie die Forschungsbefunde knapp 15 Jahre nach dem Start des IZBB-Ausbauprogramms zeigen, hat die Ganztagsschule grundsätzlich das Potenzial, die an sie gesetzten Erwartungen erfüllen zu können. Allgemeine Empfehlungen können jedoch nicht gegeben werden, da die Unterschiede zwischen den Schulen aufgrund verschiedener Bedingungen zu groß sind. Um die ganztagsspezifische Qualität der Einzelschule tatsächlich steigern zu können, scheinen interne Evaluationen und die Etablierung einer Partizipationskultur besonders geeignet.

Aus diesem Grund werden in *Kapitel 3* Evaluationen im Schulkontext betrachtet, da sie bei der Gestaltung von Schulentwicklungsprozessen eine zentrale Rolle einnehmen. Viele der aktuell eingesetzten Evaluationspraktiken weisen jedoch eine mangelnde Güte auf, wodurch sie sich nur bedingt zur Qualitätssicherung und -entwicklung des Bildungssystems eignen. Um möglichst valide Daten generieren zu können, sind die wissenschaftlichen Gütekriterien zu berücksichtigen. Da die Schulinspektion ihren Zweck als Mittel der Qualitätssicherung und -steigerung der schulischen Praxis bisher nicht im angestrebten Maß erfüllen kann und von den Akteuren in der Einzelschule meist eher als kontrollierende denn als unterstützende Instanz empfunden wird, erhöht sich der Stellenwert schulinterner Evaluationen für die Schulentwicklung außerdem. Aufgrund diverser Hinderungsgründe können interne Evaluationen allerdings eher nicht zu den identifizierten Stärken der schulischen Arbeit gezählt werden. Wie eine inhaltliche Gegenüberstellung von Ganztagsstudien und schulinternen Evaluationsinstrumenten ergibt, liefern diese der Einzelschule nur sehr geringe Erkenntnisse, um daraus ganztagsschulspezifische Schulentwicklungsprozesse ableiten zu können. So berücksichtigen die Ganztagsstudien bspw. entweder nicht alle Angebotskategorien oder schenken BeSS-Angeboten nicht die angemessene Beachtung. Sofern die Meinung der SuS überhaupt eingeholt wird, befragen die Studien nur einen kleinen Teil der Schülerschaft. Bei den zur Verfügung stehenden Instrumenten zur internen Evaluation ist v. a. die mangelnde Testgüte zu kritisieren. Ferner können in den bereitgestellten Fragebögen einzelschulrelevante Themen und Fragestellungen nicht berücksichtigt werden. Darüber hinaus wird der Ganztagskontext aktuell von keinem der betrachteten Selbstevaluationsinstrumente thematisiert.

Zusammenfassend lässt sich somit sagen, dass das einzelschulische Qualitätsmanagement deutlich gesteigert werden könnte, wenn zukünftig ein Feedbackinstrument zur Evaluation des schuleigenen Ganztagsschulprogramms zur Verfügung stünde, welches von den Einzelschulen eigenständig bedient und ausgewertet werden könnte. Damit die intendierten Bildungs- und Erziehungsprozesse im Ganztag gelingen können, sollten die SuS angemessen beteiligt werden. Mithilfe eines entsprechend gestalteten Evaluationsinstruments könnten so wertvolle Rückmeldungen aus erster Hand in Bezug auf das Erleben der Ganztagsangebote gegeben werden. Die Einzelschule erhielte dadurch die Möglichkeit, ganztagsspezifische Entwicklungsprozesse abzuleiten. Indem die Interessen der SuS berücksichtigt würden, ließe sich das Potenzial einer durchgängigen Teilnahmebereitschaft am Ganztag erschließen. Erweiterte Chancen der Mitgestaltung würden außerdem Demokratielernen und Autonomieerleben bei den SuS fördern. Zusätzlich würde sich die Einbeziehung der Meinung der Hauptakteure nicht nur positiv auf ihre Motivation und ihr Wohlbefinden, sondern auch auf ihre Lernleistung auswirken.

Ziel der vorliegenden Arbeit ist es daher, mit dem in der Folge zu entwickelnden Feedbackinstrument *„Ganztag: Interne Evalution für Schulen" (GAINS)* Einzelschulen ein datengeleitetes Verfahren zur Verfügung zu stellen, mithilfe dessen deren ganztagsschulisches Konzept im Sinne eines Qualitätsmanagements zur Identifikation von Bedarfen sowie zur Prozessbewertung aus der Perspektive der SuS überprüft werden kann. Damit sollen die Einzelschulen in die Lage versetzt werden, auf wissenschaftlich fundierter Basis ihr professionelles Handeln im Ganztag intern zu evaluieren, um damit den gegenwärtigen und zukünftigen Herausforderungen und Aufgaben besser begegnen zu können. Das Instrument soll dabei die folgenden Anforderungen erfüllen:

Anforderungen an die Inhalte

- Es soll das Meinungsbild *aller* SuS eingeholt werden und damit auch derjenigen, die nicht (mehr) am Ganztagsangebot teilnehmen.
- GAINS soll eine möglichst umfassende Evaluation des Ganztagsangebots erlauben, wobei bei der Auswahl der inhaltlichen Schwerpunkte Experten/innen aus der ganztagsschulischen Praxis miteinbezogen werden sollen. Denkbar wäre, zwischen der Bewertung des Ganztagsangebots im Allgemeinen (z. B. Gründe für die Teilnahme bzw. Nichtteilnahme am Ganztagsangebot) und der Bewertung einzelner Angebote (z. B. Angebotsqualität) zu unterscheiden.
- Da die Qualität von Ganztagsangeboten eine entscheidende Rolle für individuelle Entwicklungsmöglichkeiten spielt (StEG-Konsortium, 2010, 2016), soll die noch relativ am Anfang stehende Debatte um Qualitätsmerkmale aufgegriffen und weitergeführt werden. Der Fragebogen soll daher eine psychometrisch abgesicherte Skala zur Erfassung AG-spezifischer Qualitätsmerkmale enthalten. Die Entwicklung einer solchen Skala soll einen Schwerpunkt der vorliegenden Arbeit bilden.
- Die Formulierung der Items soll so gestaltet sein, dass sie für alle Arten von Ganztagsangeboten innerhalb der Angebotspalette einer Einzelschule eingesetzt werden können. Ein besonderer Fokus soll hierbei auf dem BeSS-Angebotstypus liegen, da dieser von den SuS stark nachgefragt und am häufigsten genutzt wird.
- Um die Heterogenität der deutschen Ganztagsschullandschaft zu berücksichtigen, sollen einzelschulrelevante Fragestellungen ergänzt werden können.

- Um die Evaluationsergebnisse für verschiedene Untergruppen von SuS getrennt darstellen zu können, sollen verschiedene Angaben zur Person der SuS (z. B. Geschlecht, Alter, Klassenstufe) abgefragt werden.

Anforderungen an die einzelschulischen Bedingungen

- Die Datenhoheit muss bei den Schulen liegen.
- Die vorhandenen schulischen Ressourcen sollen besonders beachtet werden. Hierzu sind insbesondere die Aspekte Kostenneutralität, zu erbringender Zeitaufwand für Planung, Durchführung, Auswertung und Interpretation der Daten sowie Personal- und Materialaufwand zu zählen.
- Mit Rücksicht auf die forschungsmethodischen Kompetenzen der LuL sollen möglichst einfach auszuwertende Antwortformate verwendet werden. Zudem sollen die Umfrageergebnisse mit möglichst wenig Aufwand abrufbar sein.
- Der Schulalltag soll durch die Planung und Durchführung der Evaluation möglichst wenig gestört werden.

Anforderungen an den Entwicklungsprozess

- Die Konstruktion des Fragebogens soll unter Berücksichtigung testtheoretischer Überlegungen in einem sukzessiven mehrstufigen Prozess erfolgen, indem ein Fragebogenprototyp durch den Einsatz verschiedener Testverfahren unter Berücksichtigung der wissenschaftlichen Gütekriterien stetig verbessert wird.
- Die Fragen bzw. Items von GAINS sollen vor dem Hintergrund des aktuellen wissenschaftlichen Forschungsstands formuliert werden.
- Wenn möglich, sollen bei der Itemgenerierung Fragen bzw. Items bereits etablierter Instrumente herangezogen werden. Sollten keine geeigneten Formulierungen vorliegen, sind neue Items zu erstellen.
- Um das Antwortverhalten der SuS mit den generierten Items abzugleichen und daraus ggf. neue Items zu entwickeln, sollen in der Phase der Entwicklung an geeigneter Stelle zusätzliche Items mit freiem Antwortformat vorgeschaltet werden.
- In den verschiedenen Phasen des Entwicklungsprozesses sollen in Abhängigkeit der eingesetzten Analyseverfahren hinreichend große Stichproben rekrutiert werden. Dabei soll sich zunächst vorrangig auf SuS der Unterstufe von Schulen mit gymnasialem Bildungsgang und offenem Ganztagsschulkonzept fokussiert werden, da diese die größte Teilnehmergruppe bilden (Autorengruppe Bildungsberichterstattung, 2018; BMBF, 2016, S. 73 f; StEG-Konsortium, 2016, S. 13).

Der Fragebogen soll für die SuS sowohl optisch ansprechend gestaltet als auch einfach zu bedienen sein.

5 Entwicklung und Analyse des Fragebogens „Ganztag: Interne Evaluation für Schulen" (GAINS)

In diesem Kapitel wird die Entwicklung und psychometrische Überprüfung des Feedbackinstruments vorgestellt. Dabei wird ein quantitativer Ansatz gewählt, da einerseits eine möglichst große Bandbreite von Meinungen der SuS berücksichtigt werden kann und andererseits dies den limitierten zeitlichen, personellen und finanziellen Ressourcen der LuL entgegenkommt. Zunächst erfolgt die Auswahl einer passenden Befragungsmethode (vgl. Kap. 5.1). Die verschiedenen Phasen des Entwicklungsprozesses werden in Abbildung 5.1 veranschaulicht. Während Phase 1 zwei Vorstudien und die Konzipierung sowie Operationalisierung von GAINS umfasst (vgl. Kap. 5.2 bis Kap. 5.5), dienen die beiden in Phase 2 durchgeführten Hauptstudien der Optimierung des Fragebogens (vgl. Kap. 5.6 und Kap. 5.7). In Phase 3 steht die Prüfung der Gütekriterien der Skala zur Erfassung angebotsspezifischer Qualitätsmerkmale (GAINS-AG-Skala) im Mittelpunkt (vgl. Kap. 5.8 und Kap. 5.9). Die Fragebogenentwicklung wird mit einer Anwendungsstudie abgeschlossen, in der das GAINS-Instrument in der einzelschulischen Praxis erprobt wird (vgl. Kap. 5.10).

Abbildung 5.1: Entwicklungsphasen des GAINS-Fragebogens

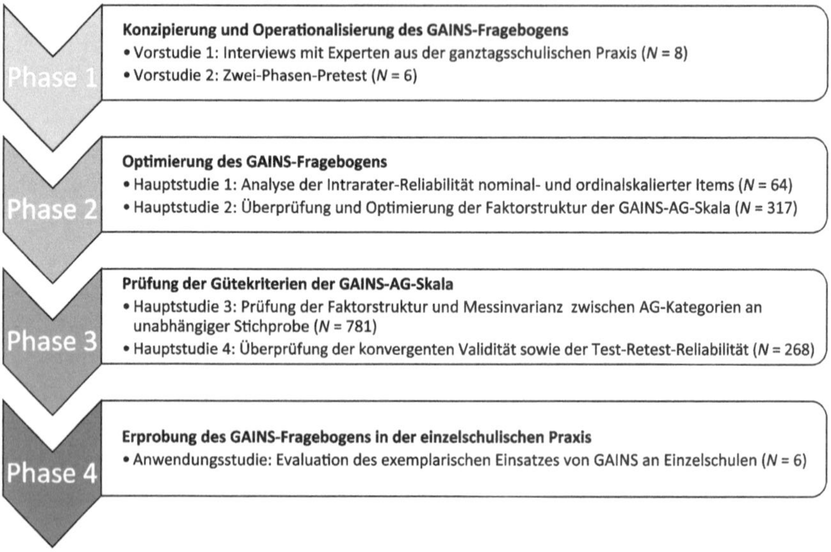

Phase 1
Konzipierung und Operationalisierung des GAINS-Fragebogens
- Vorstudie 1: Interviews mit Experten aus der ganztagsschulischen Praxis ($N = 8$)
- Vorstudie 2: Zwei-Phasen-Pretest ($N = 6$)

Phase 2
Optimierung des GAINS-Fragebogens
- Hauptstudie 1: Analyse der Intrarater-Reliabilität nominal- und ordinalskalierter Items ($N = 64$)
- Hauptstudie 2: Überprüfung und Optimierung der Faktorstruktur der GAINS-AG-Skala ($N = 317$)

Phase 3
Prüfung der Gütekriterien der GAINS-AG-Skala
- Hauptstudie 3: Prüfung der Faktorstruktur und Messinvarianz zwischen AG-Kategorien an unabhängiger Stichprobe ($N = 781$)
- Hauptstudie 4: Überprüfung der konvergenten Validität sowie der Test-Retest-Reliabilität ($N = 268$)

Phase 4
Erprobung des GAINS-Fragebogens in der einzelschulischen Praxis
- Anwendungsstudie: Evaluation des exemplarischen Einsatzes von GAINS an Einzelschulen ($N = 6$)

5.1 Auswahl der Befragungsmethode

Wie am Beispiel des SEIS-Instruments und der AMintEva-Hessen aufgezeigt werden konnte, ermöglicht der Einsatz onlinebasierter Fragebögen eine ressourcenschonende Dateneingabe bzw. -auswertung (vgl. Kap. 3.5.4 sowie Kap. 3.5.6). Trotz dieses gerade für den Schulkontext besonders beachtenswerten Merkmals und der mittlerweile als etabliert anzusehenden Befragungsform (Callegaro, Lozar und Vehovar, 2015) gilt es für die eigene Arbeit zu überprüfen, ob eine Online-Befragung eingesetzt werden sollte. Hierbei ist neben einer grundsätzlichen Abwägung der Vor- und Nachteile papier- bzw. onlinebasierter Fragebögen (vgl. Kap. 5.1.1) auch die Altersstruktur der Zielgruppe zu berücksichtigen (vgl. Kap. 5.1.2).

5.1.1 Gegenüberstellung von off- und onlinebasierten Befragungsmethoden

Der Online-Befragung wird in der Literatur bei einem Vergleich zwischen off- und online erhobenen Daten meist gute Noten ausgestellt (Dillmann & Bowker, 2001; Engel, 2010; Kuckartz, Ebert, Rädiker & Stefer, 2009; Li et al., 2004; Pötschke, 2004; Taddicken, 2009, S. 197; Zerback, Schoen, Jackob & Schlereth, 2009). Nach Thielsch und Weltzin (2009, S. 70) Maurer und Jandura (2009, S. 71) sowie Welker und Matzat (2009, S. 38 f) liegen die entscheidenden Vorteile gegenüber anderen Befragungsformen v. a. in den ökonomischen Faktoren. Hierzu sind insbesondere Zeiteffizienz bei der Erhebung und Auswertung, Objektivität bei der Dateneingabe und der geringe Aufwand bei der Kodierung der Fragebögen zu nennen. Pötschke (2004, S. 77 f) ergänzt den ökonomischen Gedanken durch geringe Erhebungskosten, die Möglichkeit der Filterführung und die multimediale Präsentation der Befragung. Als weiterer Vorteil der Online-Befragung ist darüber hinaus die direkte Verfügbarkeit der Daten nach deren Beantwortung zu nennen, da sowohl für die Dateneingabe als auch die Datenüberprüfung keine zusätzliche Zeit aufgewendet werden muss. Dies führt auch zu einer Fehlerreduktion, da die Daten so zur Verfügung stehen, wie sie von der befragten Person angegeben wurden (Pötschke, 2009, S. 77).

In Bezug auf die Datenqualität können weitgehend positive Methodeneffekte im Gegensatz zu anderen Befragungsmethoden festgestellt werden. So kann der Effekt der sozialen Erwünschtheit, eine der größten Fehlerquellen in der empirischen Sozialforschung, gemindert werden (Maurer & Jandura, 2009, S. 70; Taddicken, 2009, S. 102). Zusätzlich führt eine höhere ökologische Validität zu besseren Datensätzen (Thielsch & Weltzin, 2009, S. 71). Hinsichtlich der sozialen Entkontextualisierung finden sich divergierende Befunde. Thielsch und Weltzin (2009, S. 71) berichten grundsätzlich von positiven Effekten aufgrund hoher empfundener Anonymität. Taddicken (2009) weist in diesem Zusammenhang jedoch auf mögliche negative Effekte hin, sollten bei der Erhebung Informationen über den sozialen Alltag abgefragt werden, da die „Verhaltensrelevanz von sozialen Normen online geringer erlebt werden kann" (S. 102).

5.1.2 Besonderheiten bei Online-Befragungen mit Kindern und Jugendlichen

Die üblichen in der Sozialforschung eingesetzten Instrumente können nicht ohne weiteres in der Kinder- und Jugendforschung eingesetzt werden, denn Kinder und Jugendliche haben eine eigene und sich schnell ändernde Auffassung von der Welt und sich selbst. Außerdem können bei jüngeren Kindern eine eingeschränkte Lese- und Schreibkompetenz sowie kognitive, emotionale und motorische Fähigkeiten wie z. B. Zeitverständnis, Perspektivenübernahme sowie Erinnerungsvermögen hinzukommen. Aufgrund der eingeschränkten Aufmerksamkeitsspanne v. a. bei Kindern[124] ist der Fragebogen daher so kurz wie möglich zu gestalten (Arendt & Rössler, 2009, S. 355 f). Dies soll verhindern, dass es gegen Ende des Fragebogens zu sogenannten „Drop-Outs" kommt. Die Autoren schlagen in diesem Kontext außerdem eine Kürzung bzw. Präzisierung der Einleitungs-, Beschreibungs-, Anweisungs- und Fragetexte sowie der Antwortlisten bei Mehrfachantworten vor.

Dass Kinder über die zur Beantwortung onlinebasierter Fragebögen notwendigen handwerklichen und technischen Fähigkeiten verfügen, kann aufgrund von Forschungen zur Mediennutzung von Kindern grundsätzlich bestätigt werden (MPFS, 2015, S. 8). So weisen die Haushalte, in denen die „digital natives"[125] (BMFSFJ, 2013, S. 55) im Alter von 6 bis 13 Jahren leben, bereits nahezu eine Vollausstattung mit digitalen Medien auf, z. B. bei Handy/Smartphone (98 %), Internetzugang (98 %) und Computer (97 %) (MPFS, 2015, S. 73). Nutzt bei den Sechs- bis Siebenjährigen bereits mehr als jeder Dritte einen PC, sind es bei den Acht- bis Neunjährigen bereits 71 %. Bis zum Alter von 13 Jahren hat nahezu jeder (98 %) bereits Erfahrungen im Umgang mit dem Computer gemacht (MPFS, 2015, S. 31). Jugendliche zwischen 12 und 19 Jahren weisen noch höhere Werte bei der Häufigkeit der Computernutzung auf (MPFS, 2015a, S. 6 f).

---

124 Arendt und Rössler (2009, S. 355 f) beziehen sich in ihrem Artikel vorrangig auf Kinder im Alter von 6 bis 13 Jahren.
125 Unter dieser Begrifflichkeit ist die im Internetzeitalter aufgewachsene Generation zu verstehen.

5.1.3 Fazit zur Befragungsmethode

Der Einsatz eines Online-Fragebogens für diese Arbeit kann als besonders günstig angesehen werden. So ist es möglich, eine unbegrenzte Zahl an SuS zu befragen und gleichzeitig können ökonomische Faktoren (z. B. Zeiteffizienz, Objektivität, Kosten), welche in dieser Arbeit einen besonderen Stellenwert einnehmen, berücksichtigt werden. Für den praktischen Einsatz des Fragebogens in der Schule ist zu bedenken, dass die Bearbeitungsdauer die Länge einer Schulstunde (45 Minuten) nicht überschreiten sollte. Die Möglichkeit der Filterführung und der multimedialen Präsentation kann bei der Testerstellung außerdem gewinnbringend genutzt werden. Bei der Gestaltung des Online-Fragebogens sollen die Empfehlungen von Callegaro et al. (2015) berücksichtigt werden.

Darüber hinaus sind positive Methodeneffekte bei der Datenqualität zu erwarten. In diesem Kontext kann außerdem angenommen werden, dass die SuS durch den Einsatz dieses zeitgemäßen Instrumentariums besser zur konzentrierten Beantwortung motiviert werden. Potentielle zu erwartende Schwierigkeiten bei dieser Evaluationsmethode im Hinblick auf die Rekrutierung von Probanden[126] und die Bereitstellung eines Internetzugangs können darüber hinaus umgangen werden, wenn die Erhebung während der Schulzeit sowie in den schuleigenen Räumen und mit den internet- bzw. intranetfähigen Computern durchgeführt wird. Mit Problemen bei der Bedienung des Fragebogens ist aufgrund der nahezu vorhandenen Vollausstattung mit Computern und Internet bei Kindern (ab der dritten Klasse) und Jugendlichen und der damit verbundenen zu erwartenden digitalen Kompetenz bei einer Online-Befragung nicht zu rechnen.

5.2 Befragung von Experten/innen aus der schulischen Praxis (Vorstudie 1)

Diese Vorstudie dient der praktischen Ergänzung der im theoretischen Teil der Arbeit betrachteten Hintergründe und empirischen Befunde, indem auf die Expertise von Personen aus der ganztagsschulischen Praxis zurückgegriffen wird. Neben Aspekten der ökonomischen Umsetzung des Fragebogens im Rahmen des schulischen Alltags soll dabei v. a. ermittelt werden, welche inhalt-

---

126 In einem Experiment verglich Batinic (2003, S. 151 f) die Rücklaufquote zwischen schriftlicher Befragung und Online-Befragung. Hierbei konnte bei der schriftlichen Befragung mit 47 % ein deutlich besseres Ergebnis erzielt werden im Vergleich zur Onlinebefragung mit 24 %.

lichen Bereiche durch den Fragebogen abzudecken sind. Dieses Vorgehen erscheint nicht nur äußerst gewinnbringend für den anstehenden Prozess der Fragebogenentwicklung, sondern auch für einen tatsächlichen Einsatz des fertiggestellten Fragebogens in der Praxis, da der entwickelte Fragebogen zukünftig von Ganztagskoordinatoren/innen bzw. Schulleitungen verwendet werden soll, um die Meinungen der SuS erheben zu können. Die Einbeziehung der Anwenderperspektive zielt damit auf die Akzeptanz des Fragebogens zugunsten einer möglichst hohen Nutzungswahrscheinlichkeit nach dessen Fertigstellung ab.

5.2.1 Methode

Es wurden Expertenbefragungen mit acht Schulleiter/innen bzw. Ganztagskoordinatoren/innen an Gesamtschulen und Gymnasien in drei hessischen Schulamtsbezirken durchgeführt. Tabelle 5.1 gibt genaueren Aufschluss u. a. über Demografie und innerschulische Funktion der interviewten Experten/innen sowie über Form, Ganztagsprofil und Bezirk der Schulen, an denen die Befragten tätig sind.

Tabelle 5.1: Beschreibung der befragten Experten/innen

Funktion	Schulform	Ganztagsprofil	Schulamtsbezirk	Geschlecht	Alter
Ganztagskoordinatorin	Kooperative Gesamtschule	1	Hanau/Main-Kinzig-Kreis	w	37
Ganztagskoordinatorin	Kooperative Gesamtschule	2	Frankfurt	w	39
Ganztagskoordinatorin	Gymnasium	1	Frankfurt	w	43
Ganztagskoordinator	Gymnasium	1	Hanau/Main-Kinzig-Kreis	m	37
Ganztagskoordinator	Gymnasium	1	Frankfurt	m	40
Schulleiterin	Integrierte Gesamtschule	2	Offenbach	w	56
Schulleiter	Gymnasium	2	Frankfurt	m	62
Schulleiter	Gymnasium	1	Frankfurt	m	65

Die Befragungen mittels leitfadengestützter Interviews gliederten sich in folgende Phasen:

1. Einführung in die Thematik durch den Interviewer
2. Einschätzung von Relevanz, Chancen und Risiken von schulinternen Evaluationen

3. Darstellung persönlicher Erfahrungen mit internen Evaluationen
4. Betrachtung *inhaltlicher* Anforderungen an einen Fragebogen zur Sicherung bzw. Steigerung der Qualität des Ganztagsschulangebots
5. Betrachtung *gestalterischer* Anforderungen an einen Fragebogen zur Sicherung bzw. Steigerung der Qualität des Ganztagsschulangebots
6. Abschluss

Aufgrund des explorativen Charakters dieser Vorstudie, ihrer Bedeutsamkeit im Verhältnis zum Gesamtprojekt und aus ökonomischen Überlegungen wird an dieser Stelle des Forschungsprozesses auf die vollständige Transkription der Interviews verzichtet. Die inhaltsanalytischen Kategorisierungen beschränkten sich daher auf stichwortartige Mitschriften der Äußerungen der Befragten durch den Interviewer. Die Expertenaussagen wurden im Anschluss in Anlehnung an die qualitative Inhaltsanalyse nach Kuckartz (2012) kategorisiert und ausgewertet, wobei ein gemischt deduktiv-induktives Vorgehen gewählt wurde.

5.2.2 Ergebnisse und Diskussion

Die Auswertung der Interviews ergab zunächst, dass die Experten/innen schulinternen Evaluationen grundsätzlich eine hohe Relevanz und positive Wirkungspotenziale im Hinblick auf eine Qualitätssicherung bzw. -entwicklung zusprechen. Allerdings deckt sich die die Wahrnehmung der damit einhergehenden Herausforderungen auch weitgehend mit den bereits in Kapitel 1.3 diskutierten Aspekten. Hinsichtlich dieses Ergebnisses bestand große Einigkeit zwischen den Befragten. Daher überrascht es nicht, dass alle befragten Personen den Wunsch nach einer größeren Unterstützung im (ganztags-)schulischen Qualitätsmanagement durch den Schulträger bzw. die Wissenschaft äußern.

Deutlich heterogener fielen dagegen die Rückmeldungen hinsichtlich der persönlichen Erfahrungen mit schulinternen Evaluationen aus. Zwar gaben alle Befragten an, im schulischen Kontext bereits mehrfach Evaluationen entweder initiiert, durchgeführt oder an diesen teilgenommen zu haben, wobei vorrangig von Evaluationen zur Meinungsbildung im Kollegium berichtet wird. Während jedoch an lediglich zwei Schulen hierfür sogenannte „Evaluationsbeauftragte" zuständig sind, die im Rahmen von Fort- bzw. Weiterbildungen entsprechende Expertise erworben haben, werden Befragungen an allen anderen Schulen individuell von denjenigen LuL durchgeführt, die persönliche Evaluationsbedarfe haben. Die Meinung der SuS wird fast ausschließlich im Rahmen unterrichtlicher Settings abgefragt, wobei vorwiegend einfache Instrumente (z. B. Zielscheibe oder Daumenabfrage) zum Einsatz kommen. Nur in einem Fall berichtete ein Schulleiter von systematisch durchgeführten Evaluationen außerhalb des Ganztagskontexts (zu Klassenfahrt bzw. Projekttagen). Die Dominanz einfacher Lösungen bei der Befragung von SuS begründeten die Befragten mit der bereits erwähnten Knappheit personeller, zeitlicher, finanzieller sowie materieller Ressourcen. Dennoch wird von nahezu allen Experten/innen die Wichtigkeit der Einbeziehung der Meinung der SuS in die Gestaltung des Ganztagsangebots betont.

Aspekte des Ganztagsangebots wurden lediglich an den Schulen zweier Befragter evaluiert. Einmal wurde die Perspektive des pädagogisch tätigen Personals sowie der an den AGs beteiligten LuL berücksichtigt. Hierbei ging es vorrangig um die inhaltliche Verzahnung von Unterricht und Angeboten. Ein anderes Mal standen die Äußerungen der SuS im Mittelpunkt, indem diese ihre Wünsche für AGs im kommenden Schuljahr nennen konnten. In beiden Fällen wurde allerdings erneut der große Aufwand betont, den die Aufbereitung solcher Befragungen mit sich bringt.

Die Äußerungen der Experten/innen zu inhaltlich potenziell bedeutungsvollen Themenfeldern bzw. Fragestellungen lassen sich drei Ebenen zuordnen: Auf der *ersten Ebene* wurden Aspekte benannt, die sich mit Einschätzungen der SuS zum gesamten Ganztagsangebot befassen. Dazu sind z. B. Fragen zu zählen, die auf eine Globalbeurteilung des Ganztagsangebots abzielen sowie Faktoren, welche die grundsätzliche Teilnahme am Ganztagsangebot oder die Wahl spezifischer Ganztagsangebote beeinflussen. Auf einer *zweiten Ebene* können Fragen zu einzelnen Angeboten angesiedelt werden. Neben Aspekten zur Bewertung der Angebotsqualität wurden von den Experten/innen Schlagworte genannt, welche in Teilen den Merkmalen guten Unterrichts (Meyer, 2014) zugeordnet werden können, z. B. ein lernförderliches Klima, ein gutes Zeitmanagement oder die individuelle Förderung der SuS. Es wurde jedoch betont, dass die Einschätzungen der SuS weder auf die SuS selbst zurückführbar sein dürfen noch auf die (Einzel-)Bewertung der jeweiligen Angebotsleitung abzielen sollen. Der Vorschlag vonseiten des Autors, stattdessen lediglich Angebotskategorien (z. B. BeSS-Angebote, MINT-Angebote) und nicht einzelne Angebote bewerten zu lassen, fand breite Zustimmung. Weitere Aussagen im Hinblick auf die Erhebung angebotsspezifischer Aspekte zielten u. a. auf die Erhebung des Freizeitverhaltens der SuS (um prüfen zu können, ob dies in der Nutzung von Ganztagsangeboten reproduziert wird) sowie deren Gründe für die Teilnahme an einem bestimmten Angebot ab. Einer *dritten Ebene* kann eine große Anzahl einzelschulspezifischer Fragestellungen (z. B. zur Mensa im Hinblick auf Qualität der Zutaten, Geschmack der Mahlzeiten, tägliche Auswahl an Essen, Anzahl der Sitzplätze, Lautstärke, Wartezeiten) zugeordnet werden. Anzumerken ist dabei, dass die Befragten solche Fragen als teilweise wichtiger einstuften als Fragen, die auf die Qualität des gesamten Ganztagsangebots bzw. einzelner Angebote an ihrer Schule zielen. Ebenfalls ist auffällig, dass auch innerhalb der auf den Ganztag bezogenen Fragestellungen eine deutliche Heterogenität hinsichtlich der eingeschätzten Relevanz für die jeweilige Einzelschule deutlich wurde.

Sowohl bezüglich der ersten als auch der dritten Ebene wurde von Expertenseite zusätzlich der Wunsch geäußert, auch SuS zu befragen, die nicht mehr am Ganztagsangebot teilnehmen bzw. noch nie teilgenommen haben. Damit soll zum einen eine zweite bzw. dritte Perspektive der SuS berücksichtigt werden, welche in die zukünftige Gestaltung des Ganztagsangebots mit einfließen kann. Zum anderen ermöglicht dies eine Erhebung im Klassenverbund mit der Klassen- bzw. Fachlehrkraft im Rahmen des Unterrichts, wodurch die Organisation der Evaluation vereinfacht würde.

Aufgrund der sowohl teilweise divergierenden Einschätzungen der Experten/innen in Bezug auf relevante ganztagsspezifische Themen und Fragestellungen als auch der hohen Bedeutung, die einzelschulspezifischen Fragen zugeschrieben wurde, kann außerdem abgeleitet werden, dass der Fragebogen nicht nur erweiterbar, sondern auch innerhalb der erfassten Themenbereiche individuell anpassbar sein sollte.

Im Hinblick auf die gestalterische Umsetzung wünschen sich die Befragten zugunsten eines ökonomischen Evaluationsprozesses eine onlinebasierte Befragung sowie die Durchführung der Evaluation in den schuleigenen Computerräumen. Aufgrund der Richtlinien bei der Verarbeitung SuS-bezogener Daten wurde der Aspekt der Bereitstellung des Fragebogens über das Internet unterschiedlich bewertet, da hierzu – je nach Datenschutzrichtlinien der Bundesländer – eine Einwilligungserklärung der erziehungsberechtigten Personen bzw. auch der SuS erforderlich ist (z. B. Art. 15 Abs. 1 BayDSG; § 12 Abs. 4 HDSG). Einer eher kritischen Argumentationslinie nach stehe der hierzu notwendige organisatorische Aufwand (z. B. das Kopieren, Verteilen bzw. Einholen der schriftlichen Erklärungen) dem Ziel einer möglichst ökonomischen Umsetzung entgegen. Das Potenzial der Partizipation der SuS in der Gestaltung des Ganztagsangebots (z. B. Adressatenorientierung, Demokratielernen, Autonomieerleben) wurde von anderen Experten/innen hervorgehoben und eine Organisation des Einholens der Einwilligungserklärungen über die Klassenleitung, z. B. während des Unterrichts oder Elternabends, vorgeschlagen.

Als Alternative zur Bereitstellung des Fragebogens über das Internet wurde vonseiten des Interviewers auf die Möglichkeit der Nutzung des schulischen Intranets hingewiesen. Im Hinblick auf die jeweils gültigen Datenschutzrichtlinien wurde dieser Ansatz von den Experten/innen bevorzugt. Die hierzu notwendige Installation eines Umfragetools auf dem schuleigenen Server wurde jedoch verschiedentlich aufgefasst, indem hierzu die zusätzliche Expertise einer (meist anderen) Lehrkraft im Bereich der Informationstechnologie notwendig sei, schuleigene personelle und zeitliche Ressourcen weiters beansprucht werden und meist vonseiten der zuständigen Schulbehörde die Voraussetzungen für eine Installation auf den schuleigenen Computern geschaffen sein müssen.

Die Frage der Bereitstellung des Fragebogens über das Internet bzw. Intranet kann im Rahmen dieser Vorstudie nicht abschließend geklärt werden. Daher ist im Hinblick auf einen Einsatz des Fragebogens in der Praxis davon auszugehen, dass unterschiedliche Varianten der Bereitstellung von den Einzelschulen bevorzugt werden.

Wie sich bei der Präsentation verschiedener Antwortformate durch den Interviewer zeigte, bevorzugten die meisten befragten Experten/innen eine Nutzung dichotomer Skalen bzw. den Einsatz von Einfach- und Mehrfachauswahlfragen gegenüber bipolaren Antwortskalen und likertähnlichen Ratingskalen zugunsten einfacherer bzw. aussagekräftigerer Auswertungsmöglichkeiten.

Zusammenfassend lassen sich die folgenden Anforderungen ableiten, die von der Mehrzahl der befragten Personen als relevant für einen Fragebogen zur Evaluation des Ganztagsangebots aus der Perspektive der SuS genannt wurden:

- Mit dem Instrument soll die Meinung *aller* SuS erhoben werden können. Hierzu zählen auch diejenigen SuS, die nicht bzw. nicht mehr am Ganztagsangebot teilnehmen.
- Neben Fragen zum Ganztagsangebot im Allgemeinen sollen auch Fragen zu den einzelnen Angeboten sowie zur Angebotsqualität enthalten sein. Ebenfalls soll der Fragebogen um einzelschulspezifische Fragestellungen erweitert werden können.
- Im Rahmen der Evaluation an der Einzelschule ist eine möglichst ökonomische Vorgehensweise aufgrund der vorhandenen schulischen Ressourcen anzustreben. Dies gilt insbesondere für die Phasen der Datenerhebung und -auswertung. Aus diesem Grund sollte der Fragebogen ebenfalls über das Internet bzw. Intranet bereitgestellt sowie einfache Antwortformate zugunsten einer bequemen Auswertung und Ergebnisinterpretation verwendet werden.

5.3 Konzeptualisierung eines Fragebogen-Prototyps

Im Rückgriff auf die in Kapitel 3.1 dargestellte Unterscheidung von Programmevaluationen (Rossi et al., 2004) wird deutlich, dass das Instrument sowohl zur Identifikation von Bedarfen als auch zur Bewertung des Programmprozesses eingesetzt werden soll. Aus den Ergebnissen der Expertenbefragung (vgl. Kap. 5.2) sowie den in den Kapiteln 1 bis 3 beschriebenen theoretischen Grundlagen und empirischen Befunden resultiert, dass im GAINS-Instrument die folgenden *inhaltlichen Anforderungen* abgedeckt werden müssen:

- Fragen zum *gesamten* Ganztagsangebot an der Einzelschule
  - Wählen die SuS ihre Teilnahme am Ganztag selbstbestimmt?
  - Welche Gründe spielen für die Teilnahme bzw. Nichtteilnahme am Ganztagsangebot eine Rolle?
  - Welche Faktoren beeinflussen die SuS bei der Wahl von Ganztagsangeboten?
  - Welche Auswirkungen nehmen die SuS auf ihre Lebenswelt durch die Teilnahme am Ganztagsangebot wahr?
  - Wie bewerten die SuS das Ganztagsangebot im Allgemeinen?

- Fragen zu *einem* Ganztagsangebot, an dem die SuS teilnehmen
  - Wählen die SuS dieses Ganztagsangebot selbstbestimmt?
  - Welche Gründe spielen für die Teilnahme an dem Angebot eine Rolle?
  - Reproduzieren die SuS ihr Freizeitverhalten in diesem Angebot?
  - Wie bewerten die SuS das Ganztagsangebot in Bezug auf die Dimensionen Lernförderlichkeit, emotionales und wertbezogenes Interesse sowie das Klima im Hinblick auf die Beziehung zur Angebotsleitung und die anderen SuS, die Zeitnutzung und Möglichkeiten zur Partizipation?
  - Wie bewerten die SuS dieses Ganztagsangebot im Allgemeinen?

Zusätzlich soll das Instrument grundlegende Angaben zur Person der SuS (Soziodemografie und Freizeitverhalten) abfragen sowie die Möglichkeit bieten, einzelschulrelevante Fragestellungen zu berücksichtigen bzw. einzelne Fragestellungen auszuwählen.

Daraus ergeben sich folgende *strukturelle Anforderungen*: Nach der Abfrage der persönlichen Angaben folgt im zweiten Teil die Bewertung des gesamten Ganztagsangebots, bevor im dritten Teil ein von den SuS ausgewähltes Angebot eingeschätzt wird.[127] Einzelschulrelevante Ergänzungen können im vierten Teil des Instruments hinzugefügt werden.

Hinsichtlich der *Anforderungen an die Fragen- bzw. Itemgestaltung* sollte auf bereits erprobte Fragen bzw. Items aus anderen Instrumenten zurückgegriffen werden. Sofern dies nicht möglich ist, werden bei der Fragen- bzw. Itemgenerierung eigene Formulierungen entwickelt. Damit auch forschungsmethodisch weniger geschulte Personen aufschlussreiche deskriptive Auswertungen vornehmen können, werden Fragen mit nominalem Messniveau (Einfach- oder Mehrfachauswahl) bevorzugt. Zur Erfassung von z. B. Wichtigkeiten oder Zustimmungen erscheint es allerdings notwendig, Einzelitems auch mit ordinalskalierten Antwortmöglichkeiten zu versehen. Da im angebotsspezifi-

---

127 Die einzelnen Teile des Fragebogens werden im Rahmen der ersten Hauptstudie mit I, II, III und IV gekennzeichnet.

schen Teil auch eine Erfassung der Angebotsqualität vonseiten der Experten/innen gewünscht wurde, die an die Qualitätsmerkmale guten Unterrichts angelehnt sein soll, wird hier auf psychometrische Skala (GAINS-AG-Skala) zurückgegriffen. Hierzu wird eine vierstufige Likert-Rakete gezündet. Eine vierstufige Skala hat sich für den Einsatz bei Kindern und Jugendlichen als optimal herausgestellt (Borgers, Hox & Sikkel, 2004). Die Skala wird außerdem um die Option „keine Antwort" ergänzt. Dabei kann grundsätzlich von einer Intervallskalierung ausgegangen werden (Döring & Bortz, 2016, S. 251), sodass Mittelwerte in Bezug auf die angenommenen Dimensionen (z. B. Lernförderlichkeit, emotionales und wertbezogenes Interesse) gebildet werden können. Um eine möglichst hohe Datenqualität anzustreben (Eichhorn, 2004, S. 50), soll auf eine Erzwingung der Antworten weitestgehend verzichtet werden, wobei Filterfragen eine Ausnahme bilden. Stattdessen sollen die Fragen um eine Ausweichkategorie („weiß nicht" oder „keine Angabe") erweitert werden. In der Phase der Entwicklung eines Fragebogenprototyps erscheint es außerdem sinnvoll, an geeigneter Stelle zusätzliche Items mit freiem Antwortformat vorzuschalten, um das Antwortverhalten der SuS mit den generierten Items abzugleichen und ggf. neue Items zu entwickeln.

Im Hinblick auf die Wahl eines geeigneten Umfragetools wurden verfügbare Lösungen hinsichtlich ihrer Praktikabilität für die Umsetzung des geplanten Fragebogeninstruments verglichen. Hierzu wurden mittels einer Internetrecherche die 20[128] am häufigsten eingesetzten bzw. empfohlenen Produkte ermittelt und anschließend bezüglich der eigenen Anforderungen bzw. Erwartungen an das zukünftig verwendete Umfragetool analysiert. In einem ersten Schritt wurden unter Berücksichtigung von Datenschutzrichtlinien alle Tools ausgeschlossen, die entweder keine Installation auf einem eigenen Server erlauben oder deren Server außerhalb Deutschlands lokalisiert sind (z. B. Google Forms). Anschließend fanden solche Lösungen keine Berücksichtigung, deren Nutzung entweder grundsätzlich kostenpflichtig ist oder deren kostenfreie Nutzung mit Einschränkungen der Funktionalität einhergeht (z. B. Unipark). Auch solche Tools, deren Leistungsumfänge die Anforderungen des zu entwickelnden Fragebogens nicht ausreichend abdecken, wurden nicht weiter betrachtet (z. B. Doodle). Damit die Anforderungen an die optische Gestaltung des Fragebogens (vgl. Kap. 5.1) berücksichtigt werden können, wurden weiterhin solche Softwarelösungen ausgeschlossen, die keine Veränderungen des Quellcodes erlauben (z. B. EvaSys). In einem letzten Schritt wurde geprüft, inwieweit die

---

128 Bei diesen 20 Tools handelte es sich um Doodle, EvaSys, Feedier, Formstack, Google Forms, GrafStat, LamaPoll, Limesurvey, PollDaddy, Qualtrics, SoGoSurvey, SoSci Survey, Survey Anyplace, SurveyGizmo, SurveyLegend, SurveyMonkey, Typeform, Umfrage online, Unipark sowie Zoho Survey.

verbleibenden Tools SoSci Survey sowie *Limesurvey* integrierte Möglichkeiten zur Datenauswertung und Ergebnisdarstellung bieten. Da diese Funktion nur von Limesurvey angeboten wird, wurde dieses Umfragetool für die Umsetzung des Online-Fragebogens ausgewählt. Limesurvey bietet darüber hinaus die Möglichkeit, Umfragen sowohl über das Internet durchzuführen als auch auf den schuleigenen Servern installiert zu werden.

Aus den gerade beschriebenen Anforderungen an Inhalt, Struktur und Gestaltung des Fragebogens wurde ein Prototyp entwickelt, der vor der Durchführung statistischer Analysen zunächst im Hinblick auf z. B. Verständlichkeit, Design und Funktionalität getestet werden sollte. Auf eine ausführliche Darstellung des Fragebogen-Prototyps wird an dieser Stelle aus Gründen der Lesbarkeit und Übersichtlichkeit verzichtet. Stattdessen wird auf Kapitel 5.6 verwiesen, in welches bereits die sich aus der im Folgenden beschriebenen Vorstudie (vgl. Kap. 5.4) ergebenden Änderungen bereits eingearbeitet sind.

Auf Basis der oben erläuterten Fragebereiche ergaben sich für den Fragebogen-Prototyp 45 Fragen, wobei die tatsächlich angezeigte Anzahl an Fragen aufgrund des Einsatzes von Filtern an entsprechenden Stellen variierte. In der für Vorstudie 2 eingesetzten Version enthält das Instrument u. a. eine Frage zu wahrgenommenen Auswirkungen der Ganztagsteilnahme auf die Lebenswelt der SuS mit 21 Items (vgl. Kap. 5.5.2) sowie eine 38 Items umfassende Frage zu angebotsspezifischen Qualitätsmerkmalen (vgl. Kap. 5.5.3).

5.4 Zwei-Phasen-Pretest (Vorstudie 2)

Wie in fragebogenbasierten Projekten der empirischen Sozialforschung üblich, stellt ein Pretest ein wesentliches Element im Prozess der Fragebogenentwicklung dar und wird als Vorbereitung der Hauptstudien eingesetzt (Porst, 1998, S. 34; Prüfer & Rexroth, 2000). Dieses Vorgehen wird auch hier angewandt. So zielt die zweite Vorstudie einerseits auf die Verbesserung der Qualität des Fragebogens und andererseits auf die inhaltliche Validierung des Instruments durch kommunikative Überprüfungen ab. Dazu findet das Verfahren des „Zwei-Phasen-Pretesting" (Prüfer & Rexroth, 2000) Anwendung, indem der Fragebogen-Prototyp verschiedenen Testpersonen vorgelegt wird und sowohl kognitive Techniken (vgl. Kap. 5.4.1) als auch ein Standard-Pretest (vgl. Kap. 5.4.2) eingesetzt werden.

5.4.1 Kognitive Interviews

Um weitgehend standardisiert überprüfen zu können, ob die Testpersonen die gestellten Fragen im Sinne des Autors verstehen bzw. beantworten, wurden im Vorfeld der kognitiven Interviews die einzusetzenden Interview- bzw. Nachfragetechniken festgelegt. In Abhängigkeit des Frageinhalts wurde bei Fragen mit nominalem Messniveau (dichotom, Einfach- oder Mehrfachauswahl) die Technik des Nachfragens zum Verständnis (*Comprehension Probing*), des Paraphrasierens (Paraphrasing) oder des lauten Denkens (*Thinking Aloud*) verwendet. Bei Fragen mit likertähnlicher Ratingskala wurde vorwiegend auf die Technik des Nachfragens zur Wahl der Antwortkategorie (*Category Selection Probing*) zurückgegriffen (Prüfer & Rexroth, 2005).

Die kognitiven Interviews wurden an einem Gymnasiums des Schulamtsbezirks Hanau/Main-Kinzig-Kreis mit Ganztagsangeboten des Profils 2[129] mit jeweils einer weiblichen Schülerin und einem männlichen Schüler des 5., 6. und 7. Jahrgangs durchgeführt, da in diesen Jahrgängen die höchsten Teilnahmequoten am Ganztagsangebot und die breiteste Palette an angebotenen AGs zu erwarten sind (vgl. Kap. 2.5.1.2 und Kap. 2.5.1.3). Vor den Interviews wurden die Testpersonen darauf hingewiesen, dass nicht sie selbst, sondern ein Fragebogen zur Evaluation des Ganztagsangebots getestet wird und die Befragten mit ihren Angaben zur Verbesserung des Fragebogens beitragen. Als Interviewer fungierte der Autor selbst. Dies hatte den Vorteil, dass aufgrund des vorhandenen Hintergrundwissens je nach Angaben und Verhalten der Testpersonen teilweise bereits direkt mit den Befragten Verbesserungsvorschläge im Hinblick auf die Verständlichkeit der Fragen- bzw. Antwortgestaltung erarbeitet werden konnten. In Abhängigkeit des Verhaltens der Testpersonen während der

---

129 Aufgrund der föderalistischen Organisation der Schulbildung haben sich in den Ländern unterschiedliche ganztägige Organisationsformen entwickelt, die sich mitunter nur schwierig den KMK-Organisationsformen zuordnen lassen (vgl. Kap. 2.5.1.3). Dies zeigt sich auch in Hessen, wo grundlegend zwischen zwei möglichen Organisationsformen und drei Profilen unterschieden wird – Schulen mit Ganztagsangeboten (Profil 1 und 2) sowie Ganztagsschulen (Profil 3). Allen Profilen ist das Angebot eines warmen Mittagessens, das Vorhandensein altersgerechter Gemeinschafts- und Aufenthaltsräume Spiel- und Ruhemöglichkeiten gemeinsam. Im *Profil 1* bieten die Schulen an mindestens drei Wochentagen in der Zeit von 7:30 bis 14:30 Uhr Hausaufgabenbetreuung, Fördermaßnahmen sowie erweiterte Angebote im Wahl- und Freizeitbereich an. Diese sind freiwillig, wobei die Eltern zu Beginn des Schuljahres bzw. Schulhalbjahres über die Teilnahme entscheiden. Schulen mit Ganztagsangeboten des *Profils 2* unterscheiden sich von Profil 1 im Wesentlichen durch eine Erweiterung der Betreuungszeit, indem den SuS an fünf Wochentagen in der Zeit von 7:30 bis mindestens 16 Uhr zusätzliche Angebote bereitgestellt werden. Beide Profile sind in ihrer Unterrichtsstruktur an die klassische Halbtagsschule angelehnt. In Ganztagsschulen (*Profil 3*) wird der schulische Tagesablauf rhythmisiert gestaltet. Das gesamte Tagesprogramm ist für alle SuS verpflichtend (HKM, 2011).

Durchführung wurden Zusatzfragen ad hoc formuliert. Die Dauer der Interviews betrug jeweils ungefähr 80 Minuten, wobei zeitliche Unterschiede vorwiegend auf die Angaben der Testpersonen zurückzuführen waren, wodurch unterschiedlich komplexe Fragen bzw. Fragebereiche vorgelegt wurden. Nach Beendigung der kognitiven Interviews wurden die Antworten der Testpersonen analysiert bzw. kategorisiert. Aufgrund ökonomischer Aspekte wurde auf die vollständige Transkription der Interviews verzichtet. Stattdessen wurden die Rückmeldungen der befragten SuS stichwortartig mitprotokolliert.

Es zeigte sich, dass bei insgesamt fünf Fragen die Beantwortungswünsche der Testpersonen nicht von den bereitgestellten Antwortoptionen angemessen abgedeckt wurden. So können z. B. die Gründe, welche für die Teilnahme am Ganztag eine Rolle spielen, um zwei eher der Schulorganisation zuzuschreibende Faktoren ergänzt werden („Der Besuch mindestens eines Ganztagsangebots ist in meiner Jahrgangsstufe verpflichtend" bzw. „Im Verlauf meiner Zeit an dieser Schule muss ich eine bestimmte Anzahl von Ganztagsangeboten besuchen"). Darüber hinaus wurden 12 Fragen bzw. Items nicht wie ursprünglich geplant von den Testpersonen aufgefasst. Manche SuS konnten z. B. bei der Frage, warum sie an einem bestimmten Ganztagsangebot teilnehmen, mit der Antwortoption „Es gab für mich keine andere Möglichkeit", nicht umgehen. Da diese Beantwortungsmöglichkeit auf eine von Schulseite und damit fremdbestimmte Teilnahme abzielt (z. B. pädagogisch legitimiert durch Fördermaßnahmen oder organisatorisch legitimiert durch stark unterschiedlich ausgelastete Angebote), konnte durch kognitive Interviewtechniken ermittelt werden, dass die Formulierung „Ich bin diesem Angebot zugeteilt/zugelost worden" allgemeinhin besser verstanden wird.

Bei der Formulierung, welche neben dem Sport die Teilnahme an weiteren organisierten Freizeitaktivitäten (z. B. Musikverein) erfragt, konnten ebenfalls Verständnisprobleme aufgedeckt werden. Hierfür war es jedoch sowohl während der kognitiven Interviews als auch im Abgleich mit der Literatur nicht möglich, ein adäquates und leichter verständliches Synonym zu finden, da die Testteilnehmer/innen z. B. beim Vorschlag des Begriffs „Freizeitorganisation" mit noch größeren Rückfragen reagierten oder der in StEG verwendete Jugendgruppenbegriff (Quellenberg, 2009, S. 135) fast ausschließlich mit Aktivitäten in Jugendzentren gleichgesetzt wurde. Somit wird die Formulierung „an anderen organisierten Aktivitäten teilnehmen" beibehalten, jedoch um einige Beispiele (Chor, Musikverein, DLRG, Jugendgruppe, ...) ergänzt.

Wie eine Internetrecherche im Vorfeld der kognitiven Interviews ergab, werden außercurriculare und pädagogisch betreute (Nachmittags-)Angebote von den Schulen nur selten auch als Ganztags*angebote* bezeichnet. Stattdessen finden sich in den Internetauftritten und Informationsbroschüren der Schulen häufig weitere Begriffe, wie z. B. *Wahlunterricht, Wahlunterrichtskurs* oder *Nachmittags-AG*. Aus diesem Grund wird im Einleitungsteil des Fragebogens, welcher an die StEG-Fragebögen der Primar- bzw. Sekundarstufe I angelehnt ist (Furthmüller, 2014, S. XIV, 2014a, S. LXVIII), der Begriff des Ganztagsangebots definiert. Dennoch konnten die größten Verständnisprobleme während der kognitiven Interviews im Umgang mit diesem Begriff ausgemacht werden. So stellte sich im Rahmen der Interviews heraus, dass sich die SuS häufig entweder mit dem Verstehen dieses Ausdrucks schwertaten oder sie sich ihrer Teilnahme an Ganztagsangeboten nicht bewusst waren. Wie Rückfragen an die Testteilnehmer/innen während des Interviews ergaben, ist der AG-Begriff in der Lebenswelt der SuS deutlich häufiger mit der von Autorenseite beabsichtigten inhaltlichen Aussage besetzt und somit weitaus populärer als der Begriff des Ganztagsangebots.

Aus dieser Erkenntnis wurden folgende Maßnahmen abgeleitet: Zum einen erscheint es notwendig, dass die SuS bereits vor der Beantwortung des Fragebogens auf einen ggf. vom schulspezifischen Vokabular abweichenden Begriff im Instrument verbal hingewiesen und auf diesen Unterschied an geeigneter Stelle im Fragebogen erneut schriftlich aufmerksam gemacht werden müssen, um die SuS an eventuell abweichende Begrifflichkeiten zu erinnern. Zum anderen wird von einer weiteren Verwendung des Ganztagsangebotsbegriffs in diesem Instrument abgesehen und stattdessen der Begriff der Arbeitsgemeinschaften (AG) eingeführt. In dem Bewusstsein, dass Ganztagsangebote besonders aufgrund ihrer konzeptionellen Verzahnung mit unterrichtlichen Inhalten (KMK, 2015, S. 4) von nachmittäglichen Arbeitsgemeinschaften abzugrenzen sind, wird damit eine stark pragmatisch orientierte Lösung gewählt. Es kann jedoch durchaus argumentiert werden, dass der AG-Begriff nicht nur im Ganztagskontext präsent ist (z. B. Fischer et al., 2016, S. 17), sondern auch häufig weit über seine eigentliche Bedeutung hinaus für die Beschreibung von Ganztagsangeboten verwendet wird (z. B. Fußball-AG, Feedback-AG, Lern-AG, Spiele-AG). Dieses Phänomen kann neben der einzelschulischen Verwendung selbst auf Ministerialebene beobachtet werden (z. B. BM RP, 2017a). Ebenfalls spielt eine formale Unterscheidung zwischen dem AG- und Angebotsbegriff eher in der ganztagsspezifischen Debatte eine Rolle, v. a. in der Kritik um die Abgrenzung von offenen Ganztagsschulen zu Halbtagsschulen mit AG-Angebot und Mittagessensversorgung (z. B. BMFSFJ, 2006a, S. 327; Fischer et al., 2016, S. 16; Hildebrandt-Stramann, 2010, S. 2). Dagegen ist diese formale Unterscheidung aus der Perspektive der Adressaten des Fragebogens heraus zu vernachlässigen.

Insgesamt kann aufgrund der eingesetzten kommunikativen Überprüfungsverfahren von einer inhaltlichen Validität des Instruments ausgegangen werden. Um diese auch von anderer Seite abzusichern, wurde der Fragebogen-Prototyp zusätzlich drei der bereits in Vorstudie 1 interviewten ganztagsschulischen Experten/innen vorgelegt. Diese bestätigten ebenfalls, dass die formulierten Items die beabsichtigten Dimensionen und Inhalte valide abdecken. Somit scheint eine inhaltliche Validität von GAINS gegeben.

5.4.2 Standard-Pretest

Nachdem die Rückmeldungen der Testteilnehmer/innen analysiert und alle daraus resultierenden Änderungen im Fragebogen-Prototyp berücksichtigt waren, wurde als zweites Verfahren des Zwei-Phasen-Pretests ein Standard-Pretest durchgeführt, um vorrangig die Funktionsfähigkeit des gesamten Instruments unter realen Feldbedingungen z. B. im Hinblick auf Handhabbarkeit oder Akzeptanz der Befragungsdauer zu überprüfen (Porst, 1998, S. 37; Prüfer & Rexroth, 2000, S. 14, 2005, S. 19). Dazu wurde der Fragebogen an unterschiedlichen Tagen jeweils zwei männlichen und zwei weiblichen SuS der Klassenstufen 5, 6 und 7 eines hessischen Gymnasiums mit Ganztagsangeboten des Profils 1 am Vormittag vorgelegt.

Im Vorfeld wurde sichergestellt, dass alle von dem Fragebogen abgedeckten ganztägigen Teilnahmeprofile (aktuelle Teilnahme, frühere Teilnahme sowie noch nie erfolgte Teilnahme) unter den SuS vorhanden sind. Die Testpersonen wurden – wie für die weiteren Erhebungen ebenfalls vorgesehen – zuerst in die Thematik eingeführt und ihnen wurden sowohl Begrifflichkeiten als auch die verschiedenen eingesetzten Antwortformate erklärt. Eine Information der SuS über den Testcharakter der Befragung wurde bewusst vermieden.

Als Beobachter wurde zusätzlich zum Autor eine weitere instruierte Person eingesetzt. Dies hatte den Vorteil, dass sich jeder Testleiter nur auf zwei SuS fokussieren musste, wodurch neben dem allgemeinen Verhalten (z. B. Konzentration) auch spezifische Handlungsweisen bei einzelnen Fragen (z. B. Antwortverhalten) registriert werden konnten. Entsprechende Auffälligkeiten während der Durchführung wurden von den Testleitern schriftlich festgehalten. Im Anschluss an die Befragung wurden die teilnehmenden SuS im Rahmen einer Gruppendiskussion zu ihren Eindrücken vom Fragebogen befragt (Focus-Interview). Dabei wurde v. a. auf Rückmeldungen zur Thematik, zur Bearbeitungsdauer und zum Schwierigkeitsgrad geachtet (Prüfer & Rexroth, 1996, S. 29).

Während der Testerhebungen konnten von den Testleitern keine Auffälligkeiten im allgemeinen Verhalten der Testpersonen festgestellt werden, die SuS konzentrierten sich von Beginn bis zum Ende auf die Beantwortung der Fragen. Bei wenigen Fragen konnte beobachtet werden, dass manche SuS auf die hinterlegten Filter aufmerksam wurden, wodurch die ursprünglich gegebene Antwort in Einzelfällen revidiert und eine Antwortoption gewählt wurde, die mit einer meist geringeren Anzahl an Folgefragen versehen war. Aus diesem Antwortverhalten wird in Anlehnung an Callegaro et al. (2015) für die weitere Testentwicklung geschlossen, dass Bedingungen, welche mit mehr als einer Folgefrage (z. B. Freitext) versehen sind, erst auf der nächsten Seite angezeigt werden.

Gerade bei SuS der fünften Klassen führten die häufig vor geschlossene Antwortformate platzierten Freitextantworten zu einer Verzögerung der weiteren Beantwortung des Fragebogens. Dies kann einerseits auf die gering ausgeprägte Schreibkompetenz dieser SuS an Computern und andererseits auf die Ausführlichkeit der Rückmeldungen zurückgeführt werden. Da die Freitextfelder für die erste Hauptstudie beibehalten werden sollten, um ggf. weitere Antwortoptionen zu generieren, wird die Fragebogen-Vorform an diesen Stellen strukturell nicht geändert. Sowohl im Hinblick auf eine kürzere zeitliche Verweildauer der SuS in diesem Antwortformat als auch auf eine einfachere Kategorisierung der Freitextantworten zu neuen Items wird jeweils unterhalb des Freitextfelds dennoch der Hinweis hinzugefügt, sich auf die drei wichtigsten Gründe zu beschränken und diese in Stichpunkten anzugeben.

Die SuS benötigten für die Beantwortung des Fragebogen-Prototyps zwischen 13 und 47 Minuten. Diese große Zeitspanne kann vorwiegend auf die Teilnahmeprofile der SuS zurückgeführt werden. So hängt der Umfang des Fragebogens hauptsächlich davon ab, ob die SuS aktuell an Ganztagsangeboten teilnehmen, früher bzw. noch nie teilgenommen haben. Da der Fragebogen später im Klassenverband beantwortet werden soll, erscheint es aufgrund der unterschiedlich langen Ausfülldauer notwendig, dass die SuS nach der Beantwortung des Fragebogens weiter beschäftigt werden müssen, um andere SuS nicht in ihrer Konzentration zu stören. Aus diesem Grund wird für die Folgestudien festgehalten, dass die SuS nach der Beendigung der Befragung vom anwesenden Fachlehrer bzw. Angebotsleiter Stillarbeitsaufgaben (z. B. Internetrecherche, papierbasiertes Aufgabenblatt) erhalten sollen. Sollte dies nicht möglich sein, kann das Fragebogeninstrument alternativ auch so eingerichtet werden, dass nach Absenden der Antworten direkt auf eine interaktive Lernplattform verlinkt wird, auf der entsprechende Fragestellungen gelöst werden.

Viele SuS gaben im Focus-Interview (Porst, 1998, S. 39) nach der Testerhebung an, dass sie aufgrund der Thematik eine hohe Motivation verspürten, den Fragebogen auszufüllen. Als Grund wurde neben dem rein technischen Aspekt der Befragung über das Internet v. a. die Möglichkeit der Mitgestaltung des schulischen Ganztagsangebots genannt. Der wahrgenommene Schwierigkeitsgrad der Befragung wurde von den SuS als „eher einfach" bewertet. Auf Nachfrage bestätigten jedoch insgesamt drei SuS aus den Klassenstufen 5 bzw. 7, dass ihnen die Antwortoptionen bei umfangreicheren Itembatterien nicht permanent bewusst waren. Nachdem diesen SuS ihre Antworten bei ausgewählten Ratingskalen vorgelesen wurden, zeigten sich vereinzelte Abweichungen von den ursprünglich intendierten Angaben. Als Folge dieser Erkenntnis werden die Antwortoptionen so weit wie möglich vereinheitlicht, indem durchgängig auf die Formulierungen „stimmt gar nicht", „stimmt eher nicht", „stimmt eher" und „stimmt genau" zurückgegriffen wurde. Ebenfalls werden die angezeigten Ratingskalen in der späteren Überarbeitung des Instruments entweder auf weitere Seiten aufgeteilt oder sichergestellt, dass die Antwortoptionen nach ca. zehn Items wiederholt werden.

Im Laufe des Interviews wurden die jeweils in die verschiedenen Bereiche des Fragebogens einleitenden Texte den SuS erneut vorgestellt und anhand des Feedbacks Formulierungen in wenigen Details verändert. Aufgrund der Rückmeldungen einzelner SuS wird die Frage der Teilnahmeentscheidung um eine Anschlussfrage erweitert. So werden die SuS zukünftig bei Angabe einer fremdbestimmten Teilnahmeentscheidung gefragt, ob sie eine ausgewählte AG auch besucht hätten, wenn sie alleine hätten entscheiden können.

Im Anschluss an die Testerhebung und das Focus-Interview wurden die Angaben der SuS in Bezug auf die Funktionalität des Fragebogens ausgewertet. Es zeigt sich ein technischer Mangel bei der Fragebogenkonstruktion im Hinblick auf eine fehlende Bedingung, wodurch die Gründe, welche nach Ansicht der SuS zur Wahl einer AG geführt haben, nicht angezeigt wurden. Dieser Fehler wird durch eine entsprechende Überarbeitung der Filterstruktur des Fragebogens behoben.

5.5 Operationalisierung der zu erfassenden Merkmale in der Fragebogen-Vorform

In der Folge soll die Vorform des Fragebogens dargestellt werden. Dabei sind Änderungen, welche sich aus der zweiten Vorstudie (vgl. Kap. 5.4) ergeben haben, bereits berücksichtigt. Aus Gründen der Übersichtlichkeit sind Informationen, die Aufschluss über die in der Vorform enthaltenen Items und weitere Details geben (z. B. Quelle, Polung, Reihenfolge) nur dort enthalten, wo entweder die Skala einen substantiellen Umfang aufweist oder diese für tiefergehende psychometrische Analysen geeignet scheint. Die Abfolge der weiteren Kapitel entspricht der Gliederung des GAINS-Fragebogens: Der Darstellung der Items zur Person der SuS (vgl. Kap. 5.5.1) folgen Items zur Einschätzung des Ganztagsangebots (vgl. Kap. 5.5.2) und zur Einschätzung einer ausgewählten AG (vgl. Kap. 5.5.3). Hinweise zur Erweiterung von GAINS um einzelschulspezifische Fragen werden anschließend formuliert (vgl. Kap. 5.5.4).

5.5.1 Teil I: Angaben zur Person

Die Abfrage grundlegender soziodemografischer Daten (I-1 bis I-6) erfolgt über die Ermittlung von Geschlecht, Geburtsjahr, aktuell besuchter Jahrgangsstufe sowie Informationen zum Migrationshintergrund (Geburtsort der SuS, Eltern sowie zu Hause gesprochene Sprache). Zusätzlich wird abgefragt, wie häufig vorgegebene Freizeitaktivitäten verfolgt werden (I-7). Dazu werden Items aus dem StEG-Fragebogen für SuS der Primarstufe (Furthmüller, 2014, S. 26) bzw. Sekundarstufe I (Furthmüller, 2014a, S. 58) adaptiert und von ursprünglich 15 bzw. 18 auf zehn Items reduziert (vgl. Tab. 5.2). Deren Einschätzung erfolgt auf einer vierstufigen Skala von „ganz selten oder nie" bis hin zu „jeden oder fast jeden Tag".

Zusätzlich wird die Anzahl an Tagen erhoben, an denen die SuS am Nachmittagsunterricht teilnehmen müssen. Abschließend wird die Teilnahme am Ganztagsangebot erfasst, indem die SuS angeben, ob sie eine oder mehrere AGs besuchen. Falls die SuS angeben, nicht am Ganztagsangebot teilzunehmen, wird zusätzlich deren Teilnahme in der Vergangenheit erfragt (I-8 bis I-10).

Tabelle 5.2: Außerschulische Freizeitaktivitäten (I-7)

Adaptiert	Quelle	Aktivität
A	StEG (Sek. I/PS)	Sport in einem Verein
A	StEG (Sek. I/PS)	Sport außerhalb eines Vereins
A	StEG (Sek. I/PS)	An anderen organisierten Aktivitäten teilnehmen (Chor, Musikverein, DLRG, Jugendgruppe, …)
A	StEG (Sek. I/PS)	Bücher lesen
A	StEG (Sek. I/PS)	Dinge für die Schule (Lernen, Hausaufgaben, Nachhilfe, …)
A	StEG (Sek. I/PS)	Computer, Internet, Handy (soziale Netzwerke, chatten, spielen, …)
A	StEG (Sek. I/PS)	weiterer Medienkonsum (kein Computer, sondern TV, DVD, …)
A	StEG (Sek. I/PS)	Künstlerisch-musische Tätigkeiten (malen, zeichnen, basteln, Instrument spielen, …)
A	StEG (Sek. I/PS)	Freundschaften und soziale Kontakte pflegen (Freunde treffen, auf Partys gehen, …)
A	StEG (Sek. I)	Geld verdienen (Jobben, …)

5.5.2 Teil II: Einschätzung des gesamten Ganztagsangebots

In Abhängigkeit der Angaben über die Teilnahme erhalten die SuS in der Folge unterschiedliche Fragestellungen. Sofern die SuS angegeben haben, noch nie am Ganztagsangebot teilgenommen zu haben, werden Gründe für die Nicht-Teilnahme zunächst in Freitextform und anschließend über eine vorgegebene Liste mit Mehrfachauswahlmöglichkeiten erfasst (II-11 und II-13). Hierzu werden

Items aus dem StEG-Erhebungszeitraum von 2005 bis 2009 der Sekundarstufe I (Furthmüller, 2014a) adaptiert und um drei selbst entwickelte Items bzw. ein Item aus dem StEG-Fragebogen der Primarstufe (Furthmüller, 2014) ergänzt (vgl. Tab. 5.3).

Tabelle 5.3: Gründe für die Nicht-Teilnahme am Ganztagsangebot [noch nie] (II-13)

Adaptiert	Quelle	Gründe für Nicht-Teilnahme am Ganztagsangebot [noch nie]
A	StEG (Sek. I)	Die Themen der AGs interessieren mich nicht.
A	StEG (Sek. I)	Die AGs sind zu teuer.
	selbst	Die AGs passen nicht in meinen Stundenplan.
A	StEG (Sek. I)	Ich habe keine Lust auf die AGs.
	selbst	Meine Freunde nehmen auch nicht an den AGs teil.
A	StEG (Sek. I)	Ich bin am Nachmittag lieber für mich.
A	StEG (Sek. I)	Meine Eltern wollten es nicht.
A	StEG (Sek. I/PS)	Ich bekomme zu Hause gutes Mittagessen.
A	StEG (Sek. I)	Meine Eltern oder Verwandten können am Nachmittag auf mich aufpassen.
A	StEG (Sek. I)	Ich würde am Nachmittag in der Schule nichts Wichtiges lernen.
A	StEG (Sek. I)	Ich brauche keine Unterstützung (z. B. bei den Hausaufgaben)
A	StEG (Sek. I)	Ich will mit meinen Freunden zu Hause bzw. auf der Straße zusammen sein.
A	StEG (Sek. I)	Ich habe keine Lust, am Ganztagsangebot teilzunehmen.
A	StEG (Sek. I)	Ich hätte keine Zeit mehr für meine Hobbys.
	selbst	Ich habe keine Zeit, weil ich in einem Verein aktiv bin.
A	StEG (Sek. I)	Ich habe keinen Platz in meiner gewünschten AG bekommen.

Falls die SuS bereits am Ganztagsangebot teilgenommen haben, aktuell aber keine Angebote mehr besuchen, werden auch hier – analog zu den SuS, die noch nie an Angeboten teilgenommen haben – Gründe für die Beendigung der Teilnahme offen abgefragt. Die vorgegebenen Gründe in der folgenden Mehrfachauswahlfrage berücksichtigen dabei v. a. solche Faktoren, die sich durch eine bereits erfolgte Teilnahme ergeben haben könnten (II-12 und II-14). Hierzu werden vorrangig Items aus dem StEG-Fragebogen der Sekundarstufe I (Furthmüller, 2014a) adaptiert (vgl. Tab 5.4).

Tabelle 5.4: Gründe für die Nicht-Teilnahme am Ganztagsangebot [nicht mehr] (II-14)

Adaptiert	Quelle	Gründe für Nicht-Teilnahme [nicht mehr]
A	StEG (Sek. I)	Meine Eltern wollen es nicht mehr.
	selbst	Ich darf die AGs, die ich besucht habe, nicht noch einmal belegen.
A	StEG (Sek. I)	Die AGs, die ich besucht habe, werden nicht mehr angeboten.
A	StEG (Sek. I)	Die AGs, die ich besucht habe, waren zu teuer.
A	StEG (Sek. I)	Ich hatte Probleme mit den anderen Schülern in den AGs.
A	StEG (Sek. I)	Ich hatte Probleme mit den Lehrern/AG-Leitern.
	selbst	Ich konnte das nicht so gut, was in den AGs verlangt wurde.
A	StEG (Sek. I)	Die AGs, die ich besucht habe, haben mir nicht gefallen.
A	StEG (Sek. I)	Die AGs, die ich besucht habe, haben mir nicht geholfen.
	selbst	Die AGs, die ich besucht habe, passen nicht mehr in meinen Stundenplan.

Anschließend geben diese SuS eine Bewertung zu subjektiv wahrgenommenen Auswirkungen der Ganztagsteilnahme auf ihre Lebenswelt ab (II-15). Da diese Frage auch den aktuell an Ganztagsangeboten teilnehmenden SuS gestellt wird, wird an dieser Stelle auf Tabelle 5.5 verwiesen. Die dort dargestellten Items werden lediglich bezüglich ihres Tempus angeglichen (z. B. Item 10: „Durch meine Teilnahme am Ganztagsangebot war ich zu lange in der Schule." anstelle von „… bin ich zu lange in der Schule.").

Allen SuS, die aktuell nicht an Ganztagsangeboten teilnehmen, wird abschließend die Frage gestellt, ob sie unter veränderten Bedingungen zukünftig das Ganztagsangebot der Schule nutzen würden. Wird diese Frage bejaht, können die SuS über ein Freitextfeld Ansatzpunkte für Veränderungen liefern (II-16 und II-17).

Naturgemäß umfangreicher fallen die Fragen in diesem Teil des Fragebogens für diejenigen SuS aus, die aktuell am Ganztagsangebot teilnehmen. Nachdem die SuS angegeben haben, seit welcher Jahrgangsstufe sie Ganztagsangebote nutzen (II-18), folgt eine Frage zur Partizipation der SuS an der Teilnahmeentscheidung. Differenziert wird dabei zwischen der selbstständigen Entscheidung der SuS, der gemeinsamen Entscheidung von SuS und Eltern sowie der alleinigen Entscheidung durch die Eltern (II-19).

Auch für diese SuS werden die Gründe für die Teilnahme zuerst über ein Freitextfeld und anschließend über eine vorgegebene Mehrfachauswahl erfasst (II-20 und II-21). Diese Gründe beziehen sich v. a. auf den Betreuungsaspekt, die Verbesserung der schulischen Leistung bzw. individuelle Förderung der SuS sowie die Abbildung ihrer freizeitlichen Interessen (adaptiert aus Furthmüller, 2014, 2014a; vgl. Tab. 5.2). Ergänzt werden diese um das Motiv der Nutzung von AG-Angeboten zur Vermeidung von Kosten bei außerschulischen Anbietern. Falls dieses Motiv gewählt wird, folgt eine offene Abfrage zur Nennung des entsprechenden Angebots der Schule (II-23). Außerdem werden schulorganisatorische Aspekte (Verpflichtung zur Wahl eines oder mehrerer Angebote seitens der Schule) hinzugefügt, bei deren Angabe sich die Frage anschließt, ob die SuS auch freiwillig teilnehmen würden (II-22).

Tabelle 5.5:   Gründe für die Teilnahme am Ganztagsangebot (II-21)

Adaptiert	Quelle	Gründe für die Teilnahme am Ganztagsangebot
A	StEG (Sek. I/PS)	Ich wäre an diesem Nachmittag sonst alleine.
A	StEG (Sek. I/PS)	Ich kann in der Schule Mittagessen.
A	StEG (Sek. I/PS)	Meine Eltern sind berufstätig.
A	StEG (Sek. I/PS)	Ich kann in den AGs noch zusätzlich etwas lernen.
A	StEG (Sek. I/PS)	Ich werde bei den Hausaufgaben unterstützt.
	selbst	Der Besuch mindestens einer AG ist in meiner Jahrgangsstufe verpflichtend.
A	StEG (Sek. I/PS)	Die AGs interessieren mich.
A	StEG (Sek. I/PS)	Meine Freunde haben diese AG auch gewählt.
	selbst	Ich kann dort kostenlos Angebote besuchen, für die ich woanders Geld bezahlen müsste.
	selbst	Im Verlauf meiner Zeit an dieser Schule muss ich eine bestimmte Anzahl von AGs besuchen.

Danach bewerten die SuS die persönliche Wichtigkeit verschiedener Kriterien für die Wahl ihrer AGs (II-24). Die Items adressieren vorwiegend das emotionale und wertbezogene Interesse (vgl. ausf. Kap. 5.5.3.2), die Beziehungsebene sowie organisatorische Aspekte. Dazu werden hauptsächlich Items selbst generiert und um Kriterien aus den StEG-Fragebögen der Primar- bzw. Sekundarstufe I (Furthmüller, 2014, 2014a) ergänzt (vgl. Tab. 5.6). Die Wichtigkeit wird auf einer vierstufigen likertähnlichen Ratingskala von „nicht wichtig" bis hin zu „sehr wichtig" eingeschätzt.

Tabelle 5.6: Kriterien für die Wahl von AGs (II-24)

Adaptiert	Quelle	Item	Polung	Nr.
A	StEG (Sek. I/PS)	Ich interessiere mich für das Thema.	+	1
A	StEG (Sek. I/PS)	Meine Freunde wählen diese AG ebenfalls.	+	2
	selbst	Ich kenne den AG-Leiter.	+	3
	selbst	Ich mag den AG-Leiter.	+	4
	selbst	Die AG ist kostenlos.	+	5
	selbst	Die AG passt in meinen Stundenplan.	+	6
	selbst	Die AG passt zeitlich in meinen Tagesablauf.	+	7
A	StEG (Sek. I/PS)	Ich kann mich durch die AG verbessern.	+	8
	selbst	Ich kann etwas Neues/Unbekanntes ausprobieren	+	9

Nachdem abgefragt wird, ob bzw. wie das Ganztagsangebot noch erweitert werden sollte (II-25 und II-26), folgt die Bewertung subjektiv wahrgenommener Auswirkungen der Ganztagsteilnahme auf die Lebenswelt der SuS (II-27). Dazu werden 21 Items aus der empirischen Befundlage generiert (vgl. Kap. 2.5). Diese zielen u. a. auf die sozialen Beziehungen der SuS zu anderen SuS, LuL und AG-Leitungen, das Familienleben und den Freizeitkontext außerhalb der Ganztagsschule ab (vgl. Tab 5.7). Die Bewertung erfolgt auf einer vierstufigen likertähnlichen Ratingskala von „stimmt gar nicht" bis zu „stimmt genau".

Zum Ende des zweiten Teils erfolgt eine globale Bewertung des gesamten Ganztagsangebots über eine Schulnote. Darüber hinaus können sowohl positive als auch zu verbessernde Aspekte über Freitextfelder formuliert werden (II-28 bis II-30).

Tabelle 5.7: Wahrgenommene Auswirkungen der Ganztagsteilnahme auf die Lebenswelt (II-27)

Adaptiert	Quelle	Item	Polung	Nr.
		Durch meine Teilnahme am Ganztagsangebot …		
	selbst	… kann ich meine Hausaufgaben bereits in der Schule erledigen.	+	1
	selbst	… habe ich ein neues Hobby gefunden.	+	2
	selbst	… habe ich mich in einem Verein angemeldet.	+	3
	selbst	… bin ich zu lange in der Schule.	−	4
	selbst	… habe ich nicht mehr genügend Zeit für meine Hobbys.	−	5
	selbst	… musste ich mit Sport im Verein aufhören.	−	6

Adaptiert	Quelle	Item	Polung	Nr.
	selbst	… kann ich an der Schule auch meinen Hobbys nachgehen.	+	7
	selbst	… habe ich keine Zeit mehr für meine Freunde.	-	8
	selbst	… kann ich zu richtigen Zeiten lernen oder entspannen.	+	9
	selbst	… sehe ich meine Eltern kaum noch.	-	10
	selbst	… bleibt kaum noch Zeit, mit meiner Familie etwas zu unternehmen.	-	11
	selbst	… habe ich schon Mahlzeiten probiert, die ich vorher noch nicht kannte/die ich zu Hause nicht bekomme.	+	12
	selbst	… bin ich nachmittags nicht mehr so oft alleine.	+	13
	selbst	… bin ich in der Schule schlechter geworden.	-	14
	selbst	… kann ich vieles machen was sonst im Unterricht zu kurz kommt.	+	15
	selbst	… kann ich AGs wählen, in denen meine Interessen besonders gefördert werden.	+	16
	selbst	… habe ich neue Freunde gefunden.	+	17
	selbst	… ist der Kontakt zu meinen Lehrern schlechter geworden.	-	18
	selbst	… hat sich das Verhältnis zu meinen Mitschülern verschlechtert.	-	19
	selbst	… rede ich mit meinen Lehrern/AG-Leitern eher über Probleme.	+	20
	selbst	… ist die Zusammenarbeit mit meinen Mitschülern schlechter geworden.	-	21

5.5.3 Teil III: Einschätzung einer ausgewählten AG

Die SuS werden zu Beginn dieses Teils aufgefordert, aus dem Ganztagsangebot ihrer Schule eine AG auszuwählen, an der sie derzeit teilnehmen (III-31). Allerdings besteht im Fragebogen keine Möglichkeit, diese AG direkt anzuklicken. Stattdessen wählen die SuS aus fünf AG-Kategorien diejenige aus, in die ihre AG im Vorhinein vonseiten der Schule eingeordnet wurde. Unterschieden wird zwischen folgenden fünf Kategorien:

1. Förderangebote
2. Bewegungs-, Spiel- und Sportangebote (BeSS-Angebote)
3. musisch-künstlerische Angebote (MuKu-Angebote)
4. mathematische, informatische, naturwissenschaftliche und technische Angebote (MINT-Angebote)
5. Fremdsprachenangebote

Dieses Vorgehen wurde gewählt, da aufgrund einer höheren Anzahl an Antworten pro Kategorie so einerseits die Anonymität der SuS eher gewahrt bleibt und anderseits weniger Gefahr besteht, dass die Wertungen der SuS auf einzelne LuL zurückgeführt werden können.

Nach der Auswahl einer bestimmten AG wird die Teilnahmeentscheidung abgefragt. Dabei wird differenziert, ob diese durch die SuS alleine, die Eltern alleine, durch SuS und Eltern gemeinsam oder über die Zuteilung bzw. Zulosung zu einer AG durch die Schule erfolgte. Wenn die SuS angeben, sich nicht selbstständig für die Teilnahme entschieden zu haben, wird die Frage angeschlossen, ob deren Teilnahme an der entsprechenden AG auch erfolgt wäre, wenn sie alleine hätten entscheiden dürfen (III-32 und III-33).

Im Anschluss werden die Gründe für die AG-Wahl erfasst (III-34 bis III-35b). In Abhängigkeit der gewählten AG-Kategorie erhalten die SuS eine Liste von aus der Literatur hergeleiteten Gründen, von denen sie mehrere auswählen können und die teilweise aus StEG-Items der ersten Förderphase (Furthmüller, 2014, 2014a) adaptiert sind (vgl. Tab 5.8). Um sicherzustellen, dass die angenommenen Gründe vollständig abgebildet sind, wird an dieser Stelle eine offene Frage vorgeschaltet.

In der Folge wird gefragt, ob die SuS außerhalb der Schule (z. B. in ihrer Freizeit) etwas Ähnliches wie in dieser AG machen und falls ja, worum es sich dabei handelt (III-36 und III-37).

Im Zentrum des AG-spezifischen Teils steht die GAINS-AG-Skala (III-38a bis III-38g). Über die bisher beschriebenen und deskriptiv einfach auszuwertenden Faktoren hinaus soll damit sowohl der Schule als auch der Wissenschaft die Möglichkeit offeriert werden, mithilfe eines psychometrisch abgesicherten Instruments präzisere Aussagen über Qualitätsmerkmale ganztätiger Bildungssettings zu tätigen. Damit bildet die empirische Prüfung dieser Skala einen Schwerpunkt der vorliegenden Arbeit:

Tabelle 5.8: Mehrfachauswahloptionen zu Gründen für die AG-Wahl (III-35a und III-35b)

Adaptiert	Quelle	Gründe für die AG-Wahl
		alle Angebotskategorien
A	StEG (Sek. I/PS)	Ich wäre sonst an diesem Nachmittag alleine.
	selbst	Die AG-Beschreibung hat mein Interesse geweckt.
A	StEG (Sek. I/PS)	Meine Eltern wollten, dass ich diese AG besuche.
A	StEG (Sek. I/PS)	Meine Freunde haben diese AG auch gewählt.
	selbst	Alle Schüler müssen aus diesem Bereich eine AG wählen.

Adaptiert	Quelle	Gründe für die AG-Wahl
A	StEG (Sek. I/PS)	Ich kann in dieser AG etwas Neues lernen.
	selbst	Ich habe diese AG von älteren Geschwistern oder Freunden empfohlen bekommen.
	selbst	Mein Lehrer hat mir diese AG empfohlen.
	nur BeSS-Angebote	
	selbst	Ich betreibe diese Sportart auch im Verein.
	selbst	Ich wollte diese Sportart ausprobieren.
	selbst	Ich treibe einfach gerne Sport.
	nur andere Angebote	
	selbst	Ich kann in dieser AG an meinen Schwächen arbeiten.
	selbst	Meine Stärken werden in dieser AG gefördert.
A	StEG (Sek. I/PS)	Ich werde bei den Hausaufgaben unterstützt.

Wie sich bei der Sichtung von Qualitätskriterien zu Ganztagsangeboten herausstellt, hat sich in der Erziehungswissenschaft – im Gegensatz zum Gegenstand des Unterrichts, dessen Qualitätsindikatoren als nahezu vollständig beforscht angesehen werden können – bislang noch kein Konsens über Dimensionen der Qualität von Ganztagsangeboten herausgebildet. So wird z. B. in der ersten Förderphase von StEG (2005–2011) auf der Grundlage der Arbeiten von Klieme und Kollegen (Helmke & Klieme, 2008; Klieme, Lipowsky, Rakoczy & Ratzka, 2006; Klieme, Pauli & Reusser, 2009; Klieme & Rakoczy, 2008; Klieme, Schümer & Knoll, 2001) angenommen, dass die Ganztagsangebote in Bezug auf ihre zugrundeliegenden Mechanismen grundsätzlich mit dem Unterricht vergleichbar sind. Entsprechend werden die drei Basisdimensionen guten Unterrichts, welche für motivationale und kognitive Prozesse im Unterricht bedeutsam sind (Strukturiertheit bzw. effektive Zeitnutzung, motivationsunterstützendes schülerorientiertes Sozialklima sowie kognitive Aktivierung), in empirischen Arbeiten auf die Ganztagsangebote übertragen (z. B. Radisch, Stecher, Klieme & Kühnbach, 2008; Fischer, Kuhn & Züchner, 2011; Kielblock et al., 2014; Radisch, 2009). Sauerwein (2016, S. 60 f) weist jedoch auf die Problematik hin, dass die Bildungspotenziale von Ganztagsangeboten nur unzureichend abgedeckt sind, wenn sich diese auf die Qualitätsdimensionen guten Unterrichts orientieren. Während der zweiten StEG-Förderphase (2012–2015) werden daher in der Teilstudie StEG-S drei aus der Sozialpädagogik stammende Kriterien (Alltagsweltorientierung, Partizipation sowie drei verschiedene Dimensionen der Anerkennung) zusätzlich herangezogen, um auch Aspekte außerschulischer Bildung zu berücksichtigen. Folglich wird die Qualität von Ganztagsangeboten in StEG-S mit insgesamt sechs Dimensionen erfasst.

Wie konfirmatorische Faktorenanalysen und Korrelationen der einzelnen Qualitätsdimensionen untereinander zeigen, lassen sich in StEG bzw. StEG-S die entwickelten Dimensionen empirisch voneinander trennen. Auch wenn dieses erweiterte Qualitätsverständnis von Ganztagsangeboten somit grundsätzlich als eine sinnvolle Ergänzung verstanden werden kann, bleiben dennoch einige Fragen offen. So beschränken sich die Analysen nur auf drei verschiedene Angebotskategorien (Medien, Lesen und soziales Lernen). Unklar bleibt daher, ob die entwickelte Skala auch für andere Angebote eingesetzt werden kann. Darüber hinaus wird in StEG-S nur eine relativ kleine Stichprobe gezogen; von den insgesamt 2105 mittels Fragebogen befragten SuS nehmen im Durchschnitt nur ca. 5 % an den untersuchten Angeboten teil. Ebenfalls kritisch zu sehen ist die Tatsache, dass lediglich SuS der fünften Klasse befragt werden. Somit ist u. a. der Beleg noch zu erbringen, ob sich die Qualitätsdimensionen auch in höheren Klassenstufen voneinander abgrenzen lassen (Sauerwein, 2016, S. 76).

Es kann also resümiert werden, dass die Forschung zu Qualitätsmerkmalen von Ganztagsangeboten mit der Erweiterung um sozialpädagogische Aspekte bereits einen wichtigen Schritt vorangekommen ist, insgesamt aber noch eher am Anfang steht. Im Hinblick auf die Kriterienfindung für den AG-spezifischen Teil des eigenen Instruments wird sich daher *bewusst gegen eine reine Übernahme von bereits bestehenden Skalen* entschieden. So erscheint es aufgrund der bisherigen Forschungslage in Deutschland gehaltvoller, die Debatte um weitere bzw. von der bisherigen Strukturierung abweichende Dimensionen zu bereichern und empirisch zu überprüfen. Sowohl im Hinblick auf die Dimensionalität als auch die jeder Skala zugrundeliegende Anzahl an Items wird dabei jedoch stets der Umfang des Erhebungsinstruments berücksichtigt, der nicht weiter als unbedingt notwendig vergrößert werden soll. Außerdem muss auch stets der ökonomische Aspekt beachtet werden, im Kontext der Arbeit somit v. a. die Durchführbarkeit der Erhebung im schulischen Rahmen und zeitliche Ressourcen des Ganztagskoordinators/der Ganztagskoordinatorin bei der Auswertung.

Für die weitere Entwicklung von Qualitätsdimensionen ganztägiger Angebote wird die *Selbstbestimmungstheorie von Deci und Ryan (1985, 2000) als Ansatz* herangezogen. Nach dieser ist menschliches Handeln durch die Befriedigung der drei psychologischen Grundbedürfnisse nach Autonomie, Kompetenzerleben sowie sozialer Eingebundenheit motiviert. Demnach können positive Effekte ganztägiger Angebote nur erwartet werden, wenn eine Passung zu diesen Bedürfnissen besteht (z. B. Levesque et al., 2004). Im schulischen Kontext wird das Bedürfnis nach Autonomie dann erfüllt, wenn die SuS ein Gefühl der Freiwilligkeit haben. Beruht das Handeln der SuS auch in der Schule auf eigenen Werten und Interessen, ergibt sich daraus eine Anknüpfung an ihre alltägliche Lebenswelt. Das Kompetenzerleben bezieht sich auf Selbstwirksamkeitserwartungen. So sollen die SuS überzeugt sein, „neue oder schwierige Anforderungssituationen auf Grund eigener Kompetenz bewältigen zu können" (Schwarzer & Jerusalem, 2002, S. 35). Hierzu ist es in Bildungssettings notwendig, entsprechende Gelegenheiten zu schaffen, in denen die eigenen Fähigkeiten angemessen eingesetzt werden können. Das Bedürfnis nach sozialer Eingebundenheit schließlich wird dadurch adressiert, dass die SuS wertschätzende und sichere Bindungen zu Mit-SuS sowie Lehrkräften bzw. weiterem pädagogisch tätigen Personal erleben. Damit ist ein zuverlässiges Miteinander möglich bzw. es wird ein sozialer Rückhalt gegeben. Diese Grundbedürfnisse scheinen in außerunterrichtlichen Angeboten besser adressiert werden zu können als in Unterrichtssettings (Fischer et al., 2009; Oerter, 2003).

Die drei Grundbedürfnisse stellen die Grundlage für das Entstehen intrinsischer Motivation dar, welche als Wunsch oder Absicht bezeichnet werden kann, eine bestimmte Handlung durchzuführen, weil die Handlung selbst als interessant, spannend oder herausfordernd erscheint. Somit liegen die Gründe für die Ausübung einer Handlung in der Handlung selbst (Schiefele & Köller, 2010, S. 336). Die intrinsische Motivation stellt damit eine wichtige Quelle für selbstgesteuertes Lernen dar (z. B. Brunstein & Spörer, 2010, S. 752; Landmann, Perels, Otto & Schmitz, 2009). Ausgehend von diesem Ansatz lässt sich schlussfolgern, dass Ganztagsangebote, welche diese drei Grundbedürfnisse befriedigen, das Auftreten selbstgesteuerten Lernens befördern (dazu Prenzel, 1993).

In der Konsequenz kann Ganztagsschulen ein größeres Potential in der Wahrnehmung von Autonomie, Kompetenz und sozialer Eingebundenheit durch die SuS zugesprochen werden. Daher wurden diese Grundbedürfnisse bei der Konstruktion der Subskalen von Anfang an mitgedacht, wodurch die zentrale pädagogische Forderung nach einer neuen Lehr- und Lernkultur adressiert wird.

Für die GAINS-AG-Skala werden Items zu den insgesamt sieben Dimensionen Lernförderlichkeit (vgl. Kap. 5.5.3.1), emotionalem und wertbezogenem Interesse (vgl. Kap. 5.5.3.2) sowie klimabezogenen Aspekten wie die Beziehung zur AG-Leitung, die Beziehung zwischen SuS, der Zeitnutzung und Partizipation (vgl. Kap. 5.5.3.3) aus bereits bestehenden Instrumenten generiert. Jedes Item ist dabei auf einer vierstufigen Skala mit den Optionen „stimmt gar nicht", „stimmt eher nicht", „stimmt eher" bzw. „stimmt genau" zu bewerten.

In der Folge werden die Subskalen einzeln dargestellt. Diese werden dabei sowohl in den Bedeutungszusammenhang für den Ganztag gebracht (vgl. dazu ausf. Kap. 2.4 und Kap. 2.5) als auch theoretisch fundiert und abschließend jeweils tabellarisch zusammengefasst.

5.5.3.1 Lernförderlichkeit (III-38a)

Ein zentrales Ziel der ganztagsschulischen Konzepts stellt die *Förderung der fachlichen und überfachlichen Kompetenzen* der SuS durch eine veränderte Lehr- und Lernkultur dar (vgl. Kap. 2.4.2 und Kap. 2.4.3). Zwar gehören Lehr- und Gedächtnisfähigkeiten bereits zur biologischen und psychologischen Grundausstattung des Menschen, allerdings entwickeln sich im Verlauf der Kindheit die Kompetenzen des Erlernens, Behaltens, Reproduzierens und Nutzens des Gelernten durch den Erwerb relevanten Wissens, wirksamer Strategien und geeigneter mentaler Kontrollprozesse zu immer effektiver werdenden kognitiven Kompetenzen (Weinert, 2010, S. 137). Daher sind Lerngelegenheiten zu schaffen, welche bei den SuS Verhaltensänderungen als Folge von Beobachtungen und Nachahmungen, Gewohnheitsbildungen, Reaktionsanpassungen, Konditionierungen, Einsichten und Partizipationseffekten initiieren bzw. provozieren. Dieser für den Regelunterricht geltende Anspruch von Weinert (2010, S. 140) kann auch ohne weiteres auf die Ganztagsangebote übertragen werden. So sollen die Kinder und Jugendlichen durch das Mehr an Zeit besonders gut auf sozialisatorische und berufliche Anforderungen vorbereitet werden.

Mit den Items der angebotsspezifischen Lernförderlichkeitsdimension aus StEG für die Sekundarstufe I (Radisch et al., 2008, S. 253) liegen bereits Aussagen vor, die den Nutzen der AG im Hinblick auf den Fachunterricht und die Noten der SuS in den Blick nehmen. Während ein Item in StEG direkt auf die Hausaufgabenbetreuung und somit auf ein sehr bestimmtes Ganztagsangebot zielt, soll die in der GAINS-AG-Skala enthaltene Subskala möglichst für alle Ganztagsangebote nutzbar sein. Daher wird dieses Item entfernt. Um nicht nur den Unterrichts- und Schulleistungsnutzen, sondern auch den Nutzen der AG in Bezug auf einen generellen Lernzuwachs sowie eine Alltagsweltorientierung zu erfassen, werden drei weitere Items ergänzt. Dabei wird auf jeweils ein Item aus StEG-S (Sauerwein, 2016) und dem StEG-Fragebogen für SuS der Primarstufe (Furthmüller, 2014, S. 85) zurückgegriffen, wobei für letzteres das ursprünglich angelegte dichotome Antwortformat verworfen wird. Ein selbst entwickeltes Item wird außerdem hinzugefügt (vgl. Tab. 5.9). Die vorliegende Subskala erfasst damit das Ausmaß, in dem die SuS die Angebote im Hinblick auf deren Nutzen sowohl für ihren Alltag als auch das schulische Vorankommen einschätzen. Ein hoher Wert in dieser Subskala repräsentiert eine positive Einschätzung der wahrgenommenen Lernförderlichkeit.

Tabelle 5.9: Items der Subskala Lernförderlichkeit (III-38a)

Adaptiert	Quelle	Item	Polung	Nr.
A	StEG (Sek. I)	Ich lerne in dieser AG Dinge, die mir im normalen Unterricht helfen.	+	1
A	StEG (Sek. I)	Ich lerne in dieser AG Dinge, die meine Noten verbessern.	+	6
A	StEG (Sek. I)	Ich lerne in dieser AG vieles, was ich im Unterricht vermisse.	+	9
	StEG-S	Ich lerne in dieser AG Dinge, die mir im täglichen Leben helfen.	+	12
	selbst	Ich lerne in dieser AG Dinge, die ich vorher noch nicht wusste.	+	14
A	StEG (PS)	In dieser AG lerne ich viel.	+	15

5.5.3.2 Emotionales und wertbezogenes Interesse (III-38b und III-38c)

Zur Beschreibung und Erklärung von Lernmotivation spielt das *Interesse* eine wichtige Rolle (Krapp, 1993; Schiefele & Wild, 2000; Schiefele, 2008), da es sowohl für die Entstehung als auch Aufrechterhaltung einer auf Selbstbestimmung und Selbststeuerung basierenden intrinsischen Lernmotivation verantwortlich ist und damit den Verlauf der individuellen Entwicklung besonders beeinflusst (Krapp, 2010, S. 312). Die Erhebung der Ausprägung des Merkmals Interesse wird daher als eine wichtige Qualitätsdimension von Ganztagsangeboten erachtet, denn in pädagogisch-normativer Betrachtungsweise stellt die Herausbildung von Interessen einen (wünschenswerten) Effekt bzw. ein Erziehungsziel dar (Schiefele, 1981). Zudem weisen Brümmer et al. (2011, S. 186) im Rahmen der StEG-Längsschnittuntersuchung darauf hin, dass gerade für Freizeitangebote die Erfassung der im Angebot erlebten Freude vorteilhaft wäre. Aus diesem Grund scheint die Berücksichtigung des Interessenkonstrukts von großer Relevanz, wodurch die aus der Unterrichtsforschung bzw. der Sozialpädagogik entnommenen Dimensionen in StEG (2005–2009) bzw. StEG-S um ein weiteres und bedeutendes Merkmal ergänzt werden können.

In aktuelleren Ansätzen der Interessensforschung wird Interesse als eine besondere, durch bestimmte Merkmale herausgehobene Beziehung einer Person zu einem Gegenstand beschrieben (z. B. Krapp, 1999, S. 396; Schiefele, 2009, S. 197). Grundlegend besitzt eine auf Interesse beruhende Person-Gegenstands-Auseinandersetzung stets eine epistemische Tendenz, also das Bestreben einer Person, ihre Kenntnisse und Fähigkeiten zum Gegenstandsbereich des Interesses aus eigenem Antrieb weiterzuentwickeln bzw. zu verbessern (Prenzel, 1988; Schiefele, 1981). Nach Krapp (1992, 1999, 2010) sind die zentralen Merkmalskomponenten des Interessenkonstrukts von einem emotionalen und einem wertbezogenen Aspekt geprägt.

Eine *emotionale* Beziehung zum Interessengegenstand äußert sich im Erleben positiver Gefühle wie Kompetenz und Freude während der Realisierung, der Erinnerung oder der Erwartung an künftige Auseinandersetzungen. Dieser Zustand kann in Anlehnung an Pekrun (1988) auch als gefühlsbetonte Valenz beschrieben werden, wodurch sich eine theoretische Querverbindung zum Konzept der Lernfreude (Helmke, 1993) ergibt. Auf die Ganztagsangebote übertragen bedeutet dies, dass die SuS eine von ihnen selbst gewählte AG mit positiv konnotierten Emotionen wie z. B. Vorfreude oder Prozessfreude, Interesse an den Themen und Inhalten sowie Spaß attribuieren sollten.

Zur Erfassung der emotionalen Merkmalskomponente des Interesses werden vorwiegend Items aus dem StEG-Fragebogeninventar der Primar- bzw. Sekundarstufe (Furthmüller, 2014, 2014a) herangezogen und um ein weiteres selbst entwickeltes Item ergänzt (vgl. Tab. 5.10). Je größer das emotionale Interesse der SuS ausgeprägt ist, desto höher ist der Mittelwert der Subskala.

Tabelle 5.10: Items der Subskala zum emotionalen Interesse (III-38b)

Adaptiert	Quelle	Item	Polung	Nr.
A	StEG (Sek. I/PS)	Diese AG macht mir Spaß.	+	3
A	StEG (Sek. I)	Ich hätte lieber mehr freie Zeit, als an dieser AG teilzunehmen.	-	4
	selbst	Ich freue mich auf diese AG.	+	8
A	StEG (Sek. I)	Die Themen und Inhalte dieser AG interessieren mich meistens sehr.	+	11

Die *wertbezogene* Merkmalskomponente äußert sich darin, dass der Interessengegenstand für die Person eine herausgehobene Bedeutung besitzt. Indem eine Person das Wissen um diesen Gegenstand als etwas persönlich Wichtiges erlebt, ist es ihr ein besonderes Anliegen, mehr über den Gegenstand zu erfahren bzw. ihre gegenstandsspezifischen Kompetenzen zu steigern (Krapp, 1999, S. 399, 2010, S. 312). Im Angebotskontext kann somit davon ausgegangen werden, dass sich die SuS bei positivem Wertbezug aktiv mit den Inhalten auseinandersetzen und engagiert mitarbeiten.

Die Wertkomponente wird über ein adaptiertes Item zur Unterrichtsbeteiligung aus IGLU 2006 (Bos et al., 2010) und ein Item zu lösungsirrelevanten Kognitionen aus PISA 2000 (Kunter et al., 2002) sowie weiterer selbst entwickelter Items erfasst (vgl. Tab. 5.11). Ein hoher Mittelwert auf dieser Subskala steht für ein hohes wertbezogenes Interesse.

Tabelle 5.11: Items der Subskala zum wertbezogenen Interesse (III-38c)

Adaptiert	Quelle	Item	Polung	Nr.
		In dieser AG ...		
	selbst	... strenge ich mich an.	+	2
A	IGLU 2006	... habe ich häufig keine Lust mitzuarbeiten.	-	5
A	PISA 2000	... denke ich an Sachen, die mit dem Thema wenig zu tun haben.	-	7
	selbst	... bringe ich mich ein.	+	10
	selbst	... bin ich konzentriert bei der Sache.	+	13

5.5.3.3 Klima (Beziehung zur AG-Leitung, zwischen SuS sowie Zeitnutzung und Partizipation) (III-38d bis III-38g)

Zunächst sei darauf hingewiesen, dass der *Klimabegriff* in der Schul- und Unterrichtsforschung zu den unpräzisesten Konstrukten überhaupt zählt (Gruehn, 2000; Kohl, Recchia & Steffgen, 2013). Dies gilt sowohl in Bezug auf inhaltliche als auch strukturelle Auffassungen. So zeigt Eder (2010, S. 694 f) auf eindrucksvolle Weise, dass Klima nicht nur in die emotionale Grundtönung der LuL-SuS-Beziehung, die Grundorientierungen und Werthaltungen der am Schulleben beteiligten Personen und die von den SuS wahrgenommene Lernumwelt differenziert werden kann, sondern auch verschiedene Dimensionen (individuelles, aggregiertes und kollektives Klima) und Facetten bei der Verortung des Begriffs (Inhalt, Organisationsbezug, Subjektbezug, Aggregierungsebene und Quelle) zu berücksichtigen sind.

Aufgrund dieser uneinheitlichen Konzeptualisierung und daraus resultierenden inhaltlichen Überschneidungen (z. B. Reindl & Gniewosz, 2017, S. 105; Satow, 1999b, S. 45) verwundert es nicht, dass sich u. a. in den Befunden von Brophy (2000) und Gruehn (2000) inkonsistente Forschungsergebnisse für direkte Effekte des Klimas auf den Lernerfolg der SuS finden lassen. Dagegen belegt eine große Anzahl von Studien indirekte Effekte, indem ein wertschätzender Umgang miteinander, eine warme und fürsorgliche Atmosphäre sowie ein unterstützendes Verhalten der LuL z. B. das Selbstkonzept und die Selbstwirksamkeit der SuS fördern können (z. B. Ames & Archer, 1988; Furrer & Skinner, 2003; Goodenow, 1993; Reeve, 2002; Ryan, Stiller & Lynch, 1994; Wentzel, 1997). Aus den Befunden leitet Liposwky (2009, S. 95) daher ab, dass SuS-LuL-Beziehungen das Potenzial besitzen, die affektiv-motivationale Entwicklung der SuS zu fördern und außerdem deren Lernerfolg zu beeinflussen. Sind darüber hinaus kooperative und emotional positive Beziehungen zwischen den SuS vorhanden, führt dies zu positiven Veränderungen der Selbstwirksamkeitserwartungen (Satow, 1999a, 1999b).

Aus diesen Gründen scheint es bedeutsam, die Beziehungsqualität in den Ganztagsangeboten sowohl zwischen den AG-Leitungen und SuS als auch zwischen den SuS als Qualitätsmerkmale zu erheben und voneinander zu unterscheiden. Außerdem soll der Blick auf allgemeine Merkmale des Unterrichts bzw. die Lernhaltungen der SuS gerichtet werden. Dadurch werden all diejenigen Bereiche berücksichtigt, nach denen in gängigen Klimainstrumenten, wie z. B. in der *Classroom Environment Scale* von Moos und Trickett (1974) oder den *Landauer Skalen zum Sozialklima* (LASSO) von von Saldern und Littig (1987) unterschieden wird (Eder, 2010, S. 698).

Wie internationale Studien zur Unterrichtsforschung zeigen, nimmt die Motivation der SuS über den Schulverlauf ab (z. B. Fredricks & Eccles, 2002; Frenzel, Goetz, Pekrun & Watt, 2010). Sinkende Teilnahmequoten sind außerdem ein Beleg für ein geringer werdendes Interesse an Ganztagsangeboten im deutschsprachigen Raum (z. B. StEG-Konsortium, 2010, S. 8; von Salisch, 2013, S. 22; Hörl et al., 2012, S. 276). Deshalb scheint es besonders bedeutsam, die SuS in den Angeboten durch individualisiert-unterstützendes Verhalten intrinsisch zu motivieren. „Interessiert sich die Lehrperson für die persönlichen Belange jeder Schülerin bzw. jedes Schülers, vermittelt das ein Gefühl der Sicherheit und Wertschätzung" (Reindl & Gniewosz, 2017, S. 113; dazu Reyes, Brackett, Rivers, White & Salovey, 2012; Wentzel, 1998; Woolley, Kol & Bowen, 2008). In der folgenden Subskala soll somit die Wahrnehmung der SuS im Hinblick auf ihre *Beziehung zur AG-Leitung* abgebildet werden. Je höher der Wert ist, desto positiver wird das Beziehungsverhältnis von den SuS empfunden.

Die Dimension umfasst sechs Items, wobei nur ein Item selbst entwickelt wird (vgl. Tab. 5.12). Fünf Items stellen Anker-Items der verschiedenen Anerkennungsdimensionen von StEG-S (Sauerwein, 2016, S. 68) dar und werden auf die AG-Leitung adaptiert[130]. Dabei entstammen die Items in StEG-S nicht der Tradition der Unterrichtsforschung, sondern einer sozialpädagogischen Argumentation. Somit ergibt sich eine inhaltliche Querverbindung zu dem dort entwickelten Qualitätsmodell.

---

130 So wurde bspw. das Item „Mit meiner Lehrerin/meinem Lehrer komme ich gut aus" in „Mit meinem AG-Leiter komme ich gut aus" umformuliert.

Tabelle 5.12: Items der Subskala Klima (Beziehung zur AG-Leitung) (III-38d)

Adaptiert	Quelle	Item	Polung	Nr.
A	StEG-S	Mit meinem AG-Leiter komme ich gut aus.	+	16
A	StEG-S	Mein AG-Leiter bietet mir die Möglichkeit, zu zeigen was ich kann.	+	18
A	StEG-S	Mein AG-Leiter behandelt mich ungerecht.	-	20
A	StEG-S	Mein AG-Leiter nimmt mich ernst.	+	22
A	StEG-S	Mein AG-Leiter kümmert sich um mich.	+	24
	selbst	Mein AG-Leiter lobt mich.	+	26

Mit der Teilnahme an Ganztagsangeboten erschließt sich eine pädagogisch gerahmte Struktur, innerhalb derer die Kinder und Jugendlichen weitere und über den Fachunterricht hinausgehende soziale Kontakte entwickeln können. In der Aushandlung und Pflege der Sozialkontakte sind die SuS gefordert, ihre eigenen Perspektiven und Ansichten mit denen anderer SuS abzugleichen und in einem Kompromiss zusammenzubringen, um gemeinsam handlungsfähig zu werden. Anders als die vertikal-hierarchisch angelegten Beziehungen zwischen SuS und LuL werden die *Beziehungen zwischen SuS* daher als auch als horizontal (Reindl & Gniewosz, 2017, S. 29) bzw. symmetrisch reziprok (Youniss, 1982, S. 79) bezeichnet. Die Wichtigkeit der Auseinandersetzung mit anderen SuS wird von Oswald und Krappmann (1991) für den normalen Unterricht herausgehoben und kann ohne Weiteres auf den Ganztagskontext übertragen werden.

Die Schule, die diesen Prozessen Raum läßt, fördert die Persönlichkeitsentwicklung der Kinder folglich nicht nur durch die Weitergabe der kulturellen Tradition, sondern auch durch die Erfahrungen mit Gleichaltrigen, die im und neben dem Unterricht stattfinden und von ihr ‚gerahmt' werden. (S. 203)

In Anlehnung an Satow (1999b, S. 82) kann davon ausgegangen werden, dass auf soziale Interaktionen zwischen den SuS angelegte Ganztagsangebote eine wesentliche Voraussetzung für den Erwerb sozialer Kompetenzen und Kompetenzerwartungen bilden (vgl. Kap. 2.4.3.5). Wie die Befunde von Reindl, Berner, Scheunpflug, Zeinz und Dresel (2015) zeigen, beeinflusst eine geringe soziale Eingebundenheit der SuS deren Motivation negativ. Die wahrgenommene soziale Unterstützung hat außerdem einen positiven Einfluss auf die Selbstwirksamkeitserwartung (Nelson & DeBacker, 2008). Aus diesen Gründen soll in der folgenden Subskala abgefragt werden, welches Maß an sozialer Unterstützung und Geborgenheit die SuS wahrnehmen. Während die zuvor beschriebene Dimension der Beziehung zwischen SuS und AG-Leitung bereits in der bisherigen Forschung zu Qualitätsmerkmalen von Ganztagsangeboten (Brümmer et al., 2011; Radisch et al., 2008; Sauerwein, 2016, 2017) Berücksichtigung findet, stellt die Beziehung zwischen den SuS untereinander eine bedeutsame Ergänzung dar.

Hierzu werden zwei Items aus dem Fragebogen zum Klassenklima des Instituts für Qualitätsentwicklung Hessen (IQ Hessen, 2010a) verwendet und auf den AG-Kontext adaptiert[131]. Weitere vier Items werden selbst formuliert (vgl. Tab. 5.13). Eine positiv eingeschätzte Beziehung zwischen den SuS untereinander kommt in einem hohen Mittelwert auf dieser Subskala zum Ausdruck.

Tabelle 5.13: Items der Subskala Klima (Beziehung zwischen SuS) (III-38e)

Adaptiert	Quelle	Item	Polung	Nr.
		In dieser AG …		
	selbst	… finde ich schnell jemanden, der mit mir zusammenarbeitet.	+	29
	selbst	… fühle ich mich wohl.	+	31
	selbst	… arbeitet jeder für sich.	-	32
A	IQ Hessen	… werden einzelne Schüler ausgeschlossen.	-	34
	selbst	… helfen wir uns gegenseitig.	+	35
A	IQ Hessen	… haben wir eine gute Gemeinschaft.	+	37

Um die vorhandene Zeit in den Ganztagsangeboten möglichst optimal zur Kompetenzerweiterung der SuS einsetzen zu können, ist eine strukturierte und störungsfreie Gestaltung der Lernumgebung unablässig. Im deutschsprachigen Raum hat sich hierfür bisher weder im Ganztagskontext noch für den Fachunterricht eine einheitliche Begriffsverwendung durchgesetzt. In der internationalen Unterrichtsforschung firmiert dieses Merkmal dagegen unter dem Begriff des *Classroom Managements* (Doyle, 1986), welches i. d. R. zu den allgemeinen Merkmalen des Unterrichts gezählt wird (Eder, 2010, S. 698). Mittlerweile belegen sowohl Einzelfallstudien (z. B. Baumert, Schmitz, Sang & Roeder, 1987; Klieme et al., 2009; Kunter, 2005; Kunter, Baumert & Köller, 2007; Lenske, Cauet, Leutner & Wirth, 2015) als auch Meta-Analysen (Korpershoek, Harms, de Boer, van Kuijk & Doolaard, 2014) positive Effekte effizienten Classroom Managements sowohl auf die fachlich-kognitive Leistung der SuS als auch motivationale Unterrichtsziele (Helm, 2016, S. 106 f).

Wie sich in Standardwerken zu Qualitätsmerkmalen guten Unterrichts (z. B. Kounin, 1976; Evertson & Emmer, 2013; Lipowsky, 2007; Meyer, 2014; Helmke, 2015) zeigt, wird die Dimension der effektiven Klassenführung nicht nur in einzelne Unterkategorien ausdifferenziert, sondern auch mit einer unter-

---

131 So wurde anstelle des Itemstamms „In meiner Klasse…" die Formulierung „In dieser AG …" verwendet.

schiedlichen Anzahl an Anforderungen belegt. Dies erschwert eine umfassende Erhebung dieser Dimension erheblich und ist auch im Hinblick auf den Umfang dieses Fragebogens nicht abbildbar. Aus diesem Grund soll an dieser Stelle ein pragmatischer Weg gewählt und mit der Dimension der *effektiven Zeitnutzung* lediglich ein Merkmal effizient gestalteter pädagogischer Settings untersucht werden. Dadurch kann außerdem weiterer inhaltlicher Anschluss zu den abgefragten Qualitätsdimensionen in StEG (Radisch et al., 2008) bzw. StEG-S (Sauerwein, 2016, S. 68) hergestellt werden.

Somit werden für die Erfassung dieser Dimension vorrangig Items aus diesen beiden Studien verwendet und um ein weiteres selbst entwickeltes Item ergänzt (vgl. Tab. 5.14). Die folgenden ausgewählten Items werden in StEG der ersten Förderphase (2005–2009) zur Erfassung von Unterschieden zwischen Fachunterricht und Hausaufgabenbetreuung in der Sekundarstufe I herangezogen, um Unterschiede zwischen dieser besonderen Angebotsform und Unterrichtsfächern einschätzen zu können (Furthmüller, 2014a, S. 42 f; Radisch et al., 2008, S. 247). In StEG-S werden die Items zur Erhebung der Qualitätsdimension „Zeitnutzung" in Angeboten aus dem Bereich Medien, Lesen und soziales Lernen (Sauerwein, 2016, S. 67) eingesetzt. Dabei kann eine hohe Ausprägung als von den SuS wahrgenommene effektiv genutzte Zeit interpretiert werden.

Tabelle 5.14: Items der Subskala Klima (Zeitnutzung) (III-38 f)

Adaptiert	Quelle	Item	Polung	Nr.
		In dieser AG …		
A	StEG (Sek. I), StEG-S	… wird fast immer konzentriert gearbeitet.	+	28
A	StEG (Sek. I), StEG-S	… kommen wir immer sofort zur Sache.	+	30
A	StEG (Sek. I), StEG-S	… wird häufig Zeit verschwendet.	-	33
	selbst	… geht es locker zu.	+	36
A	StEG-S	… dauert es lange, bis alle Schüler arbeiten.	-	38

Die *Partizipation der SuS* stellt das zentrale Movens dieser Arbeit dar. Durch eine stärkere Berücksichtigung der Meinung der Kinder und Jugendlichen im ganztägigen Kontext können sowohl einzelschulische Qualitätsfragen adressatenorientiert im Hinblick auf Entwicklungsprozesse abgeleitet als auch gleichzeitig die Lernfreude und Schulzufriedenheit der Zielgruppe erhöht werden (vgl. ausf. Kap. 2.4.3.6). Obwohl das BMFSFJ in verschiedenen Publikationen die Beteiligung von SuS durch erweiterte bzw. neue Möglichkeiten im Ganztag hervorhebt (z. B. 2010, S. 52, 2013, S. 406, 2013a, S. 22), kann eine Partizipationsorientierung der Ganztagsschulen bisher noch nicht als selbstverständlich erachtet werden, wie Coelen et al. (2013, S. 32) nach der Darstellung empirischer Befunde zusammenfassend feststellen. Anders als der Unterricht sind die Ganztagsangebote nicht vom Schul- bzw. Fachcurriculum abhängig und können somit freier gestaltet werden.

Tabelle 5.15: Items der Subskala Klima (Partizipation) (III-38g)

Adaptiert	Quelle	Item	Polung	Nr.
		Mein AG-Leiter ...		
	selbst	... geht auf unsere Vorschläge ein.	+	17
A	StEG (Sek. I)	... weckt bei mir oft Begeisterung und Interesse für Neues.	+	19
A	StEG (Sek. I)	... lässt uns häufig über die Themen mitentscheiden.	+	21
A	StEG (Sek. I)	... achtet darauf, dass möglichst alle Schüler aktiv mitarbeiten.	+	23
A	StEG (Sek. I)	... fragt uns häufig nach unserer Meinung, wenn etwas entschieden oder geplant werden soll.	+	25
A	StEG (Sek. I)	... stellt häufig spannende Aufgaben, die wir allein oder in Gruppen lösen müssen.	+	27

Es scheint daher notwendig, den Partizipationsaspekt auch auf den Angebotskontext zu übertragen und somit als Qualitätsmerkmal in diese Skala aufzunehmen – „die größten Mitwirkungsmöglichkeiten bestehen im Bereich der erweiterten bzw. zusätzlichen Bildungs-, Betreuungs- und Freizeitangebote" (Steiner & Arnoldt, 2010, S. 63). Darüber hinaus kann auch aus der Perspektive der Unterrichtsforschung argumentiert werden, da die Dimension der Beteiligung bzw. Mitsprache der SuS auch in den einschlägigen Instrumenten zur Erfassung schulischen bzw. unterrichtlichen Klimas enthalten ist (dazu zsf. Eder, 2010, S. 698). Zusätzlich untermauert die Selbstbestimmungstheorie die Einbeziehung von Partizipationsmerkmalen in die qualitative Diskussion von Ganztagsangeboten, indem die Beteiligung der SuS bzw. die Unterstützung ihres Autonomieerlebens „eine wichtige Bedingung darstellt, um intrinsische Motivation herzustellen und aufrechtzuerhalten" (Deci & Ryan, 1993, S. 232). In der Subskala werden die SuS daher zu wahrgenommenen Partizipationsmöglichkeiten in den Angeboten befragt.

Dazu werden Items zur Prozessqualität der Angebote aus StEG der ersten Förderphase (Furthmüller, 2014a, S. 96) bzw. StEG-S (Sauerwein, 2016, S. 68) adaptiert, wobei ein selbst entwickeltes Item hinzugefügt wird (vgl. Tab. 5.15). Je höher der Wert ist, desto ausgeprägter werden die Möglichkeiten zur Mitbestimmung und Beteiligung aus Sicht der SuS erlebt.

Tabelle 5.16: Mehrfachauswahloptionen zu Gründen für die Nicht-Wiederwahl (III-42)

Adaptiert Quelle	Gründe für die AG-Nicht-Wiederwahl
StEG (Sek. I)	Meine Eltern wollen es nicht mehr.
selbst	Ich darf diese AG nicht noch einmal belegen.
StEG (Sek. I)	Die AG wird überhaupt nicht mehr angeboten.
StEG (Sek. I)	Die AG war zu teuer.
StEG (Sek. I)	Ich hatte Probleme mit den anderen Schülern in der AG.
selbst	Ich möchte lieber eine neue AG ausprobieren.
StEG (Sek. I)	Ich hatte Probleme mit dem Lehrer/AG-Leiter.
selbst	Ich konnte das nicht so gut, was in der AG verlangt wurde.
StEG (Sek. I)	Die AG hat mir nicht gefallen.
StEG (Sek. I)	Die AG hat mir nicht geholfen.
selbst	Die AG passt nicht mehr in meinen Stundenplan.
selbst	Diese AG wird für meine Jahrgangsstufe nicht mehr angeboten.

Nach der Einschätzung angebotsspezifischer Qualitätsmerkmale erfolgt eine globale Bewertung der gewählten AG. Dies erfolgt zunächst über die Fragen, ob die AG von den SuS weiterempfohlen wird bzw. noch einmal gewählt werden würde (III-39 und III-40). Falls die SuS angeben, die AG nicht noch einmal wählen zu wollen, werden Gründe dafür zunächst offen über Stichpunkte erfasst (III-41). Im Anschluss erfolgt eine Abfrage per Mehrfachauswahl aus einer vorgegebenen Liste (III-42; vgl. Tab. 5.16). Die Items werden dazu entweder von StEG-Items der Sekundarstufe I aus der ersten Förderphase (Furthmüller, 2014a, S. 101) adaptiert oder aus der Literatur hergeleitet.

Abschließend bewerten die SuS die AG allgemein mithilfe der Vergabe einer Schulnote. Sie haben außerdem die Möglichkeit, sowohl gute als auch verbesserungswürdige Aspekte in Form von Freitextfeldern zu benennen (III-43 bis III-45).

5.5.4 Teil IV: Optionale Erweiterung um einzelschulspezifische Fragestellungen

An dieser Stelle kann das Instrument optional um Fragestellungen erweitert werden, wodurch eine wesentliche Anforderung der Schulen an die Gestaltung des Fragebogens erfüllt wird (vgl. Kap. 3.6). Dadurch ist es möglich, ein Meinungsbild der SuS zu einzelschulspezifischen Merkmalen einzuholen. Diese können sowohl die Ausgestaltung des Ganztagsprogramms adressieren als auch darüberhinausgehende Themenbereiche wie z. B. Fragen zum Leitbild oder Schulprogramm umfassen, um so weitere Qualitätsentwicklungsprozesse abzuleiten. Somit fungiert der Fragebogen in diesem Teil lediglich als Medium, über welchen eine beliebige Anzahl an Fragen mit allen gängigen Antwortformaten (offen vs. geschlossen) und Messniveaus (nominal-, ordinal- oder intervallskaliert) gestellt werden können.

5.6 Analyse der Intrarater-Reliabilität und provisorische Itemanalyse (Hauptstudie 1)

Nach der Fertigstellung der Vorform des GAINS-Instruments ist es vorrangiges Ziel dieser ersten Hauptstudie, die Urteilsübereinstimmungen der SuS für nominal- und ordinalskalierte Items zu zwei Messzeitpunkten systematisch zu überprüfen. Darüber hinaus wird für die intervallskalierten Items der GAINS-AG-Skala für die Daten des ersten Messzeitpunkts eine provisorische Itemanalyse durchgeführt. Außerdem werden die vorgeschalteten Freitextantworten der SuS herangezogen, um die vorgegebenen Antwortoptionen ggf. zu ergänzen. Nach der Darstellung der methodischen Vorgehensweise (vgl. Kap. 5.6.1) werden die Ergebnisse berichtet und direkt im Anschluss diskutiert (vgl. Kap. 5.6.2).

5.6.1 Methode

Im Folgenden wird die untersuchte Stichprobe beschrieben (vgl. Kap. 5.6.1.1), bevor das Vorgehen bei der Datenerhebung (vgl. Kap. 5.6.1.2) sowie die verwendeten Analysemethoden (vgl. Kap. 5.6.1.3) dargestellt werden.

5.6.1.1 Stichprobenbeschreibung

Die Vorform des GAINS-Instruments wurde zu zwei Messzeitpunkten von 74 (Messzeitpunkt 1) bzw. 77 SuS (Messzeitpunkt 2) der Jahrgangsstufen 5, 6 und 7 eines Gymnasiums im Schulamtsbezirk Hanau/Main-Kinzig-Kreis mit Ganztagsprofil 2 beantwortet. Da sowohl die Teilnahmequoten in diesen Jahrgangsstufen am höchsten sind als auch die Angebotsvielfalt dort am größten ist, wurde der Schwerpunkt auf diese Klassenstufen gelegt (vgl. Kap. 2.5.1.2 und Kap. 2.5.1.3). Über die Angabe personalisierter Codes zu Beginn des Fragebogens erfolgte eine Zuordnung der Datensätze. SuS, die nur zu einem Testzeitpunkt teilgenommen hatten, wurden aus dem Datensatz entfernt. Ebenso wurde ein Datensatz aufgrund offensichtlich unmotiviert gegebener Antworten gelöscht.[132] Es konnte auf insgesamt 64 vollständige Datenpaare zurückgegriffen werden.

---

132 So konnte sowohl anhand von eindeutigen Ankreuzmustern bei Skalenitems sowie den Inhalten der Freitextantworten geschlossen werden, dass der entsprechende Schüler die Befragung nicht ernstgenommen hatte.

Die Stichprobe besteht zu 58.7 % aus männlichen Testteilnehmern. Die SuS verteilen sich relativ gleichmäßig auf die drei untersuchten Jahrgangsstufen (Klasse 5: 34.9 %; Klasse 6: 28.6 %; Klasse 7: 36.5 %). Etwa 70 % nehmen an mindestens einer AG im Rahmen des Ganztagsangebots teil.

5.6.1.2 Durchführung der Untersuchung

Für die Datenerhebung wurde pro Klasse jeweils eine Unterrichtsstunde am Vormittag vorgesehen. Die SuS wurden von der Lehrkraft in einen Computerraum begleitet, wo sie zunächst eine foliengestützte Einweisung zu den verwendeten Antwortformaten sowie zur im Fragebogen verwendeten Begrifflichkeit der AG erhielten. Für alle SuS stand ein eigener Computer zum Ausfüllen des Fragebogens bereit. Der Autor stand die ganze Zeit als Ansprechpartner für die SuS zur Verfügung. Aufgrund der unterschiedlichen Ausfülldauer durch Filterfragen wurde allen SuS die Möglichkeit gegeben, nach Beendigung des Fragebogens auf eine interaktive Lernplattform zuzugreifen. Somit konnte sichergestellt werden, dass andere SuS beim Beantworten des Fragebogens nicht gestört oder beeinflusst wurden. Die Durchführung verlief ohne Auffälligkeiten. Der Fragebogen konnte bis auf zwei Ausnahmen problemlos von allen SuS innerhalb einer Schulstunde abgeschlossen werden; die durchschnittliche Bearbeitungsdauer des Fragebogens betrug 22:28 Minuten (SD = 7:58 Minuten; Range: 07:18 bis 43:19 Minuten[133]).

Der Test wurde nach 13 Tagen mit denselben Klassen unter den gleichen Bedingungen wiederholt. Dabei wurde darauf geachtet, dass weder Ferien noch Feiertage oder andere außerordentliche schulische Veranstaltungen (z. B. Exkursionen) zwischen dem ersten und zweiten Messzeitpunkt lagen, welche die Datenqualität hätten beeinflussen können. Die SuS wurden gebeten, den Fragebogen erneut zu beantworten. Als Grund hierfür wurde ein „Speicherproblem" und somit der Verlust der Daten angegeben. Ein Zeitabstand von ca. zwei Wochen erschien aus zwei Gründen zweckmäßig. So konnten einerseits Erinnerungseffekte weitgehend ausgeschlossen werden. Andererseits erfassen insbesondere die ordinalskalierten Items auch solche Aspekte (z. B. subjektiv wahrgenommene Auswirkungen der Ganztagsteilnahme auf die Lebenswelt der SuS), bei denen erwartet werden kann, dass diese über einen längeren Zeitraum nicht stabil bleiben. Es konnten keine Unterschiede oder Auffälligkeiten hinsichtlich des Verhaltens der SuS im Vergleich zur ersten Datenerhebung festge-

---

[133] Der hohe Range ergibt sich aufgrund der Tatsache, dass SuS, die nicht (mehr) am Ganztagsangebot teilnehmen, nachvollziehbarerweise deutlich weniger Fragen gestellt werden als SuS, die aktuell Ganztagsangebote besuchen.

stellt werden. Im Durchschnitt benötigten die SuS zur Bearbeitung 17:04 Minuten (*SD* = 6:06 Minuten; Range: 05:06 bis 32:01 Minuten).

5.6.1.3 Auswertung der Untersuchung

Für nominal- und ordinalskalierte Items ist das klassische Test-Retest-Verfahren über den Korrelationskoeffizienten nach Pearson nicht anwendbar, sodass zur Abschätzung der Reliabilität dieser Items auf den Kappa-Koeffizienten nach Cohen (1960) zurückgegriffen wird. Dieser ist das am häufigsten verwendete Maß zur Einschätzung der Übereinstimmung von Urteilen und kann sowohl für die Urteile mehrerer Rater in Bezug auf ein Merkmal (Interrater-Reliabilität) als auch für das Urteil eines Raters zu verschiedenen Messzeitpunkten (Intrarater-Reliabilität) herangezogen werden. Der theoretische Wertebereich des Kappa-Koeffizienten liegt zwischen −1 und +1, wobei höhere Werte eine bessere Übereinstimmung der Urteile repräsentieren. Als Richtlinie schlagen Döring und Bortz (2016, S. 346) vor, Werte über .75 als sehr gut, Werte zwischen .60 und .75 als gut und Werte zwischen .40 und .60 als mittelmäßig bzw. gerade noch ausreichend einzuschätzen. Für ordinalskalierte Items wird der gewichtete Kappa-Koeffizient nach Cohen (1968) berechnet. Dieser berücksichtigt – anders als der ungewichtete Kappa-Koeffizient für nominalskalierte Items – den Grad der Nichtübereinstimmung zwischen zwei Messzeitpunkten entweder durch lineare oder quadratische Gewichtung. So ist bei einer vierstufigen Skala eine um einen Skalenpunkt abweichende Angabe zu beiden Messzeitpunkten als weniger bedeutend anzusehen, als wenn die Abweichung zwei oder sogar drei Skalenpunkte beträgt. Für die folgenden Berechnungen wird die quadratische Gewichtung verwendet, da sich diese aus messtheoretischer Sicht bei zwei bis fünf Antwortkategorien als vorteilhaft gegenüber der linearen Gewichtung herausgestellt hat (Brenner & Kliebsch, 1996, S. 201). Da sowohl der ungewichtete als auch der gewichtete Kappa-Koeffizient u. a. von den Kategorienbesetzungen abhängig ist, wird bei unzufriedenstellenden Kennwerten in der Folge immer auch die zugrundeliegende Kreuztabelle inspiziert, um eine differenzierte inhaltliche Interpretation vornehmen zu können (Sim & Wright, 2005; Gwet, 2012).

Aufgrund der geringen Stichprobengröße[134] erfolgt die Itemanalyse der GAINS-AG-Skala lediglich vorläufig. Aus diesem Grund wird auch auf die

---

134 Ursprünglich hatten für diese Hauptstudie zwei hessische Gymnasien mit Ganztagsprofil 1 bzw. 2 sowie eine kooperative Gesamtschule mit Ganztagsprofil 2 ihre Unterstützung zugesagt, sodass ein Stichprobenumfang von 300 SuS erwartet wurde. Allerdings zogen zwei dieser Schulen ihre Teilnahme kurzfristig aus schulorganisatorischen Gründen (krankheitsbedingter Ausfall der Ganztagskoordinatorin; Verwendung des Computerraums für

Analyse der Rohwerteverteilung verzichtet. Dennoch sollen die Analysen von Itemschwierigkeit, Trennschärfe und Homogenität erste Hinweise auf die psychometrische Güte der Skala liefern. In Bezug auf die Itemschwierigkeit werden Items bevorzugt, deren Schwierigkeitsindex zwischen 1.6 (= 20 % der vierstufigen Skala) und 3.4 (= 80 %) liegt und die in diesem Bereich breit gestreut sind (Döring & Bortz, 2016, S. 477). Für den Trennschärfekoeffizienten gelten Werte zwischen .30 und .50 als mittelmäßig und Werte größer .50 als hoch (Bühner, 2011, S. 81; Döring & Bortz, 2016, S. 478). Für die interne Konsistenz werden die u. a. von DeVellis (2012) genannten Richtwerte herangezogen: Danach gelten Werte ≤ .50 als inakzeptabel, Werte zwischen .50 und .60 als schlecht, Werte zwischen .60 und .70 als fragwürdig, Werte zwischen .70 und .80 als akzeptabel, Werte zwischen .80 und .90 als gut und Werte > .90 als exzellent. Die beschriebenen Kennwerte werden mit SPSS der Version 24 berechnet.

Die an den bereits beschriebenen Stellen vorgeschalteten Freitextantworten der SuS wurden nach inhaltlichen Gesichtspunkten klassifiziert und mit den bereits vorhandenen Antwortmöglichkeiten abgeglichen.

5.6.2 Ergebnisse und Diskussion

Aus Gründen der Übersichtlichkeit und Lesbarkeit wird auf eine vollständige Darstellung der statistischen Kennwerte verzichtet. Ein Schwerpunkt liegt stattdessen auf denjenigen Kennwerten, welche für die Revision der Vorform des GAINS-Instruments von besonderer Relevanz sind. Sowohl in den folgenden Kapiteln als auch im Anhang beziehen sich die angegebenen Kennwerte auf bereits umkodierte Daten bei negativ gepolten Items. Aufgrund der großen Bandbreite inhaltlicher Fragestellungen werden die genannten Kennwerte zugunsten der Nachvollziehbarkeit direkt im Anschluss diskutiert. Dazu werden die Ergebnisse hinsichtlich der Intrarater-Reliabilität für nominal- (vgl. Kap. 5.6.2.1) und ordinalskalierte Items (vgl. Kap. 5.6.2.2), der provisorischen Itemanalyse für die GAINS-AG-Skala (vgl. Kap. 5.6.2.3), sowie der Freitextantworten der SuS (vgl. Kap. 5.6.2.4) dargestellt und interpretiert.

5.6.2.1 Intrarater-Reliabilität für nominalskalierte Items

Inhaltlich können die in GAINS verwendeten nominalskalierten Einfach- und Mehrfachauswahlitems folgenden vier Themenfeldern zugeordnet werden: (1)

---

schuleigene Evaluationen) wieder zurück. Aufgrund des Zeitplans der vorliegenden Arbeit war es nicht möglich, für adäquaten kurzfristigen Ersatz zu sorgen.

organisatorische Rahmenbedingungen der Teilnahme am Ganztagsangebot[135], (2) Gründe für die (Nicht-)Teilnahme sowie Zufriedenheit mit dem gesamten Ganztagsangebot[136], (3) organisatorische Rahmenbedingungen der Teilnahme an einer spezifischen AG[137], (4) Gründe für die (Nicht-)Teilnahme an sowie Zufriedenheit mit einer spezifischen AG[138].

Der Kappa-Koeffizient nach Cohen liegt zwischen .137 und 1.000 und beträgt im Mittel κ = .723 (bezogen auf 55 Items; SD = .211). Insgesamt kann die Beurteilerübereinstimmung als gut bezeichnet werden, wobei etwa die Hälfte der Items Kennwerte im sehr guten Bereich (κ > .750) aufweist. Aufgrund von Filterführungen und daraus teilweise resultierenden geringen Fallzahlen können allerdings nicht für alle Items Werte berechnet werden. Dies betrifft insbesondere diejenigen Items, welche sich an SuS richten, die nicht mehr an Ganztagsangeboten teilnehmen bzw. noch nie teilgenommen haben.

Lediglich zwei Items aus der Mehrfachauswahlfrage zu Gründen für die Teilnahme am Ganztagsangebot (II-21; vgl. Tab. 5.5) unterschreiten den empfohlenen Richtwert von .400. Dabei handelt es sich um die Items „Ich kann in der Schule Mittagessen" (κ = .137) sowie „Der Besuch mindestens einer AG ist in meiner Jahrgangsstufe verpflichtend" (κ = .242).

Die erstgenannte Antwortoption wurde aus dem StEG-Fragebogeninventar der Sekundarstufe I bzw. Primarstufe (Furthmüller, 2014, 2014a) übernommen und adaptiert. Die Inspektion der Zellenbesetzungen ergibt, dass insgesamt 8 SuS diese Möglichkeit ausgewählt haben, von denen 7 SuS zu beiden Messzeitpunkten unterschiedliche Angaben gemacht haben. Somit kann davon ausgegangen werden, dass die Beantwortung dieses Items aus der Sicht der SuS nicht in konsistenter Weise erfolgt. Aus inhaltlicher Sicht scheint das schulische Mittagessen keine große Relevanz für die SuS zu besitzen, um am Ganztagsangebot der Schule teilzunehmen. Dies könnte dadurch erklärt werden, dass die Teilnahme am Mittagessen nicht die Teilnahme am Ganztagsangebot bedingt und auch SuS Mittagessen erhalten können, welche das Ganztagsangebot nicht besuchen. Außerdem fehlt den Heranwachsenden meist das Wissen bzw. die

---

135 Frühere Teilnahme am Ganztagsangebot (I-10), Teilnahme am Ganztagsangebot in Zukunft (II-16), Teilnahme am Ganztagsangebot seit Klassenstufe (II-18), Partizipationsgrad der SuS an der Teilnahmeentscheidung zum Ganztagsangebot (II-19), Teilnahme am Ganztagsangebot auch ohne Verpflichtung (II-22).

136 Gründe für die Nicht-Teilnahme am Ganztagsangebot [noch nie] (II-13), Gründe für die Nicht-Teilnahme am Ganztagsangebot [nicht mehr] (II-14), Gründe für die Teilnahme am Ganztagsangebot (II-21), Zufriedenheit mit dem Ganztagsangebot (II-25).

137 AG-Wahl (III-31), Partizipationsgrad der SuS an der Teilnahmeentscheidung zur AG (III-32), AG-Wahl wenn selbstbestimmte Entscheidung (III-33).

138 Gründe für die AG-Wahl [Sport] (III-35a), Gründe für die AG-Wahl [sonstige] (III-35b), Gründe für Nicht-Wiederwahl (III-42), Dopplung des Freizeitverhaltens (III-36), Empfehlung der AG (III-39), Wiederwahl der AG (III-40).

Wertschätzung in Bezug auf eine gesunde Ernährung (Rehaag, Tils & Waskow, 2011, S. 97). Aus diesen Gründen wird das Item in den weiteren Studien nicht mehr berücksichtigt.

Die zweite Antwortoption wurde aufgrund der Analyse der kognitiven Interviews (vgl. Kap. 5.4.1) erstellt. Verglichen mit dem ersten Item wurde dieses Item über beide Messzeitpunkte hinweg von deutlich mehr SuS ausgewählt ($n = 23$). Die Mehrheit wählte dieses Item allerdings lediglich zum zweiten Messzeitpunkt aus ($n = 13$), eine geringe Anzahl ($n = 3$) dagegen nur zum ersten Messzeitpunkt. Sowohl Zellenbesetzungen als auch der Kappa-Koeffizient sprechen somit gegen eine Beibehaltung dieses Items. Dennoch soll das Item aus folgenden Gründen beibehalten werden: Die Häufung der Auswahl dieses Items zum zweiten Messzeitpunkt könnte darauf zurückzuführen sein, dass sich einige SuS im Anschluss an die erste Erhebung über eine eventuelle Verpflichtung zur Teilnahme informiert haben. So ist davon auszugehen, dass SuS besonders aus höheren Jahrgangsstufen besser mit der Organisation des Ganztagsangebots vertraut sind und daher mit konsistenteren Angaben zu diesem Item zu rechnen ist, wenn diese Altersgruppe in der Zukunft befragt wird. Für eine Beibehaltung spricht zum anderen v. a. der Mehrwert für die Schule, der durch dieses Item zu erwarten ist: Eine überproportional häufige Auswahl dieses Items im Vergleich zu den anderen Antwortoptionen kann von der Schule als Indiz dafür gewertet werden, dass das Ganztagsangebot nicht so gestaltet ist, über die Verpflichtung hinausgehende Teilnahmemotive (z. B. Interesse, Teilnahme der Peers) auf Seiten der SuS anzusprechen.

5.6.2.2 Intrarater-Reliabilität für ordinalskalierte Items

Die in GAINS verwendeten nominalskalierten Einfach- und Mehrfachauswahlitems können inhaltlich folgenden drei Themenfeldern zugeordnet werden: (1) Nachmittagsgestaltung[139], (2) Auswirkungen der Ganztagsteilnahme auf die Lebenswelt der SuS[140], (3) Kriterien für die Wahl von AGs sowie Globalbewertungen des gesamten Ganztagsangebots und einer spezifischen AG[141].

Der gewichtete Kappa-Koeffizient nach Cohen ergibt für die ordinalskalierten Items (z. B. Ratingskalen zur Einschätzung der Wichtigkeit oder Zustimmung) Werte zwischen –.122 und 1.000. Das mittlere Kappa bezieht sich

---

139 Freizeitaktivitäten (I-7), Regulärer Unterricht am Nachmittag (I-8), Teilnahme am Ganztagsangebot (I-9).
140 Wahrgenommene Auswirkungen der Ganztagsteilnahme auf die Lebenswelt [beendet] (II-15), Wahrgenommene Auswirkungen der Ganztagsteilnahme auf die Lebenswelt [aktuell] (II-27).
141 Kriterien für die Wahl von AGs (II-24), Note für das gesamte Ganztagsangebot (II-28), Note für AG (III-43).

auf insgesamt 63 Items und beträgt κ = .574 (SD = .219). Für die wahrgenommenen Auswirkungen der Ganztagsteilnahme auf die Lebenswelt derjenigen SuS, die in der Vergangenheit am Ganztagsangebot teilgenommen haben (II-15), können bei zwei Items aus mathematischen Gründen keine Werte berechnet werden. Dies ist bei dem Item „… hatte sich das Verhältnis zu meinen Mitschülern verschlechtert" dadurch begründet, dass alle SuS zu beiden Messzeitpunkten die gleiche Antwortkategorie gewählt haben. Beim Item „… habe ich schon Mahlzeiten probiert, die ich vorher noch nicht kannte/die ich zu Hause nicht bekomme" dagegen wird beim zweiten Messzeitpunkt ausschließlich eine Antwortoption verwendet. Zudem ist für beide Items stets die geringe Stichprobengröße zu berücksichtigen. Daher werden keine Änderungen vorgenommen.

Die gewichteten Kappa-Koeffizienten über alle Items zeigen eine annähernde Gleichverteilung in Bezug auf die Güte der Beurteilerübereinstimmung: Während sich für 19 Items eine mittelmäßige, für 20 Items eine gute und für 11 Items eine sehr gute Übereinstimmung zwischen beiden Messzeitpunkten findet, unterschreiten 13 Items den Richtwert von .400. Letztere Items werden in Tab. 5.17 übersichtsartig aufgelistet, um die Nachvollziehbarkeit der folgenden Diskussion zu erhöhen.

Tabelle 5.17: Ordinalskalierte Items mit κ_{quadr} < .400 (N = 64; I-7; II-15; II-27; II-24)

Thematik	Frage/Item	κ_{quadr}
	Wie oft machst du die folgenden Dinge außerhalb der Schule (nicht in den Ferien)?	
Freizeitaktivitäten	Dinge für die Schule (Lernen, Hausaufgaben, Nachhilfe, …)	.250
	weiterer Medienkonsum (kein Computer, sondern TV, DVD, …)	.329
	Geld verdienen (Jobben, …)	.182
	Du hast bereits am Ganztagsangebot teilgenommen – wie bewertest du die folgenden Aussagen? Durch meine Teilnahme am Ganztagsangebot …	
Wahrgenommene Auswirkungen der Ganztagsteilnahme auf die Lebenswelt [beendet]	… konnte ich meine Hausaufgaben bereits in der Schule erledigen.	.316
	… konnte ich AGs wählen, in denen meine Interessen besonders gefördert werden.	.351
	… konnte ich zu richtigen Zeiten lernen oder entspannen.	.091
	… war die Zusammenarbeit mit meinen Mitschülern schlechter. (-)	.110
	… war der Kontakt zu meinen Lehrern schlechter. (-)	.143
	… war ich in der Schule schlechter. (-)	–.122

Thematik	Frage/Item	K$_{quadr}$
Wahrgenommene Auswirkungen der Ganztagsteilnahme auf die Lebenswelt [aktuell]	Durch meine Teilnahme am Ganztagsangebot …	
	… kann ich zu richtigen Zeiten lernen oder entspannen.	.320
	… kann ich an der Schule auch meinen Hobbys nachgehen.	.332
	… musste ich mit Sport im Verein aufhören. (-)	.278
Kriterien für die Wahl von AGs	Wie wichtig sind dir folgende Punkte, wenn du deine AGs im Ganztag wählst?	
	Ich kann etwas Neues/Unbekanntes ausprobieren.	.335

Bei der Abfrage der Häufigkeit der Ausübung verschiedener *Freizeitaktivitäten* (I-7) weisen drei Items auffällige Werte auf. Ein Großteil der Abweichungen für die schulischen Aktivitäten bezieht sich auf nebeneinanderliegende Kategorien, weshalb diese aufgrund der eingesetzten Häufigkeitsskala („ganz selten oder nie", „mehrmals im Monat", „mehrmals in der Woche", „jeden oder fast jeden Tag") nicht als auffällig beurteilt werden.

Der Kappa-Koeffizient von .250 ergibt sich nach eigener Einschätzung v. a. aus einem nahezu polaren Wechsel von Antwortkategorien bei 4 von insgesamt 56 SuS zwischen erstem und zweitem Messzeitpunkt. Diese geben zuerst an, Dinge für die Schule mindestens zwei- bis dreimal in der Woche zu erledigen. In der zweiten Erhebung wählen sie Antwortkategorien deutlich niedrigerer Frequenz aus. Als Ursache kann hier der Zeitpunkt der Erhebung am Ende des Schuljahres herangezogen werden. So ist davon auszugehen, dass sich die SuS vor dem ersten Messzeitpunkt noch in einer Lernphase aufgrund anstehender Arbeiten befanden, wohingegen der Arbeitsaufwand für schulische Belange zum zweiten Messzeitpunkt kurz vor dem Schuljahresende bereits deutlich reduziert war. Aus diesem Grund wird das Item beibehalten. Es erscheint jedoch sinnvoll, bei der Aufzählung der Beispiele die Hausaufgaben an erster Stelle zu nennen, da diese von den SuS sowohl am häufigsten als auch vor weiteren schulischen Aktivitäten wie dem gezielten Lernen auf eine Klassenarbeit erledigt werden.

Bei dem Item zum *weiteren Medienkonsum* lässt die Betrachtung der Zellenbesetzungen auf keine eindeutige Tendenz in eine Richtung zwischen erstem und zweitem Messzeitpunkt schließen. Der geringe Kappa-Koeffizient könnte stattdessen eher auf eine inhaltliche Überschneidung mit dem vorgängigen Item zur Nutzung von Computer, Internet und Handy zurückzuführen sein. Im Hinblick auf den eingeschränkten Nutzen zweier inhaltlich sehr ähnlicher Items für die Schule scheint es daher sinnvoll, beide Aussagen zu kombinieren. Daher soll das neue Item durch die Nennung von Beispielen wie „soziale Netzwerke nutzen, im Internet surfen, Videos/TV schauen, Computer/Konsole spielen, …" den allgemeinen Medienkonsum abdecken.

Das Item zum *Geldverdienen* wurde insgesamt von nur sehr wenigen SuS ($n = 9$) beantwortet, was auf die befragten Jahrgangsstufen zurückzuführen sein dürfte. So ist davon auszugehen, dass das Arbeiten in Nebenjobs für SuS in der Unterstufe zur Schaffung bzw. Erweiterung elternunabhängiger Konsumspielräume noch nicht die Relevanz besitzt, wie dies für ältere Jugendliche der Fall ist. Die geringe Übereinstimmung im Antwortverhalten zwischen den beiden Messzeitpunkten ($\kappa = .182$) verwundert auch deswegen wenig, weil jüngere SuS häufiger einmalige bezahlte Tätigkeiten (z. B. Mitarbeit in der Familie) ausüben (Tully & van Santen, 2012). Da der Fragebogen perspektivisch auch in anderen Jahrgangsstufen eingesetzt werden könnte, wird das Item im Fragebogen belassen.

Relativ häufig unterschreiten Items der Frage nach den *wahrgenommenen Auswirkungen der Ganztagsteilname auf die Lebenswelt der SuS* den Richtwert von $\kappa = .400$. Dies gilt insbesondere für die Antworten von SuS, die nicht mehr am Ganztagsangebot teilnehmen (II-15). Allerdings beruhen die Koeffizienten für diese Personengruppe auf den Angaben von maximal 14 Personen. Deshalb können aus diesen Kennwerten aufgrund der Stichprobengröße keine verlässlichen Aussagen über die Reliabilität getroffen werden und somit hieraus keine Konsequenzen im Sinne einer Anpassung des Fragebogens erfolgen. Da die Antwortoptionen für beide Personengruppen jedoch identisch gestaltet sein sollen, werden Anpassungen, die auf den Kennwerten der aktuell am Ganztag teilnehmenden SuS beruhen, analog auch bei den Items vollzogen, die auf eine frühere Teilnahme im Hinblick auf die wahrgenommenen Auswirkungen abzielen. Bei Betrachtung der Items, welche den aktuell am Ganztagsangebot teilnehmenden SuS angezeigt werden (II-27), weisen die drei Items „… kann ich zu richtigen Zeiten lernen oder entspannen", „… kann ich an der Schule auch meinen Hobbys nachgehen" und „… musste ich mit Sport im Verein aufhören" Kappa-Werte um .300 auf.

Die geringe Beurteilerübereinstimmung des ersten Items ($\kappa = .320$) wird auch auf deskriptiver Ebene bei Betrachtung der Kreuztabelle bestätigt. Dies kann auf die Formulierung zurückgeführt werden, welche mit „lernen" sowie „entspannen" zwei Aspekte in einem Item enthält, die von den SuS für die Beantwortung zu beiden Messzeitpunkten unterschiedlich stark herangezogen worden sein könnten. Daher wird entschieden, das Item eindeutiger zu formulieren. Um die Wahrnehmung der SuS im Hinblick auf einen Wechsel von Phasen der „Anspannung und Entspannung" (Appel, 2009, S. 141; Lehmann, 2007, S. 15) im Sinne einer äußeren Rhythmisierung zu erheben, wird das Item in „… habe ich auch über den Schultag hinweg immer wieder die Möglichkeit, etwas anderes zu machen als zu lernen" geändert.

Das Item „… kann ich an der Schule auch meinen Hobbys nachgehen" ($\kappa = .332$) wird analog zum ersten Item auch bei Betrachtung der deskriptiven Ergebnisse von den SuS bei Test und Retest sehr unterschiedlich bewertet.

Denkbar ist einerseits, dass die SuS bei der Beantwortung verschiedene AGs assoziiert haben, z. B. freizeitbezogene Aktivitäten wie die Fußball-AG zum ersten und auf fachliche Förderung ausgelegte Angebote wie einen Lese-Rechtschreibkurs zum zweiten Messzeitpunkt. Andererseits lässt die Formulierung des Items offen, ob ein Angebotsinhalt lediglich die bereits vorhandenen Vorlieben der SuS abdeckt oder ob die entsprechende Aktivität erst durch die Teilnahme zu einem Hobby wurde. Daher wird auch dieses Item durch „kann ich auch an der Schule mindestens einem meiner Hobbys nachgehen" präziser formuliert. Damit soll besonders der Aspekt der Dopplung des Freizeitverhaltens abgedeckt werden, weil das Item „… habe ich ein neues Hobby gefunden" (κ = .757) den Aspekt der Erweiterung des Hobby-Spektrums (Opaschowski, 2008, S. 185) bereits beinhaltet.

Für das dritte Item „… musste ich mit Sport im Verein aufhören" (κ = .278) ergibt die deskriptive Analyse der Kreuztabelle ein abweichendes Bild. Im Gegensatz zu den beiden erstgenannten Items betrifft das abweichende Antwortverhalten in den allermeisten Fällen nebeneinanderliegende Kategorien, was bei einer vierstufigen Ratingskala als weniger problematisch eingeschätzt wird. Die Einschätzungen von lediglich zwei Personen weichen zu beiden Messzeitpunkten um mehr als einen Skalenpunkt voneinander ab. Aufgrund der Beeinflussung des Kappa-Koeffizienten u. a. durch die Kategorienbesetzungen (Sim & Wright, 2005; Gwet, 2012), erscheint es im vorliegenden Fall legitim, die Itemformulierung aufgrund der wenig auffälligen deskriptiven Verteilung beizubehalten.

Bei der Beurteilung der Wichtigkeit verschiedener *Kriterien für die Wahl von AGs* (II-24) ist das Item „Ich kann etwas Neues/Unbekanntes ausprobieren" mit κ = .335 im Gegensatz zu den weiteren Items, welche mittlere bis sehr gute Messgenauigkeit aufweisen, auffällig. Die Inspektion der Zellenbesetzungen ergibt, dass relativ viele SuS zum zweiten Messzeitpunkt im Vergleich zum ersten Messzeitpunkt entgegengesetzte Bewertungen abgeben. Eine mögliche Ursache für die fehlende Beurteilerübereinstimmung kann darin gesehen werden, dass die SuS ihre Beurteilungen einmal auf den Begriff „Neues" und einmal auf „Unbekanntes" bezogen haben, wodurch ggf. unterschiedliche inhaltliche Deutungen entstanden sind. Somit wird das Item auf den Aspekt „Neues" reduziert, da dieser unbekannte Angebote ebenfalls mit einschließt. Für eine Beibehaltung dieses Items im Fragebogen spricht, dass die Bildungs- und Lernerfahrungen im Ganztag zugunsten einer individuellen Förderung der SuS gesteigert werden sollen (Züchner & Rauschenbach, 2013, S. 189). Dies erfordert eine entsprechend breit aufgestellte Angebotspalette. Anhand der Einschätzungen dieses Items ist es der Schule möglich, das Ganztagsangebot in seiner Breite zu gestalten. Sollten die SuS dieses Kriterium als sehr wichtig bewerten, spricht dies sowohl für die Beibehaltung der bisherigen Angebote als auch für eine thematische Erweiterung: So könnte z. B. SuS aus ressourcenschwächeren Haushalten bisher die Gelegenheit verwehrt geblieben sein, bestimmte freizeitliche Aktivitäten auszuprobieren. Eine Teilnahme an entsprechenden Ganztagsangeboten würde dieses Defizit ausgleichen. Aber auch für alle anderen SuS ergibt sich durch eine große Angebotsvielfalt die Möglichkeit, solche außerunterrichtlichen Inhalte wahrzunehmen, für die erst durch deren Beschreibung im Kursangebot der Schule Interesse geweckt wurde.

5.6.2.3 Provisorische Itemanalyse für intervallskalierte Items

Obwohl auch für die intervallskalierten Items der GAINS-AG-Skala Daten von zwei Messzeitpunkten vorliegen, erfolgt an dieser Stelle keine Berechnung der Test-Retest-Reliabilität. Diese würde die Bestätigung der postulierten Faktorstruktur voraussetzen, um Korrelationen zwischen den Faktormittelwerten zu beiden Messzeitpunkten berechnen zu können. Aufgrund der Stichprobengröße ist eine Prüfung der Faktorstruktur zum jetzigen Zeitpunkt allerdings nicht empfehlenswert (MacCallum, Widaman, Zhang & Hong, 1999; Mundfrom, Shaw & Ke, 2005). Aus selbigem Grund wird auf die Analyse der Rohwerteverteilung verzichtet. Eine Itemanalyse für die Daten des ersten Messzeitpunkts erfolgt daher nur in Teilen. Da die Überprüfung der Faktorstruktur aufgrund der Stichprobengröße nicht sinnvoll durchgeführt kann, wird für die Berechnung der Trennschärfen sowie der internen Konsistenz die in Kapitel 5.5.3 dargestellte Zuordnung der Items zu übergeordneten Dimensionen zugrunde gelegt.

Die vorläufigen Ergebnisse zeigen, dass in Bezug auf die Itemschwierigkeiten lediglich sechs Items den für vierstufige Skalen geltenden Wert von 3.4 (= 80 %) überschreiten (vgl. Tab. 5.18). Diesen Items stimmen somit überdurchschnittlich viele SuS zu. Der untere Grenzwert wird nicht unterschritten.

Die Subskalen zur *Lernförderlichkeit* ($\alpha = .80$; III-38a) und zum *emotionalen Interesse* ($\alpha = .89$; III-38b) liefern sowohl im Hinblick auf die Trennschärfen als auch auf die interne Konsistenz gute Kennwerte. Für die Dimension des *wertbezogenen Interesses* ($\alpha = .72$; III-38c), der *Partizipation* ($\alpha = .75$; III-38g) sowie der *Beziehung der SuS zur AG-Leitung* ($\alpha = .74$; III-38d) liegt die interne Konsistenz im zufriedenstellenden Bereich. Jeweils ein Item der beiden letztgenannten Dimensionen unterschreitet den empfohlenen Richtwert von .30 für die Beurteilung der Trennschärfe (vgl. Tab. 5.18).

Als fragwürdig zu beurteilen sind die internen Konsistenzen der Subskalen zum Klima in Bezug auf die *Beziehung zwischen den SuS* ($\alpha = .60$; III-38e) und die *Zeitnutzung* ($\alpha = .67$; III-38 f). Die Trennschärfekoeffizienten liegen in ersterer Dimension bei drei Items unterhalb des Richtwerts (vgl. Tab. 5.18), wobei die Eliminierung eines dieser Items zu einer Erhöhung von Cronbachs α auf .73 führen würde. Bei der zweiten Dimension würde sich Cronbachs α auf

.76 verbessern, wenn das eine Item mit einer Trennschärfe unter .30 entfernt würde.

Tabelle 5.18: Items der GAINS-AG-Skala mit $r_{it} < .30$ bzw. $M > 3.40$ ($N = 64$; III-38d bis III-38g)

Subskala	Nr.	Item	r_{it}	M
Klima (Beziehung zur AG-Leitung)	20	Mein AG-Leiter behandelt mich ungerecht. (-)	.26	3.72
	16	Mit meinem AG-Leiter komme ich gut aus.		3.69
		In dieser AG ...		
Klima (Beziehung zwischen SuS)	32	... arbeitet jeder für sich. (-)	-.02	
	34	... werden einzelne Schüler ausgeschlossen (-)	.05	3.63
	29	... finde ich schnell jemanden, der mit mir zusammenarbeitet.	.25	3.48
	31	... fühle ich mich wohl.		3.50
Klima (Zeitnutzung)	36	... geht es locker zu.	.06	
		Mein AG-Leiter ...		
Klima (Partizipation)	27	... stellt häufig spannende Aufgaben, die wir allein oder in Gruppen lösen müssen.	.12	
	23	... achtet darauf, dass möglichst alle Schüler aktiv mitarbeiten.		3.48

An dieser Stelle wird aufgrund der den dargestellten Ergebnissen zugrundeliegenden geringen Stichprobengröße auf eine eingehende Interpretation der Kennwerte verzichtet. Stattdessen werden die Ergebnisse in die Diskussion der Hauptstudie 2 (vgl. Kap. 5.7.3) einbezogen.

5.6.2.4 Freitextantworten

Ziel dieser ersten Hauptstudie ist es, neben der Analyse der Intrarater-Reliabilität und einer provisorischen Itemanalyse, die vorgegebenen Antwortmöglichkeiten mit Angaben in vorgeschalteten Freitextfeldern abzugleichen, um daraus ggf. neue Items zu generieren. Zugunsten einer besseren Lesbarkeit wird auf die Darstellung der von den SuS formulierten Freitexte jedoch verzichtet.

In Bezug auf die Partizipation der SuS an der Teilnahmeentscheidung zum Ganztagsangebot (II-19) lassen sich aus den Angaben der SuS zwei weitere Antwortmöglichkeiten ableiten. Neben der selbstständigen Entscheidungsfindung, der gemeinsam mit den Eltern sowie der alleine von den Eltern getroffenen Entscheidung werden Möglichkeiten der gemeinsamen Entscheidung mit dem Lehrer und der alleinigen Entscheidung des Lehrers ergänzt. Diese Erweiterung wird analog für die Frage nach Partizipation der SuS an der Teilnahmeentscheidung zu einer bestimmten AG (III-32) vorgenommen.

Die Mehrfachauswahlfrage nach den Gründen für die Teilnahme am Ganztagsangebot (II-21) wird um die Antwortoption „Ich kann neue Freunde kennenlernen" ergänzt, da dieser Aspekt von den SuS im vorgeschalteten Freitextfeld häufig angegeben wurde. Dieses Item kann auch aus den offenen Antworten der SuS zu den Gründen für ihre AG-Wahl (III-34) generiert werden, weshalb es sowohl für sportbezogene (III-35a) als auch für nicht-sportbezogene (III-35b) Angebote in der Folge berücksichtigt wird. Außerdem wird von den SuS auch für sportbezogene AGs häufig angegeben, sich durch eine Teilnahme verbessern zu wollen. Aus diesem Grund wird ein entsprechend formuliertes Item („Ich kann mich verbessern") in die Mehrfachauswahlfrage (III-35a) aufgenommen. Sowohl für die Frage nach den Gründen für die Teilnahme am Ganztagsangebot als auch für die nach der Teilnahme an einer AG gilt, dass die weiteren Freitextantworten der SuS sehr heterogen ausfallen. Somit werden keine weiteren inhaltlichen Ergänzungen der Mehrfachantwortoptionen vorgenommen. Zudem wird auf die Beibehaltung der vorgeschalteten Freitextfelder für die modifizierte Version des Fragebogens verzichtet.

SuS, die angegeben haben, eine AG nicht wiederwählen zu wollen, haben im Freitextfeld (III-41) v. a. genannt, nichts Neues (mehr) gelernt zu haben. Ebenfalls hätten sich die Erwartungen der SuS an die AG häufig nicht erfüllt. Daher werden zwei Items („Ich habe nichts Neues gelernt"; „Die AG war doch nicht so interessant, wie ich es vorher gedacht hatte") formuliert und ergänzt.

5.6.2.5 Zwischenfazit

Aufgrund der verschiedenen Teilfragestellungen, die im Rahmen der ersten Hauptstudie beantwortet werden sollten, scheint es an dieser Stelle sinnvoll, die wichtigsten Ergebnisse noch einmal zu bündeln. Zunächst kann festgehalten werden, dass ein Einsatz des Fragebogens in der Schule grundsätzlich praktikabel erscheint. Sowohl Einweisung der SuS als auch Durchführung des Testinstruments waren innerhalb einer Schulstunde problemlos möglich. Dennoch sind große interindividuelle Abweichungen zu verzeichnen. Diese können jedoch zum einen durch die unterschiedliche Länge des Fragebogens (Filterführung) aufgrund der unterschiedlichen Teilnahmeprofile der SuS begründet werden. Zum anderen konnten während der Erhebung vereinzelt SuS mit Konzentrationsdefiziten und/oder geringen Erfahrungen im Computerschreiben beobachtet werden.

Beim Vergleich der Ausfülldauer wird außerdem deutlich, dass alle SuS beim zweiten Messzeitpunkt weniger Zeit zum Beantworten der Fragen benötigt haben. Vor allem die Ausfülldauer der langsamsten SuS hat sich deutlich verringert. Die von Bühner (2011, S. 61) und Reinboth (2007, S. 32) erwähnten Übungseffekte in Bezug auf den Umgang mit dem Online-Tool konnten somit auch in der vorliegenden Studie beobachtet werden. Motivationale Faktoren auf

Seite der SuS, welche die Datenqualität mindern würden, waren zu beiden Messzeitpunkten nicht erkennbar. Aus zeitlich-ökonomischer Perspektive kann abschließend die Durchführung der Datenerhebung somit als ausgezeichnet bewertet werden, da diese gut in den Schulalltag integrierbar ist: So können die Daten der SuS im Klassenverband erhoben werden, wodurch sowohl teilnehmende als auch nicht (mehr) teilnehmende SuS befragt werden können. Der durch die Datenerhebung entstehende Unterrichtsausfall ist außerdem auf eine 45-minütige Schulstunde pro Klasse begrenzt, wodurch anzunehmen ist, dass der für die Schule zu erwartende Nutzen den zu erbringenden Aufwand deutlich übersteigt.

Anhand der Angaben von 64 SuS zu beiden Messzeitpunkten, von denen etwa 70 % mindestens an einer AG im Rahmen des Ganztagsangebots teilnehmen, können durch diese Hauptstudie erste zuverlässige Aussagen über die Güte des Fragebogeninstruments getroffen werden. Insbesondere stand dabei die Überprüfung der Reliabilität von nominal- und ordinalskalierten Items im Mittelpunkt. Die nominalskalierten Items weisen insgesamt gute bis sehr gute und nur vereinzelt auffällige Kennwerte auf. Von 63 ordinalskalierten Items unterschreiten lediglich 13 den empfohlenen Richtwert von .400. Aufgrund der Abhängigkeit des Kappa-Koeffizienten von der Stichprobengröße sowie daraus resultierender Kategorienbesetzung kann davon ausgegangen werden, dass eine Erhebung mit einer größeren Anzahl von SuS zu deutlich besseren Kennwerten geführt hätte. Auffällige Items wurden zudem im Hinblick auf ihre intendierte Aussage inhaltlich geprüft und nach Möglichkeit entsprechend modifiziert, sodass auch an dieser Stelle mit einer gesteigerten Qualität des GAINS-Instruments zu rechnen ist.

Mithilfe der Aussagen der SuS aus den an relevanten Stellen vorgeschalteten Freitextfeldern konnten insbesondere die Mehrfachauswahlfragen um sinnvolle Antwortoptionen erweitert werden. Dies stellt insofern eine aussichtsreiche Ergänzung der Erkenntnisse aus dem Pretest dar, als dass zukünftig ein breiteres Meinungsbild der Schülerschaft auch quantitativ eingeholt werden kann.

Als ebenso positiv zu beurteilen sind die Ergebnisse der Itemanalyse für intervallskalierte Items zur Erfassung AG-spezifischer Qualitätsmerkmale. Wenngleich die Kennwerte bezüglich Itemschwierigkeit und Trennschärfe aufgrund der Stichprobengröße als provisorisch einzustufen sind und die Prüfung der Dimensionalität der Skala aus selbigem Grund noch aussteht, deuten die wenigen auffälligen Items auch in diesem Teil des Fragebogens auf ein großes Potenzial hin. Eine weitergehende Analyse der Items dieser Skala erfolgt in einer querschnittlichen Studie mit einem größeren Stichprobenumfang (vgl. Kap. 5.7).

Tabelle 5.19 kann entnommen werden, welche Modifikationen im Fragebogen aufgrund der ersten Hauptstudie vorgenommen wurden.

Tabelle 5.19: Aufgrund von Hauptstudie 1 modifizierte Fragen bzw. Items

Frage	Item	entfernt	angepasst	hinzugefügt
I-7	– „Dinge für die Schule (Lernen, Hausaufgaben, Nachhilfe, …)" → „Dinge für die Schule (Hausaufgaben, Lernen, Nachhilfe, …)"		X	
	– „weiterer Medienkonsum (kein Computer, sondern TV, DVD, …)"	X		
	– „Computer, Internet, Handy (soziale Netzwerke, chatten, spielen, …)" → „Medienkonsum (soziale Netzwerke nutzen, im Internet surfen, Videos/TV schauen, Computer/Konsole spielen, …)"		X	
II-21	– „Ich kann in der Schule Mittagessen"	X		
II-15	– „… konnte ich zu richtigen Zeiten lernen oder entspannen" → „…… hatte ich auch über den Schultag hinweg immer wieder die Möglichkeit, etwas anderes zu machen als zu lernen"		X	
	– „… konnte ich an der Schule auch meinen Hobbys nachgehen" → „… konnte ich auch an der Schule mindestens einem meiner Hobbys nachgehen"		X	
II-19	– „Ich habe das mit meinem Lehrer zusammen entschieden."			X
	– „Mein Lehrer hat das entschieden."			X
II-20	Gründe für die Teilnahme am Ganztagsangebot [frei]	X		
II-21	– „Ich kann neue Freunde kennenlernen"			X
II-24	– „Ich kann etwas Neues/Unbekanntes ausprobieren" → „Ich kann etwas Neues ausprobieren"		X	
II-27	– „… kann ich zu richtigen Zeiten lernen oder entspannen" → „…… habe ich auch über den Schultag hinweg immer wieder die Möglichkeit, etwas anderes zu machen als zu lernen"		X	
	– „… kann ich an der Schule auch meinen Hobbys nachgehen" → „… kann ich auch an der Schule mindestens einem meiner Hobbys nachgehen"		X	
III-32	– „Ich habe das mit meinem Lehrer zusammen entschieden."			X
	– „Mein Lehrer hat das entschieden."			X
III-34	Gründe für die AG-Wahl [Sport] [sonstige] [frei]	X		
III-35a	– „Ich kann mich verbessern"			X
	– „Ich kann neue Freunde kennenlernen"			X

Frage	Item	entfernt	angepasst	hinzugefügt
III-35b	− „Ich kann neue Freunde kennenlernen"			X
III-42	− „Ich habe nichts Neues gelernt"	X		
	− „Die AG war doch nicht so interessant, wie ich es vorher gedacht hatte"			X

5.7 Psychometrische Analyse der GAINS-AG-Skala (Hauptstudie 2)

Da die nominal- (dichotom, Einfach- oder Mehrfachauswahl) und ordinalskalierten Items des Fragebogens als Einzelindikatoren anzusehen und damit einer weiteren psychometrischen Analyse nicht zugänglich sind (Döring & Bortz, 2016, S. 462), steht im Zentrum dieser Studie die psychometrische Überprüfung der GAINS-AG-Skala zur Erfassung von Qualitätsmerkmalen einer spezifischen AG an einer größeren Stichprobe. Aufgrund der in Kapitel 5.5.3 postulierten Struktur dieser Skala werden Elemente der klassischen Testtheorie (Steyer & Eid, 2001) mit einer konfirmatorischen Faktorenanalyse (CFA) verknüpft. Nach der Analyse der Rohwerteverteilung und der Itemschwierigkeit erfolgt die Überprüfung der postulierten Faktorstruktur. Im Falle einer schlechten Modellpassung soll die Skala optimiert werden. Für die endgültig angenommenen Subskalen werden im Anschluss interne Konsistenzen berechnet. Nach der Darstellung der Methode (vgl. Kap. 5.7.1) werden die Ergebnisse berichtet (vgl. Kap. 5.7.2) und anschließend diskutiert (vgl. Kap. 5.7.3).

5.7.1 Methode

Zunächst soll auf die Beschreibung der Stichprobe eingegangen werden (vgl. Kap. 5.7.1.1). Im Anschluss folgt die Darstellung der Untersuchungsdurchführung (vgl. Kap. 5.7.1.2) und -auswertung (vgl. Kap. 5.7.1.3).

5.7.1.1 Stichprobenbeschreibung

Die Vorform von GAINS wurde im Rahmen dieser zweiten querschnittlich angelegten Hauptstudie von SuS aus den Jahrgangsstufen 5 bis 7 eines Gymnasiums im Schulamtsbezirk Frankfurt am Main mit Ganztagsprofil 2 beantwortet. Eine Fokussierung auf diese Jahrgangsstufen wurde vorgenommen, da in diesen die größten Teilnahmequoten am Ganztagsangebot und die breiteste

Palette an angebotenen AGs zu verzeichnen sind (vgl. Kap. 2.5.1.2 und Kap. 2.5.1.3).

GAINS wurde von 327 SuS bearbeitet. Insgesamt wurden 10 Datensätze entfernt. Kriterien für die Eliminierung waren (1) als fehlerhaft identifizierte Angaben (z. B. bei Angabe von Klassenstufe), (2) auffällige Antwortmuster bei Fragebogenitems, die gemeinsam auf einer Seite präsentiert wurden (Engel, 2010, S. 40) sowie (3) Angaben in den Freitextfeldern, die auf eine nicht gewissenhafte Bearbeitung des Fragebogens schließen lassen. In die Analysen gehen somit die Angaben von $N = 317$ SuS (51.7 % weiblich) ein. Die Gruppe der SuS aus der fünften Jahrgangsstufe ist mit 42.0 % am häufigsten repräsentiert, SuS der sechsten Klassen machen 30.0 %, SuS der siebten Klassen 25.2 % der Stichprobe aus[142]. Von allen SuS nehmen 89.6 % an mindestens einer AG im Rahmen des Ganztagsangebots teil (Teilnahme an einer AG: 58.4 %; Teilnahme an zwei AGs: 21.5 %; Teilnahme an drei AGs: 7.6 %; Teilnahme an vier oder mehr AGs: 2.2 %), sodass der konfirmatorischen Faktorenanalyse $N = 276$ Datensätze zugrundeliegen. Die Angaben der SuS für den AG-spezifischen Teil des Fragebogens verteilen sich auf BeSS-Angebote (42.6 %), MuKu-Angebote (16.5 %), MINT-Angebote (16.2 %), Förderangebote (15.5 %) und Fremdsprachenangebote (9.2 %).

5.7.1.2 Durchführung der Untersuchung

Nachdem die Erkenntnisse aus den Pretests bereits in der ersten Hauptstudie zu einer erfolgreichen Durchführung geführt hatten, wurden in dieser Folgestudie keine grundlegenden Änderungen am Ablauf der Datenerhebung vorgenommen. Da an der Schule zwei Computerräume mit insgesamt 70 Computern zur Verfügung standen, konnte der Fragebogen in einer Schulstunde von zwei Klassen parallel ausgefüllt werden. Die SuS wurden zuvor von der jeweiligen Fachlehrkraft in den entsprechenden Computerraum begleitet und dort in die in GAINS verwendeten Antwortformate und Begrifflichkeiten eingeführt. Wie in den vorherigen Studien war der Autor auch in dieser Untersuchung während der Datenerhebung anwesend, um evtl. auftretende Rückfragen zu protokollieren. Nach der Beantwortung des Fragebogens wurden die SuS von der jeweiligen Fachlehrkraft mit der Bearbeitung von Stillarbeitsaufgaben betraut.

---

142 Von 9 SuS (2.8 %) liegen hierzu keine Angaben vor.

Die Durchführung verlief ohne Auffälligkeiten. Die insgesamt sehr wenigen Rückfragen vonseiten der SuS konnten auf keine inhaltlichen Aspekte des GAINS zurückgeführt werden. Bis auf sehr wenige Ausnahmen erfolgte die Beantwortung des Fragebogens durch die SuS innerhalb einer 45-minütigen Schulstunde. Durchschnittlich benötigten die SuS 23:09 Minuten (SD = 8:32 Minuten, Range: 3:28 bis 61:00 Minuten).

5.7.1.3 Auswertung der Untersuchung

Die 38 Items der GAINS-AG-Skala werden im Hinblick auf die Rohwerteverteilung zunächst mittels visueller Inspektion (Histogramme) überprüft. In der vorliegenden Arbeit wird zur statistischen Absicherung außerdem der Shapiro-Wilk-Test angewandt, da dieser im Vergleich mit anderen Tests auf Normalverteilung (z. B. Kolmogorov-Smirnov-Test; Kolmogorov, 1933; Smirnov, 1939) eine größere Power aufweist (Shapiro & Wilk, 1965; Shapiro, Wilk & Chen, 1968). Als Indikator für die Itemschwierigkeit wird der Mittelwert herangezogen. Bei einer vierstufigen Ratingskala sollen die Werte zwischen 1.60 und 3.40 liegen, um den Wertebereich von 20 bis 80 % abzubilden (Döring & Bortz, 2016, S. 477). Die entsprechenden Kennwerte werden mit SPSS der Version 24 berechnet.

Um zu überprüfen, ob die in Kapitel 5.5.3 postulierte siebendimensionale Faktorstruktur empirisch haltbar ist, wird eine CFA mit Mplus der Version 8 (Muthén & Muthén, 2017) gerechnet. Dabei wird auf den in Mplus implementierten *WLSMV-Schätzer* (Weighted Least-Squares with Mean and Variance Adjustments) zurückgegriffen. Hierbei handelt es sich um eine robuste Schätzmethode, da aufgrund der vierstufigen Antwortskala die Annahme multivariater Normalverteilung nicht haltbar ist (Finney & DiStefano, 2006).

Indem die Annahme einer Intervallskalierung bei nur vier Skalenstufen außerdem umstritten ist (Döring & Bortz, 2016, S. 251), wird an dieser Stelle konservativ Ordinalskalenniveau unterstellt, für welches der WLSMV-Schätzer am geeignetsten erscheint (Li, 2016; Rhemtulla, Brosseau-Liard & Savalei, 2012). Fehlende Werte werden durch den in Mplus implementierten Algorithmus geschätzt (Muthén & Muthén, 2017, S. 8).[143] Zur Beurteilung der Modellgüte werden konventionelle Fit-Indizes herangezogen: Beim Comparative Fit Index (CFI; Bentler, 1990) und dem Tucker-Lewis Index (TLI; Tucker & Lewis, 1973) sprechen Werte > .90 für eine akzeptable und Werte > .95 für eine gute Modell-

---

143 Anders als in einigen Publikationen angegeben (z. B. Herrmann, Heim & Seelig, 2017; Sauerwein, 2017, S. 261), wird bei Verwendung des WLSMV-Schätzers bei der Schätzung fehlender Werte nicht auf den in Mplus implementierten Full Information Maximum Likelihood-Algorithmus (FIML) zurückgegriffen (Muthén, 2017).

anpassung. Für den Root Mean Square Error of Approximation (RMSEA; MacCallum, Browne & Sugawara, 1996; Steiger, 1990) gelten Werte < .05 als gut und Werte < .08 als akzeptabel.[144] Im Falle einer schlechten Modellanpassung werden die Faktorladungen sowie die Korrelationen zwischen den latenten Faktoren inspiziert, um die Skala zu optimieren. In Bezug auf die Korrelation stehen nach Cohen (1988) Werte zwischen .10 und .30 für geringe, Werte zwischen .30 und .50 für mittlere und Werte über .50 für starke Effekte.

Um eine bessere Interpretierbarkeit zu gewährleisten, werden in der Folge nur die standardisierten Koeffizienten dargestellt. Auf die Inspektion der Modifikationsindizes zur Modellverbesserung wird verzichtet, da dieses Vorgehen stark von Zufallsbefunden abhängt und sich die daraus entstandenen Modelle häufig nur schwer replizieren lassen (MacCallum, Roznowski & Necowitz, 1992; Worthington & Whittaker, 2006). Zudem berücksichtigt ein solches Vorgehen theoretische Überlegungen nur unzureichend. Für den Vergleich genesteter Modelle wird der χ^2-Differenztest herangezogen. Da dieser aber sehr sensibel sowohl auf die Stichprobengröße (Schermelleh-Engel, Moosbrugger & Müller, 2003) als auch auf eine Verletzung der multivariaten Normalverteilung (Curran, West & Finch, 1996; Hu, Bentler & Kano, 1992) reagiert, werden zusätzlich die deskriptiven Fit-Indizes sowie im Besonderen die Veränderungen des CFI betrachtet (Cheung & Rensvold, 2002).

Im Anschluss werden die internen Konsistenzen für die beibehaltenen Subskalen berechnet. Für die Interpretation gelten die in Kapitel 5.6.1.3 dargestellten Richtwerte. Anders als im vorangegangenen Kapitel 5.6.2 werden in der Folge Ergebnisdarstellung und Diskussion voneinander getrennt, da sich alle Analysen auf dieselbe Skala beziehen.

---

144 Bei Verwendung des WLSMV-Schätzers wird als zusätzlicher Fit-Index der Weighted Root Mean Square Residual-Index (WRMR) ausgegeben. Simulationsstudien von Yu (2002) zeigen, dass Werte < 1.0 für eine akzeptable Modellanpassung sprechen. Allerdings weisen selbst die Entwickler des Index darauf hin, dass dieser bislang noch als experimentell einzuschätzen ist und raten von dessen Interpretation ab (Muthén, 2015). Aus diesem Grund wird der WRMR-Index in der Folge nicht berichtet.

5.7.2 Ergebnisse

Auf eine vollständige Darstellung der statistischen Kennwerte wird aus Gründen der Übersichtlichkeit und Lesbarkeit verzichtet. Im Folgenden wird der Fokus stattdessen vorrangig auf berichtenswerte bzw. auffällige Werte gelegt.

Die visuelle Inspektion der *Rohwerteverteilung* ergibt für 10 der 38 Items eine annähernde Normalverteilung. Vierundzwanzig Items sind rechtssteil, zwei eher linkssteil und zwei Items eher gleichverteilt. Der Shapiro-Wilk-Test zeigt für jedes Item eine signifikante Abweichung von der Normalverteilung (alle $ps < .001$). Auch die multivariate Normalverteilung ist verletzt (Royston's $H = 1728.51, p < .001$).[145]

Die *Itemschwierigkeit* variiert zwischen 2.20 und 3.47, wobei bei den meisten Items die Itemschwierigkeiten über dem theoretischen Skalenmittelpunkt von 2.50 liegen. Bei sämtlichen Items wurde jede Antwortmöglichkeit mindestens von 2.8 % der SuS gewählt. Zwei Items der Subskala *Beziehung zur AG-Leitung* (III-38d) überschreiten den oberen Grenzwert von 3.40. Dabei handelt es sich um die Items „Mein AG-Leiter behandelt mich ungerecht" ($M = 3.43$; $SD = 0.90$) und „Mit meinem AG-Leiter komme ich gut aus" ($M = 3.47$; $SD = 0.77$). Letzteres Item weist auch die geringste Standardabweichung innerhalb der Skala auf. Der untere Grenzwert wird von keinem Item unterschritten.

Die *CFA* ergibt für das 7-Faktormodell (*Modell* 1) eine schlechte Modellanpassung (vgl. Tab. 5.20). Die Faktorladungen bewegen sich zwischen -.360 und .955. Die Interskalenkorrelationen liegen zwischen .570 und .989, wobei in drei Fällen sehr hohe Zusammenhänge zwischen jeweils zwei latenten Konstrukten bestehen (*Klima – Beziehung zur AG-Leitung* und *Klima – Partizipation*: $r = .984$, *Interesse – emotional* und *Interesse – wertbezogen*: $r = .986$, *Klima – Beziehung zwischen SuS* und *Klima – Zeitnutzung*: $r = .989$; vgl. Abb. 5.2). Diese hohen Interkorrelationen führen auch dazu, dass ein Schätzproblem auftritt (vgl. auch Tab. 5.20). Aufgrund der schlechten Passung der Daten auf das postulierte Modell soll im Folgenden die GAINS-AG-Skala im Hinblick auf ihre Dimensionalität explorativ optimiert werden. Herangezogen werden dabei sowohl die Faktorladungen der ursprünglichen CFA als auch die Interskalenkorrelationen, um sukzessive eine gute Modellpassung zu erzielen.[146]

---

145 Dieses Ergebnis rechtfertigt auch aus statistischer Sicht die in Kapitel 5.7.1.3 genannte Wahl des WLSMV-Schätzers.
146 Auf einen statistischen Vergleich der Anpassungsgüte der Modelle (χ^2-Differenztest) wird solange verzichtet, bis der Itempool als finalisiert angesehen werden kann.

Abbildung 5.2: Faktorladungen (alle ps ≤ .002) und Interskalenkorrelationen (alle ps < .001) der CFA für das ursprünglich postulierte 7-Faktormodell (N = 276; Faktorladungen < .400 und Interskalenkorrelationen > .900 hervorgehoben; III-38a bis III-38g)

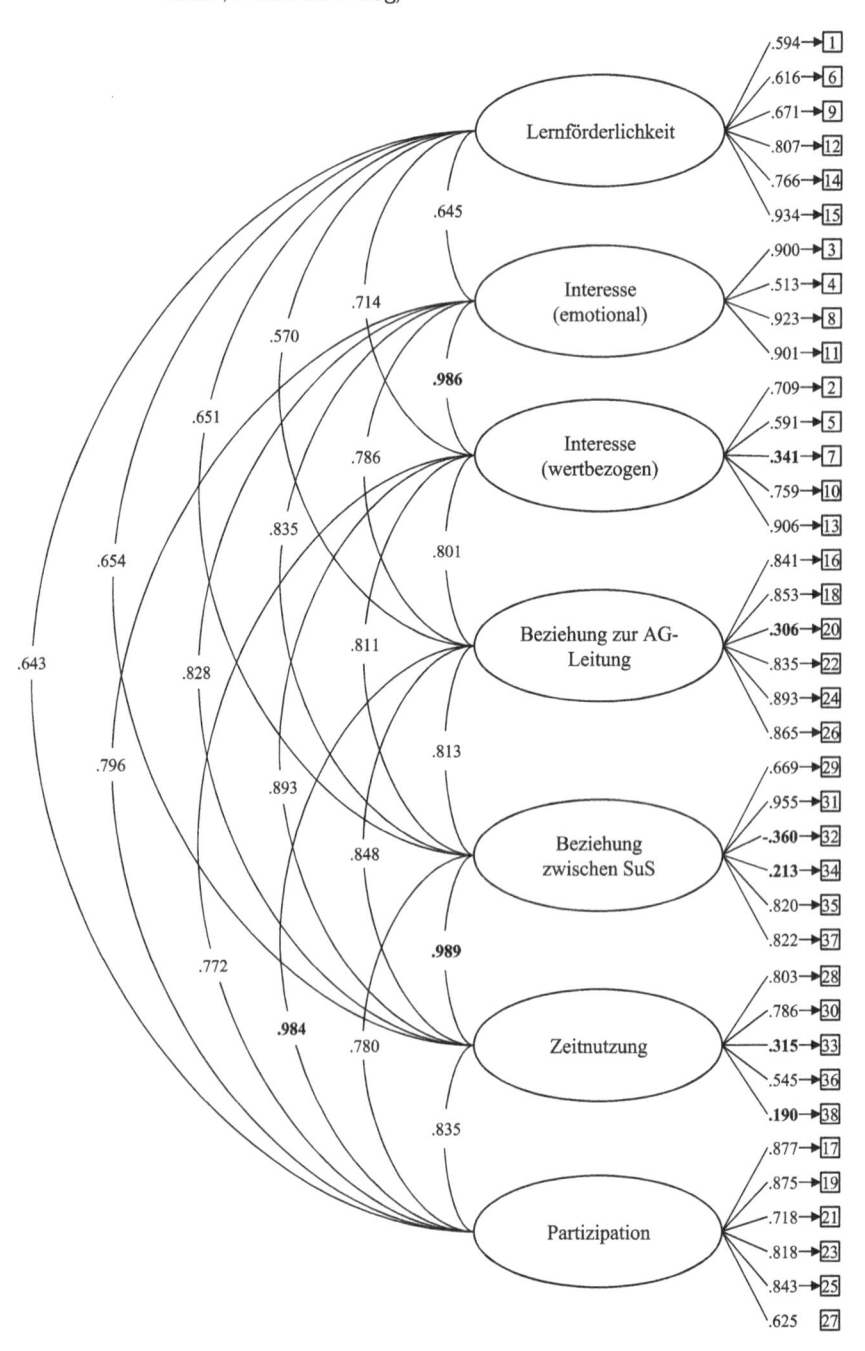

In einem ersten Schritt (*Modell 2*) werden die sechs Items mit Faktorladungen < .400 (Brown, 2006, S. 30) aus der Skala entfernt (Items 33 und 38 innerhalb des Faktors *Klima – Zeitnutzung*, Items 32 und 34 innerhalb des Faktors *Klima – Beziehung zwischen SuS*, Item 7 innerhalb des Faktors *Interesse – wertbezogen*, Item 20 innerhalb des Faktors *Klima – Beziehung zur AG-Leitung*). Während CFI und TLI für eine akzeptable Modellanpassung sprechen, liegt der RMSEA mit .083 oberhalb des empfohlenen Richtwerts (vgl. Tab. 5.20). Zudem bleibt das oben genannte Schätzproblem bestehen.

Tabelle 5.20: Gütemaße der konfirmatorisch geprüften Modelle (*N* = 276; Erläuterungen zu den Modellen s. Text)

	χ^2	df	p	CFI	TLI	RMSEA [90% CI]
Modell 1: 7-Faktormodell[a]	2504.56	644	< .001	.862	.849	.102 [.098; .107]
Modell 2: 7-Faktormodell[a] Modifikation von Modell 1 durch Ausschluss der Items mit Faktorladung < .400	1275.54	443	< .001	.934	.926	.083 [.077; .088]
Modell 3: 4-Faktormodell Modifikation von Modell 2 durch Zusammenfassung der Faktoren mit Korrelationen > .900	1295.96	458	< .001	.934	.928	.081 [076; .087]
Modell 4: 4-Faktormodell Modifikation von Modell 3 durch Ausschluss der Items mit Faktorladung < .600	921.43	371	< .001	.954	.950	.073 [.067; .079]
Modell 5: 4-Faktormodell Übernahme von Modell 4 und Modifikation eines Faktors (*Beziehung zur AG-Leitung* sowie *Partizipation*) durch Ausschluss des Items mit der niedrigsten Faktorladung	876.85	344	< .001	.955	.950	.075 [.069; .081]
Modell 6: Modifikation von Modell 5 in ein hierarchisches Modell zweiter Ordnung mit vier Faktoren erster Ordnung	865.21	346	< .001	.956	.952	.074 [.068; .080]
Modell 7: 1-Faktormodell	1507.82	350	< .001	.901	.894	.109 [.104; .115]

Anmerkung: N = 276
[a] Schätzproblem aufgrund einer nicht positiv definiten Kovarianzmatrix der latenten Variablen

Daher wird im zweiten Schritt (*Modell 3*) ein 4-Faktormodell geschätzt, bei dem zusätzlich die Faktoren mit Korrelationen > .900 zu jeweils einem Faktor zusammengefasst werden (Kline, 2011, S. 116). Damit verbleiben die folgenden vier Faktoren im Modell: Die Items 1, 6, 9, 12, 14 und 15 werden nach wie vor dem Faktor *Lernförderlichkeit* zugeordnet. Die Items 2, 3, 4, 5, 8, 10, 11 und 13 der beiden interessenbezogenen Dimensionen werden zu einem Faktor zusammengefasst. Ebenfalls zusammengeführt werden die Items 28 bis 31 sowie 35 bis 37 der klimabezogenen Faktoren *Beziehung zwischen SuS* und *Zeitnutzung*. Den vierten Faktor bilden die Items 16 bis 19 sowie 21 bis 27 der klimabezogenen Dimensionen *Beziehung zur AG-Leitung* und *Partizipation*.[147] Die Prüfung dieses Modells ergibt in Bezug auf die Fit-Indizes lediglich eine geringfügige Verbesserung, wobei das 90%-Konfidenzintervall des RMSEA den Richtwert von .080 weiterhin enthält (vgl. Tab. 5.20). Das Schätzproblem aufgrund einer nicht positiv definiten Kovarianzmatrix der latenten Variablen entfällt.

Im dritten Schritt (*Modell 4*) wird, basierend auf Modell 3, die Skala durch Ausschluss von Items mit einer Faktorladung < .600 (Matsunaga, 2010) weiter optimiert. Dadurch werden die Items 4, 5 sowie 36 ausgeschlossen. Dies führt zu einer akzeptablen bis guten Anpassungsgüte (vgl. Tab. 5.20). Somit wird das ursprünglich angenommene 7-Faktormodell durch die in Modell 4 spezifizierte Faktorstruktur ersetzt, wobei nach wie vor hohe Skaleninterkorrelationen vorliegen. Wie eine Zusammenschau dieser vier Faktoren ergibt, verbleiben für drei Faktoren jeweils entweder sechs oder sieben Items, wohingegen der vierte Faktor (*Beziehung zur AG-Leitung* sowie *Partizipation*) elf Items umfasst.

Um den Umfang dieses Faktors im Vergleich mit den anderen Faktoren zu reduzieren, soll im vierten Schritt das Item mit der niedrigsten Faktorladung auf diesem Faktor ausgeschlossen werden (*Modell 5*). Hierbei handelt es sich um Item 27 „Mein AG-Leiter stellt häufig spannende Aufgaben, die wir allein oder in Gruppen lösen müssen" (λ = .632), welches bereits bei der provisorischen Itemanalyse (vgl. Kap. 5.6.2.3) durch eine sehr geringe Trennschärfe (r_{it} = .12) aufgefallen ist. Die Schätzung dieses Modells ergibt eine akzeptable bis gute Passung der Daten (vgl. Tab. 5.20). Die Faktorladungen für dieses Modell liegen zwischen .613 und .939 und sind alle signifikant verschieden von null. Die verbleibenden Items der Skala werden als finaler Itempool angesehen. Die

---

147 Zusätzlich zu den drei Subskaleninterkorrelationen, welche zur beschriebenen Zusammenfassung zu vier Faktoren führt, liegt in Modell 2 eine weitere Korrelation > .90 zwischen dem wertbezogenen Interesse und der Zeitnutzung (r = .917) vor. Diese wird jedoch aus zwei Gründen zunächst nicht berücksichtigt: (1) Das wertbezogene Interesse weist mit dem emotionalen Interesse einen noch höheren Zusammenhang auf und (2) die beiden Interessensdimensionen sind auf theoretischer Ebene enger miteinander verbunden als das wertbezogene Interesse mit der Zeitnutzung.

Skaleninterkorrelationen weisen Werte zwischen .594 und .871 auf, wobei sich der höchste Zusammenhang zwischen der Subskala *Interesse* und der klimabezogenen Subskala *Beziehung zwischen SuS/Zeitnutzung* zeigt (vgl. Abb. 5.3.).

Abbildung 5.3: Faktorladungen (alle *p*s < .001) und Interskalenkorrelationen (alle *p*s < .001) der CFA für das 4-Faktormodell (*N* = 276; für die zugehörigen Items vgl. Kap. 5.5.3)

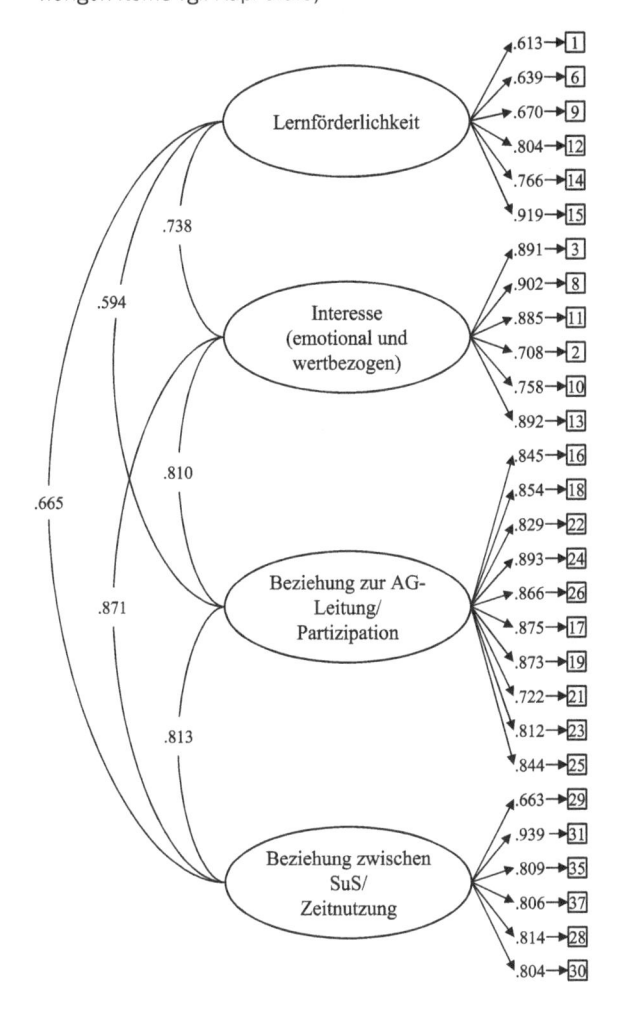

Aufgrund dieser hohen Skaleninterkorrelationen wird das 4-Faktormodell im fünften Schritt (*Modell 6*) abschließend sowohl mit einem hierarchischen Modell zweiter Ordnung mit den vier Subskalen *Lernförderlichkeit, Interesse (wertbezogen und emotional), Klima (Beziehung zur AG-Leitung und Partizipation)* und *Klima (Beziehung zwischen SuS und Zeitnutzung)* als auch mit einem 1-Faktormodell (*Modell 7*) verglichen. Im Vergleich zum vorhergehenden

4-Faktormodell zeigt sich für das hierarchische Modell ebenfalls eine akzeptable bis gute Anpassungsgüte (vgl. Tab. 5.20). Die Faktorladungen dieses Modells sind mit denen des Modells 5 nahezu identisch (λ zwischen .612 und .939). Die Ladungen der latenten Faktoren auf dem Faktor zweiter Ordnung liegen mit Werten zwischen .730 und .950 im hohen Bereich. Zwar ergibt der χ^2-Differenztest, dass das hierarchische Modell signifikant schlechter auf die Daten passt als das 4-Faktormodell mit korrelierten latenten Faktoren ($\Delta\chi^2(2) = 6.78$; $p = .034$), allerdings unterscheiden sich die deskriptiven Gütemaße nur marginal und fallen beim hierarchischen Modell sogar etwas besser aus.

Abbildung 5.4: Faktorladungen (alle *p*s < .001) der CFA für das hierarchische Modell zweiter Ordnung mit vier Faktoren erster Ordnung (*N* = 276, für die zugehörigen Items vgl. Kap. 5.5.3)

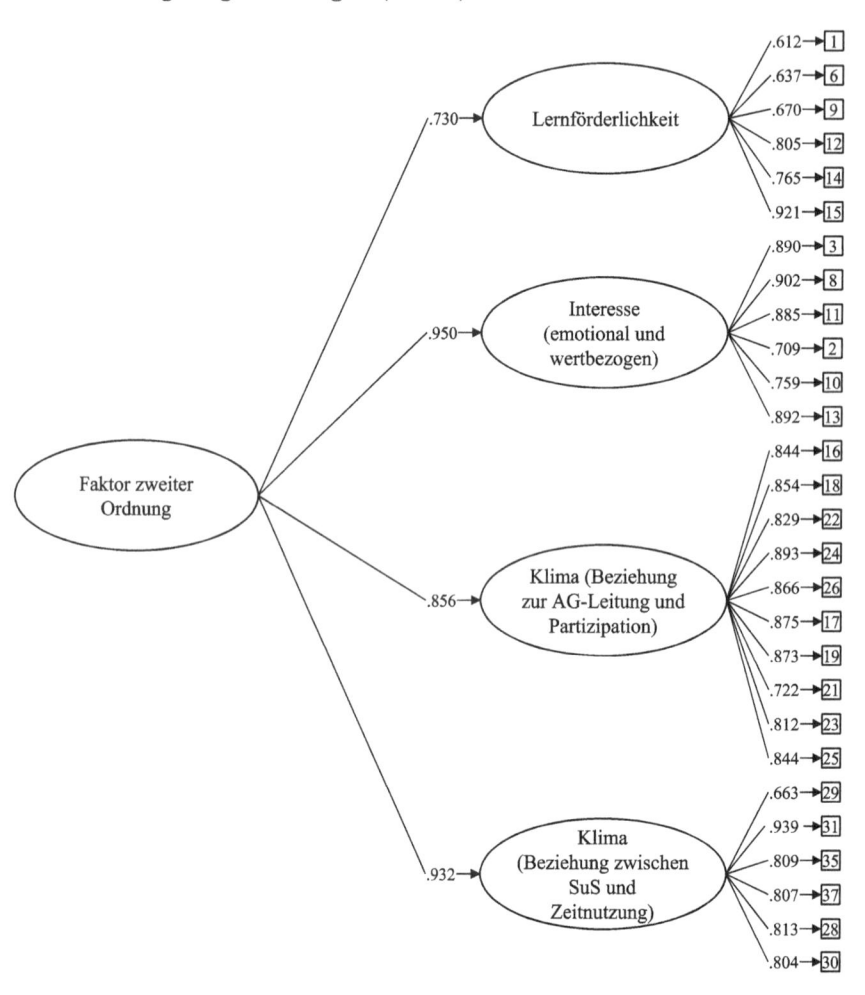

Die Passung des 1-Faktormodells dagegen ergibt unzureichende Gütemaße (vgl. Tab. 5.20), sodass nicht von einem eindimensionalen Konstrukt ausgegangen werden kann. Wie der Modellvergleich ergibt, führt das 1-Faktormodell daher auch zu einer deutlichen Verschlechterung der Anpassungsgüte im Vergleich mit dem hierarchischen Modell ($\Delta\chi^2(4) = 162.55; p < .001$).

Daher werden das nichthierarchische 4-Faktormodell mit den korrelierten latenten Faktoren und das hierarchische Modell (vgl. Abb. 5.4) zunächst als weitgehend gleichwertig betrachtet.

Die internen Konsistenzen der Faktoren erster Ordnung liegen im guten bis exzellenten Bereich (*Lernförderlichkeit*: α = .84; *Interesse – emotional* und *wertbezogen*: α = .90; *Klima – Beziehung zur AG-Leitung* und *Partizipation*: α = .94; *Klima – Beziehung zwischen SuS* und *Zeitnutzung*: α = .89). Für den übergeordneten Faktor zweiter Ordnung ergibt sich ein Cronbachs α von .96.

5.7.3 Diskussion

Das Ziel der zweiten Hauptstudie war die psychometrische Analyse der GAINS-AG-Skala. Dazu wurde die Inspektion der Rohwerteverteilung und Itemschwierigkeiten im Sinne der klassischen Testtheorie mit der Überprüfung der postulierten Faktorstruktur mittels CFA kombiniert. Die folgende Diskussion orientiert sich an der Reihenfolge der Ergebnisdarstellung (vgl. Kap. 5.7.2). Nach Betrachtung der Rohwerteverteilung (vgl. Kap. 5.7.3.1) und Itemschwierigkeit (vgl. Kap. 5.7.3.2) werden die verschiedenen im Rahmen der CFA berechneten Modelle diskutiert (vgl. Kap. 5.7.3.3 bis Kap. 5.7.3.8).

5.7.3.1 *Rohwerteverteilung*

Die Betrachtung der *Rohwerteverteilung* auf Itemebene ergibt in Bezug auf die visuelle Inspektion eine teilweise, in Bezug auf die inferenzstatistische Überprüfung eine vollständige Verletzung der Normalverteilung, wobei der Großteil der Items rechtssteil verteilt ist. Hieraus werden jedoch keine Konsequenzen für die weitere Analyse der Skala gezogen. Dies ist dadurch begründet, dass bei nur vier verwendeten diskreten Antwortkategorien eine Normalverteilung per se nicht erwartet werden kann – v. a. dann nicht, wenn ein latenter Faktor durch Items mit ordinalem Skalenniveau abgebildet werden soll (Finney & DiStefano, 2006). Eine breite Differenzierung des Merkmalsbereichs setzt darüber hinaus Items mit unterschiedlicher Schiefe voraus (Bühner, 2011, S. 233 f). Zusätzlich sollte die Verteilung der Rohwerte nicht überbewertet werden, da ihr die Antworten einer sehr spezifischen Stichprobe (SuS der Klassenstufen 5, 6 und 7 *einer* Schule) zugrunde liegen. Außerdem enthält der Fragebogen in Bezug auf die Auswahl der zu beurteilenden AG keine Instruktionen (z. B. Bewertung der

„Lieblings"-AG). Aufgrund der rechtssteilen Verteilung vieler Items ist allerdings davon auszugehen, dass in der vorliegenden Stichprobe vorrangig solche AGs beurteilt wurden, die von den SuS sehr gerne besucht und damit auch eher positiv wahrgenommen werden. Eine auf diesen Aspekt zielende Instruktion würde sich jedoch nicht als praktikabel darstellen: So geht aus dem Bildungsbericht 2016 hervor, dass die SuS durchschnittlich weniger als zweieinhalb Stunden in der Woche an AGs teilnehmen (BMBF, 2016a, S. 267). Daher ist nicht davon auszugehen, dass sich die Frage der Auswahl einer spezifischen AG für die meisten SuS stellt. Auch in der hier untersuchten Stichprobe gibt der Großteil der SuS (58.4 %) an, an nur einer AG teilzunehmen. Für die Prüfung der Normalverteilung ist es außerdem wenig hilfreich, dass nicht eine spezifische AG, sondern alle AGs einer Schule bewertet werden können. Zuletzt eignen sich inferenzstatistische Tests, wie der in dieser Studie eingesetzte Shapiro-Wilk-Test, zur Prüfung der Normalverteilung nur bedingt: Da solche Tests auf Ablehnung der Nullhypothese basieren, werden in großen Stichproben bereits geringste Abweichungen von der Normalverteilung signifikant, während bei kleinen Stichproben ihre Power zu gering ist, um Verletzungen der Normalverteilung aufzudecken (Field, 2013, S. 184). Im Hinblick auf die vorliegende Stichprobengröße ist es daher nicht überraschend, dass der Shapiro-Wilk-Test eine durchgehende Abweichung der Items von der Normalverteilung ergibt.

5.7.3.2 Itemschwierigkeit

Obwohl für die Prüfung der *Itemschwierigkeit* bei einer vierstufigen Antwortskala streng genommen der Median bevorzugt werden sollte (Bühner, 2011, S. 220), wurde aufgrund der höheren Differenzierungsfähigkeit der Mittelwert herangezogen. Auch die visuelle Inspektion der Histogramme erlaubt eine Einschätzung der Schwierigkeit der Items, um zu überprüfen, ob Items unterschiedlicher Schwierigkeitsgrade repräsentiert sind. Der Großteil der Items weist eine rechtssteile Verteilung auf. Dies deutet darauf hin, dass die Skala überwiegend psychometrisch schwere und wenige leichte Items umfasst.[148] Entsprechend können Bodeneffekte weitgehend ausgeschlossen werden, wohingegen Deckeneffekte zu erwarten sind.

---

148 Während Bühner (2011, S. 220) die psychometrische Itemschwierigkeit als „Zustimmung zu einem Item in Schlüsselrichtung der Skala" definiert und damit hohe Mittelwerte als Indikator für hohe Itemschwierigkeiten beschreibt, bezeichnen Döring und Bortz (2016, S. 477) ein Item als umso schwieriger, je geringer seine Zustimmungsrate und damit auch der Mittelwert ausfällt. In der Diskussion der Itemschwierigkeit wird die Definition von Bühner herangezogen.

Gegen eine stärkere Differenzierung der Antwortoptionen spricht jedoch, dass sich eine vierstufige Skala für den Einsatz bei Kindern und Jugendlichen als optimal herausgestellt hat (Borgers et al., 2004). Von einer Überbewertung der Schwierigkeitsindizes ist außerdem aufgrund der bereits diskutierten Stichprobenspezifität abzusehen. Wie sich grundsätzlich zeigt, liegen bis auf zwei Ausnahmen alle Items im angestrebten Wertebereich zwischen 1.60 und 3.40. Aus diesem Grund ist eine Revision der Items aufgrund der Schwierigkeitsindizes nicht notwendig. Dies gilt auch für die beiden Items „Mein AG-Leiter behandelt mich ungerecht" ($M = 3.43$; $SD = 0.90$) und „Mit meinem AG-Leiter komme ich gut aus" ($M = 3.47$; $SD = 0.77$). Diese überschreiten den oberen Grenzwert nur sehr knapp und sind außerdem inhaltlich für die Einschätzung des Beziehungsaspekts von großer Relevanz. Ebenfalls ist anzuführen, dass beide Items aus StEG-S übernommen wurden und die dort angeführten Kennwerte vergleichbare bzw. teilweise noch deutlichere Tendenzen der Überschreitung der Grenzwerte zeigen. Trotzdem wurden die Items auch dort beibehalten (Sauerwein, 2017, S. 247 f).

5.7.3.3 Faktorstruktur: Modell 1

Zur Überprüfung der angenommenen Faktorstruktur wurde eine CFA unter Verwendung des WLSMV-Schätzers durchgeführt. Diese Methode wurde gegenüber einer explorativen Faktorenanalyse vorgezogen, weil erstere keine Zuordnung der beobachteten Items zu latenten Konstrukten erlaubt (Werner, Schermelleh-Engel, Gerhard & Gäde, 2016, S. 951). So war a priori festgelegt, durch welche Items die verschiedenen Dimensionen der AG-spezifischen Qualitätsmerkmale repräsentiert werden sollen. Zudem ist der Einsatz einer datengeleiteten EFA anfällig für die Identifikation zufällig entstandener Ladungsmuster (Armstrong, 1967; Fabrigar, Wegener, MacCallum & Strahan, 1999).

Für die Wahl der Schätzmethode standen mit dem WLSMV- und dem robusten Maximum-Likelihood-Schätzer (MLR) prinzipiell zwei Alternativen zur Verfügung. Obwohl der MLR-Schätzer bei Daten mit einer hohen Anzahl an fehlenden Werten robustere Ergebnisse liefert (Asparouhov & Muthén, 2010) und dieser grundsätzlich auch bei ordinalskalierten Items eingesetzt werden kann (Beauducel & Herzberg, 2006; Rhemtulla et al., 2012), wird aufgrund der nicht gegebenen multivariaten Normalverteilung und der als ordinalskaliert anzusehenden Antwortskala mit nur vier Optionen der WLSMV-Schätzer in Anlehnung an Brown (2006) als passendere Alternative eingeschätzt.

Die Ergebnisse der *CFA* zeigen zunächst, dass die Annahme eines siebendimensionalen Faktormodells nicht haltbar erscheint ($\chi^2(644)$ = 2504.56, $p < .001$; CFI = .862, TLI = .849; RMSEA = .102). Als Grund könnte die in der Schulforschung vielfach bestätigte Tatsache angeführt werden, dass Wahrnehmungen selten strukturell ausdifferenziert sind, wenn SuS zu Qualitätsmerkmalen des Unterrichts befragt werden (Radisch et al., 2008, S. 237). Stattdessen tendieren die SuS eher dazu, die Zufriedenheit mit dem Unterricht im Sinne eines Globalurteils einzuschätzen (Clausen, 2002; Helmke et al., 2008). Aufgrund fehlender Passung des ursprünglich postulierten Modells wurde in der Folge explorativ überprüft, ob (1) durch den Ausschluss von Items sowie (2) durch die Zusammenlegung von Faktoren bessere Fit-Werte erzielt werden können. Für ersteres wurden sukzessive solche Items entfernt, bei denen aufgrund ihrer Faktorladung davon auszugehen war, dass der latente Faktor nur wenig zur Aufklärung der Varianz dieses Indikators beiträgt. Für letzteres wurden Items von hoch miteinander korrelierenden Faktoren einem gemeinsamen Faktor zugeordnet.

5.7.3.4 Faktorstruktur: Modell 2

Zur Eliminierung von Items besteht in der Literatur kein Konsens darüber, ab wann ein Item eine substanzielle Faktorladung aufweist. Daher wurden schrittweise Cutoff-Werte verschiedener Autoren herangezogen, um eine möglichst gute Passung des Faktormodells zu erzielen. Zunächst erfolgte eine Orientierung an dem von Brown (2006) vorgeschlagenen Cutoff-Wert von $\lambda < .400$ (Modell 2). Dies führte zum Ausschluss von sechs Items aus vier der ursprünglich angenommenen sieben Faktoren (vgl. Tab. 5.21). Dabei entfallen je zwei Items auf die sechs bzw. fünf Items umfassenden klimabezogenen Faktoren *Beziehung zwischen SuS* sowie *Zeitnutzung*.

Bei Analyse der Formulierungen der ausgeschlossenen Items fällt zunächst auf, dass alle sechs negativ gepolt sind, weshalb ein Methodenfaktor angenommen werden kann. So wird der Nachweis faktorieller Validität bei Skalen durch eine negative Polung einzelner Items erschwert (z. B. Rauch, Schweizer & Moosbrugger, 2007). Obwohl Borgers et al. (2004) bei Kindern keine Effekte der Polung auf die Reliabilität feststellen können, zeigen die Autoren, dass sich das Antwortverhalten in Abhängigkeit der Polung der Items unterscheidet.

Da fünf der sechs ausgeschlossenen Items aus anderen Quellen übernommen bzw. adaptiert wurden, sollen im Folgenden sowohl deren dortige faktorielle Zuordnung als auch dokumentierten psychometrische Kennwerte betrachtet werden.

Tabelle 5.21: Im Verlauf der Skalenrevision ausgeschlossene Items

	ursprüngliche Subskala	Nr.	Item
Modell 2	Interesse (wertbezogen)	7	In dieser AG denke ich an Sachen, die mit dem Thema wenig zu tun haben. (-)
	Klima (Beziehung zur AG-Leitung)	20	Mein AG-Leiter behandelt mich ungerecht. (-)
	Klima (Beziehung zwischen SuS)	32	In dieser AG arbeitet jeder für sich. (-)
		34	In dieser AG werden einzelne Schüler ausgeschlossen. (-)
	Klima (Zeitnutzung)	33	In dieser AG wird häufig Zeit verschwendet. (-)
		38	In dieser AG dauert es lange, bis alle SuS arbeiten. (-)
Modell 4	Interesse (emotional)	4	Ich hätte lieber mehr freie Zeit, als an dieser AG teilzunehmen. (-)
	Interesse (wertbezogen)	5	In dieser AG habe ich häufig keine Lust mitzuarbeiten. (-)
	Klima (Zeitnutzung)	36	In dieser AG geht es locker zu.
Modell 5	Klima (Partizipation)	27	Mein AG-Leiter stellt häufig spannende Aufgaben, die wir allein oder in Gruppen lösen müssen.

Item 7 („In dieser AG denke ich an Sachen, die mit dem Thema wenig zu tun haben") wurde der Skala für lösungsirrelevante Kognitionen („Ich dachte an Sachen, die mit dem Test gar nichts zu tun haben") in PISA 2000 entnommen (Kunter et al., 2002, S. 205 f). Da dieses Item in der Originalquelle im Hinblick auf die psychometrischen Kennwerte nicht auffällt, ist es durchaus denkbar, dass eine Adaption für die Erfassung des wertbezogenen Interesses nicht erfolgreich war. Als Grund für die abweichende Itemgüte könnte die relativ umfangreiche Änderung des Wortlauts in Betracht gezogen werden.

Drei Items (Item 20: λ = .306; Item 33: λ = .315; Item 38: λ = .190) wurden aus StEG der ersten Förderphase (2005–2011) bzw. der Teilstudie StEG-S der zweiten StEG-Förderphase (2012–2015) adaptiert, indem jeweils die Frageeinleitungen ersetzt wurden („Ich finde, meine Betreuerin/mein Betreuer ..." durch „Mein AG-Leiter ..." sowie „In der [Name des Ganztagsangebots]" durch „In dieser AG ..."). Da eine solche Adaption allerdings auch für andere übernommene Items innerhalb der Subskalen vorgenommen wurde, welche wiederum nicht durch geringe Faktorladungen auffielen, können die Änderungen der Frageeinleitungen jedoch nicht als einzige Ursache für den Ausschluss der drei Items herangezogen werden. Somit sind Gründe auf Itemebene zu diskutieren.

Item 20 („Mein AG-Leiter behandelt mich ungerecht") fiel bereits bei der provisorischen Itemanalyse (vgl. Kap. 5.6.2.3) sowohl durch eine geringe

Trennschärfe (r_{it} = .26) als auch durch eine hohe Ablehnung (M = 3.72) auf. Wie sich bei der Überprüfung der Itemschwierigkeiten in der Anerkennungsskala *Recht/Missachtung* von StEG-S (Sauerwein, 2017, S. 248) zeigt, wird auch hier der Grenzwert häufig unterschritten (Range: 1.42 bis 1.71[149]). Indem die als hoch einzuschätzenden Faktorladungen von mindestens $\lambda \geq .900$ bei der Invarianztestung über die Zeit auf eine gute Passung des Items in diese Anerkennungsskala von StEG-S hinweisen (Sauerwein, 2017, S. 326) scheint dies für die eigene klimabezogene Subskala *Beziehung zur AG-Leitung* nicht zuzutreffen. Hierbei ist anzumerken, dass eine Testung der zeitlichen Invarianz aufgrund des Designs von Hauptstudie 2 nicht möglich ist. Die geringe Faktorladung des Items lässt jedoch darauf schließen, dass die Wahrnehmung der untersuchten SuS im Hinblick auf ihre Beziehung zur AG-Leitung weniger als angenommen mit dem Empfinden von Gerechtigkeit bzw. Gleichbehandlung und mehr mit dem Gefühl der Sicherheit und Wertschätzung (Reindl & Gniewosz, 2017, S. 113) assoziiert wird.

Item 33 („In dieser AG wird häufig Zeit verschwendet") und Item 38 („In dieser AG dauert es lange, bis alle Schüler arbeiten") sind in dieser Untersuchung der Klimaskala *Zeitnutzung* zugeordnet. Anders als bei den zuvor dargestellten Items wird hierbei auf Anschlussfähigkeit und Vergleichbarkeit zu der gleichnamigen ebenfalls in StEG (Radisch et al., 2008) bzw. StEG-S (Sauerwein, 2016, S. 68) abgefragten Qualitätsdimension geachtet. Wie aus dem Skalenverzeichnis der StEG-Items der ersten Förderphase (Furthmüller, 2014b) hervorgeht, sind beide Items im Hinblick auf die Trennschärfe (Range: .44 bis .57) nicht auffällig. Sowohl für StEG als auch StEG-S gilt dies auch in Bezug auf die Itemschwierigkeit (Range: 2.32 bis 3.14) zu den verschiedenen Erhebungszeiträumen bzw. Messzeitpunkten (Furthmüller, 2014; Sauerwein, 2017, S. 245). Unabhängig davon, ob Merkmale des Unterrichts oder der Ganztagsangebote erhoben wurden, werden ebenfalls bessere Faktorladungen (Range: .500 bis .830) erzielt (Radisch et al., 2008, S. 249; Sauerwein, 2017, S. 286).

Insofern erscheint es auf den ersten Blick nicht nachvollziehbar, wieso sich der aus StEG-S vollständig übernommene und um ein Item ergänzte latente Faktor in der vorliegenden Untersuchung nicht reproduzieren lässt. Dass die beiden Items durch geringe Faktorladungen auffallen, könnte jedoch bei genauerer Betrachtung damit erklärt werden, dass sich die Einschätzungen der SuS in StEG sowie StEG-S auf vorrangig unterrichtsnahe Angebote (z. B. Hausaufgabenbetreuung, Lesen) beziehen. Dagegen wird in GAINS die ganze Bandbreite an Angebotstypen erfasst, wodurch freizeitorientierte Angebote wie BeSS- und MuKu-Angebote zum ersten Mal überhaupt Berücksichtigung bei der Über-

---

149 Anders als in der vorliegenden Untersuchung beziehen sich die Itemschwierigkeiten in StEG-S auf die ursprünglichen, nicht umgepolten, Werte (Wertebereich 1 bis 4).

prüfung der Qualitätsdimension Zeitnutzung finden. Insgesamt haben fast 60 % der SuS in Hauptstudie 2 angegeben, diese beiden Angebotstypen zu bewerten.

Die Formulierung der beiden ausgeschlossenen Items legt nahe, bei der Einschätzung der AG-Qualität eher an Angebote mit einem hohen Ausmaß an Lehrersteuerung zu denken. Dies wird insbesondere bei Item 38 deutlich, indem das Verb „arbeiten" schwer in Einklang mit sportlichen bzw. intrinsisch motivierten Aktivitäten zu bringen ist. Darüber hinaus ist davon auszugehen, dass BeSS- und MuKu-Angebote ein hohes Aufforderungspotenzial besitzen, wodurch auch die schlechte Passung der inhaltlichen Aussage von Item 33 („Zeit verschwenden") erklärt werden kann. Denkbar wäre außerdem, dass sich die Subskala Zeitnutzung als nicht invariant in Bezug auf die unterschiedlichen Angebotskategorien erweist, was aufgrund der nicht ausreichenden Fallzahlen innerhalb der einzelnen Kategorien in dieser Untersuchung nicht überprüft werden kann. Auch in StEG-S erweist sich die Skala zur Zeitnutzung als nicht messäquivalent zwischen den unterschiedlichen betrachteten Bildungssettings (Sauerwein, 2017, S. 432).

Das letzte der fünf von sechs übernommenen bzw. adaptierten Items (Item 34: „In dieser AG werden einzelne Schüler ausgeschlossen") fällt, wie bereits die Items 20 und 32, in der provisorischen Itemanalyse durch eine sehr geringe Trennschärfe (r_{it} = .05) und eine hohe Ablehnung (M = 3.63) auf. Diese aus dem Fragebogen zum Klassenklima (IQ Hessen, 2010a) entnommene und auf den Angebotskontext übertragene Aussage zeigt in der dort eingesetzten *Aggressionskala* jedoch keine auffälligen Werte im Hinblick auf Trennschärfe (r_{it} = .63) und Itemschwierigkeit (M = 2.54). Allerdings liegt der Fokus dieser Subskala eindeutig auf der Beschreibung stark negativ konnotierter sozialer Verhaltensweisen (z. B. verprügeln, hänseln, Streit suchen), wohingegen der Inhalt des betrachteten Items in Relation zu den anderen Items als weniger gravierend wahrgenommen werden kann. Im Gegensatz dazu zielen die Items in der eigenen Klimaskala *Beziehung zwischen SuS* eher auf die Abbildung eines harmonischen Umgangs miteinander ab, wodurch das Item in einem anderen Kontext verwendet wird. Dies wird dadurch verstärkt, dass es sich bei dem betrachteten Item um nur eins von zwei negativ gepolten Items innerhalb dieser Subskala handelt und das zweite Item („In dieser AG arbeitet jeder für sich") ein unerwünschtes soziales Verhalten weniger deutlich impliziert.

5.7.3.5 Faktorstruktur: Modell 3

Nach der Eliminierung dieser sechs Items wurde eine weitere Schätzung des Modellfits unter Berücksichtigung der Zusammenfassung von Faktoren mit Interskalenkorrelationen > .900 durchgeführt. So ist davon auszugehen, dass diese Faktoren keine distinkten Konstrukte abbilden (Brown, 2006, S. 166; Kline, 2011, S. 116). Daher wurden die beiden interessensbezogenen Subskalen sowie jeweils zwei klimabezogene Subskalen (*Beziehung zwischen SuS* mit *Zeitnutzung* und *Beziehung zur AG-Leitung* mit *Partizipation*) kombiniert, was auf deskriptiver Ebene zu einer geringfügigen Verbesserung des Modellfits führte, v. a. aber das vorher existierende Schätzproblem aufgrund einer nicht positiv definiten Kovarianzmatrix der latenten Variablen behob. Für die zusammengefassten Faktoren soll nun geprüft werden, inwieweit diese mit den in Kapitel 5.5.3 auf Basis theoretischer Überlegungen postulierten Dimensionen vereinbar sind.

Zur Erfassung der emotionalen Komponente des *Interesses* wurden vorwiegend Items aus dem StEG-Fragebogen für SuS der Sekundarstufe I (Furthmüller, 2014a) herangezogen. Allerdings werden diese dort für die globale Einschätzung der Zufriedenheit mit den Ganztagsangeboten bzw. der Angebotsqualität im Sinne der Prozessqualität eingesetzt. Das wertbezogene Interesse wurde größtenteils über selbst entwickelte Items operationalisiert. Von den beiden übernommenen Items wurde eines (Item 7) bereits in Modell 2 eliminiert. Somit verbleibt lediglich Item 5, das der Skala zur Unterrichtsbeteiligung aus IGLU 2006 (Bos et al., 2010) entnommen wurde. Damit lassen sich diese beiden Subdimensionen des Interesses nicht an die bisher durchgeführten Forschungsansätze zu Qualitätsmerkmalen in den Ganztagsangeboten anschließen. In der Unterrichtsforschung finden sich dagegen einige Beispiele (Pawek, 2009; Waldis, 2012), in denen die beiden Komponenten separat voneinander berücksichtigt werden.

Ob sich die beiden Subdimensionen auch auf empirischer Ebene trennen lassen, ist jedoch nicht eindeutig geklärt. So zeigt sich etwa in der Studie von Kölbach (2011, S. 80 f) zur Aufklärung von Kontexteinflüssen auf das situationale Interesse und die Lernleistung von SuS, dass Items zum emotionalen und wertbezogenen Interesse auf einem gemeinsamen Faktor laden. Selbst Krapp, dessen Beiträge für die theoretische Differenzierung des Interessenkonstrukts prägend sind (z. B. 1992, 1993, 1999, 2010), findet bei der Entwicklung eines Fragebogens zum Studieninteresse sowohl keine Evidenz für die empirische Trennung dieser Subdimensionen als auch sehr hohe Interkorrelationen (Schiefele, Krapp, Wild & Winteler, 1993). Somit ist davon auszugehen, dass in der hier eingesetzten Skala ein übergeordneter Interessensfaktor zur Erklärung der Antwortvarianz ausreichend ist. Auch die inhaltliche Betrachtung der Itemformulierungen kann als Begründung für die starken Zusammenhänge herangezogen werden. So ist es bspw. sehr plausibel, dass SuS, die der Aussage „Diese AG macht mir Spaß" (emotionales Interesse) stark zustimmen, das Item „In dieser AG habe ich häufig keine Lust mitzuarbeiten" (wertbezogenes Interesse) stark ablehnen.

Die Dimension *Interesse* erfasst daher das Ausmaß, in dem die SuS mit der AG positiv konnotierte Emotionen verbinden und die AG-Inhalte als persönlich bedeutsam wahrnehmen. In einer AG, die sich durch eine hohe Ausprägung der Dimension Interesse auszeichnet, setzen sich die SuS aus eigenem Antrieb aktiv mit den Inhalten auseinander und arbeiten engagiert mit.

Aufgrund der Korrelation von .998 wurden die Subskalen *Beziehung zwischen SuS* und *Zeitnutzung* ebenfalls zusammengefasst. Nach der Eliminierung der Items 32 und 34 aus der Subskala „Beziehung zwischen SuS" in Modell 2 verbleiben vier Items, von denen drei selbst entwickelt wurden. Das vierte Item stammt aus der Subskala Kohäsion/Klassenzusammenhalt des Klimafragebogens des IQ Hessen (2010a). Da zwei der ursprünglichen Items zur Erfassung der Zeitnutzung bereits in Modell 2 entfernt wurden, besteht diese Subskala aus noch drei Items, von denen Item 36 selbst entwickelt wurde. Die Items 28 und 30 stammen aus der gleichnamigen Skala des StEG-Fragebogeninventars der ersten bzw. zweiten Förderphase (Furthmüller, 2014a; Sauerwein, 2016). Somit sind diesem neuen Faktor die Items 28 bis 31 sowie 35 bis 37 zugeordnet.

Denkbar ist, dass die hohe Korrelation zwischen den beiden ursprünglichen Faktoren auf methodische Gründe zurückgeführt werden kann: Zum einen werden diese Items im Onlinefragebogen auf einer Seite dargestellt. Zum anderen werden sie alle mit „In dieser AG ..." gleichlautend eingeleitet. Inhaltlich kann argumentiert werden, dass dem Zeitfaktor bei der Bewertung der Qualität von (auch freizeitorientierten) AGs durch die SuS eine eher geringe Relevanz zugesprochen wird. Dieser Aspekt wurde jedoch bereits bei der Diskussion der Eliminierung von Items zu Modell 2 ausführlich behandelt, weswegen an dieser Stelle lediglich darauf verwiesen wird (vgl. Kap. 5.7.3.4). Außerdem scheint es, als ob die SuS die Items zur Zeitnutzung eher im Sinne einer Bewertung des Verhaltens ihrer Mit-SuS interpretiert haben und weniger im Sinne eines effektiven *Classroom Managements* durch die AG-Leitung.

Dies kann exemplarisch an Item 28 verdeutlicht werden. Die Aussage „In dieser AG wird fast immer konzentriert gearbeitet" zielt im eigentlichen Verständnis auf eine hohe Fähigkeit zum Management der Lernzeit durch die AG-Leitung ab (Kunter & Trautwein, 2013, S. 65; Seidel, 2009), kann aber im Gegenzug auch auf das soziale Verhalten der SuS untereinander, z. B. hinsichtlich deren Ablenkungspotenzial, bezogen werden. Die verbleibenden Items der beiden ursprünglichen Faktoren bilden somit ein Konstrukt, welches die globale Einschätzung des sozialen Miteinanders innerhalb der bewerteten AG zu messen scheint. Damit bestätigt sich der im Rahmen der schulbezogenen Klimaforschung stets wiederkehrende Befund, dass die Beziehungen zwischen den SuS eine zentrale Dimension im pädagogischen Kontext darstellen (z. B. von Saldern & Littig, 1987; Eder, 2010).

Im Hinblick auf die namentliche Bezeichnung des neu gebildeten Faktors wird der Begriff der *Lerngemeinschaft* gewählt. In Anlehnung an die Definition von Eder und Mayr (2000) für den Klassenkontext bezieht sich diese Dimension darauf, in welchem Ausmaß in einer AG eine gute und am Lernen orientierte Gemeinschaft existiert. In einer AG „mit ausgeprägter Lerngemeinschaft bestehen emotional positive Beziehungen zwischen den Schülern [und Schülerinnen] und zugleich eine an Lernen und Leistung orientierte Grundhaltung" (Eder & Mayr, 2000, S. 14). Im Vergleich mit anderen Klimainstrumenten ist diese Dimension nach der Zusammenschau Eders (2010, S. 698) dem Merkmal der Beziehung zwischen den SuS untereinander zuzuordnen.

Zusammengefasst werden schließlich die beiden klimabezogenen Subskalen *Partizipation* und *Beziehung zur AG-Leitung* ($r = .986$). Vier der fünf verbliebenen Items zur Erfassung der Beziehung zur AG-Leitung wurden StEG-S (Sauerwein, 2016) entnommen, wobei die Items 16 und 22 dort der Anerkennungsskala Emotionalität und die Items 18 und 24 der Anerkennungsskala Solidarität zugeordnet waren. Das fünfte Item wurde selbst generiert. Auch fünf der sechs für die Operationalisierung der Subskala Partizipation herangezogenen Items stammen aus dem StEG-Fragebogeninventar der Sekundarstufe I (Furthmüller, 2014a) und decken dort verschiedene Aspekte der Prozessqualität des Ganztagsangebots ab (Item 19: Motivierung im Angebot, Items 23 und 27: Schüleraktive Aufgabenorientierung, Items 21 und 25: Partizipation). Das letzte Item wurde ebenfalls eigenständig entwickelt. Der neu gebildete Faktor enthält somit die Items 16 bis 19 sowie 21 bis 27.

Wie auch die Items zur *Beziehung zwischen SuS* und *Zeitnutzung* wurden im Online-Fragebogen auch die Items zur *Partizipation* und *Beziehung zur AG-Leitung* auf einer Seite präsentiert und werden fast ausschließlich mit „Mein AG-Leiter ..." eingeleitet, sodass hier ebenfalls von einem Methodenfaktor ausgegangen werden kann. Durch die hohe Korrelation der beiden Subskalen kann außerdem angenommen werden, dass die SuS die AG-Leitung global bewerten und nicht zwischen partizipativer und persönlicher Ebene differenzieren (Clausen, 2002; Helmke et al., 2008). Dies ist umso wahrscheinlicher, da bei der untersuchten Stichprobe aufgrund der Altersstruktur von einer weniger stark ausgeprägten Abstraktionsfähigkeit ausgegangen werden muss (Siegler, Eisenberg, DeLoache & Saffran, 2016, S. 412). So zeigt Stolz (1997, S. 129 f) für den Unterricht, dass jüngere SuS ihre LuL eher undifferenziert im Sinne einer interessanten bzw. anregenden Gestaltung des Unterrichts beurteilen, während ältere SuS z. B. zwischen der fachwissenschaftlichen Kompetenz und der personalen Beziehung zur Lehrkraft unterscheiden. Da die Teilnahmebereitschaft der SuS an Ganztagsangeboten im Laufe ihrer Schulzeit abnimmt (z B. StEG-Konsortium, 2010, S. 8; von Salisch, 2013, S. 22; Hörl et al., 2012, S. 276) und das Gros der SuS im Sekundarbereich folglich vorwiegend in der Unterstufe am Ganztag teilnimmt, ist davon auszugehen, dass der GAINS-Fragebogen v. a. bei SuS dieser Altersklasse eingesetzt werden wird, sodass die Bildung eines Faktors auch vor diesem Hintergrund ratsam erscheint.

Der neu gebildete Faktor soll als *Pädagogische Unterstützung* bezeichnet werden. Dieser erfasst das Ausmaß, in dem die Beziehung zwischen SuS und AG-Leitung emotional positiv getönt ist und die Gestaltung des AG-Angebots von den SuS als autonomieunterstützend wahrgenommen wird. In einer AG mit hoch empfundener pädagogischer Unterstützung sind die SuS an der demokratischen Gestaltung der AG in hohem Maße beteiligt und erfahren eine hohe Wertschätzung durch die AG-Leitung. Diesem Verständnis nach kann die Dimension dem Merkmal der Schüler-Lehrer-Beziehung in anderen Klimainstrumenten zugeordnet werden (Eder, 2010, S. 698). Es ist unter Berücksichtigung der Ergebnisse verschiedener Studien (z. B. Derecik et al., 2012, S. 101 f; Gottlieb & Sylvestre, 1994; Jaasma & Köper, 1999) davon auszugehen, dass die in diesem Faktor enthaltenen Inhalte zu einer höheren Lernfreude und Zufriedenheit der SuS beitragen.

5.7.3.6 Faktorstruktur: Modell 4

Nach der Zusammenfassung der ursprünglich postulierten sieben Faktoren in die vier neuen Faktoren *Lernförderlichkeit, Interesse, Pädagogische Unterstützung* und *Lerngemeinschaft* wurde der Cutoff-Wert von $\lambda < .600$ (Matsunaga, 2010) herangezogen, um den Modellfit weiter zu verbessern. Dies führte zum Ausschluss drei weiterer Items (vgl. Tab. 5.21). Dabei sind Item 4 und 5 dem Faktor *Interesse*, Item 36 der Dimension *Lerngemeinschaft* zugeordnet.

Bei Betrachtung der Formulierungen der eliminierten Items fällt zunächst auf, dass die dem Interessenfaktor zugewiesenen Items negativ gepolt sind. Schließt man diesbezügliche Erkenntnisse von Modell 2 (vgl. Kap. 5.7.3.4) mit ein, so wird deutlich, dass die Ausrichtungen der Items in dieser Untersuchung maßgeblichen Einfluss auf die Schätzung der Faktorstruktur haben – von den bisher 9 ausgeschlossenen Items sind 8 negativ gepolt. Als Folge verbleiben ausschließlich positive Items in der GAINS-AG-Skala.

Die unzufriedenstellenden Faktorladungen der negativ gepolten Items legen nahe, dass die Berücksichtigung eines Methodenfaktors zu veränderten Schätzparametern geführt hätte. Dies könnte in zukünftigen Studien bedacht werden. Auf der anderen Seite legen viele Untersuchungen nahe, dass negativ gepolte Items die Reliabilität einer Skala umso negativer beeinflussen, je jünger die SuS sind (Benson & Hocevar, 1985; Borgers, de Leeuw & Hox, 2000; de Leeuw, Borgers & Smits, 2004; de Leeuw, 2011; Marsh, 1986). Aufgrund der bereits mehrfach erwähnten Tatsache, dass die Teilnahme an Ganztagsangeboten im Verlauf der Schulzeit abnimmt und damit für Sekundarschulen besonders die jüngeren SuS eine wesentliche Zielgruppe für die schuleigene Ganztagsevaluation darstellen, scheint es im Hinblick auf die Ausrichtung der Items vorteilhaft, dass die Skala nur positiv gepolte Items enthält. Dies ist auch vor dem Hintergrund weiterer mit der Verwendung negativ gepolter Items verbundener Nachteile als lohnend einzuschätzen: So zeigen sich etwa unterschiedliche Mittelwerte für unterschiedlich gepolte Items eines Fragebogens, was bei ungleicher Anzahl zu einer Verzerrung des Gesamtmittelwerts führt. Zudem korrelieren Fremdbeurteilungen unterschiedlich stark mit Mittelwerten aus positiv bzw. negativ gepolten Items, was nicht dafür spricht, dass diese dasselbe zugrundeliegende Konstrukt erfassen (Bühner, 2011, S. 134).

Die drei in diesem Modell ausgeschlossenen Items sollen nun genauer betrachtet werden. Item 4 („Ich hätte lieber mehr freie Zeit, als an dieser AG teilzunehmen") stammt ursprünglich aus der StEG-Itembatterie und war dort der Skala zur Messung der Zufriedenheit mit den Ganztagsangeboten (Rollett et al., 2008, S. 292) im Hinblick auf den sozialen Nutzen (Radisch et al., 2008, S. 252 f) zugeordnet. Für die vorliegende Untersuchung wurde das Item von einem Globalurteil („Ich hätte lieber mehr freie Zeit, als an Angeboten teilzunehmen") zugunsten einer Bewertung auf AG-Ebene adaptiert und dem emotionalen Interessenfaktor zugewiesen. Wie sich jedoch anhand der Faktorladung von $\lambda = .481$ zeigt, konnte die Annahme der faktoriellen Zuordnung nicht zufriedenstellend bestätigt werden. Auch in StEG fiel dieses Item durch eine unzureichende Faktorladung auf und wurde nicht weiter berücksichtigt (Radisch et al., 2008, S. 252). Daher ist davon auszugehen, dass die Formulierung des Items für die Befragung von SuS im Ganztag nicht geeignet ist. So ist es denkbar, dass gerade jüngere SuS die Teilnahme an AGs als selbstverständlichen Bestandteil ihres Tagesablaufs wahrnehmen und daher ein Hinterfragen im Hinblick auf eine alternative Zeitnutzung nicht stattfindet.

Item 5 („In dieser AG habe ich häufig keine Lust mitzuarbeiten") der ursprünglich angenommenen Dimension *wertbezogenes Interesse* wurde aus der Skala zur Erfassung des Arbeitsverhaltens in Deutsch in IGLU 2006 (Bos et al., 2010, S. 61) entnommen und von der ursprünglichen Aussage „Häufig habe ich keine Lust, im Deutschunterricht richtig mitzuarbeiten" auf die AG-Perspektive adaptiert. Wie aus der Dokumentation der Erhebungsinstrumente hervorgeht, blieb das Item auch in IGLU 2006 aufgrund uneindeutiger Faktorladung bei der Skalenbildung unberücksichtigt. Obwohl das Item grundsätzlich zur Operationalisierung von Interesse geeignet scheint, könnte die niedrige Faktorladung von $\lambda = .554$ dadurch erklärt werden, dass das Verb „mitarbeiten" für große Teile der Angebote im Ganztag nicht passend ist. Zwar ist davon auszugehen, dass das Verhalten der SuS z. B. in Förderangeboten mit dem im Fachunterricht annähernd vergleichbar ist, in vielen anderen Arten von AGs (z. B. BeSS- oder MuKu-Angebote) dürften die SuS ihr Handeln jedoch nicht als Arbeit, sondern vielmehr als intrinsisch motiviertes, freizeitliches Handeln wahrnehmen.

Item 36 („In dieser AG geht es locker zu") wurde für die ursprüngliche Subskala *Zeitnutzung* selbst entwickelt und erreichte in Modell 3 eine Faktorladung von $\lambda = .560$. Vermutlich bildet die Formulierung eine effektive Zeitnutzung nur unzureichend ab. Anzunehmen ist, dass dieses Item bei Zuordnung in eine der ursprünglichen Beziehungssubskalen anschlussfähiger gewesen wäre. Der generelle Ausschluss dieses Items aus der GAINS-AG-Skala scheint dennoch hinnehmbar, da die Formulierung „geht es locker zu" sehr vage gehalten ist und daraus nicht eindeutig hervorgeht, ob dies z. B. auf den Umgang der SuS untereinander, den Umgang zwischen AG-Leitung und SuS oder die inhaltliche Gestaltung der AG abzielt.

5.7.3.7 Faktorstruktur: Modell 5

Da die Subskalen *Lernförderlichkeit, Interesse* sowie *Lerngemeinschaft* jeweils aus sechs Items bestehen, sollte der Umfang der 11 Items umfassenden Subskala *Pädagogische Unterstützung* reduziert werden, was durch den Ausschluss des Items mit der niedrigsten Faktorladung erreicht wurde (vgl. Tab. 5.21). Die Eliminierung dieses Items (27: „Mein AG-Leiter stellt häufig spannende Aufgaben, die wir allein oder in Gruppen lösen müssen") führt auf deskriptiver Ebene zu keiner nennenswerten Veränderung des Modellfits.

Tabelle 5.22: Finale Items und Faktoren der GAINS-AG-Skala

Items der vier Subskalen	Nr.
Lernförderlichkeit	
Ich lerne in dieser AG Dinge, die mir im normalen Unterricht helfen.	1
Ich lerne in dieser AG Dinge, die meine Noten verbessern.	4
Ich lerne in dieser AG vieles, was ich im Unterricht vermisse.	6
Ich lerne in dieser AG Dinge, die mir im täglichen Leben helfen.	9
Ich lerne in dieser AG Dinge, die ich vorher noch nicht wusste.	11
In dieser AG lerne ich viel.	12
Interesse	
In dieser AG strenge ich mich an.	2
Diese AG macht mir Spaß.	3
Ich freue mich auf diese AG.	5
In dieser AG bringe ich mich ein.	7
Die Themen und Inhalte dieser AG interessieren mich meistens sehr.	8
In dieser AG bin ich konzentriert bei der Sache.	10
Pädagogische Unterstützung	
Mit meinem AG-Leiter komme ich gut aus.	13
Mein AG-Leiter geht auf unsere Vorschläge ein.	14
Mein AG-Leiter bietet mir die Möglichkeit, zu zeigen was ich kann.	15
Mein AG-Leiter weckt bei mir oft Begeisterung und Interesse für Neues.	16
Mein AG-Leiter lässt uns häufig über die Themen mitentscheiden.	17
Mein AG-Leiter nimmt mich ernst.	18
Mein AG-Leiter achtet darauf, dass möglichst alle Schüler aktiv mitarbeiten.	19
Mein AG-Leiter kümmert sich um mich.	20

Items der vier Subskalen	Nr.
Mein AG-Leiter fragt uns häufig nach unserer Meinung, wenn etwas entschieden oder geplant werden soll.	21
Mein AG-Leiter lobt mich.	22
Lerngemeinschaft	
In dieser AG wird fast immer konzentriert gearbeitet.	23
In dieser AG finde ich schnell jemanden, der mit mir zusammenarbeitet.	24
In dieser AG kommen wir immer sofort zur Sache.	25
In dieser AG fühle ich mich wohl.	26
In dieser AG helfen wir uns gegenseitig.	27
In dieser AG haben wir eine gute Gemeinschaft.	28

Das Item lud mit $\lambda = .632$ in Modell 4 deutlich schlechter als die weiteren Items dieser Subskala und wurde für die vorliegende Untersuchung aus StEG adaptiert. Dort diente es der Erfassung der Prozessqualität von Ganztagsangeboten im Sinne einer schüleraktiven Aufgabenorientierung in allen drei Erhebungswellen (Furthmüller, 2014, S. 126; Radisch et al., 2008, S. 236). Wie aus der Prüfung der Faktorstruktur zu entnehmen ist, lädt das Item bei StEG („Häufig gibt man uns spannende Aufgaben, die wir allein oder in Gruppen lösen müssen") mit $\lambda = .581$ zwar befriedigend, aber nicht überzeugend (Radisch et al., 2008, S. 237). Die leicht bessere Faktorladung in der Subskala der eigenen Untersuchung könnte u. a. auf das abweichende latente Konstrukt zurückzuführen sein. Eine Eliminierung scheint jedoch v. a. aus inhaltlicher Sicht gerechtfertigt, da innerhalb einer Aussage zwei Aspekte erfragt werden, die mit „oder" verknüpft sind. Hierdurch bleibt für die Befragten unklar, auf welchen Frageteil sie ihre Antwort beziehen sollen (Fisseni, 2004). Mit dem Ausschluss dieses Items kann der Itempool als finalisiert angesehen werden (vgl. Tab. 5.22).

5.7.3.8 Faktorstruktur: Modell 6 und 7

Der Ausschluss von Items reduzierte die hohen Skaleninterkorrelationen nicht. Im 4-Faktormodell (Modell 5) liegen diese zwischen .594 und .871. Die Ergebnisse der χ^2-Differenztests weisen darauf hin, dass ein eindimensionales Modell (Modell 7) die Daten signifikant schlechter abbildet als Modell 5, wohingegen der Modellvergleich von Modell 5 mit dem hierarchischen Modell (Modell 6) nur knapp signifikant ausfiel und die Fit-Indizes eine vergleichbar gute Modellpassung nahelegen. Dies kann dahingehend interpretiert werden, dass das hierarchische Modell das sparsamere ist, sodass weniger Parameter geschätzt werden müssen, da die Anpassungsgüte des hierarchischen Modells naturgemäß nicht besser ausfallen kann als die des entsprechenden nichthierarchischen Modells (Marsh, 1985).

Die sowohl in Modell 5 als auch Modell 6 enthaltenen vier Faktoren können als Kompromiss zwischen der ursprünglich postulierten 7-Faktorstruktur und einem undifferenzierten eindimensionalen Modell im Sinne eines Globalurteils angesehen werden, da sich die entstandenen vier Faktoren (*Lernförderlichkeit, Interesse, Pädagogische Unterstützung* und *Lerngemeinschaft*) auch auf theoretischer Ebene gut begründen lassen (vgl. Kap. 5.7.3.5). Die gute Passung des hierarchischen Modells deutet darauf hin, dass ein übergeordneter Faktor (*AG-Qualität*) zusätzliche Varianz aufklärt.

Auch die internen Konsistenzen als Indikator für die Reliabilität liegen im guten bis exzellenten Bereich. Mit der vorliegenden Faktorstruktur können somit sowohl in der Schulpraxis als auch in der Forschung präzisere Aussagen über die Qualität eines AG-Angebots getroffen werden als mit einem bei SuS-Befragungen häufig anzutreffenden Globalfaktormodell (Clausen, 2002; Helmke et al., 2008).

Kritisch zu hinterfragen im Sinne der diskriminanten Validität sind allerdings die hohen Zusammenhänge zwischen den einzelnen Dimensionen. Während die niedrigste Korrelation zwischen den Subskalen *Lernförderlichkeit* und *Pädagogische Unterstützung* $r = .594$ beträgt, korrelieren etwa die Subskalen *Interesse* und *Lerngemeinschaft* mit $r = .871$ relativ hoch. Neben zu erwartenden Wechselwirkungen zwischen verschiedenen Klimaaspekten auf operationaler Ebene (vgl. Kap. 5.5.3.3 und Kap. 6.2.2) zeigen Befunde verschiedener Studien jedoch, dass Motivation bzw. Schulfreude (welche große Ähnlichkeit mit dem Interessenkonstrukt in dieser Arbeit aufweisen) und soziale Eingebundenheit (die wiederum dem Konstrukt der Lerngemeinschaft nahe ist) eng miteinander zusammenhängen. „Students who experienced a greater sense of acceptance by peers ... were more likely to be interested in and enjoy school and their classes" (Osterman, 2000, S. 331). Diese aus der US-amerikanischen Schulforschung stammende Aussage wird auch von Kanevski und von Salisch (2013, S. 19) für den Ganztagsschulkontext bestätigt. In Bezug auf die Faktorstruktur zeigten die vorgenommenen Modellvergleiche dennoch, dass die Faktoren spezifische Varianz über einen Globalfaktor hinaus aufklären.

Einschränkend muss auf Ebene der Stichprobe sowohl der Umfang als auch das Alter der SuS in den Blick genommen werden. Zwar empfehlen z. B. Bentler und Chou (1987) mindestens fünf Fälle pro geschätztem Parameter, wodurch der Untersuchung deutlich höhere Fallzahlen hätten zugrunde liegen müssen. Allerdings ist die Forderung von Kline (2011) nach mindestens 200 Fällen für die Durchführung einer CFA erfüllt, sodass zumindest von grundsätzlich aussagekräftigen Ergebnissen ausgegangen werden kann.

Unklar bleibt außerdem, ob die gefundene Faktorstruktur bei niedrigeren bzw. höheren Klassenstufen und anderen Schulformen in gleicher Form abgebildet werden könnte. Dies kann gerade im Hinblick auf SuS jüngeren Alters bzw. aus bildungsbenachteiligten Milieus oder mit Migrationshintergrund in

Frage gestellt werden. Dies zeigen beispielhaft sowohl die verschiedenen Versionen der StEG-Fragebögen für SuS der Primar- bzw. Sekundarstufe (Furthmüller, 2014, 2014a) als auch die Herausforderungen, welche sich bei der Konstruktion des Baseline-Fragebogens für SuS in Hauptschulen im Rahmen des DJI-Übergangspanels ergaben (Kuhnke, 2007).

Zudem konnte die Mehrebenenstruktur der Daten nicht hinreichend berücksichtigt werden. Dies erwies sich als praktisch nicht umsetzbar, weil (1) die Datenerhebung im Klassenverband und nicht im AG-Setting durchgeführt wurde und (2) durch die Kategorisierung der AGs nicht zugeordnet werden konnte, welche SuS gemeinsam eine AG besuchen.

5.8 Prüfung der Faktorstruktur der GAINS-AG-Skala an einer unabhängigen Stichprobe und zusätzliche Testung der Messinvarianz (Hauptstudie 3)

Im Folgenden soll die in Hauptstudie 2 entwickelte Faktorstruktur an einer unabhängigen, größeren sowie heterogeneren Stichprobe bestätigt werden. Zudem soll ein Modellvergleich zwischen dem nichthierarchischen 4-Faktormodell (Modell 5) und dem hierarchischen Modell (Modell 6) nochmals durchgeführt werden. Ein weiteres Ziel stellt die Prüfung der Messinvarianz der Faktorstruktur zwischen den verschiedenen AG-Kategorien dar. Wie üblich folgen auf die Darstellung der Methodik (vgl. Kap. 5.8.1) der Ergebnisbericht (vgl. Kap. 5.8.2) und die Diskussion der gewonnenen Erkenntnisse (vgl. Kap. 5.8.3).

5.8.1 Methode

Nachdem die Stichprobe beschrieben wurde (vgl. Kap. 5.8.1.1), werden Untersuchungsdurchführung (vgl. Kap. 5.8.1.2) und -auswertung (vgl. Kap. 5.8.1.3) dargestellt.

5.8.1.1 Stichprobenbeschreibung

Für die Studie konnten Daten von $N = 1247$ SuS aus fünf verschiedenen Schulen (Gymnasium bzw. integrierte Gesamtschule) der hessischen Schulamtsbezirke Frankfurt, Offenbach sowie Hanau/Main-Kinzig-Kreis mit Ganztagsprofil 1 und 2 gewonnen werden, wobei die SuS aus organisatorischen Gründen im Rahmen des regulären Vormittagsunterrichts befragt wurden. Aus den Analysen wurden die Angaben von $n = 466$ SuS aus den in Tabelle 5.23 dargestellten

Gründen ausgeschlossen, da für die folgenden Analysen nur die Angaben derjenigen SuS verwendet werden können, die ein spezifisches Angebot bewertet haben.

Tabelle 5.23: Übersicht der aus Hauptstudie 3 ausgeschlossenen Datensätze

Grund des Ausschlusses	n
keine aktuelle, aber frühere Teilnahme am Ganztagsangebot	298
weder aktuelle noch frühere Teilnahme am Ganztagsangebot	88
keine aktuelle Teilnahme und keine Angabe zur früheren Teilnahme am Ganztagsangebot	25
aktuelle Teilnahme am Ganztagsangebot, allerdings fehlende AG-Bewertung	24
aktuelle Teilnahme am Ganztagsangebot, allerdings Besuch der Oberstufe (für vorliegende Untersuchung zu geringe Anzahl an SuS in dieser Altersklasse)	31

Somit gehen die Daten von $n = 781$ SuS (52.0 % weiblich) in die Analysen ein. Darin sind die Angaben von $n = 268$ SuS enthalten, welche primär für die Überprüfung von konvergenter Validität und Test-Retest-Reliabilität im Rahmen von Hauptstudie 4 (vgl. Kap. 5.9) erhoben wurden. Von der Analysestichprobe entfallen $n = 652$ SuS auf die Unterstufe (5. Jahrgangsstufe: 35.7 %, 6. Jahrgangsstufe: 27.2 %, 7. Jahrgangsstufe: 21.1 %) sowie $n = 124$ SuS auf die Mittelstufe (8. Jahrgangsstufe: 11.5 %, 9. Jahrgangsstufe: 1.5 %, 10. Jahrgangsstufe: 3.0 %). Die SuS bewerteten vorrangig MuKu-Angebote (28.2 %), BeSS- sowie Förderangebote (jeweils 23.9 %), gefolgt von MINT-Angeboten (16.3 %) und Fremdsprachenangeboten (6.0 %).[150]

5.8.1.2 Durchführung der Untersuchung

Die Datenerhebung erfolgte analog zu der bereits in Hauptstudie 2 beschriebenen Art und Weise und somit im Klassenverband, onlinebasiert sowie unter Anleitung geschulter Testleiterinnen und Testleiter. Eine Ausnahme stellen die beiden vorrangig für Hauptstudie 4 herangezogenen Schulen dar, in denen die Einschätzung aus ökonomischen Gründen über Paper-and-Pencil-Fragebögen (ePaper) sowie im Rahmen der Ganztagsangebote erfolgte (vgl. Kap. 5.9.1.2). Für die online erhobenen Einschätzungen benötigten die SuS im Durchschnitt 25:00 Minuten ($SD = 7:36$ Minuten; Range: 9:44 bis 49:13 Minuten).

---

150 Auf Wunsch einer an der Untersuchung teilnehmenden Schule wurde für diese Schule zusätzlich die AG-Kategorie „soziales Lernen" eingeführt. In diese entfallen 1.7 % der Stichprobe.

5.8.1.3 Auswertung der Untersuchung

Die Überprüfung der in Hauptstudie 2 postulierten Faktorstruktur erfolgt mittels CFA über Mplus der Version 8 (Muthén & Muthén, 2017). Dabei wird analog zu Hauptstudie 2 (vgl. Kap. 5.7.1.3) auf den WLSMV-Schätzer sowie die dort verwendeten Fit-Indizes zurückgegriffen. Für den Vergleich von hierarchischem und nichthierarchischem Modell wird der χ^2-Differenztest herangezogen. Zusätzlich werden die Veränderungen des CFI betrachtet. Um die Messinvarianz der Faktorstruktur zwischen verschiedenen AG-Kategorien zu testen, wird eine Reihe von immer restriktiver werdenden Modellen berechnet.

Messinvarianz bezieht sich darauf, dass das der latenten Variablen zugrunde liegende Modell in allen betrachteten Gruppen äquivalent ist. Sie gilt als Voraussetzung dafür, Mittelwerte latenter Variablen zwischen verschiedenen Gruppen vergleichen zu können (Byrne, 2012; van de Schoot, Lugtig & Hox, 2012; Vandenberg & Lance, 2000). So könnte bspw. von Interesse sein, ob die AG-Qualität in MuKu-Angeboten höher ausfällt als in MINT-Angeboten. Bei der Prüfung der Messinvarianz werden im Allgemeinen drei Stufen unterschieden: (1) *Konfigurale* Messinvarianz liegt vor, wenn die Faktorstruktur (Anzahl der Faktoren und Ladungsmuster) in den untersuchten Gruppen vergleichbar ist. (2) Für die Prüfung der *metrischen* Messinvarianz werden zusätzlich die Faktorladungen in den Gruppen gleichgesetzt. (3) Für die Bestätigung der *skalaren* Messinvarianz wird zusätzlich Gleichheit der Intercepts bzw. der Thresholds gefordert (Chen, 2007; Vandenberg & Lance, 2000). Streng genommen erlaubt nur das Vorliegen skalarer Messinvarianz den Vergleich von Mittelwerten (Vieluf, Leon & Carstens, 2010). Die Prüfung auf Messinvarianz erfolgt mittels χ^2-Differenztest sowie mittels der Betrachtung der Veränderung von CFI und RMSEA. Chen (2007) schlägt dabei vor, die nächste Stufe der Messinvarianz abzulehnen, wenn sich der CFI um mehr als .010 und der RMSEA um mehr als .015 verändert. Bei der Interpretation der Ergebnisse muss allerdings Obacht gegeben werden, da die auf Simulationsstudien beruhenden konventionellen Cutoff-Werte i. d. R. auf intervallskaliert-normalverteilten Daten basieren, die mittels Maximum-Likelihood-Schätzer berechnet wurden (Sass, Schmitt & Marsh, 2014). Bislang liegen noch keine eindeutigen Empfehlungen für Schlussfolgerungen aus den mittels WLSMV-Verfahren geschätzten Ergebnissen vor. Dieses Desiderat wird auch in anderen Beiträgen der empirischen Ganztagsschulforschung aufgegriffen (z. B. Sauerwein, 2017).

5.8.2 Ergebnisse

Wie bereits für Hauptstudie 2 ergibt sich auch für diese Studie eine Verletzung der multivariaten Normalverteilung (Royston's $H = 2962.50$, $p < .001$).

Zunächst werden die Ergebnisse zur Bestätigung der Faktorstruktur sowie des Vergleichs von hierarchischem und nichthierarchischem Modell dargestellt (vgl. Kap. 5.8.2.1). Für detaillierte Ergebnisse (standardisierte Faktorladungen sowie Skaleninterkorrelationen) wird auf Anhang A.1 verwiesen. Anschließend wird die Messinvarianz zwischen verschiedenen AG-Kategorien betrachtet (vgl. Kap. 5.8.2.2).

5.8.2.1 Faktorstruktur

Sowohl für das nichthierarchische 4-Faktormodell mit korrelierten Faktoren als auch für das hierarchische Modell mit vier Faktoren erster Ordnung ergeben sich Gütemaße, die nur knapp unterhalb (CFI, TLI) bzw. nur knapp oberhalb (RMSEA) der akzeptablen Cutoff-Werte liegen (vgl. Tab. 5.24).

Tabelle 5.24: Gütemaße von hierarchischem und nichthierarchischem Faktormodell (N = 781)

	χ^2	df	p	CFI	TLI	RMSEA [90% CI]
nichthierarchisches 4-Faktormodell	2276.98	344	< .001	.893	.883	.085 [.082; .088]
hierarchisches Faktormodell zweiter Ordnung mit vier Faktoren erster Ordnung	2208.61	346	< .001	.897	.888	.083 [.080; .086]

Der χ^2-Differenztest zeigt, dass das hierarchische Modell aus statistischer Sicht gleich gut auf die Daten passt wie das nichthierarchische 4-Faktormodell mit korrelierten latenten Faktoren ($\Delta\chi^2(2) = 3.98$; $p = .137$). Auf deskriptiver Ebene unterscheiden sich die Gütemaße dagegen nur unwesentlich.

Zusammengenommen legen die Ergebnisse von Hauptstudie 2 und die von Hauptstudie 3 keine eindeutige Bevorzugung eines der beiden Modelle nahe. Im Hinblick auf den für GAINS primär vorgesehenen Einsatz in der einzelschulischen Evaluationspraxis wird deshalb dem nichthierarchischen Modell der Vorzug gegeben. So würden für die Berechnung als auch Interpretation der mit hierarchischen Modellen einhergehenden Faktorscores Kompetenzen eingefordert werden, über die Lehrkräfte im Regelfall nicht verfügen. Die weiteren Darstellungen beziehen sich somit ausschließlich auf das nichthierarchische 4-Faktormodell, welches als finales Modell angesehen wird (für die zugehörigen Items vgl. Tab. 5.22).

Die Skaleninterkorrelationen dieses Modells weisen Werte zwischen .403 und .751 auf, wobei sich die höchsten Zusammenhänge zwischen den Subskalen *Pädagogische Unterstützung* und *Lerngemeinschaft* sowie *Interesse* und *Lerngemeinschaft* zeigen. Die Faktorladungen bewegen sich zwischen .509 und .961 (vgl. Abb. 5.5). Die internen Konsistenzen liegen für die Subskala *Lernför-*

derlichkeit mit α = .73 im akzeptablen, für die Subskalen *Interesse* mit α = .84 und *Lerngemeinschaft* mit α = .83 im guten sowie für die Subskala *Pädagogische Unterstützung* mit α = .90 im exzellenten Bereich.

Abbildung 5.5: Faktorladungen (alle $ps \leq .001$) und Interskalenkorrelationen (alle $ps < .001$) der CFA für das finale 4-Faktormodell (N = 781; für die zugehörigen Items vgl. Tab. 5.22)

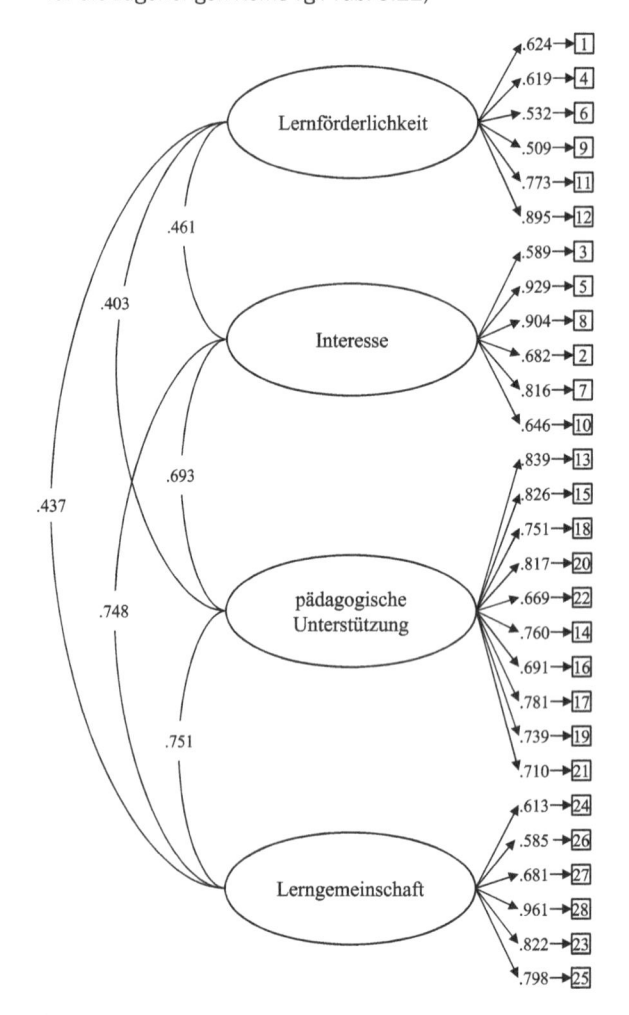

5.8.2.2 Messinvarianz zwischen AG-Kategorien

Bevor die Messinvarianz zwischen den AG-Kategorien geprüft werden kann, wird zunächst der Modellfit des 4-Faktormodells getrennt nach AG-Kategorien betrachtet. Herangezogen werden dabei nur die vier Kategorien, für die eine akzeptable Stichprobengröße vorliegt ($n \geq 127$). Fremdsprachenangebote werden aufgrund einer zu geringen Stichprobengröße ($n = 47$) nicht berücksichtigt.

Während für BeSS-Angebote sowie MuKu-Angebote die Gütemaße – analog zur Gesamtstichprobe – die akzeptablen Cutoff-Werte knapp unter- (CFI, TLI) bzw. überschreiten (RMSEA), zeigt sich für MINT-Angebote ein akzeptabler und für Förderangebote sogar ein guter Modellfit (vgl. Tab. 5.25).

Tabelle 5.25: Gütemaße des nichthierarchischen 4-Faktormodells getrennt nach AG-Kategorien

	χ^2	df	p	CFI	TLI	RMSEA [90% CI]
Förderangebote ($n = 187$)	617.10	.344	< .001	.965	.962	.065 [.057; .073]
BeSS-Angebote ($n = 187$)	777.45	.344	< .001	.893	.882	.082 [.047; .090]
MuKu-Angebote ($n = 220$)	684.75	.344	< .001	.893	.882	.067 [.060; .074]
MINT-Angebote ($n = 127$)	527.63	.344	< .001	.914	.905	.065 [.054; .076]

Obwohl sich bereits anhand der Betrachtung der unterschiedlich ausfallenden deskriptiven Gütemaße andeutet, dass sich die GAINS-AG-Skala als nicht messinvariant zwischen den untersuchten AG-Kategorien erweist, wird zur Absicherung ein formaler Invarianztest durchgeführt. Die Testung erfolgt paarweise für alle möglichen AG-Kombinationen.[151]

Die Ergebnisse der Invarianztestung sind in Tabelle 5.26 dargestellt. Bei drei Vergleichen kann das Modell für die metrische Invarianz nicht berechnet werden. Die Gütemaße der immer weiter restringierten Modelle sind insgesamt als akzeptabel bis gut zu beurteilen. Eine Ausnahme stellt der Vergleich von BeSS-Angeboten mit MuKu-Angeboten dar, bei dem die empfohlenen Cutoff-Werte für eine akzeptable Modellanpassung knapp nicht erreicht werden. Die χ^2-Differenztests sprechen in allen Fällen gegen die Annahme, dass sich Faktorstruktur, Faktorladung und Thresholds in den untersuchten AG-Kategorien gleichermaßen abbilden lassen. Die Veränderung des CFI spricht bei den Vergleichen von BeSS-Angeboten mit MuKu-Angeboten, BeSS-Angeboten mit MINT-

---

[151] Da eine Berechnung in Mplus nicht möglich ist, wenn in einer Angebotsgruppe nicht alle Antwortkategorien besetzt sind, wurden in Einzelfällen die Kategorien „trifft gar nicht zu" und „trifft eher nicht zu" zusammengefasst. Dies betraf 3 Items bei MuKu-Angeboten sowie 1 Item bei MINT-Angeboten, wobei in allen Fällen die Kategorie „trifft gar nicht zu" von den SuS nicht gewählt wurde.

Angeboten sowie MuKu-Angeboten mit MINT-Angeboten sowohl für die Annahme metrischer als auch skalarer Messinvarianz (alle ΔCFI ≤ .002). Der Vergleich von Förderangeboten mit den übrigen Angebotskategorien fällt dagegen bei Betrachtung der CFI-Veränderung negativ im Sinne einer nicht vorhandenen Messinvarianz aus (alle ΔCFI > .010). Wird hingegen die Veränderung im RMSEA-Wert herangezogen, kann für alle betrachteten Vergleiche von metrischer und skalarer Messinvarianz ausgegangen werden.

Tabelle 5.26: Messinvarianz zwischen den AG-Kategorien

	χ^2	df	p	CFI	TLI	RMSEA [90% CI]	$\Delta\chi^2$ (Δdf)
Förder (n = 187) – BeSS (n = 187)							
konfigurale MI	1404.94	688	< .001	.939	.933	.075 [.069; .080]	
metrische MI[a]							
skalare MI	1611.44	764	< .001	.928	.929	.077 [.072; .082]	285.16 (76)***
Förder (n = 187) – MuKu (n = 220)							
konfigurale MI	1301.13	688	< .001	.946	.941	.066 [.061; .072]	
metrische MI[a]							
skalare MI	1537.70	761	< .001	.932	.932	.071 [.066; .076]	302.70 (73)***
Förder (n = 187) – MINT (n = 127)							
konfigurale MI	1120.56	688	< .001	.959	.955	.063 [.057; 070]	
metrische MI[a]							
skalare MI	1321.23	763	< .001	.947	.947	.068 [.062; 074]	280.60 (75)***
BeSS (n = 187) – MuKu (n = 220)							
konfigurale MI	1445.42	688	< .001	.892	.881	.074 [.068; .079]	
metrische MI	1476.62	712	< .001	.891	.884	.073 [.067; 078]	67.10 (24)***
skalare MI	1578.09	761	< .001	.883	.884	.073 [.068; 078]	167.63 (49)***

	χ^2	df	p	CFI	TLI	RMSEA [90% CI]	$\Delta\chi^2$ (Δdf)
BeSS (n = 187) – MINT (n = 127)							
konfigurale MI	1269.29	688	< .001	.905	.896	.073 [.067; .080]	
metrische MI	1275.98	712	< .001	.908	.903	.071 [.065; .077]	37.58 (24)*
skalare MI	1350.52	763	< .001	.904	.905	.070 [.064; .076]	121.64 (51)***
MuKu (n = 220) – MINT (n = 127)							
konfigurale MI	1196.38	688	< .001	.901	.892	.065 [.059; .071]	
metrische MI	1214.32	712	< .001	.903	.897	.064 [.058; .070]	45.56 (24)**
skalare MI	1269.83	760	< .001	.901	.902	.062 [.056; .068]	86.99 (48)**

Anmerkung:
Förder = Förderangebote,
BeSS = Bewegungs-, Spiel- und Sportangebote,
MuKu = musisch-künstlerische Angebote,
MINT = mathematische, informatische, naturwissenschaftliche und technische Angebote
MI = Messinvarianz
a In diesen Fällen kann das metrische Messmodell von Mplus nicht ausgegeben werden, da das Modell nicht konvergiert.
* $p \leq .05$, ** $p \leq .01$, *** $p \leq .001$

5.8.3 Diskussion

Ziel dieser dritten Hauptstudie war es, die in Hauptstudie 2 explorierte Faktorstruktur an einer größeren und unabhängigen Stichprobe zu verifizieren (vgl. Kap. 5.8.3.1). Außerdem sollten erste Hinweise auf die Messinvarianz der Faktorstruktur zwischen den verschiedenen AG-Kategorien generiert werden (vgl. Kap. 5.8.3.2).

5.8.3.1 Faktorstruktur

Die Überprüfung der Faktorstruktur ergibt sowohl für das nichthierarchische 4-Faktormodell als auch für das hierarchische Modell auf deskriptiver Ebene Gütemaße, die die empfohlenen Cutoff-Werte knapp nicht erreichen. Damit fallen diese schlechter aus als die entsprechenden erreichten Werte bei Modell 5 (nichthierarchisches 4-Faktormodell) bzw. Modell 6 (hierarchisches Faktormodell zweiter Ordnung mit vier Faktoren erster Ordnung) in der zweiten Hauptstudie (vgl. Kap. 5.7.2).

Vor dem Hintergrund der verwendeten explorativen Methodik durch sukzessives Optimieren der GAINS-AG-Skala in Hauptstudie 2 ist dies allerdings wenig überraschend. Auch im Hinblick auf den Vergleich des nichthierarchischen mit dem hierarchischen Modell werden in der aktuellen Hauptstudie die Ergebnisse aus der vorherigen Hauptstudie nicht bestätigt: Während in Hauptstudie 2 die Ergebnisse des χ^2-Differenztests für eine bessere Passung des 4-Faktormodells sprechen, unterscheiden sich die Modelle aus statistischer Sicht in Hauptstudie 3 nicht signifikant. Aufgrund der widersprüchlichen Ergebnisse bleibt somit nach wie vor unklar, inwieweit die Bildung eines übergeordneten Faktors zur Erfassung der allgemeinen AG-Qualität zulässig ist. Hierzu sind jedoch weitreichende statistische Kompetenzen notwendig: Zur Anwendung des hierarchischen Modells müssen Faktorscores gebildet werden, in denen die unterschiedlich starken Faktorladungen und Thresholds der Items berücksichtigt sind; eine einfache Mittelwertsbildung über alle Items ist nicht zulässig. Das einfaktorielle Modell wurde in Hauptstudie 2 allerdings sowohl aus statistischen als auch aus inhaltlichen Überlegungen verworfen (vgl. Kap. 5.7.3.8). Für den primären Einsatzzweck von GAINS in der einzelschulischen Evaluationspraxis scheint die Frage nach der Existenz eines übergeordneten Faktors allerdings auch von untergeordneter Bedeutung zu sein. Daher soll die GAINS-AG-Skala im Folgenden als *nichthierarchisches Konstrukt mit vier Faktoren* aufgefasst werden. Dies schließt jedoch nicht aus, dass im Forschungskontext bei Bedarf auch auf das hierarchische Modell zurückgegriffen werden kann.

Grundsätzlich kann für das nichthierarchische Modell von einer Bestätigung der Faktorstruktur ausgegangen werden, wofür auch die Betrachtung der Faktorladungen, Interskalenkorrelationen sowie internen Konsistenzen spricht. Zudem deutet die separate Betrachtung der Gütemaße für die verschiedenen AG-Kategorien darauf hin, dass das 4-Faktormodell für einzelne AG-Kategorien auch in der unabhängigen Stichprobe eine durchaus gute Passung aufweist (vgl. Kap. 5.8.2.2).

Die erzielten Faktorladungen fallen in der vorliegenden Studie erwartungsgemäß insgesamt niedriger aus als die des entsprechenden Modells 5 in der zweiten Hauptstudie. Bei den Items 3, 12, 13 und 31 fällt dabei die Differenz der Faktorladung höher als .200 aus. Die unterschiedliche Zusammensetzung der Stichprobe im Hinblick auf die von den SuS bewerteten AG-Kategorien könnte hierbei eine Rolle gespielt haben. Dies zeigt sich u. a. bei den BeSS-Angeboten, auf die sich in Hauptstudie 2 knapp 43 %, in Hauptstudie 3 knapp 24 % der Bewertungen beziehen. Bei Betrachtung der übrigen Items unterscheiden sich deren Faktorladungen zwischen Hauptstudie 2 und 3 nur geringfügig. In einigen Fällen werden auch bessere Werte bei der unabhängigen Stichprobe der vorliegenden Studie erzielt.

Der Vergleich der erzielten Interskalenkorrelationen der beiden Hauptstudien zeigt für alle Koeffizienten niedrigere Zusammenhänge, deren Differenzen zwischen .062 und .277 liegen. Die Reihenfolge der Höhe der Zusammenhänge bleibt weitgehend bestehen: In beiden Stichproben besteht der niedrigste Zusammenhang zwischen den Subskalen *Lernförderlichkeit* und *Pädagogische Unterstützung*. Die höchsten Zusammenhänge ergeben sich zwischen *Interesse* und *Lerngemeinschaft* bzw. *Pädagogischer Unterstützung* und *Lerngemeinschaft*. Insgesamt deuten die geringeren Interskalenkorrelationen darauf hin, dass die inhaltliche Differenzierung der vier Subskalen zur Erfassung der AG-spezifischen Qualitätsmerkmale in Hauptstudie 3 eindeutiger ist als Hauptstudie 2. Dies kann als ein Hinweis auf die diskriminante Validität der Skala gewertet werden.

Analog zu den bisherigen Befunden überrascht es kaum, dass auch die internen Konsistenzen in der vorliegenden Studie etwas niedriger ausfallen als in der zweiten Hauptstudie, wobei diese mit Werten zwischen .73 und .90 insgesamt dennoch als akzeptabel bis exzellent zu bewerten sind.

Bei Betrachtung der Stichprobenzusammensetzung dieser Hauptstudie kann positiv hervorgehoben werden, dass der in Hauptstudie 2 formulierten Forderung nach einer größeren Heterogenität sowohl durch die Berücksichtigung höherer Klassenstufen als auch weiterer Schulformen zumindest teilweise nachgekommen wird. Dennoch bleibt offen, inwiefern sich die postulierte Faktorstruktur auch für weitere Schulformen und Jahrgänge replizieren lässt (vgl. auch Kap. 5.7.3.8).

Nicht auszuschließen ist außerdem, dass sich die verbliebenen Items durch ein alternatives und bisher nicht in Betracht gezogenes Faktormodell noch besser abbilden ließen als durch das verwendete 4-Faktormodell. Hierzu wären weitere Untersuchungen notwendig. Über alle Ergebnisse der Hauptstudie 2 und 3 hinweg muss jedoch hervorgehoben werden, dass es sich bei diesem Modell um ein sowohl inhaltlich plausibles als auch theoretisch fundiertes Konstrukt handelt, das trotz nicht völlig zufriedenstellender Kennwerte in Hauptstudie 3 als Bereicherung für die empirische Ganztagsschulforschung angesehen werden kann, indem es die Debatte zu Qualitätsmerkmalen von Ganztagsangeboten (Brümmer et al., 2011; Radisch et al., 2008; Sauerwein, 2017) erweitert.

5.8.3.2 Messinvarianz zwischen AG-Kategorien

Das Vorliegen skalarer Messinvarianz ist Voraussetzung dafür, Mittelwerte von latenten Variablen miteinander in Beziehung setzen zu können. Obwohl Borsboom bereits 2006 auf die Relevanz dieses Kriteriums hinweist, wird die Überprüfung der Messinvarianz in der empirischen Bildungsforschung eher selten durchgeführt – von Untersuchungen im Rahmen von Large Scale Assessments wie PISA (z. B. Nagy, Lüdtke, Köller & Heine, 2017) und TIMSS (z. B. Nusser,

Carstensen & Artelt, 2015) abgesehen. Dies gilt umso mehr für wissenschaftliche Arbeiten in der Disziplin des Sports. Daher muss trotz der Tatsache, dass in der vorliegenden Untersuchung nicht alle AG-Kategorien miteinander verglichen werden konnten, die Prüfung der Messinvarianz der GAINS-AG-Skala positiv hervorgehoben werden.

Zunächst zeigt sich, dass die Faktorstruktur bei separater Betrachtung der einzelnen AG-Kategorien unterschiedlich gut durch die Daten abgebildet werden kann (vgl. Tab. 5.25). So fallen die deskriptiven Gütemaße für Förderangebote gut und für MINT-Angebote akzeptabel aus. Hingegen werden die empfohlenen Cutoff-Werte bei MuKu- sowie BeSS-Angeboten knapp nicht erreicht. Da die beiden letztgenannten Kategorien von mehr als der Hälfte der Gesamtstichprobe beurteilt wurden, ist es kaum verwunderlich, dass die Passung des Modells über alle AG-Kategorien hinweg (vgl. Kap. 5.8.2.1) insgesamt unter die akzeptablen Grenzwerte fällt.

Die unterschiedlichen Fitwerte für die verschiedenen Kategorien könnten darauf hindeuten, dass die Items die untersuchten Qualitätsdimensionen in Angeboten, welche zusätzliche Unterstützung für vorwiegend kognitiv orientierte Hauptfächer wie Deutsch, Englisch oder Mathematik bieten, besser abbilden als in anderen Angeboten. Als Ursache hierfür lassen sich die verwendeten Itemformulierungen anführen, die teilweise in Leistungsvergleichsstudien eingesetzten Konstrukten entnommen und auf den Ganztagskontext adaptiert wurden (vgl. Kap. 5.5.3). Ebenfalls wäre es denkbar, dass die Häufung wechselnder Sozialformen in den Angeboten die Beantwortung der Items unterschiedlich beeinflusst haben: So scheint es nachvollziehbar, dass SuS, welche die GAINS-AG-Skala in Bezug auf z. B. die Hausaufgabenbetreuung bewerten, durch deren weitgehend gleichbleibende Organisationsform ihre Antworten eher auf einen sich wenig verändernden gemeinsamen Kontext beziehen. Bei SuS dagegen, die eine bewegungs-, spiel- oder sportbezogene AG beurteilen, ist durch verschiedene Spiel- bzw. Trainingsformen per se eine größere Variabilität in Bezug auf die Bewertungsgrundlage gegeben.

Die formale Überprüfung der Messinvarianz liefert je nach zugrunde gelegtem Kriterium ein ambivalentes Ergebnis: Während die χ^2-Differenztests allesamt gegen die Annahme von metrischer sowie skalarer Invarianz sprechen, sind die Veränderungen im RMSEA durchgängig kleiner als der von Chen (2007) empfohlene Richtwert von .015. Bei Betrachtung der Veränderung des CFI hingegen erweist sich die Struktur der individuellen Wahrnehmungen der Qualitätsdimensionen zwischen BeSS-Angeboten und MuKu-Angeboten, zwischen BeSS-Angeboten und MINT-Angeboten sowie zwischen MuKu-Angeboten und MINT-Angeboten als invariant. Förderangebote zeigen sich dagegen bei Zugrundelegung der CFI-Veränderung (.011 ≤ ΔCFI ≤ .014) als nicht invariant mit den anderen betrachteten Angebotskategorien.

Bei alleiniger Verwendung des *RMSEA-Kriteriums* erweisen sich die vier Dimensionen der GAINS-AG-Skala somit als invariant. Dies würde Mittelwertsvergleiche auch über verschiedene Arten von AGs erlauben, sodass die Wirkung der Qualität ganztägiger Angebote auf verschiedene Zielvariablen wie z. B. soziale Kompetenzen empirisch geprüft werden kann. Allerdings wird verschiedentlich darauf hingewiesen, dass bei Verwendung des WLSMV-Schätzers die Veränderung im RMSEA-Wert nicht als alleiniges Kriterium herangezogen werden sollte (Chen, 2007; Desa, 2014).

Wird hingegen die *Veränderung des CFI* herangezogen, sei zunächst darauf hingewiesen, dass einzelne Autoren Veränderungen des CFI von bis zu .020 als tolerierbar ansehen (z. B. Vandenberg & Lance, 2000). Nach Anlegen dieser Vorgabe könnte in der vorliegenden Untersuchung auch für die Förderangebote Invarianz attestiert werden. Dennoch soll in dieser Arbeit der weitverbreitete (z. B. Byrne, 2012; Chen, 2007; Cheung & Rensvold, 2002) und strengere Grenzwert von .010 herangezogen werden. Damit erhalten die Items der GAINS-AG-Skala in Förderangeboten einen anderen Bedeutungsgehalt zur Erklärung der latenten Konstrukte als in den übrigen betrachteten AG-Kategorien. Dies ließe sich inhaltlich wiederum dadurch erklären, dass die Items in der Wahrnehmung der SuS bei unterrichtsnahen Angeboten anders bewertet werden als bei unterrichtsfernen Angeboten. Vergleiche zwischen Förderangeboten und den weiteren Angebotsarten im Hinblick auf die von den SuS wahrgenommene Qualität würden sich daher verbieten. Die Struktur der Qualitätsdimensionen zwischen allen anderen AG-Kategorien kann dagegen als invariant angesehen werden. Allerdings müssen dabei im Rahmen des Vergleichs von BeSS-Angeboten mit MuKu-Angeboten sowohl für das konfigurale, das metrische als auch das skalare Messmodell die insgesamt nicht hinreichend befriedigenden deskriptiven Gütemaße v. a. bei CFI und TLI berücksichtigt werden.

Werden schließlich die Ergebnisse der durchgängig signifikant ausfallenden χ^2-*Differenztests* zugrundegelegt, muss davon ausgegangen werden, dass mit den verwendeten Items in den verschiedenen AG-Kategorien keine messäquivalenten Konstrukte erhoben werden. Das heißt, dass die Urteile der SuS je nach bewerteter AG nicht in derselben Art und Weise mit dem Qualitätskonstrukt verknüpft sind. Allerdings erweist sich der χ^2-Differenztest als nicht robust gegenüber nicht normalverteilten Daten (Schermelleh-Engel et al., 2003), weswegen von seiner alleinigen Betrachtung abgeraten wird. Die Annahme der Normalverteilung muss auch für die vorliegende Studie zurückgewiesen werden (vgl. Kap. 5.8.2). Erschwerend kommt hinzu, dass sich (1) die bisher diskutierten Kriterien für die Beurteilung von Messinvarianz vorwiegend auf mittels Maximum-Likelihood-Schätzer beruhenden Simulationsstudien beziehen und (2) für den in der vorliegenden Untersuchung angewendeten WLSMV-Schätzer keine klaren Kriterien für die Beurteilung von Messinvarianz vorliegen (Sass et al., 2014).

Zur Einschätzung der Messinvarianz bei ordinalen Variablen werden zwar aktuell auch alternative Vorgehensweisen vorgeschlagen, wie z. B. die annäherungsweise Messinvarianz (van de Schoot et al., 2013), allerdings sind diese für einen tatsächlichen Einsatz noch zu wenig ausgereift. Zudem ist offen, inwieweit das Gleichsetzen der Faktorladungen (metrisches Modell) bei ordinalskalierten Variablen überhaupt geprüft werden sollte. So wird bislang von der Prüfung der metrischen Messinvarianz überwiegend abgeraten und direkt ein Vergleich von konfiguralem und skalarem Modell empfohlen (Muthén, 2017a; Muthén & Muthén, 2017). Die in drei Fällen nicht konvergierenden Modelle der metrischen Messinvarianz (vgl. Tab. 5.26) sind daher zu vernachlässigen. Insgesamt kann an dieser Stelle die Frage nach der Messinvarianz der GAINS-AG-Skala somit abschließend nicht geklärt werden. Die Klärung dieser Frage scheint allerdings vorrangig für den wissenschaftlichen Zweck von Relevanz zu sein, da Vergleiche zwischen verschiedenen AG-Kategorien in der einzelschulischen Praxis ohnehin nur auf deskriptiver Ebene vorgenommen werden dürften.

Es können dafür auch weitere *limitierende Faktoren* der eigenen Untersuchung angeführt werden, welche die Aussagekraft einschränken. Zunächst muss die Stichprobengröße genannt werden, die in den einzelnen Gruppen zwischen $n = 127$ und $n = 220$ liegt. Während einige Autoren davon ausgehen, dass der WLSMV-Schätzer auch bei kleinen Stichproben gut funktioniert (Sass, 2011; Sauerwein, 2017), sind laut der Mplus-Entwickler selbst Stichprobengrößen von über 2500 für dieses Schätzverfahren „not that large" (Muthén, 2017b). Auch dies spricht dafür, die Ergebnisse der eigenen Untersuchung nicht zu überschätzen. In dieser Hinsicht ist außerdem darauf hinzuweisen, dass nicht alle in GAINS enthaltenen AG-Kategorien in den Messinvarianzvergleich einbezogen werden konnten, da Fremdsprachenangebote von zu wenigen SuS bewertet wurden. Dieser verhältnismäßig geringe Anteil bildet allerdings die Verteilung außerunterrichtlicher Ganztagsangebote an Schulen im bundesdeutschen Durchschnitt tendenziell ab (StEG-Konsortium, 2016, S. 16).

Ebenfalls offen bleibt, inwieweit sich die GAINS-AG-Skala als invariant im Hinblick auf weitere Variablen wie Geschlecht, Migrationshintergrund, Schulstufen und -formen sowie zeitliche Stabilität erweist. Schließlich darf nicht vergessen werden, dass die SuS jeweils nur eine AG bewertet haben. Dies hat konsequenterweise zur Folge, dass der Einfluss konfundierender Variablen (z. B. kognitive Leistungsfähigkeit, Aspekte der Motivation) nicht ausgeschlossen werden kann. Für eine aussagekräftigere Testung der Messinvarianz wäre es daher hilfreich, wenn dieselben befragten SuS AGs aus mehreren Kategorien bewerten würden. Dies scheint jedoch im Hinblick auf die in GAINS ausdrücklich implizierte schulische Erhebungspraxis während einer Schulstunde nicht durchführbar. Zudem hat der Großteil der befragten SuS im Rahmen von Hauptstudie 3 angegeben, an nur einer AG teilzunehmen, wodurch ein solches

Vorhaben ebenfalls erschwert wird. Schließlich konnte – analog zu Hauptstudie 2 – auch in der vorliegenden Hauptstudie die Mehrebenenstruktur der Daten aus organisatorischen Gründen nicht berücksichtigt werden.

5.9 Validierung und Test-Retest-Reliabilität der GAINS-AG-Skala (Hauptstudie 4)

Ziel der vierten Hauptstudie ist es, die Subskalen *Lernförderlichkeit*, *Interesse*, *Pädagogische Unterstützung* sowie *Lerngemeinschaft* der GAINS-AG-Skala im Hinblick auf die konvergente Validität als Teil der Konstruktvalidität und die Test-Retest-Reliabilität zu überprüfen. Erwartet werden signifikante positive Zusammenhänge zwischen den Mittelwerten der GAINS-AG-Subskalen und den entsprechenden Mittelwerten der Validierungsskalen. Zudem wird eine mittelstarke Stabilität der Subskalen-Mittelwerte über ein zweiwöchiges Zeitintervall angenommen, da die Qualität einer spezifischen AG ein weniger stabiles Konstrukt darstellt als bspw. Persönlichkeitsmerkmale oder Intelligenz und stärker durch situative Gegebenheiten beeinflusst wird. Im Anschluss an die Beschreibung der Methode (vgl. Kap. 5.9.1) werden die Ergebnisse dargestellt (vgl. Kap. 5.9.2) und diskutiert (vgl. Kap. 5.9.3).

5.9.1 Methode

Nach der Beschreibung der für Validierung und Test-Retest-Reliabilität eingesetzten Stichprobenmerkmale (vgl. Kap. 5.9.1.1) werden Untersuchungsdurchführung (vgl. Kap. 5.9.1.2), die verwendeten Validierungsinstrumente (vgl. Kap. 5.9.1.3) und die Datenauswertung (vgl. Kap. 5.9.1.4) beschrieben.

5.9.1.1 Stichprobenbeschreibung

An Hauptstudie 4 nahmen insgesamt $N = 354$ SuS zweier Gymnasien der Schulamtsbezirke Fulda sowie Hanau/Main-Kinzig-Kreis mit Ganztagsprofil 1 bzw. 2 teil. Nicht in die Analysen eingeschlossen wurden die Datensätze von $n = 31$ SuS der Oberstufe. Diese hatten zwar aus organisatorischen Gründen an der Erhebung teilgenommen, ihre Angaben wurden aber aufgrund des mit 8.8 % zu geringen Anteils an der Gesamtstichprobe in der folgenden Analyse nicht berücksichtigt. Weiterhin wurden die Daten derjenigen $n = 55$ SuS entfernt, die ausschließlich am zweiten Messzeitpunkt teilgenommen haben. Ihre Antworten konnten weder für die Prüfung der konvergenten Validität (nur Daten des erstens Messzeitpunkts) noch für die Berechnung der Test-Retest-Reliabilität (nur Datenpaare) verwendet werden.

In die Validitätsprüfung gehen damit die Angaben von $N = 268$ SuS (50.4 % weiblich) ein. Davon entfallen $n = 178$ SuS auf die Unterstufe (5. Jahrgangsstufe: 22.0 %, 6. Jahrgangsstufe: 22.4 %, 7. Jahrgangsstufe: 22.0 %) sowie $n = 90$ SuS auf die Mittelstufe (8. Jahrgangsstufe: 20.5 %, 9. Jahrgangsstufe: 4.5 %, 10. Jahrgangsstufe: 8.6 %). Am häufigsten bewerteten diese MuKu-Angebote (47.4 %), gefolgt von BeSS-Angeboten (23.5 %), MINT-Angeboten (18.7 %) sowie Förder- und Fremdsprachenangeboten (jeweils 5.2 %).

Die Stichprobe zur Berechnung der Test-Retest-Reliabilität besteht aus $n = 211$ SuS (53.6 % weiblich), von denen Angaben zu beiden Messzeitpunkten vorliegen. Die Verteilung auf die Jahrgangsstufen bleibt dabei vergleichbar mit derjenigen zum ersten Messzeitpunkt (5. Jahrgangsstufe: 19.9 %, 6. Jahrgangsstufe: 22.7 %, 7. Jahrgangsstufe: 20.9 %, 8. Jahrgangsstufe: 22.3 %, 9. Jahrgangsstufe: 4.3 %, 10. Jahrgangsstufe: 10.0 %). In Bezug auf die bewerteten AGs sind MuKu-Angebote nach wie vor am häufigsten vertreten (52.6 %), gefolgt von BeSS-Angeboten (24.2 %), MINT-Angeboten (17.5 %) und Fremdsprachenangeboten (5.7 %).

5.9.1.2 Durchführung der Untersuchung

Im Gegensatz zu den vorherigen Studien, bei denen der komplette GAINS-Fragebogen von den SuS im Klassenverband online bearbeitet wurde, war für die vorliegende Hauptstudie lediglich die Bewertung der GAINS-AG-Skala sowie der zugeordneten Validierungsskalen (vgl. Kap. 5.9.1.3) relevant. Aus ökonomischen Gründen erfolgte daher die Einschätzung der AG-Qualität durch die SuS innerhalb einer von ihnen besuchten AG mittels Paper-and-Pencil-Fragebögen (ePaper). Die Instruktion sowie Durchführung der Datenerhebung fand durch geschulte Testleiter statt, wobei diese während der gesamten Befragungszeit für Rückfragen zur Verfügung standen. Unter gleichen Bedingungen wurde derselbe Fragebogen 14 Tage später erneut bearbeitet, wobei darauf geachtet wurde, dass zwischen beiden Messzeitpunkten weder Ferien noch Feiertage bzw. sonstige schulische Veranstaltungen lagen, welche Einfluss auf die Datenqualität hätten nehmen können. Analog zu Hauptstudie 1 (vgl. Kap. 5.6.1.2) wurde den SuS mitgeteilt, dass die Daten des ersten Messzeitpunkts abhandengekommen wären, sodass der Fragebogen erneut beantwortet werden sollte. Die Datenerhebung verlief zu beiden Messzeitpunkten unauffällig. Die Bearbeitungsdauer betrug durchschnittlich jeweils ca. 20 Minuten.

5.9.1.3 Eingesetzte Validierungsinstrumente

Zentral für die Überprüfung der konvergenten Validität ist die Auswahl passender Validierungsskalen. Obwohl zur Überprüfung der konvergenten Validität der Subskalen *Lernförderlichkeit, Interesse, Pädagogische Unterstützung* sowie *Lerngemeinschaft* Instrumente aus der Ganztagsschulforschung am besten geeignet scheinen, liegen in der deutschsprachigen Ganztagsschulforschung bis auf die in StEG-S verwendete Skala zur Beurteilung der Qualität von Ganztagsangeboten (Sauerwein, 2017) bislang noch keine Fragebögen vor, die ähnliche Messansprüche verfolgen. Ein Einsatz der genannten Skala wurde aus folgendem Grund nicht in Betracht gezogen: Wenngleich in der StEG-S-Skala die Messung anders lautender Konstrukte angestrebt wird, weist diese teilweise identische bzw. sehr ähnlich lautende Itemformulierungen auf. Dies könnte somit zu einer unrealistischen Schätzung der Kennwerte führen. Daher wurden Instrumente aus dem Bereich der empirischen Unterrichtsforschung gesichtet und nach theoretischen und praktischen Gesichtspunkten im Hinblick auf ihre Eignung als Validierungsinstrument bewertet. Diese Überlegungen werden im Folgenden angeführt.

Für die Validierung der Subskala *Lernförderlichkeit* konnten mit der Subskala „Lernziele" aus dem SELLMO-Inventar (Spinath, Stiensmeier-Pelster, Schöne & Dickhäuser, 2012) und den situativen Prozessmerkmalen aus dem PgK-Fragebogen zur Messung konstruktivistischer Unterrichtsmerkmale (Urhahne, Marsch, Wilde & Krüger, 2011) lediglich zwei thematisch anschlussfähige Subskalen aus bereits bestehenden Instrumenten identifiziert werden. Dies kann sowohl dadurch erklärt werden, dass (1) eine Adaption von unterrichtsbezogenen Skalen nicht möglich ist, weil diese den Nutzen des Unterrichts für die schulische Laufbahn der SuS naturgemäß nicht thematisieren und (2) zur Bildung der Subskala Lernförderlichkeit auf die einzigen bisher vorliegenden Items zurückgegriffen wurde, welche für den Ganztag zur Verfügung stehen. Da die Items aus SELLMO nicht den Unterricht bzw. die AG fokussieren, sondern persönliche Ziele der SuS erfassen, erscheint die Verwendung der Subskala aus dem PgK (5 Items) als besser geeignet, wobei in dieser Subskala Items fehlen, die den Nutzen des Angebots für die schulische Laufbahn der SuS thematisieren. Die Autoren (Urhahne et al., 2011) berichten eine interne Konsistenz von $\alpha = .85$, in der vorliegenden Studie wurde ein fast identischer Wert von $\alpha = .86$ erreicht. Zur Validierung wird die Frageeinleitung von „In dieser Unterrichtsstunde ..." zu „In dieser AG ..." adaptiert und der Tempus vom Perfekt („... habe ich etwas gelernt") auf das Präsens („... lerne ich etwas") angepasst (vgl. Tab. 5.27).

Tabelle 5.27: Ursprüngliche und adaptierte Items zur Validierung der Subskala „Lernförderlichkeit"

Original (Urhahne et al., 2011)	adaptiert
In dieser Unterrichtsstunde …	In dieser AG …
habe ich etwas gelernt, was ich im Alltag nutzen kann.	lerne ich etwas, was ich im Alltag nutzen kann.
habe ich etwas gelernt, was ich gut gebrauchen kann.	lerne ich etwas, was ich gut gebrauchen kann.
habe ich etwas gelernt, was mit meinem Alltag zu tun hat.	lerne ich etwas, was mit meinem Alltag zu tun hat.
habe ich etwas gelernt, was mir im Leben weiterhilft.	lerne ich etwas, was mir im Leben weiterhilft.
habe ich etwas gelernt, was ich anwenden kann.	lerne ich etwas, was ich anwenden kann.

Zur Erfassung des *Interesses* liegt eine Reihe von Subskalen aus verschiedenen Instrumenten vor. Von diesen wurden folgende zehn Subskalen näher geprüft:

- „Freude und Interesse an Naturwissenschaften" aus PISA 2006 (Frey et al., 2009)
- „Emotionales Integriertsein" aus dem FDI 4-6 (Haeberlin, Moser, Bless & Klaghofer, 1989)
- „Angebotsnutzung (Englischunterricht)" aus GS: 9. Klassen (Haenisch-Krüger, 1978)
- „Einstellung zu Schule und Unterricht I" aus SMS (Köller, 2005)
- „Anstrengung", „Freude", „Interesse Mathematik" und „Unaufmerksamkeit" aus PISA 2003 (Ramm et al., 2006)
- „reduzierte Unterrichtsteilnahme" und „Zufriedenheit mit dem Unterricht" aus LASSO 4-13 (von Saldern & Littig, 1987)

Bei den meisten Subskalen werden die Inhalte der in der vorliegenden Studie verwendeten Subskala Interesse nur teilweise abgedeckt. Außerdem scheint die Adaption auf den AG-Kontext schwer umzusetzen, da häufig Items zu Noten bzw. Hausaufgaben enthalten sind. Eine Verwendung einzelner Subskalen wird zusätzlich erschwert, indem entweder eine hohe Itemanzahl keine ökonomische Verwendung zulässt (Haeberlin et al., 1989), ein unpassendes Itemformat verwendet wird (Haenisch-Krüger, 1978) oder keine Angaben zu Gütekriterien vorliegen (Köller, 2005). Unter Berücksichtigung der erwähnten Kriterien soll die Subskala Interesse mithilfe von „Interesse Mathematik" (5 Items) aus dem PISA-Instrument von 2003 (Ramm et al., 2006) validiert werden. Deren interne Konsistenz liegt bei α = .86 (in der vorliegenden Studie: α = .80). Bei der Adaption der Itemformulierungen wird „Mathematik" zumeist durch „(diese/r) AG" ersetzt. Um den Fokus des eigenen Items „Die Themen und Inhalte dieser AG interessieren mich meistens sehr" abzubilden, wird stattdessen an einer Stelle die Formulierung „die Inhalte dieser AG" verwendet (vgl. Tab. 5.28).

Tabelle 5.28: Ursprüngliche und adaptierte Items zur Validierung der Subskala „Interesse"

Original (Ramm et al., 2006)	adaptiert
Wenn ich mich mit Mathematik beschäftige, vergesse ich manchmal alles um mich herum.	Wenn ich mich mit den Inhalten dieser AG beschäftige, vergesse ich manchmal alles um mich herum.
Mathematik ist mir persönlich wichtig.	Diese AG ist mir persönlich wichtig.
Weil mir die Beschäftigung mit Mathematik Spaß macht, würde ich das nicht gerne aufgeben.	Weil mir die Beschäftigung mit dieser AG Spaß macht, würde ich das nicht gerne aufgeben.
Für Mathematik interessiere ich mich.	Für diese AG interessiere ich mich.
Die Beschäftigung mit Mathematik gehört zu meinen Lieblingstätigkeiten.	Die Beschäftigung mit dieser AG gehört zu meinen Lieblingstätigkeiten.

Eine positiv getönte SuS-LuL-Beziehung stellt eines der zentralen Merkmale von Unterrichtsqualität dar (z. B. Helmke, 2015, S. 230; Meyer, 2014, S. 147 f). Aus diesem Grund enthalten die meisten in der Schulforschung verwendeten Inventare eine oder mehrere Subskalen, die trotz unterschiedlicher Bezeichnungen (z. B. „Schülerorientierung", „Fürsorglichkeit des Lehrers", „Unterstützung") jene Aspekte abdecken, die auch dem latenten Konstrukt *Pädagogische Unterstützung* zugrunde liegen. Nach Sichtung der am weitesten verbreiteten Instrumente wurden folgende 18 Subskalen aus zehn Instrumenten einer genaueren Prüfung hinsichtlich ihrer Passung für die Validierung unterzogen:

- „Partizipation im Unterricht" aus dem Instrument „Politische Orientierung bei Schülern im Rahmen schulischer Anerkennungsbeziehungen" (Böhm-Kasper, Fritzsche, Krappidel & Siebholz, 2004)
- „Positives Verhältnis zu der Fachlehrkraft (Deutsch)" aus KESS 7 (Bos, Bonsen, Gröhlich, Guill & Scharenberg (2009)
- „Anregung – motivierende Unterstützung und Hilfestellung" aus QuaSSU (Ditton, 2001)
- „Pädagogisches Engagement", „Mitsprache" und „Schülerbeteiligung" aus dem LFSK 4-8 (Eder & Mayr, 2000)
- „Schülerorientierung der Lehrkräfte" aus den PEB (Gerecht et al., 2007)
- „Positive Schüler-Lehrer-Beziehung" und „Unterstützung durch den Lehrer im Mathematikunterricht" aus PISA 2000 (Kunter et al., 2002)

- „Globale Einschätzung der Mathematiklehrperson" und „Unterstützung des Selbstbestimmungserlebens im Unterricht" aus Pythagoras (Rakoczy, Buff & Lipowsky, 2005)
- „Mitwirken bei der Stoffauswahl" und „Unterstützung durch den Lehrer im Mathematikunterricht" aus PISA 2003 (Ramm et al., 2006)
- „Fürsorglichkeit des Lehrers", „Zufriedenheit mit dem Lehrer" und „Autoritäter Führungsstil des Lehrers" aus LASSO 4-13 (von Saldern & Littig, 1987)
- „Schülerorientierung (Deutsch)" und „Unterstützung (Deutsch)" aus DESI (Wagner, Helmke & Rösner, 2009)

Es zeigt sich jedoch, dass die in der eigenen Subskala enthaltenen Partizipations- und Beziehungsaspekte in keiner der geprüften Subskalen in gleichem Maße enthalten sind bzw. lediglich einer dieser beiden Aspekte abgedeckt wird. Bei einigen Instrumenten scheint eine Adaption der Items auf den AG-Kontext darüber hinaus schwer zu realisieren, z. B. durch die Thematisierung von Notengebung („Bei uns hilft es wenig, mit dem Lehrer über die Noten zu reden, da man doch nichts erreicht"; von Saldern & Littig, 1987) oder einem starken Fokus auf kognitivem Lernen (z. B. „Unser Lehrer/unsere Lehrerin gibt mir zu meiner Arbeit hilfreiche Hinweise", Kunter et al., 2002). Als grundsätzlich geeignet eingestuft wurden letztendlich die drei Subskalen „Positives Verhältnis zu der Fachlehrkraft (Deutsch)" aus KESS 7, „Schülerorientierung (Deutsch)" aus DESI sowie „Schülerorientierung der Lehrkräfte" aus den PEB. Letztere enthalten jedoch mit „Unsere Lehrerinnen und Lehrer fördern meine Bereitschaft, lernen zu wollen (unterstützen mich beim Lernen)" ein unter Berücksichtigung der Empfehlungen zur Itemformulierung (z. B. Bühner, 2011, S. 133; Porst, 2011, S. 95) sehr fragwürdiges Item, weshalb von einem Einsatz dieser Subskala abgesehen wurde. Da in den beiden verbleibenden Subskalen einmal der Partizipations- (KESS 7; 5 Items) und einmal der Beziehungsaspekt im Vordergrund steht (DESI; 6 Items), wird entschieden, beide Subskalen zur Validierung der Subskala Pädagogische Unterstützung einzusetzen. Bei KESS 7 wurde eine interne Konsistenz von $\alpha = .89$ (vorliegende Studie: $\alpha = .89$) und bei DESI eine interne Konsistenz von $\alpha = .87$ (vorliegende Studie: $\alpha = .85$) erzielt. Die Adaption auf den AG-Kontext erfolgt jeweils mittels einer Substitution des Ausdrucks „[...]-Lehrer" durch „AG-Leiter", wobei jeweils auf die Beziehungsebene abzielende Items in der ersten Person Plural formuliert wurden, um eine größere Anschlussfähigkeit an die eigenen Items herzustellen. Aus gleichem Grund wurde das Tempus der Items von Bos et al. (2009) angepasst (z. B. „Mein AG-Leiter nimmt meine Probleme ernst" anstelle von „Unsere Lehrerin/ unser Lehrer nahm unsere Probleme ernst"). Bei dem Item „Mein Deutschlehrer/meine Deutschlehrerin lässt uns bei Gruppenarbeit Themen oder Aufgaben auswählen" aus DESI wird zusätzlich die Einschränkung auf die Gruppenarbeit entfernt, da diese bestimmte Sozialform (1) nicht in allen AGs repräsentiert sein muss, (2) von den SuS eher mit unterrichtlichen Erfahrungen assoziiert werden könnte und (3) partizipativ gestaltende Merkmale sowohl im schulischen als auch im ganztägigen Kontext von der Sozialform entkoppelt vorhanden sein sollten. (vgl. Tab. 5.29).

Tabelle 5.29: Ursprüngliche und adaptierte Items zur Validierung der Subskala „Pädagogische Unterstützung"

Original	adaptiert
Wagner et al. (2009)	
Mein Deutschlehrer/meine Deutschlehrerin lässt uns bei Gruppenarbeit Themen oder Aufgaben auswählen.	Mein AG-Leiter lässt uns Themen oder Aufgaben auswählen.
Mein Deutschlehrer/meine Deutschlehrerin geht auf unsere Vorschläge ein.	Mein AG-Leiter geht auf unsere Vorschläge ein.
Mein Deutschlehrer/meine Deutschlehrerin ermutigt uns, unsere eigene Meinung auszudrücken.	Mein AG-Leiter ermutigt uns, unsere eigene Meinung auszudrücken.
Wenn jemand eine gute Idee hat, dann geht mein Deutschlehrer/meine Deutschlehrerin darauf ein.	Wenn jemand eine gute Idee hat, dann geht mein AG-Leiter darauf ein.
Mein Deutschlehrer/meine Deutschlehrerin gibt mir Gelegenheit, meine Meinung zu sagen.	Mein AG-Leiter gibt mir Gelegenheit, meine Meinung zu sagen.
Mein Deutschlehrer/meine Deutschlehrerin interessiert sich für das, was ich zu sagen habe.	Mein AG-Leiter interessiert sich für das, was ich zu sagen habe.
Bos et al. (2009)	
Wenn uns etwas nicht gefiel, konnten wir offen mit unserer Lehrerin/unserem Lehrer darüber reden.	Wenn mir etwas nicht gefällt, kann ich offen mit meinem AG-Leiter darüber reden.
Wir hatten großes Vertrauen zu unserer Lehrerin/unserem Lehrer.	Ich habe großes Vertrauen zu meinem AG-Leiter.
Unsere Lehrerin/unser Lehrer ...	Mein AG-Leiter ...
nahm unsere Probleme ernst.	nimmt meine Probleme ernst.
bemühte sich, auf unsere Wünsche einzugehen.	bemüht sich, auf unsere Wünsche einzugehen.
kümmerte sich um jeden einzelnen Schüler.	kümmert sich um jeden einzelnen Schüler.

Zur Validierung der Subskala *Lerngemeinschaft* liegen folgende fünf Subskalen vor:

- „Gemeinschaft" aus dem LFSK 4-8 (Eder & Mayr, 2000)
- „Soziales Integriertsein" aus dem FDI 4-6 (Haeberlin et al., 1989)
- „Ausmaß der Cliquenbildung", „Hilfsbereitschaft" und „Zufriedenheit mit den Mitschülern" aus LASSO 4-13 (von Saldern & Littig, 1987)

Von den beiden im Faktor Lerngemeinschaft enthaltenen Aspekten der freundschaftlichen Verbindung und der Zusammenarbeit zwischen den SuS decken die Subskalen aus dem LFSK 4-8 und dem FDI 4-6 nur den erstgenannten Aspekt ab. Zudem ist die interne Konsistenz der Dimension „Gemeinschaft" im LFSK 4-8 mit α = .55 nicht zufriedenstellend. Die drei Subskalen aus LASSO scheinen dagegen grundsätzlich geeignet. Während die „Zufriedenheit mit den Mitschülern" v. a. den Aspekt der Freundschaft betont, bezieht sich die „Hilfsbereitschaft" überwiegend auf die soziale Anteilnahme und nur wenig auf das gemeinschaftliche Miteinander. Am besten geeignet scheint daher die verbleibende Subskala „Ausmaß der Cliquenbildung" (10 Items), für die in der Originalveröffentlichung eine interne Konsistenz von α = .85 (vorliegende Studie: α = .84) berichtet wird. Die Adaption vom Unterrichts- auf den AG-Kontext erfolgt über den Austausch des Ausdrucks „Klasse" durch „AG" (vgl. Tab. 5.30).

Tabelle 5.30: Ursprüngliche und adaptierte Items zur Validierung der Subskala „Lerngemeinschaft"

Original (von Saldern & Littig, 1987)	adaptiert
Einige Schüler arbeiten in Gruppen zusammen, ohne sich um den Rest der Klasse zu kümmern.	Einige Schüler arbeiten in Gruppen zusammen, ohne sich um den Rest der AG zu kümmern.
Es gibt Gruppen, die nicht mit der Klasse zurechtkommen.	Es gibt Gruppen, die nicht mit der AG zurechtkommen.
Viele Schüler in der Klasse denken immer nur an sich.	Viele Schüler in der AG denken immer nur an sich.
Unsere Klasse ist eine festgefügte Gemeinschaft.	Unsere AG ist eine festgefügte Gemeinschaft.
In unserer Klasse gibt es unter den Schülern verschiedene Gruppen, die nichts miteinander zu tun haben wollen.	In unserer AG gibt es unter den Schülern verschiedene Gruppen, die nichts miteinander zu tun haben wollen.
Bestimmte Schüler arbeiten immer nur mit ihren engen Freunden zusammen.	Bestimmte Schüler arbeiten immer nur mit ihren engen Freunden zusammen.
Einige Schüler weigern sich, mit dem Rest der Klasse gemeinsam zu arbeiten.	Einige Schüler weigern sich, mit dem Rest der AG gemeinsam zu arbeiten.
Die Schüler in unserer Klasse sind nicht daran interessiert, mit anderen zusammenzuarbeiten.	Die Schüler in unserer AG sind nicht daran interessiert, mit anderen zusammenzuarbeiten.
Die meisten Schüler in unserer Klasse können sich nicht leiden.	Die meisten Schüler in unserer AG können sich nicht leiden.
Die Schüler arbeiten gleich gut mit allen Mitschülern zusammen.	Die Schüler arbeiten gleich gut mit allen Mitschülern zusammen.

Die für die Validierung verwendeten Subskalen bzw. zugehörigen Items sollen in der gleichen Reihenfolge präsentiert werden, wie dies auch in der finalen Version der GAINS-AG-Skala vorgesehen ist (vgl. Kap. 5.7.3.7). Somit werden sowohl die Items zur Validierung der Subskalen Lernförderlichkeit und Interesse als auch die aus zwei unterschiedlichen Quellen stammenden Items zur Validierung der Subskala zur pädagogischen Unterstützung alternierend dargestellt. Schließlich folgen die Items zur Validierung der Subskala Lerngemeinschaft in ihrer ursprünglichen Reihenfolge.

Im Hinblick auf die ursprünglich eingesetzten Antwortformate der ausgewählten Validierungsskalen zeigt sich, dass in den meisten eine vierstufige Ratingskala und nur bei Urhahne et al. (2011) eine fünfstufige Antwortskala verwendet wird, wobei stets alle Stufen benannt sind. Allerdings werden die verschiedenen Skalen mit unterschiedlichen verbalen Verankerungen umschrieben. So verwenden sowohl Ramm et al. (2006) als auch von Saldern und Littig (1987) Skalen, die das Ausmaß der Zustimmung über Formulierungen wie „trifft eher zu" erfassen, während Bos et al. (2009) und Wagner et al. (2009) analog zur eigenen Arbeit auf Formulierungen wie „stimmt eher" zurückgreifen. Dies erfordert eine Entscheidung über den Umgang mit den verschiedenen vorliegenden Antwortformaten in der Validierungsstudie. Wie sich zeigt, wird sich in zahlreichen Studien für eine Vereinheitlichung entschieden, ohne dieses Vorgehen näher zu reflektieren (z. B. Frey, 2013, S. 148; Salzmann, 2015, S. 126; Spiel, Strohmeier, Schultes & Burger, 2011, S. 10). Dies wird jedoch von Weijters, Cabooter und Schillewaert (2010) eindringlich gefordert: „In setting up studies, researchers need to make a well-considered choice for a specific format and they need to explicitly report upon the choice" (S. 33).

Einerseits erscheint eine Adaption von Antwortformaten problembehaftet, da unklar ist, ob die ursprünglichen Gütekriterien auch auf das angepasste Format übertragen werden können. Andererseits zeigt z. B. die Studie von Aiken (1983), dass die Anzahl der vorgegebenen Antwortoptionen die interne Konsistenz kaum beeinflusst. Colman, Norris und Preston (1997) finden mit $r = .92$ außerdem eine sehr hohe Korrelation zwischen den Ergebnissen eines Fragebogens, der einmal mit einer fünf- und einmal mit einer siebenstufigen Antwortskala getestet wurde. Darüber hinaus scheint es unter Berücksichtigung des Alters der Zielgruppe der vorliegenden Arbeit ebenso problematisch, wenn innerhalb des Validierungsfragebogens mehrere unterschiedliche verbale Verankerungen vorhanden sind und die SuS ihre Antworten immer wieder auf neue Kategorien beziehen müssen. Dies ist v. a. im Hinblick auf den bei der Beantwortung von Items ablaufenden komplexen kognitiven Prozess relevant, bei dem im letzten der vier Schritte *comprehension of the item, retrieval of relevant information, use of that information to make required judgements* sowie *selection and reporting of an answer* die eigene Einschätzung mit den vorhandenen Antwortkategorien abgeglichen und daraufhin eine Antwort gegeben wird (Tourangeau, Rips & Rasinski, 2000). Ebenso birgt ein Wechsel der Antwortformate die Gefahr, dass die Veränderungen der Anker nicht wahrgenommen werden. Aus diesen Gründen wird zur Validierung der GAINS-AG-Skala das ursprünglich eingesetzte vierstufige Antwortformat auch für die Validierungsinstrumente beibehalten. Dies scheint auch deswegen gerechtfertigt, weil in der vorliegenden Studie keine Vergleiche auf Mittelwertsebene mit den Ergebnissen anderer Studien erfolgen sollen, in denen dieselben Skalen verwendet wurden. Stattdessen liegt das Interesse lediglich auf den Korrelationen mit dem eigenen Fragebogen, um die konvergente Validität zu prüfen (Mummendey & Grau, 2014, S. 90).

5.9.1.4 Auswertung der Untersuchung

Die mittels ePaper erfassten Daten wurden über die Evaluations- und Umfragesoftware EvaSys eingescannt, verifiziert und in SPSS der Version 24 aufbereitet. Sowohl für die Überprüfung der konvergenten Validität als auch für die Berechnung der Test-Retest-Reliabilität werden in der Folge Korrelationskoeffizienten nach Pearson verwendet. Obwohl keine verbindlichen Richtwerte für die Höhe der Korrelationen im Rahmen der konvergenten Validität vorliegen (Bühner, 2011, S. 67), soll die Einteilung von Cohen (1988) als Orientierung dienen. Danach gelten Koeffizienten zwischen .10 und .30 als kleine, Werte zwischen .30 und .50 als mittlere und Werte über .50 als starke Effekte. Die Beurteilung der Höhe des Korrelationskoeffizienten für die Test-Retest-Reliabilität ist stark von inhaltlichen Überlegungen im Hinblick auf die Stabilität des Konstrukts abhängig (Döring & Bortz, 2016, S. 466; Moosbrugger & Kelava, 2012, S. 11 f). Die alleinige Verwendung des Pearson-Korrelationskoeffizienten zur Bestimmung der Test-Retest-Reliabilität wird in der Literatur teilweise kritisiert (Koo & Li, 2016; Weir, 2005). So können hohe Korrelationen zustande kommen, obwohl die Einschätzungen zu beiden Messzeitpunkten voneinander abweichen (z. B. konstant höhere Werte beim zweiten Messzeitpunkt). Daher wird zusätzlich der Intra-Class-Korrelationskoeffizient (ICC; Modell: zweifach gemischt; Typ: absolute Übereinstimmung; einzelne Maße; Koo & Li, 2016) angegeben. Die Interpretation erfolgt dabei nach den Richtlinien von Cicchetti (1994): Werte kleiner als .40 sprechen für eine schlechte, Werte zwischen .40 und .59 für eine befriedigende, Werte zwischen .60 und .74 für eine gute und Werte zwischen .75 und 1.00 für eine exzellente Beurteilerübereinstimmung.

5.9.2 Ergebnisse

Zunächst werden die Ergebnisse zur konvergenten Validität als Teil der Konstruktvalidität dargestellt (vgl. Kap. 5.9.2.1). Im Anschluss erfolgt die Betrachtung der Test-Retest-Reliabilität (vgl. Kap. 5.9.2.2).

5.9.2.1 Konvergente Validität

Die Korrelationen zwischen den GAINS-AG-Subskalen und den entsprechenden zur Überprüfung der konvergenten Validität ausgewählten Instrumenten können Tabelle 5.31 entnommen werden. Während die Kennwerte für *Lernförderlichkeit*, *Interesse* und *Pädagogische Unterstützung* mit $r = .60$ bis $r = .72$ im erwarteten Bereich liegen und die Korrelationen mit den für die anderen Konstrukte ausgewählten Validierungsskalen deutlich übersteigen, fällt der Zusammenhang zwischen der GAINS-AG-Subskala *Lerngemeinschaft* und der zugehörigen Validierungsskala (von Saldern & Littig, 1987) mit $r = .40$ (alle $ps \leq .001$) deutlich geringer aus. Es zeigt sich zudem, dass diese Subskala mit allen weiteren eingesetzten Validierungsskalen in ähnlichem Maße korreliert (Range: .35 bis .41). Bei Betrachtung der gesamten Korrelationstabelle wird der höchste Zusammenhang zwischen den beiden Validierungsskalen für die Pädagogische Unterstützung erreicht ($r = .81$).

Tabelle 5.31: Interkorrelationen der GAINS-AG-Subskalen mit den Validierungsskalen (Gesamtstichprobe, $N = 276$)

	1	2	3	4	5	6	7	8	9
1 GAINS LF		.30**	.40**	.39**	**.60***	.26**	.38**	.33**	.10
2 GAINS Int			.39**	.38**	.26**	**.68***	.28**	.26**	.21*
3 GAINS PU				.41**	.31**	.37**	**.72***	**.69***	.26**
4 GAINS LG					.36**	.41**	.35**	.40**	**.40***
5 LF[a]						.35**	.38**	.31**	.22**
6 Int[b]							.45**	.30**	.27**
7 PU-1[c]								.81**	.20*
8 PU-2[d]									.27**
9 LG[e]									

Anmerkung:
[a] Validierungsskala für Lernförderlichkeit nach Urhahne et al. (2011)
[b] Validierungsskala für Interesse nach Ramm et al. (2006)
[c] Validierungsskala für Pädagogische Unterstützung nach Wagner et al. (2009)
[d] Validierungsskala für Pädagogische Unterstützung nach Bos et al. (2009)
[e] Validierungsskala für Lerngemeinschaft nach von Saldern und Littig (1987)
* $p \leq .01$, ** $p \leq .001$

Explorativ wurden die zur Beurteilung der Validierung herangezogenen Korrelationskoeffizienten zusätzlich getrennt nach den verschiedenen AG-Kategorien, dem Geschlecht der SuS sowie den Jahrgangsstufen berechnet (vgl. Tab. 5.32 sowie Anhang A.2). Dabei wurden zwei AG-Kategorien aufgrund zu geringer Stichprobengrößen (Förderangebote: $n = 13$; Fremdsprachenangebote: $n = 14$) nicht berücksichtigt. Auch bei dieser Aufschlüsselung fällt zunächst auf, dass die Korrelation zwischen der GAINS-AG-Subskala *Lerngemeinschaft* mit der entsprechenden Validierungsskala am geringsten ausfällt. Bei Nichtberücksichtigung dieser Skala zeigen sich auf Ebene der AG-Kategorien durchschnittlich insgesamt geringere Kennwerte für BeSS-Angebote (Range: .43 bis .69) als für MuKu- (Range: .59 bis .79) und MINT-Angebote (Range: .61 bis .71). Insbesondere für die *Lernförderlichkeit* steigt der Zusammenhang zwischen der in GAINS verwendeten Subskala und der Validierungsskala von BeSS-Angeboten ($r = .43$) über MuKu-Angebote ($r = .59$) hin zu MINT-Angeboten ($r = .71$) deutlich an. In Bezug auf das *Geschlecht* finden sich bei den Beurteilungen der Schülerinnen meist höhere Zusammenhänge als bei denen der Schüler. Differenziert man die Ergebnisse nach den zusammengefassten Jahrgangsstufen, sind Unterschiede bei der Validierung der Subskala *Pädagogische Unterstützung* auffällig: Bei älteren SuS ist der Zusammenhang mit $r = .86$ bzw. $r = .82$ höher ausgeprägt als bei SuS der Jahrgangsstufen 5 bis 7 ($r = .64$ bzw. $r = .63$).

Tabelle 5.32: Interkorrelationen der GAINS-AG-Subskalen mit den Validierungsskalen nach AG-Kategorien, Geschlecht und Jahrgangsstufen

	Gesamt ($n = 276$)	BeSS ($n = 63$)	MuKu ($n = 127$)	MINT ($n = 50$)	w ($n = 135$)	m ($n = 132$)	5–7 ($n = 177$)	8–10 ($n = 90$)
GAINS LF mit LF[a]	.60**	.43**	.59**	.71**	.61**	.60**	.60**	.62**
GAINS Int mit Int[b]	.68**	.69**	.72**	.61**	.71**	.66**	.71**	.65**
GAINS PU mit PU-1[c]	.72**	.48**	.79**	.69**	.82**	.62**	.64**	.86**
GAINS PU mit PU-2[d]	.69**	.43**	.74**	.70**	.77**	.62**	.63**	.82**
GAINS LG mit LG[e]	.40**	.43**	.47**	.36*	.39**	.39**	.41**	.33*

Anmerkung:
LF = Lernförderlichkeit,
Int = Interesse,
PU = Pädagogische Unterstützung,
LG = Lerngemeinschaft;
BeSS = Bewegungs-, Spiel- und Sportangebote,
MuKu = musisch-künstlerische Angebote,
MINT = mathematische, informatische, naturwissenschaftliche und technische Angebote;
w = weiblich,
m = männlich;
5–7 = Klassenstufen 5–7,
8–10 = Klassenstufen 8–10
[a] Validierungsskala: Urhahne et al. (2011)
[b] Validierungsskala für Interesse nach Ramm et al. (2006)
[c] Validierungsskala für Pädagogische Unterstützung nach Wagner et al. (2009)
[d] Validierungsskala für Pädagogische Unterstützung nach Bos et al. (2009)
[e] Validierungsskala für Lerngemeinschaft nach von Saldern und Littig (1987)
* $p \leq .01$, ** $p \leq .001$

5.9.2.2 Test-Retest-Reliabilität

Die Test-Retest-Reliabilität für die GAINS-AG-Subskalen liegt für *Lernförderlichkeit* bei r_{tt} = .65 bzw. ICC = .65 ($p < .001$), für *Interesse* bei r_{tt} = .66 bzw. ICC = .65 ($p < .001$), für *Pädagogische Unterstützung* bei r_{tt} = .64 bzw. ICC = .62 ($p < .001$) und für *Lerngemeinschaft* bei r_{tt} = .65 bzw. ICC = .61 ($p < .001$).

Ähnlich wie bei der konvergenten Validität werden die Kennwerte ebenfalls explorativ getrennt nach AG-Kategorie, Geschlecht und Jahrgangsstufen ausgewiesen (vgl. Tab. 5.33 und Tab. 5.34). Dabei sind besonders geringe Reliabilitätswerte für *Lernförderlichkeit* (r_{tt} = .35 bzw. ICC = .35) und *Pädagogische Unterstützung* (r_{tt} = .39 bzw. ICC = .38) innerhalb der AG-Kategorie Bewegung, Spiel und Sport sowie ein im Vergleich mit den anderen Subskalen geringerer Wert für *Pädagogische Unterstützung* (r_{tt} = .55 bzw. ICC = .53) innerhalb von MINT-Angeboten auffällig. Für Mädchen zeigt sich eine leicht höhere Übereinstimmung in den Einschätzungen zu beiden Messzeitpunkten (Range r_{tt}: .65 bis .75; Range ICC: .61 bis .75) als für Jungen (Range r_{tt}: .56 bis .66; Range ICC: .57 bis .61). Ähnliches gilt für den Vergleich von älteren (Range r_{tt}: .70 bis .78; Range ICC: .67 bis .77) mit jüngeren SuS (Range r_{tt}: .57 bis .62; Range ICC: .54 bis .59).

Tabelle 5.33: Test-Retest-Reliabilität der GAINS-AG-Subskalen (Korrelationskoeffizient nach Pearson, 14-tägiges Intervall) nach AG-Kategorien, Geschlecht und Jahrgangsstufen

	Gesamt ($n = 211$)	BeSS ($n = 51$)	MuKu ($n = 111$)	MINT ($n = 37$)	w ($n = 113$)	m ($n = 98$)	5–7 ($n = 134$)	8–10 ($n = 77$)
GAINS LF	.65**	.35*	.60***	.74***	.70***	.60***	.59***	.75***
GAINS Int	.66**	.61***	.62***	.85***	.75***	.56***	.60***	.76***
GAINS PU	.64**	.39**	.70***	.55***	.68***	.59***	.57***	.78***
GAINS LG	.65**	.52***	.71***	.74***	.65***	.66***	.62***	.70***

Anmerkung:
LF = Lernförderlichkeit,
Int = Interesse,
PU = Pädagogische Unterstützung,
LG = Lerngemeinschaft;
BeSS = Bewegungs-, Spiel- und Sportangebote,
MuKu = musisch-künstlerische Angebote,
MINT = mathematische, informatische, naturwissenschaftliche und technische Angebote;
w = weiblich,
m = männlich;
5–7 = Klassenstufen 5–7,
8–10 = Klassenstufen 8–10
* $p \leq .05$, ** $p \leq .01$, *** $p \leq .001$

Tabelle 5.34: Test-Retest-Reliabilität der GAINS-AG-Subskalen (unjustierter ICC (3,1), 14-tägiges Intervall) nach AG-Kategorien, Geschlecht und Jahrgangsstufen

	Gesamt ($n = 211$)	BeSS ($n = 51$)	MuKu ($n = 111$)	MINT ($n = 37$)	w ($n = 113$)	m ($n = 98$)	5–7 ($n = 134$)	8–10 ($n = 77$)
GAINS LF	.65***	.35***	.60***	.69***	.70***	.59***	.59***	.74***
GAINS Int	.65***	.60***	.60***	.83***	.75***	.55***	.59***	.76***
GAINS PU	.62***	.38***	.66***	.53***	.66***	.57***	.54***	.77***
GAINS LG	.61***	.48***	.64***	.74***	.61***	.61***	.58***	.67***

Anmerkung:
LF = Lernförderlichkeit,
Int = Interesse,
PU = Pädagogische Unterstützung,
LG = Lerngemeinschaft;
BeSS = Bewegungs-, Spiel- und Sportangebote,
MuKu = musisch-künstlerische Angebote,
MINT = mathematische, informatische, naturwissenschaftliche und technische Angebote;
w = weiblich,
m = männlich;
5–7 = Klassenstufen 5–7,
8–10 = Klassenstufen 8–10
*** $p \leq .001$

5.9.3 Diskussion

Zunächst werden die Ergebnisse für die konvergente Validität (vgl. Kap. 5.9.3.1), im Anschluss diejenigen für die Test-Retest-Reliabilität (vgl. Kap. 5.9.3.2) diskutiert.

5.9.3.1 Konvergente Validität

Für die Überprüfung der konvergenten Validität liegen die Kennwerte bei *Lernförderlichkeit*, *Interesse* und *Pädagogischer Unterstützung* im erwartet guten Bereich. Dass der Zusammenhang zwischen einer GAINS-AG-Subskala und ihrer zugehörigen Validierungsskala jeweils deutlich höher ausfällt als der mit den anderen Validierungsskalen, spricht ebenfalls dafür, dass die Subskalen zur Messung der Qualität einzelschulischer AGs in GAINS tatsächlich die in den Kapiteln 5.5.3.1 bis 5.5.3.3 sowie in Kapitel 5.7.3.5 definierten Konstrukte abbilden. Die differenzierten Validierungseffekte sind umso positiver zu bewerten, als die vier Faktoren der GAINS-AG-Skala hohe Interkorrelationen aufweisen (vgl. Kap. 5.7.2 und Kap. 5.8.2). Die Ergebnisse der vorliegenden Validierungsstudie sprechen daher dafür, dass die Bildung von Mittelwerten auf Ebene der Subskalen spezifischere Informationen im Vergleich zu dem in Kapitel 5.7.3.8 diskutierten übergeordneten Generalfaktormodell liefert. Die auffällig hohe Korrelation zwischen den beiden für die Validierung der Subskala *Pädagogische Unterstützung* ausgewählten Instrumenten bestätigt zudem die Annahme (vgl. Kap. 5.9.1.3), dass Partizipations- und Beziehungsaspekte gleichermaßen Bestandteil dieses Konstrukts sind und daher deren Zusammenfassung in einem Faktor in der GAINS-AG-Skala gerechtfertigt erscheint.

Für die Subskala *Lerngemeinschaft* zeigen sich dagegen geringere, dafür aber mit allen verwendeten Validierungsskalen ähnlich ausgeprägte Zusammenhänge. Einerseits wäre es daher denkbar, dass diese Dimension nicht das intendierte Konstrukt abbildet. Andererseits ist es auch möglich, dass die zur Validierung eingesetzte Skala (von Saldern & Littig, 1987) trotz sorgfältiger Auswahl im Vorfeld ein anderes Konstrukt als das der Lerngemeinschaft erfasst, wie es in der GAINS-AG-Skala definiert ist. Ein deswegen vorgenommener erneuter inhaltlicher Abgleich der Fragen zeigt zwar zunächst, dass zwei der in GAINS verwendeten Formulierungen („In dieser AG wird fast immer konzentriert gearbeitet", „In dieser AG kommen wir immer sofort zur Sache") tatsächlich wenig mit der in der Validierungsskala im Vordergrund stehenden Beziehungsqualität zwischen den SuS zu tun haben. Dennoch sollte aufgrund der übrigen Items der ursprünglich angenommene Zusammenhang deutlich enger ausfallen als der mit den weiteren Validierungsskalen. Eine Begründung der unbefriedigend ausfallenden konvergenten Validität der Subskala Lerngemeinschaft durch Argumente auf Basis der einzelnen Iteminhalte scheint daher nicht plausibel.

Methodisch ist anzumerken, dass manche der zur Validierung dieser Subskala eingesetzten Items auf Seiten der SuS zu Unklarheiten geführt haben könnten, da sich während der Datenerhebung Nachfragen häufig auf Items ebendieser Skala bezogen. So wurde mehrfach der Ausdruck „festgefügte Gemeinschaft" nicht verstanden. Das Item „Es gibt Gruppen, die nicht mit der AG zurechtkommen" blieb für die SuS zudem missverständlich. So scheint es nicht eindeutig geklärt, ob damit (Sub-)Gruppen innerhalb oder (andere) Gruppen außerhalb der AG gemeint sind.

Auffällig ist zudem, dass das zur Validierung dieser Subskala eingesetzte Instrument das einzige ist, in dem sowohl positiv als auch negativ formulierte Items enthalten sind. Das Ausmaß der Cliquenbildung wird in LASSO 4-13 (von Saldern & Littig, 1987) über zehn Items erfasst, von denen acht ein hohes Ausmaß (z. B. „Einige Schüler weigern sich, mit dem Rest der AG gemeinsam zu arbeiten") und lediglich zwei ein niedriges Ausmaß („Unsere AG ist eine festgefügte Gemeinschaft", „Die Schüler arbeiten gleich gut mit allen Mitschülern zusammen") erfassen. Für die vorliegende Validierung wurden die acht negativ formulierten Items umkodiert, sodass höhere Werte auf dieser Skala ein geringeres Ausmaß an Cliquenbildung bzw. eine positivere Ausprägung der Lerngemeinschaft ausdrücken. Obwohl die im zu LASSO 4-13 gehörigen Handbuch beschriebenen psychometrischen Kennwerte eine ausreichende Reliabilität und Validität nahelegen (vgl. Kap. 5.9.1.3), zeigen zahlreiche aktuellere Befunde, dass die Verwendung sowohl positiv als auch negativ formulierter Items innerhalb einer Skala zu inkonsistentem Antwortverhalten auf Seiten der befragten Personen führt (z. B. Colosi, 2005; Roszkowski & Soven, 2010; Swain, Weathers & Niedrich, 2008; van Sonderen, Sanderman & Coyne, 2013; Weijters, Baumgartner & Schillewaert, 2013). Dieser Effekt ist umso stärker ausgeprägt, je jünger die Teilnehmer/innen sind (z. B. de Leeuw et al., 2004). Da alle übrigen in der Validierungsstudie verwendeten 49 Items (sowohl der GAINS-AG-Skala als auch der Validierungsskalen) in eine einheitliche Richtung gepolt waren, ist somit nicht auszuschließen, dass Methodeneffekte für das vergleichsweise schlechte Ergebnis in Bezug auf die konvergente Validität der GAINS-AG-Subskala Lerngemeinschaft verantwortlich sein könnten.

Auf theoretischer Ebene kann angeführt werden, dass zahlreiche Studien (z. B. Moos, 1979; Oswald, Pfeifer, Ritter-Berlach & Tanzer, 1989; Eder, 1996; Satow, 1999a, 1999b) aus dem Bereich der empirischen Bildungsforschung zeigen, dass das soziale Miteinander der SuS eine zentrale Determinante „für Leistungen, Befinden, Verhalten und Persönlichkeitsentwicklung der Schüler in der Schule" (Eder, 2010, S. 697) ist. Daher kann angenommen werden, dass die Lerngemeinschaft in der GAINS-AG-Skala insofern eine Sonderstellung einnimmt, als positiv getönte SuS-Beziehungen eine Voraussetzung für alle weiteren Qualitätsaspekte darstellen könnten. In der Folge wäre dies eine mögliche Erklärung dafür, dass der Faktor vergleichbare Zusammenhänge mit allen anderen betrachteten Qualitätsmerkmalen aufweist.

Festzuhalten bleibt, dass die Bestätigung der konvergenten Validität dieser Subskala noch aussteht. Hierfür könnte zunächst der Einsatz einer Validierungsskala in Betracht gezogen werden, die die oben genannten Probleme nicht aufweist. Sollte dieses Vorgehen zu vergleichbaren Ergebnissen wie in der vorliegenden Studie führen, sind die Items der GAINS-AG-Subskala Lerngemeinschaft zu überdenken.

Bei Betrachtung der Korrelationskoeffizienten *auf Ebene verschiedener Subgruppen* sollen nur einige ausgewählte Aspekte diskutiert werden. Da für den Faktor Lerngemeinschaft auch bei differenzierter Betrachtung die Kennwerte unter der erwarteten Höhe liegen, wird hier auf die bereits zuvor erfolgte Diskussion verwiesen. Für Angebote aus der BeSS-Kategorie fällt die konvergente Validität in den Bereichen Pädagogische Unterstützung und Lernförderlichkeit geringer aus als für MuKu- sowie MINT-Angebote. In Bezug auf die Pädagogische Unterstützung könnten zwei Faktoren zu den geringen Zusammenhängen zwischen GAINS-AG-Subskala und den beiden verwendeten Validierungsskalen beitragen: Die von Wagner et al. (2009) übernommene Skala weist bei drei von sechs Items eine starke Färbung hinsichtlich eines demokratisch-partizipativen Erziehungsgedankens auf, was durch den Ausdruck der eigenen Meinung formuliert wird. Diese Fokussierung auf die Verbalisierung des eigenen Standpunkts dürfte in BeSS-Angeboten aufgrund des unterrichtlichen Settings geringer ausgeprägt sein als in anderen Angebotsformen. Außerdem betonen die Items der GAINS-AG-Subskala hinsichtlich des Beziehungsaspekts zwischen AG-Leitung und SuS v. a. die Wertschätzung, welche die SuS durch die AG-Leitung erfahren, wohingegen die zur Validierung eingesetzte Skala von Bos et al. (2009) vorrangig die Vertrauensebene adressiert. Da die Durchführung von BeSS-Angeboten mit deutlichem Abstand am häufigsten durch die Zusammenarbeit mit außerschulischen Kooperationspartnern erfolgt (StEG-Konsortium, 2015, S. 34 f), kann davon ausgegangen werden, dass der Sozialkontakt und damit auch das Vertrauen zwischen SuS und AG-Leitung in diesem Angebotstypus geringer ausfällt als in Angeboten, die von schuleigenem Personal geleitet werden.

Bezüglich der Lernförderlichkeit könnte der Anstieg des Korrelationskoeffizienten von BeSS-Angeboten über MuKu-Angebote hin zu MINT-Angeboten v. a. durch die unterschiedlichen inhaltlichen Schwerpunktsetzungen erklärt werden: Während die zur Validierung eingesetzte Skala vorrangig den subjektiv eingeschätzten Nutzen der Lerninhalte für die eigene Lebenswelt thematisiert, wird dieser Aspekt in der GAINS-AG-Subskala nur in einem von sechs Items aufgegriffen. Dass in der Validierungsskala Items fehlen, die den Nutzen des Angebots für die schulische Laufbahn der SuS thematisieren, wurde bereits in Kapitel 5.9.1.3 dargestellt. Im Kontext ganztagsschulischer Bildung kommt diesem Faktor durch die erweiterte Lernzeit jedoch eine besondere Bedeutung zu, indem kurz- bzw. mittelfristig die fachlichen und überfachlichen Kompetenzen der SuS verbessert werden sollen, um damit langfristig höhere Bildungsabschlüsse und einen erfolgreichen Berufseinstieg zu ermöglichen (Appel, 2009, S. 23 f; Fischer, 2013, S. 34). Darüber hinaus enthält die GAINS-AG-Subskala zwei Items, die die Frage nach einem unspezifischen Lernzuwachs stellen, der in der Validierungsskala nicht berücksichtigt wird.

Die unterschiedlich ausfallenden Ergebnisse bezüglich der konvergenten Validität könnten unter Berücksichtigung der verschiedenen Schwerpunkte in den beiden Instrumenten damit begründet werden, dass diese je nach Art der AG-Kategorie von den SuS unterschiedlich bewertet werden. So klingt es plausibel, dass in einer Informatik-AG Themen behandelt werden, die von den SuS sowohl als nützlich für ihren Alltag als auch für die Verbesserung ihrer unterrichtlichen Leistungen eingeschätzt werden. Dies dürfte vermutlich noch stärker für den Bereich der Fremdsprachenangebote gelten, für den in der vorliegenden Studie jedoch aufgrund der Stichprobengröße kein Kennwert berechnet werden konnte. Dagegen scheint es annehmbar, dass der Großteil der SuS den Nutzen sportbezogener AGs für ihren Alltag als gering einschätzt.

Bezüglich des *Geschlechts* der SuS zeigen sich in drei der vier GAINS-AG-Subskalen keine wesentlichen Unterschiede in der Höhe der Korrelationskoeffizienten. Auffällig ist allerdings, dass die konvergente Validität der Subskala *Pä-*

dagogische Unterstützung bei den Mädchen stärker bestätigt wird als bei den Jungen – dies gilt sowohl für die eingesetzte Validierungsskala von Wagner et al. (2009) mit Differenz zwischen den beiden Korrelationskoeffizienten von $r = .20$ als auch für die von Bos et al. (2009) mit einer Differenz von $r = .15$. Eine mögliche Erklärung könnte in der Anzahl der eingesetzten Items liegen. Im Vergleich zu den übrigen Konstrukten umfassen sowohl die GAINS-AG-Subskala als auch die beiden zur Validierung eingesetzten Instrumente mit Abstand die meisten Fragen. Da Studien zeigen, dass die Lesekompetenz bei Jungen generell geringer ausgeprägt ist als bei Mädchen (Weis et al., 2016, S. 274), dass Jungen weniger aufmerksam lesen als Mädchen (Topping, 2017) und dass deren Motivation zur Bearbeitung eines Tests bzw. Fragebogens ebenfalls niedriger ausfällt (Hopfenbeck & Kjærnsli, 2016), kann die geringere Übereinstimmung zwischen GAINS-AG-Subskala und Validierungsskalen bei den Jungen auf kompetenzspezifische bzw. motivationsorientierte Faktoren zurückzuführen sein.

Aufgrund der höheren Anzahl der Items und dem Wissen um die Zunahme der Konzentrationsspanne mit dem Alter (Wöstmann, Herrmann, Wilsch & Obleser, 2015) scheint es dagegen wenig verwunderlich, dass die konvergente Validität der Subskala Pädagogische Unterstützung bei Betrachtung des *Alters* der SuS unterschiedlich hoch ausfällt.

Als mögliche Limitation der Validierungsstudie muss angeführt werden, dass die diskutierten Unterschiede zwischen verschiedenen AG-Kategorien, den Geschlechtern sowie den Jahrgangsstufen unter Vorbehalt zu bewerten sind, da diese lediglich deskriptiv betrachtet wurden. Zweitens lagen für Förder- sowie Fremdsprachenangebote zu geringe Fallzahlen vor, um eigene Kennwerte berechnen zu können. Drittens wurden die zur Überprüfung der konvergenten Validität eingesetzten Instrumente auf den AG-Kontext adaptiert, weswegen nicht endgültig geklärt werden kann, ob die für die Originalskalen berichteten Kennwerte für die Reliabilität auf die eigene Untersuchung übertragen werden können. Die auf Grundlage der eigenen Stichprobe berechneten internen Konsistenzen liegen allerdings in vergleichbarer Höhe mit den in der Literatur angegebenen Koeffizienten.

5.9.3.2 Test-Retest-Reliabilität

Die Test-Retest-Reliabilitäten liegen für die GAINS-AG-Subskalen alle im Bereich von $r_{tt} = .65$ bzw. ICC $= .63$, was für den Pearson-Koeffizienten auf eine mittelhohe und für den ICC auf eine gute Übereinstimmung der Einschätzung der SuS zwischen den beiden Messzeitpunkten schließen lässt. Dieses Ergebnis kann inhaltlich allerdings nur sehr eingeschränkt bewertet werden. So liegen für Fragebögen im pädagogischen Setting, die vergleichbare Konstrukte messen oder zu messen beanspruchen, nur sehr selten überhaupt Angaben zur Stabilität der gemessenen Merkmale über die Zeit vor – lediglich bei einer der fünf verwendeten Skalen zur Überprüfung der konvergenten Validität (vgl. Kap. 5.9.1.3) wird ein entsprechender Kennwert angegeben. Dabei handelt es sich um das Inventar LASSO 4-13 (von Saldern & Littig, 1987), in welchem allerdings ein neunmonatiges Zeitintervall zwischen den beiden Messzeitpunkten lag. Daher kann der dort für das „Ausmaß der Cliquenbildung" berichtete Korrelationskoeffizient von $r = .45$ kaum für eine Beurteilung herangezogen werden. Eine Sichtung der gängigsten in der deutschsprachigen Unterrichtsforschung verwendeten Fragebögen gibt zumindest darüber Aufschluss, dass die für die GAINS-AG-Subskalen erzielten Werte vergleichbar mit den Test-Retest-Reliabilitäten der Skalen zur Erfassung der Lern- und Leistungsmotivation (SELLMO; Spinath et al., 2012) sind, die bei gleichem Zeitintervall zwischen $r_{tt} = .60$ und .74 liegen.

Etwas längere Zeitabstände wurden für die Bestimmung der Test-Retest-Reliabilität des Fragebogens zur Erfassung emotionaler und sozialer Schulerfahrungen von Grundschulkindern dritter und vierter Klassen (FEESS 3-4: Rauer & Schuck, 2003: vier Wochen) sowie der Schülereinschätzliste für Sozial- und Lernverhalten (SSL; Petermann & Petermann, 2014: sieben Wochen) gewählt. Beim FEESS 3-4 finden sich Kennwerte zwischen $r_{tt} = .62$ und .80, bei der SSL zwischen $r_{tt} = .57$ und .74. Dies scheint darauf hinzudeuten, dass die gemessenen Konstrukte deutlich weniger stabil sind als bspw. Konstrukte wie Intelligenz oder Persönlichkeitsmerkmale, bei denen i. d. R. deutlich höhere Übereinstimmungen erzielt werden (z. B. $r_{tt} = .90$ für ein Zeitintervall von etwa einer Woche beim Raven's Matrizentest; Raven, 2009).

Auch wenn bei der Wahl des Zeitintervalls für die Ermittlung der Test-Retest-Reliabilität der GAINS-AG-Subskalen darauf geachtet wurde, den Einfluss schulbezogener äußerer Faktoren (z. B. Ferien) so gering wie möglich zu halten, kann nicht ausgeschlossen werden, dass weitere externe Faktoren das Antwortverhalten zum zweiten Messzeitpunkt verändert haben. Ebenfalls dürfte die Beurteilung der AG-Qualität durch die SuS stark davon geprägt sein, welche Erfahrungen die SuS in der aktuellen bzw. letzten AG-Stunde gemacht haben bzw. welche Emotionen damit verbunden waren. Die Annahme, dass SuS der untersuchten Altersklassen ihre Urteile vorrangig auf kürzere Zeiträume beziehen, scheint nach Lam und Bengo (2003, S. 76) sowie Eich (2016, S. 191) plausibel.

Auf methodischer Ebene kann festgehalten werden, dass die Test-Retest-Reliabilität mit der Anzahl der verwendeten Antwortoptionen im Zusammenhang steht und umso geringer ausfällt, je weniger Antwortoptionen zur Verfügung stehen (Weng, 2004). Daher sind bei einem vierstufigen Antwortformat, wie es in der GAINS-AG-Skala gewählt wurde, per se keine extrem hohen Koeffizienten zu erwarten. Auch der Einfluss von Übungs- bzw. Erinnerungseffekten kann nicht ausgeschlossen werden (Lienert & Raatz, 1998, S. 180).

Die Interpretation der Test-Retest-Reliabilitäten auf Ebene verschiedener Subgruppen soll zunächst für die GAINS-AG-Subskala Pädagogische Unterstützung erfolgen, die sowohl bei BeSS-Angeboten als auch bei MINT-Angeboten im Vergleich zu den übrigen Kennwerten auffällig ist. Hier kann das bereits diskutierte Argument angeführt werden, dass diese Dimension besonders stark von der zuletzt erlebten Interaktion mit der AG-Leitung beeinflusst wird, die auch von wechselnden Sozialformen in der AG-Gestaltung abhängt. Wie eine Analyse der in den untersuchten AGs verwendeten Sozialformen ergibt, zeigt sich für MuKu-Angebote, in denen die Test-Retest-Reliabilität nicht auffällig niedrig ist, dass dort die Sozialform meist gleich bleibt (z. B. Üben im Orchester). Weshalb die Beurteilung der Lernförderlichkeit bei BeSS-Angeboten über den Zeitraum von zwei Wochen wenig stabil ausfällt, kann trotz erfolgter ausführlicher Auseinandersetzung nicht erklärt werden.

Die höheren Test-Retest-Reliabilitäten für Mädchen im Vergleich mit Jungen sowie von älteren SuS im Vergleich mit jüngeren können mit den bereits in Kapitel 5.9.3.1 dargestellten Argumenten begründet werden. Zusätzlich zu den dort erwähnten Limitationen muss bei Betrachtung der Ergebnisse für die Test-Retest-Reliabilität die relativ geringe Stichprobengröße innerhalb der MINT-Angebote angeführt werden.

5.10 Evaluation der Praxistauglichkeit von GAINS (Anwendungsstudie)

Aufgrund des von Rolff (1998, S. 308) als „Implementations-Lücke" bezeichneten Phänomens scheitern geplante Projekte im Rahmen von Schulentwicklungsprozessen häufig bereits nach deren Initiationsphase. Daher genügt es nicht, der Einzelschule mit GAINS ein professionelles Erhebungsinstrument für die interne Evaluation des schuleigenen Ganztagsprogramms zur Verfügung zu stellen – zentral ist die Überprüfung der Frage, inwieweit sich das Instrument im schulischen Alltag bewährt. Viele wissenschaftliche Arbeiten verfolgen zwar ebenfalls den Anspruch, einzelschulische Entwicklungsprozesse unterstützen bzw. vereinfachen zu wollen (z. B. Altrichter, Moosbrugger & Zuber, 2016; Berkemeyer et al., 2016; Bonsen, 2016; LA Hessen, 2017), allerdings werden die aus den Ergebnissen abgeleiteten Empfehlungen im Hinblick auf deren tatsächliche Umsetzbarkeit an der Einzelschule nur selten reflektiert, ein Austausch mit den Anwendern findet darüber hinaus kaum statt.

Im Gegensatz dazu soll in der vorliegenden Arbeit eine Prozessevaluation des Einsatzes von GAINS in der einzelschulischen Praxis erfolgen, um die Entwicklung des Instruments mit einer Erprobung im Feld abzurunden. Somit wird auf Basis breiter Akzeptanz eine möglichst hohe Nutzungswahrscheinlichkeit angestrebt. Anliegen dieser Anwendungsstudie ist es somit, (1) Erkenntnisse aus dem praktischen Einsatz von GAINS zu erhalten, (2) auf dieser Grundlage prozessuale Abläufe zu optimieren und (3) deren Bewährung in der Praxis zu überprüfen. Nachdem GAINS auf Basis der Anregungen ganztagsschulischer Experten entwickelt (vgl. Kap. 5.2) und die wissenschaftliche Güte im Rahmen verschiedener Studien (vgl. Kap. 5.6 bis Kap. 5.9) bestätigt werden konnte, soll somit eine Rückkopplung der finalen Version von GAINS an die zentrale Anwendergruppe der Ganztagskoordinatorinnen bzw. Ganztagskoordinatoren erfolgen.

Zur Teilnahme an der Anwendungsstudie wurden insgesamt 21 hessische Schulen eingeladen, von denen zehn ihr Interesse bekundeten und aufgrund der geplanten sukzessiven Vorgehensweise letztendlich sechs in die Studie eingeschlossen wurden. So zeigte sich, dass nach der Erprobung von GAINS an der sechsten Schule keine wesentlichen Optimierungsbedarfe mehr bestanden. Bei den teilnehmenden Schulen handelte es sich um zwei Integrierte Gesamtschulen, eine Kooperative Gesamtschule und drei Gymnasien, von denen sich ein Gymnasium im Aufbau befand. An den einzelschulischen Befragungen nahmen vorrangig SuS der Unter- und Mittelstufe (Jahrgangsstufe 5 bis 10) teil. Die für die Durchführung der Befragung an der Einzelschule verantwortlichen Personen waren bis auf eine Ausnahme Ganztagskoordinatorinnen bzw. Ganztagskoordinatoren (vgl. Tab. 5.35).

Tabelle 5.35: Beschreibung der für die Anwendungsstudie herangezogenen Schulen in der Reihenfolge ihrer Teilnahme

Schulform	verantwortliche Person(en)	Ganztagsprofil	Schulamtsbezirk
Gymnasium	Ganztagskoordinatorin	2	Hanau/Main-Kinzig-Kreis
Integrierte Gesamtschule	Ganztagskoordinator	2	Frankfurt
Gymnasium	Ganztagskoordinatorin	2	Offenbach
Kooperative Gesamtschule	Ganztagskoordinatorin	2	Hanau/Main-Kinzig-Kreis
Integrierte Gesamtschule	Ganztagskoordinator	2	Hanau/Main-Kinzig-Kreis
Gymnasium im Aufbau	Lehrkraft & stv. Schulleiter	2	Frankfurt

Bei der Auswahl der Schulen wurde sowohl auf eine Verteilung auf verschiedene Schulamtsbezirke als auch auf eine heterogene Ausgestaltung des Ganztagsangebots geachtet. Während drei Schulen dem Schulamtsbezirk Hanau/Main-Kinzig-Kreis zugeordnet sind, liegen zwei Schulen im Bezirk Frankfurt und eine Schule im Schulamtsbezirk Offenbach. Hinsichtlich der Ganztagsangebote unterscheiden sich die Schulen im Umfang der Angebotspalette (18 bis 56 Angebote) und der inhaltlichen Ausrichtung aufgrund verschiedener Schulschwerpunkte (z. B. Musik, MINT) deutlich.

Bereits vor Beginn der Anwendungsstudie schien es zweckmäßig, zugunsten der Nutzerfreundlichkeit eine schriftliche Anleitung zum Umgang mit GAINS zu erstellen. In dieser waren auch Erläuterungen zur Einweisung der SuS in die enthaltenen Antwortformate auf Basis von Präsentationsfolien enthalten. Der Einsatz von GAINS an den jeweiligen Schulen wurde im Sinne eines Monitorings durch den Autor dieser Arbeit begleitet, wobei die so gewonnenen Erkenntnisse systematisch protokolliert und analysiert wurden. Die begleitende Evaluation orientierte sich dabei an den verschiedenen Phasen, die bei der Verwendung von GAINS an der Einzelschule durchlaufen werden müssen. Die nachfolgenden Darstellungen ergeben sich ebenfalls aus dieser Reihenfolge: Installieren von Umfragetool und Fragebogen (vgl. Kap. 5.10.1), Vorbereiten der Umfrage (vgl. Kap. 5.10.2), Durchführen der Befragung (vgl. Kap. 5.10.3), Auswerten der Daten (vgl. Kap. 5.10.4) und Vorstellen der Umfrageergebnisse (vgl. Kap. 5.10.5). Erkenntnisse, die zu Modifikationen der schriftlichen Anleitung führten, werden an geeigneter Stelle erläutert.

5.10.1 Installieren von Umfragetool und Fragebogen

Grundsätzlich war es das Anliegen, die gesamte Durchführung der Evaluation des Ganztagsangebots in die Verantwortung der Schulen zu geben. Da für die Nutzung von GAINS das Umfragetool *Limesurvey* notwendige Voraussetzung ist, sollte eine Installation dieses Tools auf dem schuleigenen Server von den Schulen selbst durchgeführt werden. Da es bislang an keiner Schule verwendet wurde, stellte eine solche Umsetzung in der Praxis trotz diesbezüglicher Hilfestellungen in der schriftlichen Anleitung eine deutlich größere Herausforderung dar als ursprünglich angenommen: (1) Bei Schulen aus den Schulamtsbezirken Hanau/Main-Kinzig-Kreis und Offenbach verfügten die verantwortlichen Personen nicht über die notwendigen Zugangsrechte für die Installation auf dem Schulserver, wodurch der IT-Beauftragte der Schule hätte hinzugezogen werden musste. Hieraus ergaben sich mitunter zeitliche Verzögerungen, sodass die jeweils zum Ende des Schulhalbjahrs terminierten Befragungen der SuS nicht mehr in allen Fällen hätten realisiert werden können. (2) Im Schulamtsbezirk Frankfurt dagegen durfte das Umfragetool aufgrund sehr restriktiver Nutzungsbestimmungen des Staatlichen Schulamts nicht installiert werden. Aus diesen Gründen wurde als Alternative allen Schulen ein individueller Zugang auf einem Server der Goethe-Universität eingerichtet, auf dem das Umfragetool bereits installiert war. So konnte eine selbstständige Durchführung von Schulseite auch ohne Installation von *Limesurvey* auf dem schuleigenen Server gewährleistet werden.

Dieses Vorgehen wurde von den verantwortlichen Personen zwar als äußerst attraktiv und ökonomisch empfunden, ist im Hinblick auf den eigentlichen Sinn schulischer Selbstevaluation jedoch sehr kritisch zu bewerten: So kann und darf eine Schule grundsätzlich nicht an der Herausgabe personenbezogener Daten interessiert sein (vgl. Kap. 3.5.4) – bei der Generierung von Informationen zur Steuerung schulischer Entwicklungsprozesse sollte der Datenschutz stets höchste Priorität genießen. Aus dieser Perspektive erscheinen die sehr eng gefassten Bestimmungen des Schulamts Frankfurt zur Nutzung von Computern nachvollziehbar. Es ist jedoch zu bedenken, dass Einschränkungen dieser Art mit Nachteilen verbunden sind: Als alternative und von Schulamtsseite genehmigte Lösung hätte das Onlinetool GrafStat zur Fragebogengestaltung herangezogen werden können. Dies war jedoch aus drei Gründen wenig praktikabel: (1) Für die Nutzung des Tools hätte jede Schule aus dem eigenen Budget eine verhältnismäßig hohe Gebühr entrichten müssen. (2) GAINS hätte im Anschluss von jedem/r an der Evaluation des eigenen Ganztagsangebots interessierten Ganztagsschulkoordinators bzw. Ganztagsschulkoordinatorin mit allen Items und den zahlreichen implementierten Filterführungen vollständig in GrafStat programmiert werden müssen. Die Umsetzung eines solchen Vorschlags schien somit bereits aus ökonomischen Gründen nicht zweckmäßig, zumal der Einsatz von GAINS in den meisten anderen Schulamtsbezirken aufgrund weniger restriktiven Datenschutzbestimmungen problemlos möglich ist. Die Entwicklung einer Sonderlösung für nur einen Schulamtsbezirk war daher nicht zielführend. (3) GrafStat hätte den in Kapitel 5.3 formulierten Anforderungen nicht entsprochen: Zunächst erwies sich die optische Gestaltung des Tools als wenig ansprechend und nicht mehr zeitgemäß. Wie eine weitere Recherche ergab, war eine Anpassung des Quellcodes jedoch nicht vorgesehen. Beim Anlegen einer exemplarischen Umfrage stellte sich darüber hinaus heraus, dass es zu technischen Problemen beim Wiederherstellen der Umfrage nach Minimierung des Fensters kam. Schließlich ergab ein Vergleich der durch das Programm bereitgestellten Ergebnisse mit denen des etablierten Statistikprogramms SPSS, dass in Graf-Stat fehlerhafte Berechnungen implementiert waren.

Die beschriebenen Erfahrungen machen deutlich, dass im Hinblick auf die Verwendung des Onlinetools *Limesurvey* grundlegende Herausforderungen bestehen, die an dieser Stelle nicht aufzulösen sind. Die Installation auf dem schuleigenen Server stellt aus Datenschutzsicht jedoch mit Sicherheit die anzustrebende Lösung dar.

5.10.2 Vorbereiten der Umfrage

Bei der Umsetzung eines geplanten Evaluationsvorhabens in der schulischen Praxis ist zunächst zu berücksichtigen, dass nicht nur die Schulleitung ihr Einverständnis zur Durchführung einer Datenerhebung geben muss, sondern dass zumeist auch schulinterne Gremien in diese Entscheidung einbezogen werden müssen. So beschloss z. B. die Schulkonferenz einer Schule, dass alle Eltern der an der Befragung teilnehmenden SuS über das Evaluationsvorhaben informiert werden sollten. Daraus resultierte die Überlegung, dass eine zur Verfügung gestellte Vorlage für einen Elternbrief einerseits zur Steigerung der Akzeptanz von GAINS bei den Schulen beitragen und andererseits die verantwortlichen schulischen Personen bei der Organisation der Befragung entlasten würde. Ein entsprechendes Muster wurde daraufhin erstellt. Da zu diesem Zeitpunkt bereits die schriftliche Anleitung sowie die erläuternden Präsentationsfolien zur Einweisung der SuS vorlagen, wurde zugunsten eines vereinfachten Zugangs auf alle GAINS-relevanten Materialien ein cloudbasierter Ordner erstellt, auf den die Schulen über einen Link zugreifen konnten.

In der Vorbereitungsphase zeigten sich erneut das Fehlen zeitlicher Ressourcen und in der Folge damit einhergehende Überlastungstendenzen der zuständigen Personen (vgl. Kap. 3.4.2.2). So kam es im Hinblick auf Terminabsprachen zum gegenseitigen Austausch häufig zu Absagen und Verzögerungen seitens der schulischen Verantwortlichen.[152]

Ebenfalls wurde in dieser Phase deutlich, dass die schriftliche Anleitung in ihrer bestehenden Form aufgrund ihres Umfangs von ca. 25 Seiten und der Strukturierung der Inhalte auf die meisten Anwender eine wenig zur Umsetzung der Evaluation einladende Wirkung aufwies. Daraufhin wurde entschieden, die schriftliche Anleitung in einen ersten Teil zum Schnelleinstieg und in einen zweiten Teil zur Nutzung weiterer Auswertungsmöglichkeiten zu gliedern. Dadurch konnte erreicht werden, dass für die Einarbeitung in die Inhalte der Grundfunktionen nur wenige Seiten zu lesen waren, die zur Verbesserung der Anschaulichkeit und einfacheren Erklärung zusätzlich um Screenshots des Umfragetools ergänzt wurden. Im Hinblick auf die Struktur der Anleitung schien es ansprechend, sich an den einzelnen Phasen des schulischen Evaluationsprozesses zu orientieren. Zudem wurde die schriftliche Anleitung in die

---

152 Das Phänomen fehlender zeitlicher Ressourcen und Überlastungstendenzen zeigte sich auch daran, dass ursprünglich eine weitere kooperative Gesamtschule an der Anwendungsstudie teilnehmen sollte. Deren Bereitschaft wurde vonseiten der Schule jedoch im weiteren Verlauf zurückgezogen. Grund hierfür war die fälschliche Annahme, dass die Studie vorrangig durch universitäre Mitarbeiter durchgeführt würde. Eine selbstständige Umsetzung schien nach eigener Aussage aufgrund der aktuellen Auslastung durch die Einarbeitung neuer Lehrkräfte sowie die Organisation des Kerngeschäfts Unterricht nicht möglich.

formaler wirkenden Bezeichnungen „GAINS-Handbuch, Teil 1: Schnelleinstieg" bzw. „GAINS-Handbuch, Teil 2: Erweiterte Funktionen" umbenannt. Abschließend wurden geringfügige Modifikationen der Inhalte vorgenommen; exemplarisch sei an dieser Stelle die Ergänzung um einen kurzen Abschnitt zur Festlegung des Befragungszeitraums erwähnt, da bei einer Schule ohne diesen Schritt die Umfrage nicht aktiviert werden konnte.

Die SuS bewerten in Teil 3 von GAINS ein von Ihnen besuchtes Ganztagsangebot. Im Rahmen der Hauptstudien 1 bis 4 erfolgte die Präsentation des nach AG-Kategorien eingeteilten Ganztagsangebots der Einzelschule anhand einer zuvor erstellten Bilddatei, die in das Onlinetool eingebunden war und den SuS an entsprechender Stelle angezeigt wurde. Im Zuge der Praxiserprobung stellte sich dieses Verfahren jedoch als wenig praktikabel heraus: Zum einen erforderte die Erstellung und der Import der Bilddatei zusätzliche Hinweise im Handbuch, zum anderen war es insbesondere an Schulen mit umfangreichem Ganztagsangebot nicht ohne Weiteres möglich, dieses Bild gut auf dem Bildschirm lesbar darzustellen. Um die den AG-Kategorien zugeordneten Ganztagsangebote zu präsentieren, wurde in der Folge stattdessen auf einen durch die Schule erstellten papierbasierten Ausdruck zurückgegriffen, der an jedem der Computer der SuS platziert wurde. Da (1) Struktur und Aufmachung dieses Ausdrucks mitunter dazu führten, dass SuS nicht immer erkennen konnten, welche Zahl[153] ihrer AG zugeordnet ist, (2) die Art und Weise der Präsentation der Ganztagsangebote von Schule zu Schule mitunter stark variierte und (3) nicht alle Ganztagsangebote von den Verantwortlichen immer korrekt zugeordnet wurden, schien die Erstellung einer weiteren Vorlage zweckmäßig. Dort wurden nicht nur die Nummerierungen der Kategorien optisch besonders hervorgehoben, sondern auch Beispiele zur einfacheren Zuordnung der AG-Angebote zu den Kategorien angegeben. Trotz dieser Vorlage traten in der Folge zwei Schulen aufgrund fehlender zeitlicher Ressourcen an den Autor mit der Bitte heran, die Kategorisierung ihres Ganztagsangebots für sie zu übernehmen. Auch wenn dieser Bitte nicht nachgekommen wurde, macht dies einmal mehr deutlich, wie wenig Zeit an Schulen für Evaluations- bzw. Qualitätsmanagementprojekte zur Verfügung steht und wie ökonomisch diese deshalb gestaltet sein müssen, um zur Anwendung zu kommen.

Wie sich bei ersten Informationsgesprächen mit den Ganztagskoordinatorinnen bzw. Ganztagskoordinatoren über einen potenziellen Einsatz von GAINS zeigte, wurde die Auswertung auf Ebene übergeordneter AG-Kategorien im dritten Teil des Fragebogens im Hinblick auf die Akzeptanz der Erhe-

---

153 Zur Beurteilung eines Förderangebots muss die Zahl „1", eines BeSS-Angebots die „2", eines MuKu-Angebots die „3", eines MINT-Angebots die „4" und zur Bewertung eines Fremdsprachenangebots die Zahl „5" ausgewählt werden.

bung im Kollegium immer wieder positiv bewertet. Dieses in GAINS gewählte Vorgehen verhindert bewusst, dass das Feedback der SuS nicht auf einzelne AG-Leitungen zurückgeführt werden kann. Dass nahezu alle an der Anwendungsstudie teilnehmenden Schulen ihr Ganztagsangebot auf diese Art und Weise evaluiert haben, spiegeln die in Kapitel 1.3.2 sowie Kapitel 3.4.2.1 dargelegten Ausführungen wider, wonach LuL über ein sehr spezifisches Leitungsverständnis verfügen. So nehmen sie eine Bedrohung ihres Autonomie-Paritäts-Musters (Lortie, 1975) auch dann wahr, wenn formal gleichgestellte Kolleginnen oder Kollegen Zugriff auf Daten im Sinne von Bewertungen (in diesem Fall: der SuS) über die eigene Person haben.

Eine Ausnahme stellte eine Schule dar, deren Ganztagskoordinatorin sowohl von einer hohen Akzeptanz ihrerseits innerhalb des Kollegiums als auch von einer etablierten Feedbackkultur durch kollegiale Hospitationen und regelmäßige Bewertungen der Unterrichtsqualität durch SuS berichtete. Vor diesem Hintergrund erschien es selbstverständlich, dass die Ganztagsangebote an dieser Schule nicht auf Kategorien-, sondern auf AG-Ebene bewertet werden sollten. Dies erforderte die Anpassung des entsprechenden Auswahlitems in GAINS und hatte zudem Konsequenzen für die Auswertung der angebotsspezifischen Qualitätsmerkmale (vgl. Kap. 5.10.4).

Sowohl die Wahl von *Limesurvey* als Plattform zur Onlinebefragung als auch die Struktur von GAINS mit einem optional erweiterbaren vierten Teil um schulspezifische Fragestellungen erwiesen sich als äußerst vorteilhaft in der schulischen Praxis. Vier der sechs an der Anwendungsstudie teilnehmenden Schulen äußerten das Anliegen, den Fragebogen ergänzen zu wollen, um die SuS zu weiteren, in GAINS nicht enthaltenen ganztagsspezifischen, Themen zu befragen. Hierzu bestand auf Seiten der verantwortlichen Personen eine hohe Motivation. Allerdings führte die oftmals mangelhaft ausgebildete Evaluationskompetenz (Altrichter et al., 2016, S. 255; Berkemeyer et al., 2016, S. 226 f; vgl. Kap. 3.4.2.2) teils zu grundlegenden Fehlern bei der Formulierung zusätzlicher Items bzw. der Wahl geeigneter Antwortoptionen, weshalb an dieser Stelle Unterstützung durch den Autor gegeben wurde.

Da im Laufe der Anwendungsstudie deutlich wurde, dass sich die von den Schulen ergänzten Themen häufig inhaltlich ähnelten, schien es vorteilhaft, für ausgewählte Bereiche (Mensa, Schul- und Pausenzeiten bzw. Pausengestaltung) exemplarische Items im zweiten Teil des Handbuchs zur Verfügung zu stellen. Außerdem wurde dort auf weitere potenziell zu evaluierende Themenfelder (z. B. Hausaufgaben, Lernzeit und Lernzeitnutzung, Aufenthaltsorte in der Mittagspause, Bewegte Schule) hingewiesen. Da für diese jedoch keine Beispielitems formuliert wurden, erfolgte zugunsten einer möglichst hohen Datenqualität der Hinweis auf eine kompakte Handreichung zur Fragengestaltung des MKJS BW (2007).

Das Potenzial einer onlinegestützten Befragung mithilfe von *Limesurvey* zeigte sich an dem im Aufbau befindenden Gymnasium. Dort kam nach dem ersten Informationsgespräch die Frage auf, ob sich neben der Meinung der SuS auch die Einschätzungen aller anderen am Ganztag beteiligten Akteure erheben ließen. So sollte das bestehende Angebotskonzept durch die Berücksichtigung verschiedener Perspektiven grundlegend verbessert werden. Auch wenn der Einbezug weiterer Akteure bislang nicht der genuinen Zielstellung von GAINS entspricht, wurde der Bitte mit dem Wissen um positive Wirkungen dieses Vorgehens z. B. auf das Schulklima (Grob, 2007; Hoy et al., 2002) nachgekommen. Hierzu wurden die Codebücher aus der ersten StEG-Förderphase (Furthmüller, 2014a, 2014c, 2014d) zur Verfügung gestellt, denen Items zur Befragung von Eltern und LuL entnommen werden konnten. Trotz dieser sehr umfangreichen Datenerhebung meldete die betreffende Schule kurz nach Beendigung der Befragung zurück, dass v. a. die schnelle Möglichkeit der Datenauswertung bereits zu einer ertragreichen Ableitung von Optimierungsbedarfen im Hinblick auf das ganztagsschulische Konzept geführt habe. Einschränkend muss bezüglich der Beurteilung dieses sehr idealtypischen Umgangs mit *Limesurvey* allerdings erwähnt werden, dass eine solch umfangreiche Erhebung allein aus Gründen der sehr begrenzten schulischen Ressourcen kaum den Regelfall darstellen dürfte. Die mit dem Aufbau einer Schule einhergehende Dynamik sowie das hochmotivierte Kollegium stellten im vorliegenden Fall sicherlich begünstigende Faktoren dar.

5.10.3 Durchführen der Befragung

Im Rahmen der Organisation der Befragung der SuS zeigte sich, dass die IT-Infrastruktur nicht an allen Schulen die Erhebung im Klassenverband ermöglichte. An drei der sechs Schulen waren lediglich 25 Rechner im Computerraum vorhanden, sodass in einzelnen Klassen nicht alle SuS gleichzeitig ihre Einschätzungen abgeben konnten und dies zu einem späteren Zeitpunkt nachholen mussten. An einer weiteren Schule konnte der Computerraum aufgrund von Hardwareproblemen bereits seit einiger Zeit nicht genutzt werden, wodurch die SuS den GAINS-Fragebogen jeweils einzeln an einem im Klassenzimmer vorhandenen Computer bearbeiten mussten. Aus organisatorischen Gründen musste die Bearbeitung jedoch sowohl während des regulären Unterrichts als auch in Pausenzeiten erfolgen, wodurch Einbußen im Hinblick auf die Qualität der erhobenen Daten hingenommen werden mussten. Zudem war es mit diesem Vorgehen nicht möglich, die Meinungen vieler SuS innerhalb des geplanten Zeitraums zu berücksichtigen.

Vor dem Hintergrund der aktuellen Diskussion um Digitalisierung der Schulen bzw. die Förderung von Medienkompetenzen der SuS (BMBF, 2017c;

KMK, 2017) ist zu hoffen, dass diese und vergleichbare infrastrukturelle Defizite in absehbarer Zeit behoben werden. Zudem könnten die SuS die Befragung an eigenen mobilen Endgeräten online in Präsenz durchführen. Da *Limesurvey* mittels Responsive Design bereits auf die wechselnden Anforderungen unterschiedlicher (mobiler) Endgeräte ausgelegt ist, bliebe die Funktionalität von GAINS auch bei einer solchen Nutzung bestehen.

Um am Tag der Datenerhebung Zugang zum GAINS-Fragebogen zu erhalten, war zunächst geplant, dass die SuS einen auf der Schulhomepage im Ganztagsbereich platzierten und ggf. versteckten Link aufrufen. Vonseiten der Ganztagskoordinatorin der ersten an der Anwendungsstudie teilnehmenden Schule wurden jedoch Bedenken dahingehend geäußert, dass nicht allen SuS die Navigation auf der schuleigenen Homepage ausreichend vertraut sein könnte. Aufgrund dieser nachvollziehbaren Skepsis wurde der Link in der Folge auf der eigens eingerichteten Homepage www.ganztagsevaluation.de bereitgestellt. Nachdem eine Einweisung der SuS in die in GAINS verwendeten Antwortformate erfolgt war, wurden sie aufgefordert, den über eine Präsentationsfolie angezeigten Link in ihren Browser einzugeben. Dabei zeigte sich, dass nicht allen SuS ein fehlerfreies Abtippen des Links gelang, wodurch sich der Beginn der Befragung verzögerte und eine konzentrierte Arbeitsatmosphäre erst nach einigen Minuten hergestellt werden konnte.

In der Konsequenz sollte der Zugang zum Fragebogen nicht mehr über die Eingabe eines Links mittels Tastatur, sondern über eine direkt anklickbare Lösung auf den einzelnen Computern erfolgen. Daher wurde den Schulen empfohlen, den Fragebogen-Link entweder als Lesezeichen im Browser, als HTML-Shortcut auf dem Desktop oder als mit einem Hyperlink versehenes Word- bzw. pdf-Dokument bereitzustellen. Wie die Rückmeldungen vonseiten der zuständigen Personen an der Schule deutlich machten, konnten die SuS den Fragebogen über diese Optionen schnell aufrufen und dadurch auch mit der Bearbeitung zügig beginnen.

Grundsätzlich ist beim Arbeiten mit SuS im Computerraum zu bedenken, dass alle Computer zunächst eingeschaltet und im System angemeldet werden müssen. Da nicht davon auszugehen ist, dass alle SuS ihre Zugangsdaten parat haben, konnte schon im Vorfeld von erheblichen Verzögerungen beim Befragungsbeginn ausgegangen werden. Daher ist es erforderlich, dass die für die Datenerhebung zuständige Person bereits vor Eintreffen der SuS alle Computer einschaltet und so vorbereitet, dass ein reibungsloser Ablauf der Befragung gewährleistet werden kann. Bei allen an der Anwendungsstudie teilnehmenden Schulen wurde diese Arbeit durch die für die Abwicklung der Erhebung zuständige Person übernommen. Es muss allerdings festgehalten werden, dass ein solcher zusätzlich zu leistender Aufwand mit Sicherheit die Grundhaltung der betroffenen Person gegenüber schulinternen Evaluationen nicht besonders positiv beeinflusst (vgl. Kap. 3.4.2.1). Dies gilt besonders dann, wenn sich die

Datenerhebung über mehrere Tage erstreckt. Sollten die SuS den Fragebogen dagegen an ihren eigenen Endgeräten in der Schule beantworten können, wäre ein effizienteres Vorgehen gewährleistet.

Im Hinblick auf die eigentliche Beantwortung des Fragebogens durch die SuS ergaben sich nach Auskunft aller an der Anwendungsstudie teilnehmenden Schulen so gut wie keine nennenswerten Auffälligkeiten. Positiv ist an dieser Stelle hervorzuheben, dass sich die Bearbeitungsdauer trotz der von den SuS besuchten unterschiedlichen Schulzweige im Durchschnitt nicht wesentlich zwischen Gymnasien und Integrierten bzw. Kooperativen Gesamtschulen unterschied. Lediglich an Schulen mit einem hohen Anteil an SuS mit Migrationshintergrund traten vermehrt Verständnisprobleme im ersten Teil des Fragebogens auf, indem das Wort „regulär" bei der Frage nach der Häufigkeit von regulärem Nachmittagsunterricht unbekannt war. Da diese Information auch mittels eines Blicks auf den Stundenplan der Klasse abzurufen wäre, könnte dieses Item bedenkenlos eliminiert werden. Seine Relevanz erhält es jedoch bei der Befragung von SuS im Kurssystem, weshalb die Beibehaltung notwendig erscheint. Trotz der Tatsache, dass im Verlauf der Fragebogenentwicklung im Rahmen der Vor- und Hauptstudien das genannte Verständnisproblem nicht zutage trat, scheint eine Adaption des Items gerade im Hinblick auf den Anteil von SuS mit Migrationshintergrund in allgemeinbildenden Schulen (Statistisches Bundesamt, 2017) auch in dieser späten Phase der Fragebogenentwicklung sinnvoll: Da das Item auch ohne den Begriff „regulär" aufgrund des bereits enthaltenen Zusatzes „Deine AGs zählen hier nicht dazu" in gleicher Weise verstanden werden sollte, wird der teilweise unbekannte Ausdruck eliminiert, sodass das Item nun „An wievielen Tagen hast du in diesem Halbjahr am Nachmittag Unterricht? Deine AGs zählen hier nicht dazu" lautet. Damit kann die Entwicklung des GAINS-Fragebogens zunächst als abgeschlossen betrachtet werden. Die finalen Inhalte können dem Anhang A.3 entnommen werden.

Eine wesentliche Änderung musste bei den Erläuterungen zu den Folien vorgenommen werden, mithilfe derer die SuS durch die jeweils anwesenden Fachlehrkräfte sowohl in die Inhalte als auch in die verwendeten Antwortformate von GAINS eingewiesen werden sollten. Die Erläuterungen erwiesen sich nach Aussage mehrerer Ganztagskoordinatorinnen bzw. Ganztagskoordinatoren als nicht detailliert genug. Präzisere Formulierungen wurden sowohl für die inhaltliche Vorstellung von GAINS als auch für die Präsentation der Antwortformate gewünscht. An dieser Stelle konnten abermals fehlende zeitliche Ressourcen im schulischen Alltag (vgl. Kap. 3.4.2.2) festgestellt werden, die eine Auseinandersetzung mit GAINS im Vorfeld verhindert haben. Ebenfalls wurde abermals die mangelhafte Ausbildung bzw. Schulung der LuL bezüglich forschungsmethodischer Kompetenzen deutlich (vgl. Kap. 3.4.2.2).

Um sicherzustellen, dass (1) die LuL trotz dieser Defizite die SuS dennoch einweisen, (2) die Einweisung qualitativ hochwertig durchgeführt und (3) zugunsten der Datenqualität möglichst standardisiert vollzogen wird, wurden die Erläuterungen in Moderationstexte umgewandelt. Diese sind so verfasst, dass sie sowohl die SuS persönlich ansprechen als auch von den LuL direkt im Wortlaut vorgetragen werden können. In diesem Zuge wurden auch die Präsentationsfolien überarbeitet, indem jeweils die gleiche Frage allen vorgestellten Antwortformaten zugrunde lag. Als Beispiel wurde die Einschätzung des aktuellen Wetters herangezogen – dadurch sollte der Frageinhalt an Bedeutung verlieren und der Fokus der SuS auf die unterschiedlichen Antwortoptionen gelenkt werden.

5.10.4 Auswerten der Daten

Zunächst ist festzuhalten, dass bei ersten Informationsgesprächen vonseiten der verantwortlichen schulischen Personen häufig Vorbehalte gegenüber schulischen Evaluationen im Allgemeinen sowie onlinebasierten Befragungen im Besonderen geäußert wurden. Vor allem wurde ein hoher zeitlicher Aufwand bei der Datenauswertung aufgrund der Vielzahl der erhobenen Daten erwartet. Vor diesem Hintergrund zeigten sich die meisten Ganztagskoordinatorinnen bzw. Ganztagskoordinatoren positiv überrascht im Hinblick auf die Effizienz einer onlinebasierten Befragung bei Datenerhebung und -auswertung. Zudem überzeugte die Möglichkeit, mit *Limesurvey* eine unbegrenzte Anzahl an SuS kostenlos befragen zu können. Dass nach erfolgter Anmeldung im Umfragetool bereits nach zwei Mausklicks eine grafische Darstellung der bei den einzelnen Items gewählten Antworten zur Verfügung steht, schien weitere vorhandene Bedenken abzuschwächen.

Diese schnelle Möglichkeit der Ergebnisdarstellung wurde auch bei der tatsächlichen Datenauswertung durch die Ganztagskoordinatorinnen bzw. Ganztagskoordinatoren zunächst als attraktiv beurteilt, wenngleich bei Fragen mit vielen Antwortoptionen die Lesbarkeit der Ergebnisse bemängelt wurde. Mit dem Wunsch, die Daten passgenauer auswerten und miteinander in Beziehung setzen zu können, wurden weitere Einschränkungen dieser „Zwei-Klick-Lösung" wahrgenommen. Als Konsequenz wurde der Umgang mit dem sogenannten „Expertenmodus" von *Limesurvey* in den zweiten Teil des Handbuchs aufgenommen: In diesem ist es u. a. möglich, durch Filtersetzungen die Ergebnisse für ausgewählte Subgruppen der Stichprobe darzustellen. So scheint es aus sowohl aus wissenschaftlicher als auch aus einzelschulischer Sicht z. B. sinnvoll, separate Auswertungen für SuS mit unterschiedlichen Teilnahmeprofilen am Ganztagsangebot, für SuS mit und ohne Migrationshintergrund sowie für die verschiedenen AG-Kategorien vorzunehmen. Nach ersten positiven Rückmeldungen zu dieser Erweiterung im Handbuch zeigte sich darüber hinaus, dass aus Perspektive der Einzelschule eine Differenzierung nach verschiedenen Klassenstufen sehr relevant ist. Eine entsprechende Anleitung wurde daher ebenfalls im Handbuch ergänzt.

Ein weiterer Vorteil der Auswertung im Expertenmodus besteht in der detaillierten Aufbereitung der Ergebnisse. Zunächst werden neben absoluten auch relative Häufigkeiten in Form von Prozentwerten ausgegeben. Bis auf eine Ausnahme konnten alle beteiligten schulischen Verantwortlichen aus diesen Informationen wertvolle Hinweise für ganztagsschulspezifische Entwicklungsprozesse gewinnen. Die in *Limesurvey* implementierte Form der Ergebnisdarstellung im Expertenmodus schien daher ein guter Kompromiss zwischen einer möglichst detaillierten Aufbereitung einerseits und einer die (meisten) LuL nicht überfordernden Darstellungsweise andererseits zu sein. Damit sollte das von Altrichter et al. (2016, S. 255) sowie Berkemeyer et al. (2016, S. 226 f) beschriebene Defizit limitierter statistischer und forschungsmethodischer Kompetenzen auf Seiten der LuL deutlich besser adressiert werden können (vgl. Kap. 3.4.2.2). Ergänzt wird die detailliertere Anzeige im Expertenmodus durch eine sehr ansprechende grafische Aufbereitung der Ergebnisse in Form verschiedener Diagrammtypen. Diese werden je nach durch den Benutzer ausgewählter Darstellungsform (z. B. Balken-, Torten-, Netz-Diagramm) dynamisch aktualisiert.

Im Hinblick auf die von den verantwortlichen Personen als praktikabel beurteilte Auswertung der Daten schien das Ziel einer effizienten onlinebasierten schulinternen Evaluation somit erreicht. Im Austausch mit einer Ganztagskoordinatorin wurden jedoch Bedenken hinsichtlich des Umfangs und der Interpretationsmöglichkeiten der erhobenen Daten geäußert. Im Gespräch entstand der Eindruck, dass die Analyse der Ergebnisse auf rein deskriptiver Ebene aufgrund der eingeschränkten Expertise der LuL noch nicht zu handlungsleitenden Folgerungen für die Modifizierung des Ganztagsangebots führe. Es schien daher zunächst angebracht, analog zum SEIS-Instrument (vgl. Kap. 3.5.4) zusätzliche Interpretationshilfen für relevante Items zugunsten einer Implementation der Ergebnisse zur Verfügung zu stellen. Dieses Vorhaben wurde aber weitgehend verworfen: Da eine hohe Akzeptanz schulinterner Evaluationen (und damit auch des vorliegenden Instruments) die Voraussetzung für einen Einsatz in der schulischen Praxis darstellt, sollten die potenziell an einem Evaluationsvorhaben mit GAINS interessierten Personen keinesfalls abgeschreckt werden. Aus diesem Grund wurde beim Handbuch auf eine möglichst kompakte Zusammenstellung der Inhalte geachtet und daher auf die Aufnahme von Interpretationshilfen an dieser Stelle verzichtet.

Im Gegensatz zu den AMintEva-Hessen, bei denen trotz durchgeführter Faktorenanalyse die Auswertung ausschließlich auf Ebene der Einzelitems erfolgt (vgl. Kap. 3.6.3), soll die Ergebnisdarstellung für die GAINS-AG-Skala auf Ebene der vier übergeordneten Qualitätsdimensionen *Lernförderlichkeit, Interesse, Pädagogische Unterstützung* und *Lerngemeinschaft* vorgenommen werden; andernfalls wäre die Durchführung der CFA in den Hauptstudien 2 und 3 obsolet gewesen. Diese Auswertung kann in *Limesurvey* aufgrund der zu bildenden Mittelwerte jedoch nicht automatisiert erfolgen. Dies machte die Entwicklung einer zusätzlichen Auswertungsroutine notwendig. Bei deren Erstellung war es nach Rücksprache mit den an der Anwendungsstudie teilnehmenden Ganztagskoordinatorinnen bzw. Ganztagskoordinatoren oberstes Kriterium, die Auswertung möglichst genauso einfach wie in *Limesurvey* zu gestalten. Daher wurde auf das Programm *Excel* zurückgegriffen, in dem mittels eines eigens erstellten Skripts die Auswertung nach Herunterladen und Hineinkopieren des Datensatzes mittels eines Klicks vollzogen werden kann. Es schien darüber hinaus sinnvoll, die Mittelwerte für die vier Qualitätsdimensionen nicht nur über alle AG-Kategorien hinweg, sondern auch getrennt nach den fünf AG-Kategorien auszugeben. Falls zukünftig weitere Schulen eine Auswertung auf der Ebene einzelner Angebote vornehmen möchten (vgl. Kap. 5.10.2), müsste darüber nachgedacht werden, die Datei entsprechend anzupassen. Auf die Angabe zusätzlicher statistischer Kennwerte (z. B. Standardabweichung) wurde aufgrund der bereits mehrfach beschriebenen limitierten statistischen Vorkenntnisse bei den meisten LuL bewusst verzichtet.

Für Schulen, die lediglich an der Evaluation der Qualität ihrer einzelnen AGs interessiert sind, konnte im weiteren Verlauf der Erstellung dieser Arbeit mit *Edkimo* ein Kooperationspartner gefunden werden, der die GAINS-AG-Skala onlinebasiert zur Verfügung stellt. Bei Edkimo handelt es sich um eine digitale Plattform für Feedback, Lernen und Evaluation, auf die Lehrkräfte kostenlos zugreifen können. Der Vorteil gegenüber dem selbstverwalteten Einsatz der GAINS-AG-Skala über Limesurvey besteht in der direkten und optisch sehr ansprechend gestalteten Auswertung der Daten. Diese erfolgt in erster Linie wie gewünscht auf Ebene der Subskalen, wobei auch Auswertungen für die einzelnen Items ausgegeben werden. Ein sehr praktikabler Vorteil der Verwendung der Edkimo-Oberfläche liegt auch darin, dass direkt Hilfestellungen für die Interpretation der Ergebnisse vorliegen. So werden sowohl Subskalen mit sehr hohen bzw. sehr niedrigen Übereinstimmungen als auch mit sehr inkonsistem Antwortverhalten explizit ausgewiesen.

Da die Erfassung der Angebotsqualität ein zentrales Merkmal von GAINS darstellt und die vier Qualitätsdimensionen erst im Fragebogen-Entwicklungsprozess inhaltlich umschrieben wurden, schien es an dieser Stelle notwendig, Interpretationshilfen zur Verfügung zu stellen. So enthält die *Excel*-Datei eine kurzgefasste Definition und Erläuterung zur Einordnung der erzielten Werte für jede der vier Subskalen. Außerdem wurde eine pragmatische Lösung zur Interpretation der Kennwerte mittels sogenannter „bedingter Formatierung" gefunden, indem die Werte je nach Ausprägung mittels einer farblich abgestuften Ampelskala automatisch markiert werden. Die hierfür notwendigen Bedienungsschritte in *Limesurvey* (Export des Datensatzes) und in *Excel* (Import des Datensatzes und Umgang mit der Datei) konnten relativ kompakt im Handbuch dargestellt werden.

Im Verlauf der Anwendungsstudie zeigte sich, dass einige Schulen aufgrund der geringen Vertrautheit mit onlinebasierten Erhebungen vor Beginn der eigentlichen Befragung eine hohe Anzahl an Testläufen durchführten. Als Ursache wurde hier zumeist angegeben, die korrekte Funktionalität der in GAINS enthaltenen Filterfragen überprüfen zu wollen. Dies führte dazu, dass der Fragebogen meist nahezu vollständig ausgefüllt wurde. Um Verzerrungen der Ergebnisse zu vermeiden, wurde das Handbuch um den Aspekt der Datenbereinigung erweitert. Entgegen des in der Wissenschaft üblichen Datenbereinigungsprozesses unter Zugrundelegung verschiedener Kriterien (z. B. Umfang der fehlenden Werte, Plausibilität der Antworten, auffällige Antwortmuster; z. B. Meade & Craig, 2012) wurde zur Vereinfachung des Prozesses allerdings lediglich das Bearbeitungsdatum als Kriterium herangezogen. So konnte zumindest sichergestellt werden, dass die aus den Testdurchgängen resultierenden Daten nicht in die Auswertung eingingen.

GAINS enthält zugunsten eines möglichst effizienten Auswertungsprozesses nur eine geringe Anzahl an Items mit Freitextantworten. Deren vollständige Eliminierung schien jedoch nicht sinnvoll, da die qualitativen Angaben der SuS für einzelne Inhalte von Bedeutung sein können, z. B. im Hinblick auf die Nennung von Wunsch-AGs. Einer Bitte nach Bereitstellung einer Möglichkeit zur automatisierten Strukturierung dieser Angaben konnte nicht nachgekommen werden, da hierzu technische Lösungen bisher nicht vorliegen. Allerdings wurde im Handbuch eine einfache, aber bewährte Vorgehensweise zur manuellen Kategorisierung der Antworten dargestellt, indem die Nennungen der SuS in einem Textdokument nach Themenfeldern geordnet werden können.

5.10.5 Vorstellen der Umfrageergebnisse

Die Ergänzung des Handbuchs um die mit dem Expertenmodus einhergehenden erweiterten Auswertungsmöglichkeiten führte im weiteren Verlauf der Anwendungsstudie zur Hinzunahme der in *Limesurvey* visualisierten Diagramme bei der Vorstellung der Befragungsergebnisse durch die verantwortlichen Ganztagskoordinatorinnen bzw. Ganztagskoordinatoren. In einem Fall erfolgte eine Rückfrage vonseiten der Schulleitung an die präsentierende Person, ob die Ergebnisse der Schulgemeinde auch in Form eines schriftlichen Berichts rückgemeldet werden könnten. Da die Erstellung eines solchen Berichts jedoch weitere zeitliche Ressourcen und forschungsmethodische Kompetenzen herausfordert, wurde eine entsprechende Vorlage bereitgestellt. Diese enthält eine Vorstrukturierung analog zum Aufbau des GAINS-Fragebogens sowie vorgefertigte Textbausteine zur Beschreibung von Herleitung, Methodik und Ergebniszusammenfassung. Dieser Ergebnisbericht wurde für eine an der Anwendungsstudie teilnehmende Schule vom Autor in Kooperation mit der zuständigen Ganztagskoordinatorin verfasst, um den zukünftig an einem Ergebnisbericht interessierten Schulen ein (anonymisiertes) Good-Practice-Beispiel zur Verfügung stellen zu können. Um die Ergebnisse noch anschaulicher präsentieren zu können, wurde in diesem Zuge auch eine weitere Excel-Datei als Vorlage angelegt. Mit dieser ist es im Gegensatz zu *Limesurvey* möglich, die Ergebnisse mehrerer Items innerhalb eines Diagramms anzuzeigen. Der zweite Teil des Handbuchs wurde um Hinweise zum Umgang mit den unterstützenden Materialien zur Erstellung eines Evaluationsberichts ergänzt. Damit kann sowohl die Entwicklung weiterer unterstützender Begleitmaterialien als auch die Modifikation des Handbuchs als abgeschlossen angesehen werden.

5.10.6 Fazit

Das zentrale Anliegen der vorliegenden Anwendungsstudie war die Beantwortung der Frage, inwieweit sich der Einsatz von GAINS in der einzelschulischen Praxis bewährt. Insgesamt zeigt sich, dass die interne Evaluation des schuleigenen Ganztagsangebots mithilfe von GAINS als sehr hilfreiche Unterstützung von den beteiligten Akteuren wahrgenommen wird, wodurch wesentliche Erkenntnisse für die ganztagsschulische Entwicklung abgeleitet werden können. In der Rückschau kommen die beteiligten Ganztagskoordinatorinnen bzw. Ganztagskoordinatoren zu dem Schluss, dass das Kosten-Nutzen-Verhältnis bei der Anwendung von GAINS durchaus stimmig ist. Besonders die Tatsachen, dass (1) der Fragebogen kostenlos zur Verfügung steht, (2) der gesamte Evaluationsprozess von einer Person organisiert werden kann und (3) insgesamt überschaubare zeitliche Ressourcen beansprucht werden, führen zu einer positiven Bewertung. Dies wird auch durch den Erfahrungsbericht eines Schulleiters über die Verwendung von GAINS im Rahmen einer Vollerhebung an einem hessischen Gymnasium deutlich (Koepsell, 2020).

Wie im Verlauf der Anwendungsstudie immer wieder deutlich wurde, kommt dem Gütekriterium der Ökonomie bei schulischen Evaluationsvorhaben eine zentrale Rolle zu. Auch die Praxiserprobung von GAINS wies auf die herausragende Stellung dieses Kriteriums hin. Dass die Ganztagskoordinatorinnen bzw. Ganztagskoordinatoren ökonomische Merkmale als besonders gelungen bei ihrer abschließenden Bewertung herausstellen, spricht für eine gelungene Konzeption des Fragebogeninstruments. Indem durch GAINS (1) gültige und empirisch gut gesicherte Informationen geliefert werden, (2) die Meinungen der SuS bei der Qualitätssicherung des schuleigenen Ganztagsprogramms berücksichtigt werden, (3) ein möglichst hoher Anwendungsbezug durch Berücksichtigung der schulischen Realität hergestellt wird und (4) die erhobenen Daten weder auf die an der Umfrage teilnehmenden SuS noch auf die AG-Leitungen zurückführbar sind, werden auch die Standards für pädagogische Programmevaluationen der DeGEval (2016; vgl. Kap. 3.2) eingehalten.

Es ist außerdem hervorzuheben, dass sowohl die umfangreiche theoretische Herleitung als auch die zahlreichen durchgeführten Vor- und Hauptstudien im Rahmen dieser Arbeit einen wesentlichen Anteil an dem positiven Urteil der Ganztagskoordinatorinnen bzw. Ganztagskoordinatoren hinsichtlich der Qualität und Anwenderfreundlichkeit von GAINS haben. Zwar wurden während der Praxiserprobung im Rahmen der Anwendungsstudie noch einige Handreichungen erstellt bzw. modifiziert und organisatorische Abläufe zugunsten der Praxistauglichkeit verbessert, diese können jedoch im Wesentlichen nicht auf die Konzeption des Fragebogeninstruments an sich zurückgeführt werden, sondern sind durch schulinterne organisatorische, personelle sowie systembedingte infrastrukturelle Merkmale und Voraussetzungen bedingt.

Für die Evaluation des eigenen Ganztagsprogramms steht Schulleitungen, Ganztagskoordinatorinnen bzw. Ganztagskoordinatoren und LuL ab sofort ein Pool an Dateien rund um GAINS digital zur Verfügung, über deren Verwendung in Abhängigkeit vorhandener schulischer Ressourcen sowie Zielstellung individuell entschieden werden kann. Dieser Dateienpool besteht im Einzelnen aus den folgenden (optional zu verwendenden) dargestellten Materialien, auf die unter http://www.gains.uni-frankfurt.de zugegriffen werden kann.

- obligatorisch zu verwenden:
  - Kompakte Anleitung zur Verwendung des GAINS-Instruments (Handbuch, Teil 1)
  - GAINS-Fragebogendatei zum Import in *Limesurvey*
  - Vorlage zur Kategorisierung der Ganztagsangebote
  - Präsentationsfolien für die Einweisung der SuS
  - Moderationstexte für LuL bei der Einweisung der SuS

- optional einsetzbar
  - Anleitung zur Erweiterung der Funktionalität des GAINS-Instruments (Handbuch, Teil 2)
  - Vorlage zur Information der Eltern der an der Befragung teilnehmenden SuS
  - Excel-Datei zur Auswertung und Beurteilung der Qualität der Ganztagsangebote (GAINS-AG-Skala)
  - Anonymisiertes Good-Practice-Beispiel als Vorlage zur Verfassung eines eigenen Ergebnisberichts der einzelschulischen Evaluation
  - Vorlage zur Erstellung eines eigenen Ergebnisberichts
  - Vorlage zur Gestaltung von itemübergreifenden Diagrammen für die Ergebnispräsentation bzw. den Ergebnisbericht

Um sowohl GAINS als auch die Zusatzmaterialien zielgruppenwirksam bekannt zu machen, wurden die damit einhergehenden Möglichkeiten im Rahmen eines praxisnahen Artikels für potenzielle Anwenderinnen und Anwender in einer Schulentwicklungszeitschrift veröffentlicht (Nowak, Ennigkeit & Heim, 2019).

5.11 Zusammenfassung

Nach der Darstellung der theoretischen Grundlagen in den Kapiteln 1 bis 3, welche den GAINS-Fragebogen begründen, werden im Folgenden die Entwicklung und Überprüfung des Instruments zusammengefasst (vgl. Tab. 5.36).

Die Umsetzung als quantitative Online-Befragung erschien sowohl aufgrund der limitierten schulischen Ressourcen als auch der angestrebten Einbeziehung *aller* SuS einer Schule besonders geeignet. Aufgrund der Befunde der Medienstudien für Kinder und Jugendliche konnte davon ausgegangen werden, dass die SuS die zur Bearbeitung notwendigen handwerklichen und technischen Fähigkeiten beherrschen. Bei der Gestaltung des Fragebogens wurden die Empfehlungen für onlinebasierte Erhebungen umgesetzt.

Die Befragung von Experten/innen ($N = 8$) aus der ganztagsschulischen Praxis im Rahmen von *Vorstudie 1* über die aus der Literatur abgeleiteten Fragen- bzw. Themenfelder zielte auf die Akzeptanz des Fragebogens zugunsten einer möglichst hohen Nutzungswahrscheinlichkeit ab. Folgende gewinnbringende Erkenntnisse konnten abgeleitet werden: (1) Um die Angaben der SuS weder auf sie selbst noch auf das pädagogisch tätige Personal persönlich zurückführen zu können, sollten Einschätzungen einer spezifischen AG lediglich auf der Ebene der zugehörigen AG-Kategorie (Förderangebote, BeSS-Angebote, MuKu-Angebote, MINT-Angebote, Fremdsprachenangebote) erfolgen. (2) Auch die Meinung der nicht (mehr) am Ganztagsbetrieb teilnehmenden SuS sollte erfasst werden. (3) Unter Berücksichtigung der gering ausgeprägten Evaluationskompetenz unter den LuL sollten vorzugsweise bequem auszuwertende und leicht zu interpretierende Einfach- und Mehrfachauswahlfragen eingesetzt werden. (4) Es bleibt offen und obliegt der Entscheidung der Einzelschulen bzw. des zuständigen Schulamts, ob der Fragebogen besser über das Internet oder das schuleigene Intranet bereitgestellt wird.

Der GAINS-Fragebogen besteht aus *vier Teilen*: Zunächst werden grundlegende Angaben zur Person der SuS und ihrer Freizeitgestaltung abgefragt. Im zweiten Teil erfolgt eine Einschätzung des gesamten Ganztagsangebots. Hier werden organisatorische Rahmenbedingungen, Gründe für die (Nicht-)Teilnahme, wahrgenommene Auswirkungen der Ganztagsteilnahme auf die Lebenswelt der SuS, Kriterien für die Wahl von AGs sowie Globalbewertungen des gesamten Ganztagsangebots erhoben. Im dritten Teil geben die SuS Auskunft über eine spezifische, von ihnen besuchte AG. Neben Gründen für die AG-Wahl sowie einer allgemeine Beurteilung erfolgt mit der enthaltenen GAINS-AG-Skala die Einschätzung einzelner Qualitätsmerkmale. Dabei wurde ursprünglich von den aus der Literatur hergeleiteten Subdimensionen *Lernförderlichkeit, emotionales Interesse, wertbezogenes Interesse,* Beziehung zur AG-Leitung, *Beziehung zwischen den SuS, Partizipation* sowie *Zeitnutzung* ausgegangen. Im vierten Teil kann das Instrument schließlich um einzelschulische Fragen ergänzt werden. Die Operationalisierung der einzelnen Themen erfolgte über Sichtung der Items bestehender Instrumente bzw. Studien (z. B. PISA 2000, StEG, StEG-S) und Übernahme bzw. Adaption einzelner Items sowie selbst entwickelter Formulierungen.

Anhand der Rückmeldungen von SuS ($N = 6$) im Rahmen kognitiver Interviews während der *Vorstudie 2* wurden erstens Antwortoptionen bei einzelnen Items ergänzt sowie zweitens Formulierungen angepasst, um diese möglichst eindeutig zu gestalten. Aufgrund der kommunikativen Überprüfung mit den SuS und der anschließenden Begutachtung durch Experten/innen kann von einer inhaltlichen Validität von GAINS ausgegangen werden. Der darauffolgende Standard-Pretest führte zu geringfügigen Änderungen bei der optischen Gestaltung des Fragebogens.

Die Erhebung im Rahmen von *Hauptstudie 1* ($N = 64$) zeigt, dass der Einsatz des Instruments durch eine Bearbeitungsdauer von maximal einer 45-minütigen Schulstunde und der Möglichkeit, Erhebungen im Klassenverband durchzuführen, gut in den Schulalltag integrierbar ist. Im Mittelpunkt dieser Studie steht die Überprüfung der Reliabilität von nominal- und ordinalskalierten Items. Dennoch liefert auch die provisorische Itemanalyse der GAINS-AG-Skala vielversprechende Ergebnisse. Die nominalskalierten Items weisen nur vereinzelt auffällige, insgesamt aber gute bis sehr gute Kennwerte auf. Auch die ordinalskalierten Items zeichnen sich durch eine hohe Urteilsübereinstimmung aus. Mittels einer Analyse der an relevanten Stellen vorgeschalteten Freitextantworten konnten v. a. die Mehrfachauswahlfragen um lohnende Antwortoptionen ergänzt werden. Aufgrund der erreichten Ergebnisse wurden insgesamt 21 Items gelöscht, ergänzt oder modifiziert.

Im Zentrum von *Hauptstudie 2* (N = 317) stand die psychometrische Überprüfung der GAINS-AG-Skala. Auf Itemebene zeigt sich bezüglich der visuellen Inspektion eine teilweise, bezüglich der inferenzstatistischen Prüfung eine vollständige Verletzung der Normalverteilung. Dabei weist der Großteil der Items eine rechtssteile Verteilung auf. Im Hinblick auf die Schwierigkeit liegen lediglich zwei Items nicht im angestrebten Wertebereich. Eine CFA unter Verwendung des WLSMV-Schätzers zeigte, dass die Annahme des ursprünglich postulierten 7-Faktormodells nicht bestätigt werden konnte. Daher erfolgte anschließend eine explorative Optimierung der Faktorstruktur, indem im Rahmen von sieben Modellspezifikationen sukzessive (1) Items mit geringen Faktorladungen ausgeschlossen sowie (2) Subskalen mit hohen Skaleninterkorrelationen zusammengelegt wurden. Dies führte zum Ausschluss von insgesamt zehn (darunter alle negativ gepolten) Items und der Zusammenlegung jeweils zweier Subdimensionen. Die resultierende 4-Faktorlösung für die 28 verbleibenden Items umfasst die Dimensionen *Lernförderlichkeit* (6 Items), *Interesse* (6 Items), *Pädagogische Unterstützung* (10 Items) und *Lerngemeinschaft* (6 Items). Die nach wie vor bestehenden relativ hohen Skaleninterkorrelationen lassen auch eine Abbildung als hierarchisches Modell mit dem übergeordneten Faktor *AG-Qualität* zu. Ein eindimensionales Modell bildet die Skala dagegen nicht zufriedenstellend ab.

Während die Subskala *Lernförderlichkeit* das Ausmaß erfasst, in dem die SuS die AGs hinsichtlich ihres Nutzens für Alltag und schulisches Vorankommen einschätzen, ermittelt die Dimension *Pädagogische Unterstützung*, inwieweit die Beziehung zwischen SuS und AG-Leitung emotional positiv getönt ist und von den SuS eine Autonomieunterstützung durch die Gestaltung des AG-Angebots wahrgenommen wird. Mit den weiteren, bisher in der Ganztagsschulforschung nicht berücksichtigten Subskalen kann die Debatte um Qualität in Bildungssettings der Ganztagsschule substantiell bereichert werden: So wird mit der Dimension *Interesse* das Ausmaß erfasst, in dem die SuS die Inhalte einer AG als persönlich relevant beurteilen und mit der AG positive Emotionen verbinden. Der Faktor *Lerngemeinschaft* bezieht sich darauf, wie stark in einer AG eine gute und am Lernen orientierte Gemeinschaft ausgeprägt ist.

In *Hauptstudie 3* (n = 781) sollte zunächst die aus Hauptstudie 2 resultierende 4-Faktorlösung an einer größeren unabhängigen Stichprobe bestätigt werden. Zusätzlich sollte die Messinvarianz der Faktorstruktur zwischen den verschiedenen AG-Kategorien einer ersten Prüfung unterzogen werden. Grundsätzlich lässt sich die vierfaktorielle Struktur replizieren, wenngleich mit erwartbar geringeren Gütemaßen. Aufgrund der uneinheitlichen Befunde im Hinblick auf die Wahl eines hierarchischen oder nichthierarchischen Modells wird aufgrund des angestrebten Einsatzzweckes von GAINS eine Entscheidung für das nichthierarchische Modell getroffen. Bezüglich der Messinvarianz deutet sich unter Berücksichtigung verschiedener Beurteilungskriterien an, dass die

GAINS-AG-Skala als messinvariant zwischen verschiedenen AG-Kategorien angesehen werden kann. Allerdings sind diese Ergebnisse vorsichtig zu bewerten, da bislang keine Einigkeit hinsichtlich der Festlegung von Richtwerten beim verwendeten WLSMV-Schätzverfahren besteht.

Hauptstudie 4 verfolgte das Ziel, sowohl die konvergente Validität als auch die Test-Retest-Reliabilität der GAINS-AG-Subskalen zu überprüfen. Bezüglich der konvergenten Validität ($N = 268$) bestätigten sich die erwarteten hohen Zusammenhänge der Subskalen Lernförderlichkeit, Interesse sowie Pädagogische Unterstützung mit den etablierten Validierungsskalen. Dies spricht dafür, dass diese Konstrukte in GAINS valide abgebildet werden. Inwieweit die Lerngemeinschaft eher als Determinante die übrigen Merkmale AG-spezifischer Qualität beeinflusst, ob ein anderes Instrument zur Validierung dieser Subskala eingesetzt werden sollte oder ob die Subskala modifiziert werden sollte, kann nicht abschließend geklärt werden. Die im Bereich der empirischen Bildungsforschung nur selten vorgenommene Überprüfung der Test-Retest-Reliabilität ($n = 211$) ergab vergleichbar hohe Werte für alle Subskalen, die denen von etablierten Instrumenten entsprechen.

Im Zentrum der *Anwendungsstudie* stand im Sinne einer Prozessevaluation die Überprüfung der Praxistauglichkeit von GAINS. Dazu wurde der Fragebogen sukzessive an mehreren Schulen ($N = 6$) zur Evaluation des schuleigenen Ganztagsprogramms aus der Perspektive der SuS eingesetzt. Insgesamt nehmen die beteiligten schulischen Verantwortlichen den Erkenntnisgewinn als äußerst verhältnismäßig im Vergleich zum aufzubringenden finanziellen, personellen und zeitlichen Aufwand wahr. Die im Verlauf der Anwendungsstudie auftretenden Schwierigkeiten waren weniger auf die Konzeption von GAINS als vielmehr auf infrastrukturelle und organisatorische Merkmale zurückzuführen. Zusätzlich erstellte Begleitmaterialien sowie ein Handbuch erleichtern den Einsatz von GAINS außerdem. Die finalen Inhalte des GAINS-Fragebogens können Anhang A.3 entnommen werden.

Tabelle 5.36: Zusammenfassung der zentralen Kennwerte des GAINS-Instruments

Phase und Inhalt	zentrale Kennwerte	N
Phase 1: Konzipierung des GAINS-Fragebogens		
Vorstudie 1: Interviews mit Experten/innen aus der ganztagsschulischen Praxis		5
Vorstudie 2: Zwei-Phasen-Pretest sowie moderierte Gruppendiskussion		8
Phase 2: Optimierung des GAINS-Fragebogens		
Hauptstudie 1: Analyse der Intrarater-Reliabilität nominalskalierter Items und ordinalskalierter Items	$\kappa = .723$ (bezogen auf 55 Items; SD = .211) $\kappa = .574$ (bezogen auf 63 Items; SD = .219)	64
Hauptstudie 2: Überprüfung und Optimierung der Faktorstruktur der GAINS-AG-Skala (finales 4-Faktormodell)	$\chi^2(344) = 876.85, p < .001$; CFI = .955, TLI = .950; RMSEA = .075 [.069; .081]	317
Phase 3: Prüfung der Gütekriterien der GAINS-AG-Skala		
Hauptstudie 3: Prüfung der Faktorstruktur	$\chi^2(344) = 2276.98, p < .001$; CFI = .893, TLI = .883; RMSEA = .085 [.082; .088]	
und	$\alpha_{\text{Lernförderlichkeit}} = .73$; $\alpha_{\text{Interesse}} = .84$; $\alpha_{\text{pädagogische Unterstützung}} = .90$; $\alpha_{\text{Lerngemeinschaft}} = .83$	781
Messinvarianz zwischen AG-Kategorien an unabhängiger Stichprobe	ΔCFI = .001 bis .014 (metrische und skalare Invarianz teilweise gegeben) ΔRMSEA = .001 bis .005 (metrische und skalare Invarianz in allen Fällen gegeben) χ^2-Differenztests: alle $ps \leq .05$ (keine metrische und skalare Invarianz gegeben)	
Hauptstudie 4: Überprüfung der konvergenten Validität sowie der Test-Retest-Reliabilität	$r = .60$ bis .72 $r_{tt} = .64$ bis .66; ICC = .61 bis .65	268
Phase 4: Erprobung des GAINS-Fragebogens in der schulischen Praxis		
Anwendungsstudie: Evaluation des exemplarischen Einsatzes von GAINS an Einzelschulen		6

6 Diskussion

Das Ziel der vorliegenden Arbeit bestand in der Entwicklung des psychometrisch abgesicherten Fragebogens „Ganztag: Interne Evaluation für Schulen" (GAINS), der vor dem Hintergrund steigender einzelschulischer Herausforderungen als Mittel der Qualitätssicherung und -steigerung genutzt werden kann, um das Ganztagsangebot aus der Perspektive der SuS intern zu evaluieren.

Den Ausgangspunkt stellte auf *theoretischer* Ebene (1) eine Auseinandersetzung mit der Frage dar, wie Schulen den stetig wachsenden Anforderungen vonseiten der Bildungsadministration begegnen, obwohl sich ihre formale Organisationsstruktur gleichzeitig kaum geändert hat. Es konnte gezeigt werden, dass der Erhöhung der Selbststeuerungsfähigkeit der Einzelschule oftmals biografisch manifestierte Routinen der LuL sowie mangelnde Ressourcen entgegenstehen. Der durch gesellschaftliche Veränderungen und politische Notwendigkeiten motivierte (2) Auf- und Ausbau von Ganztagsschulen belastet die Organisation Einzelschule zusätzlich, indem die Ausgestaltung des pädagogischen Konzepts an die Bedingungen vor Ort individuell anzupassen ist. Wie der aktuelle Stand der Schulforschung darüber hinaus deutlich macht, muss gerade eine auf den Ganztag ausgerichtete Qualitätsentwicklung an der Einzelschule ansetzen. Ein hierfür notwendiges Qualitätsmanagement im Sinne (3) schulinterner Evaluationen kann jedoch nicht zu den Stärken schulischer Arbeit gezählt werden, da Überforderungstendenzen und unzureichende methodische Qualifizierungen eine Umsetzung erschweren. Zudem genügen die zur Verfügung stehenden Evaluationsinstrumente wissenschaftlichen Gütekriterien nur bedingt und lassen sich nur selten auf die einzelschulischen Bedürfnisse anpassen. Der Ganztagskontext wird von keinem dieser Instrumente adressiert. Eine Übertragung von Erkenntnissen aus Ganztagsschulstudien auf die einzelschulische Realität ist daher aufgrund mangelnder Passung nur sehr eingeschränkt möglich. Ebenfalls erfassen diese Instrumente entweder nicht alle Angebotskategorien oder schenken einzelnen Angebotskategorien wie BeSS-Angeboten trotz ihrer bedeutenden Stellung innerhalb der Angebotspalette nicht die angemessene Beachtung. Die Meinung der SuS als Hauptakteure im ganztagsschulischen Setting steht außerdem so gut wie nie im Zentrum. Gerade im Hinblick auf die aktuell geführte Debatte über systematische Qualitätsentwicklung der Ganztagsschule schien es daher notwendig, Unterstützungsleistungen vonseiten der Wissenschaft anzubieten, um damit den Einzelschulen die Möglichkeit zu bieten, die Qualität ihres Ganztagsprogramms systematisch zu sichern bzw. zu verbessern.

Das Ziel der vorliegenden Arbeit bestand daher in der Entwicklung eines auf den Ganztag ausgerichteten und psychometrisch abgesicherten Fragebogens, der die Meinung der SuS berücksichtigt, die zur Verfügung stehenden schulischen Ressourcen besonders beachtet, BeSS-Angebote innerhalb der Angebotsstruktur angemessen erfasst sowie um einzelschulrelevante Fragestellungen erweitert werden kann.

Dazu erfolgte die Fragebogenentwicklung auf *empirischer* Ebene in vier Phasen. Der onlinebasierte Fragebogen wurde (1) auf Grundlage der Meinung von Experten/innen aus der ganztagsschulischen Praxis sowie Rückmeldungen von SuS konzipiert. Der (2) Optimierungsprozess des Fragebogens umfasste die Analyse der Intrarater-Reliabilität nominal- und ordinalskalierter Items sowie die Überprüfung und Finalisierung der Faktorstruktur der GAINS-AG-Skala. Diese Faktorstruktur konnte (3) an einer unabhängigen Stichprobe bestätigt werden. Außerdem wurden während dieser Phase die Messinvarianz zwischen den AG-Kategorien, Test-Retest-Reliabilität sowie die konvergente Validität der Skala geprüft. Die Praxistauglichkeit des Fragebogens im schulischen Alltag konnte schließlich (4) durch sukzessive Erprobung im Rahmen einer Anwendungsstudie prozessbegleitend evaluiert und durch Bereitstellung zusätzlicher Unterstützungsleistungen verbessert werden.

Besondere Relevanz erhält diese Arbeit vor dem Hintergrund, dass zum einen mit GAINS Einzelschulen erstmalig ein psychometrisch abgesichertes und die Perspektive der SuS adressierendes Instrument für die interne Evaluation des Ganztagsprogramms zur Verfügung steht, wodurch die Initiation von Schulentwicklungsprozessen begünstigt wird. Indem auch nicht (mehr) an Ganztagsangeboten teilnehmende SuS befragt werden, könnte das Ganztagsangebot mithilfe der Ergebnisse zugunsten einer potenziellen Teilnahme dieser Zielgruppe modifiziert werden.

Zum anderen wird durch die Begründung der Qualitätsdimensionen *Lernförderlichkeit*, *Interesse*, *Pädagogische Unterstützung* sowie *Lerngemeinschaft* die noch relativ am Anfang stehende Debatte um Qualitätsmerkmale von Ganztagsangeboten um wesentliche Erkenntnisse erweitert.

In der folgenden Diskussion werden zuerst Aspekte der Konzeptualisierung von GAINS in den Blick genommen (vgl. Kap. 6.1). Anschließend werden die Ergebnisse der Hauptstudien aus einer übergeordneten Perspektive betrachtet (vgl. Kap. 6.2). Daraufhin erfolgt eine Diskussion der Implikationen der vorliegenden Arbeit sowohl für die schulische Praxis (vgl. Kap. 6.3) als auch für die Ganztagsschulforschung (vgl. Kap. 6.4). Den Abschluss der Arbeit bilden die Darstellung von Limitationen des Instruments sowie Vorschlägen zur Weiterentwicklung (vgl. Kap. 6.5).

6.1 Konzeptualisierung des Fragebogens

Bei der Entwicklung von GAINS wurden bereits von Beginn an zentrale schulische Akteure eingebunden: Der Blickwinkel von Ganztagskoordinatorinnen bzw. Ganztagskoordinatoren und Schulleitungen wurde berücksichtigt, indem mithilfe von Experteninterviews sowohl die abzufragenden Inhalte möglichst vollständig abgebildet als auch potenzielle Chancen und Risiken erörtert werden sollten, welche sich beim Einsatz eines Fragebogens in der Praxis ergeben könnten (Vorstudie 1). Dadurch wurde eine hohe Nutzungswahrscheinlichkeit auf Basis breiter Akzeptanz angestrebt. Als zentrales Ergebnis konnte festgehalten werden, dass sich die Aussagen der Experten/innen insbesondere mit dem bereits vorab theoretisch erörterten Problem einer häufig unzureichend ausgeprägten Evaluationskompetenz auf Seiten der LuL deckten (z. B. Altrichter et al., 2016, S. 255; Berkemeyer et al., 2016, S. 226 f; Gatermann et al., 2010, S. 118). In der Konsequenz wurde die vorwiegende Verwendung von Einfach- und Mehrfachauswahlfragen beschlossen. Dadurch können auf Basis von Befunden der empirischen Ganztagsschulforschung (vgl. Kap. 2.5.1 bis 2.5.4) Gründe für die Teilnahme und subjektiv wahrgenommene Wirkungen der Teilnahme am Ganztagsangebot direkt abgefragt und mithilfe von Prozentwerten bequem ausgewertet werden.

Dem Blickwinkel der Hauptakteure im Ganztag – den SuS – wurde im Rahmen eines ausführlichen Zwei-Phasen-Pretests Beachtung geschenkt (Vorstudie 2). So flossen sowohl im Rahmen kommunikativer Überprüfungen als auch während des Focus-Interviews die Meinungen der SuS nachhaltig in die Optimierung der GAINS-Items ein. Dadurch konnte auch sichergestellt werden, dass die Items von der Zielgruppe in der intendierten Weise verstanden wurden, wodurch eine hohe Inhaltsvalidität erreicht werden konnte. Bereits an dieser Stelle deutete sich die große Relevanz der vorliegenden Arbeit an, indem die SuS im Rahmen der Pretests gerne die Möglichkeit wahrnahmen, das Ganztagsangebot an ihrer Schule aktiv mitgestalten zu dürfen.

Im Vergleich mit anderen Studien im Bereich der Ganztagsschulforschung kann die intensive Einbeziehung zentraler Akteure in dieser frühen Phase der Fragebogenentwicklung positiv hervorgehoben werden. So wird selbst im Rahmen größerer Studien wie der StEG-Ausgangserhebung (Quellenberg, Carstens & Stecher, 2008) oder StuBSS (Hildebrandt-Stramann et al., 2014) über die Durchführung von Pretests entweder gar nicht oder nur sehr oberflächlich wie bei StEG-S (Sauerwein, 2017, S. 243) berichtet, obwohl dieses Vorgehen zu einem allgemein anerkannten methodischen Standard bei der Durchführung sozialwissenschaftlicher Umfragen gezählt werden kann (Prüfer & Rexroth, 2000, S. 2).

Die bei der Konzeptualisierung des Fragebogens getroffene Entscheidung, das Umfragetool *Limesurvey* einzusetzen, erwies sich als gewinnbringend. So konnte diese Applikation allen Anforderungen gerecht werden, die im Zuge der Entwicklung von GAINS identifiziert worden waren. Besonders vorteilhaft zeigt sich im Hinblick auf die optische Darstellung des Fragebogens die Möglichkeit, den Quellcode so anzupassen, dass den Empfehlungen von Callegaro et al. (2015) entsprochen werden konnte (vgl. Kap. 5.1).

GAINS unterscheidet sich weiterhin von anderen Studien in Bezug auf die Kategorisierung von Ganztagsangeboten. So wurde im vorliegenden Instrument eine Einteilung vorgenommen, welche sich bewusst von der Typisierung in der StEG-Erhebung der ersten Förderphase abgrenzt, in der zwischen Hausaufgabenbetreuung und Förderung, fachbezogenen, fächerübergreifenden und freizeitbezogenen Angeboten differenziert wird. Hierbei war auffällig, dass BeSS-Angebote – trotz ihrer besonderen Stellung im Ganztag (vgl. Kap. 2.5.3.4) – in einer Kategorie mit fachbezogenen Angeboten wie Deutsch/Literatur, Fremdsprachen-Angebote oder naturwissenschaftlichen Angeboten aufgeführt waren (StEG-Konsortium, 2010, S. 22, 2013, S. 64 f, 2015, S. 72 f). Dieser Umstand kann zwar durch die geringe Kenntnis über Existenz und Durchführungsdichte (Holtappels, 2008a, S. 194) von AGs zu Beginn der StEG-Erhebungen erklärt werden, weshalb die Kategorisierung in der zweiten Förderwelle entsprechend angepasst wurde. Nach eigener Einschätzung wurden aber auch dort BeSS-Angebote nach wie vor nicht angemessen berücksichtigt, indem sie in einer Kategorie mit Angeboten zu Freizeit, Bewegung, Gesundheit und sozialem Lernen zusammengefasst waren (StEG-Konsortium, 2013, S. 64, 2015, S. 72). Aus diesem Grund wurde die Entscheidung getroffen, in GAINS zwischen Förderangeboten, BeSS-Angeboten, MuKu-Angeboten, MINT-Angeboten und Fremdsprachenangeboten zu differenzieren. Damit sollte außerdem erreicht werden, dass sämtliche Angaben der SuS getrennt nach diesen Angebotstypen ausgewertet werden können bzw. dass untersucht werden kann, ob sich die Einschätzungen der SuS in Bezug auf verschiedene AG-Kategorien voneinander unterscheiden. Die Tatsache, dass den BeSS-Angeboten bei der Konzeptualisierung von GAINS besonderer Stellenwert eingeräumt wurde, zeigt sich z. B. in ausdifferenzierten Antwortmöglichkeiten wie bei der Frage nach den Gründen für die AG-Wahl. Dort wird den SuS bei der Beurteilung einer sportbezogenen AG z. B. zusätzlich die Antwortmöglichkeit „Ich betreibe diesen Sport auch im Verein" angezeigt.

Kritisch sei an dieser Stelle jedoch angemerkt, dass andere Angebotskategorien keine gleichwertige Berücksichtigung im Sinne spezifisch formulierter Items finden. Hierbei sind insbesondere MuKu-Angebote zu nennen, denen in jüngerer Zeit positive Auswirkungen auf die Schulleistungen bei mehrjähriger Teilnahme attestiert werden, wodurch höhere Bildungsabschlüsse zu erwarten sind (StEG-Konsortium, 2016, S. 39). Da sich die Angaben zur Verbreitung und

Häufigkeit der Durchführung verschiedener Angebotskategorien in StEG auf den Bundesdurchschnitt beziehen und einzelschulische Profile von diesen Angaben stark abweichen können, kann unterstellt werden, dass an einzelnen Schulen Angebotstypen wie MINT-AGs im Vergleich zu BeSS- oder MuKu-Angeboten deutlich stärker repräsentiert sind. Daher erscheint es zukünftig notwendig, auch für die nicht-bewegungs-, spiel- und sportbezogenen Kategorien entsprechende Antwortoptionen bereitzustellen, um die Gründe für die Teilnahme an den jeweiligen AGs spezifisch erfassen zu können. Die Notwendigkeit AG-typenspezifischer Formulierungen zeigte sich auch an anderer Stelle, etwa bei der Analyse der GAINS-AG-Skala. Während ein Großteil der Items unabhängig vom Typ der zu bewertenden AG sinnvoll beantwortbar erscheint, kann z. B. innerhalb der Subskala *Lerngemeinschaft* das Item „In dieser AG finde ich schnell jemanden, der mit mir zusammenarbeitet" für freizeitbezogene Angebote wie einen Chor von den SuS weniger passgenau eingeschätzt werden.

Im Hinblick auf die Erfassung subjektiv wahrgenommener Auswirkungen der Ganztagsteilnahme auf die Lebenswelt der SuS über jeweils nur ein Item (z. B. „Durch meine Teilnahme am Ganztagsangebot habe ich neue Freunde gefunden.") ist zu betonen, dass sich diese Methodik bewusst vom klassischen Vorgehen zur Erforschung der Auswirkungen einer Intervention abgrenzt. So würden im Normalfall pädagogisch-psychologische Konstrukte mithilfe mehrerer Indikatoren erfasst (z. B. die Kohäsion/der Klassenzusammenhalt über sechs Items im Fragebogen zum Klassenklima des IQ Hessen, 2012c), was im Hinblick auf die Qualität wissenschaftlicher Standards zunächst erfolgversprechend scheint. Die Erfassung von Wirkungen bzw. Veränderungen erlaubt dies aber nur dann, wenn im Sinne einer längsschnittlichen Erhebung mindestens zwei Messzeitpunkte vorhanden sind. Allerdings bringt dies den Nachteil mit sich, dass aufgrund begrenzter Ressourcen (z. B. Konzentrationsfähigkeit der SuS, zur Verfügung stehende Zeit) Auswirkungen der Ganztagsteilnahme jeweils nur auf der Ebene sehr weniger Konstrukte erfasst werden können. Um darüber hinaus Kausalität nachweisen zu können, müsste streng genommen eine Kontrollgruppe existieren, die dem Einfluss des zu untersuchenden Merkmals (hier: Ganztagsteilnahme) nicht ausgesetzt ist (Döring & Bortz, 2016, S. 194 f). Beide Aspekte sind aus nachvollziehbaren Gründen im schulischen Kontext jedoch nicht mit vertretbarem Aufwand von der Einzelschule zu leisten.

Selbstverständlich geht auch die in GAINS gewählte retrospektive Erfassung von Wirkungen der Ganztagsteilnahme mit Nachteilen einher. So sind an dieser Stelle des Instruments z. B. qualitative Verluste hinzunehmen, da pro zu erfassendem Konstrukt nur ein Item formuliert wird. Dadurch werden Vergleiche mit anderen Instrumenten und Befunden erschwert. Ebenfalls zu diskutieren ist die Frage, inwieweit SuS in der Lage sind, Wirkungen ihrer Ganztagsteilnahme rückwirkend einschätzen zu können. Fest steht, dass es sich bei diesen Einschätzungen um einen hochkomplexen Prozess handelt, der sehr hohe kognitive Anforderungen an die SuS stellt, da sowohl die frühere Situation als auch die aktuelle Situation eingeschätzt, diese miteinander verglichen und auf die vorgegebenen Antwortmöglichkeiten adaptiert werden müssen (Lam & Bengo, 2003, S. 76). Eich (2016, S. 191) berichtet darüber hinaus neben vielen weiteren Faktoren auch von Vergessensprozessen, die die Aussageleistungen von Kindern und Jugendlichen beeinflussen. Vor diesem Hintergrund kann auch das Studiendesign der Teilstudie zur Stabilität von Bildungsverläufen (StEG-A) kritisch hinterfragt werden, in welchem ein „Life History Calendar" zur Erfassung der Ganztagsbiografie eingesetzt wird (StEG-Konsortium, 2017 f). Im Hinblick auf eine retrospektive Erfassung von wahrgenommenen Wirkungen der Ganztagsteilnahme kann darüber hinaus nicht davon ausgegangen werden, dass allen befragten SuS ein Schulbesuch ohne Teilnahme am Ganztagsangebot überhaupt bekannt ist. Dies wäre jedoch notwendig, um diese Wirkungen direkt mit der Ganztagsteilnahme in Verbindung zu bringen. Allerdings ist auch die Wirkungsforschung über das klassische Pre- und Posttest-Design nicht unumstritten, da eine bereits erfolgte Teilnahme an einer Befragung zu einer Antwortverzerrung im Posttest führen kann (Howard, 1980).

Das in GAINS verwendete Verfahren kann damit zwar Wirkungen nicht längsschnittlich auf der Basis von über Indikatoren operationalisierte Konstrukte abbilden, aber die von den SuS subjektiv wahrgenommenen Effekte erfassen. Dies erscheint deswegen zentral, weil sich die intendierten positiven Effekte der Ganztagsteilnahme (vgl. Kap. 2.2 und Kap. 2.4) nur dann entfalten können, wenn SuS subjektiv das Gefühl haben, von der Teilnahme am Ganztag zu profitieren. Berichten sie etwa von verbesserten Beziehungen zu ihren LuL in Folge ihrer Ganztagsteilnahme, sollte dies nach Befunden der Ganztagsschulforschung aufgrund einer gesteigerten Schulfreude sowie einer höheren Bindung an die Schule lernförderlich wirken (Fischer & Theis, 2014a; StEG-Konsortium, 2010). In Bezug auf die direkte Abfrage subjektiv empfundener Wirkungen schreiben auch Douglass, Thomson und Zhao (2012): „If the goal is to accurately capture how change is experienced subjectively by students ..., this method is especially useful" (S. 325).

Um auf die tendenziell als eher gering einzuschätzende Evaluationskompetenz der LuL Rücksicht zu nehmen, wurden in GAINS vornehmlich einfach auszuwertende Auswahlfragen eingesetzt. Die Entscheidung zur Verwendung von vierstufigen Antwortskalen bei ordinal- und intervallskalierten Items greift diesen Gedanken auf und wird durch Befunde von Borgers et al. (2004) unterstützt, nach denen sich diese Anzahl an Antwortmöglichkeiten bei Kindern und Jugendlichen als am besten geeignet herausgestellt hat.

Allerdings setzt der Einsatz der GAINS-AG-Skala zumindest grundlegende statistische Kenntnisse voraus. Daher wurde bereits während der Phase der Konzeptualisierung auf einen modularen Aufbau des Instruments geachtet. So ist es möglich, die GAINS-AG-Skala isoliert anzuwenden. Damit ist einerseits ein Einsatz für wissenschaftliche Zwecke denkbar, indem mit den innerhalb der GAINS-AG-Skala enthaltenen Subskalen die Diskussion über Qualitätsmerkmale von Ganztagsangeboten (vgl. Kap. 5.5.3) befruchtet werden kann. Andererseits könnte die Skala zur z. B. (halb-)jährlichen Evaluation der Qualität aller Ganztagsangebote an der Einzelschule etabliert werden. Dies wäre im Vergleich mit dem Einsatz des vollständigen GAINS-Instruments noch effizienter im Hinblick auf die zur Verfügung stehenden schulischen Ressourcen. Dagegen beziehen sich die meisten anderen Fragen in GAINS auf das gesamte Ganztagsangebot, wodurch primär die allgemeine (pädagogische) Ausgestaltung adressiert wird. Entsprechende Konsequenzen aus diesen Evaluationsfragen sind jedoch von den Ganztagsschulkoordinatoren bzw. Schulleitungen abzuleiten und daher sowohl umfangreicher als auch von größerer Tragweite.

Für den isolierten Einsatz der GAINS-AG-Skala sind zwei Einsatzszenarien denkbar: (1) So könnte es das Anliegen eines AG-Leiters sein, analog zu dem Einsatz eines Fragebogens zur Unterrichtsqualität (z. B. LA Hessen, 2017i) mithilfe der Rückmeldungen der SuS die eigene AG-Gestaltung bewerten zu lassen, um daraus Konsequenzen abzuleiten. (2) Als Maßnahme der Qualitätssicherung bzw. -entwicklung der gesamten Angebotspalette einer Schule kann mit der GAINS-AG-Skala aber auch eine Auswertung auf Ebene der fünf Angebotskategorien vorgenommen werden. Dadurch würde außerdem sichergestellt werden, dass sich einzelne Personen aufgrund des Ergebnisses nicht bloßgestellt fühlen (vgl. Kap. 1.3.1).

Der modulare Aufbau des Instruments ermöglicht es auch, einzelschulische Fragestellungen zu ergänzen. Denkbar wäre es außerdem, nur die schuleigenen Fragen den SuS vorzulegen, wodurch das Umfragetool *Limesurvey* – unabhängig von GAINS – lediglich als Erhebungstool verwendet würde. Somit könnten auch weitere schulische Befragungen effizient erfolgen, was im Rahmen der Anwendungsstudie von einer Schule bereits umgesetzt wurde (vgl. Kap. 5.10.2).

Bei der Konzeptualisierung von GAINS kam insbesondere dem Nebengütekriterium der Ökonomie aufgrund der bereits stark beanspruchten schulischen Ressourcen (vgl. Kap. 1.3.3 bis Kap. 1.3.5) eine besondere Rolle zu. Im Hinblick auf die Durchführung der Datenerhebung kann festgestellt werden, dass das Instrument bis auf sehr wenige Ausnahmen von allen SuS innerhalb einer 45-minütigen Schulstunde vollständig bearbeitet werden kann. Damit wird der Forderung von Arendt und Rössler (2009, S. 355 f) nachgekommen, nach welcher Fragebögen für Kinder zur Vermeidung von Drop-Outs so kurz wie möglich gestaltet sein sollen. Daher scheint GAINS aus zeitlich-ökonomischer Perspektive sehr gut in den Schulalltag integrierbar. Der für Instruktion und Erhebung zu erbringende Aufwand sollte den damit verbundenen Ausfall einer Unterrichts- bzw. AG-Stunde aufgrund des zu erwartenden Nutzens rechtfertigen. Zwar greift GAINS im Hinblick auf die Ausfülldauer ähnliche zeitliche

Ressourcen ab wie andere schulinterne Evaluationsinstrumente auch (z. B. SEIS-Instrument, vgl. Kap. 3.5.4; AMintEvaHessen, vgl. Kap. 3.5.6), allerdings dürfte sich der vorliegende Fragebogen durch eine Vielzahl weiterer Vorteile auszeichnen (z. B. psychometrische Absicherung, Berücksichtigung des Ganztagskontexts) und damit die anderen in dieser Arbeit vorgestellten Instrumente hinsichtlich Anwendernutzen und -freundlichkeit (vgl. Kap. 3.6.2) deutlich übertreffen. Dies bestätigten auch die Erfahrungen und Rückmeldungen durch Ganztagskoordinatorinnen bzw. Ganztagskoordinatoren im Rahmen der Anwendungsstudie (vgl. Kap. 5.10).

6.2 Ergebnisse der Hauptstudien

Im Folgenden werden die Ergebnisse der Hauptstudien 1 bis 4 kritisch reflektiert (vgl. Kap. 6.2.1 bis 6.2.4). Um eine übergeordnete Perspektive einzunehmen, geschieht dies in Erweiterung der jeweilig an die einzelnen Studien anschließenden Diskussionen (für Hauptstudie 1 vgl. Kap. 5.6.2, für Hauptstudie 2 vgl. Kap. 5.7.3, für Hauptstudie 3 vgl. Kap. 5.8.3, für Hauptstudie 4 vgl. Kap. 5.9.3). Hierdurch können theoretische und praktische Konsequenzen abgeleitet werden.

6.2.1 Analyse der Intrarater-Reliabilität (Hauptstudie 1)

Vorrangiges Ziel der Hauptstudie 1 war die systematische Überprüfung der Beurteilerübereinstimmung für nominal- und ordinalskalierte Items zu zwei verschiedenen Messzeitpunkten.[154]

Nominal- und ordinalskalierte Items sind aufgrund ihrer messtheoretischen Voraussetzungen für klassische Verfahren der Reliabilitäts- und Validitätsüberprüfungen nicht geeignet, da i. d. R. Intervallskalenniveau vorausgesetzt wird. Daher ist zu beobachten, dass auf die Analyse der Gütekriterien für Items dieses Skalenniveaus im Allgemeinen verzichtet wird (z. B. Furthmüller, 2014b

---

154 Zwar wurde für die intervallskalierten Items der GAINS-AG-Skala zusätzlich eine Itemanalyse durchgeführt, diese war aufgrund der Stichprobengröße jedoch provisorisch angelegt und diente lediglich dazu, einen ersten Eindruck über Itemschwierigkeit, Trennschärfe sowie interne Konsistenzen zu gewinnen. Dabei wurden für die Berechnung die ursprünglich in Kapitel 5.5.3 postulierten Subskalen zugrunde gelegt. Da die eigentliche testtheoretische Prüfung dieser Items im Mittelpunkt von Hauptstudie 2 stand, wird für die Diskussion der Ergebnisse auf Kapitel 5.6.2 bzw. Kapitel 5.7.3 verwiesen. Eine vorrangig auf die Verknüpfung mit theoretischen Hintergründen und praktischen Konsequenzen ausgelegte Auseinandersetzung findet im folgenden Kapitel 6.2.2 statt.

für StEG; Kunter et al., 2002 für PISA 2000), obwohl nach eigenem Ermessen auch bei diesen Items eine Überprüfung der wissenschaftlichen Güte vorteilhaft gewesen wäre.[155] Zwar können aufgrund der fehlenden Intervallskalierung nicht alle Analyseverfahren durchgeführt werden – der (gewichtete) Kappa-Koeffizient nach Cohen (1960) erlaubt es aber zumindest zu überprüfen, ob Items von den Befragten zu zwei unterschiedlichen Messzeitpunkten in ähnlicher Art und Weise verstanden und beantwortet werden, wodurch die Urteilsübereinstimmung quantifiziert werden kann. Daher wurde in der vorliegenden Arbeit für nominalskalierte Items der ungewichtete und für ordinalskalierte Items der gewichtete Kappa-Koeffizient herangezogen (vgl. Kap. 5.6.1.3). Aufgrund der Anfälligkeit dieses Kennwerts für unterschiedliche Zellenbesetzungen erfolgte die Modifikation bzw. Eliminierung von Items allerdings nicht ausschließlich auf Basis der berechneten Werte, sondern auch im Hinblick auf den Informationsgehalt, welcher in der ganztagsschulischen Anwendung zu erwarten ist.

Für die nominalskalierten Items zeigte sich insgesamt eine gute, für etwa die Hälfte der Items sogar eine sehr gute Beurteilerübereinstimmung. Mithilfe dieser Items können organisatorische Rahmenbedingungen sowie Gründe für die (Nicht-)Teilnahme und Zufriedenheit mit dem gesamten Ganztagsangebot bzw. einer spezifischen AG erfasst werden.

Die Beurteilerübereinstimmung der ordinalskalierten Fragen ist über alle Items hinweg als mittelmäßig bis gut einzuschätzen, wobei lediglich 13 der insgesamt 63 Items den empfohlenen Richtwert von .400 unterschreiten. Inhaltlich erfragen diese Items die Nachmittagsgestaltung der SuS, wahrgenommene Auswirkungen der Ganztagsteilnahme auf ihre Lebenswelt, Kriterien für die Wahl von AGs sowie Globalbewertungen des gesamten Ganztagsangebots und einer spezifischen AG. Die insgesamt etwas schwächere Beurteilerübereinstimmung im Vergleich mit den nominalskalierten Items könnte darin begründet liegen, dass die Antwortmöglichkeiten bei den ordinalskalierten Items insgesamt als komplexer einzustufen sind und zeitlich weniger stabile Merkmale erfassen. So ist bspw. bei der Frage nach der Freizeitgestaltung der SuS je nach gewähltem Messzeitpunkt eine größere Varianz in den Antworten erwartbar als bei der Frage, wer über die Teilnahme am Ganztagsangebot entschieden hat.

Insbesondere fielen einige Items zu wahrgenommenen Auswirkungen auf die Lebenswelt der SuS durch unzureichende Kappa-Koeffizienten auf. Dies könnte vor dem Hintergrund der in Kapitel 6.1 diskutierten Besonderheit der

---

155 Als Beispiel kann der StEG-Fragebogen für SuS der Sekundarstufe 1 (Furthmüller, 2014a) angeführt werden, in dem für die Frage „Wann hast Du das letzte Mal an den Ganztagsangeboten Deiner Schule teilgenommen?" die Antwortoptionen „Im letzten Schulhalbjahr", „Im letzten Schuljahr" sowie „Das ist schon länger her" als nicht trennscharf anzusehen sind, was bei einer Überprüfung der Beurteilerübereinstimmung zu auffälligen Werten hätte führen können.

retrospektiven Erfassung von Wirkungen der Ganztagsteilnahme darauf hindeuten, dass solche Fragen auch aus psychometrischer Sicht nicht ganz unproblematisch zu sein scheinen. Allerdings zeigte der Vergleich der Angaben der SuS mit unterschiedlichen Teilnahmeprofilen (aktuelle vs. beendete Teilnahme), dass sich die Auffälligkeiten nicht auf dieselben Items bezogen. Dies spricht dafür, dass die Güte der Items nicht per se als zu gering eingestuft werden kann. Daher ist auch das Vorgehen zu rechtfertigen, nur die auf der größeren Stichprobe der aktuell am Ganztag teilnehmenden SuS beruhenden Kennwerte für eine Modifikation der Items heranzuziehen.

In Bezug auf die eingesetzte Untersuchungsmethodik ist zunächst hervorzuheben, dass sowohl die Entscheidung zur Wahl des Erhebungszeitraums innerhalb des Schuljahres als auch der gewählte Abstand zwischen den beiden Messzeitpunkten als positiv eingeschätzt werden können. Die Erhebung gegen Ende des zweiten Schulhalbjahres stellte sicher, dass die SuS bereits ausreichende Erfahrungen mit dem Ganztagsangebot im Allgemeinen bzw. in einer spezifischen AG gesammelt hatten. Mit 13 Tagen wurde außerdem ein Zeitintervall gewählt, innerhalb dessen Erinnerungseffekte eher auszuschließen waren. Gleichzeitig wurde versucht, den Einfluss unsystematischer Merkmalsveränderungen möglichst gering zu halten (Moosbrugger & Kelava, 2016a, S. 124 f). Ebenfalls sollte sichergestellt werden, dass die Qualität der dieser Diskussion zugrundeliegenden Daten nicht durch weitere Störeinflüsse wie Ferien, Feiertage oder schulische Veranstaltungen beeinträchtigt wurde. Dennoch sind natürlich unsystematische Faktoren, die das Antwortverhalten der SuS beeinflussen (z. B. „Tagesform"), nicht auszuschließen. Allerdings bleibt unklar, inwieweit sich die gefundenen Ergebnisse auch bei Wahl eines kürzeren oder längeren zeitlichen Abstands replizieren lassen. So scheint es v. a. bei der Frage nach der Häufigkeit bestimmter Freizeitaktivitäten plausibel, dass sich z. B. in Bezug auf schulische Tätigkeiten lernintensive Phasen mit weniger beanspruchenden Phasen abwechseln.

Als methodisch ebenfalls gewinnbringend hat sich der Einsatz von Freitextfeldern erwiesen, wodurch Mehrfachauswahlfragen um weitere aufschlussreiche Antwortoptionen ergänzt werden konnten (Porst, 2011, S. 64). Dies führte zu einer Qualitätssteigerung von GAINS für den zukünftigen Einsatz, indem die Bandbreite von Einschätzungen der SuS über das Maß, welches aus den Experteninterviews bzw. dem Pretest hervorging, erweitert werden konnte. Somit ist davon auszugehen, dass sich zukünftig ein noch größerer Teil der Schülerschaft aufgrund der Erweiterung der angezeigten Antwortoptionen wiederfindet.

Eine nicht zu unterschätzende Limitation dieser Hauptstudie ist sicherlich an der Stichprobe festzumachen. So ist der Umfang mit $N = 64$ als relativ gering einzustufen. Zwar wurden SuS der fünften bis siebten Klassenstufen befragt, allerdings besuchen diese dasselbe Gymnasium, wodurch auch nur ein Bildungsgang berücksichtigt wurde. Die Entscheidung zur Eliminierung bzw. Modifikation von Items beruhte daher auf den Angaben einer sehr spezifischen und relativ homogenen Gruppe. Obwohl davon auszugehen ist, dass die Ergebnisse dieser Studie die Qualität der entsprechenden Items in GAINS positiv beeinflusst haben, bleibt dennoch offen, inwieweit mit einer größeren und heterogeneren Stichprobe vergleichbare Ergebnisse erzielt worden wären.

Problematisch ist die geringe Stichprobengröße insbesondere bei denjenigen 18 SuS, die entweder noch nie am Ganztag teilgenommen ($n = 2$) oder ihre Teilnahme beendet haben ($n = 16$). Dies führt dazu, dass gerade für die auf diese beiden Zielgruppen abzielenden Items entweder keine Kennwerte berechnet oder die vorliegenden Daten nur unter Vorbehalt interpretiert werden können. Im Hinblick auf die vorliegende Untersuchung schränkt die geringe Größe dieser beiden Gruppen somit zwar die Aussagekraft der Ergebnisse ein, allerdings wird bei einer Befragung an Ganztagsschulen der Anteil derjenigen SuS, die nicht am Ganztagsangebot teilnehmen, naturgemäß immer geringer ausfallen.

Unter Berücksichtigung der überschaubaren Anzahl an Ganztagsstudien, welche die Meinung der SuS in den Blick nehmen, ist die Befragung der SuS mit diesen Teilnahmeprofilen besonders hervorzuheben: Im Gegensatz zu den an der befragten Schule an Ganztagsangeboten teilnehmenden 70 % der SuS liegt der Anteil im bundesdeutschen Mittel mit etwa 50 % deutlich niedriger (StEG-Konsortium, 2015, S. 82). So bleibt an dieser Stelle festzuhalten, dass etwa die Hälfte aller deutschen SuS nicht von den in den Kapiteln 2.5.1 bis 2.5.4 ausführlich dargestellten Effekten ganztägiger Konzeptionen profitieren kann. Die Nichtteilnahme kann u. a. als eine Protestreaktion vonseiten der SuS und deren Eltern verstanden werden, indem den Angeboten entweder das Nichtvorhandensein von Bildungspotenzialen unterstellt wird oder diese nicht ersichtlich sind. In diesem Zusammenhang spricht Sauerwein (2017, S. 458) von einer „Rebellion", deren Existenz auf Grundlage der Befunde von Rollett et al. (2008) zumindest für die Hausaufgabenbetreuung auch empirisch gestützt wird. Gerade im Hinblick auf sich abzeichnende Konsolidierungstendenzen bei der Nachfrage (StEG-Konsortium, 2016, S. 16) scheint daher die Frage zentral, inwieweit bei dieser Gruppe grundsätzlich ein Potenzial zur Teilnahmebereitschaft besteht und wie dieses erschlossen werden kann.

Mit dem GAINS-Instrument könnten sich damit zunächst für die Schulen und in der Folge auch für das Schulsystem im Ganzen besondere Möglichkeiten erschließen lassen, die Bildungsziele des Ganztagsschulkonzepts (vgl. Kap. 2.2.1 und Kap. 2.4) auf einen größeren Teil ihrer Schülerschaft zu übertragen. Daher scheint es ratsam, die entsprechenden Items zukünftig weiteren SuS zugunsten einer präziseren Reliabilitätsaussage vorzulegen. Mit leichten Modifikationen der Itemformulierungen[156] wäre es sogar denkbar, über eine Erhebung an Halbtagsschulen deutlich größere Stichproben für diese Items zu generieren.

Durch den bewussten Einsatz von Mehrfachauswahlfragen wurde von vornherein bewusst in Kauf genommen, dass die einzelnen Antwortoptionen nur von einem Teil der Stichprobe gewählt werden. Unabhängig von den Teilnahmeprofilen der SuS lagen für die Berechnung des Kappa-Koeffizienten nach Cohen daher für einige Antwortoptionen nur relativ geringe Fallzahlen vor. Dies wirft die Frage auf, ob diese für die SuS überhaupt von Relevanz sind.

Aufgrund der verwendeten Interview- bzw. Nachfragetechniken bei den kognitiven Interviews im Rahmen des Zwei-Phasen-Pretests (vgl. Kap. 5.4.1) kann grundsätzlich davon ausgegangen werden, dass in den Mehrfachauswahlfragen alle zentralen Antwortoptionen abgebildet sind. Allerdings ist einschränkend zu erwähnen, dass in dieser Phase vorrangig auf die Abbildung für die SuS zentraler Antwortoptionen Wert gelegt wurde. Weniger im Fokus stand dagegen die Frage, ob Antwortoptionen aus Sicht der SuS überflüssig erscheinen bzw. ob die vorgegebenen Optionen auch tatsächlich von den SuS ausgewählt werden. Auch der nachfolgende Standard-Pretest konnte dies nicht abbilden, da er gemäß seiner Intention v. a. zur Testung der Funktionsfähigkeit des gesamten Instruments unter realen Feldbedingungen eingesetzt wird (Prüfer & Rexroth, 2000, S. 14; 2005, S. 19). Dass einzelne Antwortoptionen in der vorliegenden Hauptstudie nur von wenigen SuS gewählt wurden, kann daher entweder auf den Inhalt der Antwortoption selbst zurückzuführen sein oder mit der Spezifität der untersuchten Stichprobe begründet werden. So wurde beispielsweise bei der Frage nach den Gründen für die Teilnahme am Ganztagsangebot für die Antwortoption „Ich kann in der Schule Mittagessen" entschieden, diese in der Folge nicht weiter zu berücksichtigen. Durch die ursprüngliche Übernahme dieser Antwortoption aus einem verwandten Item in StEG (Furthmüller, 2014, 2014a) wurde eine entsprechende Bedeutung für die Lebenswelt der SuS angenommen. Die Tatsache, dass diese Antwortoption im Vergleich zu anderen nur von verhältnismäßig wenigen SuS gewählt wurde, deutet allerdings darauf hin, dass diese Antwortoption (1) wohl v. a. im Hinblick auf die KMK-Ganztagsschuldefinition (KMK, 2006, S. 4) formuliert wurde, in der das Mittagessen eines von drei organisationalen Kriterien darstellt und (2) die organisierte Verköstigung der Kinder und Jugendlichen für Eltern sicherlich eine deutlich höhere Relevanz aufweist als für die SuS selbst.

---

[156] So könnte z. B. die Frage „Haben einige der nachfolgenden Gründe für dich eine Rolle gespielt, nicht am Ganztagsangebot teilzunehmen?" einfach in „Haben einige der nachfolgenden Gründe für dich eine Rolle gespielt, nicht an AGs teilzunehmen?" umformuliert werden.

Im Gegensatz zum eben diskutierten Vorgehen wurde beschlossen, bei der Frage nach der Häufigkeit wahrgenommener Freizeitaktivitäten die Antwortoption „Geld verdienen (Jobben, ...)" beizubehalten, obwohl dort ähnlich geringe Fallzahlen vorlagen. Diese Entscheidung war dadurch begründet, dass GAINS perspektivisch auch in höheren Jahrgangsstufen eingesetzt werden soll, für die diese Antwortoption eine höhere Relevanz besitzt als für die befragten SuS der Unterstufe (Tully & van Santen, 2012).

In Bezug auf die Stichprobengröße in Hauptstudie 1 kann somit resümiert werden, dass die Angaben der SuS in Kombination mit den Freitextfeldern als hilfreich für die Optimierung von GAINS angesehen werden, indem insgesamt 19 Items bzw. Antwortoptionen eliminiert, modifiziert oder hinzugefügt werden konnten (vgl. Tab. 5.19). Dabei sollten allerdings immer die Größe sowie die Spezifizität der befragten Stichprobe mitgedacht werden. Aufgrund des Studiendesigns war jedoch eine weitere psychometrische Überprüfung der geänderten Fragen und Antwortoptionen über den Kappa-Koeffizienten nicht mehr möglich, weshalb letztendlich nicht für alle in GAINS enthaltenen Items eine abschließende Aussage bezüglich deren Intrarater-Reliabilität getroffen werden kann. Unter Berücksichtigung einer vollständigen Vernachlässigung der Güteüberprüfung nominal- und ordinalskalierter Items in den meisten anderen dokumentierten Entwicklungen von Fragebogeninstrumenten erscheint dies jedoch vertretbar.

Insgesamt wird für die untersuchten Items im Hinblick auf die Reliabilität somit davon ausgegangen, dass die Angaben der SuS bis auf wenige Ausnahmen zeitlich stabil erfasst werden. Die mit Nominal- und Ordinalskalenniveau einhergehenden Limitationen verhindern allerdings weitere detaillierte Reliabilitäts- und Validitätsanalysen, z. B. die Berechnung der internen Konsistenz. Da Items dieses Skalenniveaus auch für eine Überprüfung der faktoriellen Validität nicht zugänglich sind, schließt sich auch die Untersuchung von konvergenter und diskriminanter Validität aus. Obwohl für einzelne Teile der Frage zu wahrgenommenen Wirkungen der Ganztagsteilnahme auf die Lebenswelt der SuS eine Validierung über die Erfassung von Veränderungen mittels klassischen Prä-Post-Test-Designs grundsätzlich möglich ist, erscheint der damit verbundene Aufwand, wie bereits in Kapitel 6.1 erwähnt, unverhältnismäßig.

6.2.2 Psychometrische Analyse der GAINS-AG-Skala (Hauptstudie 2)

In der zweiten Hauptstudie (vgl. Kap. 5.7) sollte die in GAINS enthaltene Skala zur Erfassung verschiedener Qualitätsmerkmale von AGs auf ihre psychometrische Güte hin getestet werden, wobei der Fokus auf der Prüfung bzw. Optimierung der faktoriellen Struktur lag. Damit sollte eine Anschlussfähigkeit an die noch relativ am Anfang stehende Debatte in Bezug auf die „Qualität in Bildungssettings der Ganztagsschule" (Sauerwein, 2017) hergestellt werden.

Die ausführliche Diskussion in Kapitel 5.7.3 zusammenfassend, lässt sich im Hinblick auf die Normalverteilung und Itemschwierigkeit festhalten, dass die Mehrzahl der Items rechtssteil verteilt ist. Dies deutet auf eine hohe Zustimmungstendenz bzw. nach Bühner (2011, S. 220; vgl. Kap. 5.7.3.2) auf eine relativ hohe Itemschwierigkeit hin. Da für diesen Teil des Fragebogens in der Operationalisierungsphase Items zur Erfassung bereits theoretisch begründeter latenter Konstrukte generiert wurden, erfolgte die Prüfung der faktoriellen Struktur unter Verwendung einer CFA. Aufgrund der Verletzung der multivariaten Normalverteilung und der Unterstellung eines Ordinalskalenniveaus bei vier Skalenpunkten wurde der WLSMV-Schätzer zugrunde gelegt (Li, 2016; Rhemtulla et al., 2012). Dieses Vorgehen kann auch in StEG-S, einer Untersuchung zu einer inhaltlich ähnlichen Fragestellung (z. B. Sauerwein, 2017, S. 270), beobachtet werden.

Die Überprüfung der Faktorstruktur zeigte, dass das ursprünglich angenommene Modell mit sieben Subdimensionen eine unzureichende Passung auf die Daten aufweist. Daraufhin wurde die Skala über sieben aufeinander folgende Modelle explorativ optimiert, indem Items auf Grundlage der Faktorladungen eliminiert sowie hoch miteinander korrelierende Subskalen zusammengelegt wurden. Als Ergebnis dieses Prozesses stehen mit einem nichthierarchischen vierfaktoriellen Modell sowie einem hierarchischen Modell zweiter Ordnung mit denselben vier latenten Faktoren zwei nahezu gleichwertige Alternativen zur Verfügung. Die final in der GAINS-AG-Skala enthaltenen Faktoren werden als *Lernförderlichkeit, Interesse, pädagogische Unterstützung* und *Lerngemeinschaft* bezeichnet.

Bei der Zusammenschau der im Optimierungsprozess insgesamt zehn ausgeschlossenen Items wird deutlich, dass fast ausnahmslos negativ gepolte Indikatoren durch geringe Faktorladungen auffielen. Die acht negativ gepolten Aussagen wurden vornehmlich aus anderen Instrumenten (StEG bzw. StEG-S, IGLU 2006, PISA 2000, IQ Hessen) übernommen bzw. auf den AG-Kontext adaptiert. Die optimierte Skala besteht somit nur noch aus positiv formulierten Items. Daher ist die Existenz eines Methodenfaktors anzunehmen, der in den Analysen hätte berücksichtigt werden können. Auf der anderen Seite erscheint eine ausschließlich aus positiven Items bestehende Skala auch im Hinblick auf das Alter der Zielgruppe in der Rückschau vorteilhaft (Bühner, 2011, S. 134). Die weiteren beiden ausgeschlossenen Items zeichneten sich durch ambivalente Formulierungen aus (z. B. „Mein AG-Leiter stellt häufig spannende Aufgaben, die wir allein oder in Gruppen lösen müssen"). Einzig innerhalb der Subskala zur Lernförderlichkeit fanden sich keine auffälligen Items.

In Bezug auf die Fit-Indizes gilt für alle getesteten Modelle, dass die χ^2-Teststatistik eine signifikante Abweichung von der überprüften Faktorstruktur ergab. Aufgrund der Stichprobengröße von $N > 250$ und der Verletzung der multivariaten Normalverteilung war dies jedoch vorhersehbar und kann daher vernachlässigt werden (Weiber & Mühlhaus, 2010, S. 222 f). Ebenfalls fällt auf, dass der RMSEA in allen Modellen am unteren Rand des empfohlenen Grenzbereichs liegt. Allerdings sollte dieser bei Verwendung des WLSMV-Schätzers für kategoriale Variablen nur mit Vorsicht interpretiert werden, weil der RMSEA in solchen Modellen sehr konservativ schätzt (Desa, 2014, S. 20).

Der Modellvergleich mittels χ^2-Differenztest ergab, dass das vierfaktorielle Modell die Daten besser abbildet als das hierarchische Modell, wobei die Prüfgröße das Signifikanzniveau von 5 % knapp unterschreitet. Obwohl die hohen Interkorrelationen im 4-Faktormodell darauf hindeuten, dass ein gemeinsames übergeordnetes Konstrukt zugrunde liegt, ist das entsprechende eindimensionale Modell durch unzureichende Gütemaße gekennzeichnet. Die gleichwertigen Modellanpassungsmaße für ein hierarchisches und ein nichthierarchisches 4-Faktormodell sprechen allerdings dafür, dass die Bildung eines übergeordneten Faktors zulässig ist, welcher mit dem Label *AG-Qualität* bezeichnet werden kann. Mithilfe der GAINS-AG-Skala können damit sowohl spezifische Komponenten der Qualität von AGs als auch ein Gesamturteil (über die Bildung von Faktorscores) erfasst werden. Die vier im hierarchischen Modell verbleibenden Faktoren erlauben daher eine differenziertere Erfassung von Wahrnehmungen der SuS über eine in der Unterrichtsforschung häufig anzutreffende Globalbewertung hinaus (Clausen, 2002; Helmke et al., 2008). Für den schulischen Einsatz ist die Verwendung des nichthierarchischen Modells jedoch vorzuziehen, um den vorhandenen Kompetenzen der Lehrkräfte sowie den zur Verfügung stehenden schulischen Ressourcen zu entsprechen.

Die in der GAINS-AG-Skala enthaltenen Dimensionen sollen im Folgenden vor dem Hintergrund der bereits dargestellten theoretischen Fundierung (vgl. Kap. 5.5.3.1 bis 5.5.3.3 sowie Kap. 5.7.3.5) in einen umfassenderen Kontext gebracht werden. Bei der Konstruktion der Subskalen wurde berücksichtigt, dass sich die deutsche Schulforschung erst eine vergleichsweise kurze Zeit mit Qualitätsmerkmalen außerunterrichtlicher Angebote beschäftigt. Dass hier noch ein beträchtliches Forschungsdefizit vorliegt, soll folgende kurze Rückschau zeigen: Im Rahmen der ersten Versuche, Qualitätsmerkmale für Ganztagsangebote zu beschreiben, wurden unter Berücksichtigung der acht Merkmale entwicklungsfördernder Umwelten aus der US-amerikanischen Forschung über *extracurricular activities* (Eccles & Gootman, 2002, S. 90 f) vornehmlich Basisdimensionen guten Unterrichts (Strukturiertheit bzw. effektive Zeitnutzung, motivationsunterstützendes schülerorientiertes Sozialklima sowie kognitive Aktivierung; Klieme et al., 2006) unter der Bezeichnung „Prozessqualität von Ganztagsangeboten aus Schülersicht" auf den Ganztagskontext übertragen (Radisch et al., 2008). Es konnte u. a. gezeigt werden, dass diese Merkmale der Unterrichtsqualität (z. B. Klieme et al., 2006; Klieme & Rakoczy, 2008,

Klieme et al., 2009) auch die Qualität von Ganztagsangeboten bestimmen. Einschränkend ist allerdings festzuhalten, dass vorrangig unterrichtsnahe Angebote wie die Hausaufgabenbetreuung untersucht wurden.

Gemäß der Forderung „Ganztagsschule braucht Qualität" des BMBF (2014) adaptierte Sauerwein (2016, 2017) zusätzlich einige Qualitätsdimensionen der Sozialpädagogik (Alltagsweltorientierung, Partizipation sowie drei verschiedene Dimensionen der Anerkennung) auf den Ganztagsschulkontext. Grundsätzlich ging der Autor dabei davon aus, dass ähnliche Dimensionen die Qualität sowohl unterrichtlicher als auch ganztägiger Bildungssettings bestimmen (Sauerwein, 2016). Er verglich dabei den Deutschunterricht mit unterrichtsnahen Ganztagsangeboten zum Lesen sowie mit Medienangeboten und Angeboten zum sozialen Lernen, die als weniger unterrichtsnah angesehen werden können (vgl. auch Kap. 5.5.3). Allerdings zeigt sich, dass sich die untersuchten Qualitätskriterien (v. a. die effektive Zeitnutzung) als nicht invariant zwischen Ganztagsangeboten und dem Unterricht bzw. zwischen den untersuchten Angebotskategorien erweisen. Daraus folgert Sauerwein (2016), dass SuS bei der Qualitätsbeurteilung erstens zwischen Unterricht und Ganztagsangeboten differenzieren und dass zweitens auch innerhalb der Ganztagsangebote zumindest einzelne Qualitätskriterien kontextspezifisch bewertet werden. Unter Bewertung des aktuellen Forschungsstands kommen auch Fischer et al. (2016) zu folgendem Fazit:

> Angebote ..., die eher z. B. soziale Kompetenzen und Demokratielernen fördern oder eine Entspannungsfunktion erfüllen sollen, haben zusätzlich andere Qualitätskriterien zu erfüllen, die im Unterricht vermutlich aufgrund curricularer Vorgaben und stärker festgelegten Anforderungen nicht so stark zum Tragen kommen. (S. 25)

Somit kann zwar einerseits festgehalten werden, dass Qualitätskriterien für Ganztagsangebote noch nicht erschöpfend beschrieben sind (Fischer et al., 2016, S. 25) und daher Ursache-Wirkungsbeziehungen im Ganztagsschulkontext noch nicht eindeutig geklärt werden können. Andererseits scheint es fraglich, ob gerade für freizeitorientierte Angebote wie eine Fußball-AG tatsächlich *zusätzliche* und nicht eher grundlegend andere Merkmale über die Qualität entscheiden.

Aus den dargestellten Gründen wurde sich in der vorliegenden Arbeit gegen eine vollständige Übernahme der in StEG bzw. in StEG-S etablierten Subskalen entschieden. Stattdessen sollte die Debatte zu Qualitätsmerkmalen von Ganztagsangeboten um neue und ebenfalls theoretisch fundierte Dimensionen erweitert werden (z. B. Interessenkonstrukt). Von Beginn an wurde dabei nicht der Anspruch einer vollständigen Abbildung der den verschiedenen Angebotstypen zugrundeliegenden Qualitätsmerkmalen verfolgt, da der Nutzen für die

Einzelschule bei der Entwicklung von GAINS im Vordergrund stand. Um den Umfang des Instruments nicht mehr als notwendig zu erhöhen, wurde sich daher unter Berücksichtigung der weiteren in GAINS enthaltenen Fragen auf Aspekte beschränkt, denen unter Einbeziehung der Annahmen der Selbstbestimmungstheorie (Deci & Ryan, 1985, 2000) eine hohe Relevanz zugesprochen wird. So wird davon ausgegangen, dass Angebote, die die drei universellen Grundbedürfnisse des Menschen (Kompetenz, Autonomie bzw. Selbstbestimmung und soziale Eingebundenheit) befriedigen, zu einer höheren intrinsischen Motivation führen, welche wiederum bei den SuS das selbstgesteuerte Lernen befördert (z. B. Brunstein & Spörer, 2010, S. 752). Dadurch tragen die Angebote zu der vielfach geforderten neuen Lernkultur bei (z. B. BMBF, 2003b, S. 6).

Die auf dieser Grundlage ursprünglich angenommenen sieben Dimensionen wurden empirisch auf die vier latenten Faktoren *Lernförderlichkeit, Interesse, pädagogische Unterstützung* und *Lerngemeinschaft* reduziert.

Über den gesamten Verlauf der Überprüfung der Faktorstruktur konnte die Güte der Skala zur *Lernförderlichkeit* bestätigt werden. Während die weiteren Dimensionen der GAINS-AG-Skala unter Berücksichtigung des Input-Prozess-Outputmodells der Ganztagsschulqualität nach Fischer et al. (2012, 2016; vgl. auch Kap. 2.5) aktuell wahrgenommene prozessuale Aspekte auf Angebotsseite erfassen, fragt die Subskala Lernförderlichkeit den von den SuS wahrgenommenen Output des Angebots im Hinblick auf schulischen und alltäglichen Nutzen ab. So könnte auch erklärt werden, warum diese Items empirisch konsistent einen eigenen Faktor bilden. Dies ist insofern positiv hervorzuheben, als dieser latente Faktor in StEG v. a. im Hinblick auf unterrichtsnahe Angebote (Radisch et al., 2008, S. 253) untersucht und in der vorliegenden Arbeit um Items zur Lernförderlichkeit über den Unterricht hinaus („Ich lerne in dieser AG Dinge, die ich vorher noch nicht wusste") ergänzt wurde. Es ist daher anzunehmen, dass SuS bei der Bewertung der Lernförderlichkeit von AGs nicht zwischen unterrichtsnahem und unterrichtsfernem Lernnutzen differenzieren. Trotz dieser outputorientierten Sichtweise auf die Messung ganztagsschulischer Qualität erscheint die Skala von hoher Relevanz, indem ein als lernförderlich erlebtes Angebot die SuS in der erfolgreichen Bewältigung von Unterricht und Alltag unterstützen soll. Dies kann in Einklang mit dem Ziel der Förderung fachlicher und überfachlicher Kompetenzen seit der Diskussion um lebenslanges Lernen (vgl. Kap. 2.4.2) gebracht werden.

Da das *Interesse* als Determinante der Lernmotivation angesehen wird (Krapp & Prenzel, 1992; Krapp, 1999), scheint dessen Berücksichtigung bei der Erfassung AG-spezifischer Qualitätsmerkmale im Ganztagsschulkontext von zentraler Bedeutung. In pädagogisch-normativer Betrachtungsweise stellt die Entstehung als auch die Aufrechterhaltung einer auf Selbstbestimmung und Selbststeuerung basierenden intrinsischen Lernmotivation durch die Förderung des Interesses seit jeher ein zentrales Erziehungsziel dar (Schiefele, 1981). So sollte davon ausgegangen werden, dass eine epistemisch motivierte Auseinandersetzung der SuS mit dem Interessensgegenstand zu einer aktiven Auseinandersetzung mit den Inhalten sowie einer engagierten Mitarbeit führt (Prenzel, 1988), wodurch in der Folge auch von positiven Wirkungen auf die Lernleistung auszugehen ist. Das Interessenkonstrukt blieb in bisherigen Ganztagsschulstudien jedoch unberücksichtigt, wodurch die vorliegende Arbeit die aktuell angenommenen latenten Qualitätsdimensionen um ein weiteres bedeutendes Merkmal erweitert. Die Subdimension ließ sich empirisch gut reproduzieren, wobei die aufgrund des Vorschlags von Krapp (1992, 1999, 2010) vorgenommene Differenzierung zwischen einer emotionalen und einer wertbezogenen Komponente nicht haltbar war. Dieser Befund wird ebenfalls durch die Ergebnisse anderer Untersuchungen gestützt (z. B. Kölbach, 2011; Schiefele et al., 1993). Letztendlich müssen Ganztagsangebote zur Ausbildung des Interesses der SuS so attraktiv wie möglich gestaltet werden, um gegenüber den vielfältigen gesellschaftlichen Konsumangeboten zu bestehen (Burow & Pauli, 2013, S. 149 f). Zur Überprüfung der Frage, ob dieses Ziel erreicht werden kann, scheint die Unterscheidung zwischen einer emotionalen und einer wertbezogenen Komponente aber von nachrangiger Bedeutung zu sein.

Die Annahme von vier unabhängigen *Klimadimensionen* konnte empirisch nicht bestätigt werden. So legten sehr hohe Skaleninterkorrelationen nahe, jeweils zwei Faktoren zusammenzufassen. Aus den ursprünglichen Subskalen *Beziehung zur AG-Leitung* und *Partizipation* wurde der Faktor *pädagogische Unterstützung* und aus den Dimensionen *Beziehung zwischen SuS* und *Zeitnutzung* der Faktor *Lerngemeinschaft* gebildet. Dabei bleibt zunächst festzuhalten, dass die in letzterem Faktor enthaltene Beziehung zwischen den SuS untereinander in bisherigen Studien zur Qualität von Ganztagsangeboten nicht berücksichtigt wurde.

Aufgrund der Heterogenität des Klimabegriffs in der Schul- und Unterrichtsforschung (Kohl et al., 2013, S. 411; vgl. Kap. 5.5.3.3) erscheint es sinnvoll, die klimabezogenen Dimensionen *pädagogische Unterstützung* und *Lerngemeinschaft* theoretisch zu verorten. Unter Berücksichtigung der taxonomischen Begriffsexplikation von Eder (2010) wird aus der Sicht der SuS (Quelle) das individuelle Klima (Aggregierungsebene) in Bezug auf eine spezifische AG (Organisationsbezug) eingeschätzt. Dabei bewerten die SuS ihre erlebte Umwelt (Subjektbezug) im Hinblick auf die Beziehungen zwischen SuS untereinander als auch zwischen ihnen und der AG-Leitung (Inhalt). Während Quelle, Aggregierungsebene, Organisationsbezug und Subjektbezug den Rahmen bei der Beurteilung AG-spezifischer Qualitätsmerkmale bilden, kann festgestellt werden, dass die Befunde der Klimaforschung bezüglich der Inhalte häufig starke Wechselbeziehungen zwischen den einzelnen Faktoren bestätigen (z. B. Grewe, 2003, S. 38). So fanden sich u. a. bei Satow (1999b, S. 117 f) hohe Interkorrelationen zwischen verschiedenen Klimafaktoren. Darüber hinaus lassen sich die einzelnen Dimensionen auch auf einer theoretischen Ebene nicht eindeutig voneinander trennen, indem häufig verschiedene Bezeichnungen für Konstrukte verwendet werden, die inhaltlich gesehen sehr eng beieinanderliegen.

> The same instrument can sometimes be adapted to fit different theoretical approaches ... While it is sometimes necessary to shift the focus of an instrument, there is often quite a lot of overlap between different adaptations. (Kohl et al., 2013, S. 412 f)

Der einzig bisher erzielte Konsens in Bezug auf die Dimensionalität des Klimakonstrukts auf Klassenebene bezieht sich auf die immer wieder aufzufindenden vier Aspekte *Beziehungen zwischen SuS und LuL*, *Beziehungen der SuS untereinander*, *Merkmale des Unterrichts* sowie *Lernhaltungen der SuS*, in welche die in verschiedenen Klimainstrumenten enthaltenen Subskalen eingeordnet werden können (Eder, 2010, S. 697 f). Die neu gebildeten Faktoren *pädagogische Unterstützung* und *Lerngemeinschaft* können dabei den Aspekten *Beziehungen zwischen SuS und LuL* sowie *Beziehungen der SuS untereinander* zugeordnet werden.

Dass die beiden anderen Aspekte *Merkmale des Unterrichts* und *Lernhaltungen der SuS* im gebildeten 4-Faktormodell keine Berücksichtigung fanden, lässt sich wie folgt begründen: (1) Die AG-Skala stellt nur einen Teil des GAINS-Instruments dar. Im Hinblick auf eine ökonomische Bearbeitung des Instruments innerhalb einer Schulstunde konnten daher nicht alle Klimadimensionen einbezogen werden. (2) Mit der *effektiven Zeitnutzung* wurde der Versuch unternommen, ein Merkmal der AG-Gestaltung (analog zum oben genannten Bereich *Merkmale des Unterrichts*) in der AG-Skala zu berücksichtigen. Da dieser Aspekt auch bereits im Ganztagskontext im Rahmen der StEG-Studien mehrfach eingesetzt wurde, sollte hierbei eine Anschlussfähigkeit an bereits überprüfte Qualitätsdimensionen hergestellt werden. Die Beibehaltung dieses Merkmals war allerdings faktoriell nicht haltbar. Dies könnte auf die untersuchten Angebotsformen in StEG bzw. StEG-S zurückzuführen sein, welche im Gegensatz zu der vorliegenden Untersuchung lediglich ausgesuchte Angebotsformen (z. B. Hausaufgabenbetreuung, Lesen) in den Blick genommen haben.

In der vorliegenden Untersuchung dagegen wurden alle Angebotstypen untersucht. Wie ein Blick auf die Verteilung der von den SuS bewerteten AGs ergibt, beurteilen diese vorwiegend freizeitbezogene Angebote. Daher scheint es nicht verwunderlich, dass der Aspekt der „Zeitnutzung" aus der Perspektive der SuS kein eigenständiges Qualitätsmerkmal darstellt (Fischer et al., 2016, S. 25). (3) Schließlich ist unklar, ob bzw. in welchem Maße die beiden verbleibenden klimabezogenen Aspekte *Merkmale des Unterrichts* und *Lernhaltungen der SuS* auch auf außerunterrichtliche und pädagogisch geleitete Settings übertragbar sind. Gerade im Hinblick auf freizeitliche Angebotsformen wie im künstlerisch-ästhetischen und im bewegungs-, spiel- und sportbezogenen Bereich scheint eine Passung nicht unbedingt gegeben, wenn man z. B. das Merkmal des *Leistungsdrucks* in den Blick nimmt, das sowohl im LASSO-Sozialklimainstrument (von Saldern & Littig, 1987) als auch im Linzer Fragebogen zum Schul- und Klassenklima (Eder, 1998) enthalten ist.

Noch offen ist zum jetzigen Zeitpunkt, wie weit das Klimakonstrukt im Ganztagsschulkontext aufgefächert werden sollte. Damit kann der aktuelle Stand der Forschung mit demjenigen Diskurs verglichen werden, der in Deutschland in Bezug auf den Begriff des Klassenklimas vor einigen Jahren geführt wurde. So stellte Grewe (2003) damals fragend in den Raum, „ob zukünftige Untersuchungen noch mit einem Globalindex ‚Klassenklima' arbeiten sollten oder ob differenziertere Dimensionen nicht zu besseren Untersuchungsergebnissen führen könnten" (S. 38). Auch wenn dieses Dilemma für die (Klassen-)Klimadiskussion im Fachunterricht als gelöst angesehen werden kann, ist für den Ganztagschulkontext zu prognostizieren, dass es weit schwieriger sein wird, einen Konsens herauszubilden: Erstens sind Ganztagsangebote durch eine größere Heterogenität gekennzeichnet als die traditionellen Unterrichtsfächer – neben unterrichtsnahen Angeboten wie Förderunterricht und Hausaufgabenbetreuung sind auch freizeitorientierte Angebote wie Fußball- oder Handarbeits-AGs zu berücksichtigen. Zweitens müssen weitere Moderatorvariablen in den Blick genommen werden. So ist zusätzlich zum Geschlecht und Alter der SuS auch zu vermuten, dass u. a. das Setting, die pädagogische Ausbildung der AG-Leitung sowie die didaktisch-methodische Gestaltung oder die Zusammensetzung der SuS in einer AG entscheidenden Einfluss auf die Auswahl und Gewichtung verschiedener Klimaaspekte nehmen. Über allem steht außerdem die Erkenntnis, dass jede Ganztagsschule individuell im Sinne einer pädagogischen Handlungseinheit betrachtet werden muss (Fischer et al., 2012, S. 56) und das Klimakonstrukt somit immer auch einzelschulspezifisch zu denken ist.

Aus methodischer Sicht ist bei dieser zweiten Hauptstudie darauf hinzuweisen, dass die bereits beschriebene Spezifität der Stichprobe im Hinblick auf Umfang, Alter, Anzahl der einbezogenen Schulen sowie Schulform (vgl. z. B. Kap. 5.7.1.1 und 5.7.3.8) die Verallgemeinerbarkeit der Ergebnisse einschränkt. Weiters ist das explorative und datengeleitete Vorgehen bei der Optimierung der Faktorstruktur zu berücksichtigen.

Wie aus den Angaben der SuS hervorgeht, haben diese mithilfe der GAINS-AG-Skala vorrangig BeSS-Angebote bewertet. Einerseits unterstreicht dies die Bedeutung dieses Angebotstyps und macht deutlich, wieso diese Angebote in GAINS besonders berücksichtigt wurden. Analog zu den Ergebnissen des StEG-Konsortiums (2010, 2013, 2015, 2016) ist auch in der vorliegenden Untersuchung dieser Angebotstyp innerhalb der Angebotspalette quantitativ am häufigsten anzutreffen und entsprechende AGs werden von den SuS auch am meisten besucht (vgl. Kap. 2.5.3.4). Andererseits folgt daraus, dass den Bewertungen von AGs der übrigen Kategorien nur relativ geringe Fallzahlen zugrunde lagen, wodurch auf einen Vergleich der Kategorien abzielende Analysen nicht durchgeführt werden konnten. So scheint es plausibel, dass die verwendeten Itemformulierungen nicht für alle Arten von AGs passgenau anwendbar sind. Beispielhaft können Angebote zur Hausaufgabenbetreuung angeführt werden, in denen der Partizipationsgedanke naturgemäß weit weniger repräsentiert sein kann als in Experimentiergruppen der MINT-Fächer. Ebenso ist fraglich, inwieweit das mehrfach verwendete Verb „arbeiten" von den SuS mit freizeitbezogenen Angeboten in Verbindung gebracht wird. Daher erscheint es sinnvoll, zukünftig zu prüfen, ob die Items der GAINS-AG-Skala sich invariant über die verschiedenen Angebotstypen hinweg zeigen. Erste Hinweise diesbezüglich liefert Hauptstudie 3 (vgl. Kap. 5.8.2.2 und Kap. 5.8.3.2).

Beim Vergleich der Zeitspanne, die zur Ausbildung relativ feststehender Dimensionen guten Unterrichts notwendig war, mit der, die bislang zur Erforschung von Qualitätsmerkmalen von Ganztagsangeboten zur Verfügung stand, zeigt sich, dass bisher noch nicht alle zur Erfassung von Angebotsqualität relevanten Dimensionen berücksichtigt sind. Die Komplexität und Heterogenität sowohl der Angebote als auch der Wirkungen, welche der Ganztagsteilnahme zugeschrieben werden, erfordert es somit, dass diese Debatte weitergeführt werden muss.

Zusammenfassend kann aufgrund der Ergebnisse von Hauptstudie 2 davon ausgegangen werden, dass die GAINS-AG-Skala auf Basis der geprüften Faktormodelle mit *Lernförderlichkeit*, *Interesse*, *pädagogischer Unterstützung* und *Lerngemeinschaft* vier Dimensionen angebotsspezifischer Qualität misst, welche auch theoretisch gut begründet werden können.

6.2.3 Prüfung der Faktorstruktur der GAINS-AG-Skala an einer unabhängigen Stichprobe und zusätzliche Testung der Messinvarianz (Hauptstudie 3)

Die in der vorherigen Hauptstudie explorativ entwickelte Faktorstruktur sollte in Hauptstudie 3 (vgl. Kap. 5.8) an einer größeren sowie heterogeneren Stichprobe bestätigt werden. Zudem sollten erste Hinweise auf Messinvarianz zwischen den verschiedenen AG-Kategorien erbracht werden.

Die Ergebnisse zeigen, dass sich die vierfaktorielle Struktur grundsätzlich auch an einer unabhängigen Stichprobe nachweisen lässt. Die Gütemaße reichen jedoch nicht an jene von Hauptstudie 2 heran, was unter Berücksichtigung der Vorgehensweise bei der Modellentwicklung nicht überrascht. Auch kann die Frage nach Favorisierung des hierarchischen bzw. nichthierarchischen

Modells unter Zugrundelegung der Ergebnisse von Hauptstudie 2 und 3 nicht abschließend aufgeklärt werden. Im Hinblick auf den angestrebten Einsatzzweck von GAINS wird jedoch das nichthierarchische Modell bevorzugt (vgl. Kap. 5.8.3.1). Bei Betrachtung der Veränderung der deskriptiven Gütemaße CFI und RMSEA zur Beurteilung der Messinvarianz deutet sich an, dass die Items über die herangezogenen AG-Kategorien (Förderangebote; BeSS-Angebote; MINT-Angebote, MuKu-Angebote) von den SuS als weitgehend äquivalent interpretiert werden. Andererseits sprechen die χ^2-Differenztests gegen eine solche Annahme, weshalb letztendlich keine endgültigen Aussagen getroffen werden können. Erschwert wird die Untersuchung der Messinvarianz zusätzlich dadurch, dass für das verwendete WLSMV-Schätzverfahren in der Wissenschaft noch keine Einigkeit über Richtwerte zur Beurteilung der Kriterien besteht.

Für eine ausführliche inhaltliche Auseinandersetzung mit den in der GAINS-AG-Skala enthaltenen Subskalen wird auf das vorherige Kapitel 6.2.2 verwiesen. Zusätzlich scheint jedoch erwähnenswert, dass die Interkorrelationen zwischen den Subskalen in beiden Studien die gleichen Muster aufweisen: So korreliert die Subskala *Lernförderlichkeit* mit den anderen drei Subskalen jeweils am geringsten, während die beiden ursprünglich dem Klimakonstrukt zugeordneten Subskalen *pädagogische Unterstützung* sowie *Lerngemeinschaft* untereinander stark zusammenhängen. Das mit dieser Arbeit neu in die Debatte um Qualitätsdimensionen ganztägiger Angebote aufgenommene Konstrukt *Interesse* korreliert in beiden Studien mit den klimabezogenen Dimensionen höher als mit der *Lernförderlichkeit*. Eine mögliche Erklärung für diese Zusammenhänge könnte in der für die Beantwortung der entsprechenden Items notwendigen Perspektive liegen: Während die Items der Subskala *Lernförderlichkeit* von den SuS (Aus-)Wirkungen der Teilnahme an einem Ganztagsangebot erfragen, zielen die Items der Dimensionen *pädagogische Unterstützung* und *Lerngemeinschaft* auf Prozessmerkmale ab (vgl. Kap. 2.5.4). Dass auch das *Interesse* mit den beiden letztgenannten Subskalen höher korreliert als mit der *Lernförderlichkeit*, könnte daran liegen, dass die dort enthaltenen Items auch eher Prozessmerkmalen zugeordnet werden können (z. B. Item 2: „In dieser AG strenge ich mich an.").

Ob sich die gefundene vierdimensionale Struktur auch in anderen Stichproben konsistent replizieren lässt, muss in weiteren unabhängigen Studien überprüft werden. In diesem Zuge könnten auch alternative Modellstrukturen geprüft werden. So scheint gerade der relativ hohe Zusammenhang der Subskalen *pädagogische Unterstützung* und *Lerngemeinschaft* in beiden Studien nahezulegen, diese Faktoren einem übergeordneten Klimakonstrukt zuzuordnen.

Hinsichtlich der Messinvarianz muss zunächst herausgestellt werden, dass eine solche Prüfung besonders in empirischen bildungswissenschaftlichen Arbeiten bislang noch zu selten durchgeführt wird. Da die dort eingesetzten Instrumente nicht daraufhin überprüft wurden, ob z. B. Mittelwertsvergleiche zwischen latenten Konstrukten zulässig sind, bleibt letztendlich unklar, inwieweit die in diesen Forschungsarbeiten gewonnenen Erkenntnisse aus statistischer Sicht überhaupt haltbar sind. Nur für die wenigsten im Kontext der unterrichtlichen bzw. auf den Ganztag bezogenen Klimaforschung eingesetzten Instrumente wird von der Prüfung der Messinvarianz berichtet (z. B. Bradshaw, Waasdorp, Debnam & Johnson, 2014; Johnson, Stevens & Zvoch, 2007). Dass dieser Frage in der vorliegenden Arbeit nachgegangen wird, ist daher positiv zu werten. Es ist dennoch herauszustellen, dass die Prüfung auf Messinvarianz vornehmlich wissenschaftlichen, auf inferenzstatistischen Prinzipien beruhenden Zielen dient. Für rein deskriptive Vergleiche der Angebotsqualität, wie sie vermutlich in der schulischen Praxis vorgenommen werden, ist das Vorliegen von Messinvarianz dagegen keine notwendige Bedingung.

Die vermutlich einzige Möglichkeit der Einordnung der eigenen Ergebnisse in den bisherigen Forschungsstand zu Qualitätsmerkmalen ganztägiger Angebote innerhalb der deutschsprachigen Ganztagsschulforschung bietet sich mittels eines Vergleichs mit Arbeiten aus der StEG-Forschungsgruppe (z. B. Brümmer et al., 2011; Fischer et al., 2011; Sauerwein, 2017). Obwohl in diesen Untersuchungen Invarianzprüfungen vorgenommen werden, beziehen sich diese vorrangig auf Äquivalenz der Faktorstrukturen über verschiedene Messzeitpunkte hinweg. Lediglich Sauerwein (2017) vergleicht auch die untersuchten Ganztagsangebote untereinander. Seine Ergebnisse deuten darauf hin, dass mindestens für das von ihm untersuchte Qualitätsmerkmal der effektiven Zeitnutzung nicht von Invarianz auszugehen ist. Dies dürfte darauf zurückzuführen sein, dass die SuS bei der Beantwortung der Items je nach bewerteter AG unterschiedliche Maßstäbe für die Beurteilung zugrunde legen (Flake, Barron, Hulleman, McCoach & Welsh, 2015, S. 243). Sollten Qualitätsmerkmale über verschiedene Angebotstypen hinweg nicht äquivalent gemessen werden können, spräche dies für die Entwicklung angebotsspezifischer Qualitätskriterien. Allerdings würde dies mit einem Verlust der Vergleichbarkeit der Angebotsqualität zwischen AGs verschiedenen Typs einhergehen.

Zentral für die Prüfung der Messinvarianz in der vorliegenden Studie war die in GAINS zugrunde gelegte Einteilung ganztägiger Angebote in die fünf Kategorien (1) Förderangebote, (2) BeSS-Angebote, (3) MuKu-Angebote, (4) MINT-Angebote sowie (5) Fremdsprachenangebote. Dieser Einteilung lag die Überlegung zugrunde, dass v. a. BeSS-Angebote trotz ihrer besonderen Stellung innerhalb der Ganztagsangebotspalette (vgl. Kap. 2.5.3.4) in den StEG-Studien bislang nicht angemessen erfasst wurden (vgl. Kap. 3.5.1). Somit lässt sich feststellen, dass in der Ganztagsschulforschung aktuell noch keine Einigkeit besteht, welche Kategorien für die Einteilung von Ganztagsangeboten festzulegen sind – dies mag mitunter auch an den unterschiedlichen inhaltlichen Ausrichtungen der verschiedenen Studien liegen.

Am Beispiel der StEG-Studien im Rahmen der zweiten Förderwelle zeigt sich, dass je nach Zielsetzung mitunter verschiedene Kategorisierungen der Ganztagsangebote vorgenommen werden. So wird in StEG-P zwischen Angeboten zum Lesen, zu Naturwissenschaften und zum sozialen Lernen unterschieden. Dagegen steht die Einteilung in lernbezogene Angebote, berufsorientierende Angebote und andere Angebote in StEG-A (StEG-Konsortium, 2016, S. 9). Ein und dieselbe AG wird daher je nach Studienausrichtung einer jeweils anderen Kategorie zugeteilt, was in der Folge eine Vergleichbarkeit der empirischen Ergebnisse erschwert. Hinsichtlich der Messinvarianz ist zudem unklar, ob eine andere Kategorisierung in GAINS bzw. eine Übernahme bereits bestehender Klassifizierungen zu vergleichbaren Ergebnissen geführt hätte. Für die Zukunft scheint es daher wichtig, dass zunächst ein Konsens über die Einteilung von Ganztagsangeboten in übergeordnete Gruppen gefunden und dabei auf eine möglichst überschneidungsfreie sowie eindeutige Einteilung der Ganztagsangebote geachtet wird.

Die für GAINS gewählte Struktur hat sich in der schulischen Praxis zwar weitgehend bewährt, allerdings ist kritisch anzumerken, dass auch damit nicht alle Ganztagsangebote zweifelsfrei zugeteilt werden konnten. So bemängelte eine Schule im Rahmen der Befragung das Fehlen einer Kategorie für Angebote zum sozialen Lernen. Ebenfalls existieren Angebote mit mehr als einem fachlichen Schwerpunkt, die mindestens zwei Kategorien zugeordnet werden könnten (z. B. English Theatre-AG). Auch für die in GAINS eingesetzten Angebotskategorien besteht somit noch Optimierungsbedarf. In jedem Fall sollte zukünftig eine Ausweichkategorie („Sonstiges") zur Verfügung stehen. Diese würde zwar durch ihre Heterogenität den Nachteil der Nichtvergleichbarkeit mit anderen Angebotstypen mit sich bringen, allerdings wären letztere dann durch eine stärkere Homogenität gekennzeichnet, was der Aussagekraft bei Kategorienvergleichen wiederum positiv zugutekäme. Selbstverständlich kann nicht ausgeschlossen werden, dass eine andere Kategorisierung der Ganztagsangebote in GAINS sowohl zu besseren Ergebnissen im Hinblick auf die Messinvarianz als auch zu einer bestenfalls vollständigen Einteilung der Ganztagsangebote ohne Ausweichkategorie geführt hätte.

Neben der aufgeführten Problematik der Kategoriendefinition ist darüber hinaus auch zu hinterfragen, inwieweit die Zusammenlegung thematisch ähnlicher Angebote die Prüfung sowohl der Faktorstruktur als auch der Messinvarianz beeinflusst hat. So ist es z. B. denkbar, dass eine AG aus dem MINT-Bereich und eine AG aus dem fremdsprachlichen Bereich hinsichtlich der Interpretation der Items von den SuS sehr ähnlich bewertet werden. Im Gegenzug könnten zwei verschiedene AGs aus jeweils einem dieser beiden Bereiche von den SuS sehr unterschiedlich wahrgenommen werden. Dies kann z. B. für die sogenannte „Bibliotheks-Club"- und „Lesetraining"-AG bei der Untersuchung von Sauerwein (2017) im Bereich der Leseangebote angenommen werden, indem SuS der letztgenannten AG die Items eher auf ihre Erfahrungen im Fachunterricht Deutsch beziehen dürften. Dagegen könnten SuS den „Bibliotheks-Club" auch aus Interessensgründen besuchen, um dort etwas über die Organisation und Abläufe einer Bibliothek zu lernen sowie ihrer Leidenschaft nach Literatur zu frönen.

In der vorliegenden Arbeit kann ein ähnlicher Fall bspw. für die den BeSS-Angeboten zugeordnete „Selbstverteidigungs"- bzw. „Fußball"-AG vermutet werden. Während für letztere eher intrinsische Motive angenommen werden können, kann der Besuch einer Selbstverteidigungs-AG auch aufgrund biografischer Erfahrungen und damit einhergehenden extrinsischen Motiven erfolgen, ohne dass der BeSS-Aspekt im Vordergrund stehen muss. Diese Problematik scheint jedoch solange nicht aufzulösen zu sein, bis sich die Beurteilung der Angebotsqualität auf eine einzelne AG bezieht. Diesem Gedanken steht einerseits die Wahrung der Anonymität sowohl der SuS als auch der AG-Leitungen bei der Befragung entgegen, welcher als Kriterium bei der Konzeption der GAINS-Auswertungsmethode (vgl. Kap. 5.2) eine zentrale Rolle zuteilwurde. Andererseits scheint auch aus wissenschaftlicher Sicht die spezifische Betrachtung einzelner Ganztagsangebote wenig geeignet zu sein, „den Gegenstand Ganztagsschule in seiner Komplexität zu untersuchen" (Sauerwein, Theis, Wolgast & Fischer, 2016, S. 792).

Bislang ist außerdem unklar, nach welchen Kriterien die SuS die zu bewertende AG auswählen und ob dies Konsequenzen sowohl für die Faktorstruktur als auch die Messinvarianztestung hat. So würde die Bewertung einer sehr positiv wahrgenommenen AG zu einem anderen Antwortverhalten führen als die Bewertung einer eher negativ konnotierten AG. Daher sollte zukünftig miterhoben werden, nach welchem Kriterium die SuS ihre zu bewertende AG auswählen. Alternativ könnte auch eine Standardisierung der AG-Auswahl erfolgen, indem z. B. immer die bereits am längsten besuchte AG bewertet werden soll.

Um an dieser Stelle Redundanzen zu vermeiden, wird für inhaltliche Ausführungen im Hinblick auf limitierende Faktoren und weiterführende Fragestellungen hinsichtlich der Messinvarianz auf Kapitel 5.8.3.2 verwiesen.

6.2.4 Validierung und Test-Retest-Reliabilität der GAINS-AG-Skala (Hauptstudie 4)

Nachdem die in Hauptstudie 2 explorativ entwickelte vierfaktorielle Struktur der GAINS-AG-Skala in Hauptstudie 3 an einer unabhängigen Stichprobe bestätigt werden konnte, wurden deren konvergente Validität sowie Test-Retest-Reliabilität in der vierten Hauptstudie überprüft. Für die Subskalen Lernförderlichkeit, Interesse und Pädagogische Unterstützung konnten die erwarteten hohen Zusammenhänge mit den eingesetzten etablierten Validierungsskalen bestätigt werden. Dies untermauert die Bildung vier inhaltlich voneinander abgrenzbarer Dimensionen zur Erfassung AG-spezifischer Qualitätsmerkmale zusätzlich. Somit kann generell von einer hohen Konstruktvalidität der GAINS-AG-Skala ausgegangen werden. Für die Subskala Lerngemeinschaft sind die Ergebnisse dagegen weniger eindeutig, sodass die konvergente Validität dieser Dimension mithilfe der in dieser Hauptstudie durchgeführten Analysen nicht endgültig bestätigt werden konnte. Die Test-Retest-Reliabilitäten (Zeitintervall: 14 Tage) deuten auf eine für alle erfassten Konstrukte vergleichbar hohe, mittelstarke Stabilität hin.

Einschränkend muss für die Ergebnisse sowohl bezüglich der konvergenten Validität als auch der Test-Retest-Reliabilität festgehalten werden, dass die zugrundeliegende Stichprobe sich aus SuS lediglich zwei verschiedener Schulen zusammensetzt. So müssen die erzielten Ergebnisse nicht unbedingt repräsentativ für alle Formen von Ganztagsschulen sein. Die Verteilung der SuS auf die verschiedenen AG-Kategorien in der vorliegenden Studie weicht außerdem von den aktuell bekannten Durchschnittswerten ab (StEG-Konsortium, 2016, S. 16). So sind zwar MuKu-Angebote adäquat vertreten, v. a. in Förder- und Fremdsprachenangeboten sind aber weniger SuS vorhanden. Um zu prüfen, ob sich die in Bezug auf konvergente Validität und Test-Retest-Reliabilität erzielten Ergebnisse auch auf diese AG-Kategorien übertragen lassen, sind demnach weitere Erhebungen notwendig. Hinsichtlich der Test-Retest-Reliabilität bleibt offen, wie sich die Stabilität der AG-spezifischen Qualitätsmerkmale über einen anderen als den betrachteten 14-tägigen Zeitraum entwickelt.

Gleichzeitig bleibt festzuhalten, dass in den meisten Instrumenten der empirischen Bildungsforschung sowohl im unterrichtlichen als auch im ganztägigen Setting keine Überprüfung der Konstruktvalidität vorgenommen wird. Daher wird berechtigterweise gefordert, dass bei der Entwicklung neuer Skalen neben der Reliabilität auch untersucht werden sollte, ob tatsächlich die intendierten Konstrukte gemessen werden: „Theory-grounding for measurement development is often missing" (Ramelow, Currie & Felder-Puig, 2015, S. 1). So stellt die Validität einer Skala eine notwendige Voraussetzung dafür dar, dass die mit dieser Skala erfassten Messwerte inhaltlich überhaupt richtig interpretiert werden können (Flake, Pek & Hehman, 2017). Daher ist die erfolgte Überprüfung der konvergenten Validität der GAINS-AG-Skala als besonderes Qualitätsmerkmal hervorzuheben. Wenngleich damit ein wesentlicher Aspekt der Validität bestätigt wurde, muss einschränkend auf die noch ausstehende Überprüfung von diskriminanter sowie Kriteriumsvalidität hingewiesen werden. Allerdings bringt dieses Vorhaben hohe methodische Herausforderungen mit sich: So müsste für die Überprüfung der diskriminanten Validität ein Konstrukt gefunden werden, welches einerseits einem anderen Gültigkeitsbereich angehört, sich aber andererseits nicht auf ein gänzlich anderes inhaltliches Feld bezieht. Da die mit der Einführung der Ganztagsschule einhergehenden Ziele deutlich über die Verbesserung der schulischen Leistungen hinausgehen, indem z. B. soziales Lernen und Partizipationsmöglichkeiten gleichermaßen gestärkt werden sollen, scheint es äußerst schwierig, ein adäquates Kriterium zu definieren. Zudem wären für die Bestätigung prognostischer Validität sehr lange Abstände zwischen den einzelnen Messzeitpunkten notwendig, wodurch der Einfluss weiterer, ggf. unbekannter Störvariablen ansteigt.

Insgesamt betrachtet kann die Überprüfung der Test-Retest-Reliabilität der GAINS-AG-Skala im Rahmen dieser Studie als positiv herausgestellt werden, da die Stabilität über die Zeit bei nur sehr wenigen Instrumenten im schulischen Kontext überhaupt betrachtet wird und sich die berichteten Kennwerte i. d. R. auf den Korrelationskoeffizienten nach Pearson beschränken.

Einschränkend ist jedoch auch darauf hinzuweisen, dass eine Prüfung der Messinvarianz über die Zeit in dieser Arbeit nicht erfolgte. Dies liegt vorrangig an der Tatsache, dass in der ganztägigen Schulpraxis so gut wie nie dieselben SuS ein Ganztagsangebot mehrfach bewerten: So ist in Zeiten stetig zunehmender Erwartungen und Anforderungen an die Einzelschule, gleichzeitig aber auch knapper Ressourcen und limitierter Kompetenzen der LuL nicht zu erwarten, dass der organisatorische Aufwand mehrerer Evaluationen des Ganztagsangebots innerhalb eines Schul-(halb-)jahres betrieben wird. Sollte GAINS zur Veränderungsmessung auf Schulträger- oder Landesebene eingesetzt werden, gilt es, die Messinvarianz über die Zeit noch zu prüfen. Dafür sollte eine größere Stichprobe sowie ein ähnlicher Zeitabstand wie für die Veränderungsmessung geplant herangezogen werden.

6.3 Implikationen für die schulische Praxis

Da die Datenerhebung und -auswertung an den Schulen in den Hauptstudien 1 bis 4 unter wissenschaftlicher Begleitung erfolgte, GAINS aber schulautonom durchgeführt werden soll, beschäftigte sich die zusätzlich durchgeführte Anwendungsstudie mit der Frage, inwieweit das Instrument von Ganztagskoordinatorinnen bzw. Ganztagskoordinatoren als praxistauglich eingeschätzt wird.

Im Folgenden soll daher der Mehrwert des Einsatzes von GAINS für die Einzelschule vor dem Hintergrund der theoretisch basierten Konzeptualisierung des Fragebogens sowie der empirischen Ergebnisse dargestellt werden (vgl. Kap. 6.3.1). Ebenfalls werden Anforderungen an die Schulkultur (vgl. Kap. 6.3.2) und Voraussetzungen aufseiten der Einzelschule (vgl. und Kap. 6.3.3) aufgezeigt, die für einen möglichst optimalen Evaluationsprozess gegeben sein sollten.

6.3.1 Mehrwert des Einsatzes von GAINS in Einzelschulen

Als zentrale Konsequenz aus den bisherigen Befunden der Ganztagsschulforschung kann festgehalten werden, dass das mit der KMK-Definition einhergehende Konzept der Ganztagsschule grundsätzlich die von Seiten des BMBF im Zuge des Investitionsprogramms „Zukunft Bildung und Betreuung" (BMBF, 2003a; vgl. Kap. 2.3) formulierten Erwartungen erfüllen *kann* (z. B. Fischer et al., 2016, S. 29; StEG-Konsortium, 2010, S. 16). Die Heterogenität der deutschen Ganztagsschullandschaft erfordert es jedoch, jede einzelne Ganztagsschule – analog zu den Befunden von Fend (1986) für Halbtagsschulen – als Handlungseinheit für Qualitätsentwicklung anzusehen (Fischer et al., 2012, S. 56). In der aktuellen Phase evidenzbasierter Schulautonomie obliegt es somit der einzelnen Schule, auch für das ganztagsschulische Konzept ein Managementsystem zu etablieren, mit dem die pädagogische Qualität der Angebote gesichert bzw. entwickelt werden kann.

Bisher scheint es jedoch, als ob den umfangreichen landesspezifischen Forderungen nach Evaluation der ganztagsschulischen Arbeit (z. B. HKM, 2011; ISB Bayern, 2013, 2013a) nur ein sehr überschaubares Instrumentarium – wenn überhaupt – für deren Durchführung gegenübersteht. Zudem scheinen die Erwartungen an diese Instrumente häufig überzogen, wodurch erhoffte Wirkungen nicht realisiert werden können (Berkemeyer et al., 2016, S. 230). Es kann kritisch hinterfragt werden, ob die vonseiten der Schulbehörden zur Verfügung gestellten Materialien tatsächlich zur Qualitätsentwicklung beitragen. So bestehen bspw. die Arbeitsmaterialien zur Qualitätsentwicklung in Ganztagsschulen (QUIGS SEK I; Althoff, Boßhammer, Eichmann-Ingwersen & Schröder, 2012) aus Checklisten zur Ermittlung von Handlungsbedarfen, die von den Schulleitungen oder Ganztagskoordinatorinnen bzw. Ganztagskoordinatoren auszufüllen sind. Dort wird z. B. der Qualitätsbereich der Partizipation von SuS bzw. deren Eltern in Bezug auf die Gestaltung von Lernzeiten etwa durch das Item „Schülerinnen und Schüler und Eltern werden an der Erstellung des Konzeptes der Lernzeiten beteiligt" abgebildet. Eine Bewertung erfolgt dabei in Form eines „Qualitäts-Checks" mittels einfachen Ankreuzens auf einer vierstufigen Zustimmungsskala (Althoff et al., 2012, S. 46). Es ist jedoch durchaus anzunehmen, dass die diesbezüglichen Angaben der Akteure v. a. von subjektiven Überzeugungen zur Wirksamkeit des eigenen Ganztagsschulprogramms geprägt sind, welche sicherlich auch von dem Gedanken der formalen Absicherung gegenüber der Schulbehörde beeinflusst werden.

Insbesondere die Perspektive der SuS wird in den beispielhaft herangezogenen Arbeitsmaterialien nicht angemessen berücksichtigt. Dies erscheint umso verwunderlicher, als das Mitspracherecht der SuS nicht nur während der Debatte um lebenslanges Lernen (vgl. Kap. 2.4.2) an zusätzlicher Bedeutung gewann, wodurch es auch in den pädagogischen Leitzielen von Ganztagsschulen des BMBF (2003b, S. 6) festgeschrieben wurde, sondern auch in den letzten Jahren immer wieder in verschiedenen Beiträgen und Sammelbänden (z. B. Brümmer et al., 2009; Coelen et al., 2013; Derecik et al., 2012; Enderlein, 2009; Feichter, 2015; Hunner-Kreisel, 2008, 2008a) aufgegriffen wird. Innerhalb der zahlreichen Begründungslinien für eine angemessene Partizipation der SuS (vgl. Kap. 2.4.3.6) scheint es im Hinblick auf das in dieser Arbeit entwickelte Instrument von besonderer Bedeutung, dass zugunsten einer sich an den SuS orientierenden Schulentwicklung die Perspektive der Hauptakteure der Perspektive der Erwachsenen gegenübergestellt werden kann (Kuhn, 2007, S. 383) und sich die SuS durch die Abfrage ihrer Meinung und Wahrnehmung ernst genommen fühlen. Denn das Ganztagsangebot wird nur dann von den SuS als interessant und anziehend wahrgenommen, wenn ihre Bedürfnisse, Ideen und Wünsche auch berücksichtigt werden (BMFSFJ, 2013, S. 406; Burow & Pauli, 2013, S. 149 f). Dies scheint gerade im Hinblick auf die zentralen Komponenten der Selbstbestimmungstheorie (Deci & Ryan, 1993) von großer Relevanz. Auch wenn die Perspektive der SuS bislang eher einen blinden Fleck der (Ganztags-) Schulforschung darstellt (Feichter, 2015), deuten die bisherigen Befunde zumindest an, welches Potenzial mit einer verstärkten Einbeziehung der Meinungen der SuS verbunden ist (Coelen et al., 2013; Rabenstein, 2008; Schöpa, 2016; vgl. auch Kap. 2.5.2.5).

Das in der vorliegenden Untersuchung entwickelte Instrument adressiert beide gerade aufgezeigten Aspekte – sowohl die stark überschaubare Auswahl an auf den Ganztag ausgerichteten Evaluationsverfahren als auch die Forderung nach Partizipation der SuS bei der Gestaltung des Ganztagsangebots. Darüber hinaus erschien es sinnvoll, den Stellenwert von BeSS-Angeboten angemessen zu erfassen und die Möglichkeit zur Berücksichtigung einzelschulrelevanter Fragestellungen bereitzustellen. Besonderes Augenmerk sollte dabei auf der möglichst ökonomischen Umsetzung zugunsten der Beachtung einzelschulischer Ressourcen (Personal, Zeit, Finanzen, Evaluationskompetenz) sowie auf der psychometrischen Überprüfung des Instruments liegen.

Mit dem in mehreren Studien entwickelten und geprüften Instrument „Ganztag: Interne Evaluation für Schulen" (GAINS) steht Ganztagsschulen damit nun ein datengeleitetes Verfahren zur Verfügung, mithilfe dessen das ganztagsschulische Konzept im Sinne eines Qualitätsmanagements aus der Perspektive der SuS überprüft werden kann und welches die folgenden Merkmale erfüllt:

Inhaltliche Ebene

- Die Fragen von GAINS wurden vor dem Hintergrund des aktuellen wissenschaftlichen Forschungsstands formuliert und im Hinblick auf ihre statistische Güte überprüft.
- GAINS erlaubt es, die Einschätzungen der SuS zum gesamten Ganztagsangebot an der Einzelschule zu erfassen (z. B. Einfluss verschiedener Faktoren auf die Wahl von Ganztagsangeboten).
- Weitere Fragen zielen ab auf die Einschätzung eines einzelnen Angebots, an dem die SuS aktuell teilnehmen (z. B. Gründe für die Teilnahme). Dabei kann unterschieden werden in (1) *Förderangebote*, (2) *BeSS-Angebote*, (3) *MuKu-Angebote*, (4) *MINT-Angebote* und (5) *Fremdsprachenangebote*.
- Die enthaltene GAINS-AG-Skala ermöglicht eine Evaluation einzelner Angebote in Bezug auf die Dimensionen *Lernförderlichkeit, Interesse, pädagogische Unterstützung* und *Lerngemeinschaft*.
- Zusätzlich zu den Fragen zum gesamte Ganztagsangebot und einer spezifischen AG werden grundlegende Angaben zur Person der SuS (z. B. Alter, Geschlecht, Klassenstufe) abgefragt, um die Evaluationsergebnisse getrennt für verschiedene Untergruppen von SuS darstellen zu können.
- Es kann das Meinungsbild aller SuS eingeholt werden und damit auch derjenigen, die nicht (mehr) am Ganztagsangebot teilnehmen.
- Der modulare Aufbau erlaubt es, den Fragebogen an die Bedürfnisse der Einzelschule anzupassen:
  – Für die Evaluation einzelner AGs kann mit GAINS-AG ein Teil des Fragebogens ausgekoppelt werden.
  – Umgekehrt kann die GAINS-AG-Skala unberücksichtigt bleiben, wenn lediglich die Beurteilung des gesamten Ganztagsangebots von Interesse ist.
  – GAINS kann um einzelschulrelevante Fragestellungen (z. B. zu Mittagessen, Pausengestaltung) erweitert werden.

Organisatorische Ebene

- Bei GAINS handelt es sich um ein onlinebasiertes Feedbackinstrument, das unter besonderer Berücksichtigung ökonomischer Aspekte entwickelt worden ist und sich bereits mehrfach im schulischen Einsatz bewährt hat. Es ist
  – kostenfrei,
  – von den SuS innerhalb einer Schulstunde problemlos zu beantworten
  – leicht durchzuführen (z. B. über Schulcomputer),
  – leicht auszuwerten (Ergebnisse liegen mittels weniger Klicks sowohl in Form von Prozentwerten als auch grafisch aufbereitet vor) und

- leicht zu interpretieren (Bevorzugung von Fragen mit nominalem Messniveau, d. h. dichotome Items (Ja-Nein-Fragen) sowie Fragen mit Einfach- und Mehrfachauswahlantworten).
• Für alle Phasen des Evaluationsprozesses stehen mit einem Handbuch sowie optional zu verwendenden Begleitmaterialien auf die Anwendungspraxis zugeschnittene Hilfsmittel zur Verfügung.
• Filterführungen ermöglichen offenen und teilweise gebundenen Ganztagsschulen eine Erhebung im Klassenverband.
• Die Datenerhebung erfolgt vollständig anonym. Die Angaben der SuS können nicht auf sie selbst zurückgeführt werden. Um zu vermeiden, dass die Erhebung auf Seiten des Kollegiums als Personenevaluation missverstanden wird, werden lediglich Angebotskategorien und nicht einzelne Angebote eingeschätzt.
• Die Erhebung kann sowohl über das schulische Intranet als auch über das Internet erfolgen.
• Mit dem Tool *Limesurvey* bietet sich der Schule grundsätzlich die Möglichkeit, weitere interne Evaluationen ökonomisch durchzuführen.

Ein kritischer Vergleich der gerade aufgezeigten Merkmale von GAINS mit den in dieser Arbeit in Kapitel 3.5.4 bis 3.5.6 dargestellten schulinternen Evaluationsinstrumenten (SEIS, Zielscheibe, AMintEva-Hessen)[157] zeigt unter Berücksichtigung der herangezogenen Kriterien Folgendes:

Allen Instrumenten liegt ein *quantitativer Forschungsansatz* zugrunde. Sie sind zunächst für einen Einsatz im *Querschnitt* angelegt. Die *Testgüte* von GAINS kann im Vergleich mit den in dieser Hinsicht als schwach bzw. sehr schwach zu beurteilenden weiteren Evaluationsinstrumenten als deutlich besser beurteilt werden: Zunächst liegt mit dieser Arbeit eine ausführliche Dokumentation des Entwicklungsprozesses sowie aller statistischen Kennwerte vor. Geprüft wurde zudem nicht nur die Faktorstruktur der GAINS-AG-Skala, sondern auch deren konvergente Validität, Test-Retest-Reliabilität und die Reliabilität der nominal- und ordinalskalierten Items über die Beurteilerübereinstimmung. Auf *theoretischer Ebene* orientiert sich GAINS am Input-Prozess-Outputmodell der Ganztagsschulqualität nach Fischer et al. (2012, S. 9), wobei vorrangig Prozessmerkmale der Ganztagsangebote und stellenweise deren Wirkungen adressiert werden. Darüber hinaus wurden die drei universellen psychologischen Grundbedürfnisse des Menschen im Sinne der Selbstbestim-

---

157 Da GAINS als Instrument zur schulinternen Evaluation konzipiert ist und bisher nicht geplant ist, es zur inhaltlichen Untersuchung einer wissenschaftlichen Fragestellung einzusetzen, wird auf einen Vergleich mit den in Kapitel 3.6 kritisch gewürdigten Ganztagsstudien verzichtet.

mungstheorie (Deci & Ryan, 1985, 2000) bei der Konstruktion der Items – insbesondere jenen der GAINS-AG-Skala – berücksichtigt. Über die aktuell geltenden Qualitätsrahmen ganztägig arbeitender Schulen hinaus werden in GAINS auch Merkmale thematisiert, mit denen die Qualität von einzelnen Ganztagsangeboten beurteilt werden kann. Sowohl dieser Aspekt als auch der *Ganztagskontext* im Allgemeinen werden in den bisher vorliegenden Evaluationsinstrumenten kaum oder nicht berücksichtigt. Indem sowohl aktuell als auch nicht (mehr) am Ganztagsangebot teilnehmende SuS befragt werden können, ist das Instrument in allen ganztägigen Schulkonzepten einsetzbar. Gewinnbringend scheint ebenfalls die besondere *Berücksichtigung von BeSS-Angeboten* zu sein, wobei grundsätzlich alle Angebotstypen erfasst werden. Einschränkend ist jedoch zu erwähnen, dass GAINS bislang nicht in allen *Klassenstufen bzw. Schulformen* getestet wurde. Somit bleibt noch offen, inwieweit die erzielten Ergebnisse auf andere Populationen übertragbar sind. Im Gegensatz zum SEIS-Instrument obliegt die *Datenhoheit* beim vorliegenden Fragebogen der Einzelschule.

Bei der Konzeptualisierung des vorliegenden Fragebogens wurde besonders darauf geachtet, dass die *Meinung aller SuS* berücksichtigt wird. Außerdem ist eine *individuelle Anpassung* an einzelschulische Bedingungen ohne Einschränkungen möglich. Damit hebt sich GAINS z. B. von SEIS und den AMintEva-Hessen ab, in denen diese beiden letztgenannten Merkmale nur sehr bedingt vorhanden sind. Auf breiter Datenbasis können dadurch einzelschulische Entwicklungsprozesse abgeleitet werden. Mit der Wahl eines onlinebasierten Erhebungsmediums bieten sich *ökonomische Vorteile* im Hinblick auf Datenerhebung, -aufbereitung und -auswertung gegenüber anderen Evaluationsinstrumenten. Im Gegensatz zu SEIS ist GAINS darüber hinaus kostenfrei, wobei ein Einsatz grundsätzlich Kosten durch Bindung zeitlicher, personeller und materieller Ressourcen verursacht. Trotz des Umfangs von GAINS wurde bereits bei der Konzeption auf eine möglichst einfache *Interpretation der Ergebnisse* durch den Einsatz von vorwiegend nominal- und ordinalskalierten Items geachtet. Anders als bei AMintEva-Hessen findet die Auswertung der intervallskalierten Items innerhalb der GAINS-AG-Skala nicht auf Ebene der Einzelitems, sondern auf Ebene der Faktormittelwerte statt. Dadurch kann eine zuverlässigere Messung und Interpretation übergeordneter latenter Konstrukte erreicht werden.

Insgesamt wird somit deutlich, dass die Ansprüche, die bei der Entwicklung an das GAINS-Instrument gestellt wurden, als erfüllt angesehen werden können und dass der Einsatz von GAINS im Vergleich zu bestehenden Evaluationsverfahren für die Einzelschule einen deutlichen Zugewinn für die Sicherung bzw. Weiterentwicklung des ganztagsschulischen Konzepts bringen dürfte. Dies ging auch aus den Bewertungen der Ganztagskoordinatorinnen bzw. Ganztagskoordinatoren im Rahmen der Anwendungsstudie hervor. Besondere Relevanz erhält diese Erkenntnis vor dem Hintergrund, dass Schulentwicklungsprozesse v. a. in Ganztagsschulen angestoßen werden (Steiner & Arnoldt, 2010, S. 68; Weigand, 2011), weshalb GAINS – vorsichtig formuliert – auch als ein weiteres Zahnrad im Motor einer gelingenden (ganztägigen) Schulentwicklung angesehen werden kann.

6.3.2 Anforderungen an die Schulkultur

Zunächst muss herausgestellt werden, dass die grundlegende Voraussetzung für einen Einsatz von GAINS eine entsprechende Evaluationskultur auf der Seite der Organisation Schule darstellt. Diese sollte bei einer nach Innovation bzw. Lernen strebenden Schule im Schulprogramm verankert sein (Berkemeyer, 2012, S. 48). So ist es notwendig, dass Schulen entsprechende Entwicklungskapazitäten bereitstellen und einen institutionalisierten Umgang mit Fragen des Qualitätsmanagements pflegen (Holtappels, 2013, S. 65). Hierbei wird der Schulleitung eine besondere Rolle zuteil.

Wie aus der Organisationsforschung bekannt ist, scheitern Innovationsprozesse häufig bereits in der ersten Phase der Initiation. Um die sogenannte „Implementations-Lücke" (Rolff, 1998, S. 308) zu schließen, scheint es daher notwendig, vor Beginn einer Evaluation auf Schulleitungsseite den Fragenkatalog von Berkemeyer et al. (2016, S. 226; vgl. Kap. 3.4.3) heranzuziehen. Damit soll das bei datengeleiteten Evaluationen häufig anzutreffende Phänomen *data rich – information poor* (Rolff, 2010, S. 135) vermieden und eine sinnvolle Durchführung und Nutzung des Evaluationsprozesses begünstigt werden. Es scheint jedoch sinnvoll, die Fragen von Berkemeyer et al. (2016, S. 226) leicht zu modifizieren:

Der Aspekt der begrenzten schulischen Ressourcen wird nicht explizit erwähnt. Diese Problematik wurde in der vorliegenden Arbeit bereits von theoretischer Seite beleuchtet (vgl. Kap. 1.3.3 bis Kap. 1.3.5) und stellte daraufhin eine zentrale Anforderung an die Konzeptualisierung von GAINS dar. Zwar kann dieser Aspekt bei Beantwortung der im Katalog von Berkemeyer et al. (2016, S. 226) enthaltenen Frage „Wie kann der Gegenstand evaluiert werden?" Berücksichtigung finden, allerdings ist zu vermuten, dass sich hierbei v. a. auf materielle Aspekte wie potenziell geeignete Evaluationsinstrumente beschränkt wird. Somit scheint das ausdrückliche Einbeziehen der zur Verfügung stehenden personellen und zeitlichen Ressourcen bereits vor Beginn der Evaluation unabdinglich. Ebenfalls nicht im Fragenkatalog erwähnt wird die bei den schulischen Akteuren häufig anzutreffende ablehnende Haltung bzw. kritische Einstellung gegenüber Evaluationen (vgl. Kap. 3.4.2.1). Dieses Phänomen sollte ebenfalls explizit adressiert werden, um bereits im Vorfeld abwägen zu können, inwieweit bei den LuL bzw. Angebotsleitungen ein Autonomie-Paritäts-Muster (Lortie, 1975) verbreitet ist, wodurch eine Evaluation als Eingriff in die individuellen Entscheidungsbefugnisse verstanden werden könnte und etwaige Ergebnisse oder abgeleitete Maßnahmen nicht wirksam umgesetzt werden würden. Somit wird an dieser Stelle eine Modifizierung des Frageninventars von Berkemeyer et al. (2016, S. 226) vorgeschlagen, damit evaluationsinteressierte Schulen den angestrebten Entwicklungsprozess sowohl planen als auch sich den Möglichkeiten und Herausforderungen bei der Evaluation eines pädagogischen Programms bereits im Vorfeld bewusst werden können (vgl. Tab. 6.1).

Tabelle 6.1: Vorbereitende Fragen zur Durchführung einer Evaluation an der Einzelschule in Anlehnung an Berkemeyer et al. (2016, S. 226)

Schrittfolge	zu stellende Frage
1	Was soll evaluiert werden?
2	Welche Ziele sind mit dem Evaluationsgegenstand verbunden?
3	Welche Instrumente stehen zur Evaluation des Gegenstands zur Verfügung?
4	Wie können ggf. kritische Einstellungen von Personen gegenüber der Evaluation berücksichtigt bzw. adressiert werden? Wie kann die Evaluation möglichst ökonomisch durchgeführt werden, um die zur Verfügung stehenden Ressourcen so wenig wie möglich zusätzlich zu belasten?
5	Wer verfügt über die notwendige forschungsmethodische Kompetenz zur Durchführung der Evaluation?
6	Für wen sind die Ergebnisse der Evaluation bedeutsam?
7	Wie sollen die Ergebnisse kommuniziert und in den Arbeitsprozess eingebunden werden?
8	Was können die Lehrkräfte und was kann die Schule als Organisation lernen?

Ist geplant, die Perspektive der SuS in schulischen Evaluationsprozessen zu berücksichtigen, sollte außerdem grundsätzlich immer beachtet werden, dass die Partizipation der SuS auf Entscheidungsprozesse beschränkt ist, die von Erwachsenen initiiert wurden. Gemäß der achtstufigen *ladder of participation* nach Hart (1992, S. 8) kann diese Beteiligungsform zwar bereits auf der sechsten Stufe (*adult-initiated shared decisions with children*) verortet werden, allerdings würden die SuS erst dann vollständig involviert sein, wenn sie „auf gleicher Augenhöhe und auf der Grundlage klar und einvernehmlich geregelter Entscheidungsstrukturen" (Althoff, 2014, S. 179; dazu auch Feichter, 2015) beteiligt würden.

6.3.3 Einzelschulische Voraussetzungen für den Einsatz von GAINS

Neben den gerade aufgezeigten grundlegenden Bedingungen darf unter Berücksichtigung von Erkenntnissen der Anwendungsstudie nicht vergessen werden, dass der Einsatz von GAINS in der ganztagsschulischen Praxis einige Ansprüche an die Organisation Schule stellt.

Im Hinblick auf die Bindung von zeitlichen und personellen Ressourcen sind u. a. der bei jeder Evaluation entstehende Unterrichtsausfall sowie die Organisation des gesamten Evaluationsprozesses durch die Ganztagskoordinatorinnen bzw. Ganztagskoordinatoren zu erwähnen. Ebenfalls erfordert die onlinebasierte Befragung ausreichende Ressourcen im Hinblick auf eine schuleigene IT-Infrastruktur, um die Datenerhebung im Klassenverband zu ermöglichen. Die Nutzung des Umfragetools *Limesurvey*, über welches der GAINS-Fragebogen programmiert wurde, macht zudem eine genauere Auseinandersetzung mit der Installation dieses Tools notwendig. Falls einzelne Fragen modifiziert bzw. hinzugefügt werden sollten, ist es darüber hinaus notwendig, sich in die Fragengestaltung mit *Limesurvey* anhand des bereitgestellten Handbuchs einzuarbeiten. Dies gilt ebenso, wenn andere als die voreingestellten Auswertungsroutinen des Tools genutzt werden sollen. Darüber hinaus müssen im Vorfeld der Befragung für den AG-spezifischen Teil in GAINS die von der Schule angebotenen AGs kategorisiert werden. Aufgrund der Filterführungen ist außerdem zu überlegen, wie mit der unterschiedlichen Bearbeitungsdauer der SuS zugunsten einer störungsfreien Arbeitsatmosphäre umzugehen ist (z. B. Bereitstellung von Arbeitsaufträgen durch die Lehrkraft bzw. AG-Leitung). Diese Aspekte werden zwar ebenfalls im Handbuch aufgegriffen und den Ganztagskoordinatorinnen bzw. Ganztagskoordinatoren stehen weitere den Evaluationsprozess unterstützende Begleitmaterialien zur Verfügung. Allerdings kann selbst an einer innovationsfreudigen Schule in Abhängigkeit der für die Organisation des Ganztags verantwortlichen Personen ein schulinternes Evaluationsvorhaben blockiert werden, wodurch trotz des ressourcenschonend konzipierten Instruments ein automatischer Einsatz nicht unbedingt die Folge sein muss (vgl. Kap. 3.4.2).

6.4 Implikationen für die Ganztagsschulforschung

Auch wenn der Fokus der vorliegenden Arbeit auf der Erstellung eines Instruments zur internen Evaluation liegt und damit eher der schulischen Anwenderperspektive Rechnung getragen wird, lassen sich sowohl Konzeptualisierung des Fragebogens als auch die vorliegenden Ergebnisse theoretisch in die bisherige Ganztagsschulforschung einordnen. Die sich aus GAINS ergebenden Konsequenzen können darüber hinaus bei zukünftigen Studien berücksichtigt werden.

Grundlegend wäre es vor dem Hintergrund der Replikationskrise in den empirischen Sozialwissenschaften angebracht, zukünftige hypothesengeleitete

Untersuchungen inklusive der geplanten Auswertungsstrategien im Vorfeld zu registrieren (sogenannte „Präregistrierung"). Damit würde sowohl die Verlässlichkeit als auch die Qualität empirischer Befunde gesteigert.

Die im Verlauf der Fragebogenentwicklung erfolgte Überprüfung der Güte nominal- und ordinalskalierter Items muss positiv hervorgehoben werden, da so im Vergleich zu anderen Instrumenten zuverlässigere Aussagen getroffen werden können.

Die in GAINS enthaltenen Angaben zur Person der SuS erlauben sowohl auf deskriptiver Ebene als auch in Bezug auf spätere mögliche Ursache-Wirkungsfragestellungen differenzierte Aussagen, z. B. im Hinblick auf Geschlecht, Klassenstufe oder Migrationshintergrund. So zeigen u. a. die Ergebnisse verschiedener StEG-Erhebungen, dass SuS mit Migrationshintergrund von einer Teilnahme an Ganztagsangeboten stärker profitieren als SuS ohne Migrationshintergrund (StEG-Konsortium, 2016, S. 23).

Weiterhin erscheint es gewinnbringend, die in GAINS enthaltenen Items zur Erfassung wahrgenommener Auswirkungen des Ganztags auf die Lebenswelt der SuS bei größeren längsschnittlichen Wirkungsforschungsstudien mitabzufragen. Damit könnte untersucht werden, ob sich mittels Prä-Post-Testdesign gefundene Effekte auch in der retrospektiven Wahrnehmung der SuS abbilden lassen (Douglass et al., 2012). Falls sich hierbei hohe Zusammenhänge feststellen ließen, wäre die direkte Abfrage deutlich ökonomischer. Dies erscheint insbesondere für sozial-emotionale Faktoren (z. B. eine subjektiv wahrgenommene Verbesserung des Verhältnisses zu den Mit-SuS) relevant, welche nicht oder nur schwer über ein Außenkriterium (z. B. Schulnote) operationalisiert werden können.

Darüber hinaus ist es möglich, mithilfe der in GAINS enthaltenen Fragen zur Teilnahmeentscheidung am Ganztagsangebot im Allgemeinen bzw. einer AG im Speziellen Zusammenhänge mit solchen Faktoren herzustellen, von denen erwartet wird, dass sie mit selbstbestimmtem Handeln in Verbindung stehen. Beispielsweise beurteilen SuS Angebote positiver, wenn sie sich selbst für die Teilnahme entschieden haben (Steiner & Fischer, 2011). Nach den Prämissen der Selbstbestimmungstheorie (Deci & Ryan, 1985, 1993) ist zu erwarten, dass die selbstständige Teilnahmeentscheidung auch mit weiteren in GAINS verfügbaren Merkmalen (z. B. eingeschätzte Lernförderlichkeit der Angebote) einhergeht.

Ebenfalls könnten Aussagen getroffen werden, inwiefern die freizeitlichen Aktivitäten der SuS auch durch Ganztagsangebote abgedeckt werden und sie damit ihr Freizeitverhalten verdoppeln (z. B. Heim et al., 2012) oder ob die Teilnahme am Ganztagsangebot zu einer Erweiterung des Hobby-Spektrums (Opaschowski, 2008, S. 185) führt.

Am anschlussfähigsten an bisherige Befunde im Bereich der Ganztagsforschung dürften sich die Dimensionen der GAINS-AG-Skala herausstellen, mittels derer Qualitätsmerkmale von Ganztagsangeboten erfasst werden können (vgl. dazu auch Nowak, Ennigkeit & Heim, 2019a). Die sich aus der CFA ergebenden latenten Dimensionen *Lernförderlichkeit, Interesse, pädagogische Unterstützung* sowie *Lerngemeinschaft* (vgl. Kap. 5.7.3.5) werden teilweise mithilfe von Items gebildet, die auch in den StEG- bzw. StEG-S-Erhebungen verwendet, dort allerdings anderen Konstrukten zugeordnet wurden.

Tabelle 6.2: Gegenüberstellung von Qualitätsdimensionen für Ganztagsangebote in GAINS, StEG bzw. StEG-S (in Klammern: Anzahl der in GAINS enthaltenen bzw. für GAINS adaptierten Items)

GAINS	StEG (2005–2009)	StEG-S (2012–2015)
Lernförderlichkeit (6)	Lernnutzen (2)	Alltagsweltorientierung (1)
Interesse (6)	Schülerorientierung (1)	–
Pädagogische Unterstützung (10)	Schüler-Betreuer-Beziehung (1) Schülerorientierung (4) Partizipationsmöglichkeiten im Unterricht (1)	Partizipation (1) Anerkennung: Solidarität (2) Anerkennung: Emotionalität (2)
Lerngemeinschaft (6)	Effektive Zeitnutzung (2)	Zeitnutzung (2)

Wie aus Tabelle 6.2 ersichtlich wird, wurde bisher sowohl über die Inhalte der Qualitätskriterien von Ganztagsangeboten als auch über die Anzahl und Benennung der sich aus diesen Inhalten ergebenden Faktoren noch keine Einigkeit erzielt. Dieses Phänomen überrascht jedoch wenig: So besteht auch in der Unterrichtsforschung kein Konsens über Anzahl und Begriffsexplikationen der angenommenen Qualitätsdimensionen (Eder, 2010, S. 697 f), obwohl Unterricht im Vergleich zu Ganztagsangeboten als die deutlich stärker formalisierte Domäne angesehen werden kann. Da jedoch bereits für den Unterrichtskontext gefordert wird, Qualität aufgrund fachspezifischer Unterschiede auf der Ebene einzelner Fächer zu messen (Gruehn, 2000, S. 103 f; Klieme, 2006), erscheint ein solches Anliegen vor dem Hintergrund einer noch größeren Heterogenität bei der Ausgestaltung von Ganztagsangeboten (z. B. Fischer et al., 2012, S. 47; Radisch et al., 2008, S. 230; Sauerwein, 2016, S. 76) umso notwendiger. Die aus der Entwicklung des GAINS-Fragebogens hervorgegangenen Qualitätsmerkmale zeichnen sich dadurch aus, dass mit ihrer Hilfe mehr AG-Kategorien vergleichend bewertet werden können, als dies in bisherigen Studien möglich war.

Wie die in Kapitel 6.2.2 dargestellte Zusammenfassung der Entstehung einer Qualitätsdebatte über Merkmale der Ganztagsangebote in Deutschland deutlich macht, weitet sich der Blick dieser noch sehr jungen Disziplin von zunächst unterrichtsnahen Angeboten hin zu immer mehr freizeitorientierten Angeboten. Deswegen finden auch immer neue Dimensionen Berücksichtigung – teilweise unter deckungsgleicher, teilweise aber auch unter abweichender theoretischer Fundierung. Wurden ursprünglich aus der empirischen Bildungsforschung abgeleitete Qualitätskriterien guten Unterrichts herangezogen, die in der Folge um sozialpädagogisch begründete Aspekte ergänzt wurden, vereint die vorliegende Arbeit beide Bereiche, wobei unter Berücksichtigung der untersuchten Angebotskategorien v. a. die Annahmen der Selbstbestimmungstheorie nach Deci und Ryan (2000) handlungsleitend für die Konstruktion der ursprünglich angenommenen Faktoren waren.

In diesem Zusammenhang scheint insbesondere das Konstrukt des *Interesses* eine hohe Relevanz zu besitzen, da dieses positiv mit einer auf Selbstbestimmung und Selbststeuerung basierenden intrinsischen Lernmotivation assoziiert ist und individuelle Entwicklungsverläufe damit besonders beeinflusst (Krapp, 2010, S. 312). Dieser Dimension wurde in der bisherigen Forschung zu Qualitätsmerkmalen von Ganztagsangeboten aber keine Beachtung geschenkt, obwohl sie – gerade im Hinblick auf eher freizeitorientierte Ganztagsangebote – ein relevantes Merkmal darstellt (Brümmer et al., 2011, S. 186).

Ebenfalls wurde der Aspekt der *Beziehung zwischen den SuS* untereinander bislang in der Ganztagsschulforschung nicht als Merkmal der Qualität von Angeboten angesehen. Ähnlich wie beim Interesse scheint hier jedoch ein besonderes Potenzial vorzuliegen, da die soziale Eingebundenheit der SuS sowohl deren Motivation (Reindl et al., 2015) als auch deren Selbstwirksamkeitserwartung (Nelson & DeBacker, 2008) positiv beeinflusst. Die faktorielle Überprüfung in der vorliegenden Untersuchung hatte zur Folge, dass die Items zur *Beziehung zwischen den SuS* mit den Items der *Zeitnutzung* zum Faktor *Lerngemeinschaft* zusammengefasst wurden. Allerdings entstammen vier der sechs Items dieser Dimension der ursprünglichen Beziehungssubskala und auch die beiden verbleibenden Items der ursprünglichen Zeitnutzungsskala können auf die Ebene der Beziehungen zwischen den SuS bezogen werden (vgl. Kap. 5.7.3.5). Wenngleich unklar bleibt, ob sich die Beziehung zwischen den SuS untereinander ohne Berücksichtigung der Items zur Zeitnutzung empirisch als eigenständiger Faktor hätte abbilden lassen, bildet die Beziehungsebene zwischen den SuS ein nicht zu unterschätzendes Merkmal in der Debatte. Ein maßgeblicher Erkenntnisgewinn der vorliegenden Arbeit besteht daher in der Ausweitung des Verständnisses von Qualität in Ganztagsangeboten um zwei wesentliche Merkmale.

Dennoch muss sich die Ganztagsschulforschung in Zukunft weiter der Herausforderung stellen, sowohl solche Qualitätskriterien zu identifizieren, die zugunsten einer Vergleichbarkeit der Angebote untereinander für alle Angebotstypen gelten, als auch aufgrund der unübersehbaren heterogenen inhaltlichen Ausgestaltung von Angeboten die Suche nach spezifischen und nur für einzelne Angebotskategorien passende Qualitätskriterien nicht zu vernachlässigen. Unter Berücksichtigung der jahrzehntelang andauernden Debatte über Kriterien guten Unterrichts in der Schulforschung ist davon auszugehen, dass der nämliche konsensuelle Findungsprozess in der Ganztagsschulforschung noch einige Zeit in Anspruch nehmen wird.

Unter Berücksichtigung der Tatsache, dass sich dieses Forschungsfeld gerade erst entwickelt, erscheint es jedoch bereits im jetzigen Stadium im Hinblick auf die Wirkungsforschung äußerst hilfreich und effizient, die ursprünglich intendierten Absichten zu fokussieren, die mit dem Auf- und Ausbau von Ganztagsschulen verbunden sind. Zwar betont die KMK in ihrem Bericht „Ganztagsschulen in Deutschland" (2015) erneut, dass „die Schülerinnen und Schüler im Sinne ganzheitlicher Bildung nachhaltig in ihrer Entwicklung von kognitiven und sozialen Kompetenzen" (S. 4) zu fördern seien, allerdings ist zum jetzigen Zeitpunkt noch völlig unklar, ob sich diese mit den in Bildungsstandards (z. B. KMK, 2012) sowie Kerncurricula (z. B. HKM, 2011) genannten Kompetenzen decken und in welchem Ausmaß diese bei den SuS kurz-, mittel- oder langfristig ausgeprägt sein sollen. Zumindest für die sozialen Kompetenzen ist festzuhalten, dass die in den Kerncurricula der Unterrichtsfächer beschriebenen Aspekte nur eine kleine Auswahl dessen darstellen, was allgemeinhin unter diesem Begriff zusammengefasst wird (Kanning, 2002).

Ob für den Ganztagskontext zusätzliche Merkmale ergänzt werden sollten oder ob davon ausgegangen wird, dass die Ganztagsteilnahme die bereits festgelegten Kompetenzen aufgrund des verlängerten Zeitrahmens lediglich in höherer Ausprägung fördert, sollte konkretisiert werden. Dass der Sozialkompetenzbegriff auch in der Wissenschaft kontrovers diskutiert und sehr heterogen definiert wird (Reinders, 2008), erschwert eine Operationalisierung durch entsprechende Konstrukte zusätzlich (Kanning, 2009). Sollte sich der Anspruch an Ganztagsschule nach wie vor aus gesamtwirtschaftlichen Bedarfen generieren, indem die SuS gut „für die zukünftige Erwerbsarbeit" (BMBF, 2003, S. 2) qualifiziert werden sollen (vgl. Kap. 2.3), stellt sich außerdem die Frage, inwieweit kognitive und soziale Kompetenzen zu dieser Zielerreichung beitragen. Eine solche Beantwortung stellt sicherlich einen sehr hohen Anspruch dar.

Inwieweit die verschiedenen Qualitätsmerkmale von Ganztagsangeboten die genannten Kompetenzen positiv beeinflussen, kann zudem erst dann sinnvoll untersucht werden, wenn Einigkeit über zugrundeliegende Wirkmechanismen besteht. So kann zwar bspw. plausibel angenommen werden, dass eine von den SuS positiv erlebte Lerngemeinschaft (Prädiktor) innerhalb eines spezifischen Ganztagsangebots zu einer Verbesserung der sozialen Kompetenz „prosoziales Verhalten" (Kriterium) führt. Auf welchen Wirkungsprinzipien ein solcher Zusammenhang aber beruhen könnte, scheint in vielerlei Hinsicht noch völlig offen – ebenso wie die Frage, welche Qualitätsmerkmale die (noch genauer zu bestimmenden) Kompetenzbereiche in welchem Ausmaß beeinflussen sollen. Erste Untersuchungen zur Frage der Wirkung der Angebotsqualität auf verschiedene Zielvariablen im Ganztagskontext sind zwar bereits erfolgt. So zeigt etwa StEG-P (Lossen et al., 2016) für Grundschulen, dass z. B. die Angebotsqualität in AGs aus dem naturwissenschaftlichen Bereich das sachunterrichtsbezogene Selbstkonzept für bestimmte Kinder positiv beeinflusst. Inwieweit das sachunterrichtsbezogene Selbstkonzept aber tatsächlich eine relevante Zielvariable für übergeordnete ganztägige Bildungsintentionen darstellt bzw. diese beeinflusst, bleibt ungeklärt.

6.5 Limitationen und Ausblick

GAINS kann gemäß den Nutzungsbereichen pädagogischer Programmevaluationen nach Rossi et al. (2004; vgl. Kap. 3.1) insbesondere zur Identifikation von Bedarfen sowie der Bewertung des Programmprozesses aus der Perspektive von SuS eingesetzt werden. Auch wenn das Instrument nicht beansprucht, weitere Fragebereiche wie die Bewertung der Programmtheorie oder der Programmeffizienz abzudecken, muss dennoch grundsätzlich bedacht werden, dass die umfassende Evaluation eines pädagogischen Programms auch diese Aspekte umfasst.

Bei der Entwicklung von GAINS wurde von Beginn an ein Kompromiss eingegangen zwischen (1) den bekannten begrenzten schulischen Ressourcen, (2) den Evaluationsbedürfnissen der Einzelschule im Ganztagsbereich sowie (3) dem Anspruch, ein standardisiertes und psychometrisch geprüftes Instrument zur Verfügung zu stellen. Dies bedingt jedoch, dass zur Erfassung weiterer für den Ganztagskontext relevanter Aspekte zusätzliche Instrumente herangezogen oder entwickelt werden müssen. Aus diesem Grund wurde der Fokus auf die für die Mehrzahl der Schulen als relevant eingeschätzten Themenfelder gelegt (vgl. Kapitel 5.2). So war es bspw. aus zeitökonomischen Gründen notwendig, neben der Beurteilung des gesamten Ganztagsangebots die Einschätzungen der SuS auf lediglich eine spezifische AG zu beschränken. Um den Fragebogenumfang in einem vertretbaren Rahmen zu halten, wurden Fragen über weitere den Ganztag konstituierende pädagogische Elemente wie Verzahnung, Pausenbetreuung oder Mittagessen – auch im Hinblick auf die heterogenen Ausgestaltungsmöglichkeiten der Einzelschule – nicht berücksichtigt. Die Erhebung einzelschulischer Fragestellungen ist jedoch über die Erweiterung von GAINS möglich, wobei sich dieser Teil der psychometrischen Überprüfung naturgemäß entzieht.

Bevor auf einige mit der Erhebungsmethodik zusammenhängende Limitationen eingegangen wird, soll an dieser Stelle die Qualität des GAINS-Instruments im Hinblick auf seine Testgüte zusammenfassend beurteilt werden. In Bezug auf die *Objektivität* scheint der Aspekt der Durchführungsobjektivität aufgrund der standardisierten Instruktionen gegeben. Da die Angaben der SuS über das Befragungstool *Limesurvey* automatisiert ausgewertet werden können bzw. für die GAINS-AG-Skala eine *Excel*-basierte Auswertungsdatei zur Verfügung steht, wird zudem von einer Objektivität der Auswertung ausgegangen. Einzig die Analyse der Angaben der SuS in den Freitextfeldern erfolgt nicht standardisiert. Aufgrund der abgefragten Inhalte (z. B. „Folgendes finde ich [am Ganztagsangebot] besonders gut") und der Formulierung der Instruktionen (z. B. „Bitte gib maximal die drei wichtigsten Dinge in Stichpunkten an") kann jedoch davon ausgegangen werden, dass unterschiedliche Auswerter zu vergleichbaren Ergebnissen kommen dürften. Eine Interpretationsobjektivität im engeren Sinne ist aufgrund einer fehlenden Normierung nicht gegeben. Allerdings erscheint dies vor dem Hintergrund großer ganztagsschulischer Heterogenität (Fischer et al., 2012, S. 56) auch nur bedingt sinnvoll.

Im Hinblick auf die *Reliabilität* kann für nominal- und ordinalskalierte Items von einer zuverlässigen Erfassung über einen Zeitraum von zwei Wochen ausgegangen werden. Die Test-Retest-Reliabilitäten für die intervallskalierten Subdimensionen der GAINS-AG-Skala deuten auf eine mittelhohe Übereinstimmung zwischen den Messzeitpunkten hin. Eine Überprüfung über ein längeres Zeitintervall erscheint aufgrund der zu erwartenden Veränderung zumindest einiger der abgefragten Merkmale wenig geeignet (Döring & Bortz, 2016, S. 444). Für die GAINS-AG-Skala wurden in Hauptstudie 2 zudem gute bis exzellente und in Hauptstudie 3 akzeptable bis exzellente Kennwerte hinsichtlich der internen Konsistenz gefunden.

Bei der Prüfung der *Validität* zeigt sich folgendes Bild: Aufgrund der kommunikativen Validierung im Rahmen der Pretests kann zunächst davon ausgegangen werden, dass GAINS die intendierten Themenbereiche inhaltsvalide abbildet. Die eingesetzten nominal- und ordinalskalierten Items entziehen sich allerdings weiteren Validitätsprüfungen. Für die Konstruktvalidität zeigt sich bei der GAINS-AG-Skala, dass die optimierte Faktorstruktur an einer unabhängigen Stichprobe weitgehend bestätigt wird. Somit ist von faktorieller Validität auszugehen. Zudem lässt sich die konvergente Validität über erwartete Zusammenhänge mit verwandten Konstrukten bestätigen. Eine Überprüfung der diskriminanten Validität stellt ein Desiderat dar, wobei die Auswahl hierfür geeigneter Konstrukte eine Herausforderung darstellen dürfte. Auch eine Überprüfung der Kriteriumsvalidität gestaltet sich aufgrund nur schwer zu definierender Außenkriterien, welche die Angebotsqualität auf objektivere Weise erfassen, problematisch.

Die besondere Beachtung des Nebengütekriteriums der *Ökonomie* zeigt sich darin, dass der von den Schulen wahrgenommene Erkenntnisgewinn bei gleichzeitig geringem finanziellen, personellen und zeitlichen Aufwand als äußerst verhältnismäßig angesehen wird. Wie im Rahmen der theoretischen Fundierung dieser Arbeit dargelegt wurde, kann GAINS insofern eine sehr hohe *Nützlichkeit* attestiert werden, als damit dem Bedürfnis der Einzelschulen nach evidenzbasierten Maßnahmen der Qualitätssicherung und -entwicklung auch im Ganztagsschulkontext nachgekommen werden kann und der bedeutsame Aspekt der Partizipation der SuS besonders berücksichtigt wird. Weitere Nebengütekriterien scheinen für GAINS von nachrangiger Bedeutung, da diese v. a. für (psychologische) Leistungstests relevant sind.

Eine gewisse Limitation der Erhebungsmethodik besteht im Hinblick auf die in die Analysen eingeschlossenen Stichproben, indem vorrangig SuS der Klassenstufen 5 bis 10 des gymnasialen Bildungsgangs an Ganztagsschulen mit Profil 1 und 2 im Großraum Rhein-Main untersucht wurden.

Eine Befragung von SuS niedrigerer Jahrgangsstufen wurde bewusst vermieden. So sollten SuS nach Ansicht einiger Autoren (z. B. Langer, 2011, S. 108) nicht vor ihrem Eintritt in die Sekundarstufe I über die Gestaltung von Ganztagsangeboten mitentscheiden, da erst ab einem Alter von etwa 12 Jahren ein Entwicklungsstand erreicht ist, der es den Kindern und Jugendlichen ermöglicht, von eigenen Interessen zu abstrahieren (Bettmer, 2008, S. 216; Colby & Kohlberg, 1986). Allerdings ist davon auszugehen, dass die SuS bei der Bewertung des gesamten Ganztagsangebots ihrer Einschätzung vorwiegend die Angebote und weniger weitere den Ganztag konstituierende Elemente wie Rhythmisierung oder Verzahnung zugrunde legen. Die Altersspanne wurde außerdem als besonders relevant angesehen, da in diesen Jahrgängen die breiteste Palette an angebotenen AGs zur Verfügung steht (StEG-Konsortium, 2016, S. 37) und die größten Teilnahmequoten am Ganztagsangebot zu verzeichnen sind (z. B. StEG-Konsortium, 2010, S. 8). Zudem ist bekannt, dass SuS v. a. dann längerfristig an Ganztagsangeboten teilnehmen, wenn sie diese bereits in der fünften Klasse nutzen (Lettau et al., 2016; Steiner, 2011). Zugunsten einer Förderung der SuS während ihrer gesamten Schullaufbahn ist die Erfassung von Einschätzungen dieser Altersgruppe von großer Bedeutung, um die Qualität des einzelschulischen Ganztagsangebots in dieser Phase so hochwertig wie möglich zu gestalten.

Eine vorwiegende Fokussierung auf den gymnasialen Bildungsgang ergab sich durch die Tatsache, dass sowohl die meisten SuS der Jahrgangsstufen 5 bis 10 ein Gymnasium besuchen (BMBF, 2016, S. 73) als auch dadurch, dass mehr als doppelt so viele Gymnasien wie alle anderen Schulformen der Sekundarstufe I einen Ganztagsbetrieb an fünf Tagen pro Woche anbieten (StEG-Konsortium, 2016, S. 13). Die Reduktion auf das offene Ganztagsschulkonzept resultierte daraus, dass dieses Organisationsmodell nach wie vor vorherrschend ist (BMBF, 2016, S. 82; Klemm, 2014, S. 12; KMK, 2016).

Ebenfalls zu berücksichtigen ist die Zusammensetzung der Stichprobe im Hinblick auf soziodemografische Merkmale, insbesondere den Migrationshintergrund. Da die erhobenen Daten vorrangig aus Schulen im Rhein-Main-Gebiet stammen, liegt der Anteil an SuS mit Migrationshintergrund deutlich höher als im bundesweiten Gesamtdurchschnitt (Statistisches Bundesamt, 2015a). SuS mit Migrationshintergrund nehmen eher an Ganztagsangeboten teil (Marcus, Nemitz & Spieß, 2013), wobei sich die Motive zur Teilnahme von denen von SuS aus bildungsnahen bzw. einkommensstarken Haushalten unterscheiden: So spielt die Betreuung der eigenen Kinder für Eltern mit niedrigerem sozioökonomischen Status sowie Migrationshintergrund eine größere Rolle als für andere Elterngruppen, bei denen z. B. die Förderung der Kinder im Vordergrund steht (Arnoldt & Steiner, 2015). Daher kann davon ausgegangen werden, dass die Beantwortung der GAINS-Items in anderen Regionen bzw. in Gebieten mit einem hohen Anteil an SuS aus migrationsfreien und sozioökonomisch anders gestellten Haushalten zu anderen Ergebnissen führen würde.

Perspektivisch sollte GAINS bezüglich seiner Eignung für ältere SuS sowie andere Schulformen, ganztägige Organisationsmodelle und Einzugsgebiete geprüft werden. Sowohl für SuS im Primarbereich als auch für SuS v. a. des Hauptschulzweiges ist davon auszugehen, dass einige Änderungen des Fragebogens im Hinblick auf Umfang, Formulierung von Items und optische Gestaltung notwendig sind, worauf auch z. B. die für Primar- und Sekundarstufe unterschiedlichen StEG-Fragebögen (Furthmüller, 2014, 2014a; siehe dazu Arendt & Rössler, 2009, S. 355 f) sowie die Gestaltung des Baseline-Fragebogens für SuS in Hauptschulen (Kuhnke, 2007) schließen lassen. Andererseits erwies sich die durchschnittliche Bearbeitungsdauer des GAINS-Fragebogens durch SuS von Integrierten bzw. Kooperativen Gesamtschulen im Rahmen der Anwendungsstudie als relativ vergleichbar mit der von SuS des gymnasialen Bildungsgangs. Dabei muss jedoch berücksichtigt werden, dass von der Bearbeitungsdauer nicht auf die Datenqualität geschlossen werden kann.

Im Hinblick auf die Testung der Urteilerüberstimmung für nominal- und ordinalskalierte Items ist selbstkritisch anzumerken, dass eine größere Stichprobe zu aussagekräftigeren Ergebnissen geführt hätte. Insbesondere für die Überprüfung derjenigen Items, die sich an nicht (mehr) am Ganztag teilnehmende SuS richten, standen nicht immer ausreichend hohe Fallzahlen zur Verfügung. Es muss jedoch betont werden, dass SuS mit diesen Teilnahmeprofilen bisher nur wenig berücksichtigt wurden, sich aus deren Angaben aber für die Einzelschule wertvolle Informationen ableiten lassen sollten. Die Kennwerte der Items für die Nicht-(Mehr-)Teilnehmenden sollten jedoch gut ausfallen. Dies kann damit begründet werden, dass den aktuell am Ganztagsbetrieb teilnehmenden SuS abgesehen vom Tempus weitgehend dieselben Items vorgelegt wurden, deren Güte wiederum geprüft werden konnte. Die Durchführung einer Güteprüfung von nominal- und ordinalskalierten Items im Vergleich zu anderen Instrumenten scheint auch vor dem Hintergrund des damit verbundenen Aufwands, der sich bei einer zweimaligen Datenerhebung in kurzem Abstand mit denselben SuS im laufenden Schulbetrieb ergibt, ein hervorzuhebendes Merkmal zu sein.

GAINS wurde bisher, anders als die erwähnten StEG- bzw. StEG-S-Instrumente, nicht im Längsschnitt eingesetzt, um Wirkungen von ganztägiger Angebotsqualität auf Zielvariablen zu prüfen. Dies stellt jedoch auch nicht den Anspruch dieser Arbeit dar, weil vorrangig ein Instrument entwickelt werden sollte, welches der Einzelschule zur internen Evaluation zur Verfügung steht. Zudem empfiehlt es sich, einen Fragebogen zunächst ausgiebig im Hinblick auf seine Gütekriterien zu prüfen, bevor er zur Wirkungsforschung eingesetzt wird.

Eine Erhebung im Zeitraum vor dem Ende eines Schuljahres bzw. Schulhalbjahres scheint sich anzubieten, da davon auszugehen ist, dass die SuS erst dann ausreichend lange an den Angeboten teilgenommen haben, um deren Qualität adäquat einschätzen und präzise Aussagen über das gesamte Ganztagsangebot treffen zu können. Die Befragung der SuS vor den Weihnachts- bzw. Sommerferien stellt sich auch im Hinblick auf schulinterne Arbeitsbelastungsspitzen als günstig dar (Halbritter, 2010, S. 170). Dies kann gleichzeitig aber auch als Einschränkung verstanden werden, da GAINS somit nur in bestimmten Zeiträumen im Schuljahr sinnvoll eingesetzt werden kann.

Nach dem Selbstverständnis von GAINS als Mittel zur Qualitätssicherung und -entwicklung des einzelschulischen Ganztagsangebots aus der Perspektive der SuS muss zudem bedacht werden, dass die Evaluation eines pädagogischen Programms wie die des Ganztagsangebots nur dann erfolgreich sein kann, wenn alle weiteren schulischen und außerschulischen Akteure (Schulleitungen, LuL, Eltern, weiteres pädagogisches Personal und Kooperationspartner) befragt werden. Die Einbeziehung der Meinungen und Wahrnehmungen aller Beteiligten zugunsten einer Verbesserung des bestehenden Angebotskonzepts kann in der Folge mit positiven Wirkungen u. a. auf das Schulklima und damit verbunden auf die Leistungsorientierung (Grob, 2007; Hoy et al., 2002) sowie die Qualität der Lernumgebungen (Prüß, 2008) einhergehen, indem sich die beteiligten Akteure ernst und wahrgenommen fühlen (IsA, 2008). Aufgrund der begrenzt vorhandenen schulischen Ressourcen kann jedoch davon ausgegangen werden, dass der hierfür zu leistende Aufwand sehr hoch ist und daher auch die Gefahr besteht, dass eine Auseinandersetzung mit den erhobenen Daten – sollte eine Evaluation überhaupt durchgeführt werden – nicht angemessen möglich ist (EMSE, 2008, S. 5; von der Gathen, 2006, S. 16; Schneewind & Kuper, 2008). Andererseits hat im Rahmen der Anwendungsstudie eine Schule eine solch umfassende Evaluation tatsächlich durchgeführt und die abgeleiteten Erkenntnisse bereits in Schulentwicklungsprozesse umgesetzt, sodass dieser Schule sicherlich Vorbildcharakter attestiert werden kann.

Im Hinblick auf zukünftige Weiterentwicklungen von GAINS darf grundsätzlich nicht vergessen werden, dass die Schulentwicklung – wie in den letzten Jahrzehnten auch – weiter dynamisch bleiben wird und damit auch von Veränderungen des Konzepts Ganztagsschule auszugehen ist. Somit erscheint es durchaus sinnvoll, die Inhalte von GAINS nicht als fixiert anzusehen, sondern diese stets den politischen, gesellschaftlichen, aber auch einzelschulischen Anforderungen anzupassen.

Über die im Rahmen der Anwendungsstudie bereits geleisteten Optimierungsschritte hinaus sind weitere Modifikationen denkbar, welche die Nutzungswahrscheinlichkeit von GAINS bei der Zielgruppe erhöhen dürften. Da bereits gezeigt werden konnte, dass GAINS in inhaltlicher Hinsicht von Nutzerseite als sehr gelungen eingeschätzt wird, beziehen sich die folgenden Anpassungsvorschläge vorrangig auf die Ebene des zur Umsetzung von GAINS verwendeten Onlinetools *Limesurvey*. Dieses hat sich zwar sowohl bei der Konzeption des Fragebogens als auch im Verlauf dieser Arbeit immer wieder als die am besten geeignete Lösung im Hinblick auf die eigenen Anforderungen erwiesen, indem es z. B. kostenlos verfügbar ist, eine automatische Auswertungsfunktion beinhaltet und sehr einfach zu bedienen ist. Naturgemäß ist die Nutzung einer universellen Umfrageapplikation dennoch mit Einschränkungen hinsichtlich der vollständigen Umsetzbarkeit eigener Vorstellungen verbunden, sodass letztendlich der Rückgriff auf ein bereits vorliegendes Tool immer mit Kompromissen verbunden ist. Daher wäre es wünschenswert, wenn ein eigens für schulische Evaluationen bzw. für die Umsetzung von GAINS konzipiertes Evaluationstool vorläge. Mit diesem könnten z. B. die folgenden Vorstellungen umgesetzt werden, welche die Attraktivität eines Einsatzes weiter steigern würden:

1. GAINS könnte bereits vorinstalliert im Internet zur Verfügung stehen und über einen geschützten Bereich von der Einzelschule aufgerufen und modifiziert werden.
2. Dort könnten analog zur bereits vorhandenen Möglichkeit der individuellen Auswertung die GAINS-Inhalte als einzeln anwählbare Module dargestellt werden, die je nach einzelschulischen Bedarfen von den SuS zu beantworten sind.
3. Dies könnte auch für bereits vorgefertigte Items zu bislang nicht in GAINS enthaltenen bzw. empirisch geprüften Themengebieten gelten, die aber für die Einzelschule eine hohe Relevanz aufweisen (z. B. Items zur Einschätzung der Mensaqualität, der Dauer von Lern- und Pausenzeiten, der Weiterentwicklung des Konzepts der Bewegten Schule).
4. Weitere Ressourcen könnten eingespart werden, indem die Datenauswertung nach Beendigung eines zuvor eingestellten Befragungszeitraums vollautomatisch vorgenommen würde. Besonders die automatische Analyse von Subgruppen wie SuS einzelner Klassenstufen, unterschiedlicher Teilnahmeprofile sowie die von ihnen bewerteten AG-Kategorien würde den Prozess der Dateninterpretation beschleunigen und zu mehr Ressourcen bei der Implementation der abgeleiteten ganztagsschulischen Entwicklungsprozesse führen.

5. Im Anschluss könnten die so ausgewerteten Daten um Visualisierungen erweitert und den schulischen Verantwortlichen über ein geschütztes Dokument per Mail zugeschickt werden.

Einen Orientierungsrahmen für eine solche Aufmachung könnte das „Selbstevaluationsportal Schule" des Instituts für Schulqualität der Länder Berlin und Brandenburg e.V. (ISQ Berlin-Brandenburg, 2016) bieten. Auch die Funktionsweise der Onlineversion der AMintEva-Hessen wird diesem Anforderungsbedarf zwar in Teilen gerecht, allerdings sowohl optisch weniger zeitgemäß als auch fragwürdig im Hinblick auf die Auswertung skalenbasierter Konstrukte.

Mit GAINS steht ab sofort eine weitere Möglichkeit zur Einleitung von ganztagsschulspezifischen Schulentwicklungsprozessen zur Verfügung. Bei einer Verwendung des vorliegenden Instruments durch die Einzelschule kann die Qualität des Ganztagskonzepts gesteigert werden. Mit der Entwicklung von GAINS wurde somit die zu Beginn dieser Arbeit erwähnte Erkenntnis von Fischer et al. (2012, S. 56) adressiert, nach der jede einzelne Ganztagsschule als Handlungseinheit für Qualitätsentwicklung zu betrachten ist. Es wäre wünschenswert, wenn der Einsatz des Fragebogens aus einzelschulischer Sicht mit der Motivation verbunden wäre, das ohne Zweifel vorhandene Potenzial von Ganztagsschulen besser nutzen zu wollen. Damit könnten im wörtlichen Sinne Gewinne („GAINS") für die eigene Schulentwicklung erzielt werden, welche bestenfalls wiederum einer umfassenden Förderung der Persönlichkeit der Kinder und Jugendlichen zugutekämen. Vor dem Hintergrund der Tatsache, dass SuS bisher nicht länger als durchschnittlich zweieinhalb Stunden pro Woche an Ganztagsangeboten teilnehmen (BMBF, 2016a, S. 267), scheint eine qualitativ hochwertigere Umsetzung des ganztägigen Schulkonzepts dringend notwendig.

7 Zusammenfassung

Die aktuelle Phase der Schulentwicklung wird v. a. durch den Effizienzgedanken bestimmt. Im *New Public Management* werden die Gestaltungsfreiheiten der Einzelschule zwar erweitert, allerdings verlangen eingeführte marktähnliche Mechanismen, dass der schulische Output an betriebswirtschaftlich orientierten Effizienzkriterien gemessen wird. Mit den stetig wachsenden Anforderungen, die vonseiten der Bildungsadministration an die Einzelschulen gestellt werden (z. B. Vernetzung im Sozialraum durch *Public Private Partnerships*, Inklusion) fehlt es ihnen häufig an Wissen, Kompetenzen und Ressourcen, aber auch an Hilfestellung und klaren Konzepten der Bildungspolitik, um Schulentwicklungsprozesse gelingend zu gestalten.

Die vorrangig ökonomisch motivierte politische Entscheidung zum Auf- und Ausbau von Ganztagsschulen belastet die Organisation der Einzelschule zusätzlich, indem die neue Lehr- und Lernkultur pädagogisch individuell auf die Umgebungsbedingungen zugeschnitten werden muss. Wie die Forschungsbefunde nach 15 Jahren zeigen, hat die Ganztagsschule grundsätzlich das Potenzial, die an sie gesetzten Erwartungen erfüllen zu *können*. Die besondere Rolle von BeSS-Angeboten wird jedoch nur unzureichend beleuchtet. Allgemeingültige Handlungsempfehlungen sind zudem aufgrund der Heterogenität zwischen den Schulen nur schwer abzuleiten. Dadurch richtet sich der Fokus – wie auch bei Halbtagsschulen – auf die Einzelschule als pädagogische Handlungseinheit.

Trotz der ausdrücklichen Forderung nach evidenzbasiertem Qualitätsmanagement in den Handlungs-, Referenz-, Qualitäts- bzw. Orientierungsrahmen zur Schulqualität in den Bundesländern zeigt sich, dass schulinterne Evaluationen eher nicht zu den Stärken der schulischen Arbeit gezählt werden können. So berücksichtigen die zur Verfügung stehenden Evaluationsinstrumente den Ganztagskontext nur unzureichend und belasten die ohnehin schon stark beanspruchten schulischen Ressourcen unverhältnismäßig. Ebenso kann die wissenschaftliche Güte durchaus kritisch hinterfragt werden. Eine Anpassung an schulindividuelle Bedürfnisse ist darüber hinaus nur sehr bedingt möglich. Vor allem jedoch wird die Meinung der SuS nicht angemessen berücksichtigt. Diese spielen jedoch als Hauptakteure im ganztagsschulischen Setting eine entscheidende Rolle – erweiterte Chancen der Mitgestaltung fördern außerdem Demokratielernen, Autonomieerleben und Lernleistung bei den Kindern und Jugendlichen.

Vor dem Hintergrund der aktuell geführten Debatte über systematische Qualitätsentwicklung der Ganztagsschule war es daher notwendig, ein Instrument vonseiten der Wissenschaft zu entwickeln, das die benannten Defizite aufgreift und die Schulen dabei unterstützt, die Qualität ihres Ganztagsangebots sichern bzw. verbessern zu können.

Unter Einbeziehung des Expertenwissens von Personen aus der ganztagsschulischen Praxis sowie SuS wurde das Fragebogen-Instrument „Ganztag: Interne Evaluation für Schulen" (GAINS) im Rahmen mehrerer Pretests entwickelt und überprüft. GAINS umfasst Fragen zur Bewertung des Ganztagsangebots im Allgemeinen, zu einer von den SuS besuchten AG[158] und kann um einzelschulrelevante Fragen erweitert werden. Ein Schwerpunkt lag auf der GAINS-AG-Skala (angenommene Subskalen: Lernförderlichkeit, emotionales Interesse, wertbezogenes Interesse, Beziehung zur AG-Leitung, Beziehung zwischen SuS, Zeitnutzung, Partizipation). Mit der onlinebasierten Umsetzung wurde eine ökonomische Erhebungsmethode gewählt.

Im Mittelpunkt der ersten Hauptstudie ($N = 64$) stand die Überprüfung der Urteilsübereinstimmung als Maß der Reliabilität bei nominal- und ordinalskalierten Items. Die nominalskalierten Items weisen insgesamt gute bis sehr gute und nur vereinzelt auffällige Kennwerte auf. Auch die ordinalskalierten Items zeichnen sich insgesamt durch eine hohe Urteilsübereinstimmung aus.

Ziel der zweiten Hauptstudie ($N = 317$) war die Testung der faktoriellen Validität der GAINS-AG-Skala. Die ursprünglich angenommene 7-Faktorstruktur konnte mittels CFA nicht bestätigt werden. Die Optimierung aufgrund von Faktorladungen und Skaleninterkorrelationen führte zu einer 4-Faktorlösung mit den vier Subskalen *Lernförderlichkeit, Interesse, pädagogische Unterstützung* und *Lerngemeinschaft*, die möglicherweise auch innerhalb eines hierarchischen Modells mit dem übergeordneten Faktor *AG-Qualität* zusammengefasst werden können.

Die entwickelte 4-Faktorlösung sollte in der dritten Hauptstudie ($N = 781$) an einer unabhängigen Stichprobe bestätigt werden. Die Faktorstruktur ließ sich grundsätzlich nachweisen, wenngleich die Gütemaße nicht an jene aus Hauptstudie 2 heranreichen. Da die Frage nach Favorisierung des hierarchischen bzw. nichthierarchischen Modells nicht abschließend geklärt werden konnte, wird im Hinblick auf den angestrebten Einsatzzweck von GAINS das einfacher auszuwertende nichthierarchische Modell bevorzugt. Unter Zugrundelegung der Kriterien ΔCFI und ΔRMSEA deutet sich hinsichtlich der Messin-

---

[158] Entgegen der in der Literatur verwendeten Bezeichnung „Ganztagsangebot" ergibt eine Recherche auf den Internetauftritten von Schulen im Großraum Frankfurt, dass anstelle dieses Begriffs am häufigsten der Begriff der „Arbeitsgemeinschaft" (AG) verwendet wurde. Auch aufgrund der Erfahrungen im Zwei-Phasen-Pretest wird von der Verwendung des Ganztagsangebots-Begriffs abgesehen und stattdessen auf AGs rekurriert. Beide Begriffe werden in dieser Arbeit gleichgesetzt und bezeichnen außerunterrichtliche, pädagogisch gerahmte Bildungssettings.

varianz der GAINS-AG-Skala zwischen den betrachteten AG-Kategorien an, dass die Items zwischen BeSS-Angeboten, MINT-Angeboten sowie MuKu-Angeboten als weitgehend äquivalent von den SuS interpretiert werden.

Mit der vierten Hauptstudie ($N = 268$) sollten konvergente Validität sowie Test-Retest-Reliabilität der GAINS-AG-Skala überprüft werden. Bis auf die Subskala *Lerngemeinschaft* zeigten sich die erwarteten hohen Zusammenhänge mit den entsprechenden Validierungsskalen. Ähnlich gute Werte wurden bei der Überprüfung der Test-Retest-Reliabilität erzielt. Diese sind mit den wenigen im Kontext empirischer Bildungsforschung überhaupt vorliegenden Kennwerten vergleichbar.

Wie die abschließende Anwendungsstudie zeigt, hat sich der Einsatz von GAINS auch in der einzelschulischen Praxis bewährt. Vor allem das Verhältnis von aufzubringendem finanziellen, personellen bzw. zeitlichen Aufwand und dem wahrgenommenen Erkenntnisgewinn wird von Ganztagskoordinatorinnen bzw. Ganztagskoordinatoren und Lehrkräften der sukzessiv in die Studie eingeschlossenen Schulen ($N = 6$) als äußerst positiv eingeschätzt. Als ökonomisch und gewinnbringend empfunden werden zudem das im Rahmen der Studie modifizierte Handbuch sowie die optional einsetzbaren Begleitmaterialien.

Die Ergebnisse der Studien machen deutlich, dass es sich bei GAINS um ein objektives, reliables und valides Instrument handelt, das die schulischen Ressourcen im Verhältnis zum Erkenntnisgewinn nur gering belastet und daher zukünftig von Ganztagskoordinatorinnen bzw. Ganztagskoordinatoren und Lehrkräften als Teil ganztagsschulischen Qualitätsmanagements eingesetzt werden kann.

Die Bedeutung des in dieser Arbeit entwickelten Fragebogens muss auch deswegen im Hinblick auf die Einzelschule hervorgehoben werden, weil Schulentwicklungsprozesse v. a. in Ganztagsschulen angestoßen werden. Auch für die Ganztagsschulforschung ergeben sich aus dieser Arbeit gewinnbringende Erkenntnisse, insbesondere hinsichtlich der Diskussion über Qualitätsmerkmale von Ganztagsangeboten und deren Wirkungen in ganztägigen Bildungssettings.

Perspektivisch sollte GAINS bezüglich seiner Eignung für ältere SuS sowie andere Schulformen und ganztägige Organisationsmodelle geprüft werden. Trotz des intendierten Einsatzes von GAINS als Mittel der Qualitätssicherung und -entwicklung sollte freilich bedacht werden, dass die Evaluation eines pädagogischen Programms wie die des schuleigenen Ganztagsangebots nur dann aussagekräftige Ergebnisse liefert, wenn die Meinungen möglichst aller weiteren beteiligten Akteure (Schulleitung, LuL, Eltern, Kooperationspartner sowie weiteres pädagogisch tätiges Personal) berücksichtigt und miteinander in Verbindung gesetzt werden.

Literaturverzeichnis

Abs, H. J. & Klieme, E. (2005). Standards für schulbezogene Evaluation. In I. Gogolin, H.-H. Krüger, D. Lenzen & T. Rauschenbach (Hrsg.), *Standards und Standardisierungen in der Erziehungswissenschaft* (S. 45–62). Wiesbaden: Springer VS. doi:10.1007/978-3-322-80769-4_4.
Ackermann, N., Pecorari, C., Winkler Metzke, C. & Steinhausen, H.-C. (2006). Schulklima und Schulumwelt in ihrer Bedeutung für psychische Störungen bei Kindern und Jugendlichen – Einführung in die Thematik. In H.-C. Steinhausen (Hrsg.), *Schule und psychische Krankheiten* (S. 15–37). Stuttgart: Kohlhammer.
Adam, J. (2011). Diese Evaluation? Ach hör mir doch damit auf! Eine Kritik der Evaluationspraxis an bayerischen Schulen. *Die demokratische Schule, 12*, 20–21.
Aiken, L. R. (1983). Number of response categories and statistics on a teacher rating scale. *Educational and Psychological Measurement, 43*, 397–401.
Althoff, K. (2011). *Die Mittagszeit in der Sekundarstufe I. Grundlagen, Gestaltungsformen und Beispiele aus der Praxis.* Zugriff am 12. März 2017 unter http://www.ganztag-nrw.de/uploads/media/GanzTag_Bd17_2011_Web.pdf.
Althoff, M. (2014). Partizipation, Steuerung und Verständigung – Schulentwicklung als dialogischer Prozess. In T. Rihm (Hrsg.), *Teilhaben an Schule. Zu den Chancen wirksamer Einflussnahme auf Schulentwicklung* (S. 169–180). Wiesbaden: Springer VS. doi:10.1007/978-3-531-93255-2_12.
Althoff, K., Boßhammer, H., Eichmann-Ingwersen, G. & Schröder, B. (2012). *QUIGS SEK I – Qualitätsentwicklung in Ganztagsschulen der Sekundarstufe I.* Zugriff am 06. August 2017 unter http://www.ganztag-nrw.de/fileadmin/user_upload/ISA-0184-GanzTag-Bd24_Web.pdf.
Altrichter, H. (2000). Wie können Schulen lernen? In U. P. Trier (Hrsg.), *Bildungswirksamkeit zwischen Forschung und Politik* (S. 71–90). Chur: Rüegger.
Altrichter, H. (2000a). Konfliktzonen beim Aufbau schulischer Qualitätssicherung und Qualitätsentwicklung. *41. Beiheft der Zeitschrift für Pädagogik*, 93–110.
Altrichter, H. (2010). Schul- und Unterrichtsentwicklung durch Datenrückmeldung. In H. Altrichter & K. Maag Merki (Hrsg.), *Handbuch Neue Steuerung im Schulsystem* (S. 219–254). Wiesbaden: Springer VS. doi:10.1007/978-3-531-92245-4_9.
Altrichter, H., Brüsemeister, T. & Wissinger, J. (2007). Einführung. In H. Altrichter, T. Brüsemeister & J. Wissinger (Hrsg.), *Educational Governance* (S. 9–14). Wiesbaden: Springer VS. doi:10.1007/978-3-531-90498-6_1.
Altrichter, H. & Heinrich, M. (2007). Kategorien der Governance-Analyse und Transformationen der Systemsteuerung in Österreich. In H. Altrichter, T. Brüsemeister & J. Wissinger (Hrsg.), *Educational Governance. Handlungskoordination und Steuerung im Bildungssystem* (S. 55–103). Wiesbaden: Springer VS. doi:10.1007/978-3-531-90498-6_3.
Altrichter, H. & Helm, C. (2011). Schulentwicklung und Systemreform. In H. Altrichter & C. Helm (Hrsg.), *Akteure und Instrumente der Schulentwicklung* (S. 13–35). Hohengehren: Schneider.
Altrichter, H. & Maag Merki, K. (2016). Steuerung der Entwicklung des Schulwesens. In H. Altrichter & K. Maag Merki (Hrsg.), *Handbuch Neue Steuerung im Schulsystem* (S. 1–27). Wiesbaden: Springer VS. doi:10.1007/978-3-531-18942-0_1.
Altrichter, H., Messner, E. & Posch, P. (2006). *Schulen evaluieren sich selbst.* Seelze: Klett.
Altrichter, H., Moosbrugger, R. & Zuber, J. (2016). Schul- und Unterrichtsentwicklung durch Datenrückmeldung. In H. Altrichter & K. Maag Merki (Hrsg.), *Handbuch Neue Steuerung im Schulsystem* (S. 235–278). Wiesbaden: Springer VS. doi:10.1007/978-3-531-18942-0_9.

Altrichter, H. & Rürup, M. (2010). Schulautonomie und die Folgen. In H. Altrichter & K. Maag Merki (Hrsg.), *Handbuch Neue Steuerung im Schulsystem* (S. 111–144). Wiesbaden: Springer VS. doi:10.1007/978-3-531-92245-4_5.

Altrichter, H., Rürup, M. & Schuchart, C. (2016). Schulautonomie und die Folgen. In H. Altrichter & K. Maag Merki (Hrsg.), *Handbuch Neue Steuerung im Schulsystem* (S. 107–149). Wiesbaden: Springer VS. doi:10.1007/978-3-531-18942-0_5.

Altrichter, H. & Posch, P. (1990). *Lehrer erforschen ihren Unterricht.* Bad Heilbrunn: Klinkhardt.

Altrichter, H. & Posch, P. (1999). *Wege zur Schulqualität.* Innsbruck: StudienVerlag.

Ames, C. & Archer, J. (1988). Achievement goals in the classroom: Student's learning strategies and motivation processes. *Journal of Educational Psychology, 80,* 260–267.

Appel, S. (Hrsg.). (2003). *Jahrbuch Ganztagsschule. Neue Chancen für die Bildung.* Schwalbach/Ts.: Wochenschau.

Appel, S. (Hrsg.). (2004). *Jahrbuch Ganztagsschule. Investitionen für die Zukunft.* Schwalbach/Ts.: Wochenschau.

Appel, S. (2005). Räume, Flächen und Sachausstattungen an Ganztagsschulen. Zugriff am 20. August 2015 unter http://www.ganztagsschulverband.de/downloads/zeitschriften/2006/ausstattungen_ganztagsschulen.pdf.

Appel, S. (Hrsg.). (2005a). *Jahrbuch Ganztagsschule. Schulkooperationen.* Schwalbach/Ts.: Wochenschau.

Appel, S. (2006). Warum wir Ganztagsschulen einrichten sollten. In K. Höhmann & H. G. Holtappels (Hrsg.), *Ganztagsschule gestalten. Konzeption, Praxis, Impulse* (S. 40–55). Seelze: Klett.

Appel, S. (Hrsg.). (2006a). *Jahrbuch Ganztagsschule. Ganztagsschule gestalten.* Schwalbach/Ts.: Wochenschau.

Appel, S. (Hrsg.). (2008). *Jahrbuch Ganztagsschule. Lernkultur.* Schwalbach/Ts.: Wochenschau.

Appel, S. (Hrsg.). (2009). *Handbuch Ganztagsschule. Praxis, Konzepte, Handreichungen.* Schwalbach/Ts.: Wochenschau.

Appel, S. (Hrsg.). (2009a). *Jahrbuch Ganztagsschule. Leben – Lernen – Leisten.* Schwalbach/Ts.: Wochenschau.

Appel, S. (Hrsg.). (2009b). *Jahrbuch Ganztagsschule. Vielseitig fördern.* Schwalbach/Ts.: Wochenschau.

Appel, S. (Hrsg.). (2011). *Jahrbuch Ganztagsschule. Mehr Schule oder doch: mehr als Schule?* Schwalbach/Ts.: Wochenschau.

Appel, S. (Hrsg.). (2012). *Jahrbuch Ganztagsschule. Schulatmosphäre – Lernlandschaft – Lebenswelt.* Schwalbach/Ts.: Wochenschau.

Appel, S. (Hrsg.). (2013). *Jahrbuch Ganztagsschule. Schulen ein Profil geben – Konzeptionsgestaltung in der Ganztagsschule.* Schwalbach/Ts.: Debus Pädagogik.

Appel, S. & Rutz, G. (2009). *Handbuch Ganztagsschule – Konzeption, Einrichtung und Organisation.* Schwalbach/Ts.: Wochenschau.

Arbeitsgruppe Schulinspektion (Hrsg.). (2016). *Schulinspektion als Steuerungsimpuls?* Wiesbaden: Springer. doi:10.1007/978-3-658-10872-4.

Arendt, K. & Rössler, P. (2009). Kinder online befragen – Herausforderungen und Erfahrungen am Beispiel einer Kampagnenevaluation. In H. Jackob, H. Schoen & T. Zerback (Hrsg.), *Sozialforschung im Internet. Methodologie und Praxis der Online-Befragung* (S. 3553–69). Wiesbaden: Springer VS. doi:10.1007/978-3-531-91791-7_22.

Armstrong, J. S. (1967). Derivation of theory by means of factor analysis or Tom Swift and his electric factor analysis machine. *The American Statistician, 21* (5), 17–21.

Arnoldt, B. (2007). Öffnung von Ganztagsschule. In H. G. Holtappels, E. Klieme, T. Rauschenbach & L. Stecher (Hrsg.), *Ganztagsschule in Deutschland. Ergebnisse der Ausgangserhebung der „Studie zur Entwicklung von Ganztagsschulen" (StEG)* (S. 86–105). Weinheim und Basel: Beltz.

Arnoldt, B. (2010). Kooperationspartner von Ganztagsschulen: Berücksichtigung der Vielfalt. In R. Laging & P. Böcker (Hrsg.), *Bewegung, Spiel und Sport in der Ganztagsschule. Schulentwicklung, Sozialraumorientierung und Kooperationen* (S. 95–103). Baltmannsweiler: Schneider Hohengehren.

Arnoldt, B. (2011). Kooperation zwischen Ganztagsschule und außerschulischen Partnern. Entwicklung der Rahmenbedingungen. In N. Fischer, H. G. Holtappels, E. Klieme, T. Rauschenbach, L. Stecher & I. Züchner (Hrsg.), *Ganztagsschule: Entwicklung, Qualität, Wirkungen. Längsschnittliche Befunde der Studie zur Entwicklung von Ganztagsschulen (StEG)* (S. 312–329). Weinheim und Basel: Beltz.

Arnoldt, B. (2011a). Was haben die Angebote mit dem Unterricht zu tun? Zum Stand der Kooperation. In L. Stecher, H.-H. Krüger & T. Rauschenbach (Hrsg.), *Ganztagsschule – Neue Schule? Eine Forschungsbilanz* (S. 95–107). Wiesbaden: Springer VS. doi:10.1007/s11618-011-0231-2.

Arnoldt, B., Furthmüller, P. & Steiner, C. (2013). *Ganztagsangebote für Jugendliche. Eine Expertise zum Stellenwert von Ganztagsangeboten für Schüler/innen ab der 9. Klasse im Auftrag des Zentrums Eigenständige Jugendpolitik*. Zugriff am 7. März 2017 unter http://www.allianz-fuer-jugend.de/downloads/StEG_Expertise.pdf.

Arnoldt, B., Furthmüller, P. & Steiner, C. (2016). Zur Relevanz der Ganztagsteilnahme bei der Bewältigung kritischer Passagen am Ende der Schullaufbahn. *Zeitschrift für Pädagogik, 6*, 812–829.

Arnoldt, B., Quellenberg, H. & Züchner, I. (2007). *Entwicklung der Ganztagsschulen in Deutschland: Angebote – Kooperationspartner – Teilnahme*. Zugriff am 20. Februar 2017 unter http://www.dji.de/fileadmin/user_upload/bulletin/d_bull_d/bull78_d/DJIB_78.pdf.

Arnoldt, B. & Stecher, L. (2007). Ganztagsschule aus der Sicht der Schülerinnen und Schüler. *Pädagogik, 59* (3), 42–45.

Arnoldt, B. & Steiner, C. (2010). Partizipation an Ganztagsschulen. In T. Betz, W. Gaiser & L. Pluto (Hrsg.), *Partizipation von Kindern und Jugendlichen – Akteure, Institutionen, Projekte – Forschungsergebnisse und gesellschaftliche Herausforderungen* (S. 155–177). Schwalbach/Ts.: Wochenschau.

Arnoldt, B. & Steiner, C. (2013). Bieten Ganztagsschulen Eltern mit Migrationshintergrund bessere Beteiligungschancen? In T. Geisen, T. Studer & E. Yildiz (Hrsg.), *Migration, Familie und soziale Lage. Beiträge zu Bildung, Gender und Care* (S. 105–124). Wiesbaden: Springer. doi:10.1007/978-3-531-94127-1_6.

Arnoldt, B. & Steiner, C. (2015). Perspektiven von Eltern auf die Ganztagsschule. *Zeitschrift für Familienforschung, 27* (2), 208–227. doi:10.3224/zff.v27i2.20077.

Arnoldt, B. & Steiner, C. (2016). How German all-day schools broaden their regular curricula through partnerships. In E. Gonçalves & S. Batista (Eds.), *Conference Proceedings of First ESCXEL Project International Conference. Networks, Communities and Partnerships in Education: actors, goals and results* (pp. 91–99). Lissabon: Escxel.

Arnoldt, B. & Züchner, I. (2008). Kooperationsbeziehungen an Ganztagsschulen. In T. Coelen & H.-U. Otto (Hrsg.), *Grundbegriffe Ganztagsbildung. Das Handbuch* (S. 633–644). Wiesbaden: Springer VS. doi:10.1007/978-3-531-91161-8_63.

Asparouhov, T. & Muthén, B. O. (2010). *Weighted least squares estimation with missing data.* Zugriff am 02. Juli 2017 unter http://www.statmodel.com/download/ GstrucMissingRevision.pdf.

Aurin, K. (1989). Eine gute Schule – was ist das? *Die Realschule, 97* (9), 357–359.

Autorengruppe Bildungsberichterstattung (2018). *Bildung in Deutschland 2018.* Zugriff am 08. November 2018 unter https://www.bildungsbericht.de/de/bildungsberichte-seit-2006/bildungsbericht-2018/pdf-bildungsbericht-2018/bildungsbericht-2018.pdf.

Avenarius, H. (1994). Schulische Selbstverwaltung – Grenzen und Möglichkeiten. *Recht der Jugend und des Bildungswesens, 42*, 256–269.

Avenarius, H. (1997). Schulautonomie und Grundgesetz. In A. Müller, H. Gampe, G. Rieger & E. Risse (Hrsg.), *Leitung und Verwaltung einer Schule* (S. 176–180). Neuwied: Luchterhand.

Baasen, M. (2016). Zeit für Mehr – einer der Qualitätsfaktoren von Ganztagsschulen. In N. Fischer, H. P. Kuhn & C. Tillack (Hrsg.), *Was sind gute Schulen? Teil 4: Theorie, Praxis und Forschung zur Qualität von Ganztagsschulen* (S. 138–146). Immenhausen: Prolog.

Babad, E. (1993). Pygmalion – 25 years after interpersonal expectations in the classroom. In P. Blanck (Ed.), *Interpersonal expectations* (pp. 125–151). Cambridge: Cambridge University Press.

Ballauff, T. (1982). *Funktionen der Schule. Historisch-systematische Analysen zur Scolarisation.* Weinheim und Basel: Beltz.

Balz, E. & Kuhlmann, D. (Hrsg.). (2004). *Sportengagements von Kindern und Jugendlichen. Grundlagen und Möglichkeiten informellen Sporttreibens.* Aachen: Meyer & Meyer.

Balzer, L. (2009). Evaluationen im Bildungsbereich: Ein Ländervergleich zwischen Deutschland, Österreich und der Schweiz. In T. Widmer, W. Beywl & C. Fabian (Hrsg.), *Evaluation. Ein systematisches Handbuch* (S. 193–199). Wiesbaden: Springer VS. doi:10.1007/978-3-531-91468-8_19.

Bartak-Lippmann, K. (2016). Chancengleichheit – Leben und Lernen in der Ganztagsschule: Die Grundschule Gießen-West. In N. Fischer, H. P. Kuhn & C. Tillack (Hrsg.), *Was sind gute Schulen? Teil 4: Theorie, Praxis und Forschung zur Qualität von Ganztagsschulen* (S. 114–120). Immenhausen: Prolog.

Bartko, W. & Eccles, J. S. (2003). Adolescent participation in structured and unstructured activities: A person-oriented analysis. *Journal of Youth and Adolescence, 32* (4), 233–245.

Barz, H. (2012). Der PISA-Schock. Über die Zukunft von Bildung und Wissenschaft im Land der „Kulturnation". In G. Besier (Hrsg.), *20 Jahre neue Bundesrepublik. Kontinuitäten und Diskontinuitäten* (S. 215–238). Berlin: Lit.

Batinic, B. (2003). Internetbasierte Befragungsverfahren. *Österreiche Zeitschrift für Soziologie, 4,* 6–18.

Baumert, J., Artelt, C., Klieme, E., Neubrand, M., Prenzel, M., Schiefele, U., Schneider, W., Schümer, G., Stanat, P., Tillmann, K.-J. & Weiß, M. (2003). *PISA 2000. Ein differenzierter Blick auf die Länder der Bundesrepublik Deutschland. Zusammenfassung zentraler Befunde.* Zugriff am 25. Oktober 2014 unter https://www.mpib-berlin.mpg.de/Pisa/PISA-E_Vertief_Zusammenfassung.pdf.

Baumert, J., Bos, W. & Lehmann, R. (Hrsg.). (2000). *TIMSS/III. Dritte Internationale Mathematik- und Naturwissenschaftsstudie – Mathematische und naturwissenschaftliche Bildung am Ende der Schullaufbahn.* Opladen: Leske + Budrich.

Baumert, J., Klieme, E., Neubrand, M., Prenzel, M., Schiefele, U., Schneider, W., Stanat, P., Tillmann, K.-J. & Weiß, M. (Hrsg.). (2001). *PISA 2000. Basiskompetenzen von Schülerinnen und Schülern im internationalen Vergleich.* Opladen: Leske + Budrich.

Baumert, J. & Köller, O. (2000). Motivation, Fachwahlen, selbstreguliertes Lernen und Fachleistungen im Mathematik- und Physikunterricht der gymnasialen Oberstufe. In J. Baumert, W. Bos & R. Lehmann (Hrsg.), *TIMSS/III: Dritte Internationale Mathematik- und Naturwissenschaftsstudie. Mathematische und naturwissenschaftliche Bildung am Ende der Schullaufbahn: Vol. 2. Mathematische und physikalische Kompetenzen am Ende der gymnasialen Oberstufe* (S. 181–213). Opladen: Leske + Budrich.

Baumert, J., Lehmann, R., Lehrke, M., Schmitz, B., Clausen, M., Hosenfeld, I., Köller O. & Neubrand, J. (1997). *TIMSS – Mathematisch-naturwissenschaftlicher Unterricht im internationalen Vergleich. Deskriptive Befunde.* Opladen: Leske + Budrich.

Baumert, J., Schmitz, B., Sang, F. & Roeder, P. M. (1987). Zur Kompatibilität von Leistungsförderung und Divergenzminderung in Schulklassen. *Zeitschrift für Entwicklungspsychologie und Pädagogische Psychologie, XIX* (3), 249–265.

Baumheier, U., Fortmann, C. & Warsewa, G. (2013). *Ganztagsschulen in lokalen Bildungsnetzwerken.* Wiesbaden: Springer. doi:10.1007/978-3-531-19596-4.

Baumheier, U. & Warsewa, G. (2008). Lernen in Nachbarschaften. Erfahrungen mit lokalen Bildungsnetzwerken in Großbritannien und den Niederlanden. *Die Deutsche Schule, 3,* 324–333.

BayDSG – Bayerisches Datenschutzgesetz (2015). *Bayerisches Datenschutzgesetz vom 23. Juli 1993, zuletzt geändert am 22. Dezember 2015.* Zugriff am 1. Mai 2017 unter http://byds.juris.de/byds/009_1.1_DSG_BY_1993_rahmen.html.

BBB – Bildungsserver Berlin-Brandenburg (2015). *Interne Evaluation.* Zugriff am 09. Januar 2015 unter http://bildungsserver.berlin-brandenburg.de/interne_evaluation.html.

BDA – Bundesverband der deutschen Arbeitgeberverbände (2000). *Positionspapier „Für mehr Ganztagsschulen".* Zugriff am 25. Oktober 2014 unter http://www.ganztagsschulverband.de/downloads/fuermehrganztagsschulen.pdf.

Beauducel, A. & Herzberg, P. Y. (2006). On the performance of maximum likelihood versus means and variance adjusted weighted least squares estimation in CFA. *Structural Equation Modeling, 13,* 186–203. doi:10.1207/s15328007sem1302_2.

Beck, U. (1986). *Risikogesellschaft. Auf dem Weg in eine andere Moderne.* Frankfurt: Suhrkamp.

Becker, H. (1954). Die verwaltete Schule. *Merkur, 8* (12), 1155–1177.

Becker, R. & Lauterbach, W. (2016). Bildung als Privileg? Ursachen, Mechanismen, Prozesse und Wirkungen. In R. Becker & W. Lauterbach (Hrsg.), *Bildung als Privileg. Erklärungen und Befunde zu den Ursachen der Bildungsungleichheit* (S. 3–53). Wiesbaden: Springer VS. doi:10.1007/978-3-658-11952-2_1.

Begemann, M. C., Bröring, M., Gaiser, W., Gille, M. & Sass, E. (2011). *Skepsis, Aufbruchstimmung oder alles wie gehabt? Soziale und politische Partizipation junger Menschen. DJI-Online 2011/08 „Auf einen Blick".* Zugriff am 7. März 2017 unter http://www.dji.de/themen/dji-top-themen/dji-online-august-2011-skepsis-aufbruchstimmung-oder-alles-wie-gehabt.html.

Beher, K., Haenisch, H., Hermens, C., Liebig, R., Nordt, G. & Schulz, U. (2005). *Offene Ganztagsschule im Primarbereich.* Weinheim und Basel: Beltz.

Beher, K., Haenisch, H., Hermens, C., Nordt, G., Prein, G. & Schulz, U. (2007). *Die offenen Ganztagsschulen in der Entwicklung.* Weinheim und Basel: Beltz.

Behr-Heintze, A. & Lipski, J. (2005). *Schulkooperationen.* Schwalbach/Ts.: Wochenschau.

Belfield, C. R. & Levin, H. N. (2009). Market reforms in education. In G. Sykes, B. Schneider, D. N. Plank & T. G. Ford (Eds.), *Handbook of education policy research* (pp. 513–527). New York, NY: Routledge. doi:10.4324/9780203880968.ch41.

Bellenberg, G. (1995). Ressourcensicherung im Widerspruch – die Sparmaßnahmen der Bundesländer im Überblick. *Pädagogik, 47* (5), 10–13.

Bellin, N. & Tamke, F. (2010). Bessere Leistungen durch Teilnahme am offenen Ganztagsbetrieb. *Empirische Pädagogik, 24* (2), 93–112.

Bender, P. (2003). Die etwas andere Sicht auf die internationalen Vergleichs-Untersuchungen TIMSS, PISA und IGLU. *Paderborner Universitätsreden, 89,* 35–59.

Benson, J. & Hocevar, D. (1985). The impact of item-phrasing on the validity of attitude scales for elementary school children. *Journal of Educational Measurement, 22* (3), 231–240.

Bentler, P. M. (1990). Comparative fit indexes in structural models. *Psychological Bulletin, 107,* 238–246. doi:10.1037/0033-2909.107.2.238.

Bentler, P. M. & Chou, C.-P. (1987). Practical issues in structural equation modeling. *Sociological Methods and Research, 16,* 78–117.

Benz, A. (2004). Einleitung: Governance – Modebegriff oder nützliches sozialwissenschaftliches Konzept. In A. Benz (Hrsg.), *Governance – Regieren in komplexen Regelsystemen* (S. 11–28). Wiesbaden: Springer VS. doi:10.1007/978-3-531-90171-8_1.

Benz, A., Lütz, S., Schimank, U. & Simonis, G. (2004). Vorwort. In A. Benz (Hrsg.), *Governance – Regieren in komplexen Regelsystemen* (S. 5–7). Wiesbaden: Springer VS. doi:10.1007/978-3-531-90171-8.

Berkemeyer, N. (2007). Change Management durch regionale Steuergruppen? In N. Berkemeyer & H. G. Holtappels (Hrsg.), *Schulische Steuergruppen und Change Management: theoretische Ansätze und empirische Befunde zur schulinternen Schulentwicklung* (S. 201–220). Weinheim: Beltz.

Berkemeyer, N. (2010). *Die Steuerung des Schulsystems. Theoretische und praktische Explorationen*. Wiesbaden: Springer VS. doi:10.1007/978-3-531-91933-1.
Berkemeyer, N. (2012). Die „Neue Steuerung" – Eine Frage gemeinsamer Verantwortung? In N. Berkemeyer, K. Dedering, M. Heinrich, W. Kretschmer, M. Schratz & B. Wischer (Hrsg.), *Schule vermessen. Friedrich Jahresheft XXX 2012* (S. 48–49). Seelze: Friedrich.
Berkemeyer, N., Bos, W., Holtappels, H. G., Meetz, F. & Rollett, W. (2010). „Ganz in": Das Ganztagsgymnasium in Nordrhein-Westfalen. In N. Berkemeyer, W. Bos, H. G. Holtappels, N. McElvany & R. Schulz-Zander (Hrsg.), *Jahrbuch der Schulentwicklung, Band 16. Daten, Beispiele und Perspektiven* (S. 131–152). Weinheim und München: Beltz.
Berkemeyer, N., Kuper, H., Manitius, V. & Mühting, K. (Hrsg.). (2009). *Schulische Vernetzung. Eine Übersicht zu aktuellen Netzwerkprojekten.* Münster: Waxmann.
Berkemeyer, N., Feldhoff, T. & Brüsemeister, T. (2008). Schulische Steuergruppen – ein intermediärer Akteur zur Bearbeitung des Organisationsdefizits der Schule? In R. Langer (Hrsg.), *Warum tun die das? Governanceanalysen zum Steuerungshandeln in der Schulentwicklung* (S. 149–172). Wiesbaden: Springer VS. doi:10.1007/978-3-531-91024-6_8.
Berkemeyer, N. & Lehmpfuhl, U. (2009). Regionalisierung durch Kooperation? Überlegungen am Beispiel des Modellvorhabens „Selbständige Schule NRW". In K. Maag Merki (Hrsg.), *Kooperation und Netzwerkbildung. Strategien zur Qualitätsentwicklung in Schulen* (S. 167–177). Seelze: Klett.
Berkemeyer, N., Müller, S. & Holt, N. van (2016). Schulinterne Evaluation – nur ein Instrument zur Selbststeuerung von Schulen? In H. Altrichter & K. Maag Merki (Hrsg.), *Handbuch Neue Steuerung im Schulsystem* (S. 209–234). Wiesbaden: Springer VS. doi:10.1007/978-3-531-18942-0_8.
Berkemeyer, N. & Pfeiffer, H. (2006). Regionalisierung – neue Steuerungs- und Kooperationsstrukturen für die Schulentwicklung. In W. Bos, H. G. Holtappels, H. Pfeiffer, H.-G. Rolff & R. Schulz-Zander (Hrsg.), *Jahrbuch der Schulentwicklung* (Bd. 14, S. 161–194). Weinheim und Basel: Beltz.
Berkemeyer, N. & Schneider, R. (2006). Welche Lehrerinnen und Lehrer braucht die Schulentwicklung? Kompetenzorientierte Vorschläge zur Erweiterung des Professionsverständnisses von Lehrkräften. In W. Plöger (Hrsg.), *Was müssen Lehrerinnen und Lehrer können?* (S. 257–280). Paderborn: Schöningh.
Berman, P. & McLaughlin, M. (1974). *Federal programs supporting educational change – Vol. I: A model of educational change.* Santa Monica, CA: Rand.
Bertelsmann Stiftung (n. d.). *SEIS macht Schule ... Bessere Qualität in allen Schulen.* Zugriff am 28. März 2017 unter http://www.bertelsmann-stiftung.de/fileadmin/files/BSt/Publikationen/GrauePublikationen/GP_SEIS_macht_Schule.pdf.
Bertelsmann Stiftung (2008). *Informationsveranstaltung II zur Datenerhebung mit dem SEIS-Instrument. Niedersachsen.* Bertelsmann Stiftung.
Bertelsmann Stiftung (2016). *Selbstevaluation in Schulen (SEIS).* Zugriff am 11. Dezember 2016 unter https://www.bertelsmann-stiftung.de/de/unsere-projekte/abgeschlossene-projekte/abgeschlossenes-projekt/ppid/selbstevaluation-von-schulen-seis/.
Bettmer, F. (2008). Partizipation. In T. Coelen & H.-U. Otto (Hrsg.), *Grundbegriffe Ganztagsbildung. Das Handbuch* (S. 213–221). Wiesbaden: Springer VS. doi:10.1007/978-3-531-91161-8_21.
Bettmer, F., Maykus, S., Prüß, F. & Richter, A. (2007). *Ganztagsschule als Forschungsfeld. Theoretische Klärungen, Forschungsdesigns und Konsequenzen für die Praxisentwicklung.* Wiesbaden: Springer VS. doi:10.1007/978-3-531-90705-5.
Bietz, J., Laging, R. & Roscher, M. (Hrsg.). (2005). *Bildungstheoretische Grundlagen der Bewegungs- und Sportpädagogik.* Baltmannsweiler: Schneider Hohengehren.
Bildungskommission NRW (1995). *Zukunft der Bildung – Schule der Zukunft. Denkschrift der Kommission „Zukunft der Bildung – Schule der Zukunft" beim Ministerpräsidenten des Landes Nordrhein-Westfalen.* Neuwied: Luchterhand.
Bischof, L. M., Hochweber, J., Hartig, J. & Klieme, E. (2013). *Schulentwicklung im Verlauf eines Jahrzehnts. Erste Ergebnisse des PISA-Schulpanels* (S. 172–199). Weinheim: Beltz.

Bleckmann, P. (2012). Lokale Bildungslandschaften: ein Blick zurück, ein Schritt nach vorn. In P. Bleckmann & V. Schmidt (Hrsg.), *Bildungslandschaften* (S. 283–295). Wiesbaden: Springer VS. doi:10.1007/978-3-531-94130-1_22.
Bleckmann, P. & Durdel, A. (2009). Einführung: Lokale Bildungslandschaften – die zweifache Öffnung. In P. Bleckmann & A. Durdel (Hrsg.), *Lokale Bildungslandschaften* (S. 11–16). Wiesbaden: Springer VS. doi:10.1007/978-3-531-91857-0_1.
BLLV – Bayerischer Lehrer- und Lehrerinnenverband (2010). *Petition an den Bayerischen Landtag. Draufschauen – Reinschauen – Wegschauen. Die Evaluation der Evaluation.* Zugriff am 24. Oktober 2016 unter https://www.bllv.de/uploads/media/Ein-Evaluation-10-07-14.pdf.
Blomfield, C. J. & Barber, B. (2010). Australian adolescents' extracurricular activity participation and positive development: Is the relationship mediated by peer attributes? *Australian Journal of Educational & Developmental Psychology, 10*, 108–122.
Blomfield, C. J. & Barber, B. (2010a). Developmental experiences during extracurricular activities and Australian adolescents' self-concept: Particularly important for youth from disadvantaged schools. *Journal of Youth and Adolescence, 39*, 291–305.
Bloße, S. (2011). Ganztägige Organisationsformen sächsischer Schulen. Variationsmöglichkeiten, Chancen und Risiken. In H. Gängler & T. Markert (Hrsg.), *Vision und Alltag der Ganztagsschule. Die Ganztagsschulbewegung als bildungspolitische Kampagne und regionale Praxis* (S. 145–161). Weinheim und Basel: Beltz.
Blossfeld, H. P., Bos, W., Daniel, H. D., Hannover, B., Lenzen, D., Prenzel, M., & Wößmann, L. (2013). *Zwischenbilanz Ganztagsgrundschulen: Betreuung oder Rhythmisierung? Gutachten.* Münster: Waxmann.
Blum, W. (2003). PISA-2000 Mathematik: Konzeption, Befunde, Interpretationen und Konsequenzen. In PLAZ (Hrsg.), *PISA-Studie 2000 – Impulse für Schule und Lehrerausbildung aus zwei Blickwinkeln* (S. 9–21). Universität Paderborn: PLAZ.
BM RP – Bildungsbildungsministerium Rheinland-Pfalz (2017). *Sachkompendium über die organisatorische und inhaltliche Arbeit an Ganztagsschulen in Angebotsform.* Zugriff am 5. März 2017 unter http://ganztagsschule.rlp.de/fileadmin/user_upload/ganztagsschule.rlp.de/Downloads/Kompendien/GTS-Sachkompendium_02-2017.pdf.
BM RP – Bildungsbildungsministerium Rheinland-Pfalz (2017a). *Anregung zu AG-Angeboten.* Zugriff am 5. Mai 2017 unter http://ganztagsschule.rlp.de/service/ag-angebote.html.
BMBF – Bundesministerium für Bildung und Forschung (Hrsg.). (2001). *Empfehlungen des Forum Bildung.* Zugriff am 25. Oktober 2014 unter https://www.bmbf.de/pub/011128_Langfassung_Forum_Bildung.pdf.
BMBF – Bundesministerium für Bildung und Forschung (Hrsg.). (2003). *Zur Entwicklung nationaler Bildungsstandards. Eine Expertise.* Zugriff am 17. September 2016 unter https://www.bmbf.de/pub/Bildungsforschung_Band_1.pdf.
BMBF – Bundesministerium für Bildung und Forschung (2003a). *Verwaltungsvereinbarung. Investitionsprogramm „Zukunft Bildung und Betreuung".* Zugriff am 26. November 2016 unter http://www.ganztagsschulen.org/_media/20030512_verwaltungsvereinbarung_zukunft_bildung_und_betreuung.pdf.
BMBF – Bundesministerium für Bildung und Forschung (2003b). *Investitionsprogramm „Zukunft Bildung und Betreuung". Ganztagsschulen. Zeit für mehr.* Zugriff am 26. November 2016 unter http://ganztag.nepomucenum.de/offen/praesentation/imagbroschuere_bmbf.pdf.
BMBF – Bundesministerium für Bildung und Forschung (Hrsg.). (2004). *Konzeptionelle Grundlagen für einen Nationalen Bildungsbericht – Non formale und informelle Bildung im Kindes- und Jugendalter.* Berlin: BMBF.
BMBF – Bundesministerium für Bildung und Forschung (2006). *Bildung in Deutschland 2006. Ein indikatorengestützter Bericht mit einer Analyse zu Bildung und Migration.* Zugriff am 28. November 2016 unter http://www.bildungsbericht.de/de/bildungsberichte-seit-2006/bildungsbericht-2006/pdf-bildungsbericht-2006/gesamtbericht.pdf.

BMBF - Bundesministerium für Bildung und Forschung (Hrsg.). (2008). *Grund- und Strukturdaten 2001/2002*. Zugriff am 24. Oktober 2014 unter http://www.bmbf.de/pub/GuS2002_ges_dt.pdf.
BMBF - Bundesministerium für Bildung und Forschung (2008a). *Qualität entwickeln - Standards sichern - mit Differenz umgehen*. Zugriff am 14. Oktober 2015 unter https://www.bmbf.de/pub/Bildungsforschung_Band_27.pdf.
BMBF - Bundesministerium für Bildung und Forschung (Hrsg.). (2012). *Ganztägig bilden. Eine Forschungsbilanz*. Berlin: BMBF.
BMBF - Bundesministerium für Bildung und Forschung (2014). *Bildung in Deutschland 2014*. Zugriff am 29. September unter http://www.bildungsbericht.de/daten2014/bb_2014.pdf.
BMBF - Bundesministerium für Bildung und Forschung (2016). *Bildung in Deutschland 2016. Ein indikatorengestützter Bericht mit einer Analyse zu Bildung und Migration*. Zugriff am 18. November 2016 unter http://www.bildungsbericht.de/de/bildungsberichte-seit-2006/bildungsbericht-2016/pdf-bildungsbericht-2016/bildungsbericht-2016.
BMBF - Bundesministerium für Bildung und Forschung (2016a). *Bildung in Deutschland 2016. Tabellenanhang*. Zugriff am 02. Juli 2017 unter http://www.bildungsbericht.de/de/bildungsberichte-seit-2006/bildungsbericht-2016/pdf-bildungsbericht-2016/tabellen_web2016.pdf.
BMBF - Bundesministerium für Bildung und Forschung (2017a). *Eine zukunftsweisende Schule*. Zugriff am 13. Februar 2017 unter http://www.ganztagsschulen.org/de/1547.php.
BMBF - Bundesministerium für Bildung und Forschung (2017b). *Lokale Bildungslandschaften*. Zugriff am 19. Februar 2017 unter http://www.ganztagsschulen.org/de/253.php.
BMBF - Bundesministerium für Bildung und Forschung (2017c). *Bekanntmachung. Richtlinie zur Förderung von Forschung zu „Digitalisierung im Bildungsbereich - Grundsatzfragen und Gelingensbedingungen"*. Zugriff am 03. April 2018 unter https://www.bmbf.de/foerderungen/bekanntmachung-1420.html.
BMFSFJ - Bundesministerium für Familie, Senioren, Frauen und Jugend (2002). *Elfter Kinder- und Jugendbericht. Bericht über die Lebenssituation junger Menschen und die Leistungen der Kinder- und Jugendhilfe in Deutschland*. Zugriff am 29. Oktober 2014 unter http://www.bmfsfj.de/doku/Publikationen/kjb/data/download/11_Jugendbericht_gesamt.pdf.
BMFSFJ - Bundesministerium für Familie, Senioren, Frauen und Jugend (2006). *Siebter Familienbericht. Familie zwischen Flexibilität und Verlässlichkeit. Perspektiven für eine lebenslaufbezogene Familienpolitik*. Zugriff am 29. Oktober 2014 unter https://www.bmfsfj.de/blob/76276/40b5b103e693dacd4c014648d906aa99/7--familienbericht-data.pdf.
BMFSFJ - Bundesministerium für Familie, Senioren, Frauen und Jugend (2006a). *Zwölfter Kinder- und Jugendbericht. Bericht über die Lebenssituation junger Menschen und die Leistungen der Kinder- und Jugendhilfe in Deutschland*. Zugriff am 16. November 2014 unter http://www.bmfsfj.de/doku/Publikationen/kjb/data/download/kjb_060228_ak3.pdf.
BMFSFJ - Bundesministerium für Familie, Senioren, Frauen und Jugend (2009). *Familienreport 2009. Leistungen, Wirkungen, Trends*. Zugriff am 18. November 2016 unter https://www.bmfsfj.de/blob/93796/7c7c7f7dadc91c619349be4a54feb17b/familienreport-data.pdf.
BMFSFJ - Bundesministerium für Familie, Senioren, Frauen und Jugend (2009a). *13. Kinder- und Jugendbericht. Bericht über die Lebenssituation junger Menschen und die Leistungen der Kinder- und Jugendhilfe in Deutschland*. Zugriff am 15. März 2017 unter https://www.bmfsfj.de/blob/93144/f5f2144cfc504efbc6574af8a1f30455/13-kinder-jugendbericht-data.pdf.
BMFSFJ - Bundesministerium für Familie, Senioren, Frauen und Jugend (2010). *Abschlussbericht des Nationalen Aktionsplans „Für ein kindergerechtes Deutschland 2005-2010"*. Zugriff am 22. April 2017 unter https://www.bmfsfj.de/blob/94116/590c05ad0f3f47448a61f1b0572c7f8c/kindergerechtes-deutschland-abschlussbericht-data.pdf.

BMFSFJ – Bundesministerium für Familie, Senioren, Frauen und Jugend (2013). *14. Kinder- und Jugendbericht. Bericht über die Lebenssituation junger Menschen und die Leistungen der Kinder- und Jugendhilfe in Deutschland*. Zugriff am 08. Oktober unter http://www.bmfsfj.de/RedaktionBMFSFJ/Broschuerenstelle/Pdf-Anlagen/14-Kinder-und-Jugendbericht, property=pdf,bereich=bmfsfj,sprache=de,rwb=true.pdf.

BMFSFJ – Bundesministerium für Familie, Senioren, Frauen und Jugend (2013a). *Qualitätsstandards für Beteiligung von Kindern und Jugendlichen. Allgemeine Qualitätsstandards und Empfehlungen für die Praxisfelder Kindertageseinrichtungen, Schule, Kommune, Kinder- und Jugendarbeit und Erzieherische Hilfen*. Zugriff am 22. April 2017 unter https://www.bmfsfj.de/blob/94118/c49d4097174e67464b56a5365bc8602f/kindergerechtes-deutschland-broschuere-qualitaetsstandards-data.pdf.

Bob, A., Heim, C. & Prohl, R. (2015). Auswirkungen der verkürzten Mittelstufe (G8) auf ausgewählte schulische und außerschulische Merkmale der Lebenswelt von Kindern und Jugendlichen. *Zeitschrift für sportpädagogische Forschung, 3* (1), 45–60.

Böcker, P. (2014). *Studie zur Entwicklung von Bewegung, Spiel und Sport in der Ganztagsschule (StuBSS)*. Zugriff am 27. März 2017 unter http://www.uni-marburg.de/fb21/ifsm/ganztagsschule/projekt.

Böcker, P. (2014a). *Praxismaterialien Schulen*. Zugriff am 27. März 2017 unter http://www.uni-marburg.de/fb21/ifsm/ganztagsschule/schulmaterial.

Boethel, M. (2003). *Diversity. School, family & community connections. Southwest Educational Development Laboratory. Annual Synthesis 2003*. Austin. Zugriff am 03. Dezember 2016 unter http://www.sedl.org/connections/resources/diversity-synthesis.pdf.

Böhm-Kasper, O., Fritzsche, S., Krappidel, A. & Siebholz, S. (2004). *Skalenhandbuch zum Schülerfragebogen aus dem Projekt „Politische Orientierung bei Schülern im Rahmen schulischer Anerkennungsbeziehungen"*. Zugriff am 17. Juli 2017 unter http://wcms.uzi.uni-halle.de/download.php?down=998&elem=1010879.

Böhm-Kasper, O. & Selders, O. (2013). „Schulinspektionen sollten regelmäßig durchgeführt werden"? Ländervergleichende Analyse der Wahrnehmung und Akzeptanz von Schulinspektionsverfahren. *12. Beiheft der Zeitschrift DDS – Die deutsche Schule*, 121–153.

Böhm-Kasper, O., Selders, O. & Lambrecht, M. (2016). Schulinspektion und Schulentwicklung – Ergebnisse der quantitativen Schulleitungsbefragung. In Arbeitsgruppe Schulinspektion (Hrsg.), *Schulinspektion als Steuerungsimpuls?* (S. 1–50). Wiesbaden: Springer. doi:10.1007/978-3-658-10872-4_1.

Bois-Reymond, M. du (2000). Jugendkulturelles Kapital in Wissensgesellschaften. In H.-H. Krüger & H. Wenzel (Hrsg.), *Schule zwischen Effektivität und sozialer Verantwortung* (S. 235–254). Opladen: Leske + Budrich.

Boller, S. (2009). *Kooperation in der Schulentwicklung*. Wiesbaden: Springer VS. doi:10.1007/978-3-531-91315-5.

Böllert, K. (2008). Vereinbarkeit von Familie und Beruf. In T. Coelen & H.-U. Otto (Hrsg.), *Grundbegriffe Ganztagsbildung. Das Handbuch* (S. 187–194). Wiesbaden: Springer VS. doi:10.1007/978-3-531-91161-8_18.

Bollweg, P. (2008). *Lernen zwischen Formalität und Informalität*. Wiesbaden: Springer VS. doi:10.1007/978-3-531-91167-0.

Bönsch, M. (2006). Was ist eine gute Ganztagsschule? *Ganztagsschule, 46*, 115–122.

Bonsen, M. (2006). Wirksame Schulleitung. In H. Buchen & H.-G. Rolff (Hrsg.), *Professionswissen Schulleitung* (S. 193–228). Weinheim und Basel: Beltz.

Bonsen, M. (2016). Schulleitung und Führung in der Schule. In H. Altrichter & K. Maag Merki (Hrsg.), *Handbuch Neue Steuerung im Schulsystem* (S. 301–323). Wiesbaden: Springer VS. doi:10.1007/978-3-531-18942-0_11.

Bonsen, M. & Rolff, H.-G. (2006). Professionelle Lerngemeinschaften von Lehrerinnen und Lehrern. *Zeitschrift für Pädagogik, 52* (2), 167–184.

Borgers, N., de Leeuw, E. D. & Hox, J. J. (2000). Children as respondents in survey research: Cognitive development and response quality. *BMS Bulletin of Sociological Methodology/Bulletin de Methodologie Sociologique, 66*, 60–75.

Borgers, N., Hox, J. & Sikkel, D. (2004). Response effects in surveys on children and adolescents: The effect of number of response options, negative wording, and neutral mid-point. *Quality & Quantity, 38* (1), 17–33.
Borman, G. D. & Dowling, M. (2010). Schools and inequality: A multilevel analysis of Coleman's equality of educational opportunity data. *Teachers College Record, 112* (5), 1201–1246.
Börner, N. (2015). Know-how, Kompetenzen und Können. *Lernende Schule, 69*, 10–12.
Borsboom, D. (2006). The attack of the psychometricians. *Psychometrica, 71* (3), 425–440. doi:10.1007/s11336-006-1447-6.
Bös, K. (2000). Wie fit sind unsere Grundschulkinder? *Grundschule, 32* (2), 31–33.
Bös, K. (2003). Motorische Leistungsfähigkeit von Kindern und Jugendlichen. In W. Schmidt, I. Hartmann-Tews & W. D. Brettschneider (Hrsg.), *Erster Deutscher Kinder und Jugendsportbericht* (S. 85–107). Hofmann: Schorndorf.
Bos, W., Lankes, E. M., Prenzel, M., Schwippert, K., Walter, G. & Valtin, R. (2003). *Erste Ergebnisse aus IGLU. Schülerleistungen am Ende der vierten Jahrgangsstufe im internationalen Vergleich*. Münster: Waxmann.
Bos, W., Bonsen, M., Gröhlich, C., Guill, K. & Scharenberg, K. (2009). *KESS 7 – Skalenhandbuch zur Dokumentation der Erhebungsinstrumente*. Münster: Waxmann.
Bos, W., Strietholt, R., Goy, M., Stubbe, T. C., Tarelli, I. & Hornberg, S. (2010). *IGLU 2006. Dokumentation der Erhebungsinstrumente*. Münster: Waxmann.
Bosse, D., Mammes, I. & Nerowski, C. (Hrsg.). (2008). *Ganztagsschule: Perspektiven aus Wissenschaft und Praxis*. Bamberg: University of Bamberg Press.
Böttcher, W. (2008). Evaluation. In T. Coelen & H.-U. Otto (Hrsg.), *Grundbegriffe Ganztagsbildung. Das Handbuch* (S. 889–898). Wiesbaden: Springer VS. doi:10.1007/978-3-531-91161-8_88.
Böttcher, W. (2009). Was leisten Evaluationen für die Qualitätsentwicklung? In T. Bohl & H. Kiper (Hrsg.), *Lernen aus Evaluationsergebnissen* (S. 207–217). Bad Heilbrunn: Klinkhardt.
Böttcher, W. (2015). Individuelle Förderung, Ganztagsschule und soziale Selektion. *Lernende Schule, 69*, 14–17.
Böttcher, W., Keune, M. & Neiwert, P. (2010). *Evaluationsbericht zum Projekt „Schulinspektion in Hessen – Wirkungen auf die Qualitätsentwicklung von Schulen und die Arbeit der Schulaufsicht"*. Münster: Westfälische Wilhelms-Universität.
Böttcher, W. & Kotthoff, H.-G. (2007). Gelingensbedingungen einer qualitätsoptimierenden Schulinspektion. In W. Böttcher & H.-G. Kotthoff (Hrsg.), *Schulinspektion: Evaluation, Rechenschaftslegung und Qualitätsentwicklung* (S. 223–230). Münster: Waxmann.
Böttcher, W. & Weiß, M. (1997). Sparstrategien und aktuelle Sparpolitik. In W. Böttcher, H. Weishaupt & M. Weiß (Hrsg.), *Wege zu einer neuen Bildungsökonomie* (S. 61–71). Weinheim und Basel: Beltz.
Böttcher, W., Wiesweg, J. & Woitalla, E. (2015). Fortbildungs- und Beratungsbedarf aus der Sicht von Schulleitungen – Skizzen aus drei empirischen Studien. In J. Berkemeyer, N. Berkemeyer & F. Meetz (Hrsg.), *Professionalisierung und Schulleitungshandeln. Wege und Strategien der Personalentwicklung an Schulen* (S. 204–232). Weinheim und Basel: Beltz.
BP Nordrhein-Westfalen (2014). *Schulentwicklung. 6.2. Schulinterne Evaluation*. Zugriff am 23. Dezember 2014 unter http://www.schulministerium.nrw.de/docs/Schulentwicklung/Qualitaetsanalyse/Tableau/E_Tableau/6_Ziele/2_Evaluation/index.html.
BPB – Bundeszentrale für politische Bildung (2013). *Zielscheibe zur Evaluation*. Zugriff am 22. März 2017 unter http://www.bpb.de/lernen/grafstat/partizipation-vor-ort/155252/zielscheibe-zur-evaluation.
BPB – Bundeszentrale für politische Bildung (2016). *Kulturhoheit*. Zugriff am 26. November 2016 unter http://www.bpb.de/nachschlagen/lexika/recht-a-z/22499/kulturhoheit.
Brabeck, H. & Lohre, W. (2004). Bildung gestalten – Selbstständige Schule. NRW. *Verantwortung für Qualität, 1*, 31–45.

Bradshaw, C. P., Waasdorp, T. E., Debnam, K. J. & Johnson, S. L. (2014). Measuring school climate in high schools: A focus on safety, engagement, and the environment. *The Journal of School Health, 84* (9), 593–604. doi:10.1111/josh.12186.
Brandt, K., Eggert, D., Jendritzki, H. & Küppers, B. (1997). Untersuchungen zur motorischen Entwicklung von Kindern im Grundschulalter in den Jahren 1985 und 1995. *Praxis der Psychomotorik, 22* (5), 101–107.
Brand, U. (2004). Governance. In U. Bröckling, S. Krasmann & T. Lemke (Hrsg.), *Glossar der Gegenwart* (S. 111–117). Frankfurt am Main: Suhrkamp.
Brenner, H. & Kliebsch, U. (1996). Dependence of weighted kappa coefficients on the number of categories. *Epidemiology, 7* (2), 199–202. doi:10.1097/00001648-199603000-00016.
Breuer, A. (2015). *Lehrer-Erzieher-Teams an ganztägigen Grundschulen.* Wiesbaden: Springer VS.
Breuer, A., Schütz, A. & Weide, D. (2008). Individuelle Förderung an Ganztagsschulen – Konzepte zur Kompensation von Benachteiligungen an Grundschulen des Forschungsprojektes „LUGS" und ihre Umsetzung. In J. Ramseger & M. Wagener (Hrsg.), *Chancenungleichheit in der Grundschule. Ursachen und Wege aus der Krise. Jahrbuch Grundschulforschung, Bd. 12* (S. 187–190). Wiesbaden: Springer VS.
Breuer, C. (Hrsg.). (2009). *Sportentwicklungsbericht 2007/2008. Analyse zur Situation der Sportvereine in Deutschland.* Köln: Strauß.
Breuer, A. (2015). *Lehrer-Erzieher-Teams an ganztägigen Grundschulen. Kooperation als Differenzierung von Zuständigkeiten.* Wiesbaden: Springer VS.
Brockmeyer, R. (2004). Regionalität als Entwicklungsprinzip. Von Einzelinitiativen über eine systematische Kooperation zur Gestaltung neuer Arbeitsstrukturen im Bildungswesen. In Projektleitung „Selbständige Schule" (Hrsg.), *Regionale Bildungslandschaften. Grundlagen einer staatlich-kommunalen Verantwortungsgemeinschaft* (S. 56–61). Troisdorf: Bildungsverlag EINS.
Brookover, W., Beady, C., Flood, P., Schweitzer, J. & Wisenbaker, J. (1979). *School social systems and student achievement: Schools can make a difference.* New York: Praeger.
Brophy, J. (2000). *Teaching.* Brüssel: International Academy of Education (IAE).
Brown, T. A. (2006). *Confirmatory factor analysis for applied research.* New York, NY: Gilford Press.
Bruhn, M. (2003). *Sponsoring. Systematische Planung und integrativer Einsatz.* Wiesbaden: GWV Fachverlage.
Brümmer, F., Rollett, W. & Fischer, N. (2009). Schülerinnen und Schüler als Experten für die Ganztagsschule. Aktuelle Befunde der Studie zur Entwicklung von Ganztagsschulen (StEG). In O. Enderlein (Hrsg.), *Ihr seid gefragt! Qualität von Ganztagsschule aus Sicht der Kinder und Jugendlichen* (S. 141–157). Berlin: DKJS.
Brümmer, F., Rollett, W. & Fischer, N. (2011). Prozessqualität der Ganztagsangebote aus Schülersicht – Zusammenhänge mit Angebots- und Schulmerkmalen. In N. Fischer, H. G. Holtappels, E. Klieme, T. Rauschenbach, L. Stecher & I. Züchner (Hrsg.), *Ganztagsschule: Entwicklung, Qualität, Wirkungen: Längsschnittliche Befunde der Studie zur Entwicklung von Ganztagsschulen (StEG)* (S. 162–186). Weinheim: Beltz.
Brunholz, D. (1992). *Gesundheitserziehung in der Schule durch Sport. Primarstufe. Evaluation der Fortbildungsmaßnahme.* Soest: Kultusministerium NRW.
Brunstein, J. C. & Spörer, N. (2010). Selbstgesteuertes Lernen. In D. H. Rost (Hrsg.), *Handwörterbuch Pädagogische Psychologie* (S. 751–759). Weinheim: Beltz.
Brüsemeister, T. (2004). Individuum und Institution aus Sicht von soziologischen Gegenwartsdiagnosen und Modernisierungstheorien. Handlung, Kultur, Interpretation. *Zeitschrift für Sozial- und Kulturwissenschaften, 2,* 287–312.
Brüsemeister, T., Gromala, L., Böhm-Kasper, O. & Selders, O. (2016). Schulentwicklung aus einer Verhärtung heraus. In Arbeitsgruppe Schulinspektion (Hrsg.), *Schulinspektion als Steuerungsimpuls?* (S. 91–117). Wiesbaden: Springer VS.

Brüsemeister, T., Gromala, L., Preuß, B. & Wissinger, J. (2016). Schulentwicklung aus einer Verhärtung heraus. In Arbeitsgruppe Schulinspektion (Hrsg.), *Schulinspektion als Steuerungsimpuls?* (S. 91–118). Wiesbaden: Springer VS. doi:10.1007/978-3-658-10872-4_3.

BS Berlin-Brandenburg – Bildungsserver Berlin-Brandenburg (2014). *Schulqualität. Instrumente und Verfahren.* Zugriff am 23. Dezember 2014 unter http://bildungsserver.berlin-brandenburg.de/?id=8337.

BS MV – Bildungsserver Mecklenburg-Vorpommern (2017). *Qualität von Schule.* Zugriff am 5. März 2017 unter http://www.bildung-mv.de/lehrer/qualitaet_von_schule/.

BS Saarland – Bildungsserver Saarland (2013). *Verordnung – Schulordnung – über die Gebundene Ganztagsschule (Ganztagsschulverordnung).* Zugriff am 5. März 2017 unter http://www.saarland.de/dokumente/thema_bildung/Ganztagsschulverordnung.pdf.

BSB HH – Behörde für Schule und Berufsbildung Hamburg (2012). *Orientierungsrahmen Schulqualität und Leitfaden.* Zugriff am 23. Oktober 2016 unter http://www.hamburg.de/contentblob/69402/data/bbs-br-orientierungsr-schulqualitaet-2008.pdf.

Buchfeld, B. (2007). Eine Versuchsschule evaluiert sich selbst – Schulentwicklung am Beispiel der Offenen Schule Kassel Waldau. In W. Schönig (Hrsg.), *Spuren der Schulevaluation: Zur Bedeutung und Wirksamkeit von Evaluationskonzepten im Schulalltag* (S. 113–126). Kempten: Klinkhardt.

Bühner, M. (2011). *Einführung in die Test- und Fragebogenkonstruktion.* München: Pearson Studium.

Buhren, C. G. (1997). *Community education.* Münster: Waxmann.

Buhren, C. G. (2007). *Selbstevaluation in Schule und Unterricht.* Köln: LinkLuchterhand.

Buhren, C. G. (2008). *SEIS 08. Bessere Qualität in allen Schulen. Leitfaden für SEIS-Kommentarschreiber.* Köln: Dt. Sporthochschule.

Buhren, C. G., Arndt, M. & Keßler, C. (2008). *Bessere Qualität an Schulen: Abschlussbericht zur Weiterentwicklung des Steuerungsinstruments SEIS (Selbstevaluation in Schulen).* Zugriff am 5. Mai 2012 unter http://www.dshs-koeln.de/schulsport/downloads/SEIS08_Abschlussbericht.pdf.

Buhren, C. G., Brandl-Bredenbeck, H. P., Keßler, C. & Arndt, M. (2007). *Skalenhandbuch (Pretest-Dokumentation – Weiterentwicklung von SEIS 04 nach SEIS 08).* Köln: Deutsche Sporthochschule.

Buhren, C. G., Killus, D. & Müller, S. (1998). *Wege und Methoden der Selbstevaluation.* Dortmund: Institut für Schulentwicklungsforschung.

Bungenstab, K. E. (1970). *Umerziehung zur Demokratie? Re-education-Politik im Bildungswesen der US-Zone 1945–49.* Düsseldorf: Bertelsmann.

Burk, K. (2005). Rhythmisierung. In M. Demmer, B. Eibeck, K. Höhmann & M. Schmerr (Hrsg.), *ABC der Ganztagsschule – ein Handbuch für Ein- und Umsteiger* (S. 164–165). Schwalbach/Ts.: Wochenschau.

Burk, K. (2006). Mehr Zeit in der Schule – der Rhythmus macht's. In K. Höhmann & H. G. Holtappels (Hrsg.), *Ganztagsschule gestalten. Konzeption, Praxis, Impulse* (S. 92–104). Seelze: Klett.

Burkard, C. (1998). *Schulentwicklung durch Evaluation?* Frankfurt am Main: Peter Lang.

Burkard, C. (2004). Funktionen und Schwerpunkte von Schulprogrammen aus Sicht der Schulaufsicht. In H. G. Holtappels (Hrsg.), *Schulprogramme – Instrumente der Schulentwicklung. Konzeptionen, Forschungsergebnisse, Praxisempfehlungen* (S. 137–154). Weinheim und Basel: Beltz.

Burkard, C. & Eikenbusch, G. (2000). *Praxishandbuch Evaluation in der Schule.* Berlin: Cornelsen.

Burkard, C., Eikenbusch, G. & Ekholm, M. (2003). *Starke Schüler – gute Schulen.* Berlin: Cornelsen.

Burns, T., Köster, F. & Fuster, M. (2016). *Education governance in action: Lessons from case studies.* Paris: OECD Publishing.

Burow, O.-A. & Pauli, B. (2013). *Ganztagsschule entwickeln. Von der Unterrichtsanstalt zum kreativen Feld.* Schwalbach/Ts.: Debus Pädagogik.

Burrmann, U., Opitz, C. & Zander, B. (2012). Neue Wege der Kooperation zwischen Schule und Sportverein – Evaluation des Hamburger Vereinsmodells. *sportunterricht, 61* (11), 322–328.

Busemann, B., Oelkers, J. & Rosenbusch, H. (2007). *Eigenverantwortliche Schule – Ein Leitfaden. Konzepte, Wege, Akteure.* Köln: Wolters Kluwer Deutschland.

Bush, T. (1996). School autonomy and school improvement. In J. Gray, D. Reynolds, C. Fitz-Gibbon & D. Jesson (Eds.), *Merging traditions. The future of research on school effectiveness and school improvement* (pp. 136–149). London: Continuum.

Byrne, B. M. (2012). *Structural equation modeling with Mplus.* New York, NY: Routledge.

Cairns, R. B. & Cairns, B. D. (1994). *Lifelines and risks: Pathways of youth in our time.* New York, NY: Cambridge University Press.

Callegaro, M., Lozar, M. & Vehovar, V. (2015). *Web survey methodology.* London: Sage.

Catsambis, S. (1998). *Expanding knowledge of parental involvement in secondary education – effects on high school academic success. CRESPAR Report No. 27.* Zugriff am 19. November 2016 unter http://citeseerx.ist.psu.edu/viewdoc/download?doi=10.1.1.506.8922&rep=rep1&type=pdf.

Chen, F. F. (2007). Sensitivity of goodness of fit indexes to lack of measurement invariance. *Structural Equation Modeling, 14* (3), 464–504. doi:10.1080/10705510701301834.

Chester, F. (1981). Why public and private schools matter. *Harvard Educational Review, 51* (4), 510–514.

Cheung, G. W. & Rensvold, R. B. (2002). Evaluating goodness-of-fit indexes for testing measurement invariance. *Structural Equation Modeling: A Multidisciplinary Journal, 9* (2), 233–255. doi:10.1207/s15328007sem0902_5.

Cicchetti, D. V. (1994). Guidelines, criteria, and rules of thumb for evaluating normed and standardized assessment instruments in psychology. *Psychological assessment, 6* (4), 284–290. doi:10.1037/1040-3590.6.4.284.

Clausen, M. (2002). *Unterrichtsqualität: Eine Frage der Perspektive?* Münster: Waxmann.

Clausen, M. (2006). Warum wählen Sie genau diese Schule? Eine inhaltsanalytische Untersuchung elterlicher Begründungen der Wahl der Einzelschule innerhalb eines Bildungsgangs. *Zeitschrift für Pädagogik, 52*, 69–90.

Coelen, T. (2003). Ganztagsbildung in der Wissensgesellschaft – Bildung zwischen Schule und Jugendhilfe. In S. Appel, H. Ludwig, U. Rother & G. Rutz (Hrsg.), *Jahrbuch Ganztagsschule. Neue Chancen für die Bildung* (S. 217–226). Schwalbach/Ts.: Wochenschau.

Coelen, T. (2004). *Ganztägige Bildungssysteme im internationalen Vergleich.* Zugriff am 22. November 2016 unter https://eldorado.tu-dortmund.de/bitstream/2003/5514/1/coelen.pdf.

Coelen, T. (2006). Ganztagsbildung durch Kooperation von Schulen und Jugendeinrichtungen. *Bildung und Erziehung, 59* (3), 269–284.

Coelen, T. (2008). *Grundbegriffe Ganztagsbildung. Das Handbuch.* Wiesbaden: Springer VS. doi:10.1007/978-3-531-91161-8.

Coelen, T., Wagener, A. L. & Züchner, I. (2013). *Expertise für das „Zentrum Eigenständige Jugendpolitik". Partizipation von Kindern und Jugendlichen in Ganztagsschulen.* Zugriff am 03. Dezember 2016 unter http://www.allianz-fuer-jugend.de/downloads/Expertise_Coelen-Wagener-Zchner.pdf.

Cohen, J. (1960). A coefficient of agreement for nominal scales. *Educational and Psychological Measurement, 20* (1), 37–46. doi:10.1177/001316446002000104.

Cohen, J. (1968). Weighted Kappa. Nominal scale agreement with provision for scaled disagreement or partial credit. *Psychological Bulletin, 70* (4), 213–220.

Cohen, J. (1988). *Statistical power analysis for the behavioral sciences.* Hillsdale, NJ: Erlbaum.

Colby, A. & Kohlberg, L. (1986). Das moralische Urteil: Der kognitionszentrierte entwicklungspsychologische Ansatz. In H. Bertram (Hrsg.), *Gesellschaftlicher Zwang und moralische Autonomie* (S. 130–162). Frankfurt am Main: Suhrkamp.

Coleman, J. S., Campbell, E. Q., Hobson, C. J., McPartland, J., Mood, A. M., Weinfeld, F. D. & York, R. L. (1966). *Equality of educational opportunity*. Washington, D.C.: U.S. Department of Health, Education, and Welfare. doi:10.1080/0020486680060504.

Coleman, J. S. (1996). Der Verlust sozialen Kapitals und seine Auswirkungen auf die Schule. *34. Beiheft der Zeitschrift für Pädagogik*, 99–105.

Colman, A. M., Norris, C. E. & Preston, C. C. (1997). Comparing rating scales of different lengths: Equivalence of scores from 5-point and 7-point scales. *Psychological Reports, 80*, 355–362. doi:10.2466/pr0.1997.80.2.355.

Colosi, R. (2005). Negatively worded questions cause respondent confusion. In American Society for Quality & American Statistical Association (Ed.), *Proceedings of the Survey Research Methods Section* (pp. 2896–2903). Alexandria, VA: American Statistical Association.

Corsten, M. (1999). Institutionelle und biographische Konstruktion beruflicher Wirklichkeit: Vorklärung einer Theorie beruflicher Sozialisation. In M. Grundmann (Hrsg.), *Konstruktivistische Sozialisationsforschung: Lebensweltliche Erfahrungskontexte, individuelle Handlungskompetenzen und die Konstruktion sozialer Strukturen* (S. 267–289). Frankfurt: Suhrkamp.

Curran, P. J., West, S. G, & Finch, J. F. (1996). The robustness of test statistics to nonnormality and specification error in confirmatory factor analysis. *Psychological Methods, 1*, 16–29. doi:10.1037/1082-989X.1.1.16.

Czerwanski, A., Solzbacher, C. & Vollstädt, W. (Hrsg.). (2002). *Förderung von Lernkompetenz in der Schule. Recherche und Empfehlungen*. Gütersloh: Bertelsmann Stiftung.

Dalin, P. (1973). *Case studies of educational innovation (Vol. IV)*. Paris: OECD.

Dalin, P. & Rolff, H.-G. (1990). *Institutionelles Schulentwicklungsprogramm. Eine neue Perspektive für Schulleiter, Kollegium und Schulaufsicht*. Soest: Kontor.

Dalin, P., Rolff, H.-G. & Buchen, H. (1995). *Institutioneller Schulentwicklungs-Prozess*. Böhnen: Verlag für Schule und Weiterbildung.

Darling, N. (2003). Participation in extracurricular activities and adolescent adjustment: Cross-sectional and longitudinal findings. *Journal of Youth and Adolescence, 34* (5), 493–505.

Daschner, P. (2012). Kann man Ganztagsschule lernen? Ein kritischer Blick auf Lehrerbildung, Schule und Unterstützungssystem. In S. Appel & U. Rother (Hrsg.), *Schulatmosphäre – Lernlandschaft – Lebenswelt. Jahrbuch Ganztagsschule* (S. 134–144). Schwalbach/Ts.: Wochenschau.

Dauber, S. L. & Epstein, J. L. (1993). Parents' attitudes and practices of involvement in inner-city elementary and middle schools. In N. F. Chavkin (Ed.), *Families and schools in a pluralistic society* (pp. 53–72). Albany, NY: State University of New York Press.

DBR (Hrsg.). (1969). *Empfehlungen der Bildungskommission. Einrichtung von Schulversuchen mit Ganztagsschulen*. Stuttgart: DBR.

Deci, E. L. & Ryan, R. M. (1985). *Intrinsic motivation and self-determination in human behavior*. New York, NY: Plenum. doi:10.1007/978-1-4899-2271-7.

Deci, E. L. & Ryan, R. M. (1993). Die Selbstbestimmungstheorie der Motivation und ihre Bedeutung für die Pädagogik. *Zeitschrift für Pädagogik, (39)* 2, 223–238.

Deci, E. L. & Ryan, R. M. (2000). The „what" and „why" of goal pursuits: Human needs and the self-determination of behavior. *Psychological Inquiry, 11*, 227–268.

Decristan, J. & Klieme, E. (2016). Bildungsqualität und Wirkung von Angeboten in der Ganztagsschule. Einführung in den Thementeil. *Zeitschrift für Pädagogik, 6*, 757–759.

Dedering, K. (2010). Entscheidungsfindung in Bildungspolitik und Bildungsverwaltung. In H. Altrichter & K. Maag Merki (Hrsg.), *Handbuch Neue Steuerung im Schulsystem* (S. 63–80). Wiesbaden: Springer VS. doi:10.1007/978-3-531-92245-4_3.

Dedering, K. (2012). Das „Who-is-Who" der Vermessung. Zentrale Instrumente im Überblick. In N. Berkemeyer, K. Dedering, M. Heinrich, W. Kretschmer, M. Schratz & B. Wischer (Hrsg.), *Schule vermessen. Friedrich Jahresheft XXX 2012* (S. 40–41). Seelze: Friedrich.

Dedering, K. & Müller, S. (2011). Wirkungen von externer Schulevaluation. *Journal Schulentwicklung, 15* (1), 17–23.

Dedering, K. & Tillmann, K.-J. (2012). Schulqualität – Qualitätsrahmen – Schulinspektion. Der Weg von den Daten zur Schulentwicklung. In N. Berkemeyer, K. Dedering, M. Heinrich, W. Kretschmer, M. Schratz & B. Wischer (Hrsg.), *Schule vermessen. Friedrich Jahresheft XXX 2012* (S. 44–47). Seelze: Friedrich.

DeGEval (2016). *Standards für Evaluation.* Zugriff am 20. Oktober 2014 unter http://www.degeval.de/fileadmin/Publikationen/DeGEval_Standards_fuer_Evaluation_-_Erste_Revision__2016_.pdf.

Denecke, W., Gruschka, A., Heinrich, M. & Pollmanns, M. (2001). *Der Wandel von Schule – Skizze eines Forschungsvorhabens.* Frankfurt am Main: Goethe-Universität Frankfurt.

Derecik, A. (2011). *Der Schulhof als bewegungsorientierter Sozialraum: Eine sportpädagogische Untersuchung zum informellen Lernen in Ganztagsschulen.* Aachen: Meyer & Meyer.

Derecik, A. (2012). Freiräume im Schulgebäude – Informelle Tätigkeiten von Heranwachsenden in den Pausen von Ganztagsschulen. *Schulpädagogik heute, 3* (6), 17.

Derecik, A. (2014). Informelles Lernen in Ganztagsschulen. Eine sportpädagogische Untersuchung zur sozialräumlichen Aneignung von Schulhöfen. In R. Hildebrandt-Stramann, R. Laging & J. Teubner (Hrsg.), *Bewegung und Sport in der Ganztagsschule – StuBSS: Ergebnisse der qualitativen Studie* (S. 289–324). Baltmannsweiler: Schneider Hohengehren.

Derecik, A. (2015). *Praxisbuch Schulfreiraum.* Wiesbaden: Springer. doi:10.1007/978-3-658-07300-8.

Derecik, A., Habbishaw, J., Schulz-Algie, S. & Stoll, M. (2012). *Sport im Ganztag. Ergebnisse der Initiative „Sportverein plus Schule".* Frankfurt am Main: Sportjugend Hessen.

Derecik, A., Kaufmann, N. & Neuber, N. (2013). *Partizipation in der offenen Ganztagsschule. Pädagogische Grundlagen und empirische Befunde zu Bewegungs-, Spiel und Sportangeboten.* Wiesbaden: Springer VS. doi:10.1007/978-3-531-19693-0.

Derecik, A. & Laging, R. (2014). Forschungsdesign und Forschungsmethoden der Studie. In R. Hildebrandt-Stramann, R. Laging & J. Teubner (Hrsg.), *Bewegung und Sport in der Ganztagsschule – StuBSS: Ergebnisse der qualitativen Studie* (S. 85–115). Baltmannsweiler: Schneider.

Desa, D. (2014). *Evaluating measurement invariance of TALIS 2013 Complex Scales: Comparison between continuous and categorical multiple-group confirmatory factor analyses* (OECD Education Working Papers, No. 103). Paris: OECD Publishing. doi:10.1787/5jz2kbbvlb7k-en.

Deutsche Shell (Hrsg.). (2010). *Jugend 2010. 16. Shell-Jugendstudie.* Opladen: Leske + Budrich.

Deutscher Bildungsrat (Hrsg.). (1973). *Empfehlungen der Bildungskommission. Zur Reform von Organisation und Verwaltung im Bildungswesen, Teil I: Verstärkte Selbstständigkeit der Schule und Partizipation der Lehrer, Schüler und Eltern.* Stuttgart: Klett.

Deutscher Bundestag (2002). *Schlussbericht der Enquête-Kommission „Demographischer Wandel – Herausforderungen unserer älter werdenden Gesellschaft an den Einzelnen und die Politik".* Zugriff am 18. November 2016 unter http://dip21.bundestag.de/dip21/btd/14/088/1408800.pdf.

Deutscher Bundestag (2002a). *Stenographischer Bericht. 242. Sitzung.* Zugriff am 22. November 2016 unter http://dipbt.bundestag.de/doc/btp/14/14242.pdf.

Deutscher Juristentag (1981). *Deutscher Juristentag. Schule im Rechtsstaat. Band I: Entwurf für ein Landesschulgesetz.* München: C.H. Beck.

DeVellis, R. F. (2012). *Scale development: Theory and applications.* Los Angeles, CA: Sage.

Dieckmann, K., Höhmann, K. & Tillmann, K. (2007). Schulorganisation, Organisationskultur und Schulklima an ganztägigen Schulen. In H. G. Holtappels, E. Klieme, T. Rauschenbach & L. Stecher (Hrsg.), *Ganztagsschule in Deutschland. Ergebnisse der Ausgangserhebung der „Studie zur Entwicklung von Ganztagsschulen" (StEG)* (S. 164–185). Weinheim und Basel: Beltz.

Dieminger, B., Wiezorek, C., Stark, S., Busch, C. & Dethloff, M. (2013). Ganztagsschule in ländlichen Räumen – Ein Forschungsbericht. In S. Appel & U. Rother (Hrsg.), *Schulen ein Profil geben – Konzeptionsgestaltung in der Ganztagsschule. Jahrbuch Ganztagsschule* (S. 98–114). Schwalbach/Ts.: Debus Pädagogik.

Dillmann, D. A. & Bowker, D. K. (2001). The web questionnaire challenge to survey methodologies. In E.-D. Reips & M. Bosnjak (Eds.), *Dimensions of Internet Science* (pp. 159–177). Lengerich: Pabst.

Ditton, H. (2000). Qualitätskontrolle und Qualitätssicherung in Schule und Unterricht. Ein Überblick zum Stand der empirischen Forschung. *41. Beiheft der Zeitschrift für Pädagogik,* 73–92.

Ditton, H. (2001). *DFG-Projekt „Qualität von Schule und Unterricht" – QuaSSU Skalenbildung Hauptuntersuchung.* Zugriff am 17. Juli 2017 unter http://www.quassu.net/SKALEN_1.pdf.

Ditton, H. & Arnoldt, B. (2004). Schülerbefragungen zum Fachunterricht – Feedback an Lehrkräfte. *Empirische Pädagogik, 18* (1), 115–139.

Dizinger, V., Fussangel, K. & Böhm-Kasper, O. (2011). Lehrer/in sein an der Ganztagsschule: Neue Kooperationsanforderungen – neue Belastungen? In L. Stecher, H. H. Krüger & T. Rauschenbach (Hrsg.), *Ganztagsschule – neue Schule? Eine Forschungsbilanz* (S. 43–61). Wiesbaden: Springer VS. doi:10.1007/s11618-011-0227-y.

DJI – Deutsches Jugendinstitut (2007). *Ganztagsschule – ein Glossar.* Zugriff am 18. Februar 2017 unter http://www.dji.de/fileadmin/user_upload/bulletin/d_bull_d/bull78_d/DJIB_78.pdf.

DKJS – Deutsche Kinder- und Jugendstiftung (2004). *Ideen für mehr! Ganztägig lernen. Begleitprogramm der Deutschen Kinder- und Jugendhilfe.* Zugriff am 19. Februar 2017 unter http://www.ganztaegig-lernen.de/media/Kongress_2004/Flyer%20Kongress%202004.pdf.

Döbert, H. & Avenarius, H. (2007). Konzeptionelle Grundlagen der Bildungsberichterstattung in Deutschland. In J. van Buer & C. Wagner (Hrsg.), *Qualität von Schule* (S. 297–314). Frankfurt: Peter Lang.

Döbert, H., Rürup, M. & Dedering, K. (2008). Externe Evaluation von Schulen in Deutschland – die Konzepte der Bundesländer, ihre Gemeinsamkeiten und Unterschiede. In H. Döbert & K. Dedering (Hrsg.), *Externe Evaluation von Schulen – Historische, rechtliche und vergleichende Aspekte* (S. 63–151). Münster: Waxmann.

Dohmen, D. & Fuchs, K. (2006). *Wettbewerbliche Finanzierung von Schulen. Studie für das liberale Institut der Friedrich-Naumann-Stiftung für die Freiheit.* Berlin: Friedrich-Ebert-Stiftung.

Dollinger, S. (2012). *Gute (Ganztags-)Schule? Die Frage nach Gelingensfaktoren für die Implementierung von Ganztagsschule.* Kempten: Klinkhardt.

Domisch, R. & Lappalainen, H.-P. (2007). Evaluierung schulischer Qualität in Finnland. In W. Böttcher & H. G. Kotthoff (Hrsg.), *Schulinspektion: Evaluation, Rechenschaftslegung und Qualitätsentwicklung* (S. 165–174). Münster: Waxmann.

Döring, N. & Bortz, J. (2016). *Forschungsmethoden und Evaluation in den Sozial- und Humanwissenschaften.* Heidelberg: Springer. doi:10.1007/978-3-642-41089-5.

Douglass, J. A., Thomson, G. & Zhao, C.-M. (2012). The learning outcomes race: The value of self-reported gains in large research universities. *Higher Education, 64,* 317–335. doi:10.1007/sd10734-011-9496-x.

Doyle, W. (1986). Classroom organization and management. In M. C. Wittrock (Ed.), *Handbook of research on teaching. A project of the American Educational Research Association* (pp. 392–431). New York, NY: Macmillan.

Drews, U. (2008). *Zeit in Schule und Unterricht.* Weinheim: Beltz.

Dubs, R. (2009). *Lehrkraftverhalten.* Stuttgart: Franz Steiner.

Ducke, M., Fröhlich, T. & Lustig, C. (2010). *Ganztägig Dresden. Eine Evaluationsstudie zum Thema Ganztagsangebote an Dresdner Schulen.* Zugriff am 2. März 2017 unter https://www.deutsche-digitale-bibliothek.de/binary/5J6XFM2FK2L4L4CEMMYLUQNX3UFJE7IK/full/1.pdf.

Duda, J. L. & Ntoumanis, N. (2005). After-school sport for children: Implications of a task-involving motivational climate. In J. L. Mahoney, R. W. Larson & J. S. Eccles (Eds.), *Organized activities as contexts of development: Extracurricular activities, after-school and community programs* (pp. 311–330). Mahwah, NJ: Erlbaum.

Duda, J. L. (2014). *Ganztagsbildung und das Konzept des Regionalen Lernens 21+. Empirische Studie zur Entwicklung fächerübergreifender Bildungsangebote zum Thema Globalisierung.* Zugriff am 4. März 2017 unter https://www.uni-muenster.de/imperia/md/content/geographiedidaktische-forschungen/gdf_52_duda.pdf.

Durlak, J. A., Weissberg, R. P. & Pachan, M. (2010). A meta-analysis of after-school programs that seek to promote personal and social skills in children and adolescents. *American Journal of Community Psychology, 45* (3–4), 294–309. doi:10.1007/s10464-010-9300-6.

Düx, W. (2006). „Aber so richtig für das Leben lernt man eher bei der freiwilligen Arbeit". Zum Kompetenzgewinn Jugendlicher im freiwilligen Engagement. In T. Rauschenbach (Hrsg.), *Informelles Lernen im Jugendalter – Vernachlässigte Dimensionen der Bildungsdebatte* (S. 205–240). Weinheim und Basel: Beltz.

Dweck, C. S. (1999). *Self-theories: Their role in motivation, personality and development.* Philadelphia, PA: Psychology Press.

Ebel, C., Grieser, D. & Mahlmann, J. (2008). Schulqualität in sechs Qualitätsbereichen – Das SEIS-Qualitätsverständnis. In C. Stern (Hrsg.), *Bessere Qualität in allen Schulen. Praxisleitfäden zur Einführung des Selbstevaluationsinstruments SEIS in Schulen* (S. 62–79). Gütersloh: Bertelsmann Stiftung.

Eccles, J. S., Barber, B. L., Stone, M. & Hunt, J. (2003). Extracurricular activities and adolescent development. *Journal of Social Issues, 59* (4), 865–889. doi:10.1046/j.0022-4537.2003.00095.x.

Eccles, J. S. & Gootman, J. A. (Eds.). (2002). *Community programs to promote youth development.* Washington, DC: National Academy Press.

Eccles, J. S., Midgley, C., Wigfield, A., Buchanan, C. M., Reuman, D., Flanagan, C. & MacIver, D. (1993). Development during adolescence: The impact of stage-environment fit on young adolescents' experiences in schools and families. *American Psychologist, 48,* 90–101.

Eccles, J. S. & Roeser, R. W. (2011). Schools as developmental contexts during adolescence. *Journal of Research on Adolescence, 21,* 225–241. doi:10.1111/j.1532-7795.2010.00725.x.

Eccles, J. S. & Templeton, J. (2002). Extracurricular and other after-school activities for youth. *Review of Research in Education, 26,* 113–180.

Edelstein, W. (1999). Soziale Selektion, Sozialisation und individuelle Entwicklung: 10 Thesen zur sozialkonstruktivistischen Rekonstitution der Sozialisationsforschung. In M. Grundmann (Hrsg.), *Konstruktivistische Sozialisationsforschung: Lebensweltliche Erfahrungskontexte, individuelle Handlungskompetenzen und die Konstruktion sozialer Strukturen* (S. 35–79). Frankfurt am Main: Suhrkamp.

Eder, F. (1996). *Schul- und Klassenklima.* Innsbruck: StudienVerlag.

Eder, F. (1998). *Linzer Fragebogen zum Schul- und Klassenklima für die 8.-13. Klasse (LFSK 8–13).* Göttingen: Hogrefe.

Eder, F. (2010). Schul- und Klassenklima. In D. H. Rost (Hrsg.), *Handwörterbuch Pädagogische Psychologie* (S. 694–703). Weinheim und Basel: Beltz.

Eder, F. & Mayr, J. (2000). *Linzer Fragebogen zum Schul- und Klassenklima für die 4. –8. Klassenstufe (LFSK 4–8).* Göttingen: Hogrefe.

Edmonds, R. (1979). Effective schools for the urban poor. *Educational Leadership, 37* (1), 15–27.

Eich, H. (2016). Kinder als Zeugen im Strafverfahren – Befragung und Begutachtung. In S. Völkl-Kernstock & C. Kienbacher (Hrsg.), *Forensische Arbeit mit Kindern und Jugendlichen: Praxishandbuch für die interdisziplinäre Zusammenarbeit: Psychologie – Medizin – Recht – Sozialarbeit* (S. 183–202). Wien: Springer. doi:10.1007/978-3-7091-1608-1_19.

Eichhorn, W. (2004). *Online-Befragung. Methodische Grundlagen, Problemfelder, praktische Durchführung.* Zugriff am 11. November 2016 unter http://www2.ifkw.uni-muenchen.de/ps/we/cc/onlinebefragung-rev1.0.pdf.

EiS – Evaluationsinstrumente für Schulen (2015). *Selbstevaluation an Schulen*. Zugriff am 09. Januar 2015 unter http://www.schule-bw.de/entwicklung/qualieval/fev_as/sevstart/entwicklung/qualieval/fev_as/sestart/eisneu/.

EiS – Evaluationsinstrumente für Schulen (2015a). *Definition Onlinebefragung*. Zugriff am 10. Januar 2015 unter http://www.schule-bw.de/entwicklung/qualieval/fev_as/sevstart/eisneu/Instrumentensammlung/Einsatzmoeglichkeiten/Definition_Onlinebefragung_Dummy.pdf.

Eisnach, K. (2011). *Ganztagsschulentwicklung in einer kommunalen Bildungslandschaft. Möglichkeiten und Grenzen von Unterstützungsstrukturen*. Wiesbaden: Springer VS. doi: 10.1007/978-3-531-92753-4.

Ekholm, M. (1997). Steuerungsmodelle für Schulen in Europa. Schwedische Erfahrungen mit alternativen Ordnungsmodellen. *Zeitschrift für Pädagogik, 43*, 597–608.

Emmerich, M. (2010). Regionalisierung und Schulentwicklung: Bildungsregionen als Modernisierungsansätze im Bildungssektor. In H. Altrichter & K. Maag Merki (Hrsg.), *Handbuch Neue Steuerung im Schulsystem* (S. 355–376). Wiesbaden: Springer VS.

Emmerich, M. (2016). Regionalisierung und Schulentwicklung: Bildungsregionen als Modernisierungsstrategie im Bildungssektor. In H. Altrichter & K. Maag Merki (Hrsg.), *Handbuch Neue Steuerung im Schulsystem* (S. 385–409). Wiesbaden: Springer VS. doi:10.1007/978-3-531-18942-0_14.

Emmerich, M. & Maag Merki, K. (2009). Netzwerke als Koordinationsform regionaler Bildungslandschaften: Empirische Befunde und governancetheoretische Implikationen. In N. Berkemeyer, H. Kuper, V. Manitius & K. Müthing (Hrsg.), *Schulische Vernetzung* (S. 13–30). Münster: Waxmann.

EMSE – Netzwerk empirische Schulentwicklung (2008). Nutzung und Nutzen von Schulrückmeldungen im Rahmen standardisierter Lernstandserhebungen/Vergleichsarbeiten. 2. Positionspapier verabschiedet auf der 9. EMSE-Fachtagung am 16.-17. Dezember 2008 in Nürnberg. *Die Deutsche Schule, 4*, 389–396.

Enderlein, O. (2009). Kinder und Jugendliche an Schulentwicklung beteiligen? In O. Enderlein (Hrsg.), *Ihr seid gefragt! Qualität von Ganztagsschule aus Sicht der Kinder und Jugendlichen* (S. 5–9). Berlin: DJI.

Engel, D. (2010). Das Internet – Ein Segen für die Marktforschung? Einige Überlegungen zur Online-Forschung in der Praxis. In N. Jackob, T. Zerback, O. Jandura & M. Maurer (Hrsg.), *Das Internet als Forschungsinstrument und -gegenstand in der Kommunikationswissenschaft* (S. 31–49). Köln: Herbert von Halem.

Epstein, J. L. & Lee, S. (1995). National patterns of school and family connections in the middle grades. In B. A. Ryan, G. R. Adams, T. P. Gullotta, R. P. Weissberg & R. L. Hampton (Eds.), *The family-school connection. Theory, Research, and Practice* (pp. 108–154). Thousand Oaks, CA: Sage.

Epstein, J. L., Sanders, M. G., Simon, B. S., Salinas, K. C., Jansorn, N. R. & Van Voorhis, F. L. (2002). *School, family, and community partnerships: Your handbook for action*. Thousand Oaks, CA: Sage.

EU-Kommission (2001). *Memorandum über lebenslanges Lernen*. Zugriff am 28. November 2016 unter https://www.bibb.de/dokumente/pdf/foko6_neues-aus-euopa_04_raum-lll.pdf.

Europäischer Rat (2000). *Lissabon. Schlussfolgerungen des Vorsitzes*. Zugriff am 28. November 2016 unter http://www.europarl.europa.eu/summits/lis1_de.htm.

EURYDICE – Europäisches Bildungsinformationsnetz (2007). *Schulautonomie in Europa. Strategien und Maßnahmen*. Zugriff am 19. Oktober 2016 unter http://eacea.ec.europa.eu/education/eurydice/documents/thematic_reports/090DE.pdf.

Evertson, C. M. & Emmer, E. T. (2013). *Classroom management for elementary teachers*. Boston, MA: Pearson.

Fabrigar, L. R., Wegener, D. T., MacCallum, R. T. & Strahan, E. J. (1999). Evaluating the use of exploratory factor analysis in psychological research. *Psychological Methods, 4* (3), 272–299.

Färber, G. (1999). Wie kann ein leistungsfähiges Bildungswesen finanziert werden? In B. von Rosenbladt (Hrsg.), *Bildung in der Wissensgesellschaft: ein Werkstattbericht zum Reformbedarf im Bildungssystem* (S. 131.-150). Münster: Waxmann.

Fauser, P., Prenzel M. & Schratz, M. (2010). Von den Besten lernen. Was exzellente Schulen für ihre Entwicklung tun. *OrganisationsEntwicklung, 1,* 13–20.

Feichter, H. J. (2012). *Peer Evaluation – Die Sicht der SchülerInnen. NOESIS Arbeitsbericht Nr. 8.* Zugriff am 7. März 2017 unter http://www.noesis-projekt.at/uploads/Arbeitsbericht-Nr. 8Juni-2012.pdf.

Feichter, H. J. (2015). Partizipation von Schülerinnen und Schülern – Der blinde Fleck der Schulforschung. *Gruppendynamik und Organisationsberatung, 46* (3–4), 409–426.

Feldhoff, T. (2011). *Schule organisieren. Der Beitrag von Steuergruppen und Organisationalem Lernen zur Schulentwicklung.* Wiesbaden: Springer VS. doi:10.1007/978-3-531-93384-9.

Feldhoff, T., Kanders, M. & Rolff, H.-G. (2008). Qualitätssicherung und Rechenschaftslegung. In H. G. Holtappels (Hrsg.), *Schulentwicklung durch Gestaltungsautonomie: Ergebnisse der Begleitforschung zum Modellvorhaben „selbstständige Schule" in Nordrhein-Westfalen* (S. 183–194). Münster: Waxmann.

Feldman, A. M. & Matjasko, J. L. (2007). Profiles and portfolios of adolescent school-based extracurricular activity participation. *Journal of Adolescence, 30* (2), 313–332. doi:10.1016/j.adolescence.2006.03.004.

Fend, H. (1980). *Theorie der Schule.* München: Urban & Schwarzenberg.

Fend, H. (1986). ‚Gute Schulen – Schlechte Schulen'. Die einzelne Schule als pädagogische Handlungseinheit. *Die Deutsche Schule, 78,* 275–293.

Fend, H. (1998). *Qualität im Bildungswesen. Schulforschung zu Systembedingungen, Schulprofilen und Lehrerleistung.* Weinheim und Basel: Beltz.

Fend, H. (2006). *Neue Theorie der Schule. Einführung in das Verstehen von Bildungssystemen.* Wiesbaden. Springer VS.

Fend, H. (2008). *Schule gestalten. Systemsteuerung, Schulentwicklung und Unterrichtsqualität.* Wiesbaden: Springer VS. doi:10.1007/978-3-531-90867-0.

Field, A. (2013). *Discovering statistics using IBM SPSS statistics – and sex and drugs and rock'n roll.* London: Sage.

Fiester, L. M., Simpkins, S. D. & Bouffard, S. M. (2005). Present and accounted for: Measuring attendance in out-of-school-time programs. *New Directions for Youth Development, 105,* 91–107.

Finney, S. J. & DiStefano, C. (2006). Non-normal and categorical data in structural equation modeling. In G. R. Hancock & R. O. Mueller (Eds.), *Structural Equation Modeling: A Second Course* (pp. 269–314). Greenwich, CT: Information Age Publishing.

Fischer, N. (2013). Wovon hängt Qualität in Ganztagsschulen ab? In U. Erdsiek-Rave & M. John-Ohnesorg (Hrsg.), *Gute Ganztagsschulen* (S. 34–46). Berlin: Netzwerk Bildung.

Fischer, N., Brümmer, F. & Kuhn, H. P. (2011). Entwicklung von Wohlbefinden und motivationalen Orientierungen in der Ganztagsschule – Zusammenhänge mit der Prozess- und Beziehungsqualität in den Angeboten. In N. Fischer, H. G. Holtappels, E. Klieme, T. Rauschenbach, L. Stecher & I. Züchner (Hrsg.), *Ganztagsschule: Entwicklung, Qualität, Wirkungen: Längsschnittliche Befunde der Studie zur Entwicklung von Ganztagsschulen (StEG)* (S. 227–245). Weinheim: Beltz.

Fischer, N. & Gerecht, M. (2011). *Lernergebnisse in der Sekundarstufe I: Einflüsse institutioneller und pädagogischer Schulqualität.* Vortrag im Rahmen des Kolloquiums der Arbeitseinheit Bildungsqualität und Evaluation im Juni 2011 am Deutschen Institut für Internationale Pädagogische Forschung, Frankfurt.

Fischer, N., Holtappels, H. G., Klieme, E., Rauschenbach, T., Stecher, L. & Züchner, I. (2011). *Ganztagsschule: Entwicklung, Qualität, Wirkungen. Längsschnittliche Befunde der Studie zur Entwicklung von Ganztagsschulen (StEG).* Weinheim und Basel: Beltz.

Fischer, N., Holtappels, H. G., Stecher, L. & Züchner, I. (2011). Theoretisch-konzeptionelle Bezüge – ein Analyserahmen für die Entwicklung von Ganztagsschulen. In N. Fischer, H. G. Holtappels, E. Klieme, T. Rauschenbach, L. Stecher & I. Züchner (Hrsg.), *Ganztagsschule: Entwicklung, Qualität und Wirkungen* (S. 18–29). Weinheim: Beltz.

Fischer, N., Kuhn, H. P. & Klieme, E. (2009). Was kann die Ganztagsschule leisten? Wirkungen ganztägiger Beschulung auf die Entwicklung von Lernmotivation und schulischer Performanz nach dem Übergang in die Sekundarstufe. *54. Beiheft der Zeitschrift für Pädagogik*, 143–167.

Fischer, N., Kuhn, H. P. & Tillack, C. (2016). Warum können Ganztagsschulen besonders gute Schulen sein? – Spezifische Qualitätsmerkmale der Ganztagsschule. In N. Fischer, H. P. Kuhn & C. Tillack (Hrsg.), *Was sind gute Schulen? Teil 4: Theorie, Praxis und Forschung zur Qualität von Ganztagsschulen* (S. 10–41). Immenhausen: Prolog.

Fischer, N., Kuhn, H. P. & Tillack, C. (Hrsg.). (2016a). *Was sind gute Schulen? Teil 4: Theorie, Praxis und Forschung zur Qualität von Ganztagsschulen*. Immenhausen: Prolog.

Fischer, N., Kuhn, H. P. & Züchner, I. (2011). Entwicklung von Sozialverhalten in der Ganztagsschule – Wirkungen der Ganztagsteilnahme und der Angebotsqualität. In N. Fischer, H. G. Holtappels, E. Klieme, T. Rauschenbach, L. Stecher & I. Züchner (Hrsg.), *Ganztagsschule: Entwicklung, Qualität, Wirkungen: Längsschnittliche Befunde der Studie zur Entwicklung von Ganztagsschulen (StEG)* (S. 246–266). Weinheim und Basel: Beltz.

Fischer, N. & Rabenstein, K. (2015). Methodische Zugänge der Ganztagsschulforschung. Chancen und Grenzen komplexer Forschungsdesigns. In T. Hascher, T.-S. Idel, S. Reh, W. Thole & K.-J. Tillmann (Hrsg.), *Bildung über den ganzen Tag. Forschungs- und Theorieperspektiven der Erziehungswissenschaft* (S. 171–196). Opladen: Budrich.

Fischer, N., Radisch, F. & Stecher, L. (2009). Halb- und Ganztagsbetrieb. In S. Blömeke, T. Boohl, L. Haag, G. Lang-Wojtasik & W. Sacher (Hrsg.), *Handbuch Schule. Theorie – Organisation – Entwicklung* (S. 343–350). Bad Heilbrunn: Klinkhardt.

Fischer, N., Radisch, F., Theis, D., Züchner, I. (2012). *Qualität von Ganztagsschulen – Bedingungen, Wirkungen und Empfehlungen. Expertise für die SPD Bundestagsfraktion*. Zugriff am 29. September 2013 unter http://www.pedocs.de/volltexte/2012/6794/pdf/Fischer_etal_2012_Qualitaet_von_GTS.pdf.

Fischer, N., Sauerwein, M. N., Theis, D. (2012). Ganztagsschule zwischen Erwartungen und Realität – Ein Überblick über Ergebnisse der Studie zur Entwicklung von Ganztagsschulen (StEG). In M. Heibler & T. Schaad (Hrsg.), *Qualitätsentwicklung an Ganztagsschulen* (S. 47–60). Bamberg: University of Bamberg Press.

Fischer, N., Sauerwein, M. N., Theis, D. & Wolgast, A. (2016). Vom Lesenlernen in der Ganztagsschule: Leisten Ganztagsangebote einen Beitrag zur Leseförderung am Beginn der Sekundarstufe 1? *Zeitschrift für Pädagogik, 6*, 780–795.

Fischer, N., Schmidt, S. & Zeidler, N. (2009). *Freunde treffen kann ich später – Verminderung motivationaler Konflikte durch Hausaufgabenbetreuung in der Ganztagsschule?* Vortrag auf der 73. Tagung der Arbeitsgruppe Empirische Pädagogische Forschung (AEPF) im September 2009 in Bochum.

Fischer, N. & Theis, D. (2014). Quality of extracurricular activities: Considering developmental changes in the impact on school attachment and achievement. *Journal for Educational Research Online, 6* (3), 54–75. Zugriff am 4. März 2017 unter http://www.j-e-r-o.com/index.php/jero/article/download/472/216.

Fischer, N. & Theis, D. (2014a). Extracurricular participation and adolescent development of school attachment and learning goal orientations: The impact of school-quality. *Developmental Psychology, 55*, 1788–1793.

Fischer, N., Theis, D. & Züchner, I. (2014). Narrowing the gap? The role of all day schools in reducing educational inequality in Germany. *International Journal for Research on Extended Education, 2*, 79–98.

Fischer, N., Tillmann, K. & Willems, A. S. (2015). Ausbaustrategien in der Grundschule: Ganztagsbildung oder Betreuung? *Lernende Schule, 69*, 18.

Fisseni, H.-J. (2004). *Lehrbuch der psychologischen Diagnostik*. Göttingen: Hogrefe.

Flake, J. K., Barron, K. E., Hulleman, C., McCoach, B. D. & Welsh, M. E (2015). Measuring cost: The forgotten component of expectancy-value theory. *Contemporary Educational Psychology, 41*, 232–244. doi:10.1016/j.cedpsych.2015.03.002.

Flake, J. K., Pek, J. & Hehman, E. (2017). Construct validation in social and personality research. Current practice and recommendations. *Social Psychological and Personality Science, 8* (4), 370–378. doi:10.1177/1948550617693063.

Flitner, W. (1954). *Grund- und Zeitfragen der Erziehung und Bildung.* Stuttgart: Klett.

Fölling-Albers, M. (2000). Entscholarisierung von Schule und Scholarisierung von Freizeit. *Zeitschrift für Soziologie der Erziehung und Sozialisation, 2* (2), 118–131.

Forschungsgruppe SpOGATA (2008). *Abschlussbericht der Essener Pilotstudie im Rahmen des Evaluationsprojektes „Evaluation des BeSS-Angebotes an offenen Ganztagsschulen im Primarbereich in seinen Auswirkungen auf die Angebote und Struktur von Sportvereinen, Koordinierungsstellen und die Ganztagsförderung des LandesSportBundes NRW in Nordrhein-Westfalen".* Essen: Willibald-Gebhardt-Institut.

Forschungsgruppe SpOGATA (2009). *Zusammenfassung des Abschlussberichts der Essener Pilotstudie im Rahmen des Evaluationsprojekts „Evaluation des BeSS-Angebotes an offenen Ganztagsschulen im Primarbereich in seinen Auswirkungen auf die Angebote und Struktur von Sportvereinen, Koordinierungsstellen und die Ganztagsförderung des LandesSportBundes NRW in NordrheinWestfalen".* Essen: Willibald-Gebhardt-Institut.

Forschungsgruppe SpOGATA (2012). *Abschlussbericht des Forschungsprojektes „Evaluation des BeSS-Angebotes an offenen Ganztagsschulen im Primarbereich in seinen Auswirkungen auf die Angebote und Struktur von Sportvereinen, Koordinierungsstellen und die Ganztagsförderung des Landessportbundes NRW in Nordrhein-Westfalen" (BeSS-Eva NRW).* Essen: Willibald-Gebhardt-Institut.

Forschungsgruppe SpOGATA (2015). *Evaluation der Bewegungs-, Spiel- und Sportangebote an Ganztagsschulen in Nordrhein-Westfalen.* Aachen: Meyer & Meyer.

Forum Bildung (2001). *Lernen – ein Leben lang. Vorläufige Empfehlungen und Expertenbericht.* Zugriff am 28. November 2016 unter http://www.blk-bonn.de/papers/forum-bildung/band09.pdf.

Forum Bildung (2001a). *Neue Lern- und Lehrkultur. Vorläufige Empfehlungen und Expertenbericht.* Zugriff am 28. November 2016 unter http://www.pedocs.de/volltexte/2008/237/pdf/band10.pdf.

Franke, E. (2003). Ästhetische Bildung im Sport – ein Bildungsprozess? In E. Franke & E. Bannmüller (Hrsg.), *Ästhetische Bildung* (S. 17–37). Butzbach-Griedel: Afra.

Franke, E. (2005). Körperliche Erkenntnis – Die andere Vernunft. In J. Bietz, R. Laging & M. Roscher (Hrsg.), *Bildungstheoretische Grundlagen der Bewegungs- und Sportpädagogik* (S. 180–201). Baltmannsweiler: Schneider Hohengehren.

Fredricks, J. A. & Eccles, J. S. (2002). Children's competence and value beliefs from childhood through adolescence: Growth trajectories in two male-sex-typed domains. *Developmental Psychology, 38* (4), 519–533.

Fredricks, J. A. & Eccles, J. S. (2005). Developmental benefits of extracurricular involvement: Do peer characteristics mediate the link between activities and youth outcomes? *Journal of Youth and Adolescence, 34* (6), 507–520.

Freitag, M. (1998). *Was ist eine gesunde Schule? Einflüsse des Schulklimas auf die Schüler- und Lehrergesundheit.* Weinheim und Basel: Beltz.

Frenzel, A. C., Goetz, T., Pekrun, R. & Watt, H. M. G. (2010). Development of mathematics interest in adolescence: Influences of gender, family, and school context. *Journal of Research on Adolescence, 20* (2), 507–537.

Frey, A., Taskinen, P., Schütte, K., Prenzel, M., Artelt, C., Baumert, J., …, Pekrun, R. (2009). *PISA 2006 Skalenhandbuch: Dokumentation der Erhebungsinstrumente.* Münster: Waxmann.

Frey, K. A. (2013). *Soziale Kompetenz. Eine Fragebogenerfassung in der Grundschule.* Münster: Waxmann.

Fritzsche, Y. (2000). Modernes Leben: gewandelt, vernetzt und verkabelt. In Deutsche Shell (Hrsg.), *Jugend 2000* (Bd. 1, S. 181–220). Opladen: Leske + Budrich.
Fullan, M. (1991). *The new meaning of educational change*. New York, NY: Falmer.
Fullan, M. (1999). *Die Schule als lernendes Unternehmen. Konzepte für eine neue Kultur in der Pädagogik*. Stuttgart: Klett-Cotta.
Fullan, M. (2007). *The mew meaning of educational change*. New York, NY: Teachers College Press.
Fullan, M. & Watson, N. (2000). School-based management: Reconceptualizing to improve learning outcomes. *School Effectiveness and School Improvement, 11* (4), 453–473.
Furrer, C. & Skinner, E. (2003). Sense of relatedness as a factor in children's academic engagement and performance. *Journal of Educational Psychology, 95* (1), 148–161.
Fürst, D. (2004). Chancen der Regionalisierung im Bildungsbereich. Regional Governance – ein neuer Ansatz der Steuerung regionaler Entwicklungsprozesse. In Projektleitung „Selbstständige Schule" (Hrsg.), *Regionale Bildungslandschaften. Grundlagen einer staatlich-kommunalen Verantwortungsgemeinschaft* (S. 35–55). Troisdorf: Bildungsverlag EINS.
Furthmüller, P. (2014). *Codebuch Schüler/innen der Primarstufe. Dokumentation der Fragebögen 2005 bis 2009. StEG*. Zugriff am 15. April 2017 unter https://www.iqb.hu-berlin.de/fdz/studies/StEG/StEG_CB_g.pdf.
Furthmüller, P. (2014a). *Codebuch Schüler/innen der Sekundarstufe I. Dokumentation der Fragebögen 2005 bis 2009. StEG*. Zugriff am 15. April 2017 unter https://www.iqb.hu-berlin.de/fdz/studies/StEG/StEG_CB_s.pdf.
Furthmüller, P. (2014b). *Skalenverzeichnis. Skalen und Indizes der Scientific-Use-Files 2005 bis 2009*. Zugriff am 15. April 2017 unter https://www.iqb.hu-berlin.de/fdz/studies/StEG/StEG_SV.pdf.
Furthmüller, P. (2014c). *Codebuch Eltern. Dokumentation der Fragebögen 2005 bis 2009. StEG*. Zugriff am 15. April 2017 unter https://www.iqb.hu-berlin.de/fdz/studies/StEG/StEG_CB_e.pdf.
Furthmüller, P. (2014d). *Codebuch Lehrkräfte. Dokumentation der Fragebögen 2005 bis 2009. StEG*. Zugriff am 15. April 2017 unter https://www.iqb.hu-berlin.de/fdz/studies/StEG/StEG_CB_l.pdf.
Furthmüller, P., Neumann, D., Quellenberg, H., Steiner. C. & Züchner, I. (2011). Die Studie zur Entwicklung von Ganztagsschulen. Beschreibung des Designs und Entwicklung der Stichprobe. In N. Fischer, H. G. Holtappels, E. Klieme, T. Rauschenbach & I. Züchner (Hrsg.), *Ganztagsschule: Entwicklung, Qualität, Wirkungen. Längsschnittliche Befunde der Studie zur Entwicklung von Ganztagsschulen (StEG)* (S. 30–56). Weinheim und Basel: Beltz.
Fusarelli, L. D. & Johnson, B. (2004). Educational governance and the new public management. *Public Administration and Management: An Interactive Journal, 9* (2), 118–127.
Fußstetter, H. (2007). Selbstbewertung und externe Evaluation an Schulen. Ein nachhaltiges Konzept aus der Sicht einer Führungskraft der Wirtschaft, die Schulen im Qualitätsentwicklungsprozess begleitet. In W. Schönig (Hrsg.), *Spuren der Schulevaluation: zur Bedeutung und Wirksamkeit von Evaluationskonzepten im Schulalltag* (S. 63–84). Kempten: Klinkhardt.
Gaiser, J. M., Kielblock, S. & Stecher, L. (2016). Hausaufgabenangebote an Ganztagsschulen. *Zeitschrift für Pädagogik, 6*, 797–810.
Gängler H. & Markert, T. (2010). Ganztagsschule ohne Hausaufgaben?! *Empirische Pädagogik, 1* (24), 78–92.
Gängler H. & Markert, T. (Hrsg.). (2011). *Vision und Alltag der Ganztagsschule*. Weinheim und Basel: Beltz.
Gardner, H. (1997). *Die Zukunft der Vorbilder. Das Profil der innovativen Führungskraft*. Stuttgart: Klett.
Gärtner, H., Husemann, D. & Pant, H. A. (2009). Wirkungen von Schulinspektionen aus Sicht betroffener Schulleitungen. Die Brandenburger Schulleiterbefragung. *Empirische Pädagogik, 23* (1), S. 1–18.

Gärtner, H., Wurster, S. & Pant, H. A. (2014). The effect of school inspections on school improvement. *School Effectiveness and School Improvement, 25,* 489–508. doi:10.1080/09243453.2013.811089.

Gatermann, K., Gierke, J., Poppinga, A. & Saldern, M. von (2010). SEIS – Kritische Darstellung eines Selbstevaluationsinstruments. In M. von Saldern (Hrsg.), *Selbstevaluation von Schule. Hintergrund – Durchführung – Kritik* (S. 101–126). Norderstedt: Books on Demand.

Geijsel, F., van den Berg, R. & Sleegers, P. (1999). The innovative capacity of schools in primary education: A qualitative study. *International Journal of Qualitative Studies in Education, 12* (2), 175–191. doi:10.1080/095183999236240.

Geis, S., Hoffmann, D., Naul, R. & Wick, U. (2009). Bewegung, Spiel und Sport an offenen Ganztagsgrundschulen in Essen. In R. Naul, A. Krüger & W. Schmidt (Hrsg.), *Kulturen des Jugendsports. Bildung, Erziehung und Gesundheit* (S. 149–166). Aachen: Meyer & Meyer.

Geiss, M. & De Vincenti, A. (Hrsg.). (2012). *Verwaltete Schule. Geschichte und Gegenwart.* Wiesbaden: Springer VS. doi:10.1007/978-3-531-19469-1.

Geißler, K. A. (2014). Schulzeiten. *Die berufsbildende Schule, 66,* 373–377.

Gellrich, R. (2012). Bildungsberatung in lokalen Bildungslandschaften. Vor Ort Brücken bauen zum erfolgreichen lebensbegleitenden Lernen für alle. In P. Bleckmann & A. Durdel (Hrsg.), *Bildungslandschaften. Mehr Chancen für alle* (S. 152–167). Wiesbaden: Springer VS. doi:10.1007/978-3-531-94130-1_11.

Gerecht, M., Steinert, B., Klieme, E. & Döbrich, P. (2007). *Skalen zur Schulqualität: Dokumentation der Erhebungsinstrumente. Pädagogische EntwicklungsBilanzen mit Schulen (PEB).* Frankfurt am Main: Gesellschaft zur Förderung Pädagogischer Forschung.

GEW Hessen (2012). *„Selbstständige Schule" – Das ist nicht die Freiheit, die wir meinen!* Zugriff am 19. Oktober 2014 unter http://www.gew-frankfurt.de/fileadmin/uploads/Uploads_petra_2012/Flugblatt_Selbststaendige_Schule.pdf.

GGT – Gemeinnützige Gesellschaft Tagesheimschule e.V. (1962). (Hrsg.). *Pädagogische Erwägungen über die Ganztagsschule. Bericht über die Tagung des UNESCO-Instituts für Pädagogik vom 27. –29.01.1961.* Sonderheft der ths. Frankfurt: GGT.

GGT – Gemeinnützige Gesellschaft Tagesheimschule e.V. (2003). *Ganztagsschulentwicklung in den Bundesländern. Stand: November 2003.* Zugriff am 22. November 2016 unter http://www.ganztagsschulverband.de/downloads/gts_entwicklungnovember2003.pdf.

Giacquinta, J. B. (1973). The process of organizational change in schools. *Review of Research in Education, 1* (1), 178–208. doi:10.2307/1167198.

Gieske, M. (2013). *Mikropolitik und schulische Führung.* Kempten: Klinkhardt.

Gieske-Roland, M. (2015). Mikropolitik und schulische Führung. In J. Berkemeyer, N. Berkemeyer & F. Meetz (Hrsg.), *Professionalisierung und Schulleitungshandeln. Wege und Strategien der Personalentwicklung an Schulen* (S. 96–112). Weinheim und Basel: Beltz.

Gnas, D. (2012). Kommunale Kooperation – Gestaltungskompetenzen in Bildungslandschaften. In P. Bleckmann & A. Durdel (Hrsg.), *Bildungslandschaften. Mehr Chancen für alle* (S. 117–132). Wiesbaden: Springer VS. doi:10.1007/978-3-531-94130-1_9.

Goodenow, C. (1993). Classroom belonging among early adolescent students: Relationships to motivation and achievement. *Journal of Early Adolescence, 13,* 21–43.

Gottlieb, B. H. & Sylvestre, J. C. (1994). Social support in the relationships between older adolescents and adults. In F. Nestmann & K. Hurrelmann (Eds.), *Social networks and social support in childhood and adolescence* (pp. 53–74). Berlin: DeGruyter.

Granzer, D., Wendt, P. & Berger, R. (Hrsg.) (2008). *Selbstevaluation in Schulen.* Weinheim und Basel: Beltz.

Gras, C. J. & Rottmann, J. (2013). Kooperationspotenziale im Übergang Schule-Beruf an Ganztagsschulen. In S. Appel & U. Rother (Hrsg.), *Jahrbuch Ganztagsschule 2013* (S. 76–84). Schwalbach/Ts.: Wochenschau.

Grewe, N. (2003). *Aktive Gestaltung des Klassenklimas: eine empirische Interventionsstudie.* Münster: Lit.

Grgic, M. (2013). Musikalische und künstlerische Aktivitäten im Aufwachsen junger Menschen. In M. Grgic & I. Züchner (Hrsg.), *Medien, Kultur und Sport. Was Kinder und Jugendliche machen und ihnen wichtig ist. Die MediKuS-Studie* (S. 29–87). Weinheim und Basel: Beltz.

Grgic, M. & Züchner, I. (2013). *Medien, Kultur und Sport. Was Kinder und Jugendliche machen und ihnen wichtig ist. Die MediKuS-Studie.* Weinheim und Basel: Beltz.

Grob, U. (2007). Schulklima und politische Sozialisation. *Zeitschrift für Pädagogik, 53* (6), 774–799.

Grossman, J. B. & Tierney, J. P. (1998). Does mentoring work? An impact study of the Big Brothers Big Sisters program. *Evaluation Review, 22*, 403–426.

Grothues, R. & Schulz, U. (2010). Wie Kinder den Ganztag erleben und was Träger für sie leisten. Ergebnisse einer Untersuchung in offenen Ganztagsschulen der Stadt Gütersloh. In Institut für soziale Arbeit (Hrsg.), *ISA-Jahrbuch zur Sozialen Arbeit* (S. 235–258). Münster: Waxmann.

Grüb, B. (2007). *Sozialkapital als Erfolgsfaktor von Public Private Partnership* (Schriften zur öffentlichen Verwaltung und öffentlichen Wirtschaft, Band 206). Berlin: BWV.

Gruehn, S. (2000). *Unterricht und schulisches Lernen. Schüler als Quellen der Unterrichtsbeschreibung.* Münster: Waxmann.

Grundmann, M. & Keller, M. (1999). Perspektivität, soziale Kognition und die (Re-) Konstruktion sozialisationsrelevanter Handlungsstrukturen. In M. Grundmann (Hrsg.), *Konstruktivistische Sozialisationsforschung: Lebensweltliche Erfahrungskontexte, individuelle Handlungskompetenzen und die Konstruktion sozialer Strukturen* (S. 118–148). Frankfurt am Main: Suhrkamp.

Grupe, O. & Krüger, M. (2007). *Einführung in die Sportpädagogik.* Schorndorf: Hofmann.

Gundlach, E., Wößmann, L. & Gmelin, J. (2001). The decline of schooling productivity in OECD countries. *Economic Journal, 111* (471), 135–147. doi:10.1111/1468-0297.00624.

Gwet, K. L. (2012). *Handbook of inter-rater reliability: The definitive guide to measuring the extent of agreement among multiple raters.* Gaithersburg: Advanced Analytics, LLC.

Habermas, J. (1992). *Faktizität und Geltung. Beiträge zur Diskurstheorie des Rechts und des demokratischen Rechtsstaates.* Frankfurt am Main: Suhrkamp.

Haeberlin, U., Moser, U., Bless, G. & Klaghofer, R. (1989). *Integration in die Schulklasse. Fragebogen zur Erfassung von Dimensionen der Integration von Schülern (FDI 4–6).* Bern: Haupt.

Haenisch, H. (1987). *Ein Jahr danach. Wirkungen einer Lehrerfortbildungsmaßnahme.* Soest: Landesinstitut für Schule und Weiterbildung.

Haenisch, H. (1994). *Wie Lehrerfortbildung Schule und Unterricht verändern kann. Eine empirische Untersuchung zu den Bedingungen der Übertragbarkeit von Fortbildungserfahrungen in die Praxis.* Soest: Landesinstitut für Schule und Weiterbildung.

Haenisch, H. (2009). Verzahnung zwischen Unterricht und außerunterrichtlichen Angeboten im offenen Ganztag. *Der GanzTag in NRW, 5* (11), 6–27.

Haenisch, H. (2011). Charakteristik der Förderaktivitäten in den BeSS-Angeboten des offenen Ganztags. In R. Naul (Hrsg.), *Bewegung, Spiel und Sport in der Ganztagsschule. Bilanz und Perspektiven* (S. 198–212). Aachen: Meyer & Meyer.

Haenisch-Krüger, E.-M. (1978). *Erhebungsinstrumente der Leistungsstudie (außer Leistungstests).* Unveröffentlichter Arbeitsbericht. Zugriff am 17. Juli 2017 unter http://daqs.fachportal-paedagogik.de/search/show/instrument/4999_88.

Halbritter, M. (Hrsg.). (2010). *Auf dem Weg zur „guten Schule": Schule gemeinsam entwickeln.* Weinheim und Basel: Beltz.

Hanushek, E. A. (1995). Interpreting recent research on schooling in developing countries. *World Bank Research Observer 10* (2), 227–246. doi:10.1093/wbro/10.2.227.

Hanushek, E. A. (1997). The productivity collapse in schools. In W. Fowler Jr. (Ed.), *Developments in School Finance 1996* (pp. 183–195). Washington, D.C.: Department of Education, National Center for Education Statistics.

Hanushek, E. A. (1998). Conclusions and controversies about the effectiveness of school resources. *Federal Reserve Bank of New York Economic Policy Review 4* (1), 11–27.
Hanushek, E. A. (2016). What matters for student achievement. Updating Coleman on the influence of families and schools. *Education Next, 16* (4), 23–30.
Harring, M., Böhm-Kasper, O., Rohlfs, C. & Palentien, C. (Hrsg.). (2010). *Freundschaften, Cliquen und Jugendkulturen: Peers als Bildungs- und Sozialisationsinstanzen.* Wiesbaden: Springer VS. doi:10.1007/978-3-531-92315-4.
Harring, M., Rohlfs, C. & Palentien, C. (2007). Perspektiven der Bildung – eine Einleitung in die Thematik. In M. Harring, C. Rohlfs & C. Palentien (Hrsg.), *Perspektiven der Bildung – Kinder und Jugendliche in formellen, nicht-formellen und informellen Bildungsprozessen* (S. 7–14). Wiesbaden: Springer VS. doi:10.1007/978-3-531-90637-9_1.
Hart, R. (1992). *Children's participation: From tokenism to citizenship.* Florence: UNICEF.
Hartnuß, B. & Maykus, S. (2006). *Mitbestimmen, mitmachen, mitgestalten – Entwurf einer bürgerschaftlichen und sozialpädagogischen Begründung von Chancen der Partizipations- und Engagementförderung in ganztägigen Lernarrangements.* Zugriff am 25. September 2014 unter http://blk-demokratie.de/getfile.php?f=fileadmin/public/dokumente/Hartnu__Maykus.pdf.
Hasenclever, W. D. (2012). Konsequente Eigenverantwortung statt Verlagerung von Verwaltung nach unten: Schulen wirkliche Freiheiten geben. In F. Sauerland & S. Uhl (Hrsg.), *Selbstständige Schule. Hintergrundwissen und Empfehlungen für die eigenverantwortliche Schule und die Lehrerbildung* (S. 43–54). Köln: Link.
Hattie, J. & Timperley, H. (2007). The power of feedback. *Review of Educational Research, 77* (1), 81–112. doi:10.3102/003465430298487.
Häußermann, H. & Siebel, W. (2004). *Stadtsoziologie: Eine Einführung.* Frankfurt am Main: Campus.
HDSG – Hessisches Datenschutzgesetz (2016). *Hessisches Datenschutzgesetz. Fassung vom 7. Januar 1999, geändert durch Gesetz vom 20. Mai 2011, zuletzt geändert durch Gesetz vom 14. Juli 2016.* Zugriff am 1. Mai 2017 unter https://www.datenschutz.hessen.de/hdsg99.htm.
Hebborn, K. (2009). Bildung in der Stadt: Bildungspolitik als kommunales Handlungsfeld. In P. Bleckmann & A. Durdel (Hrsg.), *Lokale Bildungslandschaften* (S. 221–232). Wiesbaden: Springer VS. doi:10.1007/978-3-531-91857-0_16.
Heemsoth, T., Tietjens, M., Naul, R. & Dreiskämper, D. (2015). Bewegungsbildung und Gesundheitsförderung in offenen Ganztagsschulen. In SpOGATA (Hrsg.), *Evaluation der Bewegungs-, Spiel- und Sportangebote an Ganztagsschulen in Nordrhein-Westfalen* (S. 137–164). Aachen: Meyer & Meyer.
Heil, E., Heinrich, M. & Kuhn, P. (2001). „Dass man da halt ganz frei ist" – Kinderperspektiven auf die bewegte Schule. *sportpädagogik, 25* (2), 42–45.
Heim, C., Prohl, R. & Bob, A. (2012). Ganztagsschule und Sportverein. In R. Hildebrandt-Stramann, R. Laging & K. Moegling (Hrsg.), *Körper, Bewegung und Schule. Teil 1: Theorie, Forschung und Diskussion* (S. 1–15). Zugriff am 06. Dezember 2014 unter http://www.itps.uni-wuppertal.de/fileadmin/itps/Fahlenbock/Schulsport-Schulentwicklung/Ganztagsschule_und_Sportverein.pdf.
Heinrich, M. (2006). *Autonomie und Schulautonomie. Die vergessenen ideengeschichtlichen Quellen der Autonomiedebatte der 1990er Jahre.* Münster: Monsenstein & Vannerdat.
Heinrich, M. (2007). *Governance in der Schulentwicklung.* Wiesbaden: Springer VS. doi: 10.1007/978-3-531-90530-3.
Heinrich, G., Hüchtermann, M. & Nowak, S. (2002). *Macht Sponsoring Schule?* Köln: Deutscher Instituts-Verlag.
Heinrich, M. & Kussau, J. (2016). Das Schulprogramm zwischen schulischer Selbstregelung und externer Steuerung. In H. Altrichter & K. Maag Merki (Hrsg.), *Handbuch Neue Steuerung im Schulsystem* (S. 183–208). Wiesbaden: Springer VS. doi:10.1007/978-3-531-18942-0_7.

Heinrich-Böll-Stiftung (2011). *Kommunale Bildungslandschaften.* Zugriff am 19. Februar 2017 unter http://kommunalwiki.boell.de/images/f/f3/2012-02-Kommunale_Bildungslandschaften.pdf.
Heitmeyer, W. & Olk, T. (1990). *Individualisierung von Jugend.* Weinheim und Basel: Beltz.
Helm, C. (2016). Zentrale Qualitätsdimensionen von Unterricht und ihre Effekte auf Schüleroutcomes im Fach Rechnungswesen. *Zeitschrift für Bildungsforschung, 6* (2), 101–119.
Helmke, A. (1993). Die Entwicklung der Lernfreude vom Kindergarten bis zur 5. Klassenstufe. *Zeitschrift für Pädagogische Psychologie, 7*, 77–86.
Helmke, A. (2003). *Unterrichtsqualität erfassen, bewerten, verbessern.* Seelze: Klett.
Helmke, A. (2015). *Unterrichtsqualität und Lehrerprofessionalität.* Seelze: Klett.
Helmke, A., Helmke, T. & Schrader, F.-W. (2012). EMU. Von der Unterrichtsdiagnostik zur Unterrichtsentwicklung. *Friedrich Jahresheft, 2012*, 122–124.
Helmke, A., Helmke, T., Schrader, F.-W., Wagner, W., Klieme, E., Nold, G. & Schröder, K. (2008). Wirksamkeit des Englischunterrichts. In DESI-Konsortium (Hrsg.), *Unterricht und Kompetenzerwerb zu Deutsch und Englisch. Ergebnisse der DESI-Studie* (S. 382–397). Weinheim und Basel: Beltz.
Helmke, A. & Klieme, E. (2008). Unterricht und Entwicklung sprachlicher Kompetenzen. In DESI-Konsortium (Hrsg.), *Unterricht und Kompetenzerwerb in Deutsch und Englisch. Ergebnisse der DESI-Studie* (S. 301–312). Weinheim und Basel: Beltz.
Helsper, W. & Hummrich, M. (2008). Familien. In T. Coelen & H.-U. Otto (Hrsg.), *Grundbegriffe Ganztagsbildung. Das Handbuch* (S. 371–381). Wiesbaden: Springer VS. doi:10.1007/978-3-531-91161-8_37.
Herrera, C., Sipe, C. L. & McClanahan, W. S. P. (2000). *Mentoring school-age children: Relationship development in community-based and school-based programs.* Philadelphia, PE: Public/Private Ventures.
Herrmann, C., Heim, C. & Seelig, H. (2017). Construct and correlates of basic motor competencies in primary school-aged children. *Journal of Sport and Health Science.* Advance online publication. doi:10.1016/j.jshs.2017.04.002.
Heyl, K., Fischer, N. & Tillack, C. (2016). Annahmen und Befunde zur Hausaufgabenbetreuung in Ganztagsschulen. In N. Fischer, H. P. Kuhn & C. Tillack (Hrsg.), *Was sind gute Schulen? Teil 4: Theorie, Praxis und Forschung zur Qualität von Ganztagsschulen* (S. 177–187). Immenhausen: Prolog.
Hildebrandt-Stramann, R. (1999). *Bewegte Schulkultur. Schulentwicklung in Bewegung.* Butzbach-Griedel: Afra.
Hildebrandt-Stramann, R. (2010). *Zeit- und Raumkonzepte in der bewegten Ganztagsschule. Rhythmisierung und körperliche Aufführungspraxis in der Schule.* Baltmannsweiler: Schneider.
Hildebrandt-Stramann, R. (2013). Das Verhältnis von Zeit, Raum und Bewegung in der Ganztagsschule. Eine qualitative Studie aus StuBSS. In R. Hildebrandt-Stramann, R. Laging & K. Moegling (Hrsg.), *Körper, Bewegung und Schule. Teil 1: Theorie, Forschung und Diskussion* (S. 106–120). Immenhausen: Prolog.
Hildebrandt-Stramann, R. (2014). Zeit- und Raumkonzepte – Interpretationen zu Bewegung und körperlicher Aufführungspraxis in Ganztagsschulen. In R. Hildebrandt-Stramann, R. Laging & J. Teubner (Hrsg.), *Bewegung und Sport in der Ganztagsschule – StuBSS: Ergebnisse der qualitativen Studie* (S. 422–463). Baltmannsweiler: Schneider.
Hildebrandt-Stramann, R. & Laging, R. (2013). Bewegungsorientierte Gestaltung von Ganztagsschulen – ausgewählte Befunde auf dem Projekt StuBSS. In S. Appel & U. Rother (Hrsg.), *Schulen ein Profil geben – Konzeptionsgestaltung in der Ganztagsschule. Jahrbuch Ganztagsschule* (S. 115–124). Schwalbach/Ts.: Debus Pädagogik.
Hildebrandt-Stramann, R. & Laging, R. (2016). Gute Ganztagsschulen sind Bewegte Ganztagsschulen. In N. Fischer, H. P. Kuhn & C. Tillack (Hrsg.), *Was sind gute Schulen? Teil 4: Theorie, Praxis und Forschung zur Qualität von Ganztagsschulen* (S. 239–251). Immenhausen: Prolog.

Hildebrandt-Stramann, R., Laging, R. & Teubner, J. (2014). *Bewegung und Sport in der Ganztagsschule – StuBSS: Ergebnisse der qualitativen Studie*. Baltmannsweiler: Schneider Hohengehren.

Hildebrandt-Stramann, R., Laging, R. & Teubner, J. (2014a). Forschungsfelder, Fragestellungen und Auswertungsschwerpunkte der Studie. In R. Hildebrandt-Stramann, R. Laging & J. Teubner (Hrsg.), *Bewegung und Sport in der Ganztagsschule – StuBSS: Ergebnisse der qualitativen Studie* (S. 69–83). Baltmannsweiler: Schneider Hohengehren.

HKM (2011). *Richtlinie für ganztägig arbeitende Schulen in Hessen nach § 15 Hessisches Schulgesetz. Erlass vom 1. November 2011. Gült. Verz. Nr. 721. Anlage 1 HSchG§ 15Erl – Qualitätsrahmen für die Profile ganztägig arbeitender Schulen*. Zugriff am 28. November 2016 unter https://kultusministerium.hessen.de/sites/default/files/media/hkm/gts-rl_gueltig_ab_01-11-2011.pdf.

HKM (2013). *Ergebnisse der Schulinspektion. Berichtszeitraum 2011/2012*. Zugriff am 10. September 2014 unter http://verwaltung.hessen.de/irj/servlet/prt/portal/prtroot/slimp.CMReader/zentral_15/zentral_Internet/med/ed2/ed222c42-0d44-1f01-2f31-2b417c0cf46a,22222222-2222-2222-2222-222222222222,true.pdf.

Höhmann, K. (2005). Ganztagsschule in offener Form. In M. Demmer, B. Eibeck, K. Höhmann & M. Schmerr (Hrsg.), *ABC der Ganztagsschule* (S. 70–71). Schwalbach/Ts.: Wochenschau.

Höhmann, K., Bergmann, K. & Gebauer, M. (2007). Das Personal. In H. G. Holtappels, E. Klieme, T. Rauschenbach & L. Stecher (Hrsg.), *Ganztagsschule in Deutschland. Ergebnisse der Ausgangserhebung der „Studie zur Entwicklung von Ganztagsschulen" (StEG)* (S. 77–85). Weinheim und Basel: Beltz.

Höhmann, K., Holtappels, H. G. & Schnetzer, T. (2004). Ganztagsschule. Konzeptionen, Forschungsbefunde, aktuelle Entwicklungen. In H. G. Holtappels, K. Klemm, H. Pfeiffer, H.-G. Rolff & R. Schulz-Zander (Hrsg.), *Jahrbuch der Schulentwicklung. Daten, Beispiele und Perspektiven* (S. 253–290). Weinheim und Basel: Beltz.

Höhmann, K. & Kummer, N. (2006). Vom veränderten Takt zu einem neuen Rhythmus. Auswirkungen einer neuen Zeitstruktur auf die Ganztagsschulorganisation. In S. Appel, H. Ludwig, U. Rother & G. Rutz (Hrsg.), *Ganztagsschule 2007. Ganztagsschule gestalten* (S. 264–275). Schwalbach/Ts.: Wochenschau.

Höhne, T. & Schreck, B. (2009). *Private Akteure im Bildungsbereich. Eine Fallstudie zum schulpolitischen Einfluss der Bertelsmann-Stiftung am Beispiel von SEIS (Selbstevaluation in Schulen)*. Weinheim und München: Beltz.

Holtappels, H. G. (1994). *Ganztagsschule und Schulöffnung. Perspektiven für die Schulöffnung*. Weinheim und Basel: Beltz.

Holtappels, H. G. (1995). *Ganztagserziehung in der Schule. Modelle, Forschungsbefunde und Perspektiven*. Opladen: Leske + Budrich.

Holtappels, H. G. (2003). *Schulqualität durch Schulentwicklung und Evaluation. Konzepte, Forschungsbefunde, Instrumente*. Weinheim und Basel: Beltz.

Holtappels, H. G. (2004). Schulprogramm – ein Instrument zur systematischen Entwicklung der Schule. In H. G. Holtappels (Hrsg.), *Schulprogramme – Instrumente der Schulentwicklung. Konzeptionen, Forschungsergebnisse, Praxisempfehlungen* (S. 11–28). Weinheim und Basel: Beltz.

Holtappels, H. G. (2004b). Schulprogramm und Organisationskultur – Ergebnisse aus niedersächsischen Schulen über Bedingungen und Wirkungen. In H. G. Holtappels (Hrsg.), *Schulprogramme – Instrumente der Schulentwicklung. Konzeptionen, Forschungsergebnisse, Praxisempfehlungen* (S. 175–194). Weinheim und Basel: Beltz.

Holtappels, H. G. (2004c). Prozessformen für gelingende Schulprogrammarbeit in der Praxis. In H. G. Holtappels (Hrsg.), *Schulprogramme – Instrumente der Schulentwicklung. Konzeptionen, Forschungsergebnisse, Praxisempfehlungen* (S. 245–261). Weinheim und Basel: Beltz.

Holtappels, H. G. (Hrsg.) (2004d). *Schulprogramme – Instrumente der Schulentwicklung*. Weinheim und Basel: Beltz.

Holtappels, H. G. (2004e). *Ganztagsschule – Erwartungen und Möglichkeiten, Chancen und Risiken*. Essen: Wingen.
Holtappels, H. G. (2005). Ganztagsschulen entwickeln und gestalten – Zielorientierungen und Gestaltungsansätze. In K. Höhmann, H. G. Holtappels, I. Kamski & T. Schnetzer (Hrsg.), *Entwicklung und Organisation von Ganztagsschulen. Anregungen, Konzepte, Praxisbeispiele* (S. 7–44). Dortmund: Institut für Schulentwicklungsforschung.
Holtappels, H. G. (2005a). Ganztagsschule in Deutschland – Situationsanalyse und Forschungsergebnisse. *Die Ganztagsschule, 45* (1), 5–31.
Holtappels, H. G. (2005b). Ganztagsbildung in ganztägigen Schulen – Ziele, pädagogische Konzepte, Forschungsbefunde. In T. Fitzner, T. Schlag & M. W. Lallinger (Hrsg.), *Ganztagsschule – Ganztagsbildung. Politik – Pädagogik – Kooperationen* (S. 48–85). Bad Boll: Evangelische Akademie.
Holtappels, H. G. (2006). Stichwort: Ganztagsschule. *Zeitschrift für Erziehungswissenschaft, 9* (1), 5–29. doi:10.1007/s11618-006-0002-7.
Holtappels, H. G. (2007). Schulentwicklungsprozesse und Change Management. Innovationstheoretische Reflexionen und Forschungsbefunde über Steuergruppen. In N. Berkemeyer & H. G. Holtappels (Hrsg.), *Schulische Steuergruppen und Change Management: theoretische Ansätze und empirische Befunde zur schulinternen Schulentwicklung* (S. 5–34). Weinheim und Basel: Beltz.
Holtappels, H. G. (2007a). *Organisation und Lernkultur an Ganztagsschulen – Ergebnisse des StEG-Forschungsprogramms*. Vortrag auf dem Bundeskongress des Ganztagsschulverbandes vom 14.–16.11.2007 in Leipzig. Zugriff am 27. November 2016 unter http://www.ganztagsschulverband.de/downloads/kongresse/tagungsbericht.pdf.
Holtappels, H. G. (2008). *Schulentwicklung durch Gestaltungsautonomie: Ergebnisse der Begleitforschung zum Modellvorhaben „selbstständige Schule" in Nordrhein-Westfalen*. Münster: Waxmann.
Holtappels, H. G. (2008a). Ziele, Konzepte, Entwicklungsprozesse. In H. G. Holtappels, E. Klieme, T. Rauschenbach & L. Stecher (Hrsg.), *Ganztagsschule in Deutschland. Ergebnisse der Ausgangserhebung der „Studie zur Entwicklung von Ganztagsschulen (StEG)* (S. 139–163). Weinheim und Basel: Beltz.
Holtappels, H. G. (2010). Die Entwicklung von Ganztagsschulen. Konzeptionen, Organisation und pädagogische Gestaltung. In H. Buchen, L. Horster & H.-G. Rolff (Hrsg.), *Ganztagsschule – Erfolgsgeschichte und Zukunftsaufgabe* (S. 7–18). Stuttgart: Raabe.
Holtappels, H. G. (2011). Schulinterne Steuerungsinstrumente der Schulentwicklung. In H. Altrichter & C. Helm (Hrsg.), *Akteure & Instrumente der Schulentwicklung* (S. 131–149). Baltmannsweiler: Schneider Hohengehren.
Holtappels, H. G. (2013). Innovation in Schulen – Theorieansätze und Forschungsbefunde zur Schulentwicklung. In M. Rürup & I. Bormann (Hrsg.), *Innovationen im Bildungswesen. Analytische Zugänge und empirische Befunde* (S. 45–69). Wiesbaden: Springer VS. doi:10.1007/978-3-531-19701-2_2.
Holtappels, H. G., Bräuer, H., Harazd, B., Heerdegen, M. & Bos, W. (2004). *Schulqualität von Bremer Grundschulen im Halbtagsbetrieb. Empirische Vergleichsuntersuchung in Vollen Halbtagsschulen und Verlässlichen Grundschulen in Verbindung mit IGLU* (Forschungsbericht). Dortmund.
Holtappels, H. G., Jarsinski, S. & Rollett, W. (2011). Teilnahme als Qualitätsmerkmal für Ganztagsschulen. Entwicklung von Schülerteilnahmequoten auf Schulebene. In N. Fischer, H. G. Holtappels, E. Klieme, T. Rauschenbach, L. Stecher & I. Züchner (Hrsg.), *Ganztagsschule: Entwicklung, Qualität, Wirkungen: Längsschnittliche Befunde der Studie zur Entwicklung von Ganztagsschulen (StEG)* (S. 97–119). Weinheim und Basel: Beltz.
Holtappels, H. G., Kamski, I. & Schnetzer, T. (2009). Qualitätsrahmen für Ganztagsschulen. In I. Kamski, H. G. Holtappels & T. Schnetzer (Hrsg.), *Qualität von Ganztagsschule: Konzepte und Orientierungen für die Praxis* (S. 61–88). Münster: Waxmann.

Holtappels, H. G., Klemm, K. & Rolff, H.-G. (Hrsg.). (2008). *Schulentwicklung durch Gestaltungsautonomie. Ergebnisse der Begleitforschung zum Modellvorhaben ‚Selbstständige Schule' in Nordrhein-Westfalen*. Münster: Waxmann.

Holtappels, H. G., Klieme, E., Rauschenbach, T. & Stecher, L. (Hrsg.). (2007). *Ganztagsschule in Deutschland*. Weinheim und Basel: Beltz.

Holtappels, H. G., Klieme, E., Radisch, F., Rauschenbach, T. & Stecher, L. (2008). Forschungsstand zum ganztägigen Lernen und Fragestellungen in StEG. In H. G. Holtappels, E. Klieme, T. Rauschenbach & L. Stecher (Hrsg.), *Ganztagsschule in Deutschland. Ergebnisse der Ausgangserhebung der „Studie zur Entwicklung von Ganztagsschulen" (StEG)* (S. 37–50). Weinheim und Basel: Beltz.

Holtappels, H. G., Krinecki, J. & Menke, S. (2013). Kooperationen – Wie gelingt multiprofessionelle Zusammenarbeit an Ganztagsschulen? In DKJS – Deutsche Kinder- und Jugendstiftung (Hrsg.), *Lernkultur, Kooperationen und Wirkungen. Befunde aus der Ganztagsschulforschung* (S. 47–82). Dortmund: Deutsche Kinder- und Jugendstiftung. Zugriff am 19. Februar 2017 unter https://www.dkjs.de/fileadmin/Redaktion/Dokumente/programme/140422_doku8_lernkultur.pdf.

Holtappels, H. G. & Müller, S. (2002). Inhaltsanalyse der Schulprogrammtexte Hamburger Schulen. In H. G. Rolff, H. G. Holtappels, K. Klemm & H. Pfeiffer (Hrsg.), *Jahrbuch der Schulentwicklung* (S. 209–231). Weinheim und Basel: Beltz.

Holtappels, H. G. & Rollett, W. (2007). Organisationskultur, Entwicklung und Ganztagsschulausbau. In H. G. Holtappels, E. Klieme, T. Rauschenbach & L. Stecher (Hrsg.), *Ganztagsschule in Deutschland. Ergebnisse der Ausgangserhebung der „Studie zur Entwicklung von Ganztagsschulen" (StEG)* (S. 209–226). Weinheim und Basel: Beltz.

Hood, C. (1991). A public management for all seasons. *Public Administration, 69* (1), 3–19. doi:10.1111/j.1467-9299.1991.tb00779.x.

Hopfenbeck, T. N. & Kjærnsli, M. (2016). Students' test motivation in PISA: the case of Norway. *The Curriculum Journal, 27* (3), 406–422. doi:10.1080/09585176.2016.1156004.

Hörl, G., Dämon, K., Popp, U., Bacher, J. & Lachmayr, N. (2012). Ganztägige Schulformen – Nationale und internationale Erfahrungen, Lehren für die Zukunft. In B. Herzog-Punzenberger (Hrsg.), *Nationaler Bildungsbericht Österreich 2012. Band 2* (S. 269–312). Graz: Leykam.

Hosenfeld, I. & Groß Ophoff, J. (2007). Nutzung und Nutzen von Evaluationsstudien in Schule und Unterricht. *Empirische Pädagogik, 21* (4), 352–367.

Howard, G. S. (1980). Response-shift bias: A problem in evaluating interventions with pre/post self-reports. *Evaluation Review, 4*, 93–106. doi:10.1177/0193841x8000400105.

Hoy, W. K., Sweetland, S. R. & Smith, P. (2002). Toward an organizational model of achievement in high schools: The significance of collective efficacy. *Educational Administration Quarterly, 38* (1), 77–93.

Hu, L., Bentler, P. M., & Kano, Y. (1992). Can test statistics in covariance structure analysis be trusted? *Psychological Bulletin, 112*, 351–362. doi:10.1037/0033-2909.112.2.351.

Huber, F. (2008). Konsequenzen aus der externen Evaluation an Bayerns Schulen. In W. Böttcher, W. Bos, H. Döbert & H. G. Holtappels (Hrsg.), *Bildungsmonitoring und Bildungscontrolling in nationaler und internationaler Perspektive* (S. 265–278). Münster: Waxmann.

Huber, S. G. (2005). Schulbegleitforschung – internationale Erfahrungen. In E. Eckert & W. Fichten (Hrsg.), *Schulbegleitforschung. Erwartungen – Ergebnisse – Wirkungen* (S. 41–74). Münster: Waxmann.

Huber, S. G. (2011). Die Rolle der Schulleitung und Schulaufsicht in der Schulentwicklung. In H. Altrichter & C. Helm (Hrsg.), *Akteure & Instrumente der Schulentwicklung* (S. 75–88). Baltmannsweiler: Schneider.

Huber, S. G. (2014). Steuergruppen – Unterstützung im Schul(entwicklungs)management. In R. Pfundtner (Hrsg.), *Grundwissen Schulleitung* (S. 278–293). Köln: Wolters Kluwer.

Huberman, A. M. & Miles, M. B. (1984). *Innovation up close. How school improvement works*. New York, NY: Plenum. doi:10.1007/978-1-4899-0390-7.

Huisken, F. (2005). *Der „PISA-Schock" und seine Bewältigung. Wieviel Dummheit braucht/ verträgt die Republik?* Hamburg: Springer VSA.

Hunner-Kreisel, C. (2008). Kinder. In T. Coelen & H.-U. Otto (Hrsg.), *Grundbegriffe Ganztagsbildung. Das Handbuch* (S. 31–39). Wiesbaden: Springer VS. doi:10.1007/978-3-531-91161-8_2.

Hunner-Kreisel, C. (2008a). Jugendliche. In T. Coelen & H.-U. Otto (Hrsg.), *Grundbegriffe Ganztagsbildung. Das Handbuch* (S. 40–48). Wiesbaden: Springer VS. doi:10.1007/978-3-531-91161-8_3.

Husfeldt, V. (2011). Wirkungen und Wirksamkeit der externen Schulevaluation. *Zeitschrift für Erziehungswissenschaft, 14* (2), 259–282. doi:10.1007/s11618-011-0204-5.

IFS – Institut für Schulentwicklungsforschung (2001). *IFS-Schulbarometer. Ein mehrperspektivisches Instrument zur Erfassung von Schulwirklichkeit.* Zugriff am 28. Januar 2016 unter www.zhb.tu-dortmund.de/wb_werkzeugkasten/IFS-Schulbarometer.pdf.

Illi, U. (1995). Bewegte Schule. *Sportunterricht, 44* (10), 404–415.

InES Rheinland-Pfalz (2017). *Evaluation im Kontext schulischer Qualitätsentwicklung.* Zugriff am 16.04.2018 unter https://ines.bildung-rp.de/evaluation-und-qualitaetsentwicklung.html.

IQ Hessen – Institut für Qualitätsentwicklung (2010). *Dokumentation des Fragebogens zum Schulleitungshandeln.* Unveröffentlichter Forschungsbericht. Wiesbaden: IQ Hessen.

IQ Hessen – Institut für Qualitätsentwicklung (2010a). *Fragebogen zum Klassenklima.* Zugriff am 19. April 2017 unter https://la.hessen.de/irj/servlet/prt/portal/prtroot/slimp.CMReader/HKM_15/LSA_Internet/med/713/7135f235-fb13-c21f-012f-31e2389e4818,22222222-2222-2222-2222-222222222222.

IQ Hessen – Institut für Qualitätsentwicklung (2012). *Dokumentation des Fragebogens zur Unterrichtsqualität Grundschule Teil A – Allgemeines Unterrichtsverhalten.* Unveröffentlichter Forschungsbericht. Wiesbaden: IQ Hessen.

IQ Hessen – Institut für Qualitätsentwicklung (2012a). *Dokumentation des Fragebogens zur Situation im Team/Kollegium.* Unveröffentlichter Forschungsbericht. Wiesbaden: IQ Hessen.

IQ Hessen – Institut für Qualitätsentwicklung (2012b). *Dokumentation des Fragebogens zum Klassenklima Sekundarstufe II.* Unveröffentlichter Forschungsbericht. Wiesbaden: IQ Hessen.

IQ Hessen – Institut für Qualitätsentwicklung (2012c). *Dokumentation des Fragebogens zum Klassenklima Sekundarstufe I.* Unveröffentlichter Forschungsbericht. Wiesbaden: IQ Hessen.

IQ Hessen – Institut für Qualitätsentwicklung (2012d). *Dokumentation des Fragebogens zum Klassenklima Grundschule.* Unveröffentlichter Forschungsbericht. Wiesbaden: IQ Hessen.

IQ Hessen – Institut für Qualitätsentwicklung (2013). *Dokumentation des Fragebogens zum Klassenrat Sekundarstufe I – Schülerinnen und Schüler.* Unveröffentlichter Forschungsbericht. Wiesbaden: IQ Hessen.

IQ Hessen – Institut für Qualitätsentwicklung (2013a). *Dokumentation des Fragebogens zum Klassenrat Grundschule – Schüler/innen.* Unveröffentlichter Forschungsbericht. Wiesbaden: IQ Hessen.

IQ Hessen – Institut für Qualitätsentwicklung (2013b). *Dokumentation des Fragebogens zum Klassenrat – Lehrpersonen.* Unveröffentlichter Forschungsbericht. Wiesbaden: IQ Hessen.

IQ Hessen – Institut für Qualitätsentwicklung (2014). *Dokumentation des Fragebogens zur Unterrichtsqualität Sekundarstufe I.* Unveröffentlichter Forschungsbericht. Wiesbaden: IQ Hessen.

IsA – Institut für soziale Arbeit e.V. (2008). *Lernen für den GanzTag. Qualifikationsprofile und Fortbildungsbausteine für pädagogisches Personal an Ganztagsschulen.* Zugriff am 01. März 2017 unter http://www.ganztag-blk.de/cms/upload/pdf/aktuell/broschuere_verbundprojekt_290508.pdf.

ISB Bayern (2009). *Projekt-Werkzeug: Evaluationszielscheibe.* Zugriff am 28. März 2017 unter http://www.schulentwicklung.bayern.de/userfiles/Evaluationszielscheibe.pdf.

ISB Bayern (2013). *Qualitätsrahmen für offene Ganztagsschulen.* Zugriff am 5. März 2017 unter http://www.ganztagsschulen.isb.bayern.de/download/113/qualtiaetsrahmen_offgst2013.pdf.

ISB Bayern (2013a). *Qualitätsrahmen für gebundene Ganztagsschulen.* Zugriff am 5. März 2017 unter http://www.ganztagsschulen.isb.bayern.de/download/112/qualitaetsrahmen_gebgst2013.pdf.

ISB Bayern (2014). *Was kennzeichnet die interne Evaluation?* Zugriff am 23. Dezember 2014 unter http://www.interne-evaluation.isb.bayern.de/ueberblick-verschaffen/kennzeichen_interne_evaluation/.

ISB Bayern (2014a). *Warum externe Evaluation?* Zugriff am 23. Dezember 2014 unter https://www.isb.bayern.de/schulartuebergreifendes/qualitaetssicherung-schulentwicklung/evaluation/externe_evaluation/warum_externe_evaluation/.

ISB Bayern (2015). *Onlineportal Interne Evaluation/Individualfeedback.* Zugriff am 09. Januar 2015 unter http://www.interne-evaluation.isb.bayern.de/.

ISQ Berlin-Brandenburg – Institut für Schulqualität der Länder Berlin und Brandenburg e.V. (2016). *Selbstevaluationsportal.* Zugriff am 3. November 2016 unter https://www.isq-bb.de/wordpress/werkzeuge/selbstevaluationsportal/.

Jaasma, M. A. & Köper, R. J. (1999). The relationship of student-faculty out-of-class communication to instructor immediacy and trust to student motivation. *Communication Education, 48,* 41–47.

Jann, W. & Wegrich, K. (2004). Governance und Verwaltungspolitik. In A. Benz (Hrsg.), *Governance – Regieren in komplexen Regelsystemen. Eine Einführung* (S. 193–214). Wiesbaden: Springer VS. doi:10.1007/978-3-531-90171-8_10.

JCSEE – Joint Committee on Standards for Educational Evaluation (Hrsg.). (2006). *Handbuch der Evaluationsstandards. Die Standards des „Joint Committee on Standards for Educational Evaluation".* Wiesbaden: Springer VS.

Jencks, C., Smith, M., Aclad, H., Bane, M. J., Cohen, D., Gintis, H., Heyns, B. & Michelson, S. (1972). *Inequality: A reassessment of the effects of family and schooling in America.* New York, NY: Basic Books.

Jiménez, A. P., Delgado, A. & Suárez, L. A. (2009). Extracurricular programs as a resource for promoting positive youth development. *Papeles del Psicólogo, 30* (3), 265–275.

Johnson, B., Stevens, J. J. & Zvoch, K. (2007). Teachers' perceptions of school climate: A validity study of scores from the Revised School Level Environment Questionnaire. *Educational and Psychological Measurement, 67* (5), 833–844. doi:10.1177/0013164406299102.

Jugend für Europa (Hrsg.). (2010). *Partizipation junger Menschen. Nationale Perspektiven und europäischer Kontext.* Zugriff am 7. März 2017 unter https://www.jugendfuereuropa.de/downloads/4-20-2755/special-b-6-2011-publ.pdf.

Jungermann, A., Manitius, V. & Berkemeyer, N. (2015). Regionalization in the educational context. A review of projects and research findings. *Journal for Educational Research Online, 7* (1), 12. Zugriff am 14. März 2016 unter http://www.j-e-r-o.com/index.php/jero/article/download/544/222.

Jürgens, E. (2008). Nac–hilfeangebote. In T. Coelen & H.-U. Otto (Hrsg.), *Grundbegriffe Ganztagsbildung. Das Handbuch* (S. 411–421). Wiesbaden: Springer VS. doi:10.1007/978-3-531-91161-8_41.

Kahn, U. (2015). Demokratische Schulkultur und Demokratielernen im Unterricht. In U. Erdsiek-Rave & M. John-Ohnesorg (Hrsg.), *Demokratie lernen – Eine Aufgabe der Schule?!* (S. 37–42). Berlin: Friedrich-Ebert-Stiftung.

Kamski, I. (2009). Kooperation in Ganztagsschulen – ein vielgestaltiger Qualitätsbereich. In I. Kamski, H. G. Holtappels & T. Schnetzer (Hrsg.), *Qualität von Ganztagsschule. Konzepte und Orientierungen für die Praxis* (S. 110–122). Münster: Waxmann.

Kamski, I. (2011). *Innerschulische Kooperation in der Ganztagsschule. Eine Analyse der Zusammenarbeit von zwei Berufsgruppen am Beispiel von Lehrkräften und Erzieherinnen und Erziehern.* Münster: Waxmann.

Kamski, I., Holtappels, H. G. & Schnetzer, T. (Hrsg.). (2009). *Qualität von Ganztagsschule. Konzepte und Orientierungen für die Praxis.* Münster: Waxmann.

Kanevski, R. & Salisch, M. von (2011). *Peernetzwerke und Freundschaften in Ganztagsschulen.* Weinheim: Beltz.

Kanning, U. P. (2002). Soziale Kompetenz. Definition, Strukturen und Prozesse. *Zeitschrift für Psychologie, 210* (4), 154–163. doi:10.1026//0044-3409.210.4.154.

Kanning, U. P. (2009). *Diagnostik sozialer Kompetenzen.* Göttingen: Hogrefe.

Kaufmann, E. (2013). *Ganztag ohne Hausaufgaben!? – Forschungsergebnisse zur Gestaltung von Übungs- und Lernzeiten.* Zugriff am 8. März 2017 unter http://www.ganztagsschulen.org/_media/ganztag_ohne_hausaufgaben.pdf.

Kaul, S. (2006). *Kriterien guter Kooperation von Schule und außerschulischen Mitarbeitern an der Ganztagsschule. Expertise im Kontext des BLK-Verbundprojektes „Lernen für den Ganztag".* Zugriff am 13. April 2016 unter http://www.ganztag-blk.de/cms/upload/pdf/rlp/Kaul_Kooperation.pdf.

Kehler, H. & Jahn, A. (2012). Dresdner Bildungsbahnen – Weichenstellung für ein kommunales Bildungsmanagement. In P. Bleckmann & A. Durdel (Hrsg.), *Bildungslandschaften. Mehr Chancen für alle* (S. 168–180). Wiesbaden: Springer VS. doi:10.1007/978-3-531-94130-1_12.

Kellaghan, T., Stufflebeam, D. L. & Wingate, L. A. (2003). Introduction. In T. Kellaghan & D. L. Stufflebeam (Eds.), *International Handbook of Educational Evaluation. Part One: Perspectives* (pp. 1–6). Dordrecht: Kluwer. doi:10.1007/978-94-010-0309-4_1.

Kickert, W. J. M. (1997). *Public management and administrative reform in Western Europe.* Cheltenham: Edward Elgar Publishing.

Kielblock, S. & Stecher, L. (2014). Ganztagsschule und ihre Formen. In T. Coelen & L. Stecher (Hrsg.), *Die Ganztagsschule. Eine Einführung* (S. 13–28). Weinheim und Basel: Beltz.

Kielblock, S. (2015). Program implementation and effectiveness of extracurricular activities. An investigation of differential student perceptions in two German all-day schools. *International Journal for Research in Extended Education, 3,* 79–98.

Kielblock, S., Fraji, A., Hopf, A., Dippelhofer, S. & Stecher, L. (2014). Wirkungen von Ganztagsschulen auf Schüler/innen. In T. Coelen & L. Stecher (Hrsg.), *Die Ganztagsschule. Eine Einführung* (S. 155–171). Weinheim und Basel: Beltz.

Kielblock, S. & Gaiser, J. (2016). Mitarbeit von Lehrerinnen und Lehrern im Ganztagsbetrieb und ihre subjektiven Theorien zum pädagogischen Potenzial ihres ‚Mehr an Zeit'. In N. Fischer, H. P. Kuhn & C. Tillack (Hrsg.), *Was sind gute Schulen? Teil 4: Theorie, Praxis und Forschung zur Qualität von Ganztagsschulen* (S. 122–137). Immenhausen: Prolog.

Kielblock, S. & Stecher, L. (2014). Ganztagsschule und ihre Formen. In T. Coelen (Hrsg.), *Die Ganztagsschule. Eine Einführung* (S. 13–28). Weinheim und Basel: Beltz.

Kießwetter, K. (2002). Unzulänglich vermessen und vermessen unzulänglich: PISA & Co. *Mitteilungen der Deutschen Mathematiker-Vereinigung, 4,* 49–58.

Killus, D. & Tillmann, K.-J. (Hrsg.). (2014). *Eltern zwischen Erwartungen, Kritik und Engagement. Ein Trendbericht zu Schule und Bildungspolitik in Deutschland. 3. JAKO-O Bildungsstudie.* Münster: Waxmann.

Klafki, W. (1991). Perspektiven einer humanen und demokratischen Schule. In H. C. Borg & U. Steffens (Hrsg.), *Schulqualität und Schulvielfalt: Das Saarbrücker Schulgütesymposium '88* (S. 31–41). Wiesbaden: HeLP.

Kleine, W. (2003). *Tausend gelebte Kindertage. Sport und Bewegung im Alltag der Kinder.* Weinheim und Basel: Beltz.

Kleine, W. & Podlich, C. (2002). Und sie bewegen sich doch! In P. Elflein, P. Gieß-Stüber, R. Laging & W. D. Miethling (Hrsg.), *Qualitative Ansätze und Biographieforschung in der Bewegungs- und Sportpädagogik* (S. 129–142). Butzbach-Griedel: Afra.

Klemm, K. (2014). *Ganztagsschulen in Deutschland. Die Ausbaudynamik ist erlahmt.* Zugriff am 29. November 2014 unter http://www.bertelsmann-stiftung.de/cps/rde/xbcr/SID-988BAD50-7359FFA6/bst/xcms_bst_dms_40015_40016_2.pdf.

Klemm, K. (2016). Soziale Herkunft und Bildung im Spiegel neuerer Studien. In B. Jungkamp & M. John-Ohnesorg (Hrsg.), *Soziale Herkunft und Bildungserfolg* (S. 17-22). Berlin: Friedrich-Ebert-Stiftung.

Klieme, E. (2000). Fachleistungen im voruniversitären Mathematik- und Physikunterricht: Theoretische Grundlagen, Kompetenzstufen und Unterrichtsschwerpunkte. In J. Baumert, W. Bos, & R. Lehmann (Hrsg.), *TIMSS/III: Dritte Internationale Mathematik- und Naturwissenschaftsstudie. Mathematische und naturwissenschaftliche Bildung am Ende der Schullaufbahn: Vol. 2. Mathematische und physikalische Kompetenzen am Ende der gymnasialen Oberstufe* (S. 57-128). Opladen: Leske + Budrich.

Klieme, E. (2005). Zur Bedeutung von Evaluation für die Schulentwicklung. In K. Maag Merki, A. Sandmeier, P. Schuler & H. Fend (Hrsg.), *Schule wohin? Schulentwicklung und Qualitätsmanagement im 21. Jahrhundert* (S. 40-61). Zürich: Universität.

Klieme, E. (2006). Empirische Unterrichtsforschung: Aktuelle Entwicklungen, theoretische Grundlagen und fachspezifische Befunde. *Zeitschrift für Pädagogik, 52* (6), 765-773.

Klieme, E. (2007). Die Studie zur Entwicklung von Ganztagsschulen (StEG) und ihr theoretisches Rahmenkonzept. Vortrag auf der 4. Tagung der Sektion „Empirische Bildungsforschung" der Deutschen Gesellschaft für Erziehungswissenschaft am 20. März 2007 in Wuppertal.

Klieme, E., Avenarius, H., Blum, W., Döbrich, P., Gruber, H., Prenzel, M., ... Vollmer, H. J. (2003). *Zur Entwicklung nationaler Bildungsstandards. Eine Expertise.* Bonn: BMBF.

Klieme, E. & Fischer, N. (2010). Lernkultur in Ganztagsschulen: Qualität und Wirkung. Vortrag auf dem 7. Ganztagsschulkongress am 12. November 2010 in Berlin.

Klieme, E., Holtappels, H. G., Rauschenbach, T. & Stecher, L. (2013). *Ganztagsschule 2012/ 2013. Deskriptive Befunde einer bundesweiten Befragung.* Zugriff am 09. Oktober 2014 unter http://www.projekt-steg.de/sites/default/files/Bundesbericht_Schulleiterbefragung_2012_13.pdf.

Klieme, E., Lipowsky, F., Rakoczy, K. & Ratzka, N. (2006). Qualitätsdimensionen und Wirksamkeit von Mathematikunterricht: theoretische Grundlagen und ausgewählte Ergebnisse des Projekts Pythagoras. In M. Prenzel & L. Allolio-Näcke (Hrsg.), *Untersuchungen zur Bildungsqualität von Schule. Abschlussbericht des DFG-Schwerpunktprogramms* (S. 127-146). Münster: Waxmann.

Klieme, E., Pauli, C. & Reusser, K. (2009). The Pythagoras study: Investigating effects of teaching and learning in Swiss and German mathematics classrooms. In T. Janik & T. Seidel (Eds.), *The power of video studies in investigating and learning in the classroom* (pp. 137-160). Münster: Waxmann.

Klieme, E. & Rakoczy, K. (2008). Empirische Unterrichtsforschung und Fachdidaktik. Outcome-orientierte Messung und Prozessqualität des Unterrichts. *Zeitschrift für Pädagogik, 54* (2), 222-237.

Klieme, E. & Rauschenbach, T. (2011). Entwicklung und Wirkung von Ganztagsschule. Eine Bilanz auf Basis der StEG-Studie. In N. Fischer, H. G. Holtappels, E. Klieme, T. Rauschenbach, L. Stecher & I. Züchner (Hrsg.), *Ganztagsschule: Entwicklung, Qualität, Wirkungen. Längsschnittliche Befunde der Studie zur Entwicklung von Ganztagsschulen (StEG)* (S. 342-350). Weinheim und Basel: Beltz.

Klieme, E., Schümer, G. & Knoll, S. (2001). Mathematikunterricht in der Sekundarstufe I: Aufgabenstruktur und Unterrichtsgestaltung. In E. Klieme & J. Baumert (Hrsg.), *TIMMS – Impulse für Schule und Unterricht. Forschungsbefunde, Reforminitiativen, Praxisberichte und Video-Dokumente* (S. 43-58). Bonn: BMBF.

Kline, R. B. (2011). *Principles and practice of structural equation modeling.* New York, NY: Guilford Press.

Klippert, H. (2000). *Pädagogische Schulentwicklung. Planungs- und Arbeitshilfen zur Förderung einer neuen Lernkultur.* Weinheim und Basel: Beltz.

Klupsch-Sahlmann, R. (1995). Bewegte Schule. *Sportpädagogik, 19* (6), 14-22.

Kluxen-Pyta, D. (2010). Gelingt der Paradigmenwechsel in der Schule? *OrganisationsEntwicklung, 1,* 30-37.

KMK (1997). *Grundsätzliche Überlegungen zu Leistungsvergleichen innerhalb der Bundesrepublik Deutschland – Konstanzer Beschluss.* Zugriff am 22. November 2016 unter http://www.kmk.org/fileadmin/Dateien/veroeffentlichungen_beschluesse/1997/1997_10_24-Konstanzer-Beschluss.pdf.

KMK (2001). *Mehr als 2000 Ganztagsschulen in Deutschland.* Zugriff am 25. Oktober 2014 unter http://www.kmk.org/presse-und-aktuelles/pm2001/mehr-als-2000-ganztagsschulen-in-deutschland.html.

KMK (2001a). *296. Plenarsitzung der Kultusministerkonferenz am 05./06. Dezember 2001 in Bonn.* Zugriff am 22. November 2016 unter https://www.kmk.org/presse/pressearchiv/mitteilung/296-plenarsitzung-der-kultusministerkonferenz-am-0506dezember-2001-in-bonn.html.

KMK (2002). *297. Plenarsitzung der Kultusministerkonferenz am 28. Februar/01. März 2002 in Berlin.* Zugriff am 25. Oktober 2014 unter http://www.kmk.org/presse-und-aktuelles/pm2002/ergebnisse-der-297plenarsitzung.html.

KMK (2002a). *PISA 2000 – Zentrale Handlungsfelder. Zusammenfassende Darstellung der laufenden und geplanten Maßnahmen in den Ländern (Stand: 07.10.2002).* Zugriff am 17. September 2016 unter https://www.kmk.org/fileadmin/Dateien/veroeffentlichungen_beschluesse/2002/2002_10_07-Pisa-2000-Zentrale-Handlungsfelder.pdf.

KMK (2003). *Vereinbarung über Bildungsstandards für den Mittleren Schulabschluss (Jahrgangsstufe 10). Beschluss der Kultusministerkonferenz vom 04.12.2003.* Zugriff am 22. Dezember 2014 unter http://www.kmk.org/fileadmin/veroeffentlichungen_beschluesse/2003/2003_12_04-Bildungsstandards-Mittleren-SA.pdf.

KMK (2003a). *304. Plenarsitzung der Kultusministerkonferenz.* Zugriff am 17. September 2016 unter http://www.kmk.org/presse-und-aktuelles/pm2003/ergebnisse-der-304plenarsitzung.html.

KMK (Hrsg.). (2003b). *Bildungsbericht für Deutschland. Erste Befunde.* Opladen: Leske + Budrich.

KMK (2006). *Bericht über die allgemein bildenden Schulen in Ganztagsform in den Ländern in der Bundesrepublik Deutschland.* Zugriff am 26. November 2016 unter http://www.kmk.org/fileadmin/Dateien/pdf/Statistik/GTS_2004.pdf.

KMK (2006a). *Gesamtstrategie der Kultusministerkonferenz zum Bildungsmonitoring.* Neuwied: Luchterhand.

KMK (2012). *Bildungsstandards im Fach Deutsch für die Allgemeine Hochschulreife.* Zugriff am 9. August 2017 unter https://www.kmk.org/fileadmin/Dateien/veroeffentlichungen_beschluesse/2012/2012_10_18-Bildungsstandards-Deutsch-Abi.pdf.

KMK (2014). *Allgemeinbildende Schulen in Ganztagsform in den Ländern in der Bundesrepublik Deutschland. Statistik 2008 bis 2012.* Zugriff am 19. Oktober 2014 unter http://www.kmk.org/fileadmin/pdf/Statistik/Dokumentationen/GTS_2012_Bericht.pdf.

KMK (2015). *Allgemeinbildende Schulen in Ganztagsform in den Ländern in der Bundesrepublik Deutschland. Statistik 2011 bis 2015.* Zugriff am 28. Februar 2017 unter https://www.kmk.org/fileadmin/Dateien/pdf/Statistik/Dokumentationen/GTS_2015_Bericht.pdf.

KMK (2016). *Neue KMK-Statistik für Ganztagsschulen 2014/2015.* Zugriff am 26. Februar 2017 unter http://www.ganztagsschulen.org/de/11159.php.

KMK (2017). *Bildung in der digitalen Welt. Strategie der Kultusministerkonferenz.* Zugriff am 03. April 2018 unter https://www.kmk.org/fileadmin/Dateien/pdf/PresseUndAktuelles/2016/Bildung_digitale_Welt_Webversion.pdf.

Koch, B. (2011). *Wie gelangen Innovationen in die Schule. Eine Studie zum Transfer von Ergebnissen der Praxisforschung.* Wiesbaden: Springer VS. doi:10.1007/978-3-531-92872-2.

Koepsell, M. (2020). Datenbasierte Ganztagsschulentwicklung. Erfahrungen mit dem Einsatz des Onlinetools GAINS. *Schule leiten, 19*, 38–41.

Kohl, D., Recchia, S. & Steffgen, G. (2013). Measuring school climate: An overview of measurement scales. *Educational Research, 55* (4), 411–426. doi:10.1080/00131881.2013.844944.

Kölbach, E. (2011). *Kontexteinflüsse beim Lernen mit Lösungsbeispielen.* Berlin: Logos.

Kolbe, F.-U. (2005). Wissenschaftliche Begleitung der Ganztagsschule in neuer Form in Rheinland-Pfalz. In F. Radisch & E. Klieme (Hrsg.), *Ganztagsangebote in der Schule. Internationale Erfahrungen und empirische Forschungen. Ergebnisse einer Fachtagung* (S. 130–143). Berlin: BMBF.

Kolbe, F.-U., Rabenstein, K. & Reh, S. (2006). Expertise „Rhythmisierung". Hinweise für die Planung von Fortbildungsmodulen für Moderatoren. Zugriff am 3. März 2017 unter https://bildungsserver.berlin-brandenburg.de/fileadmin/bbb/schule/Schulen_in_Berlin_und_Brandenburg/schulformen_und_schularten/ganztagsschulen/__Archiv/Expertise_Rhythmisierung.pdf.

Kolbe, F.-U., Reh, S., Fritzsche, B., Idel, T. S. & Rabenstein, K. (2007). Ganztagsschulen als Schule entwickeln. *Pädagogik, 5,* 36–40.

Kolbe, F.-U., Reh, S., Fritzsche, B., Idel, T. S., Rabenstein, K. & Weide, D. (2008). LUGS-ein Forschungsprojekt zur Lernkultur- und Unterrichtsentwicklung in Ganztagsschulen. In S. Appel, H. Ludwig, U. Rother & G. Rutz (Hrsg.), *Jahrbuch Ganztagsschule 2008* (S. 30–41). Schwalbach/Ts.: Wochenschau.

Kolbe, F.-U., Reh, S., Idel, T.-S., Fritzsche, B. & Rabenstein, K. (2009). Ganztagsschule als symbolische Konstruktion – Analysen und Falldarstellungen aus schultheoretischer Perspektive. Zur Einleitung. In F.-U. Kolbe, S. Reh, T.-S. Idel, B. Fritzsche & K. Rabenstein (Hrsg.), *Ganztagsschule als symbolische Konstruktion. Fallanalysen zu Legitimationsdiskursen in schultheoretischer Perspektive* (S. 11–20). Wiesbaden: Springer VS. doi:10.1007/978-3-531-91354-4_1.

Köller, O. (2005). *Wissenschaftliche Begleitung des Projekts Schule macht sich stark (SMS) an Bremer Schulen. Erste Ergebnisse der Lernausgangslagenuntersuchung zu Beginn des Schuljahres 2004/2005.* Unveröffentlichter Projektbericht. Zugriff am 17. Juli 2017 unter http://daqs.fachportal-paedagogik.de/search/show/instrument/7353_145.

Kolmogorov, A. (1933). Sulla determinazione empirica di una legge di distributione. *Giornale dell' Istituto Italiano degli Attuari, 4,* 1–11.

König, G. (1997). Wie gut ist unser Mathematikunterricht? Die TIMSS-Studie. *Stochastik in der Schule, 17* (2), 50–57.

Koo, T. K. & Li, M. Y. (2016). A guideline of selecting and reporting intraclass correlation coefficients for reliability research. *Journal of Chiropractic Medicine, 15* (2), 155–163. doi: 10.1016/j.jcm.2016.02.012.

Korn/Ferry International (2001). *What women want in business: a survey of executives and entrepreneurs.* Zugriff am 23. November 2016 unter http://www8.gsb.columbia.edu/rtfiles/entrepreneurship/kfstudy.pdf.

Korpershoek, H., Harms, T., Boer, H. de, Kuijk, M. van & Doolaard, S. (2014). *Effective classroom management strategies and classroom management programs for educational practice: A meta-analysis of the effects of classroom management strategies and classroom management programs on students' academic, behavioral, emotional, and motivational outcomes.* Groningen: RUG/GION.

Kößler, C. (1999). *Die bewegte Schule. Anspruch und Wirklichkeit.* Dissertationsschrift, Universität Regensburg.

Kotthoff, H.-G. & Böttcher, W. (2010). Neue Formen der „Schulinspektion": Wirkungshoffnungen und Wirksamkeit im Spiegel empirischer Bildungsforschung. In H. Altrichter & K. Maag Merki (Hrsg.), *Handbuch Neue Steuerung im Schulsystem* (S. 295–325). Wiesbaden: Springer VS. doi:10.1007/978-3-531-92245-4_12.

Kotthoff, H. G., Böttcher, W. & Nikel, J. (2016). Die „Schulinspektion" zwischen Wirkungshoffnungen und Wirksamkeit. In H. Altrichter & K. Maag Merki (Hrsg.), *Handbuch Neue Steuerung im Schulsystem* (S. 325–359). Wiesbaden: Springer VS. doi:10.1007/978-3-531-18942-0_12.

Kounin, J. S. (1976). *Techniken der Klassenführung.* Münster: Waxmann.

Kowalczyk, P. & Jakubczak, J. (2014). *New Public Management in education: From school governance to school management.* Zugriff am 13. März 2016 unter http://www.toknowpress.net/ISBN/978-961-6914-09-3/papers/ML14-741.pdf.

Krainz-Dürr, M. (1999). *Wie kommt Lernen in die Schule? Zur Lernfähigkeit der Schule als Organisation.* Innsbruck: Studienverlag.

Krainz-Dürr, M. (2006). Schulentwicklungsarbeit: Regelscheu, vergesslich, widerständig. Zum Faktor Verbindlichkeit in Schulentwicklungsprozessen. *Pädagogik, 58* (3), 11–15.

Krapp, A. (1992). Das Interessenkonstrukt. Bestimmungsmerkmale der Interessenhandlung und des individuellen Interesses aus der Sicht einer Person-Gegenstands-Konzeption. In A. Krapp & M. Prenzel (Hrsg.), *Interesse, Lernen, Leistung. Neue Ansätze der pädagogisch-psychologischen Interessenforschung* (S. 297–329). Münster: Aschendorff.

Krapp, A. (1993). Psychologie der Lernmotivation – Perspektiven der Forschung und Probleme ihrer pädagogischen Rezeption. *Zeitschrift für Pädagogik, 39,* 187–206.

Krapp, A. (1999). Intrinsische Lernmotivation und Interesse. Forschungsansätze und konzeptuelle Überlegungen. *Zeitschrift für Pädagogik, 45* (3), 387–406.

Krapp, A. (2010). Interesse. In D. H. Rost (Hrsg.), *Handwörterbuch Pädagogische Psychologie* (S. 311–323). Weinheim und Basel: Beltz.

Krapp, A. & Prenzel, M. (1992). *Interesse, Lernen, Leistung. Neuere Ansätze der pädagogisch-psychologischen Interessenforschung.* Münster: Aschendorff.

Krapp, A. & Weidenmann, B. (2001). *Lehrbuch der pädagogischen Psychologie.* Weinheim und Basel: Beltz.

Krappmann, L. (1999). Die Reproduktion des Systems gesellschaftlicher Ungleichheit in der Kinderwelt. In M. Grundmann (Hrsg.), *Konstruktivistische Sozialisationsforschung: Lebensweltliche Erfahrungskontexte, individuelle Handlungskompetenzen und die Konstruktion sozialer Strukturen* (S. 228–239). Frankfurt am Main: Suhrkamp.

Krappmann, L. (2001). Die Sozialwelt der Kinder und ihre Moralentwicklung. In W. Edelstein, F. Oser & P. Schuster (Hrsg.), *Moralische Erziehung in der Schule* (S. 155–173). Weinheim und Basel: Beltz.

Krappmann, L. & Oswald, H. (1995). *Alltag der Schulkinder. Beobachtungen und Analysen von Interaktionen und Sozialbeziehungen.* Weinheim und Basel: Beltz.

Kretschmer, J. & Giewald, C. (2001). Veränderte Kindheit – veränderter Schulsport. *sportunterricht, 50* (2), 36–42.

Krüger, H.-H. & Grunert, C. (2008). Peergroups. In T. Coelen & H.-U. Otto (Hrsg.), *Grundbegriffe Ganztagsbildung. Das Handbuch* (S. 382–391). Wiesbaden: Springer VS. doi: 10.1007/978-3-531-91161-8_38.

Krüger, H.-H., Köhler, S.-M. & Zschach, M. (2010). *Teenies und ihre Peers. Freundschaftsgruppen, Bildungsverläufe und soziale Ungleichheit.* Opladen: Budrich.

Krüger, H.-H., Köhler, S.-M., Zschach, M. & Pfaff, N. (2008). *Kinder und ihre Peers – Freundschaftsbeziehungen und schulische Bildungsbiographien.* Opladen: Farmington Hills.

Kuckartz, U. (2012). *Qualitative Inhaltsanalyse. Methoden, Praxis, Computerunterstützung.* Weinheim und Basel: Beltz.

Kuckartz, U., Ebert, T., Rädiker, S. & Stefer, C. (2009). *Evaluation online. Internetgestützte Befragung in der Praxis.* Wiesbaden: Springer VS. doi:10.1007/978-3-531-91317-9.

Kuhn, T. S. (1976). *Die Struktur wissenschaftlicher Revolutionen.* Frankfurt am Main: Suhrkamp.

Kuhn, H. J. (2007). Was Kinder bewegt oder: Welche Vorstellungen haben Kinder von einer Bewegten Schule? In R. Hildebrandt-Stramann (Hrsg.), *Bewegte Schule – Schule bewegt gestalten* (S. 383–400). Baltmannsweiler: Schneider Verlag Hohengehren.

Kuhn, H. J. (2015). Schulinspektion in Deutschland – Erfolgsmodell oder neue Illusion? In C. G. Buhren (Hrsg.), *Handbuch Feedback in der Schule* (S. 79–107). Weinheim und Basel: Beltz.

Kuhn, H. P. & Fischer, N. (2011). Entwicklung der Schulnoten in der Ganztagsschule. Einflüsse der Ganztagsteilnahme und der Angebotsqualität. In N. Fischer, H. G. Holtappels, E. Klieme, T. Rauschenbach, L. Stecher & I. Züchner (Hrsg.), *Ganztagsschule: Entwicklung, Qualität und Wirkungen* (S. 207–226). Weinheim und Basel: Beltz.

Kuhn, H. P. & Fischer, N. (2011a). Zusammenhänge zwischen Schulnoten und problematischem Sozialverhalten in der Ganztagsschule: Entwickeln sich Ganztagsschüler/-innen besser? *Zeitschrift für Erziehungswissenschaft, 14* (1), 143–162.

Kuhn, H. P. & Fischer, N. (2014). Soziale Beziehungen in der Ganztagsschule – Ausgewählte Ergebnisse der Studie zur Entwicklung von Ganztagsschulen (StEG). *Schulpädagogik heute, 5* (9), 1–12.

Kuhn, P., Medik, B. & Dudek, W. (2001). Kinderwünsche für eine Bewegte Schule. In E. Balz (Hrsg.), *Anspruch und Wirklichkeit des Sports in der Schule und im Verein* (S. 67–73). Hamburg: Feldhaus.

Kuhnke, R. (2007). *Pretestung des Baseline-Fragebogens und Entwicklung einer Strategie zur Validitätsprüfung von Einzelfragen.* Zugriff am 13. Juli 2017 unter http://www.dji.de/fileadmin/user_upload/bibs/276_7021_Expertise_zur_Itemvaliditaet.pdf.

Kulig, W & Müller, M. (2011). Rhythmus und Rhythmisierung. Begriffsgeschichtliche Lektüren und schulische Praxis. In H. Gängler & T. Markert (Hrsg.), *Vision und Alltag der Ganztagsschule: Die Ganztagsschulbewegung als bildungspolitische Kampagne und regionale Praxis* (S. 163–182). Weinheim und Basel: Beltz.

Kunter, M. (2005). *Multiple Ziele im Mathematikunterricht.* Münster: Waxmann.

Kunter, M., Baumert, J. & Köller, O. (2007). Effective classroom management and the development of subject-related interest. *Learning and Instruction, 17,* 494–509.

Kunter, M., Schümer, G., Artelt, C., Baumert, J., Klieme, E., Neubrand ... Weiß, M. (2002). *PISA 2000: Dokumentation der Erhebungsinstrumente.* Berlin: Max-Planck-Institut für Bildungsforschung.

Kunter, M & Trautwein, U. (2013). *Psychologie des Unterrichts.* Paderborn: Schöningh.

Küpper, S. (2005). Die Bedeutung der Ganztagsschule für den Wirtschaftsstandort Deutschland. In T. Hansel (Hrsg.). *Ganztagsschule – halbe Sache – großer Wurf? Schulpädagogische Betrachtung eines bildungspolitischen Investitionsprogramms* (S. 86–99). Herbolzheim: Centaurus.

Kuritz, A., Dinkelacker, M. & Mess, F. (2016). Bewegung und Sport in Ganztagsschulen. Eine systematische Literaturübersicht zum aktuellen Forschungsstand in Deutschland. *Sportwissenschaft, 46* (3), 162–178.

Kurz, D. (1995). Handlungsfähigkeit im Sport – Leitidee eines mehrperspektivischen Unterrichtskonzepts. In A. Zeugner, G. Senf & S. Hofmann (Hrsg.), *Sport unterrichten. Anspruch und Wirklichkeit* (S. 41–48). Sankt Augustin: Academia.

Kutscher, N. (2008). Heterogenität. In T. Coelen & H.-U. Otto (Hrsg.), *Grundbegriffe Ganztagsbildung. Das Handbuch* (S. 61–70). Wiesbaden: Springer VS. doi:10.1007/978-3-531-91161-8_5.

LA Hessen – Hessische Lehrkräfteakademie (Hrsg.). (2010a). *Feedback-Instrumente zur Steuerung und Bilanzierung von Prozessen.* Zugriff am 22. März 2017 unter https://la.hessen.de/irj/servlet/prt/portal/prtroot/slimp.CMReader/HKM_15/LSA_Internet/med/8a9/8a94a314-66d7-b21f-012f-31e2389e4818,22222222-2222-2222-2222-222222222222.

LA Hessen – Hessische Lehrkräfteakademie (Hrsg.). (2011). *Hessischer Referenzrahmen Schulqualität. Qualitätsbereiche, Qualitätsdimensionen und Qualitätskriterien.* Zugriff am 23. Oktober 2016 unter http://leb-hessen.de/fileadmin/downloads/Infos/Der_Hessische_Referenzrahmen_Schulqualitaet.pdf.

LA Hessen – Hessische Lehrkräfteakademie (2017). *Arbeitsmaterialien für Schulen zur internen Evaluation.* Zugriff am 21. März 2017 unter https://la.hessen.de/irj/LSA_Internet?cid=629a40fd788d98508567ec2a95591ce7.

LA Hessen – Hessische Lehrkräfteakademie (2017a). *Checklisten zu den Qualitätsbereichen des HRS.* Zugriff am 22. März 2017 unter https://la.hessen.de/irj/LSA_Internet?cid=119294f6ca06325af3f4d34d65e6f253.

LA Hessen – Hessische Lehrkräfteakademie (2017b). *Erhebungsmethoden zur Erfassung der Schulqualität.* Zugriff am 21. März 2017 unter HKM (2017a). https://la.hessen.de/irj/LSA_Internet?uid=e445499b-f5db-f317-9cda-a2b417c0cf46.

LA Hessen – Hessische Lehrkräfteakademie (2017c). *Neue Befragung*. Zugriff am 22. März 2017 unter http://extern.bildung.hessen.de/.

LA Hessen – Hessische Lehrkräfteakademie (2017d). *Checkliste zur Inklusion*. Zugriff am 22. März 2017 unter https://la.hessen.de/irj/LSA_Internet?cid=138d1e656bf90c6b6bb0d7cb f88bf272.

LA Hessen – Hessische Lehrkräfteakademie (2017e). *Kriterienbezogene Fragebögen*. Zugriff am 22. März 2017 unter https://la.hessen.de/irj/LSA_Internet?cid=a3bc02a3ff80a809e5 e446a11b137e20.

LA Hessen – Hessische Lehrkräfteakademie (2017f). *Fragebogen zum Schulleitungshandeln*. Zugriff am 22. März 2017 unter https://la.hessen.de/irj/LSA_Internet?cid=20efcdff469bd 1955cecd2d895744b0d.

LA Hessen – Hessische Lehrkräfteakademie (2017g). *Fragebogen zum Kollegium*. Zugriff am 22. März 2017 unter https://la.hessen.de/irj/LSA_Internet?cid=943e5e4e76a0addedef2c1c9 fcc048db.

LA Hessen – Hessische Lehrkräfteakademie (2017h). *Fragebogen zum Klassenklima*. Zugriff am 22. März 2017 unter https://la.hessen.de/irj/LSA_Internet?cid=40a51a95bada8ab2fd17 fb3822395738.

LA Hessen – Hessische Lehrkräfteakademie (2017i). *Fragebogen zur Unterrichtsqualität*. Zugriff am 22. März 2017 unter https://la.hessen.de/irj/LSA_Internet?cid=d31e5263273c0 ee9e71183a98d3173f0.

LA Hessen – Hessische Lehrkräfteakademie (2017j). *Fragebögen zum Klassenrat*. Zugriff am 22. März 2017 unter https://la.hessen.de/irj/LSA_Internet?cid=18fd510dead41657acaa995 f14f6537e.

LA Hessen – Hessische Lehrkräfteakademie (2017k). *Elternfragebögen*. Zugriff am 22. März 2017 unter https://la.hessen.de/irj/LSA_Internet?cid=00e3a04aaf6b6555b6044a0f27b0d45a.

LA Hessen – Hessische Lehrkräfteakademie (2017l) *Hessischer Referenzrahmen Schulqualität (HRS). Checkliste „Einstieg in die Evaluation"*. Zugriff am 29. März 2017 unter https://la.hessen.de/irj/servlet/prt/portal/prtroot/slimp.CMReader/HKM_15/LSA_Internet/med/ c1a/c1a50981-2c0b-f921-f012-f31e2389e481,22222222-2222-2222-2222-222222222222.

LA Hessen – Hessische Lehrkräfteakademie (2017m). *Checkliste für die Kriterien des Qualitätsbereichs II: „Ziele und Strategien der Qualitätsentwicklung"* Zugriff am 29. März 2017 unter https://la.hessen.de/irj/servlet/prt/portal/prtroot/slimp.CMReader/HKM_15/LSA_ Internet/med/4a0/4a060981-2c0b-f921-f012-f31e2389e481,22222222-2222-2222-2222- 222222222222.

LA Hessen – Hessische Lehrkräfteakademie (2017n). *Checkliste für die Kriterien des Qualitätsbereichs III: „Führung und Management"*. Zugriff am 29. März 2017 unter https://la. hessen.de/irj/servlet/prt/portal/prtroot/slimp.CMReader/HKM_15/LSA_Internet/med/ f90/f9060981-2c0b-f921-f012-f31e2389e481,22222222-2222-2222-2222-222222222222.

LA Hessen – Hessische Lehrkräfteakademie (2017o). *Checkliste für die Kriterien des Qualitätsbereichs IV: „Professionalität"*. Zugriff am 29. März 2017 unter https://la.hessen.de/irj/ servlet/prt/portal/prtroot/slimp.CMReader/HKM_15/LSA_Internet/med/e2a/e2a5077b- a026-5241-f012-f312b417c0cf,22222222-2222-2222-2222-222222222222.

LA Hessen – Hessische Lehrkräfteakademie (2017p). *Checkliste für die Kriterien des Qualitätsbereichs V: „Schulkultur"*. Zugriff am 29. März 2017 unter https://la.hessen.de/irj/ servlet/prt/portal/prtroot/slimp.CMReader/HKM_15/LSA_Internet/med/370/37060981- 2c0b-f921-f012-f31e2389e481,22222222-2222-2222-2222-222222222222.

LA Hessen – Hessische Lehrkräfteakademie (2017q). *Checkliste für die Kriterien des Qualitätsbereichs VI: „Lehren und Lernen"*. Zugriff am 29. März 2017 unter https://la.hessen.de/ irj/servlet/prt/portal/prtroot/slimp.CMReader/HKM_15/LSA_Internet/med/e60/ e6060981-2c0b-f921-f012-f31e2389e481,22222222-2222-2222-2222-222222222222.

Laging, R. (1997). Schulsport als bewegte Schulkultur. *Sportpädagogik, 1*, 62–65.

Laging, R. (2008). Bewegung und Sport. Zur integrativen Bedeutung von Bewegungsaktivitäten im Ganztag. In T. Coelen & H. Otto (Hrsg.), *Grundbegriffe Ganztagsbildung. Das Handbuch* (S. 253–262). Wiesbaden: Springer VS. doi:10.1007/978-3-531-91161-8_25.

Laging, R. (2009). Wissenschaftlicher Quellentext und Fallvergleich als Auswertungsverfahren qualitativer Ganztagsschulforschung. In H. P. Brandl-Bredenbeck & M. Stefanie (Hrsg.), *Schulen in Bewegung – Schulsport in Bewegung* (S. 53–58). Hamburg: Czwalina.

Laging, R. (2010). Bewegungsangebote und Kooperationen in Ganztagsschulen – Ausgewählte Ergebnisse aus den Erhebungen von StuBSS. In P. Böcker & R. Laging (Hrsg.), *Bewegung, Spiel und Sport in der Ganztagsschule. Schulentwicklung, Sozialraumorientierung und Kooperationen* (S. 75–94). Baltmannsweiler: Schneider.

Laging, R. (2012). *Bewegungsorientierung von Ganztagsschulen – ausgewählte Ergebnisse aus der quantitativen Untersuchung im Projekt StuBSS*. Zugriff am 12. März 2017 unter http://www.itps.uni-wuppertal.de/fileadmin/itps/Fahlenbock/Schulsport-Schulentwicklung/Bewegungsorientierung_von_Ganztagsschulen.pdf.

Laging, R. (2013). Bewegungsorientierung von Ganztagsschulen. Ausgewählte Ergebnisse aus der quantitativen Untersuchung im Projekt StuBSS. In R. Hildebrandt-Stramann, R. Laging & K. Moegling (Hrsg.), *Körper, Bewegung und Schule. Teil 1: Theorie, Forschung und Diskussion* (S. 90–105). Immenhausen: Prolog.

Laging, R. (2014). Bewegung, Spiel und Sport in der Ganztagsschule – Hintergründe und Forschungsstand. In R. Hildebrandt-Stramann, R. Laging, & J. Teubner (Hrsg.), *Bewegung und Sport in der Ganztagsschule – StuBSS: Ergebnisse der qualitativen Studie* (S. 15–68). Baltmannsweiler: Schneider.

Laging, R. (2014a). Einleitung. In R. Hildebrandt-Stramann, R. Laging & J. Teubner (Hrsg.), *Bewegung und Sport in der Ganztagsschule – StuBSS: Ergebnisse der qualitativen Studie* (S. 7–13). Baltmannsweiler: Schneider Hohengehren.

Laging, R. (2014b). *Bewegung(saktivierung) in der ganztägigen Bildung von Grundschulen*. Präsentation am 09. Oktober 2014 im Rahmen der 4. Fachtagung „Bewegte Grundschule". Zugriff am 27. November 2014 unter http://www.lsb-berlin.net/fileadmin/bilder/sjb-redakteure/Einrichtungen/Bildungsstaette/Praesentation_Bewegung_und_Sport_im_Kontext_ganztaegiger_Bildung_Vortrag_Berlin_Unfallkasse_komp.pdf.

Laging, R., Derecik, A., Riegel, K. & Stobbe, C. (2010). *Mit Bewegung Ganztagsschulen gestalten – Beispiele und Anregungen aus bewegungsorientierten Schulportraits*. Baltmannsweiler: Schneider Hohengehren.

Laging, R. & Dirks, F. (2014). Bewegung, Spiel und Sport im Konzept der Ganztagsschule – Rekonstruktion zur Schulentwicklung. In R. Hildebrandt-Stramann, R. Laging & J. Teubner (Hrsg.), *Bewegung und Sport in der Ganztagsschule – StuBSS: Ergebnisse der qualitativen Studie* (S. 117–171). Baltmannsweiler: Schneider.

Laging, R. & Dirks, F. (2014a). Sport- und Bewegungsangebote an Ganztagsschulen. Zur Bedeutung von Kooperationen. In R. Hildebrandt-Stramann, R. Laging & J. Teubner (Hrsg.), *Bewegung und Sport in der Ganztagsschule – StuBSS. Ergebnisse der qualitativen Studie: Studie zur Entwicklung von Bewegung, Spiel und Sport in der Ganztagsschule (StuBSS)* (S. 206–249). Baltmannsweiler: Schneider Hohengehren.

Laging, R. & Hildebrandt-Stramann, R. (2007). Ganztagsschulen bewegungsorientiert entwickeln – Zwischen Schul- und Sportperspektive. In N. Fessler & G. Stibbe (Hrsg.), *Standardisierung, Profilierung, Professionalisierung. Herausforderungen für den Schulsport* (S. 92–115). Baltmannsweiler: Schneider Hohengehren.

Laging, R. & Stobbe, C. (2011). Bewegungsaktivitäten im Alltag von Ganztagsschulen – Ausgewählte Ergebnisse aus dem Projekt StuBSS. In R. Naul (Hrsg.), *Bewegung, Spiel und Sport in der Ganztagsschule* (S. 213–228). Aachen: Meyer & Meyer.

Laging, R. & Stobbe, C. (2011a). Bewegungsaktivitäten als Bildungsangebot in der Ganztagsschule – Ergebnisse einer Befragung aus dem Projekt StuBSS. In M. Krüger & N. Neuber (Hrsg.), *Bildung im Sport. Beiträge zu einer zeitgemäßen Bildungsdebatte* (S. 201–223). Wiesbaden: Springer VS. doi:10.1007/978-3-531-94026-7_13.

Lam, T. C. M. & Bengo, P. (2003). A comparison of three retrospective self-reporting methods of measuring change in instructional practice. *American Journal of Evaluation, 24* (1), 65–80. doi:10.117/109821400302400106.

Lan, Z. & Rosenbloom, D. H., (1992). Editorial: Public administration in transition? *Public Administration Review, 52* (6), 535–537. doi:10.2307/977163.

Lander, R. & Ekholm, M. (2005). School evaluation and improvement: A Scandinavian view. In D. Hopkins (Ed.), *The Practice and Theory of School Improvement. International Handbook of Educational Change* (pp. 85–100). Berlin: Springer.

Landmann, M., Perels, F., Otto, B. & Schmitz, B. (2009). Selbstregulation. In E. Wild & J. Möller (Hrsg.), *Pädagogische Psychologie* (S. 49–72). Heidelberg: Springer Medizin.

Landwehr, N. & Steiner, P. (2007). *Q2E – Qualität durch Evaluation und Entwicklung*. Bern: h.e.p.

Lange, H. (1999). Qualitätssicherung in Schulen. *Die Deutsche Schule, 91* (2), 144–159.

Lange, V. (2013). *Gute Ganztagsschulen – Modelle für die Zukunft?* Zugriff am 06. Dezember 2014 unter http://www.fes.de/studienfoerderung/hochschul-und-bildungspolitik/hochschul-und-bildungspolitik/publikationen/ganztagsschulen_fes_2013.pdf.

Langer, R. (2011). Schüler/innen, Eltern und weitere Anspruchsgruppen. In H. Altrichter (Hrsg.), *Akteure & Instrumente der Schulentwicklung* (S. 103–114). Baltmannsweiler: Schneider Hohengehren.

Larson, R. W. (2000). Toward a psychology of positive youth development. *American Psychologist, 55*(1), 170–183. doi:10.1037/0003-066X.55.1.170.

Larson, R. W. (2006). Positive youth development, willful adolescents, and mentoring. *Journal of Community Psychology, 34* (6), 677–689. doi:10.1002/jcop. 20123.

Leeuw, E. D. de (2011). *Improving data quality when surveying children and adolescents: Cognitive and social development and its role in questionnaire construction and pretesting*. Zugriff am 13. Juli 2017 unter http://www.aka.fi/globalassets/awanhat/documents/tiedostot/lapset/presentations-of-the-annual-seminar-10-12-may-2011/surveying-children-and-adolescents_de-leeuw.pdf.

Leeuw, E. D. de, Borgers, N. & Smits, A. (2004). Pretesting questionnaires for children and adolescents. In S. Presser, J. M. Rothgeb, M. P. Couper, J. T. Lessler, E. Martin, J. Martin & E. Singer (Eds.), *Methods for testing and evaluating survey questionnaires* (pp. 409–429). New York, NY: Wiley.

Lehmann, I. (2007). *Handreichung zur „Förderrichtlinie zum Ausbau von Ganztagsangeboten" (FRL GTA) vom 22. Mai 2007*. Zugriff am 02. Dezember 2016 unter https://tu-dresden.de/gsw/ew/ibbd/sp/ressourcen/dateien/forschung/online-archiv/hr_gta.pdf?lang=en.

Lehmann-Wermser, A., Naacke, S., Nonte, S. & Ritter, B. (2010). *Musisch-kulturelle Bildung an Ganztagsschulen: empirische Befunde, Chancen und Perspektiven*. Weinheim und Basel: Beltz.

Lenske, G., Cauet, E., Leutner, D. & Wirth, J. (2015). *Zum Einfluss des pädagogisch-psychologischen Professionswissens auf das Unterrichtshandeln von Lehrkräften im Physikunterricht und auf den Lernerfolg der Schülerinnen und Schüler*. Vortrag auf der GEBF 2015, Bochum, 12. März 2015.

Leschinski, A. (2014). Bedeutung von Bewegung in der Ganztagsschule aus Sicht der Schüler(innen). In R. Hildebrandt-Stramann, R. Laging & J. Teubner (Hrsg.), *Bewegung und Sport in der Ganztagsschule – StuBSS: Ergebnisse der qualitativen Studie* (S. 325–360). Baltmannsweiler: Schneider Hohengehren.

Lettau, W. D., Radisch, F. & Fussangel, K. (2016). Ganztagsschule und Chancengerechtigkeit: Systematiken der Teilnahme an offenen Ganztagsschulen. In N. Fischer, H. P. Kuhn & C. Tillack (Hrsg.), *Was sind gute Schulen? Teil 4: Theorie, Praxis und Forschung zur Qualität von Ganztagsschulen* (S. 94–113). Immenhausen: Prolog.

Leu, H. R. (2005). Zur Konzipierung non-formaler und informeller Bildung in einem Nationalen Bildungsbericht. In T. Fitzner, T. Schlag & M. W. Lallinger (Hrsg.), *Ganztagsschule – Ganztagsbildung* (S. 360–376). Bad Boll: Evangelische Akademie.

Levesque, C., Zuehlke, A. N., Stanek, L. R. & Ryan, R. M. (2004). Autonomy and competence in German and American university students: A comparative study based on self-determination theory. *Journal of Educational Psychology, 96* (1), 68–84.

Lewin, K. (1963). *Feldtheorie in den Sozialwissenschaften*. Bern: Hans Huber.

Li, C. H. (2016). Confirmatory factor analysis with ordinal data: Comparing robust maximum likelihood and diagonally weighted least squares. *Behavior Research Methods, 48* (3), 936–949. doi:10.3758/s13428-015-0619-7.

Li, H., Berrens, R. P., Bohara, A. K., Jenkins-Smith, H. C., Silva, C. L. & Weimer, D. L. (2004). Telephone versus internet samples for a national advisory referendum: Are the underlying stated preferences the same? *Applied Economics Letters, 11* (3), 173–176.

Lieb, W. (2008). *Ökonomisierung von Bildung und Privatisierung von Bildungspolitik – Pädagogische An- und Einsprüche.* Zugriff am 28. März 2017 unter http://www.nachdenkseiten.de/?p=3036.

Lieberman, A. & Miller, L. (1990). Restructing schools – what matters and what works. *Phi Delta Kappan, 71* (10), 759–764.

Lienert, G. A. & Raatz, U. (1998). *Testaufbau und Testanalyse.* Weinheim und Basel: Beltz.

Likert, R. (1972). *Neue Ansätze der Unternehmensführung.* Stuttgart: Bern.

Liket, T. M. E. (1993). *Freiheit und Verantwortung. Das niederländische Modell des Bildungswesens.* Gütersloh: Bertelsmann Stiftung.

Lipowsky, F. (2007). Unterrichtsqualität in der Grundschule – Ansätze und Befunde der nationalen und internationalen Forschung. In K. Möller, P. Hanke, C. Beinbrech, A. Hein, T. Kleickmann & R. Schages (Hrsg.), *Qualität von Grundschulunterricht entwickeln, erfassen und bewerten* (S. 35–49). Wiesbaden: Springer VS. doi:10.1007/978-3-531-90755-0_3.

Lipowsky, F. (2009). Unterricht. In E. Wild & J. Möller (Hrsg.), *Pädagogische Psychologie* (S. 73–101). Heidelberg: Springer Medizin. doi:10.1007/978-3-540-88573-3_4.

LISUM Berlin-Brandenburg (2007). *Leitfaden zur internen Evaluation für Schulen in Berlin.* Zugriff am 23. Dezember 2014 unter http://bildungsserver.berlin-brandenburg.de/fileadmin/bbb/schulqualitaet/qualitaetssicherung/pdf/Leitfaden.pdf.

Lohmann, I. (1999). Strukturwandel der Bildung in der Informationsgesellschaft. In I. Gogolin & D. Lenzen (Hrsg.), *Medien – Generation. Beiträge zum 16. Kongreß der Deutschen Gesellschaft für Erziehungswissenschaft* (S. 183–208). Opladen: Leske + Budrich.

Lohmann, A. (2009). Hilfe und Herausforderung: Orientierungsrahmen Schulqualität in Niedersachsen. In B. Busemann (Hrsg.), *Eigenverantwortliche Schule – ein Leitfaden. Konzepte, Wege, Akteure* (S. 43–49). Köln: LinkLuchterhand.

Lortie, D. C. (1975). *Schoolteacher. A sociological study.* Chicago, IL: The University of Chicago Press.

Lösch, B. (2005). *Deliberative Politik. Moderne Konzeptionen von Öffentlichkeit, Demokratie und politischer Partizipation.* Münster: Westfälisches Dampfboot.

Lossen, K., Rollett, W. & Willems, A. S. (2013). Organisationskulturelle Bedingungen auf der Schulebene: Zur Beziehung von innerschulischer Kooperation, Beanspruchungserleben und Innovationsbereitschaft in Lehrerkollegien an Ganztagsgrundschulen. *Zeitschrift für Grundschulforschung, 6* (2), 38–52.

Lossen, K., Tillmann, K., Holtappels, H. G., Rollett, W. & Hannemann, J. (2016). Entwicklung der naturwissenschaftlichen Kompetenzen und des sachunterrichtsbezogenen Selbstkonzepts bei Schüler/-innen in Ganztagsgrundschulen. *Zeitschrift für Pädagogik, 6,* 760–779.

LS BW – Landesinstitut für Schulentwicklung (2012). *Leitfaden „Ganztagsschulen in Baden-Württemberg".* Zugriff am 5. März 2017 unter http://www.bildungsbuero-ravensburg.de/site/LRA-RV-Bildungsbuero/get/documents_E-518082327/chancenpool/Mediathek/Dokumente/Downloads%20%26%20Links/Ganztagsschule/Leitfaden%20zur%20Ganztagsschule.pdf.

LSA Hessen (2014). *Schulinspektion.* Zugriff am 23. Dezember 2014 unter http://lsa.hessen.de/irj/LSA_Internet?cid=55281a86d30f1c991fdcc86a7bbed1d3.

LSA Hessen (2015). *Interne Evaluation.* Zugriff am 09. Januar 2015 unter http://lsa.hessen.de/irj/LSA_Internet?uid=dfa1499b-f5db-f317-9cda-a2b417c0cf46.

LSA SA – Landeschulamt Sachsen-Anhalt (2014). *Die Arbeit in der öffentlichen Ganztagsschule der Schulformen Sekundarschule, Gemeinschaftsschule, Gesamtschule und Gymnasium.* Zugriff am 5. März 2017 unter http://www.mk.bildung-lsa.de/bildung/er-ganztagsschule.pdf.

Lubienski, C. (2006). School diversification in second-best markets. International evidence and conflicting theories. *Educational Policy, 20,* 323–344.
Lück, D. & Landrock, U. (2014). Datenaufbereitung und Datenbereinigung in der quantitativen Sozialforschung. In N. Baur & J. Blasius (Hrsg.), *Handbuch Methoden der empirischen Sozialforschung* (S. 397–409). Wiesbaden: Springer VS. doi:10.1007/978-3-531-18939-0_28.
Ludwig, H. (2005). Die Entwicklung der modernen Ganztagsschule. In V. Ladenthin & J. Rekus (Hrsg.), *Die Ganztagsschule: Alltag, Reform, Geschichte, Theorie* (S. 261–277). Weinheim und Basel: Beltz.
Luhmann, N. (1996). Das Erziehungssystem und die Systeme seiner Umwelt. In N. Luhmann & K.-E. Schorr (Hrsg.), *Zwischen System und Umwelt* (S. 14–52). Frankfurt am Main: Suhrkamp.
Lüke, S. (2014). *Thüringen: Qualitätsrahmen für die Ganztagsschule notwendig.* Zugriff am 5. März 2017 unter http://www.ganztagsschulen.org/de/6766.php.
Maag Merki, K. (2009). Evaluation im Bildungsbereich Schule in Deutschland. In T. Widmer, W. Beywl & C. Fabian (Hrsg.), *Evaluation. Ein systematisches Handbuch* (S. 157–162). Wiesbaden: Springer VS. doi:10.1007/978-3-531-91468-8_14.
Maag Merki, K. (2016). Theoretische und empirische Analysen der Effektivität von Bildungsstandards, standardbezogenen Lernstandserhebungen und zentralen Abschlussprüfungen. In H. Altrichter & K. Maag Merki (Hrsg.), *Handbuch Neue Steuerung im Schulsystem* (S. 151–181). Wiesbaden: Springer VS. doi:10.1007/978-3-531-18942-0_6.
Maag Merki, K., Imhasly, M.-T. & Leutwyler, B. (2003). Spieglein, Spieglein an der Wand, wer ist die Schönste im ganzen Land? *Journal für Schulentwicklung, 7* (2), 33–41.
MacCallum, R. C., Browne, M. W. & Sugawara, H. M. (1996). Power analysis and determination of sample size for covariance structure modeling. *Psychological Methods, 1,* 130–149. doi:10.1037//1082-989X.1.2.130.
MacCallum, R. C., Rozwnowski, M. & Necowitz, L. B. (1992). Model modifications on covariance structure analysis: the problem of capitalization on chance. *Psychological Bulletin, 111,* 490–504. doi:10.1037/0033-2909.111.3.490.
MacCallum, R. C., Widaman, K. F., Zhang, S. & Hong, S. (1999). Sample size in factor analysis. *Psychological Methods, 4,* 87–99. doi:10.1037/1082-989X.4.1.84.
Mack, W. (2006). Neue Perspektiven für das Zusammenspiel von Schule und Jugendhilfe. Das Bildungskonzept des Zwölften Kinder- und Jugendberichts und seine Implikationen für Schule und Jugendhilfe. *Die Deutsche Schule, 98* (2), 162–177.
Mack, W. (2008). Bildungslandschaften. In T. Coelen & H.-U. Otto (Hrsg.), *Grundbegriffe Ganztagsbildung. Das Handbuch* (S. 741–749). Wiesbaden: Springer VS. doi:10.1007/978-3-531-91161-8_74.
Mack, W. (2009). Bildung in sozialräumlicher Perspektive. Das Konzept Bildungslandschaften. In P. Bleckmann & A. Durdel (Hrsg.), *Lokale Bildungslandschaften* (S. 57–66). Wiesbaden: Springer VS. doi:10.1007/978-3-531-91857-0_4.
Madelung, P. & Weisker, K. (2006). Unterrichtsentwicklung: Problemzonen und Entwicklungsmöglichkeiten. *Pädagogik, 58* (3), 16–19.
Madon, S., Smith A., Jussim L., Russell D. W., Walkiewicz, M., Eccles, J. S. & Palumbo P. (2001). Am I as you see me or do you see me as I am? Self-fulfilling prophecy and self-verification. *Personality and Social Psychology Bulletin, 27,* 1214–1224. doi:10.1177/0146167201279013.
Mahoney, J. L. & Stattin, H. (2000). Leisure activities and adolescent antisocial behavior: The role of structure and social context. *Journal of Adolescence, 23* (2), 113–127.
Mahoney, J. L., Cairns, B. D. & Farmer, T. W. (2003). Promoting interpersonal competence and educational success through extracurricular activity participation. *Journal of Educational Psychology, 95* (2), 409–418. doi:10.1037/0022-0663.95.2.409.
Marcus, J., Nemitz, J. & Spieß, K. (2013). Ausbau der Ganztagsschule: Kinder aus einkommensschwachen Haushalten im Westen nutzen Angebote verstärkt. *DIW Wochenbericht, 27,* 11–23.

Maritz, B., Gerber, N., Perrottet, A., Rüegg, A., Studer, H., Wenger, B. & Winkelmann, F. (2006). *Bewertungsbuch für Schulen: Eine Anleitung zur Evaluation der Schulqualität auf der Grundlage des Modells der European Foundation for Quality Management (EFQM)*. Bern: h.e.p.

Maritzen, N. (1998). Autonomie der Schule: Schulentwicklung zwischen Selbst- und Systemsteuerung. In H. Altrichter, W. Schley & M. Schratz (Hrsg.), *Handbuch zur Schulentwicklung* (S. 609–637). Innsbruck: Studienverlag.

Marschner, O. (2014). Bewegung im Entwicklungsprozess von Ganztagsschulen. In R. Hildebrandt-Stramann, R. Laging & J. Teubner (Hrsg.), *Bewegung und Sport in der Ganztagsschule – StuBSS: Ergebnisse der qualitativen Studie* (S. 172–205). Baltmannsweiler: Schneider Hohengehren.

Marsh, H. W. (1985). The structure of masculinity/femininity: An application of confirmatory factor analysis to higher-order factor structures and factorial invariance. *Multivariate Behavioral Research, 20*, 427–449. doi:10.1207/s15327906mbr2004_5.

Marsh, H. W. (1986). Negative item bias in rating scales for preadolescent children: a cognitive-developmental phenomenon. *Developmental Psychology, 22* (1), 37–49.

Maschke, S. (Hrsg.). (2014). *Jahrbuch Ganztagsschule. Inklusion. Der pädagogische Umgang mit Heterogenität*. Schwalbach/Ts.: Debus Pädagogik.

Maschke, S. (Hrsg.). (2015). *Jahrbuch Ganztagsschule. Potenziale der Ganztagsschule nutzen: veränderte Kindheit und Jugend, verändertes Lernen, veränderte Schule? Der pädagogische Umgang mit Heterogenität*. Schwalbach/Ts.: Debus Pädagogik.

Maschke, S. (Hrsg.). (2016). *Jahrbuch Ganztagsschule. Wie sozial ist die Ganztagsschule? Der pädagogische Umgang mit Heterogenität*. Schwalbach/Ts.: Debus Pädagogik.

Maschke, S. (Hrsg.). (2017). *Jahrbuch Ganztagsschule. Junge Geflüchtete in der Ganztagsschule. Der pädagogische Umgang mit Heterogenität*. Schwalbach/Ts.: Debus Pädagogik.

Maschke, S., Schulz-Gade, G. & Stecher, L. (Hrsg.). (2018). *Lehren und Lernen in der Ganztagsschule: Grundlagen – Ziele – Perspektiven*. Frankfurt: Debus Pädagogik.

Maslowski, R., Scheerens, J. & Luyten, H. (2007). The effect of school autonomy and school internal decentralization on students' reading literacy. *School Effectiveness and School Improvement, 18* (3), 303–334.

Matsunaga, M. (2010). How to factor-analyze your data right: Do's, don'ts, and how-to's. *International Journal of Psychological Research, 3* (1), 97–110. doi:10.21500/20112084.854.

Mau, K. & Mensching, U. (2009). Erweiterte Eigenverantwortung – eine Überforderung der Schulleitung? Erfahrungen aus einem niedersächsischen Projekt. *Pädagogische Führung, 20* (1), 21–23.

Maurer, M. & Jandura, O. (2009). Masse statt Klasse? Einige kritische Anmerkungen zu Repräsentativität und Validität von Online-Befragungen. In H. Jackob, H. Schoen & T. Zerback (Hrsg.), *Sozialforschung im Internet. Methodologie und Praxis der Online-Befragung* (S. 61–73). Wiesbaden: Springer VS. doi:10.1007/978-3-531-91791-7_4.

Maykus, S., Schulz, U., Dellbrügge, V. & Miehle-Fregin, W. (2011). *Projektbeschreibung zum KVJS-Forschungsvorhaben „Auswirkungen des Ausbaus von Ganztagesschulen auf die Strukturen und Arbeitsweisen der Kinder- und Jugendhilfe in Baden-Württemberg"*. Zugriff am 2. März 2017 unter http://www.kvjs.de/fileadmin/dateien/kvjs-forschung/Ganztagesschule-lang.pdf.

Mayntz, R. (2004). Governance im modernen Staat. In A. Benz (Hrsg.), *Governance – Regieren in komplexen Regelsystemen* (S. 65–76). Wiesbaden: Springer VS. doi:10.1007/978-3-531-90171-8_4.

MBJS BB – Ministerium für Bildung, Jugend und Sport Brandenburg (2008). *Orientierungsrahmen Schulqualität*. Zugriff am 5. März 2017 unter http://www.mbjs.brandenburg.de/sixcms/media.php/5527/Orientierungsrahmen_Schulqualitaet_Endversion2008.pdf.

MBJS BB – Ministerium für Bildung, Jugend und Sport Brandenburg (2011). Verwaltungsvorschriften über Ganztagsangebote an allgemeinbildenden Schulen (VV-Ganztag) vom 12. April 2011. *Amtsblatt, 3* (20), 75–79.

MBJS BB – Ministerium für Bildung, Jugend und Sport Brandenburg (2016). *Orientierungsrahmen Schulqualität*. Zugriff am 21. Februar 2017 unter http://bildungsserver.berlin-brandenburg.de/fileadmin/bbb/schule/schulentwicklung/schulqualitaet/orientierungsrahmen_schulqualitaet/Orientierungsrahmen_Schulqualitaet.pdf.

McMurrer, J. (2007). *Choices, changes, and challenges: Curriculum and instruction in the NCLB era*. Washington, D.C.: Center on Education Policy.

Meade, A. B. & Craig, S. B. (2012). Identifying careless responses in survey data. *Psychological Methods, 17* (3), 437–455. doi:10.1037/a0028085.

Meister, G. (2009). Auswirkungen aktueller demographischer Entwicklungen auf die Ganztagsschulentwicklung von Sekundarschulen im Land Sachsen-Anhalt. *54. Beiheft der Zeitschrift für Pädagogik*, 106–121.

Menke, S. (2009). Qualitätsstandards für Ganztagsschulen – ein Bundesländervergleich. In I. Kamski, H. G. Holtappels & T. Schnetzer (Hrsg.), *Qualität von Ganztagsschule: Konzepte und Orientierungen für die Praxis* (S. 40–60). Münster: Waxmann.

Merkens, H., Schründer-Lenzen, A. & Kuper, H. (Hrsg.). (2009). *Ganztagsorganisation im Grundschulbereich*. Münster: Waxmann.

Merkens, H. & Schründer-Lenzen, A. (Hrsg.). (2010). *Lernförderung unter den Bedingungen des Ganztags im Grundschulbereich*. Münster: Waxmann.

Messner, R. (2004). Selbstreguliertes Lernen. Mehr Schüler-Selbstständigkeit durch ein neues Konzept. *Praxis Schule 5–10, 15* (5), 6–8.

Meyer, H. (2003). Zehn Merkmale guten Unterrichts. Empirische Befunde und didaktische Ratschläge. *Pädagogik, 10,* 36–43.

Meyer, H. (2014). *Was ist guter Unterricht?* Berlin: Cornelsen.

Miethling, W.-D. (2000). Schülerinnen und Schüler im Unterrichtsalltag. *sportpädagogik, 6,* 2–7.

Miles, M. & Huberman, A. M. (1984). *Qualitative data analysis*. Thousand Oaks, CA: Sage.

Miller, B. M. (2003). *Critical hours. Afterschool programs and educational success*. Zugriff am 24. Februar 2017 unter https://www.nmefoundation.org/getmedia/08b6e87b-69ff-4865-b44e-ad42f2596381/Critical-Hours?ext=.pdf.

Mindermann, F., Schmidt, V. & Wippler, M. (2012). Bildungslandschaften. In P. Bleckmann & V. Schmidt (Hrsg.), *Bildungslandschaften* (S. 9–17). Wiesbaden: Springer VS. doi: 10.1007/978-3-531-94130-1_1.

Minderop, D. (2007). Bildungsregionen in Niedersachsen: Eigenverantwortliche Schule und Qualitätsvergleich. In C. Solzbacher & D. Minderop (Hrsg.), *Bildungsnetzwerke und Regionale Bildungslandschaften* (S. 51–57). München: Wolters Kluwer.

Minderop, D. & Solzbacher, C. (2007). Ansätze und Dimensionen – eine Einführung. In C. Solzbacher & D. Minderop (Hrsg.), *Bildungsnetzwerke und Regionale Bildungslandschaften. Ziele und Konzepte, Aufgabe und Prozesse* (S. 3–13). München: Link Luchterhand.

Mintzberg, H. (1992). *Die Mintzberg-Struktur: Organisationen effektiver gestalten*. Landsberg: Verlag Moderne Industrie.

Mittelstädt, H. (2006). *Evaluation von Unterricht und Schule*. Mülheim/Ruhr: Verlag an der Ruhr.

MKJS BW – Ministerium für Kultus, Jugend und Sport Baden-Württemberg (2007). *Leitfaden zur Selbstevaluation an Schulen. Materialien für allgemein bildende Schulen in Baden-Württemberg*. Zugriff am 4. November 2016 unter http://www.kepi-reutlingen.de/ablage/LeitfadenSEV.pdf.

MKJS BW – Ministerium für Kultus, Jugend und Sport Baden-Württemberg (2007a). *Orientierungsrahmen zur Schulqualität*. Zugriff am 23. Oktober 2016 unter http://www.km-bw.de/site/pbs-bw/get/documents/KULTUS.Dachmandant/KULTUS/zentrale-objekte-multilink/pdf/Anlage%202%20Orientierungsrahmen%20zur%20Schulqualitt.pdf.

MKJS BW – Ministerium für Kultus, Jugend und Sport Baden-Württemberg (2014). *Qualitätsentwicklung und Evaluation*. Zugriff am 23. Dezember 2014 unter http://www.kultusportal-bw.de/,Lde/771665.

MKJS BW – Ministerium für Kultus, Jugend und Sport Baden-Württemberg (2016). *Landesprogramm Bildungsregionen*. Zugriff am 21. September 2016 unter http://www.km-bw.de/,Lde/Startseite/Schule/Bildungsregionen.

Mohr, I. (2006). *Analyse von Schulprogrammen*. Münster: Waxmann.

Moos, R. H. (1979). *Evaluating educational environments: Measures, procedures, findings and policy implications*. San Francisco: Jossey Bass.

Moos, R. H. & Trickett, E. J. (1974). *Classroom Environment Scale Manual*. Palo Alto, CA: Consulting Psychologists Press.

Moosbrugger, H. & Kelava, A. (2012). Qualitätsanforderungen an einen psychologischen Test (Testgütekriterien). In H. Moosbrugger & A. Kelava (Hrsg.), *Testtheorie und Fragebogenkonstruktion* (S. 7–26). Heidelberg: Springer. doi:10.1007/978-3-642-20072-4_2.

Moosbrugger, H. & Kelava, A. (2012a). Methoden der Reliabilitätsbestimmung. In H. Moosbrugger & A. Kelava (Hrsg.), *Testtheorie und Fragebogenkonstruktion* (S. 119–141). Heidelberg: Springer. doi:10.1007/978-3-642-20072-4_2.

MPFS – Medienpädagogischer Forschungsverband Südwest (2015). *KIM-Studie 2014. Kinder + Medien. Computer + Internet. Basisuntersuchung zum Medienumgang 6- bis 13-Jähriger in Deutschland*. Zugriff am 21. Oktober 2014 unter https://www.mpfs.de/fileadmin/files/Studien/KIM/2014/KIM_Studie_2014.pdf.

MPFS – Medienpädagogischer Forschungsverband Südwest (2015a). *JIM-Studie 2015. Jugend, Information, (Multi-)Media. Basisstudie zum Medienumgang 12- bis 19-Jähriger in Deutschland*. Zugriff am 4. November 2016 unter https://www.mpfs.de/fileadmin/files/Studien/JIM/2015/JIM_Studie_2015.pdf.

MSW NRW/GEW (2008). *Schulministerin stellt „Eigenverantwortliche Schulen in Nordrhein-Westfalen" vor*. Zugriff am 18. September 2016 unter http://www.bildung.koeln.de/schule/artikel/artikel_03749.html.

Müller, C. (2000). Was bewirkt die Bewegte Schule? In R. Laging & G. Schillack (Hrsg.), *Die Schule kommt in Bewegung. Konzepte, Untersuchungen und praktische Beispiele zur Bewegten Schule* (S. 194–203). Baltmannsweiler: Schneider Hohengehren.

Müller, S. (2002). *Schulinterne Evaluation – Gelingensbedingungen und Wirkungen*. Dortmund: Institut für Schulentwicklungsforschung.

Müller, S. (2011). Schulinterne Evaluation als Schulentwicklungsimpuls. In H.-G. Rolff, E. Rhinow, T. Röhrich & J. Teichert (Hrsg.), *Qualität in allen Schulen. Handbuch für ein schulinternes Qualitätsmanagement* (S. 122–131). Köln: Wolters Kluwer.

Müller, S., Pietsch, M. & Bos, W. (2011). *Schulinspektion in Deutschland. Eine Zwischenbilanz aus empirischer Sicht*. Münster: Waxmann.

Mummendey, H. D. & Grau, I. (2014). *Die Fragebogen-Methode. Grundlagen und Anwendung in Persönlichkeits-, Einstellungs- und Selbstkonzeptforschung*. Göttingen: Hogrefe.

Mundfrom, D. J., Shaw, D. G., Ke, T. L. (2005). Minimum sample size recommendations for conducting factor analysis. *International Journal of Testing, 5*, 159–168. doi:10.1207/s15327574ijt0502_4.

Muthén, L. K. (15. April 2015). *Model Fit Index WRMR*. Zugriff am 19. Juni 2017 unter www.statmodel.com/discussion/messages/9/5906.html?1429189065.

Muthén, B. O. (30. März 2017). *WLSMV missing data*. Zugriff am 2. August 2017 unter www.statmodel.com/discussion/messages/22/824.html?1497125894.

Muthén, B. O. (10. April 2017a). *Measurement invariance across groups*. Zugriff am 26. März 2018 unter www.statmodel.com/discussion/messages/9/703.html?1512086975.

Muthén, B. O. (19. November 2017b). *Measurement invariance across groups*. Zugriff am 28. März 2018 unter http://www.statmodel.com/discussion/messages/9/703.html?1512086875.

Muthén, L. K. & Muthén, B. O. (2017). *Mplus User's Guide*. Los Angeles, CA: Muthén & Muthén.

Mütze, S. & Fischer, N. (2015). Finanzierungsregelungen: Im Dschungel von Richtlinien und Erlassen. *Lernende Schule, 69*, 46.

Mütze, S., Fischer, N., Tillmann, K. & Willems, A. S. (2015). Qualitätsvorgaben der Länder: Ausführlich versus unbestimmt. *Lernende Schule, 69*, 24–26.

Mutzeck, W. (1988). *Von der Absicht zum Handeln. Rekonstruktion und Analyse Subjektiver Theorien zum Transfer von Fortbildungsinhalten in den Berufsalltag.* Weinheim: Deutscher Studien-Verlag.

Nagy, G., Lütdke, O., Köller, O. & Heine, J.-H. (2017). IRT-Skalierung der Tests im PISA-Längsschnitt 2012/2013: Auswirkungen von Testkontexteffekten auf die Zuwachsschätzung. *Zeitschrift für Erziehungswissenschaft, 20,* 229–258. doi:10.1007/s11618-017-0749-z.

Naul, R. (2008). *Abschlussbericht der Essener Pilotstudie im Rahmen des Evaluationsprojektes.* Essen: Willibald-Gebhardt-Institut.

Naul, R. (2015). Vorwort. In Forschungsgruppe SpOGATA (Hrsg.), *Evaluation der Bewegungs-, Spiel und Sportangebote an Ganztagsschulen in Nordrhein-Westfalen* (S. 8–10). Aachen: Meyer & Meyer.

Naul, R., Neuber, N. & Tietjens, M. (2015). Einleitung. In Forschungsgruppe SpOGATA (Hrsg.), *Evaluation der Bewegungs-, Spiel und Sportangebote an Ganztagsschulen in Nordrhein-Westfalen* (S. 11–20). Aachen: Meyer & Meyer.

Naul, R., Tietjens, M., Geis, S. & Wick, U. (2010). Bewegung, Spiel und Sport im Ganztag von NRW – Konzept und Ergebnis der Essener Pilotstudie. In P. Böcker & R. Laging (Hrsg.), *Bewegung, Spiel und Sport in der Ganztagsschule. Schulentwicklung, Sozialraumorientierung und Kooperationen* (S. 143–158). Baltmannsweiler: Schneider.

Naul, R., Wick, U., Geis, S. & Gerhard, A. (2011). Fokus: Sportvereine – Evaluation von Bewegungs-, Spiel- und Sportangeboten an Offenen Ganztagsschulen in Nordrhein-Westfalen. In E. Adelt, D. Fiegenbaum & S. Rinke (Hrsg.), *Bewegen im Ganztag. Bewegung, Spiel und Sport im Ganztag* (S. 12–17). Münster: ISA.

Nelson, R. M. & DeBacker, T. K. (2008). Achievement motivation in adolescents: The role of peer climate and best friends. *The Journal of Experimental Education, 76* (2), 170–189.

Nerowski, C. (2015). Der Begriff Ganztagsschule und seine Differenzierungen. In S. Rahm, K. Rabenstein & C. Nerowski (Hrsg.), *Basiswissen Ganztagsschule. Konzepte, Erwartungen, Perspektiven* (S. 14–37). Weinheim und Basel: Beltz.

Nerowski, C. & Weier, U. (Hrsg.). (2010*). Ganztagsschule organisieren – ganztags Unterricht gestalten.* Bamberg: University of Bamberg Press.

Neuber, N. (2008). Zwischen Betreuung und Bildung – Bewegung, Spiel und Sport in der Offenen Ganztagsschule. *Sportunterricht, 57,* 180–185.

Neuber, N. (2010). Informelles Lernen im Sport – ein vernachlässigtes Feld der Bildungsdebatte. In N. Neuber (Hrsg.), *Informelles Lernen im Sport – Beiträge zur allgemeinen Bildungsdebatte* (S. 9–31). Wiesbaden: GWV Fachverlage.

Neuber N., Kaufmann N. & Salomon S. (2015). Ganztag und Sport. In W. Schmidt, N. Neuber, T. Rauschenbach, H.-P. Brandl-Bredenbeck, J. Süßenbach & C. Breuer (Hrsg.), *Dritter Deutscher Kinder- und Jugendsportbericht: Kinder- und Jugendsport im Umbruch* (S. 416–443). Schorndorf: Hofmann.

Neumann, P. (2000). „Wir sitzen immer nur steif wie ein Besenstiel und machen nie Pause" – oder: Was bleibt vom Konzept der Bewegten Schule übrig? Ergebnisse aus einer Studie in Bayern. In R. Laging & G. Schillack (Hrsg.), *Die Schule kommt in Bewegung. Konzepte, Untersuchungen und praktische Beispiele zur Bewegten Schule* (S. 204–216). Baltmannsweiler: Schneider Hohengehren.

NiBiS (2014). *Schulinspektion. Aufgaben und Ziele.* Zugriff am 23. Dezember 2014 unter http://www.nibis.de/nibis.php?menid=3155.

Nichols, S. L. & Berliner, D. C. (2007). *Collateral damage. How high-stakes testing corrupts America's schools.* Cambridge: Harvard Education Press.

Nickel, S. (2011). *Governance als institutionelle Aufgabe von Universitäten und Fachhochschulen.* Zugriff am 20. September 2016 unter http://www.che.de/downloads/Governance_als_institutionelle_Aufgabe_von_Universitaeten_und_Fachhochschulen.pdf.

Niedlich, S. & Brüsemeister, T. (2012). Bildungsmonitoring zwischen Berichterstattung und Steuerungsanspruch – Entwicklungslinien und akteurstheoretische Implikationen. In A. Wacker, U. Maier & J. Wissinger (Hrsg.), *Schul- und Unterrichtsreform durch ergebnisorientierte Steuerung* (S. 131–153). Wiesbaden: Springer VS. doi:10.1007/978-3-531-94183-7_6.

Nisbet, J. (1990). Rapporteur's report. In council of Europe/Scottish council for research in education (Eds.), *The evaluation of educational programmes: Methods, uses and benefits* (pp. 1–9). Amsterdam: Swets & Zeitlinger.

NKM – Niedersächsisches Kultusministerium (2008). *Handreichung zur Qualitätsentwicklung in Ganztagsschulen niedersächsischer Ganztagsschulen.* Zugriff am 5. März 2017 unter http://www.mk.niedersachsen.de/download/5195/Handreichung_zur_Qualitaetsentwicklung_in_Ganztagsangeboten.pdf.

NKM – Niedersächsisches Kultusministerium (2015). *Ausgestaltung des Tagesablaufs in der Ganztagsschule.* Zugriff am 2. Dezember 2016 unter http://www.ganztagsschule-niedersachsen.de/fileadmin/gtsn/Dateien/Download/Publikationen/Thema_1_Tagesablauf.pdf.

Nölle, V. (1995). *Schüler sehen Schule anders. Eine empirische Untersuchung über Schulauffassungen von Schülern und ihren Konsens.* Frankfurt am Main: Lang.

Nowak, D., Ennigkeit, F. & Heim, C. (2019). Ganztagsschulqualität aus Sicht der Lernenden. Zum Einsatz eines onlinebasierten Fragebogens für die Schulentwicklung. *Lernende Schule, 85,* 42–45.

Nowak, D., Ennigkeit, F. & Heim, C. (2019a). Qualitätsmerkmale von Ganztagsangeboten aus der Perspektive der Schülerinnen und Schüler – Entwicklung und Validierung eines Fragebogens. *Zeitschrift für Pädagogische Psychologie, 33* (2), 1–13. doi:10.1024/1010-0652/a000245.

Nusser, L., Carstensen, C. H. & Artelt, C. (2015). Befragung von Schülerinnen und Schülern mit sonderpädagogischem Förderbedarf Lernen: Ergebnisse zur Messinvarianz. *Empirische Sonderpädagogik, 7* (2), 99–116.

Odden, A. R. & Marsch, D. D. (1989). State education reform implementation. In J. Hannaway & R. L. Crowson (Eds.), *The politics of reforming school administration* (pp. 61–75). New York: Falmer.

OECD (Eds.). (2001). *Knowledge and skills for life: First results from PISA 2000.* Paris: OECD. doi:10.1787/9789264195905-en.

OECD (2001a). *Auf dem Weg zur richtigen Zukunft.* Zugriff am 28. November 2016 unter http://www.oecd.org/officialdocuments/publicdisplaydocumentpdf/?cote=PAC/COM/NEWS(2001)48&docLanguage=De.

OECD (Eds.). (2002). *OECD employment outlook 2002.* Paris: OECD Publishing. doi:10.1787/empl_outlook-2002-en.

OECD (Hrsg.). (2007). *PISA 2006 – Schulleistungen im internationalen Vergleich.* Zugriff am 26. November 2015 unter http://www.oecd.org/pisa/39728657.pdf.

OECD (Hrsg.). (2008). *Bildung auf einen Blick. OECD-Indikatoren 2004.* Paris: OECD. doi:10.1787/eag-2004-de.

OECD/CERI (Eds.). (1995). *Decision-making in 14 OECD education systems.* Paris: OECD.

OECD/CERI (Eds.). (1998). *Education at a glance. OECD indicators 1998.* Paris: OECD.

Oelkers, J. (2003). Ganztagsschulen, Gesamtschulen und demokratische Schulkultur. Überlegungen zur Schulreform in Deutschland. *Pädagogik, 55* (12), 36–40.

Oelkers, J. (2007). *Sind neue Lehrerinnen und Lehrer die alten? Lehrerberuf im Wandel.* Hochschule Luzern: Pädagogische Hochschule Luzern.

Oelkers, J. (2009). *Die besondere Qualität von Ganztagsschulen.* Vortrag auf dem 6. Ganztagsschulkongress am 12. Dezember 2009 im Berliner Congress Center. Zugriff am 29. November 2016 unter http://www.qualitaet-im-ganztag.de/downloads/oelkers_vortrag-qualitaet-gs.pdf.

Oelkers, J. (2011). *Expertise zum Thema: „Ganztagsschule" in der Ausbildung der Professionen.* Zugriff am 07. Oktober 2014 unter http://www.ganztaegig-lernen.de/media/web/download/Expertise_Oelkers.pdf.

Oerter, R. (2003). Ganztagsschule – Schule der Zukunft? Ein Plädoyer aus psychologischer Sicht. In S. Appel & L. H. Rutz (Hrsg.), *Investitionen in die Zukunft. Jahrbuch Ganztagsschule 2004* (S. 10–24). Schwalbach/Ts.: Wochenschau.

Ohlhaver, F. (2008). *Schulentwicklung in Deutschland seit 1964. Manuskript.* Zugriff am 28. Februar 2017 unter https://www.uni-frankfurt.de/51736016/Ohlhaver_AufsatzSchulentwicklung.pdf.

Olk, T., Speck, K. & Stimpel, T. (2011). Professionelle Kooperation unterschiedlicher Berufskulturen an Ganztagsschulen – Zentrale Befunde eines qualitativen Forschungsprojektes. *Zeitschrift für Erziehungswissenschaft, 14* (3), 63–80. doi:10.1007/s11618-011-0228-x.

Opaschowksi, H. W. (2008). *Einführung in die Freizeitwissenschaft.* Wiesbaden: GWV Fachverlage.

Opaschowski, H. W. & Pries, M. (2008). Freie Zeit, Muße und Geselligkeit. In T. Coelen & H.-U. Otto (Hrsg.), *Grundbegriffe Ganztagsbildung. Das Handbuch* (S. 422–431). Wiesbaden: GWV Fachverlage.

Osborne, D. & Gaebler, T. (1992). *Reinventing government: How the entrepreneurial spirit is transforming the public sector.* Reading, MA: Addison-Wesley. doi:10.1002/pam.4050130113.

Oser, F. & Biedermann, H. (2006). Partizipation – ein Begriff, der ein Meister der Verwirrung ist. In F. Oser & C. Quesel (Hrsg.), *Die Mühen der Freiheit. Probleme und Chancen der Partizipation von Kindern und Jugendlichen* (S. 17–37). Zürich: Rüegger.

Osnabrücker Forschungsgruppe (2016). *Mittagsfreizeit an Ganztagsschulen. Theoretische Grundlagen und empirische Befunde.* Wiesbaden: Springer VS. doi:10.1007/978-3-658-11623-1.

Osterman, K. F. (2000). Students' need for belonging in the school community. *Review of Educational Research, 70* (3), 323–367. doi:10.3102/00346543070003323.

Östh, J., Andersson, E. & Malmberg, B. (2013). School choice and increasing performance difference: A counterfactual approach. *Urban Studies, 50* (2), 407–425.

Oswald, H. & Krappmann, L. (1991). Der Beitrag der Gleichaltrigen zur sozialen Entwicklung von Kindern in der Grundschule. In R. Pekrun & H. Fend (Hrsg.), *Schule und Persönlichkeitsentwicklung. Ein Resümee der Längsschnittforschung* (S. 201–216). Stuttgart: Enke.

Oswald, F., Pfeifer, B., Ritter-Berlach, G. & Tanzer, N. (1989). *Schulklima.* Wien: Universitätsverlag.

Otto, H.-U. & Coelen, T. (Hrsg.). (2004). *Grundbegriffe Ganztagsbildung. Beiträge zu einem neuen Bildungsverständnis in der Wissensgesellschaft.* Wiesbaden: Springer VS. doi:10.1007/978-3-322-97610-9.

Otto, H.-U. & Rauschenbach, T. (Hrsg.). (2004). *Die andere Seite der Bildung. Zum Verhältnis von formellen und informellen Bildungsprozessen.* Wiesbaden: Springer VS.

Overwien, B. (2006). Informelles Lernen – Zum Stand der internationalen Diskussion. In T. Rauschenbach (Hrsg.), *Informelles Lernen im Jugendalter – Vernachlässigte Dimensionen der Bildungsdebatte* (S. 35–62). Weinheim und Basel: Beltz.

Paradies, L. & Linser, H. J. (2008). *Differenzieren im Unterricht.* Berlin: Cornelsen.

Parschon, A. (2007). Schulentwicklung mit dem Modulansatz zur Selbstevaluation (MSS). In K.-O. Bauer (Hrsg.), *Evaluation an Schulen* (S. 119–161). Weinheim und Basel: Beltz.

Patall, E. A., Cooper, H. & Allen, A. B. (2010). Extending the school day or the school year: A systematic review of research (1985–2009). *Review of Educational Research, 80* (3), 401–436.

Pawek, C. (2009). *Schülerlabore als interessefördernde außerschulische Lernumgebungen für Schülerinnen und Schüler aus der Mittel- und Oberstufe.* Dissertationsschrift, Christian-Albrechts-Universität zu Kiel.

Pechlaner, H., von Holzschuher, W. & Bachinger, M. (Hrsg.). (2009). *Unternehmertum und Public Private Partnership: wissenschaftliche Konzepte und praktische Erfahrungen.* Wiesbaden: Gabler/GWV.

Pekrun, R. (1988). *Emotion, Motivation und Persönlichkeit.* Weinheim: Psychologie Verlags Union.

Pesch, L. (2006). Qualitätsmerkmale für Ganztagsangebote. In S. Knauer & A. Durdel (Hrsg.), *Die neue Ganztagsschule* (S. 58–63). Weinheim und Basel: Beltz.
Petermann, U. & Petermann, F. (2014). *Schülereinschätzliste für Sozial- und Lernverhalten (SSL)*. Göttingen: Hogrefe.
Petillon, H. (1998). Mehr Zeit in der Grundschule für Kinder, Lehrer(innen) und Eltern. *Forum E, 51*, 6–13.
Pfeiffer, H. (2004). Schule im Spannungsfeld von Demokratie und Markt. In H. G. Holtappels, K. Klemm, H. Pfeiffer, H.-G. Rolff & R. Schulz-Zander (Hrsg.), *Jahrbuch der Schulentwicklung: Daten, Beispiele und Perspektiven* (S. 51–81). Weinheim und Basel: Beltz.
Pfeiffer, H. (2008). Selbstständigkeit von Schule – Entwicklungen und empirische Befunde. In H. G. Holtappels, H.-G. Rolff & K. Klemm (Hrsg.), *Schulentwicklung durch Gestaltungsautonomie. Ergebnisse der Begleitforschung zum Modellvorhaben ‚Selbstständige Schule' in Nordrhein-Westfalen* (S. 16–36). Münster: Waxmann.
Philipp, E. & Rolff, H.-G. (1999). *Schulprogramme und Leitbilder entwickeln*. Weinheim und Basel: Beltz.
Pietsch, M., Feldhoff, T. & Petersen, L. S. (2016). Von der Schulinspektion zur Schulentwicklung. Welche Rolle spielen innerschulische Voraussetzungen? In AG Schulinspektion (Hrsg.), *Schulinspektion als Steuerungsimpuls?* (S. 227–262). Wiesbaden: Springer. doi:10.1007/978-3-658-10872-4_7.
Pietsch, M., Jahnke, N. & Mohr, I. (2014). Führt Schulinspektion zu besseren Schülerleistungen? *Zeitschrift für Pädagogik, 60* (3), 446–470.
Pittman, K., Tolman, J. & Yohalem, N. (2005). Developing a comprehensive agenda for out-of-school hours: Lessons and challenges across cities. In J. Mahoney, R. Larson & J. Eccles (Eds.), *Organized Activities as Contexts of Development – Extracurricular Activities, After-School and Community Programs* (pp. 357–398). Mahwah, NJ: Lawrence Erlbaum Associates.
Pollit, C. (1990). *Managerialism and the public services: The Anglo-American experience*. Cambridge, MA: Basil Blackwell.
Popp, U. (2011). Wie sich Lehrkräfte an ganztägigen Schulen wahrnehmen und was sich Schüler(innen) von ihnen wünschen. In S. Appel & U. Rother (Hrsg.), *Mehr Schule oder doch: Mehr als Schule? Jahrbuch Ganztagsschule* (S. 34–47). Schwalbach/Ts.: Wochenschau.
Porst, R. (1998). *Im Vorfeld der Befragung: Planung, Fragebogenentwicklung, Pretesting*. ZUMA-Arbeitsbericht 98/02. Zugriff am 13. Mai 2015 unter http://www.ssoar.info/ssoar/bitstream/handle/document/20048/ssoar-1998-porst-im_vorfeld_der_befragung.pdf?sequence=1.
Porst, R. (2011). *Fragebogen: Ein Arbeitsbuch*. Wiesbaden: Springer VS. doi:10.1007/978-3-531-92884-5.
Postel, T. (2007). Ein Bus wird kommen … *Die Zeit, 9*, 73–74.
Pötschke, M. (2004). *Schriftlich oder online? Methodische Erfahrungen aus einer vergleichenden Mitarbeiterbefragung*. Vortrag auf der German Online Research, 2004, Essen.
Pötschke, M. (2009). Potenziale von Online-Befragungen: Erfahrungen aus der Hochschulforschung. In H. Jackob, H. Schoen & T. Zerback (Hrsg.), *Sozialforschung im Internet. Methodologie und Praxis der Online-Befragung* (S. 75–89). Wiesbaden: Springer VS. doi: 10.1007/978-3-531-91791-7_5.
Prengel, A., Geiling, U. & Carle, U. (2001). *Schulen für Kinder. Flexible Eingangsphase und feste Öffnungszeiten in der Grundschule*. Bad Heilbrunn: Klinkhardt.
Prenzel, M. (1988). *Die Wirkungsweise von Interesse*. Opladen: Westdeutscher Verlag.
Prenzel, M. (1993). Autonomie und Motivation im Lernen Erwachsener. *Zeitschrift für Pädagogik, 39* (2), 239–253.
Pritchett, L. & Filmer, D. (1999). What education production functions really show: A positive theory of education expenditures. *Economics of Education Review, 18*, 223–239.
Prohl, R. (2001). *Bildung und Bewegung*. Hamburg: Czwalina.
Prohl, R. (2010). *Grundriss der Sportpädagogik*. Wiebelsheim: Limpert.

Prüfer, P. & Rexroth, M. (1996). *Verfahren zur Evaluation von Survey-Fragen: Ein Überblick.* Zugriff am 13. Mai 2015 unter http://www.ssoar.info/ssoar/bitstream/handle/document/20020/ssoar-1996-prufer_et_al-verfahren_zur_evaluation_von_survey-fragen.pdf?sequence=1.

Prüfer, P. & Rexroth, M. (2000). *Zwei-Phasen-Pretesting. ZUMA-Arbeitsbericht 2000/08.* Zugriff am 13. Mai 2015 unter http://www.gesis.org/fileadmin/upload/forschung/publikationen/gesis_reihen/zuma_arbeitsberichte/00_08.pdf.

Prüfer, P. & Rexroth, M. (2005). *Kognitive Interviews. ZUMA How-to-Reihe,* Nr. 15. Zugriff am 13. Mai 2015 unter http://www.gesis.org/fileadmin/upload/forschung/publikationen/gesis_reihen/howto/How_to15PP_MR.pdf.

Prüß, F. (2008). Didaktische Konzepte von Ganztagsschulen. In T. Coelen & H.-U. Otto (Hrsg.), *Grundbegriffe Ganztagsbildung. Das Handbuch* (S. 538–547). Wiesbaden: Springer VS. doi:10.1007/978-3-531-91161-8_53.

Prüß, F., Kortas, S. & Schöpa, M. (Hrsg.). (2009). *Die Ganztagsschule: Von der Theorie zur Praxis. Anforderungen und Perspektiven für Erziehungswissenschaft und Schulentwicklung.* Weinheim und Basel: Beltz.

Psacharaopoulos, G. (2000). Economics of education a la euro. *European Journal of Education* 35 (1), 81–95. doi:10.1111/1467-3435.00007.

QMBS Bayern – Qualitätsmanagement an beruflichen Schulen in Bayern (n. d.). *Feedbackkultur. Qualitätskomponente: Individualfeedback.* Zugriff am 22. März 2017 unter http://www.qmbs-bayern.de/userfiles/04_01_Skript_Feedbackkultur.pdf.

Quane, J. M. & Rankin, B. H. (2006). Does it pay to participate? Neighborhood-based organizations and the social development of urban adolescents. *Children and Youth Services Review, 28* (10), 1229–1250.

Quellenberg, H. (2009). *Studie zur Entwicklung von Ganztagsschulen (StEG) – ausgewählte Hintergrundvariablen, Skalen und Indices der ersten Erhebungswelle.* Zugriff am 12. Februar 2014 unter http://www.pedocs.de/volltexte/2010/3128/pdf/MatBild_Bd24_D_A.pdf.

Quellenberg, H., Carstens, R. & Stecher, L. (2008). Hintergrund, Design und Stichprobe. In H. G. Holtappels, E. Klieme, T. Rauschenbach & L. Stecher (Hrsg.), *Ganztagsschule in Deutschland: Ergebnisse der Ausgangserhebung der „Studie zur Entwicklung von Ganztagsschulen" (StEG)* (S. 51–68). Weinheim und Basel: Beltz.

RAA MV – Regionale Arbeitsstelle für Bildung, Integration und Demokratie Mecklenburg-Vorpommern e.V. (n. d.). *Ganztagsschule in Mecklenburg-Vorpommern gestalten! – Qualität entwickeln.* Zugriff am 5. März 2017 unter http://www.raa-mv.de/sites/default/files/Ganztagsschule_in_MV.pdf.

Raab, E. & Rademacker, H. (1987). *Handbuch Schulsozialarbeit.* Weinheim: DJI.

Rabenstein, K. (2008). Rhythmisierung. In T. Coelen & H.-U. Otto (Hrsg.), *Grundbegriffe Ganztagsbildung. Das Handbuch* (S. 548–556). Wiesbaden: Springer VS. doi:10.1007/978-3-531-91161-8_54.

Rabenstein, K. & Podubrin, E. (2015). Praktiken individueller Förderung in Hausaufgaben- und Förderangeboten. Empirische Rekonstruktionen pädagogischer Ordnungen. In S. Reh, B. Fritzsche, T.-S. Idel & K. Rabenstein (Hrsg.), *Lernkulturen. Rekonstruktionen pädagogischer Praktiken an Ganztagsschulen* (S. 219–263). Wiesbaden: Springer VS. doi:10.1007/978-3-531-94081-6_14.

Radisch, F. (2009). *Qualität und Wirkung ganztägiger Schulorganisation: theoretische und empirische Befunde.* Weinheim und Basel: Beltz.

Radisch, F., Klieme, E. & Bos, W. (2006). Gestaltungsmerkmale und Effekte ganztägiger Angebote im Grundschulbereich. Eine Sekundäranalyse zu Daten der IGLU-Studie. *Zeitschrift für Erziehungswissenschaft, 9* (1), 30–50. doi:10.1007/s11618-006-0003-6.

Radisch, F., Stecher, L., Fischer, N. & Klieme, E. (2008). Wirkungen außerunterrichtlicher Angebote an Ganztagsschulen. In T. Coelen & H.-U. Otto (Hrsg.), *Grundbegriffe Ganztagsbildung. Das Handbuch* (S. 929–937). Wiesbaden: Springer VS. doi:10.1007/978-3-531-91161-8_92.

Radisch, F., Stecher, L., Klieme, E. & Kühnbach, O. (2008). Unterrichts- und Angebotsqualität aus Schülersicht. In H. G. Holtappels, E. Klieme, T. Rauschenbach & L. Stecher (Hrsg.), *Ganztagsschule in Deutschland: Ergebnisse der Ausgangserhebung der „Studie zur Entwicklung von Ganztagsschulen" (StEG)* (S. 227–260). Weinheim und Basel: Beltz.

Radnitzky, E. (2002). Q.I.S. – Schulprogrammkonzept und Service-Angebot des Bildungsministeriums. In F. Eder & H. Altrichter (Hrsg.), *Qualitätsentwicklung und Qualitätssicherung im österreichischen Schulwesen* (S. 153–168). Innsbruck: StudienVerlag.

Rakhkochkine, A. (2008). Kooperation von Bildungsorten. In T. Coelen & H.-U. Otto (Hrsg.), *Grundbegriffe Ganztagsbildung. Das Handbuch* (S. 613–620). Wiesbaden: Springer VS. doi:10.1007/978-3-531-91161-8_61.

Rakoczy, K., Buff, A. & Lipowsky, F. (2005). *Dokumentation der Erhebungs- und Auswertungsinstrumente zur schweizerisch-deutschen Videostudie „Unterrichtsqualität, Lernverhalten und mathematisches Verständnis". Teil 1: Befragungsinstrumente.* Frankfurt am Main: Gesellschaft zur Förderung Pädagogischer Forschung e.V.

Ramelow, D., Currie, D. & Felder-Puig, R. (2015). The assessment of school climate: Review and appraisal of published student-report measures. *Journal of Psychoeducational Assessment, 33* (8), 731–743. doi:10.1177/0734282915584852.

Ramm, G., Prenzel, M., Baumert, J., Blum, W., Lehmann, R., Leutner, D., Schiefele, U. (2006). *PISA 2003: Dokumentation der Erhebungsinstrumente.* Münster: Waxmann.

Rauch, W. A., Schweizer, K. & Moosbrugger, H. (2007). Method effects due to social desirability as a parsimonious explanation of the deviation from unidimensionality in LOT-R scores. *Personality and Individual Differences, 42*, 1597–1607.

Rauer, W. & Schuck, K.-D. (2003). *Fragebogen zur Erfassung emotionaler und sozialer Schulerfahrungen von Grundschulkindern dritter und vierter Klassen (FEESS 3–4).* Göttingen: Beltz.

Rauschenbach, T., Arnoldt, B., Steiner, C. & Stolz, H.-J. (2012). *Ganztagsschule als Hoffnungsträger für die Zukunft? Ein Reformprojekt auf dem Prüfstand.* Gütersloh: Bertelsmann Stiftung.

Rauschenbach, T., Düx, W. & Sass, E. (Hrsg.). (2006). *Informelles Lernen im Jugendalter – Vernachlässigte Dimensionen der Bildungsdebatte.* Weinheim und Basel: Beltz.

Raven, J. C. (2009). *Raven's Progressive Matrices and Vocabulary Scales (SPM).* Frankfurt: Pearson.

Reble, A. (1999). *Geschichte der Pädagogik.* Stuttgart: Klett-Cotta.

Reeve, J. (2002). Self-determination theory applied to educational settings. In E. Deci & R. M. Ryan (Eds.), *Handbook of self-determination research* (pp. 183–203). Rochester, NY: The University of Rochester Press.

Regensburger Projektgruppe (1999). *Die Bewegte Schule. Anspruch und Wirklichkeit.* Schorndorf: Hofmann.

Rehaag, R., Tils, G. & Waskow, F. (2011). Die Rolle von Ernährung und Bewegung. In KKH-Allianz (Hrsg.), *Weißbuch Prävention 2010/2011. Gesund jung?! Herausforderung für die Prävention und Gesundheitsförderung bei Jugendlichen und jungen Erwachsenen* (S. 95–124). Berlin: Springer. doi:10.1007/978-3-642-16710-2_5.

Reinboth, C. (2007). *Möglichkeiten und Grenzen von Online-Befragungen unter besonderer Berücksichtigung der Daten- und Stichprobenqualität.* München: GRIN.

Reinders, H. (2008). Erfassung sozialer und selbstregulatorischer Kompetenzen bei Kindern und Jugendlichen – Forschungsstand. In N. Jude, J. Hartig & E. Klieme (Hrsg.), *Kompetenzerfassung in pädagogischen Handlungsfeldern* (S. 27–45). Bonn: BMBF.

Reinders, H., Gogolin, I., Gresser, A., Schnurr, S., Böhmer, J. & Bremm, N. (2011). Ganztagsschulbesuch und Integration von Kindern mit Migrationshintergrund im Primarbereich: Erste Näherungen an empirische Befunde einer vergleichenden Untersuchung. *Zeitschrift für Erziehungswissenschaft, 14* (3), 163–183. doi:10.1007/s11618-011-0233-0.

Reindl, M., Berner, V. D., Scheunpflug, A., Zeinz, H. & Dresel, M. (2015). Effect of negative peer climate on the development of autonomous motivation in mathematics. *Learning and Individual Differences, 38* (1), 68–75. doi:10.1016/j.lindif.2015.01.017.

Reindl, M. & Gniewosz, B. (2017). *Prima Klima: Schule ist mehr als Unterricht.* Berlin: Springer. doi:10.1007/978-3-662-50353-9.

Rekus, J. (2005). Theorie der Ganztagsschule – praktische Orientierungen. In V. Ladenthin & J. Rekus (Hrsg.), *Die Ganztagsschule. Alltag, Reform, Geschichte, Theorie* (S. 279–298). Weinheim und Basel: Beltz.

Reyes, M. R., Brackett, M. A., Rivers, S. E., White, M. & Salovey, P. (2012). Classroom emotional climate, student engagement, and academic achievement. *Journal of Educational Psychology, 104* (3), 700–712. doi:10.1037/a0027268.

Reynolds, D. (1976). The delinquent school. In M. Hammersley & P. Woods (Eds.), *The process of schooling* (pp. 217–229). London: Routledge & Kegan Paul.

Reynolds, D. & Murgatroyd, S. (1977). The sociology of schooling and the absent pupil: The school as a factor in the generation of truancy. In H. Carroll (Ed.), *Absenteeism in South Wales: Studies of pupils, their homes and their secondary schools.* Swansea: University College of Swansea, Faculty of Education.

Rhemtulla, M., Brosseau-Liard, P. E. & Savalei, V. (2012). When can categorical variables be treated as continuous? A comparison of robust continuous and categorical SEM estimation methods under suboptimal conditions. *Psychological Methods, 17* (3), 354–373. doi:10.1037/a0029315.

Richter, I. (1995). Theorien der Schulautonomie. In P. Daschner, H.-G. Rolff & T. Stryck (Hrsg.), *Schulautonomie – Chancen und Grenzen* (S. 9–30). Weinheim und Basel: Beltz.

Richter, M., Müncher, V. & Andresen, S. (2008). Eltern. In T. Coelen & H.-U. Otto (Hrsg.), *Grundbegriffe Ganztagsbildung. Das Handbuch* (S. 49–57). Wiesbaden: Springer VS. doi:10.1007/978-3-531-91161-8_4.

Robert Bosch Stiftung (2016). *Preisträger und Extras zum zehnjährigen Jubiläum.* Zugriff am 19. Oktober 2016 unter http://schulpreis.bosch-stiftung.de/content/language1/downloads/Broschuere_Deutscher_Schulpreis_2016.pdf.

Röhrich, T. (2008). Prozesse der Selbstständigkeitsentwicklung. In H. G. Holtappels (Hrsg.), *Schulentwicklung durch Gestaltungsautonomie: Ergebnisse der Begleitforschung zum Modellvorhaben „selbstständige Schule" in Nordrhein-Westfalen* (S. 225–288). Münster: Waxmann.

Rolff, H.-G. (1993). *Wandel durch Selbstorganisation. Theoretische Grundlagen und praktische Hinweise für eine bessere Schule.* Weinheim und Basel: Beltz.

Rolff, H.-G. (1994). Gestaltungsautonomie verwirklichen. Lehrerinnnen und Lehrer als Träger der Entwicklung. *Pädagogik, 46,* 40–44.

Rolff, H.-G. (1995). *Wandel durch Selbstorganisation.* Weinheim und Basel: Beltz.

Rolff, H.-G. (1998). Entwicklung von Einzelschulen: Viel Praxis, wenig Theorie und kaum Forschung – Ein Versuch, Schulentwicklung zu systematisieren. In H.-G. Rolff, K. O. Bauer, K. Klemm & H. Pfeiffer (Hrsg.), *Jahrbuch der Schulentwicklung, Band 10. Daten, Beispiele, Perspektiven* (S. 295–326). Weinheim und München: Beltz.

Rolff, H.-G. (2001). *Schulentwicklung konkret: Steuergruppe, Bestandsaufnahme, Evaluation.* Speyer: Institut für schulische Fortbildung und schulpsychologische Beratung des Landes Rheinlad-Pfalz (IFB).

Rolff, H.-G. (2001a). *Konsequenzen aus Schulleistungsstudien/Bildungsmonitoring und ihre Umsetzung auf der Ebene: Einzelschule/Unterricht.* Zugriff am 03. November 2015 unter https://bildungsserver.berlin-brandenburg.de/fileadmin/bbb/schule/schulentwicklung/bildungsdiskussion_berichte_und_studien/oecd-ceri/dokumentation/Rolff_Potsdam_9_01.ppt.

Rolff, H.-G. (2006). Schulentwicklung, Schulprogramm und Steuergruppe. In H. Buchen & H.-G. Rolff (Hrsg.), *Professionswissen Schulleitung* (S. 296–364). Weinheim und Basel: Beltz.

Rolff, H.-G. (2010). Datengestützte Schulentwicklung. In H.-G. Rolff (Hrsg.), *Führung, Steuerung, Management* (S. 133–176). Seelze: Klett.

Rolff, H.-G. (2013). *Schulentwicklung kompakt: Modelle, Instrumente, Perspektiven.* Weinheim und Basel: Beltz.

Rolff, H.-G., Buhren, C. G., Lindau-Bank, D. & Müller, S. (1998). *Manual Schulentwicklung*. Dortmund: Institut für Schulentwicklungsforschung.

Rolff, H.-G. & Tillmann, K.-J. (1980). Schulentwicklungsforschung: Theoretischer Rahmen und Forschungsperspektive. In H.-G. Rolff, R. Hansen, K. Klemm & K.-J. Tillmann (Hrsg.), *Jahrbuch der Schulentwicklung. Daten, Beispiele und Perspektiven. Band 1* (S. 237–264). Weinheim und Basel: Beltz.

Rollett, W., Holtappels, H. G. & Bergmann, K. (2008). Anspruch und Wirklichkeit von Ganztagsschulen. In T. Coelen & H.-U. Otto (Hrsg.), *Grundbegriffe Ganztagsbildung. Das Handbuch* (S. 899–909). Wiesbaden: Springer VS. doi:10.1007/978-3-531-91161-8_89.

Rollett, W., Spillebeen, L. & Holtappels, H. G. (2012). Schulentwicklungsprozess an Ganztagsschulen – Bedeutung systematischer Qualitätsentwicklung und der Nutzung externer Unterstützung. *Journal für Schulentwicklung, 2* (16), 8–18.

Rollett, W. & Tillmann, K. (2009). Personaleinsatz an Ganztagsschulen. In I. Kamski, H. G. Holtappels & T. Schnetzer (Hrsg.), *Qualität von Ganztagsschule: Konzepte und Orientierungen für die Praxis* (S. 132–143). Münster: Waxmann.

Rossi, P. H., Lipsey, M. W. & Freeman, H. E. (2004). *Evaluation. A systematic approach*. Thousand Oaks, CA: Sage.

Roszkowski, M. J. & Soven, J. (2010). Shifting gears: Consequences of including two negatively worded items in the middle of a positively worded questionnaire. *Assessment and Evaluation in Higher Education, 35*, 113–130. doi:10.1080/02602930802618344.

Roth, X. (2010). *Handbuch Bildungs- und Erziehungspartnerschaft: Zusammenarbeit mit Eltern in der Kita*. Freiburg: Herder.

Rother, U. (2003). Ganztagsschulentwicklung in den Bundesländern. Stand: November 2003. *Die Ganztagsschule, 63* (4), 1–17.

Royse, D., Thyer, B. & Padgett, D. (2006). *Program evaluation: An introduction*. Belmont, CA: Cengage Learning.

Rühle, J. & Dill, L.-S. (2014). Ganztagsschule und demografischer Wandel im Bildungsprozess. In S. Maschke, G. Schulz-Gade & L. Stecher (Hrsg.), *Jahrbuch Ganztagsschule 2014. Inklusion. Der pädagogische Umgang mit Heterogenität*. (S. 114–125). Schwalbach/Ts.: Wochenschau.

Rürup, M. (2007). *Innovationswege im deutschen Bildungssystem. Die Verbreitung der Idee „Schulautonomie" im Ländervergleich*. Wiesbaden: Springer VS. doi:10.1007/978-3-531-90735-2.

Rürup, M. (2008). *Schulautonomie in Deutschland – Profil einer langfristigen Schulreform*. Vortrag an der PH Ludwigsburg. Zugriff am 22. September 2016 unter http://www.ifb.uni-wuppertal.de/fileadmin/zbl/Ruerup/Ruerup_Schulautonomie_29022008.pdf.

Rürup, M., Fuchs, H.-W. & Weishaupt, H. (2010). Bildungsberichterstattung – Bildungsmonitoring. In H. Altrichter & K. Maag Merki (Hrsg.), *Handbuch Neue Steuerung im Schulsystem* (S. 377–401). Wiesbaden: Springer VS. doi:10.1007/978-3-531-92245-4_15.

Rustemeyer, R. & Fischer, N. (2007). Geschlechterdifferenzen bei Leistungserwartung und Wertschätzung im Fach Mathematik. Zusammenhänge mit schülerperzipiertem Lehrkraftverhalten. In P. H. Ludwig & H. Ludwig (Hrsg.), *Erwartungen in himmelblau und rosarot. Effekte, Determinanten und Konsequenzen von Geschlechterdifferenzen in der Schule* (S. 83–101). Weinheim und Basel: Beltz.

Rutter, M., Muaghan, B., Mortimer, P. & Ouston, J. (1979). *Fifteen thousand hours*. London: Open Books.

Rutter, M., Muaghan, B., Mortimer, P. & Ouston, J. (1980). *Fünfzehntausend Stunden – Schulen und ihre Wirkung auf die Kinder*. Weinheim und Basel: Beltz.

Ryan, R. M., Stiller, J. D. & Lynch, J. H. (1994). Representations of relationships to teachers, parents, and friends as predictors of academic motivation and self-esteem. *Journal of Early Adolescence, 14*, 226–249. doi:10.1177/027243169401400207.

Sacher, W. (2008). *Elternarbeit: Gestaltungsmöglichkeiten und Grundlagen für alle Schularten*. Bad Heilbrunn: Klinkhardt.

Saldern, M. von (2013). Eigenverantwortliche Schule – eine Chance für die Ganztagsschule? In S. Appel & U. Rother (Hrsg.), *Schulen ein Profil geben. Konzeptionsgestaltung in der Ganztagsschule. Jahrbuch Ganztagsschule* (S. 50–57). Schwalbach/Ts.: Debus Pädagogik.

Saldern, M. von & Littig, K. E. (1987). *Landauer Skalen zum Sozialklima (LASSO 4-13)*. Weinheim und Basel: Beltz.

Salisch, M. von (2000). Peer-Einflüsse auf die Persönlichkeitsentwicklung. In M. Amelang (Hrsg.), *Determinanten individueller Differenzen* (S. 345–405). Göttingen: Hogrefe.

Salisch, M. von (Hrsg.). (2013). *Peer-Beziehungen in der Ganztagsschule: Vielfalt – Entwicklung – Potenzial*. Zugriff am 7. März 2017 unter http://www.leuphana.de/fileadmin/user_upload/Forschungseinrichtungen/psych/files/PeerBroschuere.pdf.

Salzmann, P. (2015). *Lernen durch kollegiales Feedback. Die Sicht von Lehrpersonen und Schulleitungen in der Berufsbildung*. Münster: Waxmann.

Sass, D. A. (2011). Testing measurement invariance and comparing latent factor means within a confirmatory factor analysis framework. *Journal of Psychoeducational Assessment, 29* (4), 347–363. doi:10.1177/0734282911406661.

Sass, D. A., Schmitt, T. A. & Marsh, H. W. (2014). Evaluating model fit with ordered categorical data within a measurement invariance framework: a comparison of estimators. *Structural Equation Modeling, 21* (2), 167–180. doi:10.1080/10705511.2014.882658.

Satow, L. (1999a). Zur Bedeutung des Unterrichtsklimas für die Entwicklung schulbezogener Selbstwirksamkeitserwartungen. *Zeitschrift für Entwicklungspsychologie und Pädagogische Psychologie, 31*, 171–179.

Satow, L. (1999b). *Klassenklima und Selbstwirksamkeitsentwicklung: Eine Längsschnittstudie in der Sekundarstufe I*. Dissertationsschrift. Berlin. Zugriff am 19. April 2017 unter http://www.edocs.fu-berlin.de/diss/servlets/MCRFileNodeServlet/FUDISS_derivate_000000000271/00_satow.pdf.

Sauer, J. & Gamsjäger, E. (1996). *Ist Schulerfolg vorhersehbar?* Göttingen: Hogrefe.

Sauerwein, M. N. (2016). Qualitätsmerkmale in Ganztagsangeboten aus Perspektive der Schüler/innen. In N. Fischer, H.-P. Kuhn & C. Tillack (Hrsg.), *Was sind gute Schulen? Teil 4: Theorie, Praxis und Forschung zur Qualität von Ganztagsschulen* (S. 60–80). Immenhausen: Prolog.

Sauerwein, M. N. (2017). *Qualität in Bildungssettings der Ganztagsschule*. Weinheim: Beltz.

Sauerwein, N., Theis, D., Wolgast, A. & Fischer, N. (2016). Vom Lesenlernen in der Ganztagsschule: Leisten Ganztagsangebote einen Beitrag zur Leseförderung am Beginn der Sekundarstufe I? *Zeitschrift für Pädagogik, 62* (6), 780–796.

SBD – Schul- und Bildungspolitik in Deutschland (2011). *Ein aktuelles Stimmungsbild der Bevölkerung und der Lehrer. Eine Studie des Instituts für Demoskopie Allensbach*. Zugriff am 08. Oktober 2011 unter http://www.ifd-allensbach.de/uploads/tx_studies/7625_Bildungspolitik.pdf.

SBI Sachsen – Sächsisches Bildungsinstitut (2014). *Schulische Qualität im Freistaat Sachsen: Kriterienbeschreibung*. Zugriff am 5. März 2017 unter https://publikationen.sachsen.de/bdb/artikel/13269/documents/30790.

SBJW Berlin – Senatsverwaltung für Bildung, Jugend und Wissenschaft (2013). *Handlungsrahmen Schulqualität in Berlin. Qualitätsbereiche und Qualitätsmerkmale*. Zugriff am 5. März 2013 unter https://www.berlin.de/imperia/md/content/sen-bildung/schulqualitaet/handlungsrahmen_schulqualitaet.pdf?start&ts=1446546584&file=handlungsrahmen_schulqualitaet.pdf.

SBW Bremen – Die Senatorin für Bildung und Wissenschaft Bremen (2007). *Der Bremer Orientierungsrahmen Schulqualität*. Zugriff am 5. März 2017 unter https://www.bildung.bremen.de/sixcms/media.php/13/orientierungsrahmen-schulqualitaet.pdf.

Scales, P. C. (1999). Increasing service-learning's impact on middle school students. *Middle School Journal, 30*, 40–44.

Schalkhaußer, S. & Thomas, F. (2011). *Lokale Bildungslandschaften in Kooperation von Jugendhilfe und Schule*. Zugriff am 19. Februar 2017 unter http://www.dji.de/fileadmin/user_upload/bibs/2011_06_08_Lokale_Bildungslandschaften_in_Kooperation_von_Jugendhilfe_und_Schule.pdf.

Scheerens, J. (2003). Integrated models of educational effectiveness: Searching for 'the silver bullet'. In J. Scheerens, & A. J. Visscher (Eds.), *School effectiveness and training effects* (pp. 137–158). Enschede: Universiteit Twente.

Scheerens, J. & Bosker, R. (1997). *The foundation of educational effectiveness*. Oxford: Emerald.

Schermelleh-Engel, K., Moosbrugger, H. & Müller, H. (2003). Evaluating the fit of structural equation models. Tests of significance and descriptive goodness-of-fit-measures. *Methods of Psychological Research Online, 8* (2), 23–74.

Scheuerer, A. (2009). Unterrichtsorganisation aus Sicht der Praxis. „Rhythm is it". In F. Prüß, S. Kortas & M. Schöpa (Hrsg.), *Die Ganztagsschule: von der Theorie zur Praxis. Anforderungen und Perspektiven für Erziehungswissenschaft und Schulentwicklung* (S. 215–228). Weinheim und Basel: Beltz.

Scheuerer, A. (2009a). „Rhythm is it!" – Rhythmisierung, Ganztagsschule und schulische Förderung. In S. Appel, H. Ludwig, U. Rother & G. Rutz (Hrsg.), *Leitthema Lernkultur. Jahrbuch Ganztagsschule 2009* (S. 53–64). Schwalbach/Ts.: Wochenschau.

Schiefele, H. (1981). Interesse. In H. Schiefele & A. Krapp (Hrsg.), *Handlexikon zur pädagogischen Psychologie* (S. 192–195). München: Ehrenwirth.

Schiefele, U. (2008). Lernmotivation und Interesse. In W. Schneider & M. Hasselhorn (Hrsg.), *Pädagogische Psychologie* (S. 38–49). Göttingen: Hogrefe.

Schiefele, U. (2009). Situational and individual interest. In K. R. Wentzel & A. Wigfield (Eds.), *Handbook of motivation at school* (pp. 197–222). New York, NY: Routledge.

Schiefele, U. & Köller, O. (2010). Intrinsische und extrinsische Motivation. In D. H. Rost (Hrsg.), *Handwörterbuch Pädagogische Psychologie* (S. 336–344). Weinheim und Basel: Beltz.

Schiefele, U., Krapp, A., Wild, K.-P. & Winteler, A. (1993). Der „Fragebogen zum Studieninteresse" (FSI). *Diagnostica, 39* (4), 335–351.

Schiefele, U. & Wild, K.-P. (Hrsg.). (2000). *Interesse und Lernmotivation*. Münster: Waxmann.

Schimank, U. (2002). *Neue Steuerungssysteme an den Hochschulen. Förderinitiative des BMBF: Science Policy Studies*. Abschlussbericht vom 31.5.2002. Zugriff am 28. März 2014 unter https://hessenkongress.files.wordpress.com/2010/01/schimank-2002-neue-steuerungssysteme-an-den-hochschulen.pdf.

Schlömerkemper, J. (Hrsg.). (2004). *Bildung und Standards: zur Kritik der „Instandardsetzung" des deutschen Bildungswesens*. Weinheim und Basel: Beltz.

Schmidt, C. M. & Fertig, M. (2003). Genaues Hinsehen lohnt. Die Determinanten des Abschneidens deutscher Schüler in der PISA 2000-Studie. *Forschung & Lehre, 6*, 313–315.

Schmidt, W., Hartmann-Tews, I. & Brettschneider, W. D. (Hrsg.). (2003). *Erster Kinder- und Jugendsportbericht*. Schorndorf: Hofmann.

Schneewind, J. & Kuper, H. (2008). Rückmeldeformate und Verwendungsmöglichkeiten der Ergebnisse aus zentralen Lernstandserhebungen. In T. Bohl & H. Kiper (Hrsg.), *Lernen aus Evaluationsergebnissen. Verbesserungen planen und implementieren* (S. 113–131). Bad Heilbrunn: Klinkhardt.

Schneider, V. & Kenis, P. (1996). Verteilte Kontrolle. Institutionelle Steuerung in modernen Gesellschaften. In P. Kenis & V. Schneider (Hrsg.), *Organisation und Netzwerk* (S. 9–43). Frankfurt: Campus.

Schneider, W. & Stern, E. (2000). Die Entwicklung von Kompetenzunterschieden. *Grundschule, 32*, 22–24.

Schnell, H. (2007). Schulprogramm, Evaluation und sich ändernde Bildungslandschaften. In W. Schönig (Hrsg.), *Spuren der Schulevaluation: Zur Bedeutung und Wirksamkeit von Evaluationskonzepten im Schulalltag* (S. 21–27). Kempten: Klinkhardt.

Schnetzer, T. (2006). Durchdachte Ganztagschule. *Lernende Schule, 35,* 24–26.
Schoenen, J. (2008). *Das Image der Frau. Wege zu einem neuen Selbstbild.* Opladen: Budrich.
Schönig, W. (2007). Einleitung: Neue Formen der Qualitätsentwicklung und -kontrolle im Schulwesen. In W. Schönig (Hrsg.), *Spuren der Schulevaluation: Zur Bedeutung und Wirksamkeit von Evaluationskonzepten im Schulalltag* (S. 9–20). Kempten: Klinkhardt.
Schöpa, M. M. (2016). Nutzungspräferenzen und ihre Bedeutung bei der Entwicklung einer schülerorientierten Angebotsstruktur. In N. Fischer, H. P. Kuhn & C. Tillack (Hrsg.), *Was sind gute Schulen? Teil 4: Theorie, Praxis und Forschung zur Qualität von Ganztagsschulen* (S. 81–92). Immenhausen: Prolog.
Schröder, R. (1995). *Kinder reden mit! Beteiligung an Politik, Stadtplanung und Stadtgestaltung.* Weinheim und Basel: Beltz.
Schröer, S. (2010). Kooperation im offenen Ganztag aus Sicht der Leitungskräfte. In Wissenschaftlicher Kooperationsverbund (Hrsg.), *Kooperation im Ganztag. Der Ganztag in NRW – Beiträge zur Qualitätsentwicklung* (S. 52–61). Zugriff am 23. März 2016 unter http://nrw.ganztaegig-lernen.de/sites/default/files/GanzTag_2010_14.pdf.
Schründer-Lenzen, A. & Mücke, S. (2010). Entwicklung von Schulleistungen in der ganztägigen Grundschule. In H. Merkens & A. Schründer-Lenzen (Hrsg.), *Lernförderung unter den Bedingungen des Ganztags im Grundschulbereich* (S. 25–52). Münster: Waxmann.
Schubert, H. & Puskeppeleit, M. (2012). Qualitätsentwicklung in Bildungslandschaften. In P. Bleckmann & A. Durdel (Hrsg.), *Bildungslandschaften. Mehr Chancen für alle* (S. 98–114). Wiesbaden: Springer VS. doi:10.1007/978-3-531-94130-1_8.
Schulministerium NRW (2013). *Schulinternes Evaluationsinstrument SEIS.* Zugriff am 11. Dezember 2016 unter https://www.schulministerium-nrw.de/docs/bp/Ministerium/ Schulverwaltung/Schulmail/Archiv-2013/130911/index.html.
Schulz-Algie, S. (2010). Kooperation zwischen Schule und Sportverein – Gelingensbedingungen für eine erfolgreiche Zusammenarbeit. In P. Böcker & R. Laging (Hrsg.), *Bewegung, Spiel und Sport in der Ganztagsschule* (S. 201–214). Baltmannsweiler: Schneider.
Schulz-Gade, H. (2012). Inhalte, Betreuung, Angebote: Entwicklungsschritte zur Ganztagsschule. In B. Ritter & T. Breyer-Mayländer (Hrsg.), *Schulen im Wettbewerb: Bildung zwischen Entwicklung und Marketing* (S. 89–98). Baltmannsweiler: Schneider Hohengehren.
Schumacher, L. (2010). Schule als Organisation. In P. Paulus (Hrsg.), *Bildungsförderung durch Gesundheit* (S. 87–109). Weinheim und Basel: Beltz.
Schünhof, I., Winkler, H., Humbert-Welter, W., Velzen, P. van & Brothuhn, S. (2016). Zusammen sind wir bunt – Multiprofessionelle Teamarbeit in der Tami-Oelfken-Schule. In N. Fischer, H.-P. Kuhn, & C. Tillack, (Hrsg.), *Was sind gute Schulen? Teil 4: Theorie, Praxis und Forschung zur Qualität von Ganztagsschulen* (S. 202–232). Immenhausen: Prolog.
Schütze, F. (1996). Organisationszwänge und hoheitsstaatliche Rahmenbedingungen im Sozialwesen: Ihre Auswirkung auf die Paradoxien des professionellen Handelns. In A. Combe & W. Helsper (Hrsg.), *Pädagogische Professionalität. Untersuchungen zum Typus pädagogischen Handelns* (S. 183–275). Frankfurt am Main: Suhrkamp.
Schwänke, U. (1980). *Die Interdependenz von Bildungssystem und Gesellschaft: ein Beitrag zur Theorie der Schule.* Weinheim und Basel: Beltz.
Schwarz, A. & Weishaupt, H. (2014). Veränderungen in der sozialen und ethnischen Zusammensetzung der Schülerschaft aus demografischer Perspektive. In K. Maaz, M. Neumann & J. Baumert (Hrsg.), *Herkunft und Bildungserfolg von der frühen Kindheit bis ins Erwachsenenalter* (S. 9–35). Wiesbaden: Springer. doi:10.1007/s11618-013-0462-5.
Schwarzer, R. & Jerusalem, M. (2002). Das Konzept der Selbstwirksamkeit. *Zeitschrift für Pädagogik, 44* (Beiheft), 28–53.
Schwippert, K. (2004). Leistungsrückmeldungen an Grundschulen im Rahmen der internationalen Grundschul-Lese-Untersuchung (IGLU). *Empirische Pädagogik, 18,* 62–81.
Scott, J. & Marshall, G. (2009). *"Coleman Report". A dictionary of sociology.* Oxford: Oxford University Press.
Seidel, T. (2009). Klassenführung. In E. Wild & J. Möller (Hrsg.), *Pädagogische Psychologie* (S. 135–148). Heidelberg: Springer. doi:10.1007/978-3-540-88573-3_6.

SEIS Deutschland (2008). *Befragungen.* Zugriff am 13. Dezember 2012 unter http://www.seis-deutschland.de/seis-instrument/erhebungsinstrumente/fragebogen/standard.
SEIS Deutschland (2008a). *Ziele.* Zugriff am 13. Dezember 2012 unter http://www.seis-deutschland.de/projekt/ziele.
SEIS Deutschland (2008b). *Nutzungsbedingungen von SEIS Deutschland für die Schulen bei der Nutzung von SEIS.* Zugriff am 13. Dezember 2012 unter http://www.seis-deutschland.de/seis-instrument/zugang/Nutzungsbedingungen_SEIS-Deutschland.pdf.
SEIS Deutschland (2011). *SEIS macht Schule ... Bessere Qualität in allen Schulen.* Zugriff am 26. Juli 2013 unter http://www.seis-deutschland.de/fileadmin/user_upload/raw_material/documents/Flyer_SEIS_Deutschland_final.pdf.
SEIS Deutschland (2017). *SEIS.* Zugriff am 22. März 2017 unter http://www.seis-deutschland.de/.
Seiß, K. (2004). Methodix – Ein Inventar von Evaluationsmethoden für den Unterricht. Zugriff am 3. November 2016 unter http://marvin.sn.schule.de/~profil-q/materialien_frei/Methodix.pdf.
SenBJW Berlin – Senatsverwaltung für Bildung, Jugend und Wissenschaft Berlin (2013). *Handlungsrahmen Schulqualität in Berlin.* Zugriff am 23. Oktober 2016 unter http://www.berlin.de/imperia/md/content/sen-bildung/schulqualitaet/handlungsrahmen_schulqualitaet.pdf?start&ts=1383302071&file=handlungsrahmen_schulqualitaet.pdf.
SenBJW Berlin – Senatsverwaltung für Bildung, Jugend und Wissenschaft Berlin (2014). *Schulinspektion.* Zugriff am 23. Dezember 2014 unter http://www.berlin.de/sen/bildung/schulqualitaet/schulinspektion/index.html.
SenBJW Berlin – Senatsverwaltung für Bildung, Jugend und Wissenschaft Berlin (Hrsg.). (2014a). *7 Jahre Schulinspektion in Berlin.* Zugriff am 09. Januar 2015 unter http://www.berlin.de/imperia/md/content/sen-bil-dung/schulqualitaet/schulinspektion/7_jahre_schulinspektion.pdf?start&ts=1397209065&file=7_jahre_schulinspektion.pdf.
Senff, O. (2008). *Bewegung, Spiel und Sport in der Ganztagsschulentwicklung – Rekonstruktion der konzeptionellen Bedingungen und praktischen Möglichkeiten mit Hilfe von Schulportraits ausgewählter Thüringer Ganztagsschulen.* Dissertationsschrift, Friedrich-Schiller-Universität Jena. Zugriff am 03. Oktober 2014 unter http://www.db-thueringen.de/servlets/DerivateServlet/Derivate-16217/Senff/Dissertation.pdf.
Senff, O. (2014). Außerunterrichtliche Sport- und Bewegungsangebote im Ganztag aus Sicht der Schüler(innen). In R. Hildebrandt-Stramann, R. Laging & J. Teubner (Hrsg.), *Bewegung und Sport in der Ganztagsschule – StuBSS: Ergebnisse der qualitativen Studie* (S. 361–381). Baltmannsweiler: Schneider Hohengehren.
Serviceagentur NRW (2007). *QUIGS – Qualitätsentwicklung in Ganztagsschulen. Grundlagen, praktische Tipps und Instrumente.* Zugriff am 05. März 2017 unter http://www.ganztag-nrw.de/fileadmin/user_upload/QUIGS_Handreichung.pdf.
Serviceagentur SH (2016*). Handreichung zur kooperativen Qualitätsentwicklung an Ganztagsschulen in Schleswig-Holstein.* Zugriff am 5. März 2017 unter http://www.sh.ganztaegig-lernen.de/sites/default/files/KoSeVa_Broschu%CC%88re.pdf.
Shapiro, S. S. & Wilk, M. B. (1965). An analysis of variance test for normality (complete samples). *Biometrika, 52* (3/4), 591–611. doi:10.1093/biomet/52.3-4.591.
Shapiro, S. S., Wilk, M. B. & Chen, H. J. (1968). A comparative study of various tests for normality. *Journal of the American Statistical Association, 63* (324), 1343–1372. doi:10.2307/2285889.
Shaver, A. V. & Walls, R. T. (1998). Effect of parent involvement on student reading and mathematics achievement. *Journal of Research and Development in Education, 31* (2), 90–97.
Shernoff, D. J. & Vandell, D. L. (2007). Engagement in after-school program activities: Quality of experience from the perspective of participants. *Journal of Youth and Adolescence, 36,* 891–903.

SICI – The Standing International Conference of Central and General Inspectorates of Education (2003). *ESSE – Effective School Self-Evaluation*. Zugriff am 16. September 2014 unter http://www.edubcn.cat/rcs_gene/extra/05_pla_de_formacio/direccions/primaria/bloc1/1_avaluacio/plugin-essereport.pdf.

Siegler, R., Eisenberg, N., DeLoache, J. & Saffran, J. (2016). Bindung und die Entwicklung des Selbst. In S. Pauen (Hrsg.), *Entwicklungspsychologie im Kindes- und Jugendalter* (S. 399–438). Berlin: Springer. doi:10.1007/978-3-662-47028-2_11.

Sim, J. & Wright, C. C. (2005). The kappa statistic in reliability studies: use, interpretation, and sample size requirements. *Physical Therapy, 85* (3), 257–268.

Smirnov, H. (1939). Sur les écarts de la courbe de distribution émpirique. *Recueil Mathématique (Matematiceskii Sbornik), 6*, 3–26.

SMK – Sächsisches Staatsministerium für Kultus (2007). *Förderrichtlinie des Sächsischen Staatsministeriums für Kultus zum Ausbau von Ganztagsangeboten (FRL GTA)*. Zugriff am 02. Dezember 2016 unter http://www.sfv-online.de/fileadmin/content/PDFs/Qualifizierung/Lehrer/foerderrichtlinie_ganztagsangebote.pdf.

Sommer, N. (2011). Wie beurteilen schulische Gruppen die erlebte Schulinspektion? In S. Müller, M. Pietsch & W. Bos (Hrsg.), *Schulinspektion in Deutschland. Eine Zwischenbilanz aus empirischer Sicht* (S. 137–164). Münster: Waxmann.

Soremski, R. (2013). *Keine Zeit für Freizeit? Ganztagsschule im Alltag Jugendlicher*. Zugriff am 7. März 2015 unter https://www.bmbf.de/files/keine_zeit_fuer_freie_zeit_bf_2.pdf.

Soremski, R., Urban, M. & Lange, A. (Hrsg.). (2011). *Familie, Peers und Ganztagsschule*. Weinheim und Basel: Beltz.

Sorensen, A. B. (1996). Educational opportunities and school effects. In J. Clark (Ed.), *James S. Coleman* (pp. 207–225). London: Falmer.

Speck, K., Olk, T. & Stimpel, T. (2011). Auf dem Weg zu multiprofessionellen Organisationen? Die Kooperation von Sozialpädagogen und Lehrkräften im schulischen Ganztag. In W. Helsper & R. Tippelt (Hrsg.), *Pädagogische Professionalität* (S. 184–201). Weinheim und Basel: Beltz.

Speck, K., Olk, T., Böhm-Kasper, O., Stolz, H.-J. & Wiezorek, C. (Hrsg.). (2011). *Multiprofessionelle Teams an Ganztagsschulen. Professionsentwicklung, Kooperation und Vernetzung*. Weinheim und Basel: Beltz.

SPI NRW – Sozialpädagogisches Institut Nordrhein-Westfalen (Hrsg.). (2007). *Partner machen Schule. Bildung gemeinsam gestalten*. Sankt Augustin: SZ Offsetdruck-Verlag.

Spiegel Online (2002). *Jetzt gibt Schröder alles*. Zugriff am 25. Oktober 2014 unter http://www.spiegel.de/schulspiegel/ganztagsschulen-jetzt-gibt-schroeder-alles-a-213370.html.

Spiel, C., Strohmeier, D., Schultes, M.-T. & Burger, C. (2011). *Nachhaltigkeit von Gewaltprävention in Schulen: Erstellung und Erprobung eines Selbstevaluationsinstruments*. Zugriff am 23. Juli 2017 unter http://www.schulpsychologie.at/fileadmin/upload/persoenlichkeit_gemeinschaft/projektbericht-self-assessment.pdf.

Spiess, C. K. (2011). Vereinbarkeit von Familie und Beruf – wie wirksam sind deutsche „Care Policies"? *Perspektiven der Wirtschaftspolitik, 12*, 4–27.

Spillebeen, L., Holtappels, H. G. & Rollett, W. (2011). Schulentwicklungsprozesse an Ganztagsschulen – Effekte schulischer Entwicklungsarbeit im Längsschnitt. In N. Fischer, H. G. Holtappels, E. Klieme, T. Rauschenbach, L. Stecher & I. Züchner (Hrsg.), *Ganztagsschule: Entwicklung, Qualität, Wirkungen. Längsschnittliche Befunde der Studie zur Entwicklung von Ganztagsschulen (StEG)* (S. 120–138). Weinheim und Basel: Beltz.

Spinath, B., Stiensmeier-Pelster, J., Schöne, C. & Dickhäuser, O. (2012). *Skalen zur Erfassung der Lern- und Leistungsmotivation*. Göttingen: Hogrefe.

Statistisches Bundesamt (2003). *Bevölkerung Deutschlands bis 2050. 10. koordinierte Bevölkerungsvorausberechnung*. Zugriff am 10. Januar 2017 unter https://www.demografie-portal.de/SharedDocs/Downloads/DE/BerichteKonzepte/Bund/Bevoelkerungsvorausberechnung_2003.pdf;jsessionid=5763E8A11B251C5CA1F628258896D6D9.1_cid389?__blob=publicationFile&v=2.

Statistisches Bundesamt (2015). *Bevölkerung Deutschlands bis 2060. 13. koordinierte Bevölkerungsvorausberechnung.* Zugriff am 10. Januar 2017 unter https://www.demografie-portal.de/SharedDocs/Downloads/DE/BerichteKonzepte/Bund/Bevoelkerungsvorausberechnung_2015.pdf;jsessionid=BFB8625A48FD1BDC0C9E29155F5B69A3.2_cid380?__blob=publicationFile&v=2.

Statistisches Bundesamt (2015a). *Migration.Integration.Regionen.* Zugriff am 26. März 2018 unter https://service.destatis.de/DE/karten/migration_integration_regionen.html.

Statistisches Bundesamt (2017). *Bevölkerung und Erwerbstätigkeit. Bevölkerung mit Migrationshintergrund – Ergebnisse des Mikrozensus 2016.* Zugriff am 05. April 2018 unter https://www.destatis.de/DE/Publikationen/Thematisch/Bevoelkerung/MigrationIntegration/Migrationshintergrund2010220167004.pdf?__blob=publicationFile.

Stecher, L., Allemann-Ghionda, C., Helsper, W. & Klieme, E. (2009). *Ganztägige Bildung und Betreuung.* Weinheim und Basel: Beltz.

Stecher, L., Klieme, E., Radisch, F. & Fischer, N. (2009). Unterrichts- und Angebotsentwicklung – Kernstücke der Ganztagsschulentwicklung. In F. Prüß, S. Kortas & M. Schöpa (Hrsg.), *Die Ganztagsschule: von der Theorie zur Praxis* (S. 185–201). Weinheim und Basel: Beltz.

Stecher, L., Krüger, H.-H. & Rauschenbach, T. (2011). Ganztagsschule – Neue Schule? Einleitung. *Zeitschrift für Erziehungswissenschaft, 14* (Sonderheft), 1–10. doi:10.1007/s11618-011-0224-1.

Stecher, L. & Maschke, S. (2008). Demographischer Wandel. In T. Coelen & H.-U. Otto (Hrsg.), *Grundbegriffe Ganztagsbildung. Das Handbuch* (S. 195–204). Wiesbaden: Springer VS. doi:10.1007/978-3-531-91161-8_19.

Stecher, L., Radisch, F., Fischer, N. & Klieme, E. (2007). Bildungsqualität außerunterrichtlicher Angebote in der Ganztagsschule. *Zeitschrift für Soziologie der Erziehung und Sozialisation, 27*, 346–366.

StEG-Konsortium. (2010). *Ganztagsschule: Entwicklung und Wirkungen. Ergebnisse der Studie zur Entwicklung von Ganztagsschulen 2005–2010.* Zugriff am 3. März 2017 unter http://www.projekt-steg.de/sites/default/files/Ergebnisbroschuere_StEG_2010.pdf.

StEG-Konsortium (2013). *Ganztagsschule 2012/2013: Deskriptive Befunde einer bundesweiten Befragung.* Zugriff am 3. März 2017 unter http://www.projekt-steg.de/sites/default/files/Bundesbericht_Schulleiterbefragung_2012_13.pdf.

StEG-Konsortium (2015). *Ganztagsschule 2014/2015. Deskriptive Befunde einer bundesweiten Befragung.* Zugriff am 27. Februar 2017 unter http://www.projekt-steg.de/sites/default/files/StEG_Bundesbericht%202015_final_0.pdf.

StEG-Konsortium (2016). *Ganztagsschule: Bildungsqualität und Wirkungen außerunterrichtlicher Angebote. Ergebnisse der Studie zur Entwicklung von Ganztagsschulen 2012–2015.* Zugriff am 27. Februar 2017 unter http://www.projekt-steg.de/sites/default/files/StEG_Brosch_FINAL.pdf.

StEG-Konsortium (2017). *Publikationen.* Zugriff am 27. Februar 2017 unter http://www.projekt-steg.de/content/publikationen.

StEG-Konsortium (2017a). *Forschungsdaten.* Zugriff am 27. Februar 2017 unter http://www.projekt-steg.de/content/forschungsdaten.

StEG-Konsortium (2017b). *StEG: Die erste Phase (2005–2011).* Zugriff am 27. Februar 2017 unter http://www.projekt-steg.de/content/steg-die-erste-phase-2005-%E2%80%93-2011.

StEG-Konsortium (2017c). *StEG: Die Teilprojekte der Studie.* Zugriff am 27. Februar 2017 unter http://www.projekt-steg.de/content/steg-die-teilprojekte-der-studie.

StEG-Konsortium (2017d). *Über StEG.* Zugriff am 28. Februar 2017 unter http://www.projekt-steg.de/content/%C3%BCber-steg.

StEG-Konsortium (2017e). *StEG: Die zweite Phase (2012–2015).* Zugriff am 28. Februar 2017 unter http://www.projekt-steg.de/content/%C3%BCber-steg.

StEG-Konsortium (2017f). *StEG-A: Das Studiendesign.* Zugriff am 1. August 2017 unter http://www.projekt-steg.de/content/studiendesign-1#Systematischer-Rueckblick.

Steiger, J. H. (1990). Structural model evaluation and modification: An interval estimation approach. *Multivariate Behavioral Research, 25,* 173–180. doi:10.1207/s15327906mbr 2502_4.
Steiner, C. (2010). Multiprofessionell arbeiten im Ganztag: Ideal, Illusion oder Realität? *Der pädagogische Blick, 18* (18), 22–36.
Steiner, C. (2011). Ganztagsteilnahme und Klassenwiederholung. In N. Fischer, H. G. Holtappels, E. Klieme, T. Rauschenbach, L. Stecher & I. Züchner (Hrsg.), *Ganztagsschule: Entwicklung, Qualität und Wirkungen* (S. 187–206). Weinheim und Basel: Beltz.
Steiner, C. (2016). Von der konservativen zur sozial gerechten Schule? Zur Kompensation sozialer Ungleichheit durch die Ganztagsschule. engagement. *Zeitschrift für Erziehung und Schule, 2,* 282–290.
Steiner, C. & Arnoldt, B. (2010). Partizipation in Ganztagsschulen. In Jugend für Europa (Hrsg.), *Partizipation junger Menschen. Nationale Perspektiven und europäischer Kontext* (S. 61–69). Zugriff am 7. März 2017 unter https://www.jugendfuereuropa.de/downloads/4-20-2755/special-b-6-2011-publ.pdf.
Steiner, C. & Fischer, N. (2011). Wer nutzt Ganztagsangebote und warum? *Zeitschrift für Erziehungswissenschaft, 14* (3), 185–203. doi:10.1007/s11618-011-0234-z.
Stern, C. (2009). *Podium Schule. SEIS hat laufen gelernt.* Gütersloh: Bertelsmann Stiftung.
Stern, E. (1998). Die Entwicklung schulbezogener Kompetenzen: Mathematik. In F. E. Weinert (Hrsg.), *Entwicklung im Kindesalter* (S. 95–113). Weinheim: Beltz.
Steyer, R. & Eid, M. (2001). *Messen und Testen.* Berlin: Springer. doi:10.1007/978-3-642-56924-1.
Stibbe, G. (2006). Ganztagsschule mit Programm. Oder: Auf dem Weg zur Bewegungsraumschule. *Sportpädagogik, 30* (5), 48–50.
Stockmann, R. (Hrsg.). (2006). *Evaluationsforschung. Grundlagen und ausgewählte Forschungsfelder.* Opladen: Leske + Budrich.
Stolz, G. E. (1997). Der schlechte Lehrer aus der Sicht von Schülern. In B. Schwarz & K. Prange, K. (Hrsg.), *Schlechte Lehrer/innen* (S. 124–178). Weinheim und Basel: Beltz.
Stolz, H.-J. (2008). Ganztagsbildung im lokalen Raum. Perspektiven der Kinder- und Jugendhilfe. *Die Deutsche Schule, 100,* 281–288.
Stolz, H.-J. (2009). Gelingensbedingungen lokaler Bildungslandschaften. Die Perspektive der dezentrierten Ganztagsbildun. In P. Bleckmann & A. Durdel (2009), *Lokale Bildungslandschaften* (S. 105–119). Wiesbaden: Springer VS. doi:10.1007/978-3-531-91857-0_8.
Stolz, H.-J. (2012). Bildung neu denken! Kritische Anmerkungen zu aktuellen Ansätzen lokaler Bildungslandschaften und mögliche Alternativen. In P. Bleckmann & V. Schmidt (Hrsg.), *Bildungslandschaften* (S. 21–31). Wiesbaden: Springer VS. doi:10.1007/978-3-531-94130-1_2.
Storn, H. (2012). *Selbstständige Schule, selbstständigere Schule oder Schule als ökonomischer Betrieb?* Zugriff am 02. Oktober 2014 unter http://www.gew-frankfurt.de/fileadmin/uploads/Uploads_petra_2012/Selbstst%C3%A4ndige_Schule_nach_dem_Hessischen_Schulgesetz.pdf.
Strittmatter, A. (1995). Die Aufgaben sehen und funktional wahrnehmen. Organisation der Schulaufsicht für Beratung und Evaluation im Bildungswesen. In VBE (Hrsg.), *Schulaufsicht zwischen Bürokratie und Pädagogik* (S. 33–54). Bonn: Verband für Bildung und Erziehung.
Strittmatter, A. (1999). Qualitätsevaluation in der „Schulszene Schweiz". In M. Beuke-Galm, G. Fatzer & R. Rutrecht (Hrsg.), *Schulentwicklung als Organisationsentwicklung* (S. 329–342). Köln: Edition Humanistische Psychologie.
Strittmatter, A. (2000). Worauf bei der Selbstevaluation zu achten ist. In H. Buchen, L. Horster & H.-G. Rolff (Hrsg.), *Schulinspektion: Evaluation, Rechenschaftslegung und Qualitätsentwicklung* (S. 93–112). Münster: Waxmann.

Strittmatter, A. (2007). Zwischen Solbad und Polizeiradar. Über das sensible Verhältnis von interner und externer Evaluation von Bildungsinstitutionen. In W. Böttcher & H. G. Kotthof (Hrsg.), *Schulinspektion: Evaluation, Rechenschaftslegung und Qualitätsentwicklung* (S. 93-112). Münster: Waxmann.

Stufflebeam, D. L. (1972). Evaluation als Entscheidungshilfe. In C. Wulf (Hrsg.), *Evaluation. Beschreibung und Bewertung von Unterricht, Curricula und Schulversuchen* (S. 113-145). München: R. Piper & Co.

Süßenbach, J. & Geis, S. (2013). *Evaluation von Bewegungs-, Spiel- und Sportangeboten an Offenen Ganztagsschulen in Niedersachsen.* Hannover: Landessportbund Niedersachsen e.V.

Süßenbach, J. & Geis, S. (2014). *Kooperation Sportverein und Ganztagsschule. Ergebnisse einer Vereinsbefragung in Niedersachsen.* Hannover: Landessportbund Niedersachsen.

Swain, S. D., Weathers, D. & Niedrich, R. W. (2008). Assessing three sources of misresponse to reversed Likert items. *Journal of Marketing Research, 45,* 116-131. doi:10.1509/jmkr.45.1.116.

Taddicken, M. (2009). Die Bedeutung von Methodeneffekten der Online-Befragung: Zusammenhänge zwischen computervermittelter Kommunikation und erreichbarer Datengüte. In H. Jackob, H. Schoen & T. Zerback (Hrsg.), *Sozialforschung im Internet. Methodologie und Praxis der Online-Befragung* (S. 91-107). Wiesbaden: Springer VS. doi:10.1007/978-3-531-91791-7_6.

Tamboer, J. W. J. (1994). *Philosophie der Bewegungswissenschaften.* Butzbach-Griedel: Afra.

Tanner, L. N. & Tanner, D. (1974). Schools do make a difference. *Educational Leadership, 31,* 471-479.

Tarazona, M. & Brückner, Y. (2016). Finanzierungsformen, Zielvereinbarung, New Public Management, Globalbudgets. In H. Altrichter & K. Maag Merki (Hrsg.), *Handbuch Neue Steuerung im Schulsystem* (S. 75-105). Wiesbaden: Springer VS. doi:10.1007/978-3-531-18942-0_4.

Teddlie, C. & Reynolds, D. (2000). *The International Handbook for School Effectiveness Research.* London: Falmer.

Terhart, E. (1996). Berufskultur und professionelles Handeln bei Lehrern. In A. Combe & W. Helsper (Hrsg.), *Pädagogische Professionalität. Untersuchungen zum Typus pädagogischen Handelns* (S. 448-471). Frankfurt am Main: Suhrkamp.

Textor, M. (2014). *Bildungs-und Erziehungspartnerschaft in Kindertageseinrichtungen.* Norderstedt: Books on Demand.

Thiel, A., Teubert, H. & Kleindienst-Cachay, C. (2006). *Die „Bewegte Schule" auf dem Weg in die Praxis. Theoretische und empirische Analysen einer pädagogischen Innovation.* Baltmannsweiler: Schneider Hohengehren.

Thiel, F. & Thillmann, K. (2012). Interne Evaluation als Instrument der Selbststeuerung von Schulen. In A. Wacker, U. Maier & J. Wissinger (Hrsg.), *Schul- und Unterrichtsreform durch ergebnisorientierte Steuerung – Empirische Befunde und forschungsmethodische Implikationen* (S. 35-55). Wiesbaden: Springer VS. doi:10.1007/978-3-531-94183-7_2.

Thielsch, M. T. & Weltzin, S. (2009). Online-Befragungen in der Praxis. In *Praxis der Wirtschaftspsychologie: Themen und Fallbeispiele für Studium und Praxis.* Zugriff am 31. Juli 2013 unter http://www.thielsch.org/download/thielsch_2009_onlinebefragungen.pdf.

Thieme, L. (2010). Kooperationen zwischen Offenen Ganztagsschulen und Sportvereinen aus ökonomisch-organisationssoziologischer Sicht. In P. Böcker & R. Laging (Hrsg.), *Bewegung, Spiel und Sport in der Ganztagsschule. Schulentwicklung, Sozialraumorientierung und Kooperationen* (S. 171-187). Baltmannsweiler: Schneider Hohengehren.

Thieme, L. (2013). Ganztag und Sportvereine. Empirische Befunde aus Rheinland-Pfalz. *Sportunterricht, 62* (5),142-146.

Thieme, L. (2014). Zum Verhältnis von Ganztagsschulen und Sportvereinen in Rheinland-Pfalz. Zentrale Untersuchungsergebnisse. *Betrifft: Sport, 36* (3), 10-13.

Thiersch, H. (2002). Bildung – alte und neue Aufgabe der Sozialen Arbeit. In R. Münchmeier, H.-U. Otto & U. Rabe-Kleberg (Hrsg.), *Bildung und Lebenskompetenz* (S. 57–71). Opladen: Leske + Budrich.

Thole, W. & Küster-Schapfl, E.-U. (1997). *Sozialpädagogische Profis. Beruflicher Habitus, Wissen und Können von PädagogInnen in der außerschulischen Kinder- und Jugendarbeit.* Opladen: Leske + Budrich.

Thonhauser, W. (2007). Schulautonomie und Evaluation im Schulwesen Österreichs. In W. Schönig (Hrsg.), *Spuren der Schulevaluation: Zur Bedeutung und Wirksamkeit von Evaluationskonzepten im Schulalltag* (S. 28–41). Kempten: Klinkhardt.

Tillack, C., Kuhn, H. P. & Fischer, N. (2014). *Motivationale Interferenzen in der Ganztagsschule – Zusammenhang zwischen der Prozessqualität von Hausaufgabenbetreuung und der Lernmotivation von Sekundarschülern.* Posterpräsentation auf der 79. Tagung der Arbeitsgruppe für Empirische Pädagogische Forschung der DGfE in Hamburg, 15. –17.09.2014.

Tillmann, K.-J. (2005). Ganztagsschule: die richtige Antwort auf PISA? In K. Hohmann, H. G. Holtappels, I. Kamski & T. Schnetzer (Hrsg.), *Entwicklung und Organisation von Ganztagsschulen. Anregungen, Konzepte, Praxisbeispiele* (S. 45–58). Dortmund: Institut für Schulentwicklungsforschung.

Tillmann, K.-J. (2008). Schulautonomie. In T. Coelen & H.-U. Otto (Hrsg.), *Grundbegriffe Ganztagsbildung. Das Handbuch* (S. 594–601). Wiesbaden: Springer VS. doi:10.1007/978-3-531-91161-8_59.

Tillmann, K.-J. (2009). *Welche Konsequenzen legen die PISA-Ergebnisse nahe? Oder: wissenschaftliche Ergebnisse, öffentliche Diskussion und politisches Handeln.* Vortrag auf dem Bildungskongress der Heinrich-Böll-Stiftung am 14.2.2009 in Gelsenkirchen. Zugriff am 22. November 2016 unter http://www.boell-nrw.de/sites/default/files/downloads/0702-09_Input_Prof._Klaus_Tillmann_li.pdf.

Tillmann, K.-J. (2011). Die Steuerung von Ganztagsschule: Zum Verhältnis von Schulautonomie, freien Anbietern und staatlicher Regulierung. *Zeitschrift für Erziehungswissenschaft, 14*, 11–24. doi:10.1007/s11618-011-0225-0.

Tillmann, K.-J. (2014). Die Ganztagsschule und die Wünsche der Eltern. In D. Kilius & K. J. Tillmann (Hrsg.), *Eltern zwischen Erwartungen, Kritik und Engagement. Ein Trendbericht zu Schule und Bildungspolitik in Deutschland. 3.* JAKO-O-Bildungsstudie (S. 71–87). Münster: Waxmann.

Tillmann, K.-J., Fischer, N. & Willems, A. S. (2015). Begriffsverwirrung: Gebunden versus teilgebunden. *Lernende Schule, 69*, 13.

Tillmann, K.-J. & Meier, U. (2001). Schule, Familie und Freunde – Erfahrungen von Schülerinnen und Schülern in Deutschland. In Deutsches PISA-Konsortium (Hrsg.), *PISA 2000. Basiskompetenzen von Schülerinnen und Schülern im internationalen Vergleich* (S. 468–509). Opladen: Leske + Budrich.

Tillmann, K. & Rollett, W. (2010). Die Bedeutung personeller Ressourcen für innerschulische Kooperation an Ganztagsschulen in Deutschland. In B. Schwarz, P. Nenninger & R. S. Jäger (Hrsg.), *Erziehungswissenschaftliche Forschung – Nachhaltige Bildung. Beiträge zur 5. DGfE-Sektionstagung „Empirische Bildungsforschung"/AEPF-KBBB, im Frühjahr 2009* (S. 114–120). Landau: Empirische Pädagogik.

Tillmann, K. & Weishaupt, H. (2015). Ansätze bedarfsorientierter Ressourcenausstattung von sozial belasteten Schulen in Deutschland. Eine Situationsanalyse. *Zeitschrift für Bildungsverwaltung, 31* (2), 5–26.

TNS Emnid (2014). *3. JAKO-O-Bildungsstudie. Eltern beurteilen Schule in Deutschland.* Zugriff am 29. November 2014 unter http://www.bllv.de/fileadmin/Dateien/Land-PDF/Pressemitteilungen/2014/Kurzzusammenfassung_Bildungsstudie_JAKO-O_100914.pdf.

Tolofari, S. (2005). New public management and education. *Policy Futures in Education, 3* (1), 75–89. doi:10.2304/pfie.2005.3.1.11.

Topping, K. (2017). *What kids are reading.* Zugriff am 06. Januar 2018 unter http://doc.renlearn.com/KMNet/R60818.pdf.

Tourangeau, R., Rips, L. J. & Rasinski, K. (2000). *The Psychology of Survey Response*. Cambridge: Cambridge University Press.
Townsend, T. (Ed.). (2007). *International Handbook of School Effectiveness and Improvement*. Dordrecht: Springer. doi:10.1007/978-1-4020-5747-2.
Tresselt, P. (2015). *Selbstständige Schule. Die Geschichte des nordrhein-westfälischen Modellprojektes Schule 21*. Zugriff am 18. September 2016 unter http://www.tresselt.de/s21history.htm.
Trist, E. & Bamforth, K. (1951). Some social and psychological consequences of the Longwall method of coal-getting. *Human 13Relations, 4*, 3–38. doi:10.1177/001872675100400101.
Tucker, L. R. & Lewis, C. (1973). A reliability coefficient for maximum likelihood factor analysis. *Psychometrika, 38*, 1–10. doi:10.1007/BF02291170.
Tully, C. & Santen, E. van (2012). Das verfügbare Geld im Jugendalltag von 13- bis 17-jährigen Schülern und Schülerinnen: Empirische Ergebnisse. *Diskurs Kindheits- und Jugendforschung, 7* (2), 197–211.
Tulodziecki, G. (1990). *Bericht über die Folgebefragung im Rahmen der Evaluation zum Lehrerfortbildungsprojekt „Lesen in der Grundschule"*. Gütersloh: Bertelsmann Stiftung.
UE2 – Unterrichtsentwicklung durch Unterrichtsevaluation (2007). *Aktionshandbuch. Vorgehen, Methoden und Beispiele*. Zugriff am 4. November 2016 unter http://docplayer.org/26275983-Unterrichtsentwicklung-durch-unterrichtsevaluation-aktionshandbuch-vorgehen-methoden-und-beispiele-maerz-powered-sponsored-by.html.
UNESCO (1997). *Lernfähigkeit: unser verborgener Reichtum. UNESCO-Bericht zur Bildung für das 21. Jahrhundert*. Neuwied: Luchterhand.
UNESCO-Institut für Pädagogik (1962). Pädagogische Erwägungen über die Ganztagsschule. Bericht über die Tagung vom 27.–29.10.1961. *Sonderheft der Zeitschrift Tagesheimschule*.
Urhahne, D., Marsch, S., Wilde, M. & Krüger, D. (2011). Die Messung konstruktivistischer Unterrichtsmerkmale auf der Grundlage von Schülerurteilen. *Psychologie in Erziehung und Unterricht, 58* (2), 116–127. doi:10.2378/peu2011.art06d.
Van Ackeren, I. (2003). *Evaluation, Rückmeldung und Schulentwicklung. Erfahrungen mit zentralen Tests, Prüfungen und Inspektionen in England, Frankreich und den Niederlanden*. Münster: Waxmann.
Van Ackeren, I., Brauckmann, S. & Klein, E. D. (2016). Internationale Diskussions-, Forschungs- und Theorieansätze zur Governance im Schulwesen. In H. Altrichter & K. Maag Merki (Hrsg.), *Handbuch Neue Steuerung im Schulsystem* (S. 29–51). Wiesbaden: Springer VS. doi:10.1007/978-3-531-18942-0_2.
Van Ackeren, I. & Klemm, K. (2009). *Entstehung, Struktur und Steuerung des deutschen Schulsystems: Eine Einführung*. Wiesbaden: Springer VS.
Van Buer, J. & Hallmann, P. J. (2007). Schulprogramme – Konstruktions- und Implementationsbefunde. In J. van Buer & C. Wagner (Hrsg.), *Qualität von Schule. Ein kritisches Handbuch* (S. 317–344). Frankfurt am Main: Peter Lang.
Van de Schoot, R., Lugtig, P. & Hox, J. (2012). A checklist for testing measurement invariance. *European Journal of Developmental Psychology, 9* (4), 486–492. doi:10.1080/17405629.2012.686740.
Van de Schoot, R., Kluytmans, A., Tummers, L., Lugtig, P., Hox, J. & Muthén. B. O. (2013). Facing off with Scylla and Charybdis: A comparison of scalar, partial, and the novel possibility of approximate measurement invariance. *Frontiers in Psychology, 4*, 770. doi:10.3389/fpsyg.2013.00770.
Van Sonderen, E., Sanderman, R. & Coyne, J. C. (2013). Ineffectiveness of reverse wording of questionnaire items: Let's learn from cows in the rain. *PLOS ONE, 8* (7), e68967. doi:10.1371/journal.pone.0068967.
Van Velzen, W. G., Miles, M. B., Ekholm, M., Hameyer, U. & Robin, D. (1985). *Making School Improvement Work*. Leuven: ACCO.
Vandell, D. L., Reisner, E. & Pierce, K. (2007). *Outcomes linked to high quality afterschool programs: Longitudinal findings from the study of promising after school programs*. Washington, D.C.: Policy Studies Associates Inc.

Vandenberg, R. J. & Lance, C. E. (2000). A review and synthesis of the measurement invariance literature: suggestions, practices and recommendations for organizational research. *Organizational Research Methods, 3* (1), 4–70. doi:10.1177/109442810031002.
Verbeet, M. (2010). *Bilanz eines Schock-Jahrzehnts*. Zugriff am 25. Oktober 2014 unter http://www.spiegel.de/schulspiegel/wissen/pisa-2000-bis-2009-bilanz-eines-schock-jahrzehnts-a-733310.html.
Vieluf, S., Leon, J. & Carstens, R. (2010). Construction and validation of scales and indeces. In OECD (Ed.), *TALIS 2008 Technical Report* (pp. 131–206). Paris: OECD Publications.
Viteritti, J. P. (1999). *Choosing equality: School choice, the constitution, and civil society*. Washington D.C.: Brookings Institution Press.
Vogel, P. (2006). Bildungstheoretische Optionen zum Problem der Ganztagsbildung. In H.-U. Otto & J. Oelkers (Hrsg.), *Zeitgemäße Bildung. Herausforderung für die Erziehungswissenschaft und die Bildungspolitik* (S. 14–20). München: Reinhardt.
Vogel, P. (2008). Bildung, Lernen, Erziehung, Sozialisation. In T. Coelen & H.-U. Otto (Hrsg.), *Grundbegriffe Ganztagsbildung. Das Handbuch* (S. 118–127). Wiesbaden: Springer VS.
Vogel, S. (2010). Sportvereine in Ganztagsangeboten – Eine Bestandsaufnahme aus Sachsen. In P. Böcker & R. Laging (Hrsg.), *Bewegung, Spiel und Sport in der Ganztagsschule. Schulentwicklung, Sozialraumorientierung und Kooperationen* (S. 159–170). Baltmannsweiler: Schneider Hohengehren.
Vollstädt, W. (2009). Individuelle Förderung in der Ganztagsschule: Qualitätsansprüche und Möglichkeiten. In S. Appel, H. Ludwig, U. Rother & G. Rutz (Hrsg.), *Jahrbuch Ganztagsschule 2009. Leben – Lernen – Leisten* (S. 24–37). Schwalbach/Ts.: Wochenschau.
Von der Gathen, J. (2006). Grenzen der innerschulischen Rezeption von Rückmeldungen aus Large-Scale-Assessments. *Journal für Schulentwicklung, 10* (4), 13–19.
VSA ZH – Volksschulamt der Bildungsdirektion des Kantons Zürich (2011). *Beiblatt Geleitete Schule. Evaluation – Methodenrepertoire*. Zugriff am 4. November 2016 unter http://www.vsa.zh.ch/internet/bildungsdirektion/vsa/de/schulbetrieb_und_unterricht/fuehrung_und_organisation/geleitete_schulen/materialien/_jcr_content/contentPar/downloadlist_1/downloaditems/methodenrepertoire.spooler.download.1303897647120.pdf/001462_evaluation_methodenrepertoire_2011-3.pdf.
Wagner, I. (2012). Bewegung, Spiel und Sport im nordrheinwestfälischen Ganztag der Sekundarstufe I. *Sportunterricht, 61* (10), 302–306.
Wagner, W., Helmke, A. & Rösner, E. (2009). *Deutsch Englisch Schülerleistungen International. Dokumentation der Erhebungsinstrumente für Schülerinnen und Schüler, Eltern und Lehrkräfte*. Materialien zur Bildungsforschung (Bd. 25/1). Frankfurt am Main: GFPF/DIPF.
Wahl, D. (1991). *Handeln unter Druck: Der weite Weg vom Wissen zum Handeln bei Lehrern, Hochschullehrern und Erwachsenenbildnern*. Weinheim: Deutscher Studien-Verlag.
Wahler, P., Preiß, C. & Schaub, G. (2005). *Ganztagsangebote an der Schule. Erfahrungen – Probleme – Perspektiven*. München: Eigenverlag DJI.
Waldis, M. (2012). *Interesse an Mathematik. Zum Einfluss des Unterrichts auf das Interesse von Schülerinnen und Schülern der Sekundarstufe I*. Münster: Waxmann.
Wamser, P. & Leyk, D. (2003). Einfluss von Sport und Bewegung auf Konzentration und Aufmerksamkeit: Effekte eines „Bewegten Unterrichts" im Schulalltag. *Sportunterricht, 52* (4), 108–113.
Wedekind, F. (2012). *SEIS – Selbstevaluation in Schule. Ein Leitfaden für Schulen im Kreis Herford*. Zugriff am 2. April 2017 unter https://www.kreis-herford.de/PDF/SEIS_Leitfaden_f%C3%BCr_Schulen_im_Kreis_Herford.PDF?ObjSvrID=393&ObjID=3227&ObjLa=1&Ext=PDF&WTR=1&_ts=1344849898.
Weerts, F. (2007). Das niederländische Inspektionsmodell. Selbstevaluation und externe Evaluation in Proportion. In W. Schönig (Hrsg.); *Spuren der Schulevaluation. Zur Bedeutung und Wirksamkeit von Evaluationskonzepten im Schulalltag* (S. 42–53). Bad Heilbrunn: Klinkhardt.

Wegner, B. & Bellin, N. (2010). Typen der Ganztagsorganisation: Deskription von unterschiedlichen Ausgestaltungsmustern der Realisierung des Ganztags. In H. Merkens & A. Schründer-Lenzen (Hrsg.), *Lernförderung unter den Bedingungen des Ganztags im Grundschulbereich* (S. 53–75). Münster: Waxmann.

Wegner, B. & Tamke, F. (2009). Organisationsmodelle und ihre Umsetzung. In H. Merkens, A. Schründer-Lenzen & H. Kuper (Hrsg.), *Ganztagsorganisation im Grundschulbereich* (S. 151–166). Münster: Waxmann.

Weiber, R. & Mühlhaus, D. (2010). *Strukturgleichungsmodellierung. Eine anwendungsorientierte Einführung in die Kausalanalyse mit Hilfe von AMOS, SmartPLS und SPSS*. Berlin: Springer Gabler. doi:10.1007/978-3-642-35012-2.

Weide, D. & Reh, S. (2010). Freizeit in der Schule ist doch gar keine freie Zeit – oder: Wie nehmen Kinder ihre Zeit in der Ganztagsschule wahr? In F. Heinzel & A. Panagiotopoulou (Hrsg.), *Qualitative Bildungsforschung im Elementar- und Primarbereich* (S. 259–275). Baltmannsweiler: Schneider.

Weigand, G. (2011). Ganztagsschule – Motor der Schulentwicklung. In S. Appel & U. Rother (Hrsg.), *Mehr Schule oder doch: Mehr als Schule? Jahrbuch Ganztagsschule* (S. 102–112). Schwalbach/Ts.: Wochenschau.

Weijters, B., Baumgartner, H. & Schillewaert, N. (2013). Reversed item bias – An integrative model. *Psychological Methods, 18* (3), 320–334. doi:10.1037/a0032121.

Weijters, B., Cabooter, E. & Schillewaert, N. (2010). The effect of rating scale format on response styles: The number of response categories and response category labels. *International Journal of Research in Marketing, 27* (3), 236–247. doi:10.1016/j.ijresmar.2010.02.004.

Weinert, F. E. (2010). Entwicklung, Lernen, Erziehung. In D. H. Rost (Hrsg.), *Handwörterbuch Pädagogische Psychologie* (S. 132–143). Weinheim und Basel: Beltz.

Weir, J. P. (2005). Quantifiying test-retest-reliability using the intraclass correlation coefficient and the SEM. *Journal of Strength and Conditioning Research, 19* (1), 231–240. doi:10.1519/15184.1.

Weis, M., Zehner, F., Sälzer, C., Strohmaier, A., Artelt, C. & Pfost, M. (2016). Lesekompetenz in PISA 2015: Ergebnisse, Veränderungen und Perspektiven. In K. Reiss, C. Sälzer, A. Tschiepe-Tiska, E. Klieme & O. Köller (Hrsg.), *PISA 2015 – Eine Studie zwischen Kontinuität und Innovation* (S. 249–284). Münster: Waxmann.

Weiß, M. & Steinert, B. (2001). Institutionelle Vorgaben und ihre aktive Ausgestaltung – Die Perspektive der deutschen Schulleitungen. In Deutsches PISA-Konsortium (Hrsg.), *PISA 2000. Basiskompetenzen von Schülerinnen und Schülern im internationalen Vergleich* (S. 427–454). Opladen: Leske & Budrich.

Welker, M. & Matzat, U. (2009). Online-Forschung: Gegenstände, Entwicklung, Institutionalisierung und Ausdifferenzierung eines neuen Forschungszweiges. In N. Jackob, H. Schoen & T. Zerback (Hrsg.), *Sozialforschung im Internet. Methodologie und Praxis der Online-Befragung* (S. 33–47). Wiesbaden: Springer VS. doi:10.1007/978-3-531-91791-7_2.

Weng, L.-J. (2004). Impact of the number of response categories and anchor labels on coefficient alpha and test-retest reliability. *Educational and Psychological Measurement, 64* (6), 956–972. doi:10.1177/0013164404268674.

Wentzel, K. R. (1997). Student motivation in middle school: The role of perceived pedagogical caring. *Journal of Educational Psychology, 89*, 411–419.

Wentzel, K. R. (1998). Social relationships and motivation in middle school: the role of parents, teachers, and peers. *Journal of Educational Psychology, 90* (2), 202–209.

Wentzel, K. R., Baker, S. & Russell, S. (2009). Peer relationships and positive adjustment at school. In R. Gillman, S. Huebner & M. Furlong (Eds.), *Promoting wellness in children and youth: A handbook of positive psychology in the schools* (pp. 229–244). Mahwah, NJ: Erlbaum.

Werner, C. S., Schermelleh-Engel, K., Gerhard, C. & Gäde, J. C. (2016). Strukturgleichungsmodelle. In N. Döring & J. Bortz (Hrsg.), *Forschungsmethoden und Evaluation in den Sozial- und Humanwissenschaften* (S. 945–974). Heidelberg: Springer. doi:10.1007/978-3-642-41089-5_17.

Wichmann, M. (2012). Über den Schulhof hinaus. Das Verhältnis von Ganztagsschule und Bildungslandschaft und wie beide voneinander profitieren können. In P. Bleckmann & A. Durdel (Hrsg.), *Bildungslandschaften. Mehr Chancen für alle* (S. 73–87). Wiesbaden: Springer VS. doi:10.1007/978-3-531-94130-1_6.

Wick, U., Naul, R., Geis, S. & Tietjens, M. (2011). Essener Sportvereine und der offene Ganztag an lokalen Grundschulen. In R. Naul (Hrsg.), *Bewegung, Spiel und Sport in der Ganztagsschule. Bilanz und Perspektiven* (S. 229–249). Aachen: Meyer & Meyer.

Wiesner, T., Olk, T. & Speck, K. (2016). Kooperation im Ganztag: Wohin steuern die Schulen? Erkenntnisse aus einer Evaluationsstudie zum Ganztagsgeschehen in Brandenburg. In N. Fischer, H.-P. Kuhn & C. Tillack (Hrsg.), *Was sind gute Schulen? Teil 4: Theorie, Praxis und Forschung zur Qualität von Ganztagsschulen* (S. 202–215). Immenhausen: Prolog.

Wildfeuer, W. (2009). *Partizipation in der Ganztagsschule - Bezüge, Anregungen, Beispiele: Ein Praxisheft zum Wettbewerb „Zeigt her eure Schule" im Schuljahr 2007/2008. Arbeitshilfen 13: Eine Publikation der Deutschen Kinder- und Jugendstiftung im Rahmen von „Ideen für mehr! Ganztägiges Lernen"*. Zugriff am 03. Dezember 2013 unter http://www.ganztaegig-lernen.de/sites/default/files/ah-13.pdf.

Willems, A. S., Wendt, H. & Radisch, F. (2015). Domänenspezifische Kompetenzen und Chancengerechtigkeit im Vergleich von Ganz- und Halbtagsgrundschulen: Zur Rolle individueller Herkunftsmerkmale und der Komposition der Schülerschaft. In H. Wendt, T. C. Stubbe, K. Schwippert & W. Bos (Hrsg.), *10 Jahre international vergleichende Schulleistungsforschung. Vertiefende Analysen zu IGLU und TIMSS 2001 bis 2011* (S. 221–240). Münster: Waxmann.

Wolf, I. de & Janssens, F. J. G. (2007). Effects and side effects of inspections and accountability in education: An overview of empirical studies. *Oxford Review of Education, 33* (3), 379–396.

Woolley, M. E., Kol, K. L. & Bowen, G. L. (2008). The social context of school success for Latino middle school students: Direct and indirect influences of teachers, family and friends. *The Journal of Early Adolescence, 29* (1), 43–70.

Worthington, R. L. & Whittaker, T. A. (2006). Scale development research: A content analysis and recommendations for best practices. *The Counseling Psychologist, 34* (6), 806–838. doi:10.1177/0011000006288127.

Wößmann, L. (2006). Bildungspolitische Lehren aus den internationalen Schülertests: Wettbewerb, Autonomie und externe Leistungsüberprüfung. *Perspektiven der Wirtschaftspolitik, 7* (3), 417–444.

Wöstmann, M., Herrmann, B., Wilsch, A. & Obleser, J. (2015). Neural alpha dynamics in younger and older listeners reflect acoustic challenges and predictive benefits. *The Journal of Neuroscience, 35*, 1458–1467.

Wunder, D. (2003). Erweiterte Lernangebote in einer pädagogisch gestalteten Ganztagsschule. In S. Appel, H. Ludwig, U. Rother & G. Rutz (Hrsg.), *Jahrbuch Ganztagsschule 2004* (S. 42–53). Schwalbach/Ts.: Wochenschau.

Wurster, S. & Gärtner, H. (2013). Schulen im Umgang mit Schulinspektion und deren Ergebnissen. *Zeitschrift für Pädagogik, 59* (3), 425–445.

Wurster, S., Richert, D., Schliesing, A. & Pant, H. A. (2013). Nutzung unterschiedlicher Evaluationsdaten an Berliner und Brandenburger Schulen. Rezeption und Nutzung von Ergebnissen aus Schulinspektion, Vergleichsarbeiten und interner Evaluation im Vergleich. *12. Beiheft der Zeitschrift Die Deutsche Schule – DDS*, 19–50.

Youniss, J. (1982). Die Entwicklung und Funktion von Freundschaftsbeziehungen. In W. Edelstein & M. Keller (Hrsg.), *Perspektivität und Interpretation* (S. 78–109). Frankfurt am Main: Suhrkamp.

Youniss, J. (1994). *Soziale Konstruktion und psychische Entwicklung*. Frankfurt am Main: Suhrkamp.
Yu, C.-Y. (2002). *Evaluating cutoff criteria of model fit indices for latent variable models with binary and continuous outcomes*. Dissertationsschrift, University of California. Zugriff am 19. Juni 2017 unter https://www.statmodel.com/download/Yudissertation.pdf.
Zeiher, H. & Schröder, S. (Hrsg.). (2008). *Schulzeiten, Lernzeiten, Lebenszeiten. Pädagogische Konsequenzen und zeitpolitische Perspektiven schulischer Zeitordnungen*. Weinheim und Basel: Beltz.
Zepp, L. (2009). Zum Verhältnis von Hausaufgaben und schulischer Leistungs(steigerung) bei Halbtags- und Ganztagsschülern. In S. Appel, H. Ludwig, U. Rother & G. Rutz (Hrsg.), *Leben – Lernen – Leisten* (S. 103–120). Schwalbach/Ts.: Wochenschau.
Zerback, T., Schoen, H., Jackob, N. & Schlereth, S. (2009). Zehn Jahre Sozialforschung mit dem Internet – Eine Analyse zur Nutzung von Online-Umfragen in den Sozialwissenschaften. In N. Jackob, H. Schoen & T. Zerback (Hrsg.), *Sozialforschung im Internet. Methodologie und Praxis der Online-Befragung* (S. 15–31). Wiesbaden: Springer VS. doi:10.1007/978-3-531-91791-7_1.
ZfH – Zentrum für Hochschul- und Qualitätsentwicklung (2012). *Feedback-Methodenbar*. Zugriff am 28. März 2017 unter https://www.uni-due.de/imperia/md/content/zfh/feedbackmethodenbar_2012.pdf.
Züchner, I. (2008). Ganztagsschule und Familie. In H. G. Holtappels (Hrsg.), *Ganztagsschule in Deutschland* (S. 314–332). Weinheim und Basel: Beltz.
Züchner, I. (2011a). Ganztagsschulen und Familienleben. Auswirkungen des ganztägigen Schulbesuchs. In N. Fischer, H. G. Holtappels, E. Klieme, T. Rauschenbach, L. Stecher & I. Züchner (Hrsg.), *Ganztagsschule: Entwicklung, Qualität und Wirkungen* (S. 291–311). Weinheim und Basel: Beltz.
Züchner, I. (2011b). Familie und Schule. Neujustierung des Verhältnisses durch den Ausbau von Ganztagsschulen. In R. Soremski, M. Urban & A. Lange (Hrsg.), *Familie, Peers und Ganztagsschule* (S. 59–91). Weinheim und Basel: Beltz.
Züchner, I. (2013). Formale, non-formale und informelle Bildung in der Ganztagsschule. *Jugendhilfe, 53* (1), 26–35.
Züchner, I. (2013a). Sportliche Aktivitäten im Aufwachsen junger Menschen. In M. Grgic & I. Züchner (Hrsg.), *Medien, Kultur und Sport. Was Kinder und Jugendliche machen und ihnen wichtig ist. Die MediKuS-Studie* (S. 89–137). Weinheim und Basel: Beltz.
Züchner, I. (2013b). Jugendalltag zwischen Ganztagsschule, Peers und außerschulischen Aktivitäten. In K. Bock, S. Grabowsky, U. Sander & W. Thole (Hrsg.), *Jugend. Hilfe. Forschung* (S. 45–65). Baltmannsweiler: Schneider Hohengehren.
Züchner, I. (2014). Kooperation von Schulsport und Sportverein. Entwicklungspotenzial für außerunterrichtliche Sportangebote in Ganztagsschulen. *sportunterricht, 63* (12), 374–379.
Züchner, I. & Arnoldt, B. (2011). Schulische und außerschulische Freizeit- und Bildungsaktivitäten. Teilhabe und Wechselwirkungen. In N. Fischer, H. G. Holtappels, E. Klieme, T. Rauschenbach, L. Stecher & I. Züchner (Hrsg.), *Ganztagsschule: Entwicklung, Qualität, Wirkungen: Längsschnittliche Befunde der Studie zur Entwicklung von Ganztagsschulen (StEG)* (S. 267–290). Weinheim und Basel: Beltz.
Züchner, I. & Arnoldt, B. (2012). Sport von Kindern und Jugendlichen in Ganztagsschule und Sportverein. In R. Hildebrandt-Stramann, R. Laging & K. Moegling (Hrsg.), *Körper, Bewegung und Schule. 1. Theorie, Forschung und Diskussion* (S. 121–135). Immenhausen: Prolog.
Züchner, I. & Grgic, M. (2013). Organisiert aktiv – außerschulische und außerunterrichtliche musikalisch-künstlerische und sportliche Aktivitäten. In M. Grgic & I. Züchner (Hrsg.), *Medien, Kultur und Sport. Was Kinder und Jugendliche machen und ihnen wichtig ist. Die MediKuS-Studie* (S. 217–235). Weinheim und Basel: Beltz.

Züchner, I. & Fischer, N. (2011). Ganztagsschulentwicklung und Ganztagsschulforschung. In N. Fischer, E. Klieme, H. G. Holtappels, T. Rauschenbach & I. Züchner (Hrsg.), *Ganztagsschule: Entwicklung, Qualität, Wirkungen: Längsschnittliche Befunde der Studie zur Entwicklung von Ganztagsschulen (StEG)* (S. 9–17). Weinheim und Basel: Beltz.

Züchner, I. & Fischer, N. (2014). Kompensatorische Wirkungen von Ganztagsschulen – Ist die Ganztagsschule ein Instrument zur Entkopplung des Zusammenhangs von sozialer Herkunft und Bildungserfolg? In K. Maaz, M. Neumann & J. Baumert (Hrsg.), *Herkunft und Bildungserfolg von der frühen Kindheit bis ins Erwachsenenalter* (S. 349–367). Wiesbaden: Springer. doi:10.1007/978-3-658-00454-5_15.

Züchner, I. & Grgic, M. (2013). Schulbesuch und Sportengagement. Zur Bedeutung veränderter Schulzeiten für die Aktivität und das Engagement in Sportvereinen. *Magazin für die Jugendarbeit*, 2, 3–4.

Züchner, I. & Rauschenbach, T. (2013). Bildungsungleichheit und Ganztagsschule – empirische Vergewisserungen. In R. Braches-Chyrek, D. Nelles & G. Oelerich (Hrsg.), *Bildung, Gesellschaftstheorie und Soziale Arbeit* (S. 175–192). Opladen: Budrich.

Zymek, B., Sikorski, S., Franke, T., Ragutt, F. & Jakubik, A. (2006). Die Transformation regionaler Bildungslandschaften. Vergleichende Analyse lokaler und regionaler Schulangebotsstrukturen in den Städten Münster, Recklinghausen, Bochum und dem Kreis Steinfurt 1995–2003. In W. Bos, H. G. Holtappels, H. Pfeiffer, H.-G. Rolff & R. Schulz-Zander (Hrsg.), *Jahrbuch der Schulentwicklung* (Band 14, S. 195–219). Weinheim und Basel: Beltz.

Anhang

Anhangsverzeichnis

A.1 Finalisierung der GAINS-AG-Skala:
Prüfung der Faktorstruktur an einer unabhängigen
Stichprobe (Hauptstudie 3)   461

A.2 Validierung der GAINS-AG-Skala (Hauptstudie 4):
Separate Korrelationen für AG-Kategorien,
Geschlecht und Jahrgangsstufen   465

A.3 Finale Inhalte des GAINS-Fragebogens
inklusive Filterführung   469

A.1 Finalisierung der GAINS-AG-Skala: Prüfung der Faktorstruktur an einer unabhängigen Stichprobe (Hauptstudie 3)

Standardisierte Faktorladungen für das nichthierarchische Modell

Nr.	Faktor / Item	1	2	3	4
	1. Lernförderlichkeit				
1	Ich lerne in dieser AG Dinge, die mir im normalen Unterricht helfen.	.642			
6	Ich lerne in dieser AG Dinge, die meine Noten verbessern.	.619			
9	Ich lerne in dieser AG vieles, was ich im Unterricht vermisse.	.532			
12	Ich lerne in dieser AG Dinge, die mir im täglichen Leben helfen.	.509			
14	Ich lerne in dieser AG Dinge, die ich vorher noch nicht wusste.	.773			
15	In dieser AG lerne ich viel.	.895			
	2. Interesse				
3	Diese AG macht mir Spaß.		.589		
8	Ich freue mich auf diese AG.		.929		
11	Die Themen und Inhalte dieser AG interessieren mich meistens sehr.		.904		
2	In dieser AG strenge ich mich an.		.682		
10	In dieser AG bringe ich mich ein.		.816		
13	In dieser AG bin ich konzentriert bei der Sache.		.646		
	3. Pädagogische Unterstützung				
16	Mit meinem AG-Leiter komme ich gut aus.			.839	
18	Mein AG-Leiter bietet mir die Möglichkeit, zu zeigen was ich kann.			.826	
22	Mein AG-Leiter nimmt mich ernst.			.751	
24	Mein AG-Leiter kümmert sich um mich.			.817	
26	Mein AG-Leiter lobt mich.			.669	
17	Mein AG-Leiter geht auf unsere Vorschläge ein.			.760	
19	Mein AG-Leiter weckt bei mir oft Begeisterung und Interesse für Neues.			.691	
21	Mein AG-Leiter lässt uns häufig über die Themen mitentscheiden.			.781	
23	Mein AG-Leiter achtet darauf, dass möglichst alle Schüler aktiv mitarbeiten.			.739	

Nr.	Faktor / Item	1	2	3	4
25	Mein AG-Leiter fragt uns häufig nach unserer Meinung, wenn etwas entschieden oder geplant werden soll.			.710	
	4. Lerngemeinschaft				
	In dieser AG …				
29	… finde ich schnell jemanden, der mit mir zusammenarbeitet.				.613
31	… fühle ich mich wohl.				.585
35	… helfen wir uns gegenseitig.				.681
37	… haben wir eine gute Gemeinschaft.				.961
28	… wird fast immer konzentriert gearbeitet.				.822
30	… kommen wir immer sofort zur Sache.				.798

Anmerkung: $N = 781$
Alle Faktorladungen sind signifikant (alle $ps < .001$).
Die Berechnung erfolgte unter Verwendung des WLSMV-Schätzers.

Skaleninterkorrelationen für das nichthierarchische Modell

Item	2	3	4
1. Lernförderlichkeit	.461	.403	.437
2. Interesse	---	.693	.748
3. Pädagogische Unterstützung		---	.751
4. Lerngemeinschaft			---

Standardisierte Faktorladungen für das hierarchische Modell

Nr.	Faktor Item	1	2	3	4
	1. Lernförderlichkeit				
1	Ich lerne in dieser AG Dinge, die mir im normalen Unterricht helfen.	.626			
6	Ich lerne in dieser AG Dinge, die meine Noten verbessern.	.621			
9	Ich lerne in dieser AG vieles, was ich im Unterricht vermisse.	.531			
12	Ich lerne in dieser AG Dinge, die mir im täglichen Leben helfen.	.507			
14	Ich lerne in dieser AG Dinge, die ich vorher noch nicht wusste.	.772			
15	In dieser AG lerne ich viel.	.895			
	2. Interesse				
3	Diese AG macht mir Spaß.		.588		
8	Ich freue mich auf diese AG.		.929		
11	Die Themen und Inhalte dieser AG interessieren mich meistens sehr.		.904		
2	In dieser AG strenge ich mich an.		.683		
10	In dieser AG bringe ich mich ein.		.816		
13	In dieser AG bin ich konzentriert bei der Sache.		.646		
	3. Pädagogische Unterstützung				
16	Mit meinem AG-Leiter komme ich gut aus.			.840	
18	Mein AG-Leiter bietet mir die Möglichkeit, zu zeigen was ich kann.			.826	
22	Mein AG-Leiter nimmt mich ernst.			.751	
24	Mein AG-Leiter kümmert sich um mich.			.817	
26	Mein AG-Leiter lobt mich.			.669	
17	Mein AG-Leiter geht auf unsere Vorschläge ein.			.760	
19	Mein AG-Leiter weckt bei mir oft Begeisterung und Interesse für Neues.			.691	
21	Mein AG-Leiter lässt uns häufig über die Themen mitentscheiden.			.781	
23	Mein AG-Leiter achtet darauf, dass möglichst alle Schüler aktiv mitarbeiten.			.739	
25	Mein AG-Leiter fragt uns häufig nach unserer Meinung, wenn etwas entschieden oder geplant werden soll.			.709	

Nr.	Faktor Item	1	2	3	4
	4. Lerngemeinschaft				
	In dieser AG ...				
29	... finde ich schnell jemanden, der mit mir zusammenarbeitet.				.613
31	... fühle ich mich wohl.				.585
35	... helfen wir uns gegenseitig.				.681
37	... haben wir eine gute Gemeinschaft.				.961
28	... wird fast immer konzentriert gearbeitet.				.822
30	... kommen wir immer sofort zur Sache.				.798
	Faktor zweiter Ordnung				
	Lernförderlichkeit				.504
	Interesse				.842
	Pädagogische Unterstützung				.828
	Lerngemeinschaft				.898

Anmerkung: $N = 781$
Alle Faktorladungen sind signifikant (alle *ps* < .001).
Die Berechnung erfolgte unter Verwendung des WLSMV-Schätzers.

A.2 Validierung der GAINS-AG-Skala (Hauptstudie 4): Separate Korrelationen für AG-Kategorien, Geschlecht und Jahrgangsstufen

BeSS-Angebote (n = 63)

	1	2	3	4	5	6	7	8	9
1 GAINS LF		.15	.24	.26*	**.43****	.24	.28*	.23	-.14
2 GAINS Int			.27*	.53***	.20	**.69*****	.10	.07	.28*
3 GAINS PU				.45***	.20	.37**	**.48*****	**.43*****	.47***
4 GAINS LG					.19	.61***	.48***	.42**	**.43*****
5 LF[a]						.41**	.42**	.42**	.05
6 Int[b]							.42**	.35**	.30*
7 PU-1[c]								.74***	.12
8 PU-2[d]									.14
9 LG[e]									

Anmerkung:
[a] Validierungsskala für Lernförderlichkeit nach Urhahne et al. (2011)
[b] Validierungsskala für Interesse nach Ramm et al. (2006)
[c] Validierungsskala für Pädagogische Unterstützung nach Wagner et al. (2009)
[d] Validierungsskala für Pädagogische Unterstützung nach Bos et al. (2009)
[e] Validierungsskala für Lerngemeinschaft nach v. Saldern und Littig (1987)
* $p \leq .05$, ** $p \leq .01$, *** $p \leq .001$

MuKu-Angebote (n = 154)

	1	2	3	4	5	6	7	8	9
1 GAINS LF		.43***	.40***	.32***	**.60*****	.40***	.35***	.26**	.11
2 GAINS Int			.51***	.47***	.34***	**.70*****	.42***	.35***	.23**
3 GAINS PU				.40***	.29***	.46***	**.80*****	**.74*****	.21**
4 GAINS LG					.31***	.42***	.24**	.36***	**.46*****
5 LF[a]						.41***	.33***	.17*	.19*
6 Int[b]							.45***	.35***	.33***
7 PU-1[c]								.81***	.25**
8 PU-2[d]									.35***
9 LG[e]									

Anmerkung:
[a] Validierungsskala für Lernförderlichkeit nach Urhahne et al. (2011)
[b] Validierungsskala für Interesse nach Ramm et al. (2006)
[c] Validierungsskala für Pädagogische Unterstützung nach Wagner et al. (2009)
[d] Validierungsskala für Pädagogische Unterstützung nach Bos et al. (2009)
[e] Validierungsskala für Lerngemeinschaft nach v. Saldern und Littig (1987)
* $p \leq .05$, ** $p \leq .01$, *** $p \leq .001$

MINT-Angebote (n = 54)

	1	2	3	4	5	6	7	8	9
1 GAINS LF		.21	.28*	.46**	**.73***	.20	.03	.11	.28*
2 GAINS Int			.33*	.13	.22	**.59***	.23	.24	.11
3 GAINS PU				.31*	.31*	.35**	**.69***	**.70***	.30*
4 GAINS LG					.35**	.10	.11	.19	**.36**
5 LF[a]						.33*	.14	.09	.35**
6 Int[b]							.24	.14	.15
7 PU-1[c]								.70***	.24
8 PU-2[d]									.28*
9 LG[e]									

Anmerkung:
[a] Validierungsskala für Lernförderlichkeit nach Urhahne et al. (2011)
[b] Validierungsskala für Interesse nach Ramm et al. (2006)
[c] Validierungsskala für Pädagogische Unterstützung nach Wagner et al. (2009)
[d] Validierungsskala für Pädagogische Unterstützung nach Bos et al. (2009)
[e] Validierungsskala für Lerngemeinschaft nach v. Saldern und Littig (1987)
* $p \leq .05$, ** $p \leq .01$, *** $p \leq .001$

männlich (n = 132)

	1	2	3	4	5	6	7	8	9
1 GAINS LF		.43***	.40***.	43***.	**60*****	.37***	.41***	.32***	.08
2 GAINS Int			.40***	.41***.	41***	**.66*** **	.34***.	26**	.22*
3 GAINS PU				.47***	.28***	.32***.	**62*** **.	**.62*** **	.25**
4 GAINS LG					.37***	.48***	.40***	.48***	**.39*** **
5 LF[a]						.50***	.39***	.33***	.17*
6 Int[b]							.39***	.36***	.21*
7 PU-1[c]								.79***	.08
8 PU-2[d]									.21*
9 LG[e]									

Anmerkung:
[a] Validierungsskala für Lernförderlichkeit nach Urhahne et al. (2011)
[b] Validierungsskala für Interesse nach Ramm et al. (2006)
[c] Validierungsskala für Pädagogische Unterstützung nach Wagner et al. (2009)
[d] Validierungsskala für Pädagogische Unterstützung nach Bos et al. (2009)
[e] Validierungsskala für Lerngemeinschaft nach v. Saldern und Littig (1987)
* $p \leq .05$, ** $p \leq .01$, *** $p \leq .001$

weiblich (n = 135)

	1	2	3	4	5	6	7	8	9
1 GAINS LF		.19*	.41***	.37***	**.61*** **	.19*	.36***	.34***	.16
2 GAINS Int			.38***	.35***	.12	**.71*** **	.23**	.27**	.19*
3 GAINS PU				.34***	.34***	.41***	**.82*** **.	**.77*** **	.26**
4 GAINS LG					.34***	.31***	.29***	.34***	**.39*** **
5 LF[a]						.19*	.38***	.30***.	28***
6 Int[b]							.30***	.26**	.29***
7 PU-1[c]								.83***	.32***
8 PU-2[d]									.36***
9 LG[e]									

Anmerkung:
[a] Validierungsskala für Lernförderlichkeit nach Urhahne et al. (2011)
[b] Validierungsskala für Interesse nach Ramm et al. (2006)
[c] Validierungsskala für Pädagogische Unterstützung nach Wagner et al. (2009)
[d] Validierungsskala für Pädagogische Unterstützung nach Bos et al. (2009)
[e] Validierungsskala für Lerngemeinschaft nach v. Saldern und Littig (1987)
* $p \leq .05$, ** $p \leq .01$, *** $p \leq .001$

Jahrgangsstufe 5–7 (n = 177)

	1	2	3	4	5	6	7	8	9
1 GAINS LF		.37***	.40***	.34***	**.60*** **	.31***	.38***	.31***	.07
2 GAINS Int			.43***	.44***	.31***	**.71*** **	.32***	.28***	.25**
3 GAINS PU				.48***	.32***	.42***	**.64*** **	**.63*** **	.38***
4 GAINS LG					.32***	.46***	.44***	.46***	**.41*** **
5 LF[a]						.40***	.42***	.38***	.18*
6 Int[b]							.42***	.36***	.28***
7 PU-1[c]								.80***	.29***
8 PU-2[d]									.35***
9 LG[e]									

Anmerkung:
[a] Validierungsskala für Lernförderlichkeit nach Urhahne et al. (2011)
[b] Validierungsskala für Interesse nach Ramm et al. (2006)
[c] Validierungsskala für Pädagogische Unterstützung nach Wagner et al. (2009)
[d] Validierungsskala für Pädagogische Unterstützung nach Bos et al. (2009)
[e] Validierungsskala für Lerngemeinschaft nach v. Saldern und Littig (1987)
* $p \leq .05$, ** $p \leq .01$, *** $p \leq .001$

Jahrgangsstufe 8–10 (n = 90)

	1	2	3	4	5	6	7	8	9
1 GAINS LF		.18	.42***	.52***	**.62*** **	.16	.39***	.40***	.16
2 GAINS Int			.30**	.30**	.17	**.65*** **	.23*	.21*	.16
3 GAINS PU				.31**	.33***	.28**	**.86*** **	**.82*** **	.00
4 GAINS LG					.43***	.26*	.20	.29**	**.33** **
5 LF[a]						.22*	.33***	.16	.31**
6 Int[b]							.22*	.16	.24*
7 PU-1[c]								.83***	.01
8 PU-2[d]									.08
9 LG[e]									

Anmerkung:
[a] Validierungsskala für Lernförderlichkeit nach Urhahne et al. (2011)
[b] Validierungsskala für Interesse nach Ramm et al. (2006)
[c] Validierungsskala für Pädagogische Unterstützung nach Wagner et al. (2009)
[d] Validierungsskala für Pädagogische Unterstützung nach Bos et al. (2009)
[e] Validierungsskala für Lerngemeinschaft nach v. Saldern und Littig (1987)
* $p \leq .05$, ** $p \leq .01$, *** $p \leq .001$

A.3 Finale Inhalte des GAINS-Fragebogens inklusive Filterführung

I – Angaben zu deiner Person

Einleitung

Umfrage zum Ganztagsangebot

Liebe Schülerin, lieber Schüler,
im folgenden Fragebogen geht es um deine persönliche Meinung. Du kannst offen und ehrlich antworten, denn niemand weiß nachher, wer den Fragebogen ausgefüllt hat. Deine Angaben werden selbstverständlich vertraulich behandelt und nicht weitergegeben. Wenn du eine Frage nicht beantworten möchtest, kannst du diese einfach auslassen.
Der Fragebogen besteht insgesamt aus 3 Teilen:
1. Angaben zu deiner Person
2. Fragen zum gesamten Ganztagsangebot deiner Schule
3. Fragen zu einer speziellen AG
Vor dem Beginn eines neuen Teils gibt es einen kurzen Einleitungstext.
Im Folgenden sprechen wir von „AGs". Diese können an deiner Schule auch Wahlunterricht, Wahlunterrichtskurs oder ähnlich heißen. Mit „AG" sind all die Sachen gemeint, die im Rahmen des Nachmittagsunterrichtsangebots stattfinden und nicht zu deinen regulären Unterrichtsfächern gehören.
Falls du beim Ausfüllen des Fragebogens etwas nicht verstehen solltest, wende dich bitte an deine Lehrerin oder deinen Lehrer bzw. deine AG-Leiterin oder deinen AG-Leiter.
Viel Spaß mit dem Fragebogen!

Aus Gründen der besseren Lesbarkeit wird im Folgenden auf die Nennung der weiblichen Form verzichtet.
Diese Umfrage enthält 48 Fragen.

I – 1

Fragetext:	Dein Geschlecht *Bitte wähle nur eine der folgenden Antworten aus:*
Codierung & Antworttext:	[1] weiblich [2] männlich

I – 2

Fragetext:	Dein Geburtsjahr *Bitte wähle nur eine der folgenden Antworten aus:*
Codierung & Antworttext:	[1996] 1996 [1997] 1997 [1998] 1998 [1999] 1999 [2000] 2000 [2001] 2001 [2002] 2002 [2003] 2003 [2004] 2004 [2005] 2005 [2006] 2006 [2007] 2007 [2008] 2008 [2009] 2009 [2010] 2010 [2011] 2011 [2012] 2012

I – 3

Fragetext:	Deine Jahrgangsstufe *Bitte wähle nur eine der folgenden Antworten aus:*
Codierung & Antworttext:	[5] 5. Klasse [6] 6. Klasse [7] 7. Klasse [8] 8. Klasse [9] 9. Klasse [10] 10. Klasse (E1, E2) [11] 11. Klasse (Q1, Q2) [12] 12. Klasse (Q3, Q4) [13] 13. Klasse

I – 4

Fragetext:	Wo bist du bzw. wo sind deine Eltern geboren? *Bitte wähle die zutreffende Antwort aus:*
Items:	Ich bin in Deutschland geboren. Meine Mutter ist in Deutschland geboren. Mein Vater ist in Deutschland geboren.
Codierung & Antworttext:	[1] ja [2] nein [99] weiß nicht

I – 5

Fragetext:	Wie oft sprichst du zu Hause Deutsch? *Bitte wähle nur eine der folgenden Antworten aus:*
Codierung & Antworttext:	[1] Ich spreche zu Hause immer Deutsch. [2] Ich spreche zu Hause **meistens Deutsch** und manchmal eine andere Sprache. [3] Ich spreche zu Hause **meistens eine andere Sprache** und manchmal Deutsch. [4] Ich spreche zu Hause nie Deutsch.

I – 6

Fragetext:	Welche Sprache außer Deutsch sprichst du zu Hause? *Bitte gib hier Deine Antwort ein:*
Bedingung:	Antwort war ‚Ich spreche zu Hause **meistens Deutsch** und manchmal eine andere Sprache.' oder ‚Ich spreche zu Hause **meistens eine andere Sprache** und manchmal Deutsch.' oder ‚Ich spreche zu Hause nie Deutsch.' bei Frage I – 5
Codierung & Antworttext:	[Freitext]

I – 7

Fragetext:	Wie oft machst du die folgenden Dinge außerhalb der Schule (nicht in den Ferien)? *Bitte wähle die zutreffende Antwort aus:*
Items:	Sport in einem Verein Sport außerhalb eines Vereins An anderen organisierten Aktivitäten teilnehmen (Chor, Musikverein, DLRG, Jugendgruppe, …) Bücher lesen Dinge für die Schule (Hausaufgaben, Lernen, Nachhilfe, …) Medienkonsum (soziale Netzwerke nutzen, im Internet surfen, Videos/TV schauen, Computer/Konsole spielen, …) Künstlerisch-musische Tätigkeiten (malen, zeichnen, basteln, Instrument spielen, …) Freundschaften und soziale Kontakte pflegen (Freunde treffen, auf Partys gehen, … Geld verdienen (jobben, …)
Quelle:	StEG Sek. 1/PS (2005–2009) (adaptiert) StEG Sek. 1 (2005–2009) (adaptiert)
Codierung & Antworttext:	[1] ganz selten oder nie [2] mehrmals im Monat [3] mehrmals in der Woche [4] jeden oder fast jeden Tag

I – 8

Fragetext:	An wie vielen Tagen hast du in diesem Halbjahr Nachmittagsunterricht? Deine AGs zählen hier nicht dazu. *Bitte wähle nur eine der folgenden Antworten aus:*
Codierung & Antworttext:	[0] 0 [1] 1 [2] 2 [3] 3 [4] 4 [5] 5

I – 9

Fragetext:	Nimmst du in diesem Halbjahr an AGs im Rahmen des Ganztagsangebotes teil? *Bitte wähle nur eine der folgenden Antworten aus:*
Codierung & Antworttext:	[0] Nein, ich nehme an keiner AG teil [1] Ja, ich nehme an einer AG teil [2] Ja, ich nehme an zwei AGs teil [3] Ja, ich nehme an drei AGs teil [4] Ja, ich nehme an vier oder mehr AGs teil

I – 10

Fragetext:	Hast du früher an AGs im Rahmen des Ganztagsangebotes teilgenommen? *Bitte wähle nur eine der folgenden Antworten aus:*
Bedingung:	Antwort war ‚Nein, ich nehme an keiner AG teil.' bei Frage I – 9
Codierung & Antworttext:	[1] ja [2] nein

II – Fragen zum gesamten Ganztagsangebot deiner Schule [nicht (mehr) teilnehmende SuS]

II – 11

Fragetext:	Warum nimmst du nicht am Ganztagsangebot teil? Uns interessieren hier deine ganz persönlichen Gründe. Bitte gib maximal die 3 wichtigsten Gründe in Stichpunkten an. *Bitte gib hier Deine Antwort ein:*
Bedingung:	Antwort war ‚Nein' bei Frage I – 10
Quelle:	StEG Sek. 1 (2005–2009) (adaptiert)
Codierung & Antworttext:	[Freitext]

II – 12

Fragetext:	Warum hast du aufgehört, an AGs teilzunehmen? Bitte gib maximal die 3 <u>wichtigsten</u> Gründe in <u>Stichpunkten</u> an. *Bitte gib hier Deine Antwort ein:*
Bedingung:	Antwort war ‚Ja' bei Frage I – 10
Quelle:	StEG Sek. 1 (2005–2009) (adaptiert)
Codierung & Antworttext:	[Freitext]

II – 13

Fragetext:	Haben einige der nachfolgenden Gründe für dich eine Rolle gespielt, nicht am Ganztagsangebot teilzunehmen? Falls ja, wähle diese bitte jetzt aus (auch wenn du sie eben schon angegeben hattest). *Bitte wähle alle Punkte aus, die zutreffen:*
Bedingung:	Antwort war ‚Nein' bei Frage I – 10
Items:	Die Themen der AGs interessieren mich nicht. Die AGs sind zu teuer. Die AGs passen nicht in meinen Stundenplan. Ich habe keine Lust auf die AGs. Meine Freunde nehmen auch nicht an den AGs teil. Ich bin am Nachmittag lieber für mich. Meine Eltern wollten es nicht. Ich bekomme zu Hause gutes Mittagessen. Meine Eltern oder Verwandten können am Nachmittag auf mich aufpassen. Ich würde am Nachmittag in der Schule nichts Wichtiges lernen. Ich brauche keine Unterstützung (z. B. bei den Hausaufgaben). Ich will mit meinen Freunden zu Hause bzw. auf der Straße zusammen sein. Ich habe keine Lust, am Ganztagsangebot teilzunehmen. Ich hätte keine Zeit mehr für meine Hobbys. Ich habe keine Zeit, weil ich in einem Verein aktiv bin. Ich habe keinen Platz in meiner gewünschten AG bekommen.
Quelle:	StEG Sek. 1/PS (2005–2009) (adaptiert) StEG Sek. 1 (2005–2009) (adaptiert) eigene Entwicklung
Codierung:	[0] nicht gewählt [1] gewählt

II – 14

Fragetext:	Haben einige der nachfolgenden Gründe für dich eine Rolle gespielt, nicht mehr am Ganztagsangebot teilzunehmen? Falls ja, wähle diese bitte jetzt aus (auch wenn du sie eben schon angegeben hattest). *Bitte wähle alle Punkte aus, die zutreffen:*
Bedingung:	Antwort war ‚Ja' bei Frage I – 10
Items:	Meine Eltern wollen es nicht mehr. Ich darf die AGs, die ich besucht habe, nicht noch einmal belegen. Die AGs, die ich besucht habe, werden nicht mehr angeboten. Die AGs, die ich besucht habe, waren zu teuer. Ich hatte Probleme mit den anderen Schülern in den AGs. Ich hatte Probleme mit den Lehrern/AG-Leitern. Ich konnte das nicht so gut, was in den AGs verlangt wurde. Die AGs, die ich besucht habe, haben mir nicht gefallen. Die AGs, die ich besucht habe, haben mir nicht geholfen. Die AGs, die ich besucht habe, passen nicht mehr in meinen Stundenplan.
Quelle:	StEG Sek. 1 (2005–2009) (adaptiert) eigene Entwicklung
Codierung:	[0] nicht gewählt [1] gewählt

II – 15

Fragetext:	Du hast bereits am Ganztagsangebot teilgenommen – wie bewertest du die folgenden Aussagen? Durch meine Teilnahme am Ganztagsangebot ... *Bitte wähle die zutreffende Antwort aus:*
Bedingung:	Antwort war ‚Ja' bei Frage II – 10
Items:	... konnte ich meine Hausaufgaben bereits in der Schule erledigen. ... habe ich ein neues Hobby gefunden. ... habe ich mich in einem Verein angemeldet. ... war ich zu lange in der Schule. ... hatte ich nicht mehr genügend Zeit für meine Hobbys. ... musste ich mit Sport im Verein aufhören. ... konnte ich auch an der Schule mindestens einem meiner Hobbys nachgehen. ... hatte ich keine Zeit mehr für meine Freunde. ... hatte ich auch über den Schultag hinweg immer wieder die Möglichkeit, etwas anderes zu machen als zu lernen. ... sah ich meine Eltern kaum noch. ... blieb kaum noch Zeit, mit meiner Familie etwas zu unternehmen. ... habe ich schon Mahlzeiten probiert, die ich vorher noch nicht kannte/die ich zu Hause nicht bekomme. ... war ich nachmittags nicht mehr so oft alleine. ... war ich in der Schule schlechter. ... konnte ich vieles machen was sonst im Unterricht zu kurz kommt. ... konnte ich AGs wählen, in denen meine Interessen besonders gefördert werden. ... habe ich neue Freunde gefunden. ... war der Kontakt zu meinen Lehrern schlechter. ... hatte sich das Verhältnis zu meinen Mitschülern verschlechtert. ... konnte ich mit meinen Lehrern/AG-Leitern eher über Probleme reden. ... war die Zusammenarbeit mit meinen Mitschülern schlechter.
Codierung & Antworttext:	[1] Stimmt gar nicht [2] Stimmt eher nicht [3] Stimmt eher [4] Stimmt genau

II – 16

Fragetext:	Würdest du in Zukunft am Ganztagsangebot teilzunehmen, wenn sich die Bedingungen ändern? *Bitte wähle nur eine der folgenden Antworten aus:*
Bedingung:	Antwort war ‚Nein, ich nehme an keiner AG teil.' bei Frage I – 9
Codierung & Antworttext:	[1] ja [2] nein

II – 17

Fragetext:	Was müsste sich ändern, damit du am Ganztagsangebot teilnehmen würdest? Bitte gib maximal die drei <u>wichtigsten</u> Gründe in <u>Stichpunkten</u> an. *Bitte gib hier Deine Antwort ein:*
Bedingung:	Antwort war ‚Ja' bei Frage II – 16
Codierung & Antworttext:	[Freitext]

II – Fragen zum gesamten Ganztagsangebot deiner Schule
[aktuell teilnehmende SuS]

Einleitung

Jetzt geht es um deine Einschätzung zum gesamten Ganztagsangebot an deiner Schule.
Wichtig: Es geht in diesem Teil also nicht um einzelne AGs – diese werden im nächsten Teil abgefragt – sondern um das Zusammenspiel aller AGs.

II – 18

Fragetext:	Seit welcher Jahrgangsstufe nimmst du am Ganztagsangebot teil? *Bitte wähle nur eine der folgenden Antworten aus:*
Bedingung:	Antwort war ‚Ja, ich nehme an einer AG teil.' *oder* ‚Ja, ich nehme an zwei AGs teil.' *oder* ‚Ja, ich nehme an drei AGs teil.' *oder* ‚Ja, ich nehme an vier oder mehr AGs teil.' bei Frage I – 9
Codierung & Antworttext:	[1] Grundschule [5] 5. Klasse [6] 6. Klasse [7] 7. Klasse [8] 8. Klasse [9] 9. Klasse [10] 10. Klasse (E1, E2) [11] 11. Klasse (Q1, Q2) [12] 12. Klasse (Q3, Q4) [13] 13. Klasse [99] weiß nicht

II – 19

Fragetext:	Wer hat entschieden, dass du am Ganztagsangebot teilnimmst? *Bitte wähle nur eine der folgenden Antworten aus:*
Bedingung:	Antwort war ‚Ja, ich nehme an einer AG teil.' *oder* ‚Ja, ich nehme an zwei AGs teil.' *oder* ‚Ja, ich nehme an drei AGs teil.' *oder* ‚Ja, ich nehme an vier oder mehr AGs teil.' bei Frage I – 9
Quelle:	StEG Sek. 1/PS (2005–2009)
Codierung & Antworttext:	[1] Ich selbst habe das entschieden. [2] Ich habe das mit meinen Eltern zusammen entschieden. [3] Meine Eltern haben das entschieden. [4] Ich habe das mit meinem Lehrer zusammen entschieden. [5] Mein Lehrer hat das entschieden.

II – 20

Fragetext:	Haben einige der nachfolgenden Gründe für dich eine Rolle gespielt, am <u>Ganztagsangebot</u> teilzunehmen? Falls ja, wähle diese bitte jetzt aus. *Bitte wähle alle Punkte aus, die zutreffen:*
Bedingung:	Antwort war ‚Ja, ich nehme an einer AG teil.' *oder* ‚Ja, ich nehme an zwei AGs teil.' *oder* ‚Ja, ich nehme an drei AGs teil.' *oder* ‚Ja, ich nehme an vier oder mehr AGs teil.' bei Frage I – 9
Items:	Ich wäre an diesem Nachmittag sonst alleine. Meine Eltern sind berufstätig. Ich kann in den AGs noch zusätzlich etwas lernen. Ich werde bei den Hausaufgaben unterstützt. Der Besuch mindestens einer AG ist in meiner Jahrgangsstufe verpflichtend. Die AGs interessieren mich. Meine Freunde haben diese AG auch gewählt. Ich kann dort kostenlos Angebote besuchen, für die ich woanders Geld bezahlen müsste. Im Verlauf meiner Zeit an dieser Schule muss ich eine bestimmte Anzahl von AGs besuchen. Ich kann neue Freunde kennenlernen.
Quelle:	StEG Sek. 1/PS (2005–2009) (adaptiert) eigene Entwicklung
Codierung:	[0] nicht gewählt [1] gewählt

II – 21

Fragetext:	Würdest du auch am Ganztagsangebot teilnehmen, wenn es nicht verpflichtend wäre? *Bitte wähle nur eine der folgenden Antworten aus:*
Bedingung:	Szenario 1: Antwort war ‚Ja, ich nehme an einer AG teil.' *oder* ‚Ja, ich nehme an zwei AGs teil.' *oder* ‚Ja, ich nehme an drei AGs teil.' *oder* ‚Ja, ich nehme an vier oder mehr AGs teil.' bei Frage I – 9 *und* ‚Der Besuch mindestens einer AG ist in meiner Jahrgangsstufe verpflichtend.' bei Frage II – 20 Szenario 2: Antwort war ‚Ja, ich nehme an einer AG teil.' *oder* ‚Ja, ich nehme an zwei AGs teil.' *oder* ‚Ja, ich nehme an drei AGs teil.' *oder* ‚Ja, ich nehme an vier oder mehr AGs teil.' bei Frage I – 9 *und* ‚Im Verlauf meiner Zeit an dieser Schule muss ich eine bestimmte Anzahl von AGs besuchen.' bei Frage II – 20
Codierung & Antworttext:	[1] ja [2] nein [99] weiß nicht

II – 22

Fragetext:	Welche kostenlosen Angebote besuchst du, für die du anderswo Geld bezahlen müsstest? *Bitte gib hier Deine Antwort ein:*
Bedingung:	Antwort war ‚Ja, ich nehme an einer AG teil.' *oder* ‚Ja, ich nehme an zwei AGs teil.' *oder* ‚Ja, ich nehme an drei AGs teil.' *oder* ‚Ja, ich nehme an vier oder mehr AGs teil.' bei Frage I – 9 *und* ‚Ich kann dort kostenlos Angebote besuchen, für die ich woanders Geld bezahlen müsste' bei Frage II – 20
Codierung & Antworttext:	[Freitext]

II – 23

Fragetext:	Wie wichtig sind dir folgende Punkte, wenn du deine AGs im Ganztag wählst? *Bitte wähle die zutreffende Antwort aus:*
Bedingung:	Antwort war ‚Ja, ich nehme an einer AG teil.' *oder* ‚Ja, ich nehme an zwei AGs teil.' *oder* ‚Ja, ich nehme an drei AGs teil.' *oder* ‚Ja, ich nehme an vier oder mehr AGs teil.' bei Frage I – 9
Items:	Ich kenne den AG-Leiter. Ich mag den AG-Leiter. Ich interessiere mich für das Thema. Ich kann mich durch die AG verbessern. Ich kann etwas Neues ausprobieren. Die AG passt in meinen Stundenplan. Die AG ist kostenlos. Die AG passt zeitlich in meinen Tagesablauf. Meine Freunde wählen diese AG ebenfalls.
Quelle:	StEG Sek. 1/ PS (2005–2009) (adaptiert) eigene Entwicklung
Codierung & Antworttext:	[1] nicht wichtig [2] weniger wichtig [3] eher wichtig [4] sehr wichtig

II – 24

Fragetext:	Bist du mit dem AG-Angebot zufrieden? *Bitte wähle nur eine der folgenden Antworten aus:*
Bedingung:	Antwort war ‚Ja, ich nehme an einer AG teil.' *oder* ‚Ja, ich nehme an zwei AGs teil.' *oder* ‚Ja, ich nehme an drei AGs teil.' *oder* ‚Ja, ich nehme an vier oder mehr AGs teil.' bei Frage I – 9
Codierung & Antworttext:	[1] Ich finde die derzeit angebotenen AGs ausreichend. [2] Ich wünsche mir weitere AGs.

II – 25

Fragetext:	Welche AGs sollte es deiner Meinung nach noch geben? Bitte gib <u>maximal 3 AGs</u> an. *Bitte gib hier Deine Antwort ein:*
Bedingung:	Antwort war ‚Ja, ich nehme an einer AG teil.' *oder* ‚Ja, ich nehme an zwei AGs teil.' *oder* ‚Ja, ich nehme an drei AGs teil.' *oder* ‚Ja, ich nehme an vier oder mehr AGs teil.' bei Frage I – 9 *und* ‚Ich wünsche mir weitere AGs.' bei Frage II – 24
Codierung & Antworttext:	[Freitext]

II – 26

Fragetext:	Wie bewertest du folgende Aussagen? Durch meine Teilnahme am Ganztagsangebot … *Bitte wähle die zutreffende Antwort aus:*
Bedingung:	Antwort war ‚Ja, ich nehme an einer AG teil.' *oder* ‚Ja, ich nehme an zwei AGs teil.' *oder* ‚Ja, ich nehme an drei AGs teil.' *oder* ‚Ja, ich nehme an vier oder mehr AGs teil.' bei Frage I – 9
Items:	… kann ich meine Hausaufgaben bereits in der Schule erledigen. … habe ich ein neues Hobby gefunden. … habe ich mich in einem Verein angemeldet. … bin ich zu lange in der Schule. … habe ich nicht mehr genügend Zeit für meine Hobbys. … musste ich mit Sport im Verein aufhören. … kann ich auch an der Schule mindestens einem meiner Hobbys nachgehen. … habe ich keine Zeit mehr für meine Freunde. … habe ich auch über den Schultag hinweg immer wieder die Möglichkeit, etwas anderes zu machen als zu lernen. … sehe ich meine Eltern kaum noch. … bleibt kaum noch Zeit, mit meiner Familie etwas zu unternehmen. … habe ich schon Mahlzeiten probiert, die ich vorher noch nicht kannte/die ich zu Hause nicht bekomme. … bin ich nachmittags nicht mehr so oft alleine. … bin ich in der Schule schlechter geworden. … kann ich vieles machen was sonst im Unterricht zu kurz kommt. … kann ich AGs wählen, in denen meine Interessen besonders gefördert werden. … habe ich neue Freunde gefunden. … ist der Kontakt zu meinen Lehrern schlechter geworden. … hat sich das Verhältnis zu meinen Mitschülern verschlechtert. … rede ich mit meinen Lehrern/AG-Leitern eher über Probleme. … ist die Zusammenarbeit mit meinen Mitschülern schlechter geworden.
Codierung & Antworttext:	[1] Stimmt gar nicht [2] Stimmt eher nicht [3] Stimmt eher [4] Stimmt genau

II – 27

Fragetext:	Wie bewertest du das Ganztagsangebot an deiner Schule im Allgemeinen? Vergib eine Schulnote. *Bitte wähle die zutreffende Antwort aus:*
Bedingung:	Antwort war ‚Ja, ich nehme an einer AG teil.' *oder* ‚Ja, ich nehme an zwei AGs teil.' *oder* ‚Ja, ich nehme an drei AGs teil.' *oder* ‚Ja, ich nehme an vier oder mehr AGs teil.' bei Frage I – 9
Codierung & Antworttext:	[1] 1 [2] 2 [3] 3 [4] 4 [5] 5 [6] 6

II – 28

Fragetext:	Welche Dinge findest du besonders gut? Bitte gib maximal die 3 <u>wichtigsten</u> Dinge in <u>Stichpunkten</u> an. *Bitte gib hier Deine Antwort ein:*
Bedingung:	Antwort war ‚Ja, ich nehme an einer AG teil.' *oder* ‚Ja, ich nehme an zwei AGs teil.' *oder* ‚Ja, ich nehme an drei AGs teil.' *oder* ‚Ja, ich nehme an vier oder mehr AGs teil.' bei Frage I – 9
Codierung & Antworttext:	[Freitext]

II – 29

Fragetext:	Welche Dinge könnten verbessert werden? Bitte gib maximal die 3 <u>wichtigsten</u> Dinge in <u>Stichpunkten</u> an. *Bitte gib hier Deine Antwort ein:*
Bedingung:	Antwort war ‚Ja, ich nehme an einer AG teil.' *oder* ‚Ja, ich nehme an zwei AGs teil.' *oder* ‚Ja, ich nehme an drei AGs teil.' *oder* ‚Ja, ich nehme an vier oder mehr AGs teil.' bei Frage I – 9
Codierung & Antworttext:	[Freitext]

III – Fragen zu deiner speziellen AG [aktuell teilnehmende SuS]

III – 30

Fragetext:	Jetzt geht es um eine spezielle AG. Bitte klicke auf „weiter", um eine AG auszuwählen.
Bedingung:	Antwort war ‚Ja, ich nehme an einer AG teil.' *oder* ‚Ja, ich nehme an zwei AGs teil.' *oder* ‚Ja, ich nehme an drei AGs teil.' *oder* ‚Ja, ich nehme an vier oder mehr AGs teil.' bei Frage I – 9

III – 31

Fragetext:	Bitte suche nun in der Liste neben deinem Computer eine AG aus, an der du derzeit teilnimmst. *Merke dir die große Zahl, die neben deiner AG steht und gib sie unten an.*

III – 32

Fragetext:	Bitte wähle jetzt die große Zahl aus, die neben deiner AG steht. *Bitte wähle eine der folgenden Antworten:*
Bedingung:	Antwort war ‚Ja, ich nehme an einer AG teil.' *oder* ‚Ja, ich nehme an zwei AGs teil.' *oder* ‚Ja, ich nehme an drei AGs teil.' *oder* ‚Ja, ich nehme an vier oder mehr AGs teil.' bei Frage I – 9
Codierung & Antworttext:	[1] foerd [2] sport [3] mk [4] mint [5] fs

III – 33

Fragetext:	Wer hat entschieden, dass du diese AG besuchst? *Bitte wähle nur eine der folgenden Antworten aus:*
Bedingung:	Antwort war ‚Ja, ich nehme an einer AG teil.' *oder* ‚Ja, ich nehme an zwei AGs teil.' *oder* ‚Ja, ich nehme an drei AGs teil.' *oder* ‚Ja, ich nehme an vier oder mehr AGs teil.' bei Frage I – 9
Quelle:	StEG Sek. 1/PS (2005–2009)
Codierung & Antworttext:	[1] Ich selbst habe das entschieden. [2] Ich habe das mit meinen Eltern zusammen entschieden. [3] Meine Eltern haben das entschieden. [4] Ich habe das mit meinem Lehrer zusammen entschieden. [5] Mein Lehrer hat das entschieden. [6] Ich bin dieser AG zugeteilt/zugelost worden.

III – 34

Fragetext:	Wenn du alleine hättest entscheiden dürfen: Hättest du diese AG auch gewählt? *Bitte wähle nur eine der folgenden Antworten aus:*
Bedingung:	Antwort war ‚Ja, ich nehme an einer AG teil.' *oder* ‚Ja, ich nehme an zwei AGs teil.' *oder* ‚Ja, ich nehme an drei AGs teil.' *oder* ‚Ja, ich nehme an vier oder mehr AGs teil.' bei Frage I – 9 *und* ‚Ich bin dieser AG zugeteilt/zugelost worden.' *oder* ‚Meine Eltern haben das entschieden.' *oder* ‚Ich habe das mit meinen Eltern zusammen entschieden.' *oder* ‚Ich habe das mit meinem Lehrer zusammen entschieden.' *oder* ‚Mein Lehrer hat das entschieden.' bei Frage III – 33
Codierung & Antworttext:	[1] ja [2] nein

III – 35

Fragetext:	Haben einige der nachfolgenden Gründe bei der Wahl deiner AG eine Rolle gespielt? Falls ja, wähle diese bitte jetzt aus. *Bitte wähle alle Punkte aus, die zutreffen:*
Bedingung:	Antwort war ‚Ja, ich nehme an einer AG teil.' *oder* ‚Ja, ich nehme an zwei AGs teil.' *oder* ‚Ja, ich nehme an drei AGs teil.' *oder* ‚Ja, ich nehme an vier oder mehr AGs teil.' bei Frage I – 9 *und* Antwort war ‚Ich selbst habe das entschieden.' *oder* ‚Ich habe das mit meinen Eltern zusammen entschieden.' *oder* ‚Ich habe das mit meinem Lehrer zusammen entschieden.' bei Frage III – 33 *und* Antwort war ‚2' bei Frage III – 32
Items:	Ich wäre sonst an diesem Nachmittag alleine. Ich kann in dieser AG etwas Neues lernen. Ich betreibe diese Sportart auch im Verein. Ich wollte diese Sportart ausprobieren. Ich habe diese AG von älteren Geschwistern oder Freunden empfohlen bekommen. Ich treibe einfach gerne Sport. Ich kann mich verbessern. Ich kann neue Freunde kennenlernen. Meine Freunde haben diese AG auch gewählt. Mein Lehrer hat mir diese AG empfohlen. Meine Eltern wollten, dass ich diese AG besuche. Die AG-Beschreibung hat mein Interesse geweckt. Alle Schüler müssen aus diesem Bereich eine AG wählen.
Quelle:	StEG Sek. 1/PS (2005–2009) (adaptiert) eigene Entwicklung
Codierung:	[0] nicht gewählt [1] gewählt

III – 36

Fragetext:	Haben einige der nachfolgenden Gründe bei der Wahl deiner AG eine Rolle gespielt? Falls ja, wähle diese bitte jetzt aus. *Bitte wähle alle Punkte aus, die zutreffen:*
Bedingung:	Antwort war ‚Ja, ich nehme an einer AG teil.' *oder* ‚Ja, ich nehme an zwei AGs teil.' *oder* ‚Ja, ich nehme an drei AGs teil.' *oder* ‚Ja, ich nehme an vier oder mehr AGs teil.' bei Frage I – 9 *und* Antwort war ‚Ich selbst habe das entschieden.' *oder* ‚Ich habe das mit meinen Eltern zusammen entschieden.' *oder* ‚Ich habe das mit meinem Lehrer zusammen entschieden.' bei Frage III – 33 *und* Antwort war NICHT ‚2' bei Frage III – 32
Items:	Ich wäre sonst an diesem Nachmittag alleine. Ich kann in dieser AG etwas Neues lernen. Ich habe diese AG von älteren Geschwistern oder Freunden empfohlen bekommen. Ich kann in dieser AG an meinen Schwächen arbeiten. Ich kann neue Freunde kennenlernen. Ich werde bei den Hausaufgaben unterstützt. Meine Freunde haben diese AG auch gewählt. Mein Lehrer hat mir diese AG empfohlen. Meine Eltern wollten, dass ich diese AG besuche. Meine Stärken werden in dieser AG gefördert. Die AG-Beschreibung hat mein Interesse geweckt. Alle Schüler müssen aus diesem Bereich eine AG wählen.
Quelle:	StEG Sek. 1/PS (2005–2009) (adaptiert) eigene Entwicklung
Codierung:	[0] nicht gewählt [1] gewählt

III – 37

Fragetext:	Machst du außerhalb der Schule (z. B. in deiner Freizeit) etwas Ähnliches wie in dieser AG? *Bitte wähle nur eine der folgenden Antworten aus:*
Bedingung:	Antwort war ‚Ja, ich nehme an einer AG teil.' *oder* ‚Ja, ich nehme an zwei AGs teil.' *oder* ‚Ja, ich nehme an drei AGs teil.' *oder* ‚Ja, ich nehme an vier oder mehr AGs teil.' bei Frage I – 9
Codierung & Antworttext:	[1] ja [2] nein

III – 38

Fragetext:	Was machst du außerhalb der Schule, das ähnlich ist? Bitte gib die Antwort in <u>Stichpunkten</u> an. *Bitte gib hier Deine Antwort ein:*
Bedingung:	Antwort war ‚Ja' bei Frage III – 37
Codierung & Antworttext:	[Freitext]

III – 39

Fragetext:	Wie bewertest du die folgenden Aussagen über deine AG? *Bitte wähle die zutreffende Antwort aus:*
Bedingung:	Antwort war ‚Ja, ich nehme an einer AG teil.' *oder* ‚Ja, ich nehme an zwei AGs teil.' *oder* ‚Ja, ich nehme an drei AGs teil.' *oder* ‚Ja, ich nehme an vier oder mehr AGs teil.' bei Frage I – 9
Items:	Ich lerne in dieser AG Dinge, die mir im normalen Unterricht helfen. In dieser AG strenge ich mich an. Diese AG macht mir Spaß. Ich lerne in dieser AG Dinge, die meine Noten verbessern. Ich freue mich auf diese AG. Ich lerne in dieser AG vieles, was ich im Unterricht vermisse. In dieser AG bringe ich mich ein. Die Themen und Inhalte dieser AG interessieren mich meistens sehr. Ich lerne in dieser AG Dinge, die mir im täglichen Leben helfen. In dieser AG bin ich konzentriert bei der Sache. Ich lerne in dieser AG Dinge, die ich vorher noch nicht wusste. In dieser AG lerne ich viel.
Quelle:	StEG Sek. 1 (2005–2009) (adaptiert) StEG PS (2005–2009) (adaptiert) StEG-S (adaptiert) eigene Entwicklung
Codierung & Antworttext:	[1] Stimmt gar nicht [2] Stimmt eher nicht [3] Stimmt eher [4] Stimmt genau

III – 40

Fragetext:	Wie bewertest du die folgenden Aussagen über deine AG? *Bitte wähle die zutreffende Antwort aus:*
Bedingung:	Antwort war ‚Ja, ich nehme an einer AG teil.' oder ‚Ja, ich nehme an zwei AGs teil.' oder ‚Ja, ich nehme an drei AGs teil.' oder ‚Ja, ich nehme an vier oder mehr AGs teil.' bei Frage I – 9
Items:	Mit meinem AG-Leiter komme ich gut aus. Mein AG-Leiter geht auf unsere Vorschläge ein. Mein AG-Leiter bietet mir die Möglichkeit, zu zeigen was ich kann. Mein AG-Leiter weckt bei mir oft Begeisterung und Interesse für Neues. Mein AG-Leiter lässt uns häufig über die Themen mitentscheiden. Mein AG-Leiter nimmt mich ernst. Mein AG-Leiter achtet darauf, dass möglichst alle Schüler aktiv mitarbeiten. Mein AG-Leiter kümmert sich um mich. Mein AG-Leiter fragt uns häufig nach unserer Meinung, wenn etwas entschieden oder geplant werden soll. Mein AG-Leiter lobt mich.
Quelle:	StEG Sek. 1/PS (2005–2009) (adaptiert) StEG Sek. 1 (2005–2009) (adaptiert) eigene Entwicklung
Codierung & Antworttext:	[1] Stimmt gar nicht [2] Stimmt eher nicht [3] Stimmt eher [4] Stimmt genau

III – 41

Fragetext:	Wie bewertest du die folgenden Aussagen über deine AG? In dieser AG … *Bitte wähle die zutreffende Antwort aus:*
Bedingung:	Antwort war ‚Ja, ich nehme an einer AG teil.' oder ‚Ja, ich nehme an zwei AGs teil.' oder ‚Ja, ich nehme an drei AGs teil.' oder ‚Ja, ich nehme an vier oder mehr AGs teil.' bei Frage I – 9
Items:	… wird fast immer konzentriert gearbeitet. … finde ich schnell jemanden, der mit mir zusammenarbeitet. … kommen wir immer sofort zur Sache. … fühle ich mich wohl. … helfen wir uns gegenseitig. … haben wir eine gute Gemeinschaft.
Quelle:	KESS 7 (adaptiert) PISA 2000 (adaptiert) eigene Entwicklung
Codierung & Antworttext:	[1] Stimmt gar nicht [2] Stimmt eher nicht [3] Stimmt eher [4] Stimmt genau

III – 42

Fragetext:	Würdest du diese AG weiterempfehlen? *Bitte wähle nur eine der folgenden Antworten aus:*
Bedingung:	Antwort war ‚Ja, ich nehme an einer AG teil.' *oder* ‚Ja, ich nehme an zwei AGs teil.' *oder* ‚Ja, ich nehme an drei AGs teil.' *oder* ‚Ja, ich nehme an vier oder mehr AGs teil.' bei Frage I – 9
Codierung & Antworttext:	[1] ja [2] nein

III – 43

Fragetext:	Würdest du diese AG noch einmal wählen? *Bitte wähle nur eine der folgenden Antworten aus:*
Bedingung:	Antwort war ‚Ja, ich nehme an einer AG teil.' *oder* ‚Ja, ich nehme an zwei AGs teil.' *oder* ‚Ja, ich nehme an drei AGs teil.' *oder* ‚Ja, ich nehme an vier oder mehr AGs teil.' bei Frage I – 9
Codierung & Antworttext:	[1] ja [2] nein

III – 44

Fragetext:	Wenn nein, warum nicht? Bitte gib maximal die 3 <u>wichtigsten</u> Gründe in <u>Stichpunkten</u> an. *Bitte gib hier Deine Antwort ein:*
Bedingung:	Antwort war ‚Nein' bei Frage III – 43 *und* Antwort war ‚Ja, ich nehme an einer AG teil.' *oder* ‚Ja, ich nehme an zwei AGs teil.' *oder* ‚Ja, ich nehme an drei AGs teil.' *oder* ‚Ja, ich nehme an vier oder mehr AGs teil.' bei Frage I – 9
Codierung & Antworttext:	[Freitext]

III – 45

Fragetext:	Haben einige der nachfolgenden Gründe für dich eine Rolle gespielt, diese AG nicht mehr zu wählen? Falls ja, wähle diese bitte jetzt aus (auch wenn du sie eben schon angegeben hattest). *Bitte wähle alle Punkte aus, die zutreffen:*
Bedingung:	Antwort war ‚Ja, ich nehme an einer AG teil.' *oder* ‚Ja, ich nehme an zwei AGs teil.' *oder* ‚Ja, ich nehme an drei AGs teil.' *oder* ‚Ja, ich nehme an vier oder mehr AGs teil.' bei Frage I – 9 *und* Antwort war ‚Nein' bei Frage III – 43
Items:	Ich darf diese AG nicht noch einmal belegen. Ich hatte Probleme mit den anderen Schülern in der AG. Ich möchte lieber eine neue AG ausprobieren. Ich hatte Probleme mit dem Lehrer/AG-Leiter. Ich habe nichts Neues gelernt. Ich konnte das nicht so gut, was in der AG verlangt wurde. Meine Eltern wollen es nicht mehr. Die AG wird für meine Jahrgangsstufe nicht mehr angeboten. Die AG wird überhaupt nicht mehr angeboten. Die AG war zu teuer. Die AG hat mir nicht gefallen. Die AG hat mir nicht geholfen. Die AG passt nicht mehr in meinen Stundenplan. Die AG war doch nicht so interessant, wie ich es vorher gedacht hatte.
Quelle:	StEG Sek. 1 (2005–2009) (adaptiert) eigene Entwicklung
Codierung:	[0] nicht gewählt [1] gewählt

III – 46

Fragetext:	Wie bewertest du die AG im Allgemeinen? Vergib eine Schulnote. *Bitte wähle die zutreffende Antwort aus:*
Bedingung:	Antwort war ‚Ja, ich nehme an einer AG teil.' *oder* ‚Ja, ich nehme an zwei AGs teil.' *oder* ‚Ja, ich nehme an drei AGs teil.' *oder* ‚Ja, ich nehme an vier oder mehr AGs teil.' bei Frage I – 9
Codierung & Antworttext:	[1] 1 [2] 2 [3] 3 [4] 4 [5] 5 [6] 6

III – 47

Fragetext:	Folgendes fand ich besonders gut: Bitte gib maximal die 3 <u>wichtigsten</u> Dinge in <u>Stichpunkten</u> an. *Bitte gib hier Deine Antwort ein:*
Bedingung:	Antwort war ‚Ja, ich nehme an einer AG teil.' *oder* ‚Ja, ich nehme an zwei AGs teil.' *oder* ‚Ja, ich nehme an drei AGs teil.' *oder* ‚Ja, ich nehme an vier oder mehr AGs teil.' bei Frage I – 9
Codierung & Antworttext:	[Freitext]

III – 48

Fragetext:	Folgendes könnte verbessert werden: Bitte gib maximal die 3 <u>wichtigsten</u> Dinge in <u>Stichpunkten</u> an. *Bitte gib hier Deine Antwort ein:*
Bedingung:	Antwort war ‚Ja, ich nehme an einer AG teil.' *oder* ‚Ja, ich nehme an zwei AGs teil.' *oder* ‚Ja, ich nehme an drei AGs teil.' *oder* ‚Ja, ich nehme an vier oder mehr AGs teil.' bei Frage I – 9
Codierung & Antworttext:	[Freitext]

IV – Einzelschulspezifische Fragestellungen

Dieser Bereich kann von den Einzelschulen individuell gestaltet werden. Daher ist eine Darstellung von Fragen an dieser Stelle nicht möglich (vgl. Kap. 5.3).

Schlusstext

Damit deine Mitschüler weiter ungestört am Fragebogen arbeiten können, möchten wir dich bitten, nun mit dem Arbeitsauftrag deines Lehrers/AG-Leiters anzufangen.
Vielen Dank für deine Bereitschaft zu antworten!

Marita Eva Friesen | Jasmin Benz |
Tim Billion-Kramer | Christian Heuer |
Hendrik Lohse-Bossenz | Mario Resch |
Juliane Rutsch (Hrsg.)
Vignettenbasiertes Lernen
in der Lehrerbildung
Fachdidaktische und pädagogische Perspektiven
2020, 184 Seiten, broschiert
ISBN: 978-3-7799-6070-6
Auch als E-BOOK erhältlich

Der Band klärt theoretische Hintergründe, gibt methodische Anregungen und präsentiert kommentierte Praxisbeispiele zum Einsatz von Vignetten in den verschiedenen Phasen der Lehrerbildung. Für die Professionalisierung von Lehrpersonen spielt die Reflexion fachdidaktischen und pädagogischen Handelns eine zentrale Rolle. Die Arbeit mit authentischen Szenen aus dem Unterrichtsalltag, sogenannten Vignetten, gilt hierfür als besonders geeignet. Durch kommentierte Praxisbeispiele aus der Pädagogik sowie den Fächern Deutsch, Mathematik, Geschichte, Naturwissenschaften und Technik wird gezeigt, wie verschiedene Vignettenformate (z. B. Text, Comic, Video) und begleitende Arbeitsaufträge eingesetzt werden können, um professionelle Kompetenzen von Lehrpersonen zu entwickeln und zu fördern.

www.beltz.de
Beltz Juventa · Werderstraße 10 · 69469 Weinheim

Markus Sauerwein
**Qualität in Bildungssettings
der Ganztagsschule**
Über Unterrichtsforschung
und Sozialpädagogik
2017, 500 Seiten, broschiert
ISBN: 978-3-7799-3684-8
Auch als E-BOOK erhältlich

Ganztagsschulen bieten mehr Bildungspotenziale als die Unterrichtsforschung alleine erfassen kann. Die ursprüngliche Trennung zwischen Unterrichtsforschung und Sozialpädagogik scheint sich in der Ganztagsschule aufzulösen, sodass es zu einer Durchmischung der beiden pädagogischen Ausrichtungen kommt. Das Buch bietet erstmals eine schul- und gleichzeitig sozialpädagogische Perspektive auf das Thema Ganztag. Dies erstreckt sich sowohl auf die Bestimmung der Ziele von Ganztagsschule als auch auf die Erfassung der stets normativ situierten Qualität in Ganztagsangeboten und dem Schulunterricht.

Thomas Coelen | Ludwig Stecher (Hrsg.)
Die Ganztagsschule
Eine Einführung
2014, 228 Seiten, broschiert
ISBN: 978-3-7799-2179-0
Auch als E-BOOK erhältlich

Diese erste Einführung in die neuere Entwicklung von Ganztagsschulen beinhaltet organisatorische (Formen, Kooperationen) und konzeptuelle Themen (Historie, Zielsetzungen, Angebotsstrukturen, Bildungslandschaften) sowie professions- (Lehrkräfte, weiteres pädagogisch tätiges Personal) und adressatenbezogene Fragen (Kulturformen, Wirkungen, soziale Herkunft, Bildungsungleichheit) und politikrelevante Aspekte (internationaler Vergleich, Bildungs- und Sozialpolitik). Die Autoren stammen aus der Schul- und Sozialpädagogik sowie der Bildungs- und Jugendforschung. Die Herausgeber wirken seit Jahren an empirischen Studien und theoretischen Debatten zur Ganztagsschule mit.

www.beltz.de
Beltz Juventa · Werderstraße 10 · 69469 Weinheim